北京大學《儒藏》編纂與研究中心 編

《儒藏》精華編選刊

公是集（上）

〔北宋〕劉敞 撰

黄壽成 校點

北京大學出版社
PEKING UNIVERSITY PRESS

圖書在版編目(CIP)數據

公是集：全二册 /（北宋）劉敞撰；北京大學《儒藏》編纂與研究中心編. --北京：北京大學出版社，2024. 7. --（《儒藏》精華編選刊）. --ISBN 978-7-301-35200-7

Ⅰ. B244.99

中國國家版本館CIP數據核字第2024LZ1581號

書　　名	公是集 GONGSHI JI
著作責任者	〔北宋〕劉敞 撰 黄壽成 校點 北京大學《儒藏》編纂與研究中心 編
策劃統籌	馬辛民
責任編輯	方哲君
標準書號	ISBN 978-7-301-35200-7
出版發行	北京大學出版社
地　　址	北京市海淀區成府路205號　100871
網　　址	http://www.pup.cn　　新浪微博：@北京大學出版社
電子郵箱	編輯部 dj@pup.cn　總編室 zpup@pup.cn
電　　話	郵購部 010-62752015　發行部 010-62750672 編輯部 010-62756449
印 刷 者	三河市北燕印裝有限公司
經 銷 者	新華書店 650毫米×980毫米　16開本　55.5印張　644千字 2024年7月第1版　2024年7月第1次印刷
定　　價	226.00元（全二册）

目録

上册

公是集卷五……五五

公是集卷六……六八

公是集卷七

公是集卷十一 …… 一三八

公是集卷十二

公是集卷十五 一九五

公是集卷十八……二三七

公是集卷十九

公是集卷二十

公是集卷二十一……二八九

公是集卷二十二

公是集卷二十四……三四七

公是集卷二十五……三六〇

下册

公是集卷二十六

公是集卷二十九

公是集卷三十 …… 四三八

公是集卷三十二……四六九

公是集卷三十三……四八八

公是集卷三十四

公是集卷四十四……六三六

公是集卷四十五……六五二

公是集卷四十六

公是集卷五十

校點說明

《公是集》是北宋史學家、經學家、散文家、金石學家劉敞的詩文別集。劉敞（一〇一九—一〇六八），字原父（一作「原甫」），時稱「公是先生」，臨江新喻（今江西樟樹）人。其弟即是《資治通鑑》撰著者之一的劉攽。兄弟二人同爲宋仁宗慶曆六年（一〇四六）進士，劉敞本廷試第一，因編排官王堯臣是他的内兄，爲避嫌排爲榜眼。他先後通判蔡州（今河南汝南），知揚州、鄆州（今山東東平）、永興軍（今陝西西安一帶），官至翰林侍讀學士、集賢院學士，判南京（今河南商丘一帶）御史臺。嘉祐四年（一〇五九），知貢舉。英宗治平三年（一〇六六），奉使契丹。神宗熙寧元年（一〇六八）卒於官，年僅五十。他爲人耿直，出使有功，敢於諷諫朝政，爲官政績顯著。

劉敞學識涉及佛老、卜筮、天文、地理、醫藥等方面，朝廷每有禮樂之事，必赴其家，訪以取決。他才華横溢，卻無醇古之味，文章雜有機變權術，歐陽脩、曾鞏、王安石等名儒極爲推崇。著名弟子有王回、江端禮。他治學不墨守先賢舊訓，在經學方面除了《七經小傳》外，主要成就在《春秋》的研究。他的研究自出新意解經，頗多過人之處。他的文章頗有見解，例如《題魏太祖紀》云魏武帝祭袁紹，是「慷慨英雄之風」，而不是「匿怨矯情」。《雜説》云：「今日之俗，不矜節義，而皆安富貴、尚文章。文章濟理者寡，爲名者衆。」他認爲這是「將來之弊」。行文質樸，自然流暢，近於韓、歐，詩作流傳也頗多。

劉敞在古器物學方面造詣深湛，開創了私人收藏著録之先例，把自己藏的十一件古器物，使人摹其銘文，繪其圖象，名爲《先秦古器記》。而且《公是集》中有關古器物的文字甚多，如《林華觀行鐙記》、《龍雀刀記》、《貞觀刀記》、《伯冏敦贊》、《張仲簠贊》、《驪山十鐘贊》等文字，因此説他是宋代古器物學研究開創者。

《公是集》，據劉攽《公是集原序》所云，共七十五卷，「敘文字爲五種，古詩集二十卷，律詩十五卷，諸五言、七言歌行篇曲皆歸之詩。内集二十卷，諸議論、辯説、傳記、書序、古賦、四言、文詞、箴贊、碑刻誌、行狀皆歸之内集。外集十五卷，諸制、誥、章、表、奏、疏、駁議、齋文、覆謚皆歸之外集。小集五卷，諸律賦、書啓皆歸之小集」。宋人晁公武《郡齋讀書志》、陳振孫《直齋書録解題》云《公是集》七十五卷。但此書久佚，清乾隆年間四庫館臣始從《永樂大典》輯出，計五十四卷，其中詩二十七卷。此輯本有武英殿聚珍本、《四庫全書》本、清鈔本，另有明鈔本《公是先生集録》。

一、武英殿聚珍本《公是集》，另有道光八年（一八二八）福建重刻武英殿聚珍本、光緒二十五年（一八九九）廣雅書局翻刻武英殿聚珍本。此系列版本均爲半葉九行行二十一字，白口，四周雙邊。此本刊印較早，但是改「戎」、「虜」等字。傅增湘先後用盧文弨鈔本及一清鈔殘本校廣雅書局翻刻武英殿聚珍本（簡稱「傅校本」），校出聚珍本許多訛謬及脱文，恢復了原本亂改作他字的「虜」、「戎」、「胡」等字，並增補逸詩十六首、文六篇。此校本現藏於國家圖書館，綫裝書局收入《宋集珍本叢刊》影印出版。

二、明鈔本《公是先生集録》（簡稱「明鈔本」），有詩、制文以及論説雜文。係藍格鈔本，半葉九行行二十字，白口，四周單邊，有「四明張氏約園藏書」等藏書印，説明曾爲浙江近代藏書家張壽鏞所藏。書中朱筆所校，有多處爲現存《公是集》各刊本、鈔本訛謬而此鈔本不誤之處。從避宋光宗之諱看，底本當是宋寧宗朝或其後的本子，此本今藏於國家圖書館，亦由綫裝書局收入《宋集珍本叢刊》影印出版。

三、《四庫全書》本《公是集》（簡稱「四庫本」），半葉八行行二十一字，黑口，四周單邊。此本有與武英殿聚珍本相同的問題，將「虜」、「戎」、「胡」等字改作他字。

四、鮑廷博校清鈔本《公是集》（簡稱「鮑校本」），半葉十行行二十一字，黑口，左右雙邊。此本詩文順序與武英殿聚珍本系列刊本及《四庫全書》本完全不同，詩文亦有闕失。但是此本也有多處與各本不同，其中頗有可取之處。

今以乾隆年武英殿聚珍版《公是集》爲底本，以鮑校本、傅校本、四庫本以及明鈔本對校。並據傅增湘校本增補《采藍寄王深甫》等逸詩十六首、《祖母某氏追封郡太夫人》等逸文六篇。另據前人所考，卷一九《晝寢》係王安石所作，卷三〇《韓通贈中書令》非劉敞所作，卷五一《王開府行狀》係劉摯所作，皆存題而删去詩文。

校點者　黄壽成

公是集提要

臣等謹案，《公是集》，宋劉敞撰。敞字原甫，臨江新喻人，慶曆中舉進士，❶官至集賢院學士，事蹟具《宋史》本傳。葉夢得《避暑録話》稱《敞集》一百七十五卷。據其弟攽所作《集序》稱《公是總集》七十五卷，敘爲五種，曰古詩二十卷，律詩十五卷，内集二十卷，外集十五卷，小集五卷。《文獻通考》亦作七十五卷，則夢得所記爲誤矣。原本不傳，今新喻所刻《三劉文集》，《公是集》僅四卷，大約採自《宋文鑑》者居多，而又以劉跂《趙氏金石録序》、《泰山秦篆譜序》誤入集中，即攽所作《公是集序》亦采自《文獻通考》，而未見其全，故注云「失名」，其編次疎舛可知。又錢塘吴允嘉别編《公是集》六卷，亦殊缺略。考史有之序《春秋意林》曰：清江爲二劉三孔之鄉，文獻宜徵而足。今《三孔集》故在，獨二劉所著燬于兵，則其佚已久矣。惟《永樂大典》所載頗富，今裒輯排次，釐爲五十四卷。疑當時重其兄弟之文，全部收入，故所存獨多也。敞之談經，雖好與先儒立異，而淹通典籍，具由心得，究非南宋諸家游談無根者比，故其文湛深，經術具有本原。攽《序》稱其「合衆美爲己用，超倫類而獨得」，「瓌偉奇抃，放肆自若」。又稱其「考百子之雜博」，「六經可以折衷」，「極帝王之治功」，「今日可以按行」。「學聖人而得其道」，所以「優出于前人」。友于之情，雖未免推揚太過，

---

❶「曆」，原避諱作「歷」，今回改，下不再一一出校。

然曾肇《曲阜集》有《敞贈特進制》曰：「經術文章，追古作者。」朱子《晦菴集》有《墨莊記》曰：「學士、舍人兄弟，皆以文章大顯于時而名後世。」《語録》曰：「原甫文，才思極多，湧將出來。每作文，多法古，絶相似。有幾件文字學《禮記》、《春秋》，説學《公》、《穀》。」又曰「劉侍讀氣平文緩，乃自經書中來，比之蘇公有高古之趣」云云。則其文詞古雅，可以概見矣。晁公武《讀書志》謂，歐陽脩嘗短其文于韓琦。葉適《習學記言》亦謂敞言經旨，間以謔語酬脩，積不能平，復忤韓琦，遂不得爲翰林學士。蓋祖公武之説。今考脩草敞知制誥，詔曰：「議論宏博，詞章爛然。」又作其父立之墓誌曰：「敞與攽皆賢而有文章。」又作敞墓誌曰：「于學博，自六經、百氏、古今傳記，下至天文、地理、卜醫、數術、浮屠、老莊之説，無所不通。爲文章尤敏贍，嘗直紫微閣。一日追封皇子、公主九人，方將下直，止馬卻坐，一揮九制數千言，文辭典雅，各得其體。」其銘詞曰：「惟其文章燦日星，雖欲有毁知莫能。」則脩亦雅重之。晁氏、葉氏所言，殆非其實歟！乾隆四十六年七月恭校上。

總纂官内閣學士臣紀昀
光禄寺卿臣陸錫熊❶
翰林院編修臣孫士毅
纂修官翰林院編修臣周永年

❶「熊」，原作「態」，據《四庫提要》改。

公是集原序

《公是先生總集》七十五卷，敘文字爲五種，古詩集二十卷，律詩十五卷，諸五言、七言歌行篇曲皆歸之詩。內集二十卷，諸議論、辯説、傳記、書序、古賦、四言、文詞、箴贊、碑刻誌、行狀皆歸之內集。外集十五卷，諸制、誥、章、表、奏、疏、駁議、齋文、覆謚皆歸之外集。小集五卷，諸律賦、書啓皆歸之小集。大凡若干篇。古今之文人多矣，其能道胸中之藴積，暢物理之有無，合衆美以爲己用，超倫類而獨得，使其語言如其心，其馳騁極所欲，瓌偉奇抃，放肆自若，非夫豪傑之士不能至。是故自申、韓、管、商、慎、墨、屈原之倫，其道未必皆是，而其書傳焉。雖然，猶之貴文也。若夫原性命之統，貫誠明之本，考百子之雜博，判其真僞，雖至于六經，可折衷也。極帝王之治，奉事有功，雖在于今日，可按行也。是好古博物之士，所以貴乎學聖人而得其道真者。嗚呼！先生之文，優出于前人者在是矣。《傳》曰：「情深而文明，氣盛而化神。」惟深故能通天下之志，以極萬物之理，則文有不明者乎？盛如四時，煦育賦予，雕刻衆形，萌芽夭條，無有不備，是之謂神。故古今之士，智有所不周，文有所不明，由其情之蹇淺也。知其一不知其二，善于此不善于彼，由其氣窳而化狹也。嗚呼！先生可謂備矣。《傳》曰：「不知言，無以知人也。」先生之言孰有知之者哉？言可知也，先生爲常存也。是有志聖人者訊其通，貫穿諸子者觀其辯，濟用當世者尚其辭，莫不有爲師之道焉。

合而觀之，若《韶濩》、《武象》之天覆地載也；離而聽之，若琴瑟磬管之迭奏，静深要妙，歸于平心氣、感神明而已乎。先生論《春秋》、《易象》、《七經説》、《弟子記》，不載集中，具别録云。弟攽序。

公是集卷一

宋劉敞撰

賦

秦昭和鐘賦并序

祕閣有秦昭和鐘，形制絶異。其始得之豳、雍之間，其銘首曰「不顯朕皇祖十有二公」云云。其藏于册府久矣。予因爲之賦。直集賢院作。

閲故府之藏器，歷先秦之遺蹤。哀三代之逾遠，美昭和之寶鐘，何形制之瑰譎，駭觀聽之鮮同。上盤拏而夭矯，若騰蛟兮升龍；下紛結而扶倚，狀菱華與芙蓉。彼僻陋之小國，曾鑄作之絶工。非以其銘祖考之休烈，交人神之肅雝者哉！越千祀而獨存兮，俟有道而一見。諒鬼神之圖佑兮，諶盛德之幽贊。夫固夏聲之所出兮，襲二周之餘徽。苟延陵之既没兮，哀知音其爲誰？詢款識之尚傳兮，邈沮頡之遺迹。世行隸之趨俗兮，又雖久而不覿。響沈潛以寂默兮，文幽晦而蔽匿。鮮人情之好假兮，在獨異而爲謫。幸蒙君之厚德兮，發陰壤之祕封。去瓦石之污處兮，歷君門之九重。庇高閣之虛爽兮，參衆寶而見容。儷笙鏞以干際兮，終詭時而不逢。審則而儀量兮，尚毋惑于權度。推律而考鈞兮，猶將謹夫《韶濩》。等棄之而勿庸兮，喟觀者之未悟。保厥美以安處兮，焉惆悵而懷遇。

栟櫚賦

圓方相摩，純粹精兮。剛健專直，交神靈兮。馮翼正性，栟櫚榮兮。中立不倚，何亭亭兮。受命自天，非曲成兮。外無附枝，匪其旁兮。密葉森森，劍戟鋩兮。温潤可親，廉而不傷兮。霜雪青青，不凍僵兮。❶壽比南山，邈其無疆兮。被髮文身，何佯狂兮。沐雨櫛風，蹇無所妨兮。苦身克己，用不失職兮。磨頂至踵，尚禹、墨兮。黄中通理，類有得兮。屹如承天，孔武且力兮。懍其無華，不尚色兮。表英衆木，❷如繩墨兮。播棄蠻夷，反自匿兮。遯世無悶，曷幽嘿兮。❸明告君子，吾將以爲則兮。

---

❶「不凍僵兮」，鮑校本作「不界僵兮」，傅校本作「不界疆兮」。

❷「表英衆木」，傅校本作「表此衆木□」。

❸「曷」，傅校本作「□曷」。

罪歲賦并序

《星傳》曰：「歲星所居，五穀逢昌。」又曰：「其國不可伐，伐之反受其殃。」所從來遠矣。❶自去年而歲旅于鳥帑，及今朞焉。鳥帑曰翼軫，翼軫，楚也。自黔中至于長沙，自鄢郢至于鄂，皆楚也。于歲星至之日，郢大水，壞其兩邑。其後黔中、長沙之蠻皆叛，所殺掠編户不可勝紀，❷吏士死者數十人，廝役扈養死者數千人。今又大旱，安在其逢昌且不可伐也？予甚惑之，作《罪歲賦》云。

昔余受命于聖哲兮，謂天道其不吾欺！何重華之莫予諒兮，忽乎使予以交疑。歲涒灘之南征兮，旅鳥帑以徘徊。美瞽史之有言兮，曰允慶而無菑。皇天既付至仁兮，固下民以爲歸。忽不察予衷兮，紛多故而逢殆。民離散而震愆兮，洵擾擾兮晦在。何向者慕用之誠兮，今顧爲此敦害？水與旱以並爽兮，中與外而交悴。天蒼蒼其不言兮，吾誰與鑒夫賞罰？吾初惡夫佞人兮，在邦家而必聞。羌名是而實非兮，苟以濟夫不仁。何重華之昭晰兮，猶有此之不情。棄終古之所守兮，喪厥初之令名。察重華其若兹兮，又況三苗與驩吺。寧世道之交喪兮，余壹不知其郵。入周章兮帝廷，出旁皇兮兩垣。哀蠢蠢兮下民，君胡悦而宴安。祛君蔽兮任忠，敷大德兮無窮。降福兮穰穰，憂民兮爞爞。往者不可及兮，來者猶可終也。

❶「遠」，傳校本作「久遠」。

❷「掠」，傳校本作「略」。

病暑賦

伊年六月，天久不雨。陽亢而不能反，陰笮而不能舉。赫兮歊歊，上下癉暑。其中人也，螴蜳鬱蠖。若曛若曜，❶若烹若灼。若病大甚而不可救藥，若壯士之困而莫之解縛。若昔酒之酲，若毒蠱之蠚。❷若漬膠漆，若債溝壑。若商之季慄乎厥角，若秦之敝無所措手足。目眩白黑，耳亂清濁。噫，其甚也哉！彼天地之上，信有所謂造化者耶？陰陽之樞，信有所謂陶冶者耶？一動一靜，信有所謂橐籥者耶？彼其鎔之爍之，炊之沃之，萬物職職，其所以作也耶？惟其若是，是以少者且壯而老矣，鮮者且花而槁矣。若膏之燃，若薪之傳，若影之改，而不見其眹焉，豈不悲夫！孰能違俗之昏昏，去物之汶汶，款大莫之所極，超無有而獨存？亘萬古而一息兮，吾請從其後云。

離憂賦

抱戚戚以長處兮，弔惇惇以自眎。魂離離以駿邁兮，精蒙蒙而就翳。氣貿亂以轇轕兮，形爽沕而荒瘁。

❶「若曛若曜」，傅校本作「若熏若矅」。

❷「蠱」，傅校本作「蟲」。

信民生之多囏兮，❶伊天命之方摯。知隕性之無續兮，畏忝經而遺義。日月騰以漂忽兮，春與秋其狎至。卒撫心以抑志兮，諒投艱以遺大。胄帝堯之餘烈兮，歷三正而相仍。下天漢而逾熾兮，啓東藩于大彭。胡亂夏以泯棼兮，❷賢辟世而迅征。遡江介以幽處兮，汔三徙而弗聲。求王明而受福兮，祖來儀于太平。自彭城以來，凡三徙，皆江南。友群龍以登績兮，敕休命于遠夷。兆別子于都邑兮，更名教于京師。❸繇清白以象賢兮，爰顔慶而歷兹。❹馭長策以遹駿兮，周窮荒而不疑。敵輸歡以馴教兮，爇變服而來嬉。❺中心實使生外兮，諶大道之難推。惟保姓之蟬聯兮，上參差以千歲。裕後葉之孔艱兮，憚情申而事廢。志激揚之未究兮，不克荷而爲罪。誨丁寧之在耳兮，洵僶俛而違殆。忽馳思于昊天兮，又寤擗而自懟。發與齡以交永兮，旦命訴而罔害。涼不肖而遘愍兮，曾夫人之髣髴。原本始而罔豫兮，心沸湯以崩潰。❻靦履厚而戴高兮，顧

❶「囏」，鮑校本、傅校本作「難」。

❷「胡亂夏」，原作「國交訌」，據鮑校本、傅校本改。

❸「教」，傅校本作「敷」。

❹「顔」，原作「頳」，據鮑校本、傅校本改。

❺「嬉」，鮑校本作「娭」。

❻「沸湯」，鮑校本、傅校本作「溶陽」。

久生其誰賴？❶願去人間以超舉兮，復供養以弭憂。苟一覩于顔色兮，❷豈餘生之足留。中怳惚而自失兮，恭聞命乎前修。天不可以忌兮，❸道不可與謀。毋苟襲匹婦以圖諒兮，固將徇鶱父以寡尤。

在陳賦 并序

予讀《孔子世家》，蓋三至陳，皆困焉。及他傳説，❹亦往往言孔子在陳事。❺竊以謂「賢者辟地」，「翔而後集」，「危邦不入，亂邦不居」，以彼其明聖，則宜有以先知無顛沛之憂矣。然而動離厄難，至于門人加疎，喟然思歸，遂終不寤，何哉？予甚惑焉，作賦以辯之。陳州作。

循太昊之故墟兮，撫上古之遺風。世超絶而莫紀兮，竊獨悲夫孔公。在天縱之將聖兮，亦何所其不容？周四海而歷聘兮，汔棲遲于此邦。似先迷而後得兮，反過涉而爲凶。方從者之告病兮，門人愠而加疎。雖藜羹有不具兮，死與生而雜居。麟傷足于鉏商兮，龜見麋于豫且。處陷阱而不知避兮，謂聖智其焉如？其身之不皇恤兮，庸後世之能圖？游中國莫我信兮，在蠻貊而行乎？吾誠疑此二三兮，亦君子之病

---

❶「久生」，鮑校本、傅校本作「生久」。
❷「覩」，鮑校本作「观」。
❸「忌」，鮑校本、傅校本作「忘」。
❹「説」，傅校本作「記」。
❺「陳」下，傅校本有「時」字。

諸。惟微服以過宋兮，又接淅而去齊。詭蒲盟而信邁兮，臨晉淵而思歸。狂狡無所售其謀兮，姦邪不得以遂非。亦何先覺之昭昭兮，至于今而忽迷？信天命之固然兮，亦人事之未盡？非驕氣與矜色兮，謬伯陽之所徇。儻修身以飾智兮，惑任公之幽訓。不捐盡而絶學兮，傷萊子之深吝。時滑稽而倨傲兮，自晏嬰而患進。夫大白必汙兮，大直必曲。賫章甫而適越兮，諒求榮而愈辱。天下多大國兮，何必安此陋俗？❶謂舜後爲庶幾兮，曰不知《韶》之已亡。明楛矢之遠集兮，既驚愚而駭狂。不德我以刺譏兮，反仇予以甲兵。鶌鶋之智不給處兮，千古之愚而知來。孰有誠明之全德兮，顧臨幾而惑哉？信天命之固然兮，迨無妄而爲災。所貴松柏之特操兮，非以其在春夏而青青。必將歷歲寒而後彫兮，斯可以見天地之炳靈。且夫水激則旱，矢激則遠。孰知夫桑落之下兮，乃春秋以終顯。感吾黨而懷歸兮，聊舒憂以淫衍。躬木鐸而周流兮，豈戚嗟而思反！

奇羊賦并序

今年有貨藥于市者，牽一羊，有三口，觀者異之。或謂物有同類而殊名，六合内毛羽鱗介不可勝紀也，其罕見者人則怪之。此儻自一物而未必羊也，爲作賦，訂其意。庚子作。

伊造化之播物兮，猶巧冶之曲變。雖轇轕而紛錯兮，亦同形而相嬗。何兹羊之瑰異兮，邈獨違于天

❶「必」，傅校本作「獨」。

理？孰祖胄之自出兮，不屬毛而離裏。察飲齕其如衆兮，駭形貌之特詭。咢兮運頤，粲兮嚼齒。剛外柔中，名祥實毀。安芻豢之近禍兮，衆樞機以便己。彼率然之救首兮，雖謝害而弗如。蚘争利而自傷兮，愧厥貪之有餘。揆四氣之平分兮，察五緯之盈虚。萬物莫能兩大兮，是曷德而至于斯？體離明之炎上兮，曾何視之不遠？象兑説之引吉兮，又奚很之甚反？抑神靈所不化兮，宜兹世之或鮮。儻殊方之異禀兮，固非吾人之能辨。或曰士之怪羵羊兮，殆季孫之所嘗。得無將聖之玄覽兮，夫孰鑒其肝鬲？或曰羊之神獬豸兮，自堯時而來覲。蔑庭堅之明允兮，尚焉辞夫枉直？試刑之而不嘷兮，諒以判夫群惑。誠存之而勿論兮，慕哲人之遺則。

下令如流水賦 以「令順民心，如流水矣」爲韻。

因人而治，惟德之優。下令而順，如水之流。蓋有悦從之美，而無底滯之憂。命苟出中，勢殆無于反汗。理符趨下，速奚止于置郵？稽昔伯臣，誕修人紀。謂君者所以出令，必先于得衆。令者所以馭俗，故譬之流水。得其道則萬方咸若，猶川之決焉；失其義則千里違之，如澤之壅爾。必也訏謨定命，平易近民，使上有淵源之喻，下無墊隘之因。先甲後庚，示國彝之必信；開物成務，俾王澤之咸均。且夫政不出于上，則民無所軌；令不行于下，則君失其勢。❶欲其出于上，莫若壹而止；欲其行于下，莫若順而已。是以喻彼

---

❶「勢」，傅校本作「恃」。

旁流，達兹至理。下而忘返，源于君豈源于山乎；逝者如斯，漸于人不漸于海矣。取類爲密，貽謀孔深。蓋憲度者國之紀，而主上者民之心。孚號未明，戒泉流之胥敗。遠猶斯布，畏川壅之爲臨。邇罔弗從，遠無不順。四邦之内泳其沫，窮海之表蒙其潤。木鐸修禁，譬決蒙而就卑；象魏觀書，法行險而有信。如是則君之發令也，可不慎夫！令之于國也，奈何忽諸？焉有水逆行而物無傷者，令廢格而國不亂歟！與其亂而救于後，孰若詳而慎其初？得百姓之歡，曾建瓴而何遠？研諸侯之慮，非赴壑而焉如。已矣乎！功以衆成，官以理盛。未有違衆而功遂，越理而官正。故君子于流水必觀焉，以其有似于令。

登臺觀雲賦 以「書其祲祥，以爲歲備」爲韻。

天事見象，人君順時。登觀臺而謹爾，候雲物以書其。陟兹累土之居，非求自佚。占彼垂天之狀，庶或前知。古之爲邦，敏于節事。蓋陰陽之數不可以獨越，則水旱之變宜先其未至。升高而望是臺也，固經始于子來；推象而言彼雲也，可逆爲于歲備。貴若侯氏，尊如天王。並有事于覽觀，示察微于祲祥。誠由慎德者固，務民者昌。峻或九層，豈憚煩于陟降；變惟五色，殆無惑于豐荒。若乃日月分至，春秋啓閉，氣動乎下而雲爲之出，祥見乎上而物莫能蔽。于是儼君儀以居高，詔保章而占歲。羲殊臨國，固無魯史之譏；志取望氛，允協楚臣之説。豈不以先天者天所不違，憂民者民亦説隨。故登臺也，可以知勤民之至；觀雲者，可以見奉天之爲。因爽塏以四通，高爲貴者。辨郁紛之萬狀，書用識之。毋以臺爲奢，其意甚美；毋以雲爲遠，其應甚邇。胡不揆厥攸建，察其所以？備不虞者，善政有焉；無遠慮者，近憂至矣。故漢明復古，見頌于孟堅；魯僖秉常，取貴于左氏。稽合典禮，昭明策書，非臨下之爲樂，蓋恤人而有初。寓目以觀，陋章華之奉己；非烟是紀，類河廣之跂予。彼執同律者，聽軍事之吉凶；序星辰者，詔天文之精祲。雖均先見之美，本非南面之任。固未若躬靈臺而候五雲，順四時以施禁。

無可無不可賦 以「聖人之道，應物無方」爲韻。

有能有不能之謂賢，無可無不可之謂聖。賢也者，擇善而固守；聖也者，體神而終静。萬物並作，無得稱其名；億變齊同，莫不盡其性。且夫自然爲質，不測爲神。尸居而龍變，天運而日新。能體全德，是謂至人。故雖有取捨，其迹難窺；雖有去就，其情不私。寂爾任物，汎乎適時。且若是而已矣，曾何足以間之？是以《語》著仲尼之賢，毋意毋必；《詩》頌文王之美，不識不知。豈非可否者俗之名，❶變化者聖之道？游于俗内者，須有適而有莫；躋于聖域者，亦奚醜而奚好。度才而處，❷彼誠一曲之人。與化而遷，此蓋上天之造。其大也無爲，其行也善應。體達節以素遊，觀萬物以交勝。進退有義，可以其理求；用舍無常，難以其類證。是故雖柳惠之并容，伯夷之不屈，各自守于一節，詎兼通于庶物！夫惟抱惟睿之識，應變而不窮；蹈無名之方，旁行而弗咈。且世之所謂可者未必可，世之所謂愚者未必愚。故信其可而作，將同乎芻

---

❶「名」，原作「明」，據傳校本改。

❷「度」，原作「序」，據傳校本改。

狗。指其愚而去，何異乎守株？必也行無轍迹，獨與道俱。苟出處之非地，❶豈汙隆之在吾？智絶自私，信能周于萬類。大斯容物，亦允奉于三無。得是道者，静而聖，動而王。蓋舉一而廢百者陋，賤彼而貴我者亡。苟非聖人之性也，孰能若是其無方者哉！

我戰則克賦 以「仁義行師，何有不克」爲韻。

以仁合衆，以義濟師。内輯和于中國，外震慴于四夷。當之者失其據，動之者悦而隨。❷故曰我戰則克，其義在斯。且夫以道德爲藩，以禮讓爲國，以忠信爲用，以仁義爲力。故守必有威，動則能克。蓋威也無暴彊之名，克也非權詐而得。在乎審所治，修厥誠，使民愛之若父母，而敵畏之如神明。若是則綏之而服，令之而行。決機兩陣之間，孰能違我；制勝千里之外，敢有争衡！且兵者凶器，戰者危事。何衆人言之甚難，而君子用之反易？蓋言之難，以其有後患；行之易，以其無死地。無死地，故雖柔而必彊；有後患，故雖勝而不義。籌于廟堂之上，寧越余心；陣于原野之中，罔違朕志。且彼憑其衆，則不加我民；恃其勇，則孰若吾仁？故金鼓之聲，未之能以會；旌旗之用，未之能以陳。然而必敗之形，已兆于勍敵；獨克之勢，方在于斯人。是以堯伐三苗，禹誓群后，高宗討叛于鬼方，周武致戎于商紂。念刺伐而豈無，謂奔北而

❶「地」，傅校本作「已」。

❷「而」，原作「也」，據傅校本改。

則不。乃知戰在勝不在多，術在德不在他。是以棄天時與地利，貴王道與人和。四國順之，顧獨夫其安往；上帝臨汝，非大凱而如何？若是失吾道者，棄其衆，敗其績，亦孔之醜。用吾義者，保其國，伏其敵，于戰何有？蓋用不用之間，爲克不克之道。是以喟然歎曰「莫我知也夫」，何功業之可偶？

孔子佩象環賦

謙以比德，取其無窮。聖人雖明而若蒙，雖盈而若沖。卻佩玉以居讓，用象環而飾躬。生而知之，謙不期于比德。文爲貴者，義可見于無窮。原夫服物者常士之儀，佩用者衆人之飾。左結右設，所以助成于儼恪；退揚進揖，所以豫防于淫慝。然而非上聖之法，豈中庸之德！故我以象爲佩，因環作則。瑳而備用，識純粹之積中。循之無端，妙變化之不測。豈無珠璣，惡夫尚奇；豈無金碧，爲其異宜。獨資巴浦之美，外協聖師之爲。昔以賄而焚軀，吾無取爾；今中規而成象，禮亦宜之。豈徒觀夫粲如英瓊，結以綦綬？參逢掖而並用，約華組而獨受。徑雖五寸，以文理而獲稱；佩可終身，由旋相而見取。然則服稱其貌之謂中禮，德過其飾之謂好謙。陋白珩之致侈，抱素修以無嫌。容止可觀，治獸齒而爲用；肉好若一，偉儒服之相兼。雖無鏘鳴之音，吾見其美；雖無希世之價，吾貴其理。蓋退讓者君子服焉，易簡而王事得矣。豈非抗達節之休風，導將聖之深旨？飾櫑劒而崇武，未可擬倫；佩緩玦以斷疑，❶胡能爲比。象者何如，由象表而

❶「緩」，疑當作「綬」。

名諸；環者孰謂，自環中而録夫。游心于象表，則合乎天縱；應物于環中，則契乎道樞。嘉名體之脗合，諒奇袤之獨無。盛服以行，初訝執規之子；鞠躬而至，適同反絶之夫。嗟乎！微言既亡，去聖彌久。蓋思其人，則想見其爲狀；玩其服，則兼明其所守。有旨哉！賦仲尼之象環，不然則不。

季春出火賦 以「季春出火，象天爲之」爲韻。

國有常憲，月當季春。俾出火以便俗，示奉天而牖民。治曆明時，占心宿之昏見；範金合土，順炎精之日新。眇觀古初，啓迪法象。星之神也，猶隱見之有序；火之利也，宜出納之無爽。蓋天人之相與，或精祲之交蕩。得不慎爾日用，戒兹炎上。著于《月令》，候建辰而勿逾；儆乃《官儀》，敕司爟而攸掌。用能與世垂法，授人以時。仰列舍以欽若，率百工而悦隨。察夫日月之交，歲既單矣。謹此陶冶之用，民咸從之。肇自五帝，至于三季。雖建國之不同，其修火也無異。蓋以稽合乾度，丕承天意。且謂阜財之道，貴節用而遵常；❶熯物之功，罔奸時而邀利。是以及大辰之初見，因成象之自然；奮木鐸以修禁，正夏數之得天。大則焚于草萊，符戴氏之舊記；小亦鑽夫榆柳，協鄹子之遺篇。噫！爲政者毋慢于從辰，制器者勿亟于行火。慢則匱民而乏用，亟則争明而取禍。故相土正其序，商人因而勃興；子産失其常，士弱議其不可。非夫識蹈先覺，智周百爲，歷春秋而協紀，奮淳耀以從宜，又安得百姓與能，咸富陶鈞之化，六府交正，蔑聞災熚之

❶「遵」，傅校本作「龔」。

期？彼候西陸以啓冰，占定中而揆日。或義專于薦享，或功止于宮室。豈若詔司存而火紀時焉，器用于是乎出。

王配于京賦 以「王配于京，世德作求」爲韻。

大哉！天祚明德，世有哲王。纘乃祖之休烈，配于京而溥將。三后成功，達孝思而維則；四夷面內，知聖德之無疆。且昔者群雄紛争，五季昏忒。惟我藝祖，自天生德。內揖讓以興治，外征伐以宣力。武節飆逝，怙惡者喪其巢；盛德日新，爲善者得其職。于是餘孽未靖，神宗作求。躬一戎以歸獸，曠百王而繼周。正朔所加，蓋罔有于不服；封禪之禮，猶未遑乎聿修。克成大勳，用集先帝。丕顯元德，發明王制。上則升中于天，下則作程于世。故創業如彼之艱難，守成若此之昭晢。豈非文武並用，而治亂隨時；明聖不同，而述作相繼者哉！宜乎世濟厥美，王配于京。實對越而在上，兹遹駿而有聲。亦何必道上古之書，希成康之治；語鴻荒之事，慕堯舜之名？且夫湛恩濛涌而易豐，憲度著明而不昧。故王在京而善繼，帝在天而克配。豈獨《下武》之什，歌周發于丕承；同墠之靈，美姬公于哀對？且上方法太祖之武以平叛，繼二宗之文以永圖；越無名之蕩蕩，返兹世之于于。因斯談之，則何貴乎周鎬；考于往者，將孰先于浚都？客有起而頌曰：於皇上天，輔景鑠兮。有赫天子，恢聖作兮。祇遹祖考，垂矩矱兮。萬有千歲，永欽若兮。

貴知我者希賦以「知我者希，其貴多矣」爲韻。

衆所共知者其器小，人鮮能察者其理微。故聖人不從事于俗，老聃貴知我者希。和其光，同其塵，毋衂鶩民之怨；出乎類，拔乎萃，豈嫌舉世之非？然後覩其操之矞矞，見其德之巍巍已。古之聖賢，以賤爲在人，以貴爲在己。蓋審乎内外之分，辨乎榮辱之理。是以不同譽于流俗，期度越于諸子。豈以其重若彼，其輕若此？未遘真賞，雖多亦奚以爲。忽逢知音，有以少爲貴矣。且夫在邦必聞者，斯佞人之行也；遯世無悶者，惟有德者能之。如是則苟患乎不立，無憂乎弗知。遇非其人，則同舟有胡越之異。得其所謂，雖萬世猶旦暮之期。物固有密不若踈，衆不若寡，與其顯于常士，孰若稱于識者？盡獲下流之譽，我必其辱焉。一遇忘言之知，吾見其珍也。譬夫荆山之璞，以非寶見欺；魯郊之獸，以不祥獲疑。及夫被旌于卞氏，見賞于仲尼，然後一角之麟，後王明其瑞矣；連城之璧，歷代仰夫温其。況乎道之精者，可以神交不可以功計；意之微者，可以心照不可以言謂。是以知之彌衆者，其術彌下；識之愈希者，其身愈貴。亦猶巴人之唱，苟下里皆可以繼聲；虞《韶》之音，非至人不能以忘味。豈德與世邈者應必少，技與衆同者和必多？多而易求，斯賤也已；少則難得，非貴如何？嗟乎！世之士務于人之知，而不計其不可；急于己之貴，而不悟其在我。將市義于比周，而衒名于衆夥。斯人也，鄉原之徒歟，道奚由果？

三命不踰父兄賦 以「内朝治親，尊卑以齒」爲韻。

元聖制禮，内朝治親。屈三命之殊寵，後先生于下陳。受位造庭，義不踰于父行；循墻盡禮，恭無亂于天倫。古訓與稽，舊章爲美。正外者必慎其内，化遠者亦資于邇。由是敕公侯以惇睦，自燕朝而基始。班異官爵，位雖極于命卿；誰無父兄，理自宜于序齒。❶ 疎不淩近，卑不瀆尊。❷ 修之廷内，而君臣之敘立；達于天下，而孝友之教存。車馬之賜雖優，豈無定著？長幼之倫勿廢，以詔後昆。然則百官疎也，故朝于外；九族親也，故治于内。于外，故右賢而貴爵；于内，故尚親而立愛。貴爵，然後知王官之不可亂；立愛，然後見人道之不可廢。禮或三賜，親惟一概。若弟若子，敢介寵而自矜！有尊有先，宜適卑而少退。肅肅合族，雍雍在朝。飾情文而皆盡，戒容貌之有驕。名位不同，彼鄉飲也，或不齒之爲尚。少長有禮，此宗室也，宜入事而勿佻。且夫事父嚴，則忠可資于君；事兄謹，則順可達于治。故尊尊貴貴者，禮之敘；親親長長者，仁之至。奈何治其外不修其内，有其一遂慢其二。爵雖元士，非父黨之可踰；位絶諸昆，亦鴈行之相次。職在庶子，教成有司。示訓民于親愛，昭辨等于尊卑。想考父之益恭，由兹可見；雖唐堯之惇敘，捨此奚爲？是謂人之大倫，國之元紀，以睦兄弟，以親父子。貴無驕汰之失，賤有和順之理。故曰正家而天下

❶「序」，傅校本作「敘」。
❷「不」，傅校本作「無」。

平，非此則何以哉！

士摯用雉賦以「相見之禮，庸雉爲摯」爲韻。

士之相見，摯以爲儀。必用雉以將命，取擇交而有時。見于所尊，常難進而謹爾；執以自致，示守介而如之。伊昔聖王，慎别名類。知禮之貴者毋褻，欲人之交也有義，由是遠取諸物，必依于摯。四民殊業，士獨有于常心；六禽異名，雉可昭于尚志。將使謹爾攸執，慎其所從，深明出處之趣，無煩左右之容。志恥懷居，擇文禽而章物；義羞屈節，視疏趾以思庸。且夫無因而至者，殆或可疑；非禮而動者，何足爲見？必將稱摯以仗信，飭躬而進。面雉實有别，士非自衒。從大夫之後，秉殊羽舞之爲；游諸公之間，拱若山雌之薦。豈非用舍殊檢，尊卑異宜？仰羔鴈而非僭，顧雞鶩而若遺。潔己不汙，取象爰資于禽作。多文是富，著誠足驗于離爲。然則可殺不可辱者，人之賢；易得而難畜者，鳥之美。將因物以昭德，故習容而奉雉。是以周公創典，咸等于諸臣；虞舜省方，特稱夫一死。彼佩綏玦者，❶但旌于屢斷；秉文行者，或示于有章。豈若焕翬翟而拱揖，盛辭讓之交相？事賢友仁，我則達剛毅之節；書名委質，我則示耿介之方。惜乎古風既渝，澆俗寖啓，進則無仗節之教，退則多競進之禮。吾乃知摯雉之儀，爲國家之大體。

---

❶ 「綏」，疑當作「綬」。

公是集卷二

宋劉敞撰

賦

御試戎祀國之大事賦

戎在禦侮，祀專饗神。皆有邦之大事，豈庶政以同倫？宜社而行，外伸威于殊俗；受釐以報，內均福于生民。蓋所謂朝廷之先務，教化之本因者也。稽合前經，發揮至理，政有常法，事或殊軌。以保民者莫若戎，以馭神者莫如祀。善師不戰，諒治體之孰加；精意克禋，眷彝倫之莫擬。是故將命武事也，必有歸脤；將格神貺也，必先執膰。蓋大其所當大，尊其所可尊。干戈省躬，信丕經之斯在。玉帛薦德，微末節以同論。然則治道有後先，國務有小大。威四海者兵爲急，敘五經者祭爲最。民神之事不一，皆以底和平；腥熟之俎不同，皆以福中外。故聖王勞意于用衆，致誠于逆禧。動則謹爾，下皆仰之。知夫事之大不在于彼，禮之重莫先于斯。亦猶仲尼陳三慎之端，惟齋及戰；箕子序八政之目，兼祀與師。用能祭典不奸，天威無隕。或謹以進胙，或重之受脤。邇遐一體，懱武節而服從；上下交歡，欣德馨之明允。❶故曰聖人之祭，不能獨豐；天下雖治，亦將禦戎。大而慎之則蒙福，細而慢之則亡功。謹禁暴戢兵之機，惟政之本；明昭孝息民之義，何治之隆？盛哉！丕冒群生，欽崇大節。非戎無以威遠，非祀無以著潔。故蠻夷服而鬼神饗焉，有以緝熙于鴻烈。

化成殿瑞芝賦以「天瑞明德，芝秀於殿」爲韻。

惟皇四世，德茂洽乎無極，仁化昭乎上天。伊中宸之祕地，擢靈芝乎盛年。徒觀其萃寶玉，浮紫烟，浸瑞露，涵靈泉，華煜燿，❷居蜎蜵。蓋所謂非致而致，自然而然者也。始其禦人獻祥，宮童效異，按以神謀，稽以天意，參以人事，驗以孝治。伊化成者，所以昭德至乎無窮；❸亦芝秀者，所以見美包乎衆瑞。是謂道與之貌，人與之名。騰茂實，飛英聲，昭絶代，烜後生。金爲之華兮，玉爲之英。報景貺，融休明，揚盛德，誠至誠。帝錫之命兮，神儲之精。怳爾而就，倏焉而榮。豈蕩蕩默默，不知其力？天台以三秀爲奇，銅池以九莖夸德。語地則幽鄙，較美則昏昃。豈若功就三后，上陟于帝廷；氣涵九重，中位于樞極？于是天子怡

❶「欣」，傅校本作「歆」。
❷「煜燿」，傅校本作「燁煜」。
❸「昭德至乎」，傅校本作「昭至德乎」。

爾而念，茫然而思。且曰：見瑞而怠者，雖于災變無以異矣；聞美而勸者，吾與大夫其勤圖之。乃命吉士，賓遠夷；捐不急之務，隆日新之基。夫然者，將以升介丘之禪，修后土之祠。豈獨堯仁如天，紀生階之蓂莢；漢道雜霸，詠齋房之紫芝而已哉！于是擊壤之臣稱而言曰：靈芝伊何，有德斯秀。昔聞其傳，今遂于覩。濯淳治于風俗，熙文化乎幽陋。是宜薦郊廟，垂策書；被金石，昭樂胥。使同穎之禾不能遠過，連理之木無以加於。亂曰：宋治有道，自天眷兮。祥氣回復，于斯殿兮。萬有千歲，尚無變兮。

后非賢不乂賦 以「君得賢者，而後寧乂」爲韻。

歷選上古，究觀盛君。將圖治以無非，忽得賢而未聞。兼聽萬機，思降衷而俾乂。敷求多士，貴圖任而成勳。發揮舊經，稽合至德。民不能自治，待君而率教；君不能獨化，待賢而宣力。是以博選群智，仰成衆職。同體之密，若股肱之自然；注意之勞，期寤寐而必得。此所以流化率土，熙功上天；高拱而物服，不言而教宣。豈非爲之用者衆，助之治者專？聚精會神，增固本朝之重；創業垂統，盛推當世之賢。且夫外輯四夷，內懷中夏，一人之明也，常戒乎遺遠；萬乘之勢也，率難乎逮下。❶ 釐爾天工，屬之能者。使甚盛之德，覃及乎方隅；無窮之休，丕承乎宗社。以此見非明君毋以得士，非賢士毋以康時。譬猶濟川者，假力乎舟楫；禦侮者，因備乎藩籬。其具修，則其事立；其用闕，則其功隳。然而臨政而失人，無足觀已；捨賢而

❶「逮」，傅校本作「迨」。

望治，不亦遠而？是以聖王總覽英雄，旌别能否？仄席思進，詢謀虚受。重禄賞以勸其前，遠讒邪以固其後。名澤純粹，士得以願忠；功烈昭明，下欣于戴后。且虞舜之聖也，由穆穆而興；文王之仁也，以濟濟而寧。蓋好善者，得民之大略；籲俊者，事帝之丕經。一德永孚，實茂宣于聖職；衆材並用，彌上燀于君靈。盛矣哉！民非后罔安，后非賢孰乂？毋舉枉以亂直，毋損正以盈穢。庶幾乎太平之功，垂萬世而不廢。

觀遠臣以其所主賦以「視其所主，人豈廋哉」爲韻。

善不徒立，德常有鄰。將盡遠臣之趣，必原内主之因。來賓于王，信無迷于懷寶。深察所館，可不誤于知人。原夫士無懷居，居無常所，欲精覈于趣操，宜究觀于出處。蓋夫人之過，猶各于其黨；士之窮，必視其所與。翔而後集，既觀國以來斯。爲之先容，庶推類而及汝。誠由考行于鄉里者易察，擇臣于羈旅者難知。故論其主也，則情可見；考其交也，則行不疑。仲尼悦司城之賢，德斯著矣；商鞅因景監之嬖，禍亦宜其。固未有仁者而依于不仁，義者而寓于不義。明君則以此而鑒其下，智士則以此而引其類。爾慎己歸，衆將彼視。譬之鳥矣，猶有擇木之稱；豈伊人焉，而謬託身之智？然則居上而治者，知臣則爲優；自外而至者，無主則不留。思得臣，必自遠者始；思觀遠，必以近而求。覽乎德輝，雖疏賤而何有？賓于私館，識邪正之焉廋。故曰善以彙征，物以類聚。士謹身兮，誠難乎所寓；君相士兮，亦先乎得主。譬若聲之生響，清濁之不欺；影之附人，曲直之可覩。此其分也，豈或亂哉！是以四方之賢，可得而官使；一介之士，彌務于朋來。困雖旅人，苟自他而有耀；善得常主，將藉外而論才。已矣乎！親仁實然，附勢則豈。諒喪道兮固久，曷知賢而無幾？孰能舉而行之，亦庶幾乎卓偉者哉！

圭璋特達賦 以「圭璋特達，昭德之至」爲韻。

禮崇朝聘，器用圭璋。推至珍而在御，昭特達以爲常。抗瑞節而來儀，含章有耀；先庭實而自至，比德彌光。察舊典之遺文，窺盛王之懿則。圭以氐信，璋惟輔德。朝而執，❶則上公之饗王后；聘而用，則諸侯之交邦國。雖有皮馬之幣，莫得而同升；雖有黼黻之珍，不能以致飾。何哉？内不足者，藉外以見美；質有餘者，略文以効奇。我用至寶，爾捐末儀，自玉人而作矣，及賓禮而陳之。慎其獨焉，有君子之象；少爲貴者，協禮器之辭。徒觀夫辨物乎行人，正名乎典瑞。虹氣温潤，珍光純粹。陳其數，雖待人而彰；備其用，不因物而致。瑑八寸以旁達，豈貨之多？冠四器而獨升，維德之至。且夫結好莫如聘，尊王莫如朝。斯禮也，由玉而後達；斯玉也，因禮而孔昭。天質顒卬，以難得而稱貴。縟文絢耀，雖專達而非驕。然則王者之制有尊卑，天下之理有本末。苟尊矣，卑安得而並及？是本也，末不足以上達。因方挺質，無一物之可偕；判白凝輝，非衆珍之能奪。噫！幣美則禮幾乎沒，德盛則物莫能齊。此所以專尚乎寶鎮，特旌夫半圭。彼束錦加琮，何相須之密；白鹿薦璧，何競進之迷？貴賤于此乎分，媺惡于此乎識。譬夫體道者，無待而素遊；性善者，直前而自得。則夫學禮之人，何怪夫圭璋之特也？

❶「執」，四庫本作「至」。

享禮有容色賦 以「因聘行享，容色可觀」爲韻。

聘既盡禮，享難極恭。儼多儀而將事，發和氣而盈容。庭實序陳，嘉奉辭之遜悦；賓榮改觀，知飾貌之肅雍。古之諸侯，交于鄰國，其聘也，珪璋以申信。其享也，璧琮以往德。信莫如固，則示之誠慤；德莫如厚，則諭之文飾。然而誠慤難以見，故嚴其狀貌；文飾易以明，故逞其顔色。儀不及物，諒君好之益隆；和以宣心，何天機之自得？想夫肅肅宗廟，顒顒國賓，能曲直而赴節，毋怠荒而亂倫。鞠躬之慎也，豈不誠善？致享之歎也，吾無所因。奉幣入門，有舒揚以率己；升堂受命，靡促數以臨人。然則隆殺者禮之不同，文質者儀之可象。致辨異于賓主，戒猥并于聘享。曩子襲而今子裼，見美可推；正爾容而悦爾顔，參和足仰。且夫臣之致使也，過恭而奚害；客之結好也，非嚴而何觀？蓋夫弛張者，所以爲文武之道；茂悦者，所以昭邦國之歡。賨四器以同升，禮盛則文縟；率衆介而將事，心廣而體胖。是以上不爲踧踖之矜，下不爲愉愉之盛，先私覿以致獻，聳温顔而承命。上觀《儀禮》，周公舉此而著經；近察《魯論》，仲尼法之以行聘。豈非厚恩惠者，享不可以闕；遠暴慢者，色不可以輕？必在修采章而時當，和體貌而躬行。且異祭祀于神，專尚恭之説；會同于國，擅主詡之名。此蓋盛升降以示人，踐形色而在我，濟君靈于輯睦，戒臣節于輕惰。夫如是，享禮之有容，奚適而非可？

右射騶虞賦以「右射騶虞，天子之禮」爲韻。

射于右學，歌以《騶虞》。示君儀之至重，識文教之誕敷。王在西郊，爰舉尚功之典；聲依九節，以成觀德之謨。伊昔武王，既平商紂，未革新禮，聿遵徂后。其習射也，欲偃武而興文；其居學也，姑賤左而貴右。《詩》樂之節，雖遠及于《國風》；臣主之儀，毋下瀆于《貍首》。想夫王歸自鎬，天方授周；外飭萬乘，中嚴七騶。眷西學而戾止，法澤宮而載遊。乃習斯射，日昭厥猷。弧矢之威，所以服四海；揖讓之禮，所以懷諸侯。苟微仁聲，安取正己；不有嘉樂，孰明盡美！故必考律度于太師，辨等威于天子。勇非貫革，取服猛以示人；巧在循聲，明備官于同軌。且夫射也，講德而繹志，序賓而考聲，內可以教士，外可以事天。習非其地，則禮失而亂；聽非其節，則樂流而偏。是故因商人養國老之方，抗侯有所；奏《召南》應《鵲巢》之什，舍拔無愆。用能上有常尊，下亡僭禮；遵國郊而西顧，闢儒宮而洞啓。彼或教胄，昭尚右于質家；我以和容，歌得賢于治體。豈非事爲之制，物有其儀？國之興也，建學則不暇；王之射也，于左則已卑。慎所習者，誰能間之？號稱瞽宗，豈特育材之用？禮行君鵠，必先「彼茁」之詩。稽仲尼之遺言，偉宗周之善化。急于誘民也，故因先代之太學；篤于尊王也，故正列侯之左射。聖人之治世也，蓋皇皇然，豈苟悦于自暇哉！

鄉飲升歌小雅賦

古者爲國，厚于養賢。故鄉飲登歌之節，取周詩《小雅》之篇。左聖序賓，推人聲而在上。肄三官始，揄風什以居先。考縟儀于古經，得嘉言于達者。禮有盛而進取，儀有輕而迨下。燕雖示惠，亶合樂于二《南》；飲蓋屬民，反升歌于《宵雅》。何則養老以教愛，上賢而習鄉，孝悌之本，邦家之光。微重禮不能以變俗，微備樂不能以賓王。由是獻酒于阼，席工于堂。庶令在位之人，徧聞其奏；雖用諸侯之樂，未失其常。且夫教希闊則政昏，禮廢壞則民擾。十月飲酒也，吾猶以爲簡；三年興賢也，吾猶以爲少。宜乎發德于民上，永言于物表。曲高和寡，美周德之尚衰；氣盛化神，知王政之有小。用能丕變黎俗，發揚至和。飲雖微也，教讓以爲主；《雅》雖尊也，厚賢而匪他。亦猶士冠本微，三加爵弁之服；鄉射至簡，一用《騶虞》之歌。蓋志恭者，貌必甚嚴；禮盛者，文豈宜略？方將序長幼之等，成賓主之樂。坐以四面，正齒位而無逾。倡者二人，始《鹿鳴》而有作。然則飲非鄉也，不足以敦化；歌非《雅》也，不足以獨升。仰德容之交舉，俾兆衆之欽承。然後和樂而不流，符戴氏之著記；恭儉而好禮，協師乙之所稱。是謂導民，豈曰崇飲？領其音者，信《國風》之爲陋；處其位者，究陽禮之有品。故曰：觀鄉，知王道之易易焉。由此而可審矣。

不下堂見諸侯賦 以「覲禮尊君，不下於堂」爲韻。

諸侯北面，天子當陽。義蓋專于尊主，儀蔑聞于下堂。順命于王，爾有盡恭之節；受享于廟，此無思降之常。原夫制有萬國，必依于順；時序四朝，必示之信。所以昭上下之交，正示威懷之至慎。焉有親屈至尊，下從肆覲？矧秋見之最質，貴君儀之特峻。儲精蠖濩，俟輯瑞之來升；高拱穆清，觀入門之序進。大節斯著，祲容不繁。下屈體而彌謹，上抗威而益尊。萬玉前趨，伊述職之無爽；九筵洞啓，奚降階之可言？蓋覲也，所以比天下之功；堂也，所以示王者之禮。必毋損上以益下，是謂正位而居體。臨軒自若，仰德度之顒顒；當扆不遷，俯駿奔之濟濟。用能制爾多辟，宗于大君。思體貌之無褻，自廟堂而可分。擯詔交相，焉取就卑之誚？威顔咫尺，曾微去所之勤。不如是，則朝廷之勢易凌，臣主之節不厚。易凌則生犯上之漸，不厚則多苟簡之咎。豈若謹入覲以爲常，謂倨見而則不？車馬效貢，序臣職于蕃宣；被袞居高，儼天姿于户牖。得非正遠在乎近，慎終戒乎初。修之朝會，而易干之制定；❶謹于廊廟，而陵僭之患除。專九尺之崇高，儀惟謹爾；定一王之制度，世得據於。丕宣國經，揮綽皇化。惟覲也，有貴于師事；斯堂也，非美乎能下。獨不見夷王之亂典，常凌遲而至于五霸者哉！

路寢聽政賦 以「君居路寢，而聽朝政」爲韻。

朝位非一，邦儀必分。稽辨方于路寢，資聽政于人君。深居法宮，聳顒昂之上德；總攬幾務，集丕遠之洪勳。古之大猷，禮存異數。朝廷有内外之辨，必爲之定位；宮室有游燕之别，宜慎其常度。於赫太寢，維

---

❶「干」，傅校本作「于」。

親庶務。政教于此乎成，號令于此乎布。收視反聽，雖深處于虎門。安上治民，將率遵于王路。業業明后，巍巍廣居。誠制治而欽若，豈便安而自如？高拱内朝，思無求于出位；究觀治體，制必使于宗予。大則四方之風，小則一國之政，舉而失，則民受其弊；行而當，則世蒙其慶。安得不儲思乎凝嚴，養神乎清净？間于户牖，曾靡宴惰之容；垂其衣裳，是專法度之正。且夫尊而不可不慎者位也，是君之儀；貴而不可不勤者政也，是國之基。故必嚴其所啓處，謹其所施爲。然而外朝則已遠，小寢則已卑。酌是中制，垂爲典彝。恭己五門之中，人皆仰止；厲精萬幾之會，政靡殆而。是何垂憲有邦，裁儀廣廷。託民上以臨御，躬日昃而觀聽。是使獨化陶鈞之表，物莫能違；游精巖廊之間，治將自定。然則路，大名也，示君德之孔昭；政，本務也，貴民事之不佻。必推重于正處，表克勤于視朝。獨不見齋居決事者，漢宣之賢，取褒于史策；應門失守者，周康之過，興刺于歌謡。是以爲君，外統百官，内嚴正寢，辨居處以勿貳，專聽斷而有稟。宜乎天子諸侯，遵以爲常，見治道之必審。

郊用夏正賦以「三王之郊，一用夏正」爲韻。

王雖有三，郊則惟一。因正歲之更始，卜上辛而協吉。聖人饗帝，禮莫重于感生。夏數得天，氣遂迎于長日。原夫損益殊世，質文異宜。謂治人之政，則可得而革；奉天之禮，則無得而移。必正其節，必嚴其儀。五精不同，雖各祀其祖出；三正非一，而咸貴于夏時。若乃曆告王春，律回人統，天地之氣交泰，陰陽之和錯綜。驗之于卦，三著之效已明；參之于天，大報之儀可用。于是天子對越在上，親見于郊，席以稾秸，器用陶匏。因天事天，則發生之候爲稱；禘祖配祖，而肸蠁之靈可交。故曰：祭莫重于時，時莫先于孟。將修嚴父之饗，必用前王之正。蓋所以欽若昊天，迪知帝命。用祈農事，順啓蟄而布和；將擁神休，迨發春而施令。然則周以建子，其陽尚藏；商以建丑，乃地之方。皆不足以逆繁禧于吉土，格上靈于彼蒼。是以稽合徂后，發揮盛王。統和天人，是資出震之始；降興上下，聿爲嗣歲之常。古之制也，此其盛者。德非王不足以興大禘，禘失時亦何以格純嘏？故魯侯博卜，《春秋》譏其用郊；顔淵問邦，仲尼告以行夏。得非祭祀之典，貴乎咸秩；沿革之制，美乎登三？順天時之資始，見王道之相參。夫然則郊之用夏正也，蔽百代而無慙。

公是集卷三

宋劉敞撰

騷

逐伯强文❶并序

寶元二年，予羈旅淮南，醫來言曰：「今兹歲多疾疫。」予因作文，以逐伯强。伯强，厲也，能爲疫者，故逐之。

皇皇上天兮，浩浩后土。厥生孔繁兮，其施甚溥。陶陶仲夏兮，草木蕃廡。鳥獸孳息兮，我民樂胥。我民孔靈兮，上帝是仁。天子孔聖兮，百工日新。上無粃政兮，下無悖人。鄰里其集兮，樂哉欣欣。伯强何爲兮，孰畀以政？反世五福兮，持極以令。我民不怡兮，既爽其盛。白黑眩瞀兮，孰辔其正？謂壽反夭兮，❷謂康反病。仁義無益兮，苟且爲幸。嗟爾子强兮，❸其獨何心？絶世和氣兮，俾民不任。上天孔神

❶「文」，鮑校本有注「一本作詞」。
❷「反」，傅校本作「及」。
❸「子」，鮑校本、傅校本作「伯」，下同。

兮，大德曰生。天不可長罔兮，民不可久侵。天誅誠加兮靡所避，❶雷公驅兮風伯逝，嗟爾子强兮何所詣？南有蠻兮，爲寇爲逋。西羌戎兮，恃艱自虞。天子孔仁兮，靡焉畢屠。子强往兮，代天伐誅。嗟中國兮，不可久留。子不去兮，顛倒思予。

屈原嘏辭并序❷

梅聖俞在江南，作文祝于屈原。譏原好競渡，❸使民習尚之，❹因以鬬傷溺死。一歲不爲，輒降疾殃，失愛民之道。其意誠善也，然競渡非屈原意，民言不競渡則歲輒惡者，訛也。故爲原作嘏辭，以報祝，明聖俞禁競渡得神意。❺

維時仲夏，吉日維午。神歆既祠，錫辭以嘏。曰：朕之初生，皇揆予度。嘉朕以名，終身是守。抑豈不淑，不幸逢遇。離愍被憂，天不可訴。宗國爲墟，寧敢自賊？朕惟忍生，豈不永年？悁悁荆人，是拯是憐。赴水蹈波，歲不廢旃。既招朕魂，巫祝昔先。豈朕是私，將德是傳。淪胥及溺，初亦不悛。其後風靡，民益輕死。匪朕之心，是豈爲義？婦弔其夫，母傷其子。人訊其端，指予以詈。予亦念之，其本有自。昔朕婞

---

❶「靡」，鮑校本、傅校本作「安」。
❷「并序」，鮑校本無此二字。
❸「競渡」，原作「嘏辭」，據鮑校本改。
❹「使」，原無，據鮑校本、傅校本補。
❺「神」，傅校本作「人」。

直，不爲衆下。世予尚之，謂予好怒。昔朕不容，自投于江。世予尚之，謂予棄躬。既習而鬬，既遠益謬。被朕僞名，汙朕以咎。朕生不時，亂世是遘。民之秉彝，嘉是直道。從仁于井，朕亦不取。汝禁其俗，幸懷朕忠。好競以誣，一何不聽？我實鬼神，民焉是主。其祀其禱，予之所厚。予懼天明，焉事戲豫？予憫横流，焉事競渡？予懷堯舜，焉事狎侮？汝惟賢人，曾不予怒。徇俗雷同，譏予以好。履常徇直，切諫盡節。人神所扶，未必皆福。去邪即正，何以有罰？曾非予懷，可禁其僞。❶毋使佞臣，指予爲戒。❷錫爾多福，畀爾龐眉。使爾忠言，❸于君畢宜。

寄胡二因甫

我思友人兮，在江之皐。去我無所兮，遠哉遥遥。世豈無美士兮，莫慰我勞。願爲白鶴兮，從之逍遥。

河之水 并序

自河決商胡八年于茲矣，用事者議塞之與勿塞，至今未決，而河頗爲害，予至河北，問河之曲折，作《河之水》二章以告病。

河之水兮，一直而一曲。嗟湯湯兮，安所屬？

---

❶「僞」，鮑校本作「爲」。

❷「戒」，鮑校本作「非」。

❸「言」，傅校本作「信」。

河之水兮，一濁而一清。嗟湯湯兮，何時平？

彼山詩

郡縣多曠土，往往徑三四十里無一人耕者，問之，曰：「逃矣！或十年，或七八年，或五六年，或四三年。」嗚呼！百姓非樂去墳墓、違君長也，凡有不得已。朝廷詔書欲招徠之，❶甚赦其罪戾，捐其租粟，濟其不及。恩至深矣，猶莫有至者。異乎予所聞，作《彼山》之詩，道所以不來之意。

彼山之阻兮，虎豹犺犺。我旋而歸兮，虎來即人。
彼山之澳兮，雄虺攸伏。我息而作兮，虺將起陸。
深不可游兮，高不可飛。我後而悔兮，安庸歸。

武溪深

武溪之水兮，日夜而東流。淺不可厲兮，深不可游。
武溪之山兮，高下而相乘。卑不可越兮，危不可憑。
毋水于憾兮，毋山于仇庚。庚武溪兮，曷云其尤。

懷歸詩

淮水悠悠兮，去我無舟。匪我無舟兮，此焉優游。

---

❶ 「徠」，傅校本作「來」。

淮水洋洋兮，去我無梁。匪淮無梁兮，此焉翺翔。
淮水東注兮，惟禹之績。古人不可及兮，吾獨淹留其何得？

四言古詩

魏京詩并序❶

上二十年始建北京，以章明先帝巡狩之德，以達孝思于下。❷于是野之處士，或相與議曰：❸蓋文王都豐，武王都鎬，豐鎬之間不能數百里，❹文武之位不過侯伯，而《詩》乃以聖人之德、❺天子之事歌之。有如聖朝，德位相侔。述作相繼，而無遹駿烝哉之詩，此乃處士之罪，非公卿之過也。乃考聲譔辭，以繼《大雅》，垂之無窮。其文曰：

皇作大都，大都雄雄。奄定北國，四方來同。
皇曰卿士，在昔聖考。祗遹文武，維慈幼老。

---

❶「詩并序」，鮑校本無此三字。
❷「達」，鮑校本無此字。
❸「或」，鮑校本無此字。
❹「豐鎬」，原無，據鮑校本補。
❺「詩」，鮑校本作「時人」。

天監在上，既有明德。乃命于下，罔有不服。❶
匪允命之，亦章慶之。匪允服之，亦保育之。
時維玁狁，侮予之疆。靡度靡虞，跳呼以狂。
業業烝黎，載震載驚。侵魏及澶，群心不寧。
帝奮厥武，百萬其士。匪怒以棘，于三千里。❷
如虎如貔，如霆如雷。靡有遠邇，天子其來。
天子來止，士增其喜。孰偷其生，以不奮興。
驅之渾渾，攘之賁賁。靡有鞞張，殲厥鯨鯤。
或獻其寶，或請其命。帝振于旅，惟時既定。
屹屹魏土，山河之固。匪山河則固，惟上帝伊怒。❸
既閟爾弓，既櫜爾矛。玁狁臣止，❹四方是休。

❶「服」，鮑校本作「復」。
❷「千」，原作「十」，據鮑校本改。
❸「惟」，傅校本作「維」。
❹「止」，傅校本作「之」。

皇曰卿士，聖考之德。❶允于孝思，孝思惟則。
爾視京魏，❷以作我都。以赫厥靈，俾後勿踰。
皇曰卿士，惟帝時功。時亦惟人，❸惟寇萊公。
爾慎爾止，❹弼予于治。期爾前人，用迪爾事。
皇曰卿士，惟帝作武。垂是萬年，莫敢予侮。
泰山之封，后土之禪。予監若兹，惟天是眷。
翼翼魏土，天子國之。穆穆原廟，聖人則之。
孰爲强暴，敢不來覲。❺俾怛于威，❻于忠是訓。
顯顯天子，孝德自躬。率是休烈，覃之北戎。
河水東注，昭哉禹績。時萬斯年，天子之德。

❶「考」，傅校本作「孝」。
❷「京」，傅校本作「于」。
❸「惟」，傅校本作「維」。
❹「慎」，傅校本作「敬」。
❺「敢不」，傅校本作「來覲」。
❻「怛」，傅校本作「讋」。

古怨詩

鴻鴈飛矣，邕邕其族。孰是人斯，惸惸其獨。
鴻鴈飛矣，或群或伍。孰是人斯，惸惸其處。
天兮地兮，戴且履兮。孰是人斯？莫我視兮。
日兮月兮，出且没兮。❶孰是人斯？遠我忽兮。

雜詩效阮步兵

浮雲泱鬱，迨天未雨。習習和風，長我稷黍。乾道變化，群龍以序。元首永康，股肱是輔。其輔惟何？惟伊及吕。其康惟何？惟堯及禹。我食既豐，我衣惟楚。無有後艱，既歌且舞。我徂何往？于彼淮濱。俯玩其流，清波磷磷。扶摇起鵬，四海揚塵。孰能高蹈，獨潔其身。衆人惑惑，賢者葆真。獨寐寤歌，忘我賤貧。

四皓歌

四皓之意，傷秦之虐，而劉、項之暴又甚。故往而不反也。漢已平天下，又恥高祖侮，予故云爾。

與汝攜手，南山之阿。富貴多憂，孰知其他？
大風横厲，江海蕩波。嗟汝鱗介，傷如之何？
高巖有薇，深谷有芝。人生實難，委曲何爲？

---

❶「且」，四庫本作「兮」。

閔雨詩并狀❶

臣伏見春首以來，天久不雨。曆官李用晦治大衍軌革，太醫趙從古治黄帝六氣，咸以謂風旱歲惡而然。陛下焦心勞意，側躬修德，撤蓄樂，損膳，議獄宥過，以迎導善氣。爰及言事，得罪者唐介、杜樞之徒，復特見甄序。小、大之臣，莫不欣然，人情悦則天氣和矣！乃三月己巳日入而雨，至于庚午。《詩》不云乎「益之以霢霂，既優既渥，既霑既足，生我百穀」。以此見我聖人之德，與天相符。言出而物應，行發而神助。雖水旱之占有常數者，猶不能違之，況其眇者乎！竊觀《詩》、《書》所載盛德之君，至誠動天之速，未有及陛下者也。臣不勝鼓舞之至，謹撰《閔雨詩》一首十三章，章六句，投進以聞。干冒天威，臣無任云云。❷

堪輿絪緼，一晦一明。或沈而毁，或亢而暘。自古已然，世習爲常。

民生冥冥，靡究靡知。其幸而吉，不幸而災。猖狂妄行，惟所遇之。

天命降監，在我元聖。兼覆廣裕，❸四方既定。惟民之恤，❹無所疵病。

---

❶「詩并狀」，鮑校本無此三字。

❷「干冒天威臣無任云云」，鮑校本、傅校本無此九字。

❸「廣」，鮑校本、傅校本作「慶」。

❹「惟」，鮑校本、傅校本作「維」。

伊年暮春，旱久不雨。❶人曰時哉，曆有常數。禹湯之賢，莫能弗遇。❷
帝獨喟息，是豈足言。化育萬物，若容以埏。❸患在誠薄，不能動天。
退而齋心，淵默以居。鐘鼓不設，宴游不娛。左右肅然，壹懷瞿瞿。
疏獄省刑，與物更始。內恕孔悲，引咎在己。爰及四海，愚智咸喜。
追悟讜直，褒進淹滯。聲色無迕，式序在位。嬖習權近，懾威屏氣。
己巳乃雨，若有鬼神。淒淒其風，渰渰其雲。自東徂西，罄無不均。
匪震匪拔，匪溢匪洩。生我百穀，區萌畢達。以享以食，小大胥悦。
天子之德，視雨之施。肇自京師，達于四裔。無有蠻貊，孚我君惠。
天子之政，視雨之時。養老長幼，速哉熙熙。更化易俗，而民不知。
天子之慶，視雨之積。自天降康，時萬時億。眉壽無疆，以靖四國。

❶「旱久」，鮑校本、傅校本作「久旱」。
❷「弗」，鮑校本、傅校本作「不」。
❸「容」，鮑校本、傅校本作「鎔」。

公是集卷四

宋劉敞撰

五言古詩

雜詩二十二首❶

五都貨財地，車馬趨市闤。平明側肩入，薄暮掉臂旋。意氣何所期，盛衰俛仰間。乃知勢利合，厚薄未可原。張陳父子游，一旦復相殘。萬古稱凶終，此獨何足言？

大火序炎夏，盛陽劇炮燔。空桐疾風來，晝景中變寒。皇天自平分，四氣尚相干。涼燠異朝夕，萬事誰獨堅？宛彼風中籜，衆芳自此殘。至理冥變化，履霜用爲歎。

至人邁龍德，世豈識潛升。昔在周道衰，伯陽起西征。胡爲委一世，畏此網與罾。川竭山亦摧，喟然吾何稱。豈不懷徘徊，民言憯無懲。亹亹强著書，後賢以爲經。

崑崙邈人境，日月相蔽虧。上有仙聖居，帝閽俯崔嵬。王母坐少廣，有娀閟瑶臺。弱水不可梁，大荒曠

❶「二十二首」，傅校本無此四字。

無厓。周穆昔好游，❶超絶僅能陪。方朔偷桃兒，沈濁何乃來？青鳥通其使，雄鳥爲之媒。靈化信難測，真契從此推。

勿以隋侯珠，彈雀千仞峰。勿以和氏璧，投人昏夜中。彈雀不可期，投人未必容。大賢惡皦皦，所以明若蒙。

積薪莫自高，失馬莫自悲。薪積常先焚，馬失常復歸。人情習所近，物理豈易推。君看禍福間，紛糾如纆徽。

朱暉乘餘香，三月覺徂暑。流光不相待，時節猶逆旅。煌煌園中花，零落會見汝。啼鴂鳴空林，良辰竟何許？

秋風吹賓鴻，❷千里飛一息。❸水闊稻粱寡，天寒霜雪逼。豈不抱遠志，顑頷傷顏色。顏鶬乘春暉，采采華羽翼。側身襲人間，慧巧誰怵惕？出入金玉堂，户牖初不隔。上無飲啄患，下有居處益。胡爲事高遠，骯髒莫自適。

駑駘不下廄，騏驥行萬里。勞逸誰爲多，芻豢復誰美？天機信其宜，人事亦何恥？世無王樂徒，駿骨

---

❶「周穆」，傳校本作「穆滿」。
❷「賓鴻」，傳校本作「鴻賓」。
❸「飛」，傳校本作「非」。

或空死。

悠悠浮空雲，明暉何倏忽？造物固難恃，變化亦倉猝。嚮莫爲雷霆，明莫爲日月。日月易遮蔽，雷霆易奔絶。

古風不可復，習俗已久敝。咄嗟忠與信，流蕩爲詐術。詐忠惑其君，詐愚安其身。色厲内以荏，行違貌取仁。三年始横流，後來更日新。至公棄塗炭，正道敗荆榛。已矣千載後，誰能反其身？

毁巢鳳不至，竭澤龍不游。賢者有所歸，得非龍鳳儔。周公下白屋，聖德被九州。趙禹謝賓客，漢朝以爲優。澆淳不相襲，用舍何其繆？苟循一身利，❶不爲萬姓謀。哀彼《杕杜》詩，死生遺道周。❷

皇天不絶命，百姓何震愆？歲暮霜雪至，❸悠悠事南遷。羈鳥哀去巢，游魚樂懷淵。如何道旁子？逝將不復還。西望周鄭郊，顧想河洛間。伯禹不可作，涕流爲淪漣。

爨桐深竈下，埋劒古獄間。怨聲動旁人，憤氣凌彼天。當時頗見旌，後世稱爲賢。自古聞知音，此事或偶然。

嶰山有奇竹，老棄陰崖巔。太丘有神鼎，逃匿千丈淵。光景閟不見，音容杳無傳。豈能向時俗？干進

---

❶「循」，傅校本作「徇」。

❷「周」下，傅校本有注文「此首題《雜詩》，效玉川體」。

❸「至」，傅校本作「摯」。

心拳拳。世貴一人敵，又稱朱絲弦。吾欲評其風，願君詠此篇。

鑿井取泉飲，上山采薇食。豈不信憔悴？所願皆我力。泉也非難致，薇也亦易得。志士恥徒飽，衆人苟所獲。犧牲畏芻豢，樊籠害羽翼。悟理宜在早，無爲晚更惑。

蛟龍蟠深泥，魚龜頗同調。❶變化且何有？蝘蜓亦可笑。煌煌千金珠，百仞閟其耀。風雷在所遇，隱顯始獨妙。屈身天地間，微物安得料？

伯夷逃西山，尼父居九夷。世苟不我用，我方從此辭。道悠豈忌遠，義豐不云飢。世非乏賢士，爲問從者誰？由也實好勇，叔齊固同時。捨此乃無人，籧篨而戚施。遠矣千歲後，愴焉我心悲。

道薄德亦散，功名爲時須。用力世所賢，守正衆云愚。智者競蒿目，小人復邇圖。悠悠三季後，此風益已渝。安知治未病？舐痔而多車。堯舜無能名，越哉已矣夫。

雍門妙絃歌，哀響激人耳。偉哉孟嘗君，慷慨淚如水。當生復念死，誰謂悲能已？絲桐信感人，世固乏之子。

昔者有化人，來集周王庭。咫尺逝萬里，頃刻超百齡。五音蕩心神，耳亂不可聽。衆采眩其目，不分丹與青。飄颻惑真僞，怳忽迷窈冥。馳思八極表，詎知日與星。未嘗出户牖，自疑涉天廷。左右莫覺悟，兀然殆遺形。祈招作悲歌，聖賢用爲經。

---

❶「龜」，傅校本作「鼈」。

翩翩丹穴鳥，志在萬里外。營營持罦叟，何事守蒿艾？聲音可得聞，羽翮不能害。嗟彼雉與兔，首身自此碎。

詠古詩十二首

虹蜺明西方，五色相屬聯。浮雲萬里來，泱鬱天宇間。白日晦無象，盛陽變爲寒。洚水彌九土，陵谷相貿遷。盈虚叵前測，物理有固然。

長離乘風起，四顧求所棲。路窮臨蒼梧，復排層霄飛。豈不願安處，不知所可依。罾繳充逕隧，鵰梟正鳴悲。瞑夫抱同律，曠絶將何希？

趙國棄鳴犢，孔聖爲之回。❶西伯善養老，伯夷以爲歸。馳驅西楚郊，徘徊太皥墟。周漢多封君，不祀既忽諸。三墳基皇德，八索總道樞。若人豈欺我？虞夏亦典謨。萬里如浮雲，古風訖無餘。往矣不可追，喟然爲躊躇。

游鱗泳泉下，黄鵠巢林端。得失不相及，天理庸自全。有虞垂衣裳，西母獻厥環。周穆賓崑丘，車轍萬里間。宗廟頹爲墟，閶闔不可攀。祈招作悲詩，萬里用爲歎。

靈山生神芝，一年再三秀。絢彩奪霞露，熒煌寄巖岫。真人勸我湌，可以躋萬壽。自古王子喬，祕此莫輕授。采之豈辭遠，時逝不可又。歲晏懷所思，終焉不盈袖。

❶ 「孔聖」，傅校本作「孔丘」。

元鈞運洪爐，晝夜不少停。萬物更相禪，一氣紛異形。駒掇出竈下，久竹爲青寧。孰知范氏犧，晚就南畝耕。至人友造化，逝與一世冥。善惡故不屑，寵辱何足驚。

東遊滄海濱，回首面大荒。豁達三齊風，連山鬱蒼蒼。在漢田横氏，不忍南面王。磊落五百賢，從死忽若亡。壯士不必成，令名固爲長。異體同一心，萬年尚耿光。

天道不可聞，自昔孔子徒。籍籍秦漢間，將非愚且誣。大河決東郡，火德以爲符。哀哉冀州壤，兆民散爲魚。公孫雖前覺，執政疾魯儒。世無異物神，終竟遺泥塗。

萇弘謀周室，憤血死猶碧。子胥殞吴門，江水爲之逆。精能動天地，忠不諭兩國。九鼎既西逝，姑蘇亦東側。偷容習爲俗，萬世未遽易。形勢驅使然，生民豈惡直。

麒麟不可羈，安得書《春秋》？鳳凰云難致，孰使鳴岐周。無田于甫田，歲月忽已遒。❶如非行邁謀，自宜道路脩。安知吹鳴律，燕谷成良疇。不見託秋駕，崑墟亦能游。

通都天下衢，名化交百廛。鳴雞側肩入，日暮掉臂還。有生寄無窮，過若空中烟。俯仰異去就，況乃多歷年。留侯獨悟此，解組從列仙。萬户如脱屣，故爲絶世賢。

南山有樛木，葛藟蔓其封。上枝結紛菲，下枝散蒙蘢。下能使上好，上亦令下通。寧知力不足，歲暮摧烈風。苦成任兩國，德孰與棟隆。君苟以此始，又當以此終。

---

❶「已」，傅校本作「以」。

讀峴山詩寄獻八舅龍圖

道悠寄先覺，神契無近知。彼美羊公意，今在峴山詩。陵谷非一變，榮名獨至兹。當時偶然語，正與來者期。慷慨激悲歌，崔嵬構叢祠。懷哉千歲後，慰此江漢思。公亦蹈前人，方爲帝王師。奮筆成不朽，何啻中亭碑。❶

偶作二首

蓬蒿附高原，芙蕖植汙池。物生自有性，不爲高下移。貴在世所用，未可以爲師。賤在衆不識，未可以爲嗤。

州來薄千乘，巢父輕九州。齊景登牛山，涕泗獨交流。左右同來人，嗚咽不息收。共知富貴樂，變化不可留。四顧更悲歎，萬類莽悠悠。歌舞未終曲，回首已可愁。或指白楊下，荒草古時丘。危辭才感拂，耿耿相應訓。豈識達觀士？笑爾若蜉蝣。

蒙示容齋詩輒爲五言仰續逸唱

達人與道運，投迹繫所逢。在治信若鳳，處幽固猶龍。外物紛屢變，中扃豁兼容。乃知雲夢區，未足嬰其胸。明公蹈康濟，兹世已陶鎔。優游就偃息，暇豫奏時雍。❷高齋危舍宇，數畝環崇墉。虚軒便炎夏，奥

❶「啻」，傅校本作「翅」。

❷「奏」，傅校本作「輳」。

室宜隆冬。采真混出處，造適觀羲農。玩名肆獨樂，怙勢輕萬鍾。越人起丹穴，子房去赤松。材爲用見循，道以世難從。古事何昭昭，斯民積顒顒。獨應甘棠樹，方使來者封。

得汝州舍弟新詩

魯人貴《韶濩》，海鳥眩以憂。豈不盛鐘鼓？性違理自愁。憶在田野時，終歲頗優游。食魚出有車，夏葛冬亦裘。弄翰不自量，著書望孔周。處身笑汲汲，視世良悠悠。誤及時君門，過緣名字求。軒冕非己好，簿書反自羞。因欲飾所短，强爲妻子謀。精神敝蹇淺，學殖誰勸修？歸臥常喟然，歲月屢以流。愧爾從軍詩，氣完語更遒。豈獨古人風？遠與王粲儔。實爲平生賞，若慰鍾儀囚。我年向四十，蒼髮已滿頭。篋中無寸書，磨滅悲蜉蝣。念此可以驚，如何復淹留？昔買吴下田，頗聞利鋤耰。汝宦何時歸？相與尋滄洲。處使有茅屋，出使有漁舟。知命贊《易》篇，没身記《春秋》。但令文章顯，不愧時俗偷。世事非所了，咄哉無夷猶。

續黄子温讀陶淵明詩十首

四海方蕩潏，匡山得三隱。若人獨秀士，逸響露深藴。江漢東南流，滔滔未之盡。

羽輕鮮知福，地重每貪禍。有以羲皇民，居然北牕臥。此意俗莫悟，將非首陽餓。

長梧有高韻，千載不可及。五柳遺世名，于今亦獨立。悲哉市朝士，夸競常汲汲。

子綦委天樂，窮達兩已忘。九歎爾何知？捆也安得祥。一吟責子篇，千古如相望。

追俗情易合，玩奇當企爾。柴桑彼何者？高唱屢在此。凡有三柴桑。縣令不俛眉，吾又悲揚子。

州縣徒勞人，著作非所務。道殊豈自强，氣直已多迕。屢招遂長往，歸歟彼何暮？

昔在八州牧，功業濟衰晋。吾聞賢者後，鮮不祚休運。如何竟廖廓，天道蓋難問。

孟嘗實超邁，舉世少其並。風流自有鍾，若士復孤迥。祖述酒中趣，乃知外家性。

吾今乞食士，因詠乞食詩。諒無乞食怨，復想乞食時。貧賤自古然，豈愧世上兒！

曩遊潯陽郭，懷古愴來暮。不意陳蔡間，起予欣有遇。彼此共一時，悵然感佳句。

晝寢三首❶

日出百事集，人生亦多憂。曲肱試少息，乃得逍遥游。圉圉爲潛魚，因之乘波流。翻翻爲飛鳥，爰以凌空遊。在己孰是非，于物任沈浮。❷觀化悟獨樂，真僞竟悠悠。

成敗勞耳目，是非喪神慮。我生天地間，安得棄之去。始疑昏逾明，漸覺夢勝寤。但可寐無聰，安知歲云暮。神交既倜儻，魄定奚憂懼。此以遺朝昏，因之保吾素。

久思謝時俗，奔走難自諧。逍遥衡門下，雖陋得我懷。汲彼井底泉，掃兹風中埃。歊蒸爲之去，襟抱蕭然開。養心貴能適，造適不及排。胡爲車馬客，一往忘歸來。

---

❶「三首」，傅校本無此二字。

❷「任」，傅校本作「妄」。

晝寢上府公

長日無所爲，高卧聊自如。清風拂庭樹，蕭蕭牕户虚。曠逸追羲皇，粹和反華胥。暢然物外遊，謂若天下無。方今少陽交，田野東作初。壯者固不暇，老者日競趨。胡爲乃自便，徐徐以于于。從吏代力耕，飽食良自娱。事賢庇敏政，宿官特多餘。念兹寄幽閒，未覺勞簿書。但恨不可雕，正當砭其愚。

六月二十六日西閣晝寢

馳騖聖不足，治安愚有餘。願言從物役，即事實燕居。清切掖垣峻，深沈雲閣虚。食有萬錢膳，架多四部書。低頭悟素飡，遊目慚古初。非吏復非隱，人言定何如？平生山林尚，自與功名疎。何爲出不反？視此歲月徂。秋風隕高林，蟋蟀鳴階除。行矣浮扁舟，季鷹不欺余。

苦雨二首

洪河滔冀州，大陸日夜摧。天時普陰沴，飛雨皆北來。崩騰亂雲霧，頃刻不暫開。通衢爲深淵，高堂生蒼苔。稼穡日以没，民生一何哀。微禹既已矣，我其爲魚哉！

獨坐空堂上，漏濕無與娱。晨炊烟不然，敗竈將生魚。被服鼃蠙衣，出入螺蚌居。里閭杳相絶，滔滔水漸車。安得雙羽翰？超然謝泥塗。

久雨三首

繁陰過五日，積雨迷九天。衣冠亦泥塗，陵陸成深淵。忘屨已乘橇，舍車始思船。曰余蹈滄海，良知時適然。

清渠彼涓流，通逵此夷坦。風雲瞬息間，江漢倏生眼。淵源詎能問？浩蕩頗可憚。白日蔽九霄，吾行幸當返。

巖巖蓬萊巔，赫赫崑崙墟。上帝嚴紫垣，群仙亦深居。高出雲電外，俯視風雨除。安知昏墊民？汩没纔閭廬。

石林亭成宴府僚作五言

吾愛謝宣城，適意安獨往？雖聯鳳池步，不廢山泉賞。吾慕應休璉，感事能屬書。頗嬰下流謗，獨占仁智居。寥寥二賢後，忽忽千載餘。若士不可追，此風或在予。延石象衆山，決泉瀉交渠。林壤使我欣，不知歲月徂。薜蘿分蔽虧，松竹相扶疎。時時四方客，顧此亦踟躕。儻遇鍾子期，知子情所攄。

自京師汎舟還郡作三首

秋夜何迢迢，一夢八九覺。孤舟寄風雨，短燭才自照。冥冥高雲過，寂寂山鬼嘯。展轉誰與歡？漂泊未可料。昔我自兹邁，春華巧相笑。今我復來此，落葉紛滿道。客行無遠近，勞苦略同調。一歲再羇旅，人生豈長少。良無二頃田，詎得守蓬藋。

昔在馬少游，抗志安故土。其後龐德公，迹不踐城府。出乘款段馬，身與麋鹿伍。鄉里稱善人，妻子同隴畝。人生資衣食，既足尚何取？致求多贏餘，筋力但自苦。

常陰貫秋序，浲水彌平陸。居人逐飛鳥，往往巢樹木。四顧何茫茫，江海忽在目。古語乃信然，高陵或爲谷。乘桴義無憾，斷髮憂可辱。弁冕績禹功，誰其悲濡足？

西陽池新舟邀府公遊泛

昔賢濟川意，固與斯人共。曠代屬明德，至樂下及衆。池臺固舊賞，舟楫爲新用。忽疑江湖景，稍信風瀾縱。追參鳧雁泳，歷覽魚鼈動。頗已寓高興，矧今結輿誦。嘯歌一時適，顧眄萬全重。好勇知未能，乘桴自欣從。

贈馬惲供奉

朝廷功名次，晉國在第一。受遺先皇帝，事與周召匹。丹青爛勳伐，終始最密勿。宗族宜甄庸，百世皆寵秩。公孫非遐胄，何乃尚淹屈？官名雖供奉，冗散真士卒。努力習文華，家貧傳清德。翰飛終不高，好事見心骨。人生繫逢遇，進退豈定律？古者如爾徒，萬户自可必。今者如爾徒，富貴亦未失。主張有真宰，時態莽回聿。咄嗟元功世，頗復困蓬蓽。吁彼山野人，奚由自奮出。

出城 城角東積水如江湖，❶壞田甚多，居民捕魚、種蓮芡自給，❷從丙申已來四年矣。

出城得自便，下馬事幽討。曠野荒不耕，蒺藜生滿道。往往逢飢人，群輩掘野草。❸不惟黃頭兒，亦有

---

❶「城角東」，鮑校本、傅校本作「八城角已東」。

❷「民」下，鮑校本、傅校本有「更以」二字。

❸「輩」，原作「背」，據鮑校本、傅校本改。

白髮老。問之指積水，此去殊浩浩。室廬久漂蕩，樹木多立槁。食此且賒死，❶堯年亦久澇。不能去墳墓，更欲依蒲藻。昨來計蓮芡，❷頗不減粳稻。明年當大種，妻子或相保。

夢　中

誰謂夏夜短？一夕夢九逝。夢中如平生，歡笑隨母氏。覺來拊形軀，獨在人間世。上呼聲連天，洒泣血滿地。何忍留我生？哀哀抱微志。

癭木樽

先民任天真，吾得見其器。其器云如何？蓋若刳木類。不戕生以戚，不傷材以蔽。不以遠見遺，不以枯見棄。因其無用姿，授以有用意。取彼自然象，廓此閎然制。豈無彫磨工？不欲敗淳粹。豈無青黃文？不欲增巧僞。其高豈無蓋？不設篕簠製。其下豈無舟？不著雞鳥麗。任真肆穫落，肯慕金玉貴。兒童誚敦朴，婦女驚醜異。豈若輕薄子？形容混茲世。矜愚以相高，飾貌以自喜。淳風陷衰薄，古道喪簡易。自非窊樽民，慎勿同一醉。

泛　舟

長嘯望江漢，緬懷滄浪行。因浮扁舟去，共盡幽人情。春日天氣佳，近郊潁水清。雜花亂繽紛，好鳥相

❶「此」，鮑校本、傅校本作「之」。

❷「計」，傅校本作「討」。

嚶鳴。解纜相沿泝，凌風恣縱横。適心故真樂，徇物皆虚名。興盡相與歸，夕陽半東城。

過士建中屯田居此君年六十請致仕所居蔽風雨而已

市朝隱非一，躁静理不同。多君金閨彦，遠有山林風。千鍾臥名利，三徑入蒿蓬。似是於陵子，又云張長公。相望千年外，獨得環堵中。自古用先進，誰當駐飛鴻？

出　城

簡服謝車馬，逍遥理輕策。平原草樹美，百里見秋色。稍知人境殊，似與囂塵隔。悠悠出岫雲，杳杳歸林翮。煩腸寬鬱紆，遠相俱幽寂。孤烟起晴縹，去水照心白。所期尚臯壤，生事視耕植。適野非昔賢，于焉如有獲。

泛舟三首

冰泮池水緑，春意亦已歸。長楊特多思，浩蕩隨風飛。弄舟不用楫，漾漾陶春暉。回還無終極，孰謂江湖非？舉觴屬坐人，行樂常苦稀。一醉捐百慮，念子勿相違。乘日復來游，北林稍芳菲。當令魚與鳥，識我心無機。

雪消泉似漲，冰解舟可通。操篙不憚冷，環渚故無窮。歌詠淹短日，❶醉酣輕朔風。何須萬乘相，始辨鴟夷翁。

---

❶「短」，傅校本作「留」。

方池亦通舟，水色涵碧霄。解舟不用楫，漾漾隨風飄。中河乍縱横，顧眄幽興饒。白鳥逃人飛，赤鯉時復跳。稍與外物遠，解襟歌且謡。安知抱憂思？謂我士也驕。

初到毗陵

獻歲涉重江，仲春安我居。衆物已熙熙，新花生遶廬。解裝慰羇旅，置此琴與書。稍稍道吾真，幽襟得軒虚。頗聞蘭陵俗，尚有荀卿餘。文章幸仰止，夙好今欲攄。膏雨復應候，帶經得耕鋤。歌成擬炎氏，賦就期相如。出處方自爾，名聲亦從渠。無煩畏壘民，屑屑俎豆予。

雨後城下

雨餘百川漲，遠水浮林梢。忽怪有帆席，何爲出鳥巢？登臨非吾土，虚爽慰南交。稍見暝烟起，陰蟲啼草茅。

下汴

畏途心多驚，强寢終不安。❶雖是仗忠信，猶有行路難。古今惡隨波，今乃知所患。胡爲出溷濁，幽興悠然寬。

望九華山

九華非人境，聞譽不相識。南浮大江波，始見蒼翠色。是時雨初霽，積靄尚融液。九峰若鷔龍，並躍雲

❶「不」，傅校本作「未」。

外碧。森然聳牙角，未謂真是石。問名審其實，歡喜愜所適。恢奇一何甚，遠想始開闢。造化競淫巧，斧斤恣彫刻。不然何其功？不與嵩華敵。我行宇宙間，若此曾未覿。中國名山川，幾何亢斯迹。徘徊不能去，塵土媿行役。平生樂閒曠，時俗況迫阨。誰爲隱君子？攜手宅巖隙。

雞冠花

秋至天地間，百芳變枯草。愛爾得雄名，宛然出陳寶。未甘階墀陋，肯與時節老。赤玉刻縝栗，丹芝謝凋槁。鮮鮮雲葉卷，粲粲鳧翁好。由來名實副，何必榮華早？君看先春花，浮浪難自保。此花白露後益殷鮮可愛，《玉書》云：「赤如雞冠。」

陳郎中竹園

蒼竿十餘畝，❶歲晚色更好。詰曲逗遠村，深沈象晴島。鳴禽自相應，風葉不待掃。何事主人心？白頭三署老。

浮雲

高雲乘飆風，泱漭縱所適。大哉九霄闊，俾爾萬里客。豈無一掬潤，浩蕩洗南國。應龍潛冀州，回首空眇默。

❶「竿」，傅校本作「竹」。

公是集卷五

宋劉敞撰

五言古詩

題度支廳事許道寧畫松石呈彦猷鄰幾直孺

長松森無依，蒼石儼相對。自然山林氣，若出天壤外。許生筆妙絶，今世殊少輩。發揮得意表，瀟洒與神會。炎蒸五月交，塵土九衢内。微風度牕來，左右含天籟。下有漁樵翁，生事尤可愛。茅茨乍隱見，畎畝更向背。吾廬若辦此，軒冕本不賴。願從二三子，相與駕言邁。

擬阮步兵一夕復一晨

一昏復一晨，一晨復一夕。擾擾若有爲，悠悠定何役？譬如風中葉，不自知所適。譬如池中魚，强自營所得。朝乘日車出，暮與羇鳥息。昔我髮純漆，今我髮半白。誰能邀神靈，傅我雲表翼？我與從之游，覽觀元化極。

紀危❶

四月河水湍，怒風復相乘。維絶柁亦摧，舟人廢其能。中流急迴環，頃刻不可勝。性命委自然，豈知所依憑？堤旁多聚觀，失色氣崩騰。孰不願引手，而乏鉤與繩。嗟我亦天幸，既危乃復興。追思方厄時，汗出如洗冰。側聞前此者，覆溺已屢曾。❷此事通爲邦，長民可以懲。因書作長詩，俾不忘戰兢。

十二月十一日雷電有作

今茲方隆冬，陽春尚宜少。去聲，幼少之少。何忽雷早聞？因之電争曜。砰轟非常怒，礮礰通夕照。號令無乃乖，災祥諒誰召？吾聞玉女戲，獨得天公笑。此理正應爾，君毋强譏誚。

種紫蘇

赤日厚地裂，百草殆立枯。朝雨應所至，雖微念勝無。力難興禾黍，可以成嘉蔬。歲暮有此望，帶經且親鋤。今茲五月交，盛陽消已徂。汲汲愧老圃，仲尼云不如。養生寄空瓢，雖乏未可虚。正以嘗一飲，形骸如此劬。

遣懷三首

天道與性命，聖人罕其言。七十豈常士，游、夏終不聞。鞠躬慕仁義，或不免飢寒。姦雄何爲者？往

---

❶「紀」，傅校本作「記」。

❷「曾」，傅校本作「增」。

往爲世賢。倘復有真宰，無用預其間。❶

有形每共生，❷達士獨無惑。昔有蒙袂子，恥從嗟來食。物生會當盡，壽非金與石。但恨居世俗，不能盡胸臆。壯士志溝壑，斯言著前識。

初歲志慮淺，所慕在輕肥。自恨聞道晚，不虞失性非。迷途將未遠，回駕猶庶幾。古賢多事業，出處何不知。寧受芻豢辱，倘爲鴻鵠飛。

歸牧相訪示所作詩賦篇予與其兄子緯還往頗熟

曰予謝賓客，久與時世疎。何忽衡門下，見枉使君車。彤旆映落日，腰間有懸魚。抵掌若平生，論文及空虛。昔與君猶子，結交幸通書。往還苦不早，相見情有餘。置我二阮間，遠慙德不如。强來束帶起，投謁尋君廬。

大雨中入局寄彦猷時以疾臥家

歊蒸變繁陰，快雨如破谷。明趨閶闔路，深水入馬腹。此地常結轍，江海忽在目。冥行畏坎井，躡迹戒顛覆。慙問高眠翁，不知泥塗辱。

❶「預」，傅校本作「與」。

❷「每共」，傅校本作「共每」。

賀范龍圖兼知延安❶

大兵昔摧傷，兩將辱狂虜。❷哀哉中國士，化作城下土。冤魂不得返，殺氣淩彼蒼。天亦爲之悲，白晝日無光。人言此城下，往往鬼神哭。此事天子憂，此心大夫辱。昔公守東越，人怨公不用。今日公在西，知公德持重。築城不必堅，解甲不可攻。何況保金城，弛張皆繫公。汲黯輔炎漢，淮南内聳懼。郅都守窮邊，匈奴爲之去。此事昔所聞，今日見所親。折衝樽俎間，震動旃裘民。國恥行且刷，寇讎不可保。斯人歎微管，願及太平老。

奉和宋次道遊嵩十五韻

嵩峰三十六，皆在青雲端。宿昔望見之，恨不生羽翰。卷鬱塵土中，日月如波瀾。邇來老將至，更覺行路難。聞君謝車徒，選勝窮峰巒。幽深每獨往，神異多所觀。若有真仙子，羽衣白玉顔。吹笙烟霧中，舉手留盤桓。信非人間境，邈與時俗懸。顧懷平生舊，慰以《逍遥篇》。三復想在目，令人愧衣冠。處世闊且疎，幼輿亦有言。一丘與一壑，自謂無間然。安得從君游？解纓弄雲泉。昏昏歲復晏，相望空長歎。

和聖俞逢羊

道傍逢群羊，問羊將何之？朝供大官膳，躑躅未自知。觳觫此何罪？無乃芻豢爲。肥軀一報德，鼎

---

❶「范」，四庫本無此字。

❷「辱狂虜」，原作「折旗鼓」，據傳校本改。

沮安可辭？寧辱泥塗中，故人所以悲。

懷歸

圖養始干禄，執官復辭親。外物與我違，幽懷安得伸？低徊畏簡書，苟且謀賤貧。碌碌已無期，規規徒自珍。秋風卷層雲，鴻鴈知所賓。我獨無羽翰，不能絶飇塵。

送吕光禄自十一月留郡下，凡十餘日，得劉字。

氾濫誠易挹，俊賢噬肯留。❶愧君殊邂逅，卒歲能優游。會心到稽吕，訪古窮嬴劉。誰令春風來？翩翩動歸舟。千里在明發，一樽成獻酬。江湖望魏闕，離思空悠悠。

題改芷亭作水鑑亭

昔人種白芷，既以名此亭。今我開蠹淵，復以水鑑名。吾豈異昔人，而徒易其稱。所樂于水乎？内明而外清。内明可比心，外清可照形。照形不吾欺，比心不吾傾。虚静吾自居，逍遥以無營。會有水鑑賢，吾能與同登。

閉門二首

閉門無所事，歲月忽已極。豈敢空絶交，出門諒安適。是非斂外慮，文字堆四壁。堯、舜參在前，孔、孟

---

❶ 「俊」，傅校本作「畯」。

凛居側。❶崑崙默泛覽，萬里在瞬息。敻古時幽尋，千年僅頃刻。悠悠富貴士，此趣或未得。胡爲逐車馬，辛苦牽事役。

傅巖由帝賚，圯橋自神授。商道粲復興，漢基翕然構。窮通苟有命，貧賤豈足疚。斯道誰得聞，人方薄圭竇。

小孤山

驚波觸南崖，反怒射北壁。❷蒼山相與排，所謂小孤石。蟠根萬仞淵，聳角百丈碧。祠堂豁精嚴，行旅進粉澤。或云婦女神，肸蠁頗有迹。❸吾知定名意，似欲旌介特。流俗失其真，傳聞莫開釋。居人私其利，禍福妄損益。競爲媢妒説，❹以誣聰明德。先王秩山川，禮典有廟食。奈何媢于竈？屈己忘正直。吾欲爲小孤，作書解行客。復恐不見從，嗟哉世多惑。

新種雜花樹

天地大逆旅，浮生遠行客。大無萬里異，遠不百年役。乘流惟其遇，得性從所適。何必思舊鄉，而復名

---

❶「孔孟」，傅校本作「丘軻」。

❷「怒」，鮑校本作「照」。

❸「肸」，鮑校本作「盼」。

❹「媢」，傅校本作「娟」。

一宅。此邦非吾土，此廬非我迹。彼我苟已齊，賓主不足擇。種樹宿所好，及閒易爲力。芳草十餘品，往往手自植。春風二月交，重疊庭下碧。欣欣生意好，一一見顔色。對之默終日，澹若無情極。四時背人馳，壯士每歎息。憂來忽無方，外物不可釋。中和一相伐，頭髮先爲白。萱乎爾能忘？于我獨有德。

滕司諫知涇州

天狼東南鳴，雨矢西北集。覆載豈不容？縛虎宜在急。《詩》、《書》擢將帥，高枕付城邑。權變非武臣，恩威在呼吸。壯夫氣已激，義士感成泣。籍籍名四喧，蕭蕭髪競立。行旂亂鷹集，❶已有邊風入。遥知謁明光，介胄但長揖。

城下

秋成雨更緑，高下共萋萋。浮烟晚自起，歸鳥暝争棲。山谷入幽想，茅茨多舊蹊。日涉遂成趣，身將麋鹿齊。

庶幾堂

徂暑亦已煩，清旦尚餘爽。薰風應候至，芳物與春往。庭樹交浮陰，山禽轉清響。空堂更幽寂，初日正蒼莽。時節無所感，忘言以爲賞。

---

❶「集」，傅校本作「隼」。

涼夜

踈雨洗明月，清風生晚涼。動摇星辰影，汎灔河漢光。螢變覺草腐，蟲吟知境荒。端憂易遠感，❶不眠疑夜長。

狄梁公李太尉廟

就列貴陳力，立功尚成名。兩君雖異時，令望相提衡。治獄多陰德，不戰屈人兵。去思獨至今，奉祀見遺氓。文武百世師，將相一時榮。念我誰與歸，愴然悲九京。

畢吏部冡❷在太一宫側。

蓬蒿道旁冡，云是晋時賢。名聲與陵谷，共盡一千年。惟昔縱達觀，死生同蜕蟬。安知泉下魄？非復甕間眠。

和張洞春雪

水國雖暑濕，亦惡春令早。雨暘恒不時，過燠未爲好。凌威集驕陽，瘴疹一以埽。宿麥根復濡，豐年不煩禱。堪輿氣清真，生物同壽考。大哉造化力，排斡正穹昊。能令四時順，少失安足道。君胡乃歎嗟，哀彼花與草。方今王正始，節物自未老。繁華雖云遲，秀實終自保。可以寬君憂，毋爲色枯槁。

---

❶「遠」，鮑校本、傅校本作「遽」。

❷「冡」，原作「冢」，據文義改。

雪　意

凄風起幽朔，白日晦光色。仰視浮雲高，蒼茫天容碧。林林慺群木，栗栗抱寒魄。今朝識天意，欲見松與柏。

雪　後

日出桑柘巔，鶴鳴風景和。縱心適田野，顧覺春意多。欣欣林間叟，負薪行且歌。此中有真樂，富貴如余何？

壽寧觀殘雪

春陽漏潛筦，凛氣留深殿。金莖向飛露，碧瓦仍鋪練。寒光寂寞迴，暖色依微變。壺中異風景，會待花如霰。

初　雪

荒居人迹絶，但覺歲月頹。北風不我欺，吹雪天上來。入户時繽紛，當軒肆徘徊。有情知相親，高臥未足哀。他日門晝關，今旦門早開。開門將誰爲？南山玉崔嵬。

雪中寄貢弟

天寒雲長浮，雪急風更厲。行子歸何時？遠遊感人思。脊令顧儔下，鴻鴈順時逝。原隰無安居，稻粱豈深志。誰令歲月晚？坐使羽毛瘁。江湖可遣憂，引領正相遲。

月　夜❶

日入更洒埽，翛然庭檻空。酒杯落明月，白羽來清風。佳興自不淺，幽人無異同。❷徘徊臥林下，重露霑蘭叢。

和閻都官九月十三日夜對月是夕某與子華聖俞如晦會飲君謨所

秋霖恣淫溢，后土無時乾。忽驚浮雲盡，更覺天宇寬。涼月如白璧，飛來青冥端。衆星稍滅没，驚鵲自盤桓。興發思遠游，惜無淩風翰。聊尋故人家，呼酒澆肺肝。適與二三子，四座俱解鞍。意合心賞同，百觴不辭難。玩古驗漢魏，君謨出漢魏時金錯銅機，精麗有分寸尺度，天下奇物也。舞姝試邯鄲。詼諧雜謡語，大笑傾衣冠。足爲一時樂，未悟清夜闌。每至絶倒處，恨君不獲觀。明發得新詩，照人瑩琅玕。又知共兹翫，正若相從歡。君本青雲人，淹留尚郎官。曠懷不自屑，遇景宴且般。古來悲秋士，局促宋與潘。相望如轅駒，豈足爲君歎！

夜　月

執熱不可濯，昏昏倦衣巾。涼月如有情，萬里來慰人。浮雲卷層虚，六合隨清新。河漢涵光輝，城郭息

❶「月夜」下，鮑校本、傅校本皆有「期江梅兩君不至，聞在李二審言家飲」十五字。

❷「異」，傅校本作「與」，鮑校本作「与」。

埃塵。兹時一可畏，與子聊相親。逍遥夜未央，❶更益情性真。❷

夜起呼徐監簿同看月

夜長愁無端，歲晚易多感。徘徊中庭步，相與肆遐覽。繁霜冷次骨，皎月清照膽。幽意暫欲飛，秀色若可攬。明夕雖復來，素華已應減。念兹徑使醉，無使我心慘。

南伐詩

兵行何怱怱，百里不一息。南征有期會，相覷各努力。三年戍西荒，蟣虱生金革。歸來席未煖，羽檄何奔迫？行行當逾嶺，五月逼炎赫。尚有筋骨存，所虞生死隔。山林如惔焚，溪水沸湍激。自古皆有言，一夫萬人敵。蝮蛇長相逐，虎豹不可格。主將貪功名，謀臣貴恩澤。奈何輕人命？棄置曾不惜。探湯入其中，未半死已積。蒼生亦齊民，不必皆盜賊。賢主尚扇暍，仲春猶掩骼。一身不自愛，所懼失爲國。堯、舜有舊書，廟堂爲法則。

城樓送別

驚風走枯蓬，百里不暫息。密雲乘飛雨，前山坐成隔。蓬老初無根，豈辭遠爲客。山高雖可望，路遠當不識。去留類如此，覽物意寧極。鞍馬未動間，會合彌可惜。緩歌送清觴，更醉日將夕。

---

❶「逍遥」，傅校本作「消摇」。

❷「情性」，傅校本作「性情」。

李縣州訪别

天寒起常晏，日出扉未啓。深巷聞傳呼，兒童怪旌棨。知是漢中守，訪舊來至此。適我平生懷，趨迎願少止。結交許忘年，並坐每抗禮。語罷當遠行，眷然色不喜。君惟二千石，我徒一男子。貧賤宜輕絶，反如不能已。❶善化遲朞月，壯心隘萬里。側聞報政速，永觀凌風起。寧復悲東山，滔滔歷年祀。

食　橘

吾聞江陵橘，乃比千户侯。歲獻天子旁，取爲廟堂羞。問其何能爾？無脛而遠遊。橘也不自言，請君以臆酬。❷憑生覆載中，頗亦萬木儔。過爲騷人頌，謬得《禹貢》收。託身聖賢間，自覺名譽浮。苞苴賴攜挈，富貴常見求。明珠無先容，按劒或暗投。而我適衆口，鑠金不予憂。物生有通塞，不必在中州。何用懷苦辛？但爲時所仇。

留鄰幾君章奕棋便宿小齋

簿書易短景，燈火宜清夜。過從喜吾子，尊酒迨我暇。歡來中扃豁，興盡外物借。錯落盤上棋，白黑互陵跨。決機競神速，取勝頗雄霸。惜我壯士氣，局此萬里駕。時乎無由試，寓目亦悲咤。天地一枰土，古今萬物化。願無辨其間，痛飲但來舍。

---

❶「能」，傳校本作「得」。

❷「臆」，傳校本作「意」。

與鄰幾對棋戲作

碌碌無用智，玩此方罫間。君乘百戰餘，勝氣不可攀。拙速亦天幸，出奇犯險艱。數俘効軍實，斥境除邊關。捧觴跪進養，座客歡解顔。安得百壺酒，使君酩酊還。

奉和留飲奕棋鄰幾和。❶

畢景惜餘歡，邀賞極良夜。談端釋疑結，博奕示閑暇。寐歷萬境空，棋響虛堂借。行列稍分布，邊隅各帶跨。開闔無定朞，勝負有更霸。區區方罫上，寓物騁長駕。聊以抒煩憂，末枝何足吒？月高霜柝鳴，俯仰閱萬化。酣寢忽寤歌，不知就君舍。

❶ 這首詩原無，據傳校本補。

公是集卷六

宋劉敞撰

五言古詩

今古路

出門道路多，縱横不可測。我今欲遠行，須問曾行客。徐徐逢路人，借問青松側。客曰今何往？答之遊京國。客乃指要路，而言行有益。古路雖大道，不如今路直。但行今人路，猶如假羽翼。彼客别我去，獨自躊躇立。爲見今古路，❶信乃無差忒。❷今路足輪蹄，古路多荆棘。欲行今人路，恐背古人迹。欲行古人路，今人笑迂僻。又擬不出門，奈何飢寒逼。哀哀此時路，悠悠蒼天色。不避今人嫌，路須行古陌。古陌雖然遠，且保無蹶失。勉哉自勉哉，前去難云適。不獲見楊朱，萬古凝愁魄。

---

❶「見今」，鮑校本、傅校本作「今見」。

❷「差」，鮑校本、傅校本作「苦」。

曉至池上

宿雨墜高葉，薄雲麗朝陽。園林澹澹秋，庭户蕭蕭涼。水淺魚怫鬱，❶荷深鷺低昂。幽懷欣自得，佳賞契所望。❷忽恐群動作，深林沸蜩螗。

晚涼

落日蔽崑崙，微風起閶闔。蟲聲語悽惻，樹影翻離合。蚤露結明珠，❸圓蟾瑩塵匣。浩歌始自放，喟此區中狹。

金山東崖北望海門

憑高仍一望，北固何崔嵬？地形束吴、越，江險通邛、崍。英雄既已矣，壯觀空在哉。寂寥寒潮上，孤帆當檻來。

屏上兩賢二首

謝公樂山水，不以官爵間。天機有所賦，世俗從爾訕。上躡巉巖峰，下弄清泠澗。吾生慕如此，敢避刺疎慢。寧爲途中龜，勿作蒿下鷃。謝靈運。

---

❶「怫」，傅校本作「咈」。

❷「佳」，原作「住」，據明鈔本、鮑校本、傅校本改。

❸「珠」，明鈔本、鮑校本、傅校本作「的」。

人生誰不如？❶ 安爲世所束。興來當自往，興盡斯自復。❷ 大雪暗溪路，新晴月微燭。去非之子慕，返豈斯人辱。優游便所適，偃蹇媚幽獨。王子猷。

贈梅聖俞

耳聞梅聖俞，及此將十載。洛下聚英豪，文華富如海。聖俞昔與錢丞相、歐陽公、尹洙、王復會洛中，皆名士。聲名動冠劍，久合參朝寀。何意幕中客，新違江上宰。聖俞以諸侯從事知建德縣，罷歸京師。材高用雖晚，❸大器終有在。三公識者多，薦拔可立待。棲棲九衢裏，塵土增厭殆。❹ 相逢恨知晚，乍似去貧餒。鄰居幸見過，沃此胷礧磈。

登禪智寺上方贈同遊諸公

重岡抱城起，清川帶野回。舊都遷陵谷，遺寺空池臺。脩竹入晻藹，荒溪轉崔嵬。❺ 鳴禽畏人起，故老驚客來。置酒感興廢，浩歌寄歡哀。伊昔游此人，于今安在哉？谷深春先覺，地爽景後頹。造適假一笑，願君盡餘盃。

---

❶「生」，原作「在」，據明鈔本改。
❷「斯」，原作「期」，據鮑校本、傅校本改。
❸「材高」，鮑校本、傅校本作「高材」。
❹「厭」，鮑校本、傅校本作「厥」。
❺「溪」，傅校本作「磎」。

楊白花

飛飛楊白花，隨風渡江水。江水來不極，楊花去無已。鴉啼淺深樹，雪落千萬里。春風傷人心，❶緜緜復如此。

涵虛閣玩玄猿孔雀

清池明夕景，高樹含涼風。巴猿戲前檻，越鳥安深籠。悲吟激清漲，文繡揮蒙茸。弱喪不自非，全生或爲容。曠然感真樂，達哉濠梁翁。❷

雨霽同望民登西北樓❸

雨餘暑氣滅，日出浮雲開。高樓極遠目，百里無纖埃。山形西北騖，江勢東南來。舊都尚能記，壯觀多可哀。微風激清嘯，浩霧侵寒杯。亦知非吾土，聊復樂徘徊。

秋興三首

微風起閶闔，秋意日已滋。陰蟲群悲鳴，草木同變衰。天道雖茫昧，平分爲四時。功名自當去，摇落何獨悲？

---

❶ 「風」，傅校本作「氣」。
❷ 「達」，傅校本作「遠」。
❸ 「望」，傅校本作「聖」。

魏牟貴公子，沈没功名間。一浮江湖水，慘戚頹朱顔。魯連揖萬乘，蹈海如忘還。棄世脱敝屣，風流安可攀？

耿耿河漢輝，❶中夜西南流。牛女永相望，婉孌悲素秋。安知乘槎翁，❷徑出海外遊。天路或幽險，神仙非所求。

留城子房廟

《大風》起豐沛，海水群飛揚。逐鹿未有歸，飛熊猶道旁。一見契千載，立談開八荒。蛟龍不可羈，鴻鵠得新翔。昔爲黄石師，智策無與雙。晚蹈赤松賞，功名忽如忘。由來神仙流，理與天地長。陵谷自有遷，若人豈復亡。我行覽遺蹟，城邑空蒼蒼。感古追遠遊，白雲杳無鄉。❸

同介甫和聖俞贈狄梁公裔孫

陳平智有餘，周勃勇無敵。兩人相提衡，終復漢社稷。梁公柱石姿，獨立謝群力。匡君多直言，薦士有深畫。既扶將頹運，復起未然策。事業兼二子，浩然雪霜白。偏材戒獨往，特達見令德。❹誰謂十世遠？

❶「河」，傅校本作「秋」。
❷「槎」，傅校本作「桴」。
❸「無」，傅校本作「何」。
❹「令」，鮑校本、傅校本作「全」。

風義猶不隔。末孫何支離？畎畝有餓色。明詔問樂鄉，布衣列士籍。名垂天壤間，氣使懦夫激。聞君商聲歌，更若出金石。

贈聖從待制

君居御街西，我居御街東。如何百步間，十日不相從？君非園中植，落落千丈松。我亦湖海人，庶幾孤飛鴻。俱遊人世間，❶俛仰豈不同。蕭蕭髮向白，哀哀嗟轉蓬。❷仕固不期達，貧亦不諱窮。行當一麾去，幸識攖寧翁。

早至涼榭觀芙蕖

林深池亦淺，日出光晚及。粲粲花尚含，漙漙露猶浥。良魚潛復躍，幽鳥翔又集。物情悦如慕，心賞浩難戢。誰能贈遠人？采采空佇立。

同客飲涪州薛使君佚老亭❸

百尺井底泉，激輪作飛流。潺湲入庭户，宛轉如奔虬。主人三署郎，持節西南州。棄之卧故里，富貴安

---

❶「人世間」，傅校本作「人間世」。

❷「哀哀」，明鈔本、傅校本作「衮衮」。

❸「客」上，明鈔本有「諸」字。

足留。卻埽長閉門，贏餘非所求。官來坐林下，❶樽酒相獻酬。未嘗語朝市，餘事良悠悠。乃知獨往意，不必山林幽。衣冠多雋才，繼踵公與侯。誰能懸其車？五十未白頭。嗟嗟賢大夫，❷此風可鎮浮。爲問三輔間，何如馬少遊？

曲水臺竹間默坐

杖履不能遠，逍遥池上林。❸微風起衆響，炎日隔繁陰。斐亹激流泉，間關語鳴禽。放懷在離人，寄賞欣會心。既謝朝市喧，亦忘山谷深。雖知非吾室，猶以開煩襟。

永興軍中❹

涼風響高樹，清露墜明河。誰復夏夜短？❺已覺秋氣多。❻豔膚麗華燭，皓齒揚清歌。臨觴不作意，奈此粲者何！

---

❶「官」，鮑校本、傅校本作「客」。
❷「賢」，明鈔本作「吴」。
❸「逍遥」，鮑校本、傅校本作「消摇」。
❹「中」，鮑校本、傅校本作「作」。
❺「復夏」，鮑校本作「謂夏」，傅校本作「謂見」。
❻「氣」，鮑校本、傅校本作「意」。

北軒手種竹兩竿近輒有甘露降其上作五言示諸同舍❶

秋來手種竹，憔悴不成林。復此雪霜晚，❷空驚孤直心。如何沾瑞露，似欲慰窮陰。珠華粲將墜，玉色潤還深。含春乍荏苒，載日尚蕭森。❸玄澤非人力，樵蘇無見侵。

舅氏見索新詩

賤子本不學，大賢宜見疎。奈何手賜教，反謂詩起予。高義終烱然，内慙良闕如。得非魯仲尼，不廢狂接輿。羇旅習荆楚，荒唐存簡書。敢驚和者稀，長恐歲已徂。雲漢回天章，圖書祕石渠。瓊瑶落咳唾，寒暑隨吹嘘。百年渭陽悲，萬古秦風餘。嗟我送舅氏，終焉非路車。

贈蘇頌

犬豕蒙虎革，氣能慑群雌。衆人見之美，蘇生見之嗤。褐客懷寶玉，精神暗塵緇。他人望而唾，蘇生望而知。知之竟何補，位下容貌卑。雷同世方尚，獨異誠難施。嗟子豈不謬，拳拳心不移。拜我呼我兄，問我謂我師。奔蜂負藿蠋，誰道當其宜？憫子空慕古，且爲世人非。古人亦如此，如此名已垂。但當勵行習，慰我千里思。

❶「諸」，傅校本無此字。
❷「復」，鮑校本、傅校本作「從」。
❸「載」，鮑校本、傅校本作「戴」。

雪後城上作❶

雪後原野曠，春生風氣和。藹藹林表色，輝輝池上波。形閒境逾静，望遠意更多。年華適可玩，不醉將謂何？

寄因甫

君雖委計吏，官似宣尼公。貧賤更何恨？優游聊與同。忘懷鴟夷酒，乘興松江風。此亦隱柱下，何用卧隆中？

寄聖俞

徘徊帝城裹，獨詠有所思。故人昔别此，秋風今若兹。流水去不已，新鴈來有期。❷寄聲可相及，一見慰天涯。❸

秋雨

天道去人遠，好惡常若違。始耕苦炎旱，既穫雨過時。憔悴兩無補，飢寒方自兹。素飽猶可恃，眷言采其薇。

❶「作」，明鈔本無此字。

❷「鴈」，傅校本作「鴻」。

❸「一見慰天涯」，傅校本作「見慰天一涯」。

寄密令楊彦文再舉學官皆中正

三年不相見，相見當何時？曩別不謂久，後期庸可知。周南滯留地，宿昔太史悲。春草愁山中，王孫髮垂絲。懷寶常若迷，獻玉常若疑。聞君已屢薦，終歲獨差池。得鹿在詭遇，亡羊實多歧。著書成自樂，回首空相思。

贈黄子温别

雙鴻俱異鄉，來集清川流。鳴聲偶邂逅，形影共沈浮。一以風波去，一以罦網留。去留雖殊趣，失侶自懷愁。五里一斂翼，十里一回頭。有情同覆載，誰免顧朋儔？南國江海闊，豐年稻粱優。力弱霜霰繁，無因攜汝遊。

同謝十三賦盆池

碧沼含白水，動摇明鏡光。浮沈見魚樂，舒卷聞荷香。賞翫茲有適，紛囂因以忘。多君江湖意，不復疑坳堂。

庭前篙竹❶

冉冉東南美，託根那在茲。鳳凰不可待，歲月方屢移。非復山林意，空餘霜霰姿。清風有時至，獨與幽人期。

❶「庭」上，鮑校本、傅校本有「詠」字。

新置盆池種蓮荷菖蒲養小魚數十頭終日玩之甚可愛偶作五言詩

采芳未盈手，積潤不滿尋。游魚亦何樂？幽客同此心。安排在所寓，相與忘浮沈。濟理趣自足，孰知慕高深？鵬翻蕩滄海，龍起焚山林。體妨反多累，豈若終蹄涔。

送鬱林楊守

鴻鵠懷遠心，不畏霜露寒。雞鶩守樊籠，朝遊暮來還。人生感意氣，朋友死一言。況分社稷憂，復在君臣間。楊侯一麾守，萬里蒼梧山。瘴海不可游，衆人昔云難。升車獨慷慨，即路無險艱。乃知抱忠信，可以居夷蠻。昔賢尚功名，天子憂南藩。報國恩汲汲，勿令歲月遷。

送　春

莫埽林下花，花存春尚在。一隨南風散，飄忽不可待。四時相乘凌，萬物隨變改。不如玩三秀，忘年蹈雲海。

答舅氏時詔不就學官者郡勿舉故見督赴期

飛鳥知深林，潛魚樂淵濬。升沈久相笑，出處各自殉。漆雕不願仕，孟子恥獨進。軒冕世所榮，吾斯未能信。辟雍焕文章，王國聚英俊。及門足自喜，内省媿多吝。且將事畎畝，亦以樂堯、舜。悠悠謝知音，當識斯言訒。

送張宗道崇班自潁徙秦不樂于行

宛馬來東道，燕鴻起南飛。適時必有遇，去遠不獨迷。左攬繁弱絃，右拂青萍輝。笑作千里别，出門亦依依。人生何新故？行道情有違。勉率歌清風，以慰君永懷。

陳元龍

元龍湖海士，固有湖海氣。自卧百尺樓，群兒仆諸地。大賢資遠到，高節邁一世。四野爲户庭，九河乃衣帶。靈機有時屈，英識豈獨閉。蛟龍隨波游，恥與魚鼈計。擊劍歌商聲，捐書謝俗議。功名留當年，❶異代見君意。

一月贈深甫

一月三過公，此非兒女情。詩人感伐木，相鳥猶嚶鳴。尚友百世近，結交千里輕。矧惟生並時，況復居同城。攜手未宜少，興發從公行。開口露肝膽，解衿頓塵纓。心親愛自至，外物都忘形。赤日留中天，火雲正峥嶸。頗復哀老子，安眠枕群經。

懷歸❷

往昔佩觿日，童蒙幸相求。中間萬里别，倏忽二十秋。人事固契闊，歲華易如流。聞君尚黄綬，失意成白頭。奄速不可期，升沈亦難謀。寧知及門晚，忽辱從政優。感舊勞心腸，相從恨淹留。寄聲不盡意，何以紓離憂？

---

❶「留」，傅校本作「流」。

❷「歸」下，傅校本有「詩」字。

同寄題康州陳生連理木

幽人吉素履，佳瑞應精誠。蕭蕭衡門下，珍木爲之榮。連理出高榦，交陰庇前庭。顧恐俗未知，天方表其閎。太丘往千歲，慈孝復騰聲。誰言報施遠？有若晝夜明。世悲上留田，吾慕董生行。作詩寄南州，且以慰父兄。

雪　後

雪銷吐膏潤，日出春意歸。藹藹多時趣，融融含夕暉。徘徊中林下，髣髴田野期。天歡頗不減，吏隱亦庶幾。歲晏竟何事？濁酒但當揮。

和彦文秋興

商飆零枯林，疎雨墮中夕。覽物愴已驚，懷人渺難得。❶明發聆逸唱，願言慰幽寂。胡爲抱紆鬱，更使動悽惻。蜚鴻識來賓，鷹隼知所擊。物微有逢辰，子壯獨失職。高天終難問，淺俗每忌直。浮沈豈非智，器遠固難識。

贈周生

騏驥能千里，不能走鼠穴。猛虎拘穽中，不如狗善齧。周生學干禄，强進屢顛蹶。時不用周生，周生亦不屑。行年過五十，頗究知命説。未嘗畜妻子，名利敢貪竊。所憂道未成，欲辨孔與桀。人知如此鮮，況不

❶「渺」，傅校本作「眇」。

厭藜蕨。與我始相見，便覺抱高節。人皆用其巧，子獨趨所拙。春秋舉逸民，蔽善尚貶絶。❶誰期大夫賢？薦使在班列。

嘯亭納涼

翻翻竹梢葉，習習蘋末風。水氣稍澄澈，雲陰反蒙籠。❷解襟面虚曠，幽興欲飛沖。得意恥獨善，慨然環堵中。

過澶州陽橋有感

河水東赴海，還從天上回。寧知今日波，還復前時來。岸柳亦已荑，原田正莓莓。念我平生歡，悵然使心哀。

春晚小園

歲華一何速？春物俱已老。緑柳低映墻，皐蘭生滿道。郊居正幽曠，野色慰懷抱。入鳥不亂群，閉門但卻埽。平生佯狂性，更覺高臥好。不及古之人，吾誰玩芳草？

---

❶「尚」，傅校本作「當」。

❷「蒙」，傅校本作「曚」。

公是集卷七

宋劉敞撰

五言古詩

停雲詩

停停何山雲，靄靄在我廬。濃光賁草木，潤氣下琴書。望望若可親，久之翳寒虚。坐恐猋風來，東西隨所如。我道與世異，里閭相見疎。嗟雲亦何事？低徊能慕予。諒以無心故，形影暫相於。

華山隱者圖

神仙不可學，淺俗如醯雞。逍遥二三叟，乃獨秦遺黎。避地思遠適，名山得幽棲。深巖紫芝秀，歸路桃花迷。稍遠人世隔，遂忘陵谷移。至今山中人，往往猶見之。吾聞秦皇帝，甚慕真人爲。駕石窺蓬萊，載車象雲蜺。沙丘往不返，四海忽若遺。安知全真子，近在西山垂。一千二百年，修身未嘗衰。古稱山澤臞，非復萬乘期。觀君此圖意，有以和天倪。

送上元張孟侯著作

避世金馬門，歇直承明廬。月羸一囊粟，調笑騶侏儒。忽憶東南行，秋風熟鱸魚。聞君已先我，扁舟向江湖。銅章垂腰間，賜履雙飛鳧。千室豈不憂，弦歌自爲娱。古稱有人民，無事專讀書。自顧都城游，剌促轅間駒。六朝若流川，覽古半有無。山中折瑶華，千里懷離居。

小隱吟

世道喪純粹，徼名掠其美。悲哉山林客，過半朝市死。夸誕一相習，澆浮益紛起。古風日飄泊，末路空頹靡。堯、舜安得逢，巢、由亦已矣。我歌竟誰和？惆悵同心子。

招隱

鱣鱘不容池，鴻鵠常畏網。全真貴遠到，先覺每獨往。綺皓遺秦憂，季鷹樂吴壤。知幾効來世，前識妙難賞。勿謂鳥獸群，高山適予仰。

反招隱

伊尹樂堯、舜，伯夷傲姬周。顔生一簞瓢，陋巷亦自休。豈不困寂寞，時俗非所謀。脱身洒泥滓，緬與前人游。嗟哉波上鳧，徒爲信沈浮。鴻鵠假長風，不能占渠溝。晞羽扶桑阿，刷翼滄海流。世途既超邈，矰繳何足愁？所以狂接輿，肆歌悟東丘。觸時懷慷慨，視世悲蜉蝣。哲人有先覺，達者無近憂。綺皓吾所師，緒言起長謳。

郡齋燕居寄海陵道粹儀真景休高郵不疑三太守學士

尚容恥玩世，畏景希就陰。一麾諧微願，千里非遐心。平生志江海，寤寐在山林。及此吏如隱，始知古猶今。鷦鷯避落實，蜎蠉安蹄涔。但恐得已多，尚非力可任。諸公蓬萊秀，夙昔交契深。擊柝聲相聞，照鄰光四臨。清濁涇以渭，離合商與參。願言三秋思，毋閟金玉音。

新作涼軒會張拱辰至

張翁垂白鬚，扶病過我廬。向無俗客至，適慰幽人居。酌此瓢中泉，振兹架上書。雖無德與汝，會有歌起予。欲識消長情，願君講盈虚。

發桑乾河

四牡懷靡及，侵旦肅征騑。凝霜被野草，四顧人迹稀。水流日邊去，鴈向江南飛。我行亦已久，羸馬聲正悲。覽物歲華逝，撫事壯心違。豈伊越鄉感，乃復淚沾衣。

寄呂侍郎 呂先予數日北行。

荒山逢故轍，自上重岡立。君車不可望，君手何由執？旅思隨日遠，徂年背人急。舞劍中夜興，應知憂感集。

蔣生 有序❶

廣陵蔣生死十四年矣，尸猶温。其妻與其女閉門守之，未嘗與鄰里通水火。或者疑其有道，而杜

❶「蔣生有序」，原無此標題，而以序爲題，據傳校本補改。

君懿實之。蓋嘗有自遠來者以書一封畀其家，❶視之，蔣生迹也。❷故俗以爲仙，因作五言贈君懿。❸

仙翁棄妻子，往爲壺中客。玉棺竟未掩，人世已成昔。白雲無回期，三徑滅餘迹。猶傳有青鳥，往往寄消息。

新　年

流光無停期，二十忽復五。古昔如我人，功烈難遽數。上天終無私，日月不少駐。三皇與五帝，回首焉得顧。新年獨何爲？擾擾趁俗務。壯羞兒女態，浩歎覺已屢。巍巍九重闕，象魏懸法度。木鐸非仲尼，❹布衣欲何預？滄溟百萬里，乘桴意決去。顧世聊徘徊，非爲取材誤。子曰：「無所取材。」東風發幽滯，花彩映草樹。爛醉苟自娱，終焉背時譽。

築室種樹

誅茅作吾廬，種樹滿百株。偃仰可卒歲，優游問誰如？墨翟不暖席，仲尼無安居。良知聖賢貴，逝與功名疎。清泉可深鑿，惡草須早除。適意田野間，誰能歎歸歟？

---

❶「遠」，傅校本無此字。
❷「生」下，傅校本有「之」字。
❸「懿」，傅校本作「懿」。
❹「仲尼」，傅校本作「孔丘」。

題所種金鳳花自淮北攜子種之云

愛此名字佳，攜之不憚遠。豈惟江淮闊，兼恐歲月晚。手植中庭地，分破紫蘭畹。緑葉紛映階，紅芳爛盈眼。輝輝丹穴禽，矯矯翅翎展。卑飛何在此？寂寞難自顯。按圖感形似，覽物意繾綣。三復《接輿歌》，悲風動湘沔。

得隱直書并聞將之洛陽

三月一得書，始知去君遠。開緘見無恙，豁達百慮展。秋風催時節，揺落歲向晚。遲遲行旅外，色瘁足更跰。邊封鳴狐狸，牙爪貴鷹犬。儒者非所須，棄置自未免。上書報聞罷，❶試吏何繾綣。雖無小官羞，頗貴有道卷。洛陽雄王都，主簿亦極選。折腰得免否，局促時態淺。

閱　武　堂

涼風卻炎暑，飛雨除氛埃。旅行得興會，珍館爲我開。主人平生舊，上客自遠來。何異東序賢，共此中山杯。留連恨落日，披寫仍高臺。山川愴興廢，歌舞寄歡哀。徐方多賢牧，天禄繼英才。遊子悲故鄉，爲君更徘徊。

寄張十二時在城北讀書簡云幾至絶糧

新秋意無聊，多病時畏晚。出門塵埃隔，扶杖行步蹇。雖聞一城居，邈有千里遠。風雨思雞鳴，幽懷固

---

❶「報」，傅校本作「觸」。

繾綣。食貧非余病，學道與時反。悲歌空相望，不復能裹飯。

因甫移宰晋陵

自我游毗陵，五年今于兹。未嘗不閔雨，未嘗不苦饑。成湯周宣世，豈復能過斯。上無《桑林》禱，下無《雲漢》詩。赤子餓溝渠，良田生蒺藜。聽于閭里間，愁毒不可爲。思得一賢人，救其渴與飢。上天似悔禍，子乃今來尸。愛民在恭儉，自可爲吏師。但恐百里小，膏澤難盡施。子本湘鄉君，湘人望子來。下難兄弟别，上顧墳墓違。將母以諗君，上書再三辭。朝廷欣然許，多士咸謂宜。爲政推此心，可令孝者慈。吾聞屠牛刀，不貴于割雞。思君苦道遠，莞爾寄此詞。

同彦文送敦儒宰晋陵

朝廷貴儒術，子以文學顯。郡國重民社，子由政事選。榮名信難兼，衆望固不淺。古人定何如？壯志獨能勉。由來跬步益，必有千里遠。去去聆絃歌，吾當謝言偃。

九　日

霜薄氣早寒，木落景已變。佳晨事厭勝，習俗推往彦。憂來初無方，興盡復自遣。所遇無故物，登臨殊非願。

寓　言

感豫常出異，禦寇哀壺丘。好大固累己，巢父笑許由。東海有意怠，飛飛何所求？縱軀天地間，細故紛悠悠。願言不死鄉，可與賢達游。

晚　景

結廬玩蓬藿，反畏人足聞。杖藜有時去，入獸不亂群。疎雨洗徂暑，夕陽澹微曛。俛仰多物態，逍遥遺塵紛。興適將何述？寄心孤飛雲。

野人致枸杞青蒿

味薄時共笑，野人猶相高。春田有餘暇，❶饋我杞與蒿。酌酒謝其意，採之亦誠勞。❷城中多好事，過半稱賢豪。杯肴具五鼎，❸珠玉輕一毫。❹將之獻門下，皆有千金褒。何故背此計？❺而反從吾曹。淡泊徒自樂，❻膏薌未能叨。信知老農美，❼頗欲耕東皐。因閒有餘力，❽從爾觀芟薅。❾

❶「田」，傅校本作「回」。
❷「誠」，明鈔本作「成」。
❸「肴」，傅校本作「餚」。
❹「毫」，鮑校本、傅校本作「毛」。
❺「背」，傅校本作「倍」。
❻「徒」，明鈔本作「從」。
❼「農」，四庫本作「夫」。
❽「閒」，鮑校本、傅校本作「閑」。
❾「爾」，鮑校本、傅校本作「人」。

春暮到小園

春餘百芳歇，喬木有輕陰。客子成春服，商絃應鳴琴。獨行迕世俗，長往期山林。庭竹風正駛，池波雨已深。臨流窺躍魚，倚杖聆遷禽。順時寄俯仰，適興契飛沈。試謝及門客，未慙《招隱》吟。

送雅禪師若神

太湖三萬頃，澄澈浮寒穹。明月不可取，孤帆安所窮。俯弔滄浪人，禪師若神與蘇子美遊，子美自作滄浪亭。緬懷鴟夷翁。古今共灰滅，得失如夢中。詩興觸物遠，禪心隨念空。猶多碧雲句，寄信東南風。

蒼筤源

日出江氣暖，步行村落間。偶逢蒼筤息，若在山中閒。緑篠既蒙密，清波自回環。初疑人迹絶，久有笑語諠。脱足涉澗水，隔林叩柴關。主人疎世事，相見亦歡然。稍覺耳目曠，久之遂忘還。歸來詑舟子，適過武陵源。

樂郊陳漁臺下柏林中結茅作小亭命曰幽素本懿臣刑部之書也謝且戲之

結茅更何好？列柏自成林。素履宜獨往，幽人欣宿心。炎輝翳羽蓋，❶清吹和瑶琴。稍與事物遠，忽如丘壑深。良無山水趣，安得契知音。

---

❶ 「輝」，傅校本作「暉」。

種蔬二首

時雨破膏壤，荷鋤回城陰。疾耕意不足，覆隴力可任。里巷多父兄，往來迹相尋。見我山野服，欣然用盍簪。勸我勿滅裂，哀我識浮沈。雖微生平故，頗用愧其心。採芝商於嶺，食薇首陽岑。念我非其人，豈敢慕山林？聊以資素飽，身世實崎嶔。丈人不我厭，荷蓧時見臨。

種蔬南岡下，地薄旱亦久。抱甕出復入，拮据病兩手。❶輟耕起長歎，四海萬億畝。過亢今若兹，我誰與餬口？縣官祈雨澤，四望已並走。巫女歌且舞，土龍矯其首。上天何寥寥？百請未一偶。霖雨待爾輩，古人亦可醜。咄嗟《雲漢》詩，萬古竟何有？天地何不仁，❷百姓爲芻狗。

重陽

勞生惜流陰，徂歲逼窮律。燦燦黄菊花，離離紫茱實。芳香不可再，采掇自有術。零落勢足悲，盛時亦未失。登高散百慮，驅馬恣所出。或云避陽九，可以納元吉。嘉願誰間然，且當醉終日。

浚井

鑿井勿憚深，汲繩欲令長。鑿深源不竭，汲遠氣自涼。豈如潢汙水，汩汩道路旁。雖復不遠求，飲之劇焊湯。虚煩生四支，澒涊不自强。野語合爲國，願君著巖廊。

---

❶「拮」，傅校本作「撷」。

❷「何」，傅校本作「胡」。

古寺

唐殿弛棟梁，空庭長荆棘。坳堂客水腥，壞碣苔蘚積。經營東晋始，遠近千歲逼。興廢紛可悲，徘徊意不懌。尚餘土木巧，未露斤斧迹。使鬼固已勞，斯民忍終役。悠悠競頽波，擾擾非一國。臺城更荒唐，萬古共悽惻。

書候潮亭

滄江浸長空，天使限南北。繁陰屬暮歲，波浪無時息。烈風何轟豗？深木騰霹靂。遠吹湖中白，來蔽江南碧。巉巖千峰玉，變化不可測。恐是時向晚，鬼神任胸臆。燭龍銜長耀，來集崑嶺側。又疑吴王兵，如荼壓上國。勇氣吞中原，晶光洞江北。久望生悸慄，嗟我問津客。横流豈難制，路險未可得。吾道固當然，滔滔欲誰易？

徐安撫

伏波喜功名，南伐終不返。死餘薏苡謗，生恨鵜鳥晚。干戈非一方，智勇易謀顯。富貴誰不然，枯榮子何反？冥冥炎州隔，❶杳杳天道遠。荆楚猶古風，招魂動哀挽。從人除憂謗，不得志者罕。

石首縣

叢石浮水中，峻隄缺復連。往往爲深潭，波流自回環。秋山未摇落，碧樹皆參天。仰觀積水痕，仍在高

---

❶「州」，傅校本作「洲」。

樹巔。里人半巢居，出入隨烏鳶。令尹亦菜色，市樓寂無烟。皇天不純命，百姓何震愆？苦云耕織廢，租稅尚未蠲。赤子向漂蕩，所存皆偶然。雖知負官輸，未忍更棄捐。奈何唐堯世，復見昏墊年。何以救汝飢？朝廷急憂邊。

召諸弟博飲

今日寒頗甚，淮南似京土。江風既落木，山雪亦帶雨。幽居自無聊，病卧亦寡侶。壯心顧牢落，出門孔多阻。古人戲梟盧，志氣本尚武。勝來在快意，百萬不足數。恨無酒如澠，杯盂空屢舉。開顔强隱几，豈必歎貧窶！

別和弟

暫會復遠別，惆悵終無極。人生非神仙，豈有頭不白！維舟相邀宿，淮水風浪黑。輾轉不復眠，四聽人盡息。丈夫非懷安，少壯宜努力。況子行多歡，自怪情不懌。誰言冬宵永？達旦才頃刻。雞鳴日光出，握手各南北。仰謝雲中鴈，群飛接羽翼。何以紓我懷？作詩寄相憶。

舟中夜飲憶和弟聯句

人生如浮雲，聚散苦不定。原。向來詩酒歡，雖唱誰與應？貢。蟋蟀鳴在户，玉衡逼冬孟。悠悠千里思，寂寂中夜静。豈曰無他人？不如我同姓。原。吁嗟繫名利，有若置機穽。窘然塵埃中，恥無六翮勁。訪戴舟已㮣，攀嵇駕難命。貢。臨觴置不飲，引領起獨詠。莽莽天地昏，誰知我心怲？原。

蘇安上之淮南十八舍弟之河北十九舍弟之漢中皆會予賦三韻爲送

攜手常苦難，傾蓋不易得。今宵四面坐，明日異鄉客。秋風楚懷悲，出處各努力。

鳳凰篇贈府公給事别

鳳凰起北海，少留南嶽巔。梧桐有餘音，烏鵲相回旋。耳聞和聲樂，目怪文采鮮。雖知非儔匹，慕用亦欣然。祥飇卷層雲，迅羽凌九天。卑飛忽如縶，絶迹不可攀。徘徊故林下，歎息高風前。願及夔作《韶》，率舞如舜年。

承以鳳凰篇爲况謹用來韻和酬吴育和作附。

丹山鬱世表，巖巖千仞巔。自非常雛輩，安得參周旋。胡爲此弱羽，越篷祥儀鮮。飛鳴過所據，飇駭俄翻然。退則安棲地，翔風娱楚天。始病孰儔侣，乃與朱鸞攀。英英日相照，老翮徒愧前。少别正傾聽，覽輝當聖年。

深甫往固陵

聞君異鄉客，歲暮江淮間。山雪夜多興，桂枝春可攀。南風玩呰窳，浮俗矜游閒。安所彈長鋏，何當問刀環。天倫眉最白，子舍衣仍斑。勿學髠接輿，佯狂因不還。

飲郇公園贈章湖州何漢州

朝暉散浮陰，天氣清且佳。春城足行樂，況此公侯家。珍館深窈窕，茂林揚芬葩。幽禽囀新聲，❶宿草含芳芽。覽物曲池平，置酒白日斜。因歌雍門詩，四座皆歎嗟。平生布衣願，不過東陵瓜。致求多贏餘，竟是迷紛華。一醉稱日富，此風獨可嘉。安能拘浮俗，局若井底蛙。客有章與何，高冠耀文緺。方爲二千石，會促别且賒。他日還相思，當在天一涯。歡極情難忘，願君盡流霞。

雪後到薦福寺梅下

行尋殘雪遠，暖就梅陰坐。悟彼寒氣消，識此春景破。留僧迨日暮，聽鳥忘巾墮。從此到芬芳，應須數來過。

呈獻臣并序

始四月，予來上清宫，見石榴花方盛開。已而復有青箱、忘憂、紅絲、夜合、蜀葵、朱槿、芙蕖、蒲劒、紫薇、紅蓼、金錢之屬，相繼不絶，而適及秋矣。過此又將有雞冠、拒霜、黄菊爲續，豈神仙之居固自嘉哉！因歌以寄獻臣。

兹心厭囂冗，幸與上清鄰。上清何崔嵬？高静違飆塵。珍林散玲瓏，寳氣浮氤氳。緑華未及衰，絳蘂忽復新。閒館賓列仙，祕殿朝衆真。濃香無停期，豔彩驚幽人。顧謝武陵子，四時長見春。

❶「囀」，傅校本作「轉」。

寄吴江大博徐君章

吏退簿書斂，日落風景凉。偶無事物累，真得逍遥鄉。疎花媚空園，脩竹蔭廣坐。❶濁酒不難醉，磐石可徑臥。何必凌江漢？乃能濯埃塵。何必潛山林？乃能寄隱淪。人多笑此言，此言未易笑。非君契心賞，誰肯過蓬藋？

觀魚臺

城下春池深，潛魚時復躍。高臺可以望，暇日從爾樂。散懷混飛沈，適意宜丘壑。始悟濠梁翁，荒唐謝名爵。

府公射堂飲酒輒陪尊丈侍郎兼揖諸孫拜獻拙詩

煌煌南極星，粲粲北維斗。稟齡瑞明時，運柄變萬有。❷降神非尋常，希世曾一偶。積善如公家，于今見純佑。安車告歸日，三府升平久。萬石均禄秩，魯公拜前後。茫茫周漢來，此事復聞否？黄金鑄大印，緑絲綰長綬。方爲累世榮，況多後來秀。戲禽試强弩，勸客滿春酒。賤子敢再拜，願公更眉壽。

秋陰

浮雲初無心，已南復更北。蕭蕭清風急，忽忽白日匿。時逝物稍變，感集意鮮適。玄蟬號庭樹，蟋蟀吟

---

❶「竹」，傅校本作「林」。

❷「變」，傅校本作「燮」。

四壁。自古共此悲，豈伊越鄉客！

久陰

南方信卑濕，風雨無時節。春風仍晚寒，陽和恐中絶。蛟龍乘江湖，雲霧欺日月。驅除懷熏風，❶悒悒生内熱。

蟋蟀

七月鳴在野，八月鳴在宇。九月登我堂，十月入床下。滔滔歲方晏，促促聲亦苦。悲秋不悲己，終夜如獨語。時俗有新聲，誰能一聽汝？

送王十二還乾州❷

窮通蓋有命，富貴不能早。君侯希世珍，三十未爲老。棲遲升斗禄，奔走周秦道。及親固爲榮，捧檄豈辭小。北風正凝霜，千里徑無草。人生貴感激，豈以外物擾。當爲昂藏駒，勿自使枯槁。

坐嘯亭納涼

長嘯振林木，半空鸞鶴聲。清風蘋末來，孤月海上生。坐久物色改，如有神仙迎。

---

❶「熏」，傅校本作「薰」。

❷「王十二」，傅校本作「王二十」。

王昭君

嬋娟巫峽女，秀色傾陽臺。昔爲一片雲，飛入漢宮來。明鏡徒自妍，幽蘭誰爲媒？丹青固難恃，遠嫁委塵埃。十步一反顧，百步一徘徊。出門如萬里，淚下成霰摧。左右相娛樂，❶絲竹聲正哀。豈不强言笑？鬱鬱不可開。黄河入東海，還從天上回。嗟爾獨抱恨，一往擲蒿萊。

重一首同聖俞鄰幾持國作用前韻

昭君信絶世，窈窕祕瑶臺。歲華坐將晚，玉輦何當來？一以畫爲賞，❷有如鴆爲媒。含悲下紫殿，即路指黄埃。光豔動左右，君心再徘徊。白水不可變，孤芳從此摧。盛時能幾何？千載獨餘哀。至今青塚傍，積怨昏不開。掖庭用色選，丹青以利回。寄語閨中子，何憾處蒿萊！

憶松

松陰何婆娑，松蓋何偃蹇？松香不堪折，松色無可選。旦暮青松間，吟懷未嘗遠。嚴霜百木死，高秀初欲展。泠泠海風飄，輝輝甘露泫。昔年予居閩時，甘露降。去矣混塵滓，懷哉邈林巘。諒無刀斧憂，千載行可踐。輦轂念山海，誰期共攀搴？獨有風入聲，琴中尚悠衍。

---

❶「娱」，傅校本作「虞」。

❷「爲」，傅校本作「移」。

留侯

張良韓孺子，夙昔志未伸。授書黄石公，問禮倉海君。❶契合見神助，濟時効經綸。指揮轉雷電，❷顧眄定楚、秦。❸以彼三寸舌，抗兹百萬軍。一爲帝王師，晚就赤松賓。富貴心不屑，功名諒誰論？❹出處何昭昭，賢哉古之人。

録近文呈晏公

麟趾感素文，躍魚赴鳴琴。殊類豈自識？至和動其心。濟世有先覺，鑄人不鑄金。删《詩》在正始，好樂非好音。萬生依陶冶，一氣諧飛沈。賤子晚及門，獨學謬知今。趨隅誦所志，踴躍不自任。救渴而飲河，栖枝以巢林。量微志復小，俛仰感高深。❺

讀《晏子春秋》并序

世譏晏嬰之節偪下，夫晏嬰大不治宫室，細不治冠帶，無衣帛之妾，則信儉且陋矣。至其脱左驂以濟越石父之困，出倉粟以成北郭騷之孝，又何其裕哉？世之君子未嘗道其裕也，而獨病其陋。是以宫

❶「倉」，傅校本作「滄」。

❷「揮」，傅校本作「麾」。

❸「眄」，傅校本作「眄」。

❹「論」，傅校本作「倫」。

❺「感」，傅校本作「惑」。

室則必修，冠帶則必麗，陳妾則必富。所惡陋于己者從矣，所能裕于賢者誰哉？吾聞陋于己、裕于賢之謂儉，陋于賢、裕于己之謂吝。晏子固儉矣，于聖人之道何貶焉！

平生實善交，厚薄等新故。解驂濟越石，調禄謂車御。猶稱禮偪下，未免儉則固。高風往既息，頽迹後方騖。陳妾輕綺紈，賢士敝襦袴。若人不重得，遺論今始布。吾亦太史徒，執鞭所欣慕。

公是集卷八

宋劉敞撰

五言古詩

以近文投謝學士

自昔周旦死，珍鳳閟空巒。民斯未嘗見，猶取圖象觀。況彼聖人没，衆説紛無端。能言拒楊、墨，豈秪均遺鸞。念我生苦後，讀書樂瓢簞。潛精探遺文，倣象良云難。猶如琢圭玉，考法求所安。雖無繩與矩，我知不爲丸。凝誠矢弗變，勢利非攸歡。譬于寸木微，積久能巑岏。有羽必懷聳，有聲必希彈。方期沐清德，敢不振斯冠！

答吴沖卿學士

人生若浮雲，聚散不自知。昔與子相逢，綵衣汝水湄。兩家賀羊酒，道路生光輝。變故一朝革，各在天一涯。我病陳、蔡間，固窮莫自持。君爲周南居，流涕極所思。日月忽已改，舊游不可追。豈悟群玉峰？攜手如素期。感愴從中來，當歡反成悲。求友聆嘉音，喟然見新詩。廢學老將落，積憂志益衰。俛仰諸公間，嘿嘿慙見嗤。子我平生交，夙昔聆箴規。相愛當見勗，勿同衆人爲。

寄朱三學士

憶在京輦居，相與巷南北。幸非勢利合，同有《春秋》癖。往來熟杖屨，假借通經籍。誰謂數斯疎？要云諒且直。別離淹日月，寤寐見顔色。惠我以好音，欣然對真迹。微官事如毛，徇俗頭欲白。庸知尚可教，願子更良食。

送李綖學士請示江韓諸君

我醉闕門外，臥備東藩臣。君從天上來，秀色落青雲。留連三日語，多得所未聞。僻陋不自知，喟予久離群。南風吹白沙，六月天晝昏。送行不盡境，引望空復勤。相識何必舊，白頭或如新。有信當寄書，毋遺傾蓋人。

今旦

今旦風淒冷，始覺陰氣繁。白日無光彩，未敢啓前軒。卜居止容膝，他時用爲歎。及此殊覺勝，閉塞有餘温。撥棄當世慮，縱觀上古言。禹、稷稱櫛風，孔、顔樂閉門。窮通或相背，勞逸足自論。優游蓋卒歲，達者嘗有言。

送李才元

車馬何赫奕，觀者更歎息。富貴歸故鄉，任州二千石。賜金爲親壽，衣錦供子職。里閈納華駟，公堂列嚴戟。地兼百城會，衆有萬户籍。指撝吏奔走，宣布民悦懌。丈夫雖非通，豈負稽古力！懷章過故人，笑別見顔色。吾徒若匏瓜，長繫甎不食。贈君當何言？有信勉相憶。

送焦生

蒼鷹懷風雲，六月不忘習。寒蛟待雷雨，深水聊自蟄。多君起江湖，力學如不及。擇師視洙泗，履奥窺所立。翰飛自兹遠，變化誰能縶？孤劍屢感激，四方慎翔集。公子誠愛客，相門許長揖。結轡因北游，揮手謝朋執。藏書就史氏，觀國榮天邑。籍甚諸公間，青紫亦可拾。寧復悲歸來，眷眷兒女泣。

聖俞受詔行田是時聖俞葬其弟公異未畢而去

蟲潦敗耕耘，西成絶人望。鄉農籲天意，守闕書屢上。憂民聖天子，擇吏賢宰相。王畿蓋根本，歲賦在寬放。曰君往行田，究彼荒稔狀。一當薄其租，用以息民謗。朝廷慎指使，推擇無與讓。非君精明姿，曷以致忠諒。憂公劇私爲，即夕治行仗。懷悲念其弟，卜日不果葬。乃知體純粹，世士難以尚。德澤既敷宣，風謡還歷訪。歸來悟明主，自致誰云妄？

張老子出田所

魯人有林類，底春獨被裘。沿畦拾遺穗，帶索仍長謳。知命忘其老，樂天固不憂。既驚端木賜，復感東家丘。夫翁何爲者？歲暮亦遠遊。北風吹白髮，蕭颯田隴頭。此意如昔賢，世人知爾不？

同聖民圍棋釣魚

山林自微尚，軒冕非所營。每及逍遥趣，欣然得吾生。春塘漾緑水，珍樹啼黄鶯。心遠忘外喧，境幽識人情。❶垂釣如有求，而無得失驚。臨局非期勝，聊爲白黑争。得意物可遺，忘言賞逾精。此理俗鮮悟，固當屬淵明。

秋園晚步

秋物足悲咤，丘園良考槃。翱翔攄結慮，徙倚縱遐觀。爽氣使心厲，淒風令自單。酸念無逕託，那使百憂寬。鳥下見人寂，螿啼知露寒。夕烟起城際，反照映林端。竚立不能返，迷懷增屢歎。

競　渡

三閭雖已死，郢人獨見思。五月江水深，遶城碧邐迤。輕舟爛龍鱗，利檝劇鳥飛。簫鼓駭蛟鼉，鷹隼亂旌旗。争先愛中流，觀者被水湄。漠漠懷沙魂，一去不可追。千載萬歲後，兒女以爲嬉。已矣國無人，終焉莫子知。

讀《離騷》

空庭衆囂息，風葉獨紛紛。秋期此時改，感歎坐黄昏。遠懷靈均子，著書爲平分。念爾剛直心，吐兹清麗文。上嘉唐、虞世，下悼商、周君。能與日月争，不能卻浮雲。浮雲蔽日月，歲暮奈憂勤。精誠誰謂遠？恍惚若相聞。

❶「識」，傅校本作「適」。

秋過臨波亭寄陜府資政給事

不復池上遊，秋意忽已繁。臥柳半死生，枯荷自翩翻。憶昔載後車，逍遥臨中園。觀魚有縱辨，運斤契忘言。豈獨歲月晚？正傷離別魂。人遐室空邇，幽興誰與論？

讀聖俞我今五十二詩感之

子真神仙吏，不識傷別離。忽逢舊交歎，始悟人間悲。歲月流水逝，富貴浮雲馳。徘徊撫往事，感激吐新詩。流水難以追，浮雲難以推。百年半如此，萬事從可知。且欲拂衣行，聊及鱸魚期。君若變名姓，相逢復何時？

上嶺下嶺

上嶺惟恐遲，下嶺懼顛覆。一嶺但數里，思慮千盈腹。不聞二大夫，致身未嘗辱。

送袁同年殿丞陟通判撫州因還洪井舊居袁在朝數上書言當世事某與袁別十年矣語舊多可悲者留三日乃去

輕舟何翩翩？斵冰浮清川。問之亦奚樂，歲宴道且邅。云我大梁客，游説萬乘前。畫策不見收，故鄉復言旋。薄禄及吾親，就官若歸田。名實兩有適，遠近誰問然？憶昔都門別，爾來彌十年。蒼蒼豫章質，更覺摩青天。語舊或涕流，舉觴愧留連。相從且未果，使我心勞悁。

送裴殿丞

君已頭髮白，猶著五綵衣。出門我意失，贈別雙涕揮。自古不擇禄，念公早旋歸。天歡固爲樂，外物焉足希。達矣老萊子，千年見餘輝。

裴殿丞訪別説《春秋》期歲初復來

吾衰不夢周，知我在《春秋》。斯道宜未墜，夫公能見求。相看頭可白，感別歲空遒。念子期雞黍，毋懷汗漫遊。殿丞此君好道士攝生之術。

送雍秀才歸瑯琊山

希聲未易合，皇華衆方笑。與子東西人，相逢偶同調。億年寄神解，萬里在心照。此間豈容言？吾得安蓬藋。煌煌千金珠，舉世矜賞好。安知緯蕭翁，棄置久高蹈。盛論山水趣，局促恨未到。江湖且相望，送子一長嘯。

鳴　禽

朝日升屋梁，喧禽鳴樹巔。東風不相期，自與春意旋。振衣起前庭，天色緑窅然。非烟颺微和，目極相緜緜。行尋林間步，荑英已可攀。萬物在陽舒，胡爲慘不歡。幸有二三子，采芳玩華年。不及古之人，幽懷聊復蠲。

驚　禽

幽鳥何所託？高棲衆林端。風巢雛鷇危，露葉毛羽寒。半夜吐明月，驚鳴遞嚻讙。迎光怪焚巢，顧影疑飛丸。何爲貪擇木？通夕不自安。乘高非爾謀，宜下易所觀。不見丹穴鳳，深居全綵翰。

八角井

誰鑿八角井？不方亦不圓。此地饒美水，此井獨苦泉。泉甘常早竭，泉苦更永年。浪得世上名，對之還慨然。

雨過張先生

禀生本迂闊，習性益疎嬾。遇境牘欲留，得人輒迷返。先生老鄉曲，素髮頗梼散。相遇年已忘，心親禮逾簡。幸無富貴憂，時可青白眼。驚呵左右人，邂逅以繾綣。初隨朝陽出，忽報山雨晚。天路良幽艱，歸途失平坦。

寄公默先生

昔賢避言色，先覺如觀火。作者有七人，清風緬遺我。浮俗滋鈌鈌，羇人畏瑣瑣。知言豈易值，卷迹恨莫果。所願學孔子，無可無不可。寡過知未能，同聲賴銘左。

恩賜御書呈同舍諸公

聖神紹先古，述作備新書。微生濫中祕，重賜等諸儒。日月明天文，龜龍粲河圖。精神駭耳目，黼藻賁泥塗。發揮篋中藏，更得神宗初。光華混新舊，筆墨肖錙銖。幸生堯、禹間，而見典與謨。上爲四方賀，善繼古所無。下竊私室榮，搢紳誰與俱？漢史探會稽，周臣覽崑墟。蕭條千萬里，筋力固已劬。而我獨何人？荷寵安厥居。受學庶無負，傳家既多餘。願從二三子，講誦無時虛。

與景仁聖俞飲景彝西園

鬢髮今日白，❶山林未能往。每逢負郭趣，嘿有歸田想。置酒松柏間，❷當春更蕭爽。欣欣二三子，相與留一賞。早花何娟娟，秀色傾宿莽。馴禽聲喧呼，永不忌羅綱。❸物情樂于適，未必在深廣。育育井中魚，胡然困偃佒。❹佳哉主人翁，示我以天壤。放懷寓一醉，益愧鳴佩響。園井中有魚數十頭。❺

送懷安李使君屯田

汝潁多奇士，磊落布方册。先進存古風，若人復令德。詩書秀英華，鷹鶻勇排擊。曩者從軍行，早聞平戎策。縱横志未展，慷慨意更激。坐驚齒牙脱，忽使頭髮白。頗與嵇、阮同，閉關以藏迹。老驥甘道路，黄鵠羞斥澤。復持一麾去，堅取萬里役。旌旗暗長亭，已想蜀山碧。鼓吹喧前除，稍知楚風易。專城自足貴，遠覽固多適。胡爲結離愁，恨此晚同得。

題賈大夫射雉圖

控弦誰家子，馳射落名翬。傾城絶代女，巧笑揚脩眉。覽古按圖畫，悵然增我唏。壯士不擊賊，顧從兒

---

❶「日」，鮑校本、傅校本作「欲」。
❷「間」，鮑校本、傅校本作「下」。
❸「忌」，鮑校本、傅校本作「忘」。
❹「佒」，鮑校本、傅校本作「仰」。
❺「園井中」，鮑校本、傅校本作「園中井」。

女嬉。威弧無用世，反事禽荒爲。嘿嘿千歲後，正爲來者嗤。

示張直温

築山必使高，鑿井必使深。百工戒淺近，盛德羞浮沈。焉有尺寸枝，能棲垂天禽。焉有升斗泉，能容橫江鱘。❶借兹諭物理，足以開君心。隘在容不足，弱在力不任。大道如路然，固無古與今。

臨淵亭望鳳凰等山作

孟公多勝詣，故在杯酒間。雖非菊花時，輒復尋龍山。平明騎馬出，日暮倒幘還。若人難重得，此風猶可攀。問我亦何爲？翛然方閉關。忘言在得意，獨往路已難。

聞隱直欲調官

蛟龍居池中，仰活數掬水。❷虎豹離山林，求食輒摇尾。張君宜大用，亦是龍虎比。何得圖小官？折腰五斗米。屈伸蓋時命，隱顯乃君子。譬由合抱材，當自毫末起。昔爲青雲高，今落塵土裏。可咿復可驚，誰能叩天耳？

津亭

西風豁愁陰，天水兩涵泳。微波蕩寒日，極目萬里浄。離披蒹葭老，蕭瑟原野迥。物容驚客懷，櫓聲動

---

❶「鱘」，傅校本作「鱗」。

❷「掬」，傅校本作「匊」。

歸興。倦游髮恐白，多慮身復病。緬慕蒼梧雲，無心自輝映。

和持國登開寶寺上方院寄孔寧極崔象之孫曼叔

重山抱城起，清川帶野回。深嚴古佛寺，崻嵲聳高臺。此地宜眺覽，冠絶都城隈。遠近見千里，令人心目開。憶在七月中，丞相自魏來。百官迎道傍，休騎兹徘徊。衣冠相勝凌，塵土如炎灰。我隨衆人趨，出入再歷階。不得及此時，披襟濯氛埃。至今意耿耿，負愧不可裁。邇來讀君詩，足慰平生懷。忽如升其巔，四顧心悠哉！往者不可及，信陵久已頽。來者不可見，孔侯與孫、崔。古今殊茫茫，慨歎成歡哀。會復從君遊，于焉謝崔嵬。

臨波亭飲席贈徐二

華星爛長天，明月被清池。良景豈易得，佳賓共在兹。形骸久相忘，巵酒安足辭。高歌激風飆，宜笑散春暉。中置浩長歎，民生信多爲。非無逍遥鄉，固在閒暇時。及爾不快飲，歲月忽欲馳。世事紛悠悠，放言爲吾師。

送張四隱直遊邊

吾昔讀《漢書》，遠嘉馬文淵。慷慨有大志，不辭走窮邊。嘗言功名期，當及少壯年。生圖萬里勳，死裹馬革還。此語頗豪蕩，書之在青編。其人雖已亡，其意猶凛焉。羌戎未伏誅，王旅多喪偏。安得如此人，西行隴與汧。借籌資方略，還爲天子言。海上惟歎息，今時豈無賢？忽聞張公子，奮起殊欣然。歷覽涇、渭旁，究觀敵根源。寧復謝古人，正堪豁憂煎。衛青出行伍，去病幸有天。相繼取封侯，有若翻手間。男兒誰不如？可得甘棄捐。讀書反三黜，何用師孔宣！我豈少游徒，規規守鄉田。力弱非志弱，送君心長懸。

同貢甫詠丁晉公園池

一死復一生，一虛復一盈。猶悲門易軌，況乃谷爲陵。曲池久蕪没，高屋尚峥嶸。自古若傳舍，毋爲方歎驚。

送韓七寺丞知蕭山原註：韓，潁川人，兄弟八人皆仕宦顯名。

君家潁川上，時論數八龍。聲華自照映，遠與高陽同。季慈又青出，秀氣凌秋空。安步可遠到，何爲菰蘆中？會稽自禹來，山水天下雄。古人每獨往，勝事殊未窮。聊欲因弦歌，登臨極江東。超然語高邁，令人媿樊籠。我昔更此邑，稚年尚兒童。邇來成夢寐，自笑成禿翁。安得方寸金，換君腰下銅。越吟不自然，極目南飛鴻。

初　夜

汲汲晝彌短，悠悠夜增長。貧家不具燭，坐須明月光。隱几四寂默，陰蟲鳴我傍。天時有推敓，物性隨悲傷。感彼忽自驚，喟然發心狂。壯年何所成，憂患攢中腸。咄嗟牛衣叟，婦女知激昂。國恥吾亦羞，如何埽封疆？譬如籠中禽，左右不得翔。知音古亦稀，誰謂歌中商？

静　夜

花影不可埽，縱横月明中。光芒裛新露，香氣生微風。夜永興不淺，幽人與誰同？

迎恩甫

相別才一月，相憶如一年。豈無白首游，不及夫子賢。邂逅發痦寐，奮飛絶由緣。忽聞乘春浪，千里下歸船。雞黍可以具，班荆暢幽悁。

公是集卷九

宋劉敞撰

五言古詩

雨中獨居有懷江梅

晨起風雨交，蕭蕭秋意寒。出門無所詣，行道如此難。思我平生游，相得他日歡。❶興來未嘗約，趣合不待言。濁酒有與醉，孤琴能一彈。時時商聲歌，磊落千琅玕。浮雲歸無期，宿草秋向殘。獨咏雞鳴詩，一唱三四歎。

過聖俞讀其近文明日寄之

昨日過君家，雙瞳偶清刮。非無塵俗累，喜見秋陰豁。佳瑟譜新聲，❷瑶音邈超越。神驚自束躅，不爲天寒發。

❶「他」，鮑校本、傅校本作「何」。

❷「佳」，原作「注」，據鮑校本、傅校本改。「譜」，原作「請」，據鮑校本改。

憶梅

豈無棟梁材？爲君構明堂。豈無調羹資？爲君致烹鬺。獨使限荒鄙，委之道路旁。歲晏吐奇秀，芬芬有餘香。疾風見松柏，衆穢知蕙芳。譬彼君子質，幽沈道逾彰。安得假神術，徙根儷長楊。遼哉計不果，我心不能忘。

傷胡　二

人生期百齡，子適四之一。人仕期萬石，子適升斗秩。稟靈甚純粹，守道復貞吉。無負于神明，如何有倉猝？雖登爵一命，亦治邑千室。名竟未達君，澤亦不被物。鬼神莽無狀，天道眇難詰。冥冥九原深，永與顔、賈匹。

觀永叔《五代史》

大均運元和，萬物分一氣。相雜以成文，自然故爲貴。道衰三王末，議出百家沸。仲尼日月也，薄食爲之既。《春秋》日筆削，天地復經緯。大法初粲然，亂臣以爲畏。微言迨秦、漢，變雅從晋、魏。逐末競錐刀，澆淳玩花卉。安知述作本？庸識文章意。中間馬與班，二子稱髣髴。猶云祟貨力，尚或排剛毅。才難乃其然，可以長歔欷。退之不爲史，于道其猶未。胡爲體明哲？曾是回怨誹。國典竟蕪雜，唐風亦隱厞。陵夷九易姓，禍亂森如蝟。儒術駭中絶，斯民遲攸塈。紛紜混朱紫，清濁誰涇、渭？龍飛真人出，虎變斯文蔚。天意晚有屬，先生拔乎彙。是非原正始，簡古斥辭費。哀善傷獲麟，疾邪記有蜚。處心必至公，撥亂豈多諱？何必藏名山，端如避羅罻。曰余仰爐冶，有意自劇剕。踵門投耒耜，假蔭親蔽芾。所望窺冊府，無寧辱賙飻。狂者實進取，日中固必熭。❶飲河雖非量，滿腹尚自慰。演孔幸受經，居齋竊忘味。

寄張拱辰

楚人少眉壽，此翁七十餘。荆士多輕揚，此翁乃好書。世醫悦膚淺，此翁識古初。習俗争錐刀，此翁尚玄虚。數欲見此翁，爲其亦起予。責人必求備，堯、舜猶病諸。漁者公閲休，逸人狂接輿。有之幸見告，我且從彼居。休與比楚人。

竹牀

櫛櫛裁脩竹，熒熒粲寒光。浮筠凝烟霧，疎節留雪霜。甘寢百疾解，側身夏日長。此時四海波，亦已如探湯。嗟我智慮短，苟爲安一牀。

哀三良詩并序

《秦風》有哀三良詩，刺穆公以人從死。後王粲作《哀三良》者，興曹公以己事殺賢良也。陳思王亦作之者，怨己不及死者也。吾以哀三良仍有餘意，猶可賦詩，故復作焉。當有能知者。

士爲知己死，女爲悦己容。咄嗟彼三良，殺身徇穆公。丹青懷信誓，夙昔哀樂同。人命要有訖，奈何愛厥躬？國人悲且歌，黄鳥存古風。死復不食言，生寧廢其忠。存爲百夫防，逝爲萬鬼雄。豈與小丈夫，事君謬始終？

---

❶「熭」，傳校本作「彗」。

馬生自汝南來求入太學不得請詩以歸

士貧謀國拙，安得辭泥塗？馬生負長劍，歎曰歸來乎。尺薪等芳桂，斗粟兼明珠。王門不見容，憔悴如枯魚。我無升斗水，慰子朝夕須。亦有西江濤，路遠不可圖。相勸早旋歸，《詩》《書》自爲娱。男兒患無術，餘事從卷舒。時至當奮飛，翩如巢中雛。微物尚變化，況君七尺軀。

詠　史

主父希世者，畫策妙縱横。指麾一言用，震動諸侯驚。日暮臨遠塗，中道方倒行。不忍藜藿食，竟從五鼎烹。寧知鹿門翁，白首長躬耕。天下非所保，功名安足營？

入　荆　江

此江自岷山，浩瀚浮西極。中爲三峽束，壅閼氣憤激。崩騰得平地，千里怒未息。雖投洞庭闊，争道猶逼窄。觸岸皆倒流，勢兼萬牛力。渾黄不可鑑，咫尺瞢玄白。頗似崑崙流，洩源下積石。逶迤屢屈折，九曲乃大直。始信枉渚歌，至今猶悽惻。中流忽沙沸，慘慘半江黑。俄頃成丘陵，方舟渡安得？坤儀理專静，何故輒損益？多異真窮鄉，所逢豈中國？墨生忍黔突，孔子不暖席。賢聖亦遠遊，吾寧倦行役。

和鄰幾持國景德寺納涼

四時急相乘，五月大火中。天地爲熾爐，萬物皆沸銅。吁嗟望雲漢，長嘯懷清風。覆載雖厚高，[1]跼蹐

---

[1] 「厚高」，傅校本作「高厚」。

似不容。蚩蚩道傍子，奔走勞厥躬。外以塵土傷，内爲利害攻。狂酲無由濯，勢與群物終。安知逍遥遊？采真得所從。寶宇豁高嚴，劇談叩真空。虚白從中來，清涼脱樊籠。惜哉但獨樂，不與斯人同。作詩寄妙賞，藐若凌青穹。依隱或玩世，詭時在不逢。三復金玉音，曠然已發矇。

送劉初平謁會稽范吏部

劉生大梁客，五十恥獨醒。觀書汎爲通，不肯明一經。壯歲懷慷慨，邊游忍伶仃。擔簦售白璧，垂蒯提青萍。歸來面朝士，口寫山川形。公侯盡高意，禮數争分庭。落魄破小節，浮遊謝塵冥。詼諧若流輠，捷勝如建瓴。荏苒混朝市，繽紛邁年齡。有云致官爵，百説無一聽。二子才劒吷，衆豪固螟蛉。以兹滯玉帛，亦不羞巖坰。太尉辟開府，夏竦也。中丞請居廷。孔道輔也。拂衣東南走，高揖千巖青。禹穴發窮寶，雷門叩驚霆。邦侯萬人傑，憂國心無寧。得善輒解榻，發奇肖開硎。抽辭肯聽瑩，宴舊方淹停。箸下進醇酎，鑑中結飛舲。高哉鴻鵠心，去矣窮滄溟。

謝主簿示雜文

少不學爲吏，僶俛亦非良。終日簿書間，忽疑鬢髮蒼。無聞畏後生，素習成兼忘。吾子豈獨迷？相從道文章。上論聖賢心，下救世俗荒。磊落古人風，粲然在我旁。精芓眩日月，爰居惑鏗鏘。置此但爲好，切磋非所望。

開　元　寺寺在汝寧府，本顔魯公真卿舊居。

自古皆有死，豈惟直如弦！魯公既中夭，狂寇不獨延。兹寺數經亂，叢林廢爲烟。若人昔所居，故老廣其傳。直氣觸白日，沈憂淩青天。悠悠穹壤間，肯與蛛蟻捐。事往理冥漠，悲來涕潺湲。作詩識其處，尚想音容全。

漢武帝二首

武帝固英雄，總攣皆軼材。南并桂林地，北守單于臺。軍費累萬金，馬迹窮九垓。時獨卜大夫，規規輸其財。忠義豈不然，告緡自此開。茫茫文景後，田野卒汙萊。孰謂將相謀，竟貽黔首哀。晚悟富民侯，後時信悠哉！

洪波漏金隄，河伯獨不仁。不有封禪行，安知愁吾民。翩翩海濱子，自以通鬼神。黄金成虚言，鴻飛邈無因。武安玩天時，獨秉萬國鈞。憸似宣房詩，郎吏終負薪。寂寞千載間，真僞共沈淪。何乃忘謗書？世固無直言。

楚風四首

三楚多秀士，從古謂之然。接輿既髡首，三閭復沈淵。大屈備時玩，白珩爲世傳。粃糠鳳鳥歌，瓦礫《離騷》篇。已矣德既隱，孔車爲回旋。

嚴嚴章華宫，灼灼高唐觀。慶弔隨俯仰，離合異昏旦。人生詎能幾，物化每交亂。千秋萬歲後，寂寞江與漢。

宜僚樂市肆，叔敖榮寢丘。不惡漁釣卑，吾聞公閱休。顛冥天地間，世與我悠悠。豈悟多種橘，可齊千户侯。

唐侯兩驌驦，夙昔困多難。蔡國雙狐白，豈知反爲患？世衰道回遹，服美自取問。敝緼可終身，鴻飛諒何篡！

雜詠

今年四十一，髮白牙齒脱。未能遊逍遥，意每不自豁。偶尋樂天詩，往在江州日。年幾與我同，衰疾與我埒。伊人了無生，外物均寂滅。而且于形骸，變化難自適。況我狹中者，萬緣日相伐。力小覺任重，憂多使内熱。安能保平和，但有就衰竭。賢哉香山翁，精識妙前哲。❶懸車未六十，鼓缶終大耋。以兹揆損益，亦似有與奪。至理何心得？吾其守兹説。

二十六日大風寄貢甫

雨止天大風，草木皆怒號。居人不得寐，起見星月高。鳥獸群悲鳴，空虚如波濤。行子今安至？愴愴我心勞。山川幸非遠，歲月亦未滔。自傷下澤車，不及鄉里豪。衮衮隨飛蓬，悲歌擊長刀。丈夫寒如此，何愧兒女曹？無由託飛雲，更寄身上袍。

黑河館連日大風

空桐倚不周，近戴北斗魁。上天限夷夏，❷自古常風霾。我行迫隆冬，周覽窮荒回。魑魅醜正直，共工

---

❶「識」，四庫本作「誠」。

❷「夷夏」，原作「中外」，據傳校本改。

負其材。初如百萬兵，鳴鼓天上來。日月慘不光，星辰爲之頹。又如海水翻，洪洞奔天臺。四顧無復人，但聽萬壑雷。摇山墮危石，略野荒纖荄。鳥雀失食悲，虎豹亡群哀。大叫不自聞，卻行尚欲摧。而我仗漢節，何由脱氛埃？先王外荒服，赤子棄草萊。陰姦竊號令，天網殊恢恢。我車傷崔嵬，我馬勞虺隤。感彼《雞鳴》詩，聊以慰永懷。

奉和永叔夜聞風聲有感用其韻

往爲名山客，浩蕩多奇觀。六月湖海臥，飄飄生羽翰。誤升紫垣籍，草野非所安。金火三伏交，束帶愁衣冠。飛塵變形骸，内熱焦肺肝。豈惟天有時？人事亦可歎。適有涼風來，蕭騷庭葉乾。感之意飛動，忽若驂龍鸞。銀漢水可涉，枯槎去無難。洞庭魚正肥，遊子行足歡。飲酒讀《離騷》，睥睨天壤寬。要當以樂死，日月誰控摶？夫子文章伯，已在青雲端。且方濟一世，詎肯哀盤桓。作詩破冥煩，磊落冰雪顔。懍懍屈、宋詞，千秋劇椒蘭。

春旱天多風贈深甫

春旱天多風，十步不見人。自非勢利役，誰肯輕出門？我亦閉户居，寂寥臥晏温。歎息中庭花，散隨扶摇翻。百芳半摧折，白日或翳昏。安得超塵埃，高乘雲雷奔。壯心更激烈，中熱生肺肝。愧君憂陋巷，眷眷迂輕軒。高論清我懷，忽然失冥煩。

呂　梁

呂梁信天險，魚鼈不可游。引棹出叢石，一絙用百牛。洶湧含風雹，蜿蜒噴蛟虬。世自有畏塗，吾仍恥

隨流。側見百仞奔，俯窺千丈幽。自非跂達觀，未易寬百憂。夙昔涉老莊，縱心會虛舟。忠信猶足恃，放言禮門由。❶

蜀岡南麓

山深行易迷，南麓偶清曠。雞犬鳴谷中，樵童戲巖上。茅茨肖浮居，牖户相背向。竹徑通往來，清陰亦彌望。白頭三四老，相見語歡暢。心疑避世子，形迹一何放？行將從之遊，自恨苦羈鞅。不能問姓名，聊作《招隱》唱。

種竹偶書

少有王子癖，長憐此君雅。常嫌地喧窄，不敢謀瀟灑。昨日山客來，勸我栽砌下。感荷知我心，遂得移遶舍。其中置磐石，可以措尊斝。于此更一座，以待違名者。山禽時復來，清囀如郊野。其餘即無見，不辨春與夏。吾惟厭時俗，人亦來者寡。順然兩無議，❷外譽焉足假。新筍漸盈尺，新枝已鋪瓦。燕雀勿相驚，深沈似隆廈。

勸思弟于南軒種竹

世皆笑幽獨，何不少自貶？種竹南軒間，亦足以相檢。況兹歲華晚，衆卉日凋斂。清節良自如，栽培

❶「禮門由」，傳校本作「謝聖丘」。

❷「議」，傳校本作「譏」。

匪爲諂。豈知牕户側，秀色窺荏苒？會兹東南美，相對情不慊。楚人昔頌橘，行比伯夷忝。此君最孤高，堅直難外掩。凜氣有精粹，筠光射圭琰。他時雪中客，往往疑清剡。

古俠客行

壯年志慷慨，結交慕英雄。大梁多長者，燕趙有古風。千金起爲壽，一諾不顧躬。自謂松與柏，忽爲萍與蓬。市道今乃知，利窮非義窮。

深甫過留宿并示近詩

别長會時稀，樂少憂日多。邂逅非素期，悲歡奈君何？明燈照空牕，風雪滿天地。此時坐相對，達旦終不寐。少年慕結交，徒以此方寸。危生始自感，來日安可問。意氣久已奪，形髮亦已衰。如何切磋意？不廢平生時。驚禽墜虚弦，病葉隕輕露。一聞傷心奏，涕下已如注。

留張十二宿

少年有佳趣，老夫意獨驩。常恨離别久，忽忘會聚難。殷勤置杯杓，蕭散遺衣冠。誠知惜短夜，爲我强盤桓。

和鄰幾八月十五日夜對月

外事已波濤，回首已陳迹。獨有雲間月，相見不改色。慰我平生懷，故在中秋夕。我髮見二毛，羇旅多所歷。每逢桂花秋，興發勸更劇。江湖與山林，所至得真適。今年都城游，日與賤事逼。得閒輒昏醉，向晦專寢默。覺醒忽天明，不見千里白。誰令心賞違？坐使歲華隔。徘徊不自愜，悵望空歎息。見君新詩章，暫若對寒魄。清光動人目，諷詠當自釋。

腳　冷

踐霜腳如脱，知我血氣衰。況復齒牙落，鬢邊亦有絲。人生會當老，何計遲速爲？但願多美酒，憂來忽如遺。

和江十飲范景仁家晚宿祕閣睹伯鎮題壁記番直日月感之作五古❶

阮公有大度，于世無所營。顧獨好飲酒，而欣爲步兵。未嘗語是非，舉俗駭且驚。夫豈知胸中，磥磈獨不平？西登廣武原，咄嗟豎子名。揭來蓬池上，詠懷激哀聲。此風久不聞，寥落成千齡。鄰幾頗其流，貧賤能忘形。校書天禄閣，不忍游公卿。時從好事飲，傲兀人間情。髪白不自疑，歸來卧前楹。顧見壁上書，❷始知歲月傾。喟然感舊交，因欲東南行。黄鵠真去矣，白雲遠冥冥。吾聞至人語，大塊勞我生。天地一毫間，出處何重輕？但使樽有酒，長醉不用醒。君當解此意，獨往何必清？

賀王介甫初就職祕閣

鳳凰信高遠，矰繳安得羈？非君《九韶》奏，詎肯一來儀。王子美無度，孤飛絶雲霓。常恐濁一世，斯人莫見之。天子蹈軒虞，公卿聚皐夔。孰言阿閣下，定有朝陽詩？願得調律吕，聆音辨雄雌。毋空著圖

❶「古」，傳校本作「言」。

❷「見」，四庫本作「是」。

象，但取兮童兒。

修府學後同官僚見諸生

用儒沐休運，撫俗奉明詔。雖愧文翁治，猶非武城笑。兹堂丞相規，頗盡泮宮妙。高閣横青冥，長廊騖窈窱。春秋大復古，修舊非所誚。庭壇一已新，丹堊歘相照。迂疎賴衆才，簡默希坐嘯。況多都邑賢，歷講道術要。藩籬可目涉，弦誦或耳剽。汜鄉亦何人，千載名獨劭？

煌煌京洛行

紫極開天門，慶雲麗皇居。卜郊定九鼎，懸闕觀寶書。德澤浸無疆，風俗返華胥。冠蓋百萬家，車馬十二衢。輕肥耀朝日，富庶極中區。游俠信陵後，節義大梁餘。顧盼生光輝，吹拂動萎枯。貴賤且貿遷，高陵忽爲墟。變化若有神，升沈豈嘗拘？ 咄嗟鄒魯士，何用空躊躇？

代書寄鴨脚子于都下親友

予指老無力，不能苦多書。書苟過百字，便覺筋攣拘。京都多豪英，往往在石渠。作書不可周，寄聲亦已疎。後園植佳果，遠贈當鯉魚。中雖無尺素，加餐意何如？

寄貢甫時隨侍入蜀

曩别百里近，愁心亂清秋。今别百里遥，秋色縈遠愁。我飛乏羽翰，我居悵淹留。忽如轅下馬，局促難自謀。古人有先覺，不願往諸侯。我乃今知之，曰歸邈無由。朝吟南陵篇，暮弦梁山謳。離魂如明月，昔昔西南流。

戴村

羇旅淹歲改，江皋屬春早。幽村屢獨往，勝事時默討。深竹尚殘雪，陽崖已芳草。茅茨忽連接，鄰里自相保。人猶安道族，景是山陰道。徘徊問耆舊，或遇棲真老。

種瓜瓠

吾生拙用大，江海思遠適。豈獨爲匏瓜？長繫取不食。漆園有遺意，放蕩豁心臆。樹此無何鄉，近身見多益。五日抽一尋，十日成百尺。纍蔓更相引，甘實行可摘。因之浮汗漫，去矣笑踽踖。從我其誰歟？由也不可得。

簡深甫

與君一城居，其實跬步間。慊慊不相從，十日俄忽然。一城豈爲遠，十日豈爲短？客子局人事，心與迹相反。而況各異鄉，茫茫隔山陂。歲時若奔車，過去誰復推？伊昔厭幽獨，願子東西鄰。雖鄰尚不覿，何似南北人？人間實如此，千別能一會。興來即上馬，埽榻聊相對。

贈陳襄祕丞自峽中召歸

淮海南國衝，冠蓋結浮雲。面交固不數，白首猶若新。之子天際來，各自東西人。一語旦連夕，歡如平生親。豈伊名聞久？固以意氣均。馳騖《詩》《書》間，博哉醇乎醇。我昔病俗學，莫明聖與仁。常恐遂至地，豈期晚有鄰。君還覲清光，一二席上珍。賢者任必重，勉旃覺斯民。陳迴此與其談性命仁聖之間，留五日乃別。

送沖卿守高郵

雞鶩守樊籠，鴻鵠游四溟。羨君一麾去，不負人間名。孤帆西北風，海日東南明。回首笑富貴，浮雲亦何輕？我憶童子時，綵衣戲五亭。離懷重自感，墮淚沾長纓。

公是集卷十

宋劉敞撰

五言古詩

聞王十八除檢討

滄海有蓬萊，去人初不遠。舟車自難到，方士曾空返。聞子騎鯨魚，姓名已金簡。誰云路幽險？但怪波清淺。俯窺紫貝闕，洞視白玉版。神仙豈學致，變化絶微顯。乃知淮南藥，力可及雞犬。相望雲霧深，冥冥白日晚。

任城道中

驅車太山下，過憩任與樊。此地昔建侯，邈哉羲皇孫。市朝非一世，茂草空平原。三十餘萬歲，忽如飛鴻奔。毁墓骨已銷，但有石槨存。縱横委路隅，冥漠游岱魂。❶古今一丘貉，成敗誰復論？區區東家翁，乃復哀璵璠。牛山顧千駟，涕下何由諼？忠義獨不朽，庶幾長者言。

❶「漠」，傅校本作「莫」。

陳橋別隱直

柔遠在無外，飲冰寧顧家。旌麾辭北闕，原隰生光華。水涸雨亦收，勁風卷驚沙。送車何其多？高蓋垂文緺。張侯平生親，情義固所加。哀我志慷慨，睠我天一涯。出宿水上亭，暮談見晨霞。百里亦已遠，心乎不云遐。我自東西人，豈能守蓬麻？周爰愧靡及，敢不重拜嘉！

答江鄰幾到潁州見寄并封示晏公送行

日夕風雪佳，相念思乘興。忽憶君在遠，❶離憂紛難定。入門對新詩，滿眼冰玉瑩。因疑君居側，恍惚不自勝。別來雖無幾，日月稍已迸。一葦悲河廣，況乃山川迥。遠遊殊風土，孤響謬群聽。常恐弔原憲，夫子歎何病？幸傳丞相篇，復見仁者贈。懸知愜真賞，有以誇歷聘。何用慰索居，一朝再三詠？

寄深甫兄弟時在潁

回面簿領役，終歲無一欣。思君阻晤語，坐想如古人。百里非遐方，書疎絶相聞。亦知平生懷，未爲疎數分。昔君幸見憐，約禮博以文。今也知不及，瞠然已絶塵。裹飯更欲馳，漭漭風雪晨。高會汝、潁間，千秋愧荀、陳。

舟次潁上寄貢甫

我詩持寄君，宛在汝水潯。君詩欲寄我，蒼茫烟浪深。寒水争赴壑，駛流激清音。扁舟泝游往，寂寞嗟

---

❶ 「憶」，傅校本作「晤」。

獨尋。潁烟稍塞望，淮月初清心。恨無知賞同，樽酒誰獻斟？相思意不極，宛抑訴鳴琴。曉燈半明滅，抱膝成苦吟。

古意三首

相逢偶相識，相識竟相離。會知别情苦，寧作未相知。相見如夢中，夢中還相見。薄帷鑒明月，恍惚仍對面。

主父昔未仕，頗爲鄉人輕。上書雖晚達，稱説何縱横。不忍脱粟飯，甘爲五鼎烹。豈不愛厥身，徒爲喪其生？吾聞南山翁，軒冕不得榮。

柳下不違俗，獨恥伐國言。三黜何嘗憂？一問遂慘然。世衰狙詐用，賢者防其源。孟軻不言利，顧有仁義存。何乃百世後，功名爲時敦？

秋意四首

陰蟲鳴空階，危葉墮高樹。秋風雖昨日，所遇已如故。悠悠歲方晏，采采行多露。芳香日可閔，宛彼蘭與杜。

鴻鴈起海濱，凌風自翱翔。冥冥青雲間，矰繳安可望？千里一悲鳴，一里一徬徨。時變感自深，豈伊恨越鄉！

鶢鶋信多智，出處能自謀。非無人間畏，而襲人間游。微風動高林，梁棟生早秋。歛翼從所願，落實安得留？

翻翻林間藿，昔惟桃李華。飄飄終焉薄，江海無津涯。榮華寄須臾，顛頷空泥沙。良無凌霜節，安得復歎嗟？

雨晴率張生及諸弟到薦福僧居

沈陰天氣昏，忽霽景物好。墻陰且殘雪，池岸已芳草。愁懷無端涯，强出慰枯槁。白日當青天，所至豁如埽。山僧一飯畢，鐘鼓不復考。庭宇若無人，牕軒照丹藻。徒行不知遠，適興愜所禱。如覺逍遥遊，頗堪謝煩惱。諸子吾宗秀，張生一經老。相顧能不言，歡然屢絶倒。

初　鴈

翩翩南飛鴈，契闊萬里道。朔雪常逼秋，知幾諒宜早。敵兵盛西北，弓矢斷飛鳥。側翅鋒鏑間，悲鳴觸懷抱。往時商山翁，自放亦忘老。避地吾所師，相望戒輕矯。

始　聞　鴈

冬夜何漫漫，北風扇淒惻？❶始聞南飛羽，稍稍過我側。來賓無乃後，恐非歲時忒。❷朔方稽常貢，物性隨變易。哀音一何厲，路遠霜雪積。就陽既云歸，感義寧自默。胡爲堂上士，撫劒重歎激。

❶「淒」，傅校本作「悽」。
❷「忒」，傅校本作「惑」。

没蕃士

丁年仕轅門，欲食萬里肉。敵兵方强梁，邊境日局縮。是時十月交，轉戰大河曲。落日天地昏，風塵蔽川陸。我師自憑陵，虜騎出深谷。❶路窮矢交墜，壯士同僇辱。投身致網罟，南向長慟哭。忠義安可論？功名亦已覆。悠悠捐歲序，忽忽抱心曲。每生悔爲禍，致死倘還福。夜渡黄河冰，獨依荒榛宿。狐狸鳴我旁，虎豹相馳逐。脱身僅毫毛，夜動晝必伏。肌膚存空骨，性命半鬼籙。十月到亭堠，問人識風俗。回頭復長望，慷慨淚盈目。憶昔萬人出，今還一身復。可憐同時輩，視我猶鴻鵠。永棄絶域中，幾時脱臣僕。叩門謁主帥，長跪向人哭。可汗甚桀黠，❷其下亦輯睦。努力思長策，勿輕用人屬。

寄子華内翰時亦宿齋是夕風雨

君居白玉堂，我在紅藥署。出處豈不同，咫尺限相遇。風雨聞雞鳴，節物驚歲暮。思君正展轉，夢中亦知路。

過澶州橋有感

河水東赴海，還從天上回。寧知今日波，還復前時來。岸柳亦已荑，原田正莓莓。念我平生歡，悵然使心哀。

---

❶「虜」，原作「敵」，據傅校本改。

❷「桀黠」，原作「雄傑」，據傅校本改。

和江鄰幾雪軒與持國同賦二首❶

君居近城市，每獨厭囂煩。積雪成高臥，故人來在門。埽除更爽塏，談笑寂無喧。開牕延寒月，拂席置清樽。真得酒中趣，安知狐白温？

長安雖大雪，車馬無休時。窮巷有高士，閉門獨何爲？朝烟不黔突，彈琴方賦詩。逍遥無忤色，慷慨多逸辭。適有感同好，寄聲贈所思。調高當和寡，無以答君知。

養　雞

茅茨一畝寬，生理備委曲。雞豚自古昔，豢養隨世俗。鑿垣安其棲，幼長何碌碌？旦出四飛散，❷暮還相從宿。頗哀鴻鵠輩，飲啄不充腹。何事萬里遊？羇旅傷局促。衣冠相嫵媚，庭廡更追逐。未悟糞土非，豈知稻粱辱？物理常有此，人情苦不足。安見避世翁，頽然臥空谷。

乘小舟入朝京門訪安道

南山厭清流，❸春光滿上頭。懷人不勝意，乘興去扁舟。静吟日光午，孤棹正脩脩。固當見安道，曷若王子猷。

---

❶「首」，傅校本作「詩」。

❷「飛散」，傅校本作「散飛」。

❸「厭」，傅校本作「壓」。

送陳奇祕校遊寢丘

世往人物非，古今共滔滔。聞君寢丘客，因憶孫叔敖。脱身田野間，功業青雲高。憂國不顧家，子孫負薪勞。苟無滑稽士，亦已埋蓬蒿。嗟來千户封，晚受侯王褒。賢卿尚遺忘，反慕貪與饕。況彼里間人，安能厭糠糟！伊昔方斷虵，許身輕鴻毛。陰德尚有報，天寧紿吾曹。努力道路勤，我心良鬱陶。

宴得解進士先是，予爲監試。

汝、潁紀南國，星極麗中州。多奇兆兩漢，粹氣兼九丘。里巷含古風，文章耀前修。上恩榮計偕，博選充詔求。雜沓會駿骨，軒昂出驊騮。日余曹深識，有司屬同憂。攻玉固以石，妍媸豈云侔。登龜但投餌，美惡非其儔。堂上歌《鹿鳴》，樽前親獻酬。有功幸九錫，與祭爲諸侯。

送胥元衡殿丞通判湖州❶

平生笑山濤，非隱復非吏。今更欲似之，顛瞑老將至。羨君負清識，于世寡所求。能從魏闕下，徑取江湖游。扁舟駕長風，千里破高浪。倚檣一清嘯，佚氣横雲上。醲碧箬下酒，紅鱗苕溪魚。綵衣起爲壽，此樂天下無。誰不慕軒冕？顧多困朝市。人生難自諧，禄仕當若此。❷

❶「殿丞」，明鈔本無此二字。

❷「若」，傅校本作「如」。

利交勢相營，義交氣相得。千歲若旦暮，萬里猶咫尺。昔我相聞聲，但嫌未相識。今我相同遊，又恨莫相益。同時復同道，同官又同籍。平生重結交，然諾亦自惜。子爲太守丞，我爲里中客。雖復戒踈數，不應事形迹。

宿九里潭

潭樹老垂葉，蔭兹千百尋。蛟潛伏遺劍，魚躍應鳴琴。遠客何所羨？神淵涵净心。

橄欖

《本草》言：橄欖解鯸鮐及酒毒最效也。

吾昔評橄欖，不在百果後。其材中棟梁，其實過橙、椟。俗人多未識，至美或莫售。材以遠見遺，實以苦爲詬。華堂娛嘉賓，甘脆陳左右。此物萬里來，真味寧免陋。欲觀絶倫效，宜與危事遘。江魚肆潛毒，頃刻輒僵仆。昔酒發狂醒，❶千日尚沈瞀。性命如危絃，一絶不可救。幸能服刀圭，咄嗟反其舊。此亦天下奇，能使夭者壽。豈殊魯連子，談笑解紛鬬。功成歸海濱，不願千乘富。

聞伯庸再安撫涇原

壬午九月，鎮戎喪師，復再往。

西師又失律，將帥各顛覆。流血丹川原，積屍委山谷。咄嗟仁壽域，短夭生理促。王命有不行，國威爲之衄。鄙夫無憂責，感慨秖慟哭。况聞哀痛詔，輟食想頗牧。朝廷足名卿，多壘各含辱。謀議宜深長，瘡痍

❶「醒」，傅校本作「酲」。

待湔浴。使乎非常任，天子意所屬。百萬氣未蘇，吾民且局縮。賢人勤功名，報國忍勞篤。往者博望侯，昔時來君叔。再三持漢節，白髮走川陸。豈不久顛頷，事業光簡牘。關河據上游，郡國同心腹。征繕向五年，强宗亦單獨。君乘赤輪車，一一詢比屋。唐虞升平風，惆悵難再沐。

鄰幾過門不留戲作

陳平少負郭，亦回長者車。貧賤雖足羞，猶問道何如。此風固宜少，未謂今便無。所望臺閣賢，尚能念古初。左轓塗朱漆，長綏要銀魚。化我不少留，始知心見疎。彌年寄禄仕，竟日勞簿書。相與同笑言，俱幸逃空虚。《春秋》期知我，《雅》《頌》誨起予。兹意未可忘，君宜誦權輿。

秋　雪

剥候凋群陽，幽陰肆騰涌。清霜飛雲初，大雪吁不兇。繽紛舞鴻鵠，細碎翻蠛蠓。北風故相資，凍雨仍更縱。泥塗絶行道，珠璧棄郊壟。峩峩九重高，兀兀雙玉聳。寒光坐輝映，凛氣彌衝擁。壯士歌慷慨，儒生議刑寵。長年昔未逢，噤語空多悚。皇天無私尤，德惠答虔鞏。豈伊傷時和，蓋亦遵順動。况兹秋方高，民麥皆在隴。龍蛇蟄既坯，鳥獸毛亦氄。農夫樂休役，天子寬垂拱。信此豐年祥，爾曹何必恐。

秋雪寄獻臣

三年海水旁，卑濕厭歊熱。都城幸相從，比歲秋逢雪。秦吴乖風土，南北異時節。惟君歲寒姿，一致乃欲別。出門顧道路，冰霰埋車轍。咫尺阻相過，誰當慰寥泬？

月夜期江梅兩君不至聞在李二審言家飲

日入更灑埽，翛然庭檻空。酒杯落明月，白羽來清風。佳興自不淺，幽人無與同。徘徊臥林下，重露沾蘭叢。

城　樓

新晴彊人意，步上西城樓。雲烟開井邑，綺繡錯田疇。離離麥就熟，翳翳桑尚柔。懷歸感初服，覽物悵淹留。

子高作司諫見舉自代

智短多不堪，冗官略自保。念非撥煩用，猶覬趙魏老。故人紫微仙，❶自致青雲早。回首記平昔，露章慰枯槁。先容輪囷木，進取萬里道。妄意巉巖石，庶幾千金寶。過聽爲君羞，貪名怯陰討。人亦謂我何？自笑方絶倒。

聞子飛作諫官寄隱直

玉以三獻珍，金以百鍊精。錢侯困躓時，詎免時俗輕。感激生憤勇，辛勤就功名。居然取高第，自此凌諸生。諫官近冕旒，地望臨公卿。報國須薦賢，致君在舉能。蕭、朱尚結綬，張、杜猶提衡。《小雅》紀伐木，微禽識同聲。此風久已無，賢者當肯行。念子早治裝，復令世人驚。

❶「微」，傅校本作「薇」。

賀隱直錢子飛言之中丞，中丞奏辟主簿。

三年守一官，五年調一職。選門萬餘人，過半頭髮白。賢愚必待次，先後各循格。相與爲波流，其誰辨白黑？子今特招起，方與塵土隔。翰林誠知人，錢子飛。中丞亦好德。古來御史屬，自與二府敵。于今任雖卑，其實名不易。必將寄紀綱，豈獨親簿籍？鴻鵠須遠飛，騏驥無近迹。往矣勿自疑，天方佑正直。

賀王純臣

昔者巖穴客，多隨辟書起。榮名耀山澤，高爵下閭里。此道不復振，此時竟已矣。不圖廷中賢，有意及之子。十年困鄉書，三黜竟不仕。一朝遘知音，籍籍到天耳。窮通諒有數，自古多若此。年華猶未晚，富良方自治。伐木情所深，彈冠坐增喜。請歌《反招隱》，以激南州士。

詠庭檜贈深甫

自吾臥家巷，幽獨謝鄰里。顧憐庭中檜，常以比君子。春秋色不變，朝夕影雙峙。誰言冰霰繁？稍亂蒹葭毀。始知歲寒甚，慘慘不自喜。悵然對之歎，爾復那至此。陳、蔡稱慍見，由也德可鄙。天損吾能違，放歌有焱氏。

檜花

百花乘春輝，紅白相嫵媚。暫開已半落，過眼如夢寐。繁奢能幾時，寂寞都埽地。兒童惜徘徊，婦女瞻歔欷。中庭兩檜樹，百尺浮雲際。芳意不玩俗，秀色亦自喜。緑烟凝參差，金粟點細碎。霏霏墮疎香，裊裊隔清吹。足明後凋節，不與衆草類。忽思折瑶花，自放天宇外。

初秋病中作五言呈君錫待制介夫學士

蹇淺闇聞道，蠒蟫自焚和。負玆歲陰改，閉閤秋風過。濃露變園草，號蟬翳庭柯。覽時悵頹暮，顧影驚婆娑。平生江湖尚，薄遊不願多。奚爲役外物，況乃淹舊疴。徂西識芃野，采菽聆悲歌。今昔容不同，情感殆靡他。勞生共逆旅，馳景均騰波。行矣自免歸，息陰安薜蘿。

送王子直還斥溝

薄薄雲蔽日，凄凄寒中人。飛飛燕歸蟄，漠漠鴈來賓。送子獨無友，悲秋空病身。登山復臨水，便覺二毛新。

初卜潁州城西新居

羇鳥能擇木，游魚知赴淵。飛沈豈異意？行止私自憐。玩世本無術，辟人庸得賢。卜居幸樂國，負郭依良田。心與地俱遠，我徒共熙然。生涯亦何有？聊以忘吾年。

早　行

虛舟卻煩暑，初旦更清和。塵襟暫軒豁，幽興亦滋多。黄鳥囀深樹，良魚躍層波。岸花間紅紫，村叟雜笑歌。稍忘溯洄力，未悟歲時過。側肩市朝客，偃蹇奈予何？

晴日後園

群鳥飛朝日，鳴鶴響晴空。宿雪乍消釋，滯陰反沖融。幽居亦可愛，老圃願與同。負暄空林下，游目故城東。世事見流水，歲華指飛蓬。酣歌用自適，貧賤何必終！

公是集卷十一

宋劉敞撰

五言古詩

新作石林亭

朝廷入忘返，山林往不還。念無高世姿，聊處可否間。築基倣崔嵬，鞭石輕險艱。群玉相磊落，萬峰正孱顔。種樹亦蒼蒼，激流復潺潺。澗涺欻在眼，崐閬若可攀。自我嬰世網，邇來鬢毛斑。丘壑成弱喪，簿書常自環。及爾滅聞見，曠如遠塵寰。豈敢同避世，庶幾善閉關。子牟困懷魏，謝傅悲徂山。玆焉可遺老，詎厭終歲閒。

樊口

回舟武昌郭，暫往樊水上。❶樊水何清泠，樊山亦孤壯？壽藤驗百歲，喬木過十丈。絶俗殊崎嶇，攀緣幸可傍。林端見漁舍，户牖相背向。雞犬鳴雲中，神仙豈殊狀。昔聞元次山，于焉寄荒浪。鄰里俱已非，

---

❶「往」，傅校本作「住」。

陵谷平得喪。茅茨固微物，蕪滅不可訪。向乏數卷書，終隨衆人葬。清時易直道，末俗擯高尚。陳迹成渺茫，孤吟屢惆悵。

宿州道中逢聖命入京

翩翩河中船，一西復一東。相逢且不留，相别何時逢。黄鵠安稻粱，有時顧池籠。一爲滄浪去，不復思樊中。哀君蒼髮白，❶擾擾悲途窮。努力千萬乘，寄聲謝醉翁。

謝學士赴闕還京師 謝之先德嘗典記注。

公提史臣筆，記注天子側。日成唐虞風，❷噩噩在典策。家聲繼純粹，論著多切直。周南未成書，流涕嘗感激。忽從東溟飛，上拱宸斗極。清淮浄無波，歸馬閑且奕。帝宫青冥間，白日升曉色。儒人相慶語，文道宜久職。公歸演綸誥，制度期能覲。

和甫自京師至

過事與日多，歡憂兩如夢。安知盈樽酒，此國今宵共。寸心不如昔，感遇每易動。孤笑破群愁，强顔不爲用。天河轉屋角，缺月照櫟楝。燼落屢繽紛，❸良時亦倥偬。驪駒晨在門，十里起相送。暫醉醒不遲，舊

---

❶「蒼髮」，傅校本作「髮蒼」。

❷「成」，傅校本作「恢」。

❸「燼落」，傅校本作「落燼」。

愁來更重。

得鄰幾書

君乘使者車，我爲列郡守。地理秦與越，天文井兼斗。夢寐且不通，言笑安得同？忽傳咫尺書，遠愧西南風。衰老容貌遷，憂患志氣落。聞君白紛如，我亦不如昨。捨書計離別，忽忽三四年。一日成九秋，此語猶信然。天地大逆旅，外物不可必。出處多舛馳，相逢定何日？尚禽晚且游，沮溺長耦耕。此意雖未合，且當勤寄聲。

答李谷同年書

歸客江南來，迢迢數千里。故人遺我書，細字三四紙。上言平生懷，《伐木》義所倚。下道相知心，結綬方獨喜。寧知淮陽翁，棄外甘臥理。不預朝廷議，何由發吾子？

楊彦文過

病起時節改，遶池飛脊令。賓交絶來往，門户常晝扃。朔風捭閶闔，凍雨翻滄溟。泥塗墊后土，氣象昏圓靈。局促久增欷，據梧目思瞑。窅然顧環堵，嗒若亡我形。❶夫子亦何事，羇旅復伶仃？孔懷在接淅，過我不遑寧。歲晏絶晤語，誰當慰長醒？

---

❶「亡」，傳校本作「忘」。

晚過深甫

忽忽衡門下，幾希田舍翁。有時寄一笑，目送南飛鴻。❶今旦天正佳，草樹摇春容。忽驚枝上花，飄落隨西風。偶然幽興展，思樂古人同。塵埃比殊深，杖屨亦可通。誰謂車馬多，澹如初不逢？

讀鄰幾泰山十二詩

宿心慕鄒魯，寤寐泰山杪。慷慨念遐觀，滯留想輕矯。人寰何鼎鼎？群動困擾擾。安知有神靈？獨立萬物表。圓天似車蓋，滄海稱池沼。丹梯無留迹，絶壑通過鳥。古今更廢興，萬事論莽眇。七十二家舊，永與耳目窅。羡君能自力，窮覽謝煩湫。超然昔賢趣，處覺兹世少。吐詩狀奇麗，思與雲縹緲。忽如按圖畫，所向得了了。悠哉仲尼意，信彼天下小。

休復謹次韻和呈垂覽拙詩之作

朝躋天門路，暮宿白雲杪。超然六合外，如翼鸞鳳矯。運眸極遐曠，收念息奔擾。盤盤上絶頂，獨立顥氣表。天壁涌神泉，玉龜泳靈沼。凌奥無螫蟲，❷集灌盡百鳥。❸勝境窮賞踐，陳迹嗟緬眇。接遯終焉託，真仙事殊窅。雲露相飄飖，塵途忘湫湫。躡屐游已屢，操觚才患少。思軋幾沈伏，神馳空縹緲。謝客

❶「目送」，傅校本作「送目」。

❷「螫」，傅校本作「蟄」。

❸「百」，傅校本作「奇」。

興不淺，尚子計未了。何時出塵籠，重看衆山小。

送從兄

東門楊柳深，下有還鄉路。之子千里行，春風三月暮。旅心常草草，飄忽不可駐。居者空徘徊，行者亦反顧。丈夫方貧賤，四海無所遇。不如轍中魚，猶以沫相煦。悠悠大江水，日夕自東注。何當激風雷，慰爾飢渴慕。

山光寺送獻臣

嘉集常苦難，送歸豈辭遠。檥舟故相逐，攜手行自挽。古寺何崔嵬？深林象巖巘。幽尋取乘興，造適非素選。寒泉冰深池，衰草被長坂。歲窮景蕭條，僧老意繾綣。勝賞竟誰同？相知幸非晚。離懷自無極，日暮仍忘返。

燕譽堂飲別朱著作

歲晚節物變，會難羇旅悲。疎燈照四座，殘菊醉空卮。歌闋風雨起，舞餘冠佩攲。天明念陳迹，忽忽叢予思。

以石爲玉

梧臺有沈璞，由來非一春。時無司南駕，自比連城珍。寧如崑丘叟，相與笑緇磷。勿以名夸世，而將暗投人。

夜分東牕見月

逾望月彌晚，宵分在東牕。隨風漏疎隙，散彩奪寒釭。留翫坐忘寐，啓書對空缸。惜哉皆陳迹，誰爲足經邦？

酬　某

讀書與博簺，亡羊信多岐。何以消煩憂？謝墅觀奕棋。寓物取歡適，吾道有張弛。❶誰能長刺促？屈首就鞅羈。陳遵嗜盃酒，伯松見誚嗤。袁絲沈里閭，劇孟相追隨。君方總府事，吏牘正紛披。走見固所願，清閒在他時。

酬林國華先輩

昔吾臨汝南，休騎思俊賢。此邦號多士，今世猶依然。奉詔選計偕，至者皆比肩。子時避逃我，常獨懷悁悁。豈我非其人？長鯨隘蹄泉。將由求之失，黄鵠去不還。察廉未塞責，負課終彌年。解印歸臥家，百憂正纏緜。聞子來在門，華裾燦雲烟。手攜一卷書，金碧紛蟬聯。慰我平生懷，意好何深堅。始知向難進，非以相棄捐。鄉評讓父兄，觀國氣無前。翰飛果自致，大笑諸老先。毫末爲豫章，衆流成深淵。物常積于久，念子亦勉旃。令名百世榮，文學貴本元。愛至相期深，愧無長者言。

---

❶「弛」，傅校本作「施」。

夜雨

盛陽爍微陰，五月氣藴隆。天地爲大爐，萬物皆廢銅。俯欲濯江漢，仰思凌蒼穹。縮身投蝸角，救暍號天公。天亦哀人謀，玄雲送雷風。須臾雨如瀉，一埽萬里空。有似脱炮烙，又如逃祖龍。大哉造化力，因見王霸功。

登吕屯田清暑亭

日永雖徂暑，虚堂自清幽。主人意未展，改席兹城樓。嘉樹遠近合，清川縱横流。好風萬里至，浩蕩開客愁。長嘯欲飛動，勞生局遠遊。眇然不自愜，目極孤雲浮。❶

許州西湖

羇旅懷江湖，氛埃願皐壤。及兹已俱適，❷初意恨獨往。樓觀湧參差，軒櫺豁高爽。清光見毛髮，衆影兼俯仰。昔者廊廟客，于兹濯塵網。疏源不憚遠，勝事日以廣。美矣流水意，當爲知音賞。

晚過西湖

日暮無與適，緩帶此逍遥。湖光悦我心，步上西城橋。遠烟被林莽，樓閣隱岧嶢。歸鳥先後飛，夕風正飄飄。悵然念遠渚，興盡復行謡。

❶「目極」，傳校本作「極目」。
❷「兹」，傳校本作「觀」。

睡　起

日午更稍休，❶池上逍遥眠。水木澹相映，庭户清無喧。時有山中禽，來鳴高樹巔。微風拂徑過，❷會意成儵然。有生滯形役，萬物安静便。愧無淮陽績，高臥亦終年。

奉和府公新作盆山激水若泉見招十二韻

誰謂山水秀？忽登君子堂。乃知仁智樂，不與冠蓋妨。濃靄萬疊碧，懸流百尋長。列峰映落落，遶溜含蒼蒼。氣爽變衡霍，聲幽激瀟湘。意真景自遠，趣逸累已忘。鳴玉無時續，翠屏終日張。賞音得虚寂，寓興成軒昂。夙昔慕丘壑，邇來倦簪裳。欣符洗耳願，遽有尋源狂。縱目寄歷覽，挾琴寫鏗鏘。但疑主人厭，應接殊未央。

遊五嶽觀寄鄰幾聖俞

五嶽神仙境，可聞不可攀。安知采真遊？近在都城間。樓觀横飛雲，虎豹司重關。車馬自兹止，始覺非人寰。層波漲滄溟，參差出三山。金銀麗宫闕，日月相循環。東來復幾時？花草紛斑斑。長楊垂輕絲，若委千髻鬟。氛埃無由及，魚鳥相與閒。造適不自知，忽如脱沈瘝。那得窺壺中，逍遥去塵闤。主人白瑶盃，勸客流霞殷。此中可遺老，豈獨聊忘還？嗟嗟二三子，世路迷險艱。流光競奔走，俯仰移朱顔。誰肯

❶「更」，鮑校本、傅校本作「吏」。

❷「徑」，鮑校本作「祬」，傅校本作「徃」。

委俗紛？相從解朝班。濯君冠與纓，春谷水潺潺。

谿上避暑

滴瀝松下雨，清微萍際風。欣然此時賞，我與斯人同。倦鳥墮水上，游魚翔鑑中。不言閲群動，未覺幽興窮。

東館避暑

虚館含微風，高梧散層陰。逍遥敞户牖，曠蕩披煩襟。雲光壓孤城，火氣連千岑。四海俱探湯，獨清亦何心？顧傾西湖水，❶起就三日霖。落落抱寸誠，此志誰能任？

得隱直書

庭柯結浮陰，深竹聽鳴鶪。晚涼愛軒宇，默念得佳客。適有南逝鳥，❷墮君一封帛。眷予方幽獨，慰我正相憶。洛中輕肥地，子復顛頟色。富貴若可求，吾從執鞭役。

隱直近詣闕獻書報聞

炎暉若探湯，周道行倭遲。❸之子忍重趼，斯人方病痱。上書蒼龍闕，移副鼎足司。卓躒動群聽，謂言

❶「湖」，傅校本作「江」。
❷「逝」，四庫本作「遊」。
❸「倭遲」，傅校本作「委夷」。

即張弛。❶虞卿萬乘相，子房帝王師。古事可髣髴，世塗實參差。天閽虎豹深，棄我忽若遺。卻走國西門，素衣化爲緇。行行屢回首，未忍從此辭。賢者愛其君，肯如悻悻爲。吾聞先達語，進退自有時。版築不爲辱，飯牛豈嫌遲？男兒建功名，或與老大期。努力梁甫吟，古人不予欺。

將入京得淮南王工部書及遺壽州官船以來五言寄之

生理厭漂蕩，三年若棲苴。春深感松柏，涕流望京華。誰言數舍近？局滯成天涯。鬢色新二毛，悵然空復嗟。明侯平生意，雖遠不云遐。叩君金玉音，眷我需于沙。旭日明清川，扁舟問貧家。雖非方外遊，此亦海上槎。盡日庇短篷，❷不慙負舍蝸。愧君濟川才，引領隔雲霞。何由一乘輿？世累紛如麻。

答君章譽兩兒見寄

窺鏡見二毛，自憐憂患餘。豈惟壯心盡，方與功名踈？終歲不捉筆，歷時長束書。顧常念絶學，正復傷離居。忽忽莫自聊，悠悠空歲除。過壯而無聞，我其衆人歟。故人來江南，丹轂暎隼旟。尚持平生意，期我相得初。殷勤作新詩，爛漫聯瓊琚。溢美及兒曹，伻來問起予。雖知非其實，但愧情相於。矧乃筆力雄，駸駸逼曹、徐。一讀必三歎，何由望儲胥。故人昔流落，襟抱久不攄。❸乃者始再遷，通直承明廬。蒼龍脱

❶「弛」，傅校本作「施」。

❷「日」，傅校本作「室」。

❸「久」，傅校本作「總」。

韝絏，❶快馬從輕車。神至氣自豪，心廣體亦舒。淵源未易測，變化天池魚。寧獨揚子雲，其工似相如。❷苟能哀顛頷，有以慰空虛。月寄三四幅，窮愁直見袪。

答徐無逸秀才寄示新文

金華神仙境，山川天下無。❸之子復清發，自與常人殊。問學當世賢，不違智如愚。歸來守桑梓，寂寞安故廬。此風足礪俗，有以光吾儒。如何臥空谷？自樂《詩》與《書》。我辱廷中臣，一麾寄江湖。薦賢力不足，相望空長吁。

對酒憶諸子

此酒自足飲，胡爲坐無歡。念我意中人，四顧用長歎。平生交遊少，而復聚會難。萬古膠漆姿，各在天一端。用兵輕文儒，諸子俱小官。物生繫所逢，窮達何足言？但恨適有酒，共醉乃無緣。

出塞曲三首

桓桓良家子，趫趫羽林兒。恩讐久未報，感激氣拂霓。無用丈二組，不須一丸泥。獨身斬胡頸，❹手攬

---

❶「龍」，傳校本作「鷹」。

❷「工」，傳校本作「文」。

❸「川」，傳校本作「水」。

❹「胡頸」，原作「敵首」，據傳校本改。

封侯圭。❶丈夫不懼死，所懼潛闒茸。出身義許國，桀石賈餘勇。豈無親戚憐？決去甘登隴。人生在奮發，將相寧有種？

茫茫郊塞遠，木落原野空。鼓鼙濕前雨，笳吹悲後風。山川行無極，敵窟未可窮。生當取榮名，死當爲鬼雄。

移葦

蕭蕭江上葦，夏老叢已深。❷悠悠文王死，常懼牛羊侵。遷根潢汙池，❸慰我江湖心。清風日夕過，白鷺時見臨。疎響拂琴瑟，緑華曠衣襟。處卑節不改，習静情足欽。炎暉已堪愛，❹秋景坐可尋。願及構明堂，❺甘心辭故林。

欲于舊州石橋作偶浯臺以備遊覽先爲五言

河決鉅野溢，此時吾山平。百川會兩澤，千里圍孤城。桑野就蕪漫，石橋尚峥嶸。往往有白鶴，飛來群

---

❶「侯」，四庫本作「王」。
❷「夏」，傅校本作「秋」。
❸「潢汙」，傅校本作「汙潢」。
❹「暉」，傅校本作「輝」。
❺「構」，傅校本作「創」。

悲鳴。我欲覽風土，因之省民耕。誰能同我樂，誰肯從我行？楚人哀江南，倚沼而畦瀛。臨高誦斯語，正復傷人情。當築十丈臺，偶浯爲之名。上可容宴豆，下堪列旆旌。棹歌出中流，簫鼓會前楹。浮雲來東山，落日隱北溟。此樂或難忘，請公爲我評。

章華臺

楚子志方盛，築臺臨章華。度高累百尋，計産逾萬家。參差蔽日月，焕爛生烟霞。侍酒皆列侯，佐歡盡名娃。嬉遊未云樂，荆棘紛已芽。奈何竭民力，用此爲盜誇。蔓草匿頽基，長風卷飛沙。廢興若糾纆，故老猶咨嗟。

曲水臺

杖屨不能遠，逍遥池上林。微風起衆響，炎日隔繁陰。斐亹激流泉，閒關語鳴禽。放懷在離人，寄賞欣會心。既謝朝市喧，亦忘山谷深。雖知非吾室，猶以開煩襟。羽觴泛中流，坐傍修竹裹。右軍期不來，白鷗自飛起。❶

暖景偶作

垂楊欲吐花，芳草遍抽芽。低風動簾幕，細雨濕堤沙。暖景蕩愁思，一城千萬家。

---

❶ 「羽觴」至「飛起」，原無此二十字，據傳校本補。

冬雨偶作

江上朝來雨，城中起寒色。凄凄濕塵土，漠漠蔽空碧。❶ 築場看已晚，及物悵無益。苞蓍怨下泉，客子長太息。❷

豫章儒者

豫章有儒者，讀書三十年。但識上古風，不知時俗遷。一聞西戎叛，有意摧群頑。詣闕上封章，臣知用兵權。不在勞士卒，不須役戈鋋。要先正其本，本正末自安。臣觀朝廷中，或有可廢員。臣觀草澤中，❸或有可用賢。國家既失此，姦吏隨矯虔。吏姦萬事隳，邊裔隨因緣。❹ 所以子玉存，文公積愁顏。所以汲黯亡，淮南爲無難。天子覽表歎，當朝常拳拳。迴頭謂群公，可付史館編。可使靡好爵，以補風化源。豈知貴臣忌？投爾南海壖。不得面指陳，胸襟曷由宣。走卒驅使行，行行酌貪泉。名與囚隸俱，位乃胥校聯。九重竟不知，猶謂列王官。奈何樂堯、舜，乃是取危顛。誰云遇明主，未免遭棄捐？遂令天下士，齚舌戒勿言。寧有死壑中，安有議君前。浮雲蔽白日，自古同所歎。豈爲此生悲，我歌願臚傳。

❶「蔽」，傅校本作「寂」。
❷「太」，鮑校本作「歎」。
❸「中」，傅校本作「間」。
❹「邊裔」，原作「外患」，據傅校本改。

賀尹學士辟經略府

年來方苦兵，❶蠻夷久猾夏。❷西陲亭障盡，❸人骨蔽荒野。漢家飛將多，程、李相上下。試問誰董之？王朝大司馬。分廷授斧鉞，號令從此把。主憂臣當辱，開府納儒雅。堂堂蒙山舊，乃是謫仙者。謀畫當代無，胸襟一朝寫。誠知鑠鉛鑛，不合煩大冶。要使借前籌，非公諒誰假。鷹飢肯擇肉，驥逸始流赭。由來抱軒昂，可得不脱灑。昨聞負芻粟，❹中户困楚檟。❺此事已大急，哀哉動鰥寡。兵家尚神速，世務忌苟且。願公更深謀，卻敵如破瓦。蠻鯇埽封境，疲瘵沐純嘏。豈令魯仲尼，❻獨贊王孫賈？

鷁鵃巾

余率意作之以便當暑，其形制如燕也。

遠思意而子，因作鷁鵃巾。處世本遺物，❼全生翻近人。❽輕涼便肌髪，瀟灑外埃塵。山林有獨往，此

---

❶「年來」，傅校本作「中國」。
❷「蠻夷久猾」，原作「邊氛蕩區」，據傅校本改。
❸「陲」，傅校本作「邊」。
❹「負」，傅校本作「賦」。
❺「困」，傅校本作「用」。
❻「仲尼」，傅校本作「東丘」。
❼「處」，四庫本作「慮」。
❽「翻」，傅校本作「返」。

亦陶唐民。

望洞庭

洞庭七百里，浩蕩敵溟渤。雲夢開其胸，巴陵束喉舌。東流匯群川，盛漲五六月。飄飖浮乾坤，倚蓋低兀鼿。吾行寰海間，未見此水闊。峽流下衣帶，島嶼盡毫末。高秋卷氛翳，兩涯浴日月。何得徑寸珠？晦明互出没。蒼茫蛟龍宅，溷雜魚鼈窟。太古到于今，沈潛孰分別。風帆引北極，波浪限百越。國絶南顧憂，獻琛各通達。山川非一險，此實輔明哲。俯笑三苗愚，竟爲獨夫滅。遠遊世俗隘，偶此耳目豁。淅瀝臨清風，滂沱濯炎熱。蕭蕭霜林暮，藹藹芳草歇。壯觀激我懷，當歌意復咽。寂寥軒轅樂，萬古逸響絶。慘淡虞帝魂，九疑莽崷崒。況聞屈、賈輩，各賜楚、漢玦。至德無復還，後王寖衰缺。滔滔更南征，鬱鬱抱忉怛。太湖雖云深，未救懷古渴。

公是集卷十二

宋劉敞撰

五言古詩

同聖俞寄金山曇頴次韻是時，予方欲請東南一郡。

我雖游都城，心亦無所住。誤得世俗儐，形骸寓冠屨。少時侍吾親，游覽愛北顧。至今頗思之，想見江上鷺。白頭曇道人，夙昔竟未遇。聞其最安禪，無念無作故。勞生有喧寂，得意無早暮。塵埃未易厭，臯壤固多趣。若復乘桴行，從君款幽素。

送僧歸君山

羈旅頭髮白，寤寐君山青。遠遊負雅志，舉俗笑獨醒。西風吹新秋，幽興浮洞庭。忽見九疑峰，如列枕上屏。遼遼伯牙意，寂然誰爲聽？歸客適我願，歡然叩柴扃。振錫循東道，汎槎問南星。瀟湘落君手，去矣鴻冥冥。橘柚雨初熟，杜蘭晚更馨。上方試回顧，笑指江漢萍。

入山

連山何叢叢，相背復相向。盤溪殆千曲，險石彌萬狀。或疑天地翻，斗起渤碣浪。蹙沓更騰凌，變化倏奇壯。舟車未爲用，夷夏永觖望。鑿空伊誰氏？重譯肇霸王。茫茫千萬歲，冉冉道交喪。薄伐策已卑，割據事逾妄。衣冠慘分裂，玉帛敝辭讓。至仁有柔服，遠馭恥懲創。非無一丸泥，不乏萬人將。齊讎紓九世，魯錦輕百兩。羊腸勞躋攀，魚齒困沿並。彼岐亦云岨，易簡德固曠。大哉天作詩，因見聖者量。

治　渠

旱久溝畎廢，忽雨浸我廬。晨興不及屨，出門自手鋤。一直復一曲，水流若江湖。蚯蚓爲蛟龍，蟻封即丘墟。生理避燥濕，一室足有餘。人事戒偷安，未能輕須臾。豈恨規摹小，❶所傷筋力劬。衰疾實使然，不勝一匹雛。伊昔論五帝，每嫌盡信書。及茲始欲歎，微禹吾其魚。

東　門　行 古曲言貧士不安其居，妻子留之。今改言時薄不恤賢士，士欲遠逝，猶顧念舊國。

拂衣趨長道，撫劍獨歎息。并歲不易衣，期旦曾一食。悠悠風俗薄，顧我若異域。積金要能笑，彈鋏輕下客。豈辭蓬蒿居，未與塵世隔。黃鵠非池禽，東南舉六翮。出門尚徘徊，悲鳴念舊國。何日復來還，爲君涕沾臆？

步登南門呈府公

秋至久獨醒，今旦始一醉。非公愛賓客，何以強茲意？清風與人期，蕭瑟萬里至。落日高城西，參差數間地。顧茲景方夕，悟彼歲亦逝。造適常若希，開懷欲誰忌？暢然就酩酊，更盡酒中味。

❶「摹」，傅校本作「模」。

小　雨

春陽轉爲旱，惠澤積不泄。稼穡亦已晚，泉湧爲之竭。吁嗟叫蒼天，閶闔不可越。精誠憑土龍，神化空怳惚。今旦微風來，朝陰度城闕。霏霏墮疎潤，稍稍漏白日。塵埃暫埽地，草樹纔沐髮。終宜雲漢枯，尚喜雷電發。帝方復威令，世莫患妖魃。寧作成湯時，彌年困飢渴。

淮上微雨寄天隱彦文

海風吹微雲，載雨淮上來。灑埽區宇間，削然無塵埃。四月雖徂暑，幽襟爲之開。思我同心人，闊兹千里懷。悠悠日已遠，勤勤首屢回。安得乘輕飈，相從孝王臺？

細　雨

小雨滿前軒，濃陰不時卷。隨風氣潛潤，竟日花微泫。池光慘澹昏，❶樓危依微辨。❷寒添夕景長，坐逼秋容晚。楚客歌泬寥，吟懷孰云淺。

吴九秋過西池作詩持國和之邀予同賦

三山凌波濤，雲漢邈氛埃。世無乘槎客，安得窮昭回？天門洞閶闔，海池含風雷。淵淪蛟龍室，焜炫金銀臺。西顥何蕭條？百芳日已摧。誰能瑩心賞？喟子懷仙才。時變感所思，駐車載徘徊。已秋孰願

❶「澹」，鮑校本作「淡」。
❷「危」，傅校本作「色」。

夏，覽物彌歡哀。韓生肆爽言，觀變均齊諧。而我拘俗者，俊游日已乖。欲濯纓上塵，何時與君偕？

讀雜説小書

長日無與語，聊及《齊諧》書。紛紜六合外，莽眇三皇初。近既難必有，遠亦非必無。古今夢寐間，過事蚤寅如。達生齊萬物，曲士拘一隅。苟以忘吾憂，焉能識其餘。

初到淮西讀書中中堂寄友

禀性實無用，干名謬所望。中爲禄仕逼，誤有世俗償。組綬見羈縻，簿書正搶攘。語言畏時忌，談笑憂事妨。往者託山林，未能下羲皇。邇來失吾真，終日幾發狂。期會非本務，米鹽豈大方。洒心賴篇籍，發興依松篁。朋友素所畏，道路阻且長。怨極倘見思，寄聲慰離腸。

夜讀《漢書》

明燈一編書，往古千歲事。值歡輒孤笑，觸憤還累欷。四旁寂無聲，童僕正熟寐。歡憤雖不同，均非平和氣。可憐自戕伐，忽忽老將至。反愛童僕愚，冥然不識字。

和永叔寒夜會飲寄江十

昔與江翁别，酣歌國門道。黄花落酒罇，白髮藉霜草。本謂此行遠，定知此樂難。豈意二三子，復爲今夕歡。主人文章伯，談道輒忘倦。每至絶倒處，恨不使君見。鳥迹上古書，龍頭冢中器。其人骨已朽，感此相與醉。呼問西飛雲，游子何當返？寒風吟枯梧，歲月益已晚。吾聞太華峰，乃有神仙居。莫逐秦時人，獨結山中廬。永叔出所收古文碑碣及龍頭銅鎗示客，以張飲興也。

三日同景仁鄰幾濟川晦叔景案原缺一字。**吕祕校劉判官會南曹飲五君皆尚書外郎劉吕修唐書官**

秋氣迎節至，立秋前一日。涼雨乘高風。車馬散北闕，冠蓋會南宫。從吏殆成隱，玩歲復將窮。簿書幸無他，談笑偶多同。郎選冠一時，史才映群公。著書駭深妙，聞道惴顓蒙。但願竊餘論，常此樽不空。寄迹三署老，不慙顔與馮。

期鄰幾飲不至醉作江侯詩并解座客

秋雲欒邂逅，拂我榻上塵。江侯舊多信，今作叵信人。我求江侯意，因得江侯真。乘興本當出，興盡便回輪。已諾雖可嘉，將非俗中倫。棄言似不誠，未害方外群。❶江侯不爲名，名者實之賓。江侯不爲貌，貌疎意自親。作詩解江侯，飢渴夜復晨。

十月二日邀鄰幾飲裴二如晦來遂留至夕

晚下石渠閣，方懽得傾蓋。天寒畏干人，卮酒自相對。裴侯非宿約，來預心賞會。❷吾季方家居，四坐客解帶。獻酬雜嘲謔，歡笑以爲快。幸無俗中士，形迹一不怪。蟋蟀鳴高堂，歲月聿已邁。于今鮮吏責，無所憂其外。但當勤來顧，數醉此庭内。良無德與汝，聊足紓慷慨。

---

❶「外」，傳校本作「遠」。

❷「預」，傳校本作「與」。

和貢甫瓜步詩

江介多悲風，川廣不可越。畏塗非吾土，游子愴明發。群山起楚蜀，衆水會溟渤。地險自適然，❶天衷豈端設？憑陵三雄際，❷偃蹇五胡末。❸非無英雄姿，于此智勇竭。疑城尚虎踞，虜馬餘飲窟。❹人謀雖工拙，神物有予奪。請陳真人朔，❺頗事丹浦伐。風雲埽氛埃，雷雨救焚暍。禹功東漸海，漢使南誚越。❻太平自兹始，盛德信貽厥。

和江十雨中與持國師直飲

旦上天禄閣，暮直承明廬。避喧雖足慰，取適固已疎。佳雨及我暇，兹晨殊晏如。紾絺委冠帶，高枕睨庭除。熏風散微涼，潤氣浮郊墟。沸聲湧江瀨，瞑色晦綺疏。驚電時爍目，疾雷不廢書。商歌動金石，塵谷盈黿魚。此樂不可改，古人良起予。惜無同音賞，幽獨成離居。聞君達亹亹，樽酒會朋裾。高賢臥家巷，固

---

❶「適」，鮑校本、傅校本作「始」。

❷「雄」，鮑校本、傅校本作「國」。

❸「胡」，原作「國」，據鮑校本、傅校本改。「末」下，傅校本有小注「魏太祖亦嘗至瓜步，所謂『虜馬飲江水，佛狸死卯年』」二十字。

❹「虜」，原作「戎」，據鮑校本、傅校本改。

❺「朔」，明鈔本、鮑校本、傅校本作「翔」。

❻「誚」，鮑校本、傅校本作「哨」。

多長者車。寧無寂寞者，❶閉關講玄虛。

不飲

憶昔常好飲，非以酒多味。親友惠茲適，笑語坦無畏。不知天地廣，豈問歲月逝？爾來顧可憐，自覺不如意。秋風正蕭騷，萬物盡憔悴。頗欲濯旅懷，無人共昏醉。獨遊何時歡？白眼向茲世。

石頭城

石頭非人力，翠壁百仞高。上盤巉巖雲，下激澒湧濤。攀躋猿猱苦，游涌魚鼈勞。乃知百萬師，未易損一毛。混茫有開鑿，形勢豈一朝。太古至德世，斯民各逍遥。艱難非所嬰，秦漢仍寂寥。發揮自孫氏，力控劉與曹。基業何崔巍？謀謨亦雄豪。龍蟠與虎踞，勢足萬古牢。德義苟不修，忽焉亡其操。繽紛不一姓，氣象何蕭條？往者游獵區，盡爲黍稷苗。前事不可忘，後來鑒孔昭。客行倦煩促，勝概愜所遭。眇然抱幽想，慷慨成鬱陶。古人若騰波，逝者日已滔。壯觀誰與論，悠悠背行舠。

直舍留道粹廣淵君實聖民伯初飲是日鄰幾濟川宴王金吾園亭不預會戲作五言寄之

校讎中祕書，聞子宴城隅。大第丞相府，主人執金吾。浮雲駐清唱，回雪舞妖姝。金罍溢醇液，犀筯厭鮮腴。高談鬱不發，應接固已劬。我從四五公，置酒此石渠。開牕埽殘雪，列俎焚枯魚。訟言規姚、姒，小說本虞初。不知敝緼寒，未覺膏粱殊。從容忽竟日，此樂亦誰如？長安事交游，貧富固有徒。不恨我失

---

❶「無」，傅校本作「與」。

君，恨子不顧予。回頭成陳迹，萬事與化俱。題詩寄餘歡，毋乃笑其迂。

過聖俞飲

積雨不出門，局促如井蛙。初晴强人意，今日來君家。下馬笑握手，埽堦去塵沙。銀瓶撥醅酒，紫碗雙井茶。黄雀隨素魴，安榴雜木瓜。舉非一方物，遠或萬里遐。不知王侯宅，此味何以加？扶疎庭下槐，燦爛盤中花。春事豈不多，遊覽何必賒？與公平生親，總角見髮華。飲當外形骸，語當恕喧譁。縱心倒所詣，相對白日斜。江韓亦我徒，但恨宿約差。願使公多財，此樂寧有涯。

招鄰幾聖俞和叔于東齋飲觀孔雀白鷴及周亞夫玉印赫連勃勃龍雀刀辟邪宫璽數物又使女奴奏伎行酒聖俞首示長篇因而報之

前日俱遠别，夢中每難期。何言一堂上？相與同宴嬉。幸勿卑陋巷，陋巷何獨卑？幸勿辭樽酒，樽酒安足辭。君看籠中禽，亦有山林思。習習不如意，焉用文章爲。君尋古人物，信有陵谷悲。擾擾不自適，會爲後世嗤。促節無窄袖，緩歌逐鳴絲。自美亦自惡，貴賤吾不知。縱談劇虚舟，快飲若漏巵。人生但如此，爲樂自一時。誰言冬夜長？俛仰星漢移。念無千金壽，愧子勤稱詩。

答黄寺丞紫薇五言

紫薇異衆木，名與星垣同。應是天上花，偶然落塵中。豔色麗朝日，繁香散清風。嫂娟雖自喜，幽寂逝將終。主人謫仙籍，浩歌滄浪翁。卜居抗静節，搴秀憐芳叢。猗犯庭中華，固爲悦己容。如何又將去？含意默忡忡。青苔侵履綦，摇落知歲窮。獨賴君子德，庶幾甘棠封。

曲陽亭送別

海濱寂寥地，送別何須頻？數上曲陽亭，自然愁旅人。晴日排寒色，清光湛淪淪。微風海上來，滿目飛魚鱗。孤雲去無所，野鳥鳴相馴。信美非吾土，送目倦南津。

寄貢弟

勁雲翔空林，積雨荒茂草。哀鳴聞離獸，驚棲見羈鳥。時逝運自頹，物壯勢還老。感至境寥愴，悲來色枯槁。玩此豈有極，辨之苦不早。如何復傷別？咫尺成遠道。

和弟自京師來

四海無風濤，五年再相逢。會合如此難，況我罹百凶。悲端素填膺，觸事淚滿胸。欲言不能語，豈知涕所從？良久得仰視，怳忽如夢中。非復平昔遊，豈復平昔容？危生若霜葉，懍懍待烈風。不有親戚歡，其如憂患攻。破啼强爲笑，意氣徒衰翁。慰爾友于情，急難義所隆。

送秦州通判陸學

秦地天下險，秦兵天下强。曩在景祐末，叛國正陸梁。渡河窺中原，不見飛鳥翔。漢將雖城守，覆没猶相望。時秦獨高枕，毫髮無所傷。豈惟形勢然？固亦任使良。近者敵已弱，❶旄頭滅無光。尚須得猛士，分命修封疆。陸子吳中賢，英英富文章。作人易感激，遇事殊軒昂。舊知軍中樂，復愛邊地涼。不忍京塵

❶「敵已弱」，傅校本作「敵王死」。

間，著書鬢毛蒼。拜疏如終軍，請纓督群羌。大笑朱買臣，衣錦憐故鄉。旌旗導前車，絲竹鳴後房。指呼百夫走，談笑千里康。雖云半刺史，其實專一方。古來成功名，奇偶不可常。得時或幸會，微賤升廟堂。況君閱《詩》《書》，智策未易量。協心得元帥，展意輸所長。朝廷酹勳閥，曾不矜銀黄。他日重見君，非復東觀郎。

貢甫在京口阻潮未渡

向晦月消魄，楚濤爲之衰。坳堂無深涉，客子緩歸期。吟遶沙步闊，眺賞秋山時。❶大川奔南島，❷落日明西垂。登高既易賦，懷古豈難詩。❸喟彼一帶阻，積此三歲思。何當命海若？利涉慰調飢。

淮西延平以詩見寄因書陜城即事用酬來唱

陜郊古云重，雄勝地所該。群山左右顧，大河西北來。府署憑中高，一日萬景開。是時八九月，秋色清池臺。樽酒雨餘酌，笙歌雲際回。追歡緬前會，真樂非昔陪。賓客雖日過，禮俗多嫌猜。于焉備廚傳，安得忘形骸。神交與心賞，懷舊何悠哉！

---

❶「時」，鮑校本、傅校本作「奇」。

❷「奔」，鮑校本、傅校本作「漲」。

❸「豈」，鮑校本作「殊」，傅校本作「誰」。

送獻臣是時獻臣侍親之淮南予亦且侍行臨荆州獻臣先從東門出故有此作

風土樂荆楚，塵埃倦都洛。東遊欣邂逅，勿復驚離索。尚悔不同舟，令人慙李郭。

送客不及

欲折楊柳枝，贈言别所思。日落飛鳥息，孤帆奔何之？行人樂前途，何以寬我懷？還將别離思，吹示横笛兒。

送鄰幾

日没崑丘峰，月出滄海波。區區三萬里，相望能幾何？一出仍一處，一合復一離。正爾人間世，無復懽笑時。子行何忽忽？將老思所試。恨我無羽翰，不能省君治。黄河從天來，太華出雲上。登臨若相思，寄聲問無恙。

送彦猷

蒼蒼南山桂，歲暮獨華滋。非無棟梁用，道遠莫致之。黄雀巢其巔，螻蟻穴其卑。全生亦以遂，匠石空復悲。兩唐邁清節，千歲接光輝。珪璋固特達，鴻鵠佳羽儀。庶幾朝廷老，出入王者師。何事江湖間？浮沈衆人爲。我實牛馬走，不能强縶維。欲往路苦艱，愴兹《四愁》詩。

送直温

終軍西入關，棄繻笑路旁。丈夫貴成名，用此還故鄉。雖無魯儒操，意氣殊激昂。稚齡如頹波，詎忍鬢髮蒼。若人汝南秀，契闊升我堂。宿昔夢生翼，已排九門翔。未盡復來歸，帝閽隔微茫。高臥三年喑，忽隨南風揚。萬里快超詣，豈知道路長？努力戒後時，相勸不可忘。

送孜生

遭遇爵位輕，治平進取難。不見明經士，白首成一官。憐爾吾家駒，學問知所安。得名萬衆中，奮迅生羽翰。天子臨廣廷，公卿肅衣冠。傳呼署甲乙，誰不傾目觀？我時忝陪侍，趨拜玉座前。鄂秀莩亦榮，不自知欣懽。勿言勢尚卑，無以地固寒。鸞鳳曾棘棲，蛟龍亦泥蟠。孟軻稱三樂，富貴不與焉。恨我不如爾，千鍾益悲歎。奈何方遠別，浩蕩江湖間。臨分豈自勝，流涕空汍瀾。

送楊十一公縕之延平

寡欲求易給，縱心居常安。一爲淮陽臥，及再芳歲單。❶處事非事事，居官豈官官。念以拙者效，而爲朝責寬。故人懷英邁，撫轡辱盤桓。心期謝外獎，談笑用爲歡。淹泊遂將永，望舒毁其團。别君感匏繫，更欲愁且歎。

送王國卿

功名世所濟，時節不可遲。夙昔聞斯語，至今良獨疑。筋力與時背，進取將願違。譬如寶燕石，無用于重貲。不恨歲月晚，畏爲豪俊嗤。見君復感歎，吾道其如台。古之英賢人，隱顯亦不齊。出處各努力，悠悠慰我思。

❶「及再」，傅校本作「再及」。

送子南

南師鼓琴者，餘力推步精。千里求知音，徒步入王城。能高頗自負，一一游公卿。朝廷富貴人，寵辱心若驚。聞至必解榻，招邀劇生平。以兹禄命術，獨得當時名。朱絃與素徽，棄置莫爲聽。往往默自撫，或疑非斷聲。❶紅塵車馬中，隨俗翻營營。振衣忽長歎，吾已知時情。卷橐卻東下，❷野風蕭然清。且賁山水意，永待鍾期生。

❶「斷」，傅校本作「新」。
❷「橐」，傅校本作「囊」。

公是集卷十三

宋劉敞撰

五言古詩

幽懷

山梁鳴雌雉，節物春已深。故花稍辭枝，新葉漸成陰。流光不可挽，四序密相尋。今晨已非昔，明日豈復今？自我愜幽獨，放言冥此心。胡爲復屢歎，孔聖有遺音。

送隱直侍行陜郊

相如忽將老，推輓竟無力。如何羇旅後？棄我復遠適。貧病束我身，送子恨不得。時登高丘望，塵土蔽西北。山河繞秦、隴，關、陜入胸臆。形勝懸眼前，顧盼生感激。指陳出圖像，踴躍效功績。朝廷厭兵久，勉上平戎策。

九月三日遊樂郊作五言贈同遊

昔在西省直，常有中園思。今來非吾室，猶稱宣城詩。芳郊後摇落，秋物尚華滋。丹實何纂纂，黄花復離離。俯見淵魚翔，仰觀雲鳥嬉。物性附所適，吾生亦爾期。置酒得同好，追勝不知疲。和歌涼風起，看舞白日移。興言想丘壑，弱喪慚旌麾。負郭如辦此，懷金寧足爲。

夜月露臥

微月翳西林，繁星燦如錦。歡言戀清景，展席不遑寢。涼風能相期，沆瀣若可飲。勞生傷局促，徂歲急苒荏。爲君捐萬慮，高臥且安枕。

因季點同幕中諸君過車輞湖步行野間

山野宜獨往，出郭愧賓從。終爲吏事役，猶與賢者共。平湖色清淺，霜落冰始凍。遠郊氣氤氳，臘近春稍動。鳥飛甚閒暇，獸起或驚縱。愛此去人遠，相勸解君鞚。崇岡象崤阪，宿莽似雲夢。游目際天地，褰裳凌菰葑。吟非騷人怨，賞及舞雩誦。塗遠意逾適，笑彼阮籍慟。

適野

夏至無與適，驅馬出東城。漸去市井喧，稍增耳目明。風勁山瘦高，露寒水澄清。造景不及言，暢然得此生。姓名謝朝隱，出處與物冥。豈伊漁樵合，鳥獸亦不驚。待此用卒歲，優游諧我情。

挽葉翰林

翰林氣英發，博學起徒步。初射東堂策，已稱濟時具。出入三十歲，差池千一遇。青雲得自致，白眼與俗迕。勁節凌秋旻，玄文匿深霧。尺璧可令毁，堅石難使鑄。董生膠西相，賈子長沙傅。終疑希世才，良用制作誤。銜悲去修門，觖望動行路。落落長松姿，歲晏悴霜露。平生慕高名，邂逅隔清晤。心許千金劍，無由挂君墓。

端居

端居亦無賴，幽賞每多違。扁舟試獨泛，鷗鳥肯相依。日暮無所詣，興盡復還歸。

答黄寺丞九月二十一日出郊

閉關予非用，適野子能謀。勿言雅俗異，卒歲共優游。清詩狀景物，秀氣豁霜秋。篇終寄一笑，因以緩心憂。

讀《三國志》

獨夜一卷史，上尋千歲間。咄嗟興廢更，俯仰朝市遷。古人病無聞，愚智矜後先。共樂無窮中，正如朝露然。向觀功名際，自以皆萬年。邇來令人悲，蚊蚋過目前。安得謝浮俗？高舉凌九天。捐書以絶學，寄心崆峒仙。

十二月二十一日雪中早朝

海風水群飛，中夜滿城雪。聞雞倒衣起，猶謂庭下月。出門望天地，高下同瑩潔。念非汗漫期，驅馬正迷轍。我本江湖人，雲端想華闕。今來悦自失，旅唱空愁絶。

得彦文書將遊吴中❶

微霜下芳草，日月逝逾邁。青青松與柏，歲暮兩相對。念我平生遊，孤懷用慷慨。誰言千里近？引領

❶「得」，傅校本無此字。

若海外。清潁流東南，浮雲向吴會。臨風意莫展，將子多自愛。

寄王子堅時在寢丘治東皋

達人視天下，輕重如浮雲。震雷不經聽，蟲飛寧足分。吾慕龐德公，谷口自耕耘。身世兩相棄，放言麋鹿群。此風久難尚，之子今復聞。我亦問津者，滔滔遠慙君。

菊　花　枕

鮮鮮秋菊花，粲粲黄金錢。採掇時苦晚，棄遺情所憐。道人教爲枕，示可以延年。早昧攝生術，恐爲多病纏。又從省俗事，視聽苦不便。往往發昏憒，❶未知所除蠲。但使寐無覺，不謂藥可痊。今者誠有遇，祕之慎其傳。愈風得難老，高卧齊古賢。作詩敘終始，物薄戒輕捐。

答張洞推官

憂患使志衰，羈旅哀年邁。夙昔仰高山，邇來得傾蓋。孤游幸無恨，三益良有待。惠我金玉音，醒如濯聾聵。悵然反自感，久矣病昏憊。微君念氣臭，誰與振萶蒯？聆弦感英韶，觀海憚珍怪。内省終懸罄，無由報雜佩。

洪州黄推官

江表山水區，南昌神仙宅。固宜生賢俊，邈與塵土隔。昔在君伯氏，實爲萬夫特。文采何輝煌，聲名盛

❶「憒」，傅校本作「聵」。

赫奕？差池中道夭，冥漠神理默。德業誰與倫？天倫自準的。龍蟠豈終潛，鳥伏必遠擊。君今鍾其美，遠到未可測。

聞官輸竹箭毛翎

邊兵未云備，競矜弓弩强。斯人久銜恩，獻力固所當。上山伐檀欒，入林候飛翔。豈無解網心，大義須勤王。安得會稽嶺，集居共工旁。安得解羽澤？在君禮義鄉。《山海經》群鳥解羽有大澤。翦翎副之箭，一一堅且良。朝發摧西戎，夕發斃東羌。不煩天下民，萬里坐寧康。

秋日

平日日在簷，今日日在堂。西風稍已急，百草不復芳。蟋蟀何獨悲？戚戚鳴四墻。客子多所感，中夕起徬徨。貧病自早衰，何必秋氣涼！心憂不能眠，非惟寒夜長。

桐軒晚坐

孤軒遶危桐，颯颯聞鬧雨。驚起視前除，❶飛花亂如舞。輕香密侵席，晚景容當户。❷玉粉散游蜂，珠華濺高宇。紛紛緑苔上，半已隨泥土。邈彼丹穴鳥，何年翥文羽？芳時不可驟，歲晏聊容與。

---

❶「視」，鮑校本作「眼」。

❷「容」，鮑校本、傅校本作「寒」。

李覯以太學助教召曾鞏以進士及第歸俱會郡下素聞兩人之賢留飲涵虛閣

孤鸞方北游，威鳳復南翔。邂逅中道遇，其音何鏘鏘？❶太平向百年，此固多美祥。擾擾都人士，争先顯輝光。❷雖無醴泉流，江水清且長。雖無朝陽桐，翠樹茂且芳。念將萬里逝，願得少徬徨。爲君賦卷阿，❸因以謝楚狂。

秋　晴

浮飆解重陰，白日麗青天。凛凛秋氣肅，蕭蕭風景鮮。脂車駕我馬，覽物往于田。幽興未能盡，中途復來旋。古人不可及，獨往秖自憐。豈若偃吾室，優游以忘年。

曉　晴

朝光出屋角，鳥雀聲正喧。天寒未能起，緼袍有餘温。智士困朝市，勇士敝中原。自古貴高臥，豈嫌長閉門？

送蔡奕同年❹

功名貴早達，時俗輕小官。念子兩未適，出門何獨歡？古賢有禄仕，先聖戒色難。義慊固爲美，勢卑

❶「其」，鮑校本、傅校本作「孔」。

❷「顯」，鮑校本、傅校本作「覿」。

❸「賦」，鮑校本、傅校本作「附」。

❹「奕」，傅校本作「曄」。

豈足歎？采蘭歲云暮，接淅心不安。宛轉腰間絲，崔嵬頭上冠。車馬有光輝，里閭有聳觀。勉旃愛玉體，自致青雲端。

送裴煜同年

裴侯江海士，往者未相識。但聞太學生，素號萬人敵。群雄會南宮，精鑒動宗伯。先鳴氣軒昂，一日聲烜赫。青雲開岐路，黃鵠張羽翮。多幸旅後陳，同時被親策。指縱聽高論，洒落駭餘力。不意沈下僚，于予有愧色。蘭臺校中書，幕府贊婉畫。起家固多榮，負米輕遠役。此心古人少，于義吾子得。秋風感羈旅，道遠思自適。

送楊闢同年

昔在谷子雲，語妙氣縱橫。遨遊五侯間，談笑臨公卿。丈夫伸知己，未必老一經。懷寶迷其邦，古人誰謂平？楊侯東州客，三歲不飛鳴。雜沓二府書，繽紛委弓旌。結鞦西入關，長揖謝諸生。風霜豈不永，意氣故目輕。伊昔惟一劍，蒯緱吐悲聲。當令代舍長，見我珠履榮。

秋　月

暮歸欲投息，明月强我行。越陌復度阡，古人知此情。叩門童奴走，升堂兒女驚。呼酒徑就醉，益復招友生。不可不與飲，子真勝公榮。顧聞四壁間，絲竹金石聲。此非孔子居，那得爾鏗轟。夜闌興不盡，積雲解我醒。噫嘻王子猷，❶浪得千載名。

韓文公畫像分題

微言昔廢絶，大道隨荒榛。上下千歲間，天將復斯文。若人實命世，述作參鬼神。横制萬里波，不爲流俗珍。大音破昏聾，有若雷霆震。惜乎世莫用，竟以奇怪聞。哀哉揭陽貶，勢屈道則伸。孔子亦有言，求仁而得仁。我昔讀其書，固常見其人。邇來觀遺像，忽若平生親。輪扁不言巧，丹青豈復真？尚存高山意，俯仰冀日新。

楊十一没後重登見山樓有感

平生交一臂，觀化此山川。俯仰成陳迹，高低俱絶弦。浮雲杳何處？衰病兀蕭然。擾擾紅塵合，誰予慰目前？

臥北牕下讀書

高枕北牕下，柴門晝仍關。偶有微風至，欣然解人顔。瞑目恣遠想，超遥出塵寰。自昔太古來，幾人得此閒。讀書取適心，名譽非所攀。堯、跖本不辨，況乃章句間。牛羊死牢筴，麋鹿安深山。牧性有不齊，❷何知智與頑？

❶「噫嘻」，傳校本作「嘻嘻」。
❷「牧」，傳校本作「物」。

寄　韻

相去不在遠，百里若異方。相别不在久，一日如歲長。我昔不願仕，會知出處妨。因循竟不免，密勿猶自强。默默抱遠志，悠悠視流光。豈知豢雞鶩？止欲歸稻粱。飛鳥呼其儔，羈馬憶故鄉。況兹平生懷，奔走非所望。朝吟在子邊，夕夢居子旁。歲暮菽可採，云誰助傾筐？桑落酒當熟，誰復共稱觴？忽忽無一歡，昏昏坐中堂。拂衣告言歸，念彼稺且狂。作此聊自娱，我思不能忘。

八月六日寄鄰幾諸君

謬爲天官屬，得與選事親。略計三百州，緑衣九千人。今日以前在曹人數。較材迷長短，守法愧因循。救末知不足，澄源力難伸。諸君備鄉老，多士競國賓。鑒形肖止水，播物參洪鈞。解論皆造微，❶詳延必逢真。仰成寬吏責，端本慰吾民。功則太平始，任非百職倫。聚精會冠劒，重鑰閟埃塵。寄重地必禁，問迹疎無因。風雨何蕭蕭，雞鳴夜將晨。一日如三月，況兹别累旬。

寄王深甫

前日君遠遊，相憐每獨悲。寧知君未返，自笑還若兹。賢者易姓逃，聖者微服馳。聖賢不必容，吾道其如飴。浮舟潁水清，遠與塵囂違。卜鄰西郊郭，得近樵漁期。主人文章伯，聲望高一時。平生莫往還，見我

❶「解」，傅校本作「辨」。

如舊知。勢與年俱忘，胸中坦無疑。人當意氣展，何有憂寒飢？反思萬類情，糾纏未易推。❶向者雖定居，睽孤常不怡。邇來暫奔走，師友足自持。物或損而益，吾又何怨爲？且苟無陳人，吾豈能至斯。歲窮景蕭條，多感令志衰。須君濟其弱，嗟子何當來。

風雨寄貢甫

積雨不自已，季秋聞驚雷。行子方遠道，憔悴感我懷。流潦紛縱横，高岡蔚崔嵬。左右無所覩，出入蒿與萊。百步一躑躅，十步一徘徊。村墟斷人烟，沈竈或産蛙。日月懸一隅，雲霧安得開？天遠人事邇，勞生使心哀。獨不如鳧鵠，奮翼超高飛。相望空長歎，撫襟泣如頽。

寄王深甫

城東與城西，相去咫尺耳。不得同朝夕，譬如隔山水。況兹歷三秋，正復累百里。念我誰與遊，悵然豈能已？古人稱莫逆，未必居密邇。自嫌感豫深，更失笑談理。寡陋使心憂，空虚見人喜。觀過而知仁，且當謝君子。

寄論翊

走馬平舒道，初日明三峰。嵐光共淡蕩，千丈青芙蓉。伊昔臨畫圖，但愛神仙蹤。安知復壯麗，翰墨難爲工。我行天地間，異景曾此逢。至今想見之，秀氣常沖融。世事勞人生，壯年成老翁。山中定見佳，恨未

❶「纏」，傳校本作「纆」。

與君同。

寄永叔 永叔後予數日使北。

俱持强漢節，共下承明殿。相從不相及，相望不相見。平生慕儔侶，宿昔異鄉縣。展轉多遠懷，恍惚猶對面。桑乾北風度，冰雪捲飛練。古來戰伐地，慘澹氣不變。贈君貂襜褕，努力犯霜霰。一尺握中策，無由奉深眷。

寄鄰幾

昨日非今日，今吾非故吾。蟲鳴知歲晚，鬢變哀年徂。萬事異俯仰，達者與化俱。故人千里外，高義獨何如？眷眷尺素書，湛湛雙酒壺。勸我加餐食，示我長相於。❶可憐平生好，不異東西居。我今心如結，那得從公舒。

寄佑之

長安風塵地，見子若舊交。意氣何激昂？骨幹真蒲梢。羌胡擾邊封，❷殺氣連二崤。丈人國長城，多壘憂四郊。勁兵向海西，千里沸鼓鐃。共傳校尉印，勇略如虎虓。功業繫感激，念當覆妖巢。秋風日夜清，敵人知折膠。努力張國家，寄聲慰衡茅。

---

❶ 「於」，傅校本作「思」。

❷ 「羌胡」，原作「戎馬」，據傅校本改。

寄貢甫

貧别書信闊，接壤如天涯。沈憂心腸窄，少日如歲時。食荼苦在味，集蓼辛在外。百感從中生，通夕不遑寐。世路豈飄風，游子常轉蓬。鏡中見二毛，何啻非老翁？晚慕馬少游，結廬守鄉井。簡略或易足，長當並形影。

寄張宜福州人，教弟子數百人，多成進士者。

張君于禮樂，先進野人也。曩者吾見之，大驚彼何者。鬚眉交蒼白，被服必儒雅。故善殷、周間，不居王、鄭下。諸士多及門，之子獨在野。食有脱粟飯，出無款段馬。鄉閭行雖高，時俗知亦寡。昨聞修庠序，造士繫陶冶。斯人宜聘起，可以專楚櫝。養賢須勤渠，風教隨用舍。望君萬里餘，誰謂我心寫？

寄阮二舉之楊十七彦文

我昔居宋都，潛有伐樹憂。不期得君子，卒歲同優游。楊生舊相知，情分故綢繆。阮公出傾蓋，而肯如白頭。古人有忘年，嗟我非此儔。譬如羔袖微，豈可參狐裘？知人視其友，孔聖稱焉廋。所以梁、楚間，亦聞東家丘。相從未云厭，相别難自留。贈我數百言，精神露蛟虬。楊子期我用，謂當佐王侯。阮公推我文，云可齊尹、歐。斯言豈易當，斯道豈易求？奈何千金珠，中夜而暗投。書紳願自勗，雜佩非可酬。欲知相憶心，淮水清悠悠。

寄楊阮

中堂明華燈，宥坐湛清酒。筆硯居我前，史籍在我後。君知我不樂，我念平生友。强醉誰與歡，悵然夜將久？

温柑

后皇富佳樹，柑實掩群衆。磊落驪珠圓，參差金壺重。剖丹瓊瑶碎，蓄潤霜雪凍。封苞萬里險，照耀高堂供。憶昔伯禹籍，蒼茫闕斯貢。及乎騷人賦，流落遺爾頌。反登橘柚輩，海物隨錯綜。圖諜迷萬世，不平竟誰訟？頗疑古未有，彼故得豪縱。溟海通蓬萊，近由仙者種。又疑美過絶，讒口斥不用。寂寥三王時，此理彌可痛。安得舉其族，北遷越巖洞。歲比萬户封，蠲煩與人共。

贈山僧

貧病不出門，趣與時俗乖。高臥謝賓客，秋葉忽滿階。今旦爲誰埽？釋子遠見懷。問我平安否？曠然外形骸。貌疎意如真，語淡情反諧。旅人非一感，及爾能安排。聞道常愧晚，智也豈有涯。他日更解榻，虚談慰心齋。

達師

師雖支離流，于道乃全人。未嘗事感豫，來者自欲親。時時平是非，往往動精神。縱横及萬事，慷慨驚四鄰。乃知全一身，不必山野民。乃知憂當世，不必朝廷臣。語默兩有適，動静皆可循。彼哉小丈夫，孰能識吾真？

喜晴寄彦猷

積陰向十日，不見江南山。何意浮雲盡，依然庭户間。芳草晚已歇，瑶華初可攀。故人在遠道，悵望凋朱顔。

永叔西齋送沖卿知陝府得華字。

我求一州牧，竟至無津涯。相看佩銅虎，似欲凌青霞。分陝本相事，憩棠成棣華。君元兄大資政，于陝有遺愛。優游山河勝，肯厭多風沙。

後出郊二首

人遠地形曠，氣收天宇高。不辭乘興出，直恐應接勞。送雁時揮弦，羨魚復臨濠。君知適意樂，未悟生二毛。

歲晚農事畢，里閭競歡然。相見有餘情，獨游頗忘年。上懷羲皇世，下感沮溺賢。豈以六金印，而輕二頃田？黄詩中頗有田野意，故及。

涼榭許道寧畫山

許生擅丘壑，融結隨毫端。醉埽堂上壁，參差皆可觀。飛雪暗連峰，對之中夏寒。吾能捐萬事，于此聊盤桓。

公是集卷十四

宋劉敞撰

五言古詩

獨釣南湖

澄澄春波深，中有魴與鯉。無人收潛隱，好生得吾子。投竿坐孤石，盡日倦未起。既失常若驚，有逢忽然喜。❶子心豈殘物，子道豈娱己。人誰辨子意？我請盡其理。垂釣須得鮮，治國須得賢。所以不憚勤，豈無蝦魚間？君子愛其君，諷諭以爲先。詹何臧丈人，古事皆已然。誰將子之術，更誦吾君前？

負暄四首

歲晚天地閉，積陰涷乾坤。大鈞止亭育，群鬼私自尊。竊弄造化柄，擅令衆陰存。幽姦發玄漠，死氣蒸黎元。朋黨漸相蔽，大辰訴其冤。帝惟百物憂，恐不見陽春。敕使拘衆鬼，朝曦送微温。大明焕幽鬱，和氣迴崑崙。初曉尚餘稟，漸高遂增暄。煩冥避窮朔，玉燭調中原。衆蟄久僵殍，今來更騰騫。微禽鷃與雀，弄

❶「然」，傅校本作「若」。

影势飛翻。❶草木反生意，益思擢鮮繁。潛魚離冰穴，無數遊清源。嗟我同此慶，兀然坐朝昏。緼袍幸可賴，卒歲無復論。稍稍出辭氣，仰天荷公恩。始知過狐白，願得陳至尊。昔宋有愚叟，亦能款君門。況今事西討，十萬羅橐鞬。烽火通警急，鐵衣遶夷番。幸悲墮指魄，少慰無衣魂。誠使勝挾纊，豈在衣便蕃？斯言出感激，忠信非詐諼。何由露天聽？虎豹守天閽。

南極無永晝，北方多苦寒。負暄意頗適，容膝居亦安。嘯傲長者轍，崔嵬切雲冠。道書異俗味，稚子同大歡。不覺老將至，安知利害端？

被褐暖不足，負暄温有餘。内慙意氣狹，婉孌在庭除。清晨倚西楹，夕暮守東隅。常恐浮雲起，冰雪不須臾。靳靳懷薄願，安得留飛烏？

日出東南隅，晨光散曈曨。山形西北去，暖氣浮沖融。天地大逆旅，客身一飄蓬。胡雛啼朝霜，邊馬嘶朔風。獨懷負暄樂，未許斯人同。歸當獻天子，無乃笑愚忠。

遊仙

焦明滯常處，❷蟪蛄愁永年。淺俗更相訾，曠懷自邈然。我從造化遊，敻立萬物先。四海固咫尺，大椿不獨延。日月爲我駕，昏明相回旋。超遥無終薄，浩蕩遺拘攣。豈與功名士，姝姝以暖暖。智極蝸角下，形

---

❶「势」，原作「勢」，據傳校本改。

❷「明」，傳校本作「冥」。

敝朝榮間。

種萱

種萱不種蘭，自謂憂易忘。緑葉何萋萋，春愁更茫茫。古人有虚語，名實未必當。南箕與北斗，燦爛空成章。

讀《莊子》三首

簫韶豈不美，爰居終自悲。俛仰魯城上，驚顧不能怡。伊昔舜廷内，鳴鳳爲來儀。和聲詎中變，衆聽邈難齊。澆淳懸異代，聰昧未殊施。咄嗟播鼗武，永泛滄海歸。

漢陰灌園叟，抱甕力難任。規爲一何拙，機事自傷心。賜也不受命，媿之汗沾襟。至言與世邈，幽操非俗尋。以此高宇宙，豈知倦山林？彼哉夸奪子，佩服爛朱金。

商丘有奇樹，厥生非一朝。脩根走靈社，騰幹拏赤霄。❶拳局無大用，液樠不可彫。誰謂非世器？終焉托逍遥。致身適有遇，松桂寧免樵。

吴中大水有負郭田在常州云已漂潰作一首示公儀

百谷馳東南，三江繞吴會。積陰漏雲漢，涌水翻積塊。斯民既昏墊，我稼隨顛沛。魚鼈有餘糧，郊原靡遺穗。餬口竊自恕，矜寡將何賴？天道有盈虛，吾寧罪于歲。救飢苦謀拙，禹稷不可待。行矣帆長風，因

❶「赤」，傅校本作「青」。

之浮海外。❶

覽古二首

固國不須險，用兵不須强。域民在所守，威敵在所良。由余仕諸戎，秦穆警封疆。晏子猶在齊，范昭識難亡。小國有其人，大國豈易當。奈何億萬師，牧野遂煌煌。

天馬出西極，由來中國用。楩楠秀荆楚，乃作晋梁棟。遺材彼興憂，得寶此以重。❷伍員楚亡命，一旦摧郢衆。世薄事有然，申胥得無慟。

和聖俞織女無恥羞

織女有恥羞，歲一過牽牛。暫來已遽往，光景不少留。會合一何亟，别離一何脩？不知靈匹意，正使今人愁。河漢清且廣，風波無時休。蹇修古不存，烏鵲相爲謀。理拙心莫同，誰令結綢繆？蛾眉坐自老，紈扇空悲秋。

同獻臣七月七日夜詠牛女

熒煌昭回章，婉孌靈匹燕。薄霧垂綗衣，明星綴華瑱。潔身奉君子，所幸長顧眷。風浪既多艱，歲時劇飛箭。會晻别堪疑，那能鬢不變。願構虹蜺梁，與君長相見。

---

❶「浮」，傅校本作「游」。

❷「此以」，傅校本作「以此」。

觀　水

楚山積陰霖，百谷盛號怒。虎豹亡其曹，蛟龍失所据。勢排蒼崖裂，力與巨石注。頃刻浮青天，微茫浸高樹。兹城依平原，自古比懸瓠。汝南城謂之懸瓠。塹隘安敢辭，漂浮實所懼。禹功不可及，河伯欲誰惡？寧以蛙黽歡，姑爲下民蠹。築防力不足，疏瀉志猶慕。❶安得鞭馮蠵，從兹萬里騖。

喜　雨

海上雨初至，中庭樹交翻。幽人整冠帶，喜見雷電存。積潤瀉河漢，餘滋被丘原。魚龍儻可活，鼃黽誰嫌喧？稍稍秋欲變，微涼入前軒。古人致亹亹，吾亦開吾樽。御叔小丈夫，頗知笑臧孫。賢愚定誰是？興盡忽忘言。

送張氏家姊至丹陽早别

曠野涼氣早，八月風已寒。遥雲結層陰，白雲被芳蘭。徬徨步皐隰，怵惕傷肺肝。奈何遠别離，涕下若波瀾！

木　鴈　堂

聽訟吾猶人，安得終日閒。從吏已可知，拂衣未能還。逍遥及餘暇，苟且寬心顔。洒掃延清飈，空涼闢重關。古人有所處，才與不才間。持此以自娱，將非真隱然。

❶「瀉」，傅校本作「寫」。

寄題蕭山歲寒堂

伊堂早頹挫，松柏亦憔悴。常恐摧爲薪，中塗失蒼翠。昨來始營葺，榱桷復高麗。蕭蕭青雲榦，始有百丈意。神明頓來還，故老咸歔欷。朝燕得所常，問誰救其敝？吾家渥洼駒，頗有超絕氣。好事能復古，愛奇輒起廢。後凋甚明白，來者思髣髴。此實賢智謀，古人貴豈弟。仲尼頌子産，其養民也惠。召公憩甘棠，後世歌蔽芾。勉旃崇其業，事足伯父繼。伯父曾宰此邑。令名與佳樹，自可俱億歲。

示鄉人陳生祖母之姪曾孫。

我祖學廬山，潛光玩詩書。君家獨先覺，一見矜里閭。固有如陳平，長貧賤者乎？青雲果自致，遠鑒驚群愚。鳴鳳兆有嬀，懿占信不誣。粲然諸子賢，仕各列大夫。號稱萬石君，盛事衣冠無。聲華輝圖史，豈獨榮枌榆？外族繼清高，恥爲事物拘。未嘗入城府，奕世風不渝。宜有羔鴈求，怪其久闕如。君來就鄉賦，信足光慶餘。郡守勸駕行，紫庭與計俱。努力事學問，豫章擢扶疎。游子懷故鄉，矧伊接葭莩。勉率爲歌詩，尚能念起予。

聽府妓歌憶春卿資政給事

南方酒如澠，醉倒本容易。蔡姫緩聲歌，清響動雲際。惜哉知音稀，此輩自難值。曩者東山游，一日已三歲。人遐成陳迹，興盡失超詣。寥寥方外歡，獨數嵇、阮輩。凍雲臨寒空，掩鬱邁往氣。引杯亂愁思，擊節還拊髀。

招　斆

鑿井不及水，雖勞乃無功。耕田捨終畝，歲暮安俟豐。人當少年時，耳目明以聰。所爲患不能，所學患不通。患之不自勉，老去逾顓蒙。雖復欲自力，歲時已飄蓬。譬彼涉大水，不能曉西東。諭爾安可忘，我嘗夢周公。

朝　乘

朝乘日車出，暮戴星影還。顛冥朝暮中，出入咫尺間。已覺素志非，更知人理艱。小利專欲速，大德不踰閑。

雪

楚塞常閔雪，窮冬未爲晚。欣看朔風過，想自萬里遠。崩騰龍沙飛，浩蕩北溟卷。勢排炎荒瘴，力救南國旱。悲鴈飛何之，蟄龍臥終偃。至神亦憔悴，爾輩何繾綣？歲陰倏將改，天運有必反。慷慨吾何言？短衣數自挽。

復雪二首

十日三雨雪，同陰錯朝昏。幽人感歲晚，更覺日月奔。勁風西北來，轟哮動乾坤。中州非崑墟，四徹皆璵璠。鴻鴈遊可哀，竹柏生僅存。念此使心悲，何時見陽春？志士則憔悴，薄俗安足論。鄉里狐貉兒，反怪天正温。

前夕盛雷電，謂言春和發。典衣貰春酒，歲事亦可悦。不知天難諶，信宿更凝冽。朝來雪盈尺，初計頓乖越。吾廬甘重塞，敝褐忍百結。豈敢咨祁寒，又非慕炎熱。陰陽相交錯，萬一成災孽。憶昔魯隱公，九年春三月。癸酉雨震電，庚辰大雨雪。《春秋》書爲法，其事何照晰？曾經聖人筆，下學而上達。況此四月間，復當季春末。願排閶闔戟，一獻《春秋》説。路遠泥阻深，愁哉臥巖穴。❶

書　堂

客身困旅人，未如負舍蝸。滚滚荆、吴間，所居不常家。宴安非吾事，但恐髮早華。且復一日葺，隨時具生涯。白盛爛四壁，瑩净磨疵瑕。虚明豁心府，永使思無邪。愁來莫與語，起就書龍蛇。亦足寫方寸，放歌快咨嗟。苦嫌中庭窄，所生野草花。故須種松竹，反憶日月遐。歲寒與誰共？❷惆悵終無他。

答江丈雨中

繁陰乘炎夏，晦色竟朝暮。❸蛟龍困雲雷，虎豹病氛霧。過時畏昏墊，推分縱所遇。閉閤空自愁，救飢眇無素。江侯臥閭里，本自濟時具。方與造物遊，昔同斯人慮。作詩破幽憒，極筆紓遠慕。磊落三賢人，千秋如面晤。道同義相契，未必形影附。長謡雞鳴篇，因見君子度。

---

❶「愁」，傅校本作「悠」。

❷「與」，傅校本作「欲」。

❸「竟」，四庫本作「正」。

九月十日雨中孚先見過圍棋嘗茶

幸從大夫後，而無吏事憂。出沐風雨夕，閉門松菊秋。素交辱見過，意氣何綢繆？車騎皆雨立，富貴若雲浮。圍棋紓壯心，酌茗當獻酬。豈惟鄰里好，足慰平生游。書籍可許通，水火得所求。獨恨雞黍薄，無以充淹留。❶我窮若匏瓜，于世良悠悠。寂寞守一隅，非君誰見收？庶幾除三徑，玩此歲方遒。莫令子衿詩，更作商聲謳。

渴雨示府僚

東風破窮陰，農者亦望歲。宿雪滋已消，驕陽更爲沴。璣衡運元化，律吕導和氣。四序宜平分，斯人尚憔悴。關中大兵後，所向半凋敝。荆棘獨至今，睠言可流涕。憶昨辭紫宸，從容晝民事。焦勞見顔色，曠蕩洒恩惠。開倉出其陳，履畝奪浮議。乃知聖神心，獨在舜、禹際。所憂吏不稱，未足效兼濟。安得三日雨，滂沱澤厚地。百昌奮皆作，吾亦免于戾。吁嗟望雲漢，冥漠想萍翳。交泰及此時，群生豈終否？某朝辭日，面陳發倉救飢及罷均田履畝之擾，皆見許。

戍冬

富貴抱憂患，貧賤苦煎熬。居此二者間，幸無終歲勞。養生賴裘葛，卜隱開蓬蒿。既不碌碌冗，又不巍巍高。炎涼縱所遇，寒暑俱可逃。竭力供子職，大歡對兒曹。至人貴真樂，名位豈所饕。咄嗟路傍子，生死

---

❶「充」，四庫本作「從」。

堪悲號。

卜居謝晏公

燕雀赴廣廈，雞鶩就卑棲。我身共有託，生理于汝齊。憂患歷險艱，轉徙疲東西。常慕蠻與觸，所居能自賁。哀吟蹈楚郊，主人欲招攜。❶卜築煩里旅，婦姑免勃谿。此邦非故鄉，習俗素所迷。頗以羈見忌，得安糝與藜。❷下見賢相仁，恤隱逾天倪。陰德少陽報，眉壽與介圭。已當受一廛，終身恬灌畦。

卜居

清波照華門，垂柳拂危軒。静境偏相慰，鳴禽時一喧。羨魚還結網，引水自疏源。嘯傲陶唐世，幽憂不可諼。

蘆泉

吾山會雨澤，汗漫千里秋。不如蘆泉水，來入城中流。經營萬餘家，澄澈去無際。我樂與衆同，泉能起人意。泉旁宜嘉林，時多桐與梓。❸泉間宜美魚，時有魴與鯉。誰能捐萬事，來我泉上居？我欲解章綬，從之泉上漁。

---

❶「欲」，傅校本作「辱」。

❷「得安」，傅校本作「安得」。

❸「時」，傅校本作「特」。

浮光山人居山中，與虎豹處，初不疑憚，有母八十餘。

先生方獨往，逝與一世辭。雖未超雲霞，豈嘗顧喧卑？事親止于適，接物能不爲。谷中虎豹多，往往行自隨。此是真人風，何必太古時。吾欲從之遊，自嫌跡尚非。寄心逍遥間，聊可以相期。

初到東平得雨

少服逢掖衣，又爲《梁甫吟》。謬膺東藩守，似慰畸人心。宣布祗上恩，浚明肅官箴。治醇俗易美，事半功反深。嘉雨蘇旱苗，慶雲結重陰。天將假民樂，我以開煩襟。鉅野會百川，東山凌衆岑。庶幾緩吾帶，一一窮登臨。

雨中送張六

秋陰蔽陽光，雨潦如昏墊。居人鬱無聊，游子行可念。力攜一樽酒，欲别情不厭。雖無車馬贈，篇賦私敢占。人生遠圖在，離索安足慊。願爲東南風，刮日豁長焰。取觴醉車軌，千里由此漸。

攝領審官六日還印長文戲作五言

山野不事事，未嘗中繩墨。得官筆硯間，懶與慢成癖。前日承君乏，始親簿領役。捶鈎校毫芒，簡髪差寸尺。自知非其任，良有不可力。君誠神仙人，那得頭不白。繇兹謝睎跂，依隱就閒寂。

桐　花

一株青玉立，千葉緑雲委。亭亭五丈餘，高意猶未已。仙僧年九十，清浄老不死。自云手種時，一顆青桐子。

同梅聖俞送尹郎中監舒川靈仙觀

真人西度關，乃祖獨知之。强著五千言，竦身棄喧卑。靈光無時没，人世自超忽。上下千歲間，裔孫亦清出。論兵復擊劍，遠與道同符。功名不如意，白髮笑桑榆。藏書天禄閣，郎中上所集兵書詔藏祕閣。卜居天柱山。此職無吏責，去去何時還？山中醉白雲，山下弄流水。吾已了損益，未知生死耳。聊登千仞巔，下視寰中塵。更因長風來，揮手謝世人。

記所居草樹

幽蘭晚已秀，新竹直且疎。樸樕亦巢禽，坳堂自容魚。長日肆炎赫，周軒正清虚。適心不貴多，一畝覺有餘。理會遺孤笑，興來味群書。彼何擾擾爾，我獨欣欣歟。人臣無懷安，吏治猶蘧廬。幸及三年淹，庶幾閒燕居。

銅雀臺瓦硯

當時鴛鴦夢，飛入魏宫來。崇構滅餘香，❶碧瓦空在哉！磨礱變新硯，洗刷滌故苔。但取圭角全，何必瓊與瑰！

樹下二首

中庭兩佳樹，密葉如翠帷。擢榦一何高，鋪陰被前墀。清風自翩翻，正晝無炎曦。拱揖在我前，我常往

❶「滅」，傅校本作「滅」。

參之。隱几旦復暮，卷書坐忘疲。安知非華屋，聊以庇蔭爲。瑶室隕帝辛，璧臺喪周姬。由來滅亡禍，不爲草野施。偃仰更何顧？欣歡方在兹。

召公愛小棠，百歲俾勿拔。仲尼憩大樹，一宿輒已伐。聖賢豈殊途，人事有窮達。出處何可常，我身固微末。上無燕伯遇，下免宋人孽。從容聖賢間，得此亦已竊。

庭　樹

中庭無多樹，花盡自成陰。熏風吹清和，午影還蕭森。上有出谷鳥，間關鳴好音。下有放言人，寂寞臥機心。人鳥各相忘，❶語默不見侵。吾廬此最好，豈意在山林。

送石昌言知宿州

宦情重居内，世論輕守藩。出處苟自得，重輕安足原。昔常怪蕭傅，恥乘太守轓。頗獨多嚴生，厭直金馬門。優游樹風迹，宣布流上恩。何負廷中臣，而貶千乘尊。石侯古人風，自令薄夫敦。平日不汲汲，左遷更軒軒。輕舟趣行裝，合符去天閽。高臥可以治，簿書豈所煩。我亦羇旅人，不堪市朝喧。又無適時用，坐自悲素餐。願爲江湖長，聊復育元元。子若未北歸，相過識吾言。

題和弟所居桐樹

卜隱謝林藪，考槃寄閭里。嘉樹爲我徒，清風濯塵耳。手披漆園書，身擬長梧子。窮秋忽悲感，埽榻且

❶「各」，傅校本作「平」。

歡喜。

冬晚贈深甫

客游已昨日，已復歲月改。流光一如此，故物紛晦在。忽使中心悲，悠悠若浮海。相思間何闊？此意君當解。

公是集卷十五

宋劉敞撰

五言古詩

效陶潛體

出門逢一士，抱書亦南山。❶ 問其何爲爾？ 欲語輒復歎。 少小貴《詩》《書》，志業覬孔、顔。 爾來三十載，鬢髮倏已斑。 唐、虞不可待，世譽亦恥干。 寧赴巖谷老，行行未遽還。 其言乃可感，使我再淒然。 人生歸有命，窮達何足言。 勸爾飲此酒，唐、虞在其間。

懶　詩

分表難强營，俗中彌不堪。 始覺懶亦真，功名焉可貪。 婆娑玩流光，幽寂性所諳。 東帶愁逢迎，燕處倦交談。 碌碌史隱間，將爲茲世慚。

❶ 「亦」，傅校本作「向」。

菖蒲

香清自足愛，味厚非所倫。❶如何缺缺徒？反以花爲真。花奇不可見，舉世皆忌辛。誰將擢仙骨？願比芝苗珍。

登薦福寺山亭

時事如不聞，煩襟尚鬱怫。❷高亭一何壯，俾我遺外物。是時夏景初，竹樹雨飄拂。燕雀飛簷楹，喧争互强倔。世紛類如此，小大何得失？始知絶群動，方外真有佛。此地可終隱，不惟謝炎鬱。逍遥鞭其後，豈恨久蟠屈？

九曲池

廣陵春欲歸，九曲池先暖。積雪未全消，流波已潛滿。宫城落喬木，岸竹排纖簳。古事無足悲，登臨苦日短。

和永叔夜坐鼓琴二首

衆人于五音，醜正不醜隨。所以匣中琴，寂寂少人知。❸淳和太平風，簡淡邃古時。得意亦忘言，居然見無爲。非公藴真樂，此道誰復期。

---

❶「所」，傳校本作「無」。

❷「鬱」，傳校本作「緼」。

❸「寂寂」，傳校本作「寂寥」。

知音古亦少，況乃今人乎？至和動殊類，此則今世無。舜《韶》舞百獸，事可觀于書。但非耳目接，便自疑其虚。誰謂今之人，反不如獸歟？大音蓋希聲，聾俗或萬殊。中孚有不化，嗟嗟乎豚魚。

苦　寒　行

驅馬涉長磧，千里徑無草。天寒日光淡，積雪常杲杲。勁風裂肌膚，狐貉甚魯縞。況我被甲鎧，寢遲起常早。崔嵬陟高山，日落尚遠道。人生各有命，豈憚事遐討。飲冰傷心骨，重趼如巨棗。義深自勗勵，身賤寧要好。親戚何可逢？功名未自保。少年慕壯健，我獨貴疎老。

送霍丘謝寺丞

吾聞歐公客，必皆當世賢。衆中一見子，始信斯言然。綵衣得意歸，笑語春風前。輕賫尚方履，去影梟翩翩。百里不足仕，桂枝淹華年。故須多種秫，爛醉揮鳴絃。

答黄寺丞濠梁雜詠

閉門委餘事，久矣臥幽寂。忽枉臨濠篇，如逮問魚客。山川盡寫倣，人物多在昔。形倨游自遠，善行固無迹。吁嗟相知晚，起予遽多益。乃悟文字工，足兼造化力。熒煌淮夷珠，磊落荆山璧。他人竭澤求，吾子希世得。禽微戒輕彈，路暗慎虚擲。如何忽在此？詠歎生感激。蠙珠、荆山、濠梁事實，黄所賦也，因以爲興答。

黄寺丞九月十三日見寄

兹年見二毛，秋至獨多悲。況乃霜露繁，悟彼歲月馳。衡門静無轍，幽徑荒不治。眷眷武夷翁，傾蓋成舊知。每枉林下步，笑言輒移時。目擊良已久，鳳歌復見詒。諒君徜徉意，當以振其衰。

生　槐

苒苒庭下槐，蒼蒼山中檜。臭味久矣殊，榮枯莫相待。胡爲寓形生，曾不異風概。擢幹初無根，交陰忽成籟。死生詣膠漆，幼壯亂姿態。本同非不佳，末異終恐害。吾意造化巧，淫樂爲狡獪。玩此三公才，比之女蘿輩。不然世俗薄，苟合恥剛介。忘彼特立姿，樂附柔弱類。誰能極物理，且以嘲大塊？陶冶如吾言，庸庸亦何怪！

櫻　桃

東風吹陳根，萬木含芳華。客愁獨不改，浩蕩津無涯。朝光破浮陰，暄鳥聲交加。櫻桃此時盛，滿樹紛彤霞。當户仍拂簾，參差自相遮。日高臥未起，顧見驚且嗟。此復幾日繁，譬如空中花。非無一樽酒，玩之到景斜。多慮使意衰，悵然奈爾何？

摘櫻桃

此花前日時，素雪摇東風。已驚變濃緑，忽更垂繁紅。俛仰物三换，歲華終無窮。因笑樹下人，未悟成老翁。磊落火齊珠，參差珊瑚叢。贈遠限道路，成蹊縱兒童。

春　陰

朝日送風光，❶宿雲濃不卷。微陰助惆悵，旅思增婉婉。新花秀且含，芳草緑更遠。樂賞及融怡，春暉

❶「朝」，傅校本作「明」。

未應晚。

除草二首

昔歲有壯氣，❶恥事一室中。獨願埽萬里，指麾走群雄。少壯意更衰，棄書學老農。羇旅無田園，飄如野間蓬。徘徊陳、蔡間，呰窳見楚風。託足不期廣，所存一畝宫。❷秋草日蕪没，荷鋤事兒童。歎息念變化，古人頗固窮。

中庭不踰畝，百草何荒蕪？緑葉間紫莖，薰蕕互相渝。所憐薄筋力，豈愛不掃除？賢者曾蒿萊，吾徒亦何如？公侵藩垣出，蔓也自難圖。下牀值蛇蟒，依隱行虆紆。至使蚊蚋多，不堪匝肌膚。古人遺我言，芳蘭戒必鋤。努力蔑小惠，作詩感躊躇。

早發襄城之龍山呈曼叔

鳥啼齋前樹，促駕吾當西。朝從良友别，夕赴幽人期。方以會合喜，敢曰道路疲。予戇昧時利，百事棄不爲。惟有好賢心，未媿《緇衣》詩。

敌來速嘗新酒

徒咢無與同，徒歌無與和。徒行莫之友，徒語無所破。慷慨一無徒，始覺從君過。欣聞酒新釀，堂有佳

❶「氣」，四庫本作「志」。
❷「存」，傅校本作「期」。

客座。歡從尊罍罄，醉聽冠巾墮。庶可效名士，因君讀楚些。

日　醉

犀首從横時，無事猶飲酒。我生太平際，日醉亦何有？太平多賢才，臺閣固其藪。濟世圖功名，汲汲常恐後。我寧樂自放，甘與物俱朽。顧惟人間迹，澶漫獨已久。智謀乏施設，筋力倦奔走。幸爲朝廷知，而免職事守。人當自量度，快意安所受。何能强繩檢？希世視自負。晶熒流霞波，泔淡白玉斗。歡來無虚席，嘲笑命賓友。殘冬雖餘幾，自足數開口。浩歌迎春風，安用獨醒叟！

寒　蘆

雖居江上城，不識江邊路。故移蘆葦叢，粗慰江湖趣。翠華侵硯席，疎影入牖户。歲寒待爾共，好尚與時迕。勿以比蒹葭，蒼蒼瘁白露。

和兩府諸公馬上作

富貴信多士，況乃主恩深。京、洛多風塵，冠蓋自成陰。片言代拱璧，一顧溢千金。嗟我固貧賤，處俗謬浮沈。咄咄人間世，俯仰媿山林。

和永叔十九韻送魏廣

信陵貴公子，仁義不掛口。猶有三千客，名聲極高厚。而況賢者門，四方所奔走。豈無青雲士？磊落照前後。我雖非其人，慕用意殊久。差池混出處，百望乖一偶。羇旅陳、蔡間，茫如喪家狗。擔簦始自致，傾蓋許白首。中堂陳《詩》《書》，高會置樽酒。豈惟聽餘論，復喜識賓友。魏侯希世珍，頗爲平生舊。他時恨契闊，並生喜邂逅。❶危冠切浮雲，長劍掛南斗。同志此莫逆，孤游信無負。切磋變新巧，彩繪飾餘醜。自謂當窮年，如何復分手？士生得所師，文學致不朽。吾衰莫自力，子壯諒何有？當取天下名，還爲生人壽。

遊龍山

孟公乘興出，必造龍山頭。回望默不言，❷夕陽始還輈。❸千年雖悠遠，此意故風流。咄嗟無知者，寂寞空荆州。霜風蕭騷晚，楚水荒涼愁。安得款段馬，往來時獨遊？

放鶻

上天賦爾材，若不受羈紲。失身偶見獲，羞與家禽列。秋風半夜起，鴻鵠兩飄瞥。物生各自適，聽爾歸寥泬。白雲入雙眸，尺地肯自屑。慎勿逐鶡爵，案：原本缺二字。不足絶。不過倉廩中，朋黨爲偷竊。鳩鴟最堪憎，擅使芳草歇。勉力霜霰期，方爲鳥中傑。

鳴蟬

芳草久已歇，星火奄向中。日暮玄蟬鳴，歲華坐將空。輕舉塵壤外，逍遥神仙同。豈伊感時節，悲嘯臨

---

❶「生」，傅校本作「坐」。
❷「回」，傅校本作「四」。
❸「始」，傅校本作「如」。

長風。夕露鮮餘潤，炎飈成蘊隆。清虚浪自足，高餓亦云窮。

和聖俞十二韻

處世誠碌碌，白髮生滿頭。所以不自慚，數從長者游。醉翁名世者，事業晞孔、周。獨立千歲外，邈然已難儔。韓、范青雲姿，奮飛起西州。徘徊霄漢間，下視輕蜩鳩。詩老最前輩，名聲三十秋。篇章被海表，豈獨魯與鄒？今我親見之，執鞭乃所求。何況登其堂，舉觴預獻酬。清談破群疑，嘲笑寬百憂。以此捐歲月，吾生同悠悠。❶

宿緑溪

雲昏江水闊，兩淮不可測。山丘望亦迷，馬牛豈易識。高帆乘長風，俄頃屢攲仄。未知所趣向，稍稍萬寓黑。近津見蘆葦，其外水正白。操舟投其間，宿鳥俱鬪易。水深不可纜，藂梗以爲力。蚊蚋秋尚繁，不眠坐通夕。中宵風逾厲，潮水相蕩擊。安得似人者，謦欬在我側。天明啓牕户，願見白日色。莽蒼暘谷間，竟爲霧雨隔。追觀宵征處，波惡生悸愓。絶糧非陳、蔡，從者亦悽惻。

如意臺

泠泠清池水，汎汎不繫舟。興來可獨往，興盡難自留。留無淹回責，往無進取憂。世人共擾擾，真賞空悠悠。章華楚人困，姑蘇麋鹿遊。君看如意臺，乃知賢者謀。

❶「同」，傅校本作「固」。

閔雨

長夏炎氣隆，高田劇焚燒。惜哉淮海卑，無力能沃焦。起顧郊野間，離離悉苞蕭。日夕多狂風，飛塵蔽招摇。誰能起蛟龍？雷雨蘇宿苗。眇然坐自想，幽意增煩歊。

和過騏驥院觀馬因飲李氏夜歸復與江謝會于敝居

子真王濟徒，愛馬有馬癖。每嫌駑駘衆，未覩千里格。揭來飛龍廐，一一數白黑。始驚麒麟骨，秀出無與敵。旗旄亂雲霞，鼓吹喧霹靂。從容看回旋，感激私歎息。此當逝崑崙，上與天無極。奈何局軒陛，終歲老羈靮。主人貴公子，埽榻多命客。聊欲寬其意，無爲稍戚戚。珍羞雜水陸，清酒漾金碧。嘲笑心目開，留連日已夕。歸來興不盡，駐馬問所適。知我方會友，投鞭遽登席。❶ 貧家竟何如？脯醢乏餘力。歌舞復無素，兒童强敦逼。多君平生懷，不與貧富隔。❷ 歡來亦酩酊，俛仰愧三益。

早行

雨息風亦止，落月猶在天。舟人相呼起，稍出蘆葦間。暗中各紛拏，四聽聲正讙。開户視所從，大江自漫漫。衆星若連珠，纍纍浮深淵。津涯杳難知，勢與天地寬。俯見舟楫微，萬牛一毛然。虎豹嘷岸傍，蛟龍浮其涎。兢兢抱危懼，忽忽忘食眠。人生誠多憂，況乃行路難。

---

❶ 「遽」，傅校本作「遂」。

❷ 「與」，傅校本作「以」。

重陽日得景烈送酒

歲晚見黄菊，悲秋空復情。故人豈知我？朋酒適平生。舉杯遠相屬，目盡歸鴻聲。醉眠東籬下，此亦淵明情。

和焦生石字韻

我惟一逢掖，入爲二千石。聲迹不相同，禮貌謂誰敵？既許游藩籬，又喜升宴席。酌酒澆磥魁，賦詩聽警策。朋從常苦少，佳節古所惜。既醉忘形骸，笑語俱莫逆。使公貴且壽，富有貧賤客。

寄隱直

會短别日長，愁多歡情少。古來人間世，于道同擾擾。我髮日已蒼，我顔日已槁。離憂固如此，四十未應老。誰能跨浮雲？相與乘莽眇。吾子心莫逆，庶當悟意表。

旦日城東渡汝水與鄰幾飲别歸作五言寄之

繁霜墮衆木，朝光破初寒。游子侵旦發，隱忍行旅艱。走馬東郊門，别愁莽無端。川長不可厲，泛舟觸波瀾。相及墟落遠，解驂請盤桓。班荆道路側，酌酒還據鞍。殊鄉閲人多，浮俗見子難。結交形骸外，生計出處間。江湖天一涯，冰雪歲欲闌。昔賢往不反，子陵與伯鸞。東游信不惡，相望終永歎！

寄深甫君章

爛漫十日飲，未快遠别情。醉魂幾時醒，直見潁水清。前歡絶莫尋，❶離念紛更盈。車騎暫休汝，賞晤得時英。披襟兩相照，話言僕屢更。論史既衮衮，説經亦鏗鏗。一觴亦一詠，樂事真相并。會合固難常，我獨嗟南行。回首念前好，感物非嚶鳴。明發成寤歌，勉勉趣遥程。

寄裴吴江

王喬一雙舄，乃是尚方履。誤逐閶闔風，飄然太湖水。湖水連天涯，茫茫湛清輝。秋來興不盡，似欲都忘歸。玉疊鱠如雪，碧壺酒若澠。醉輒問左右，何如張季鷹？君乃蓬丘人，神仙有名籍。不應自放浪，久爲塵中客。我頃臥廣陵，西風見白髮。八月觀海濤，壯心謝超越。因欲解印綬，從君五湖游。功名非所及，爲具鴟夷舟。

寄贈獻臣

龍興幽泉中，溶雲自潛飛。氣還大淵下，灰籥先察微。氣興集我懷，旅愁散無端。陽光旦自匿，后土何得乾？嗟君貧非病，所寄瓢與簞。陋巷無雜賓，商歌激清彈。甚願裹薄飯，相從餍朝餐。亦思造暘谷，相與晞朝冠。力弱泥潦深，乃知行路難。

---

❶「前」，傅校本作「墜」。

論交

張、陳父子游，乃爲白刃仇。蕭、曹平生歡，亦作睚眦讎。交合名利間，安得無後憂？商山有四人，衰老俱白頭。但食巖谷芝，終身不相尤。未必能獨賢，苟云無他求。古稱結交難，成敗視此由。作詩告同心，市義誠足羞。

秋霽醮北軒

北軒屬秋霽，曉見風葉零。置觴命賓友，環坐飛淥醽。遇適輒獻笑，放言豁中扃。兀然不省醉，❶起見天上星。勉强相勸引，我謡子宜聽。幸無兵農憂，稔歲蒙休寧。讀書業文外，惟有醉勿醒。❷世途若波濤，富貴乃浮萍。置之無可稱，視彼鴻冥冥。❸

送楊十七祕丞知瀛州河間

洪濤翻金堤，冀州變泥塗。哀哉百萬室，所憂半爲魚。流冗接道路，呻吟交里閭。若無慈仁長，安使疲瘆蘇。子在應不必邇，至誠神與歸。嗟予接休德，志合無纖譏。譬諸死灰然，安事旦夕違。胡爲久相越，書問月增稀。

❶「醉」，鮑校本作「醒」。
❷「有」，傅校本作「存」。
❸「冥冥」，傅校本作「杳冥」。

五言寄江丈鄰幾時往尉氏未還

終日相與居，豈知相得懽？出門一分袂，乃覺攜手難。西風過浮雲，急雨生早寒。清秋令人悲，茲游何當還？歲月游將晚，念君尚加餐。

寄深甫

往卜潁上居，徒愛潁上人。巢、由節並世，管、鮑必相親。而我與夫子，阡陌東西鄰。正可白首遊，豈計中道分？人生莫自必，一別俄六春。入踐西掖垣，出乘兩朱輪。佐時乏明略，來往徒紛紛。上愧洗耳翁，下慙圖霸臣。念欲投劾去，結茅復從君。攄我宿昔意，寄聲謝水濱。

寄楊忱明叔

君有湖海氣，沆碭凌斗牛。遠持一卷書，濯我千歲憂。大音不衆合，至寶非暗投。感激移人心，汍瀾使涕流。俗譏陳元龍，世乏劉豫州。安得排群兒，臥君百尺樓。

雨中寄徐二

北風吹飛雨，中夏變早寒。浮雲滿天地，坎井成波瀾。秋新密時，治聲溢西都。大水無麥禾，閔然若疾痛。不忍使者求，建言解其租。邦人喜更生，老幼歡以呼。繩墨制姦吏，弦歌訓諸儒。復新卓侯廟，慕用已不誣。今者河朔行，豈其易然乎？彼將譽所試，況子材有餘。但恨治者小，百里爲區區。割雞用牛刀，孔聖所歎吁。賢者必愛民，民活心乃愉。❶ 幼學長行之，固爲聖人徒。位下非所恤，勉哉寧君軀。

送梁山軍徐祕丞

鷾鴯一何智，俯仰人間遊。落實不給視，去之畏少留。高賢在天下，富貴如雲浮。❷ 得失不概懷，損益寧所憂。若人古已亡，今復得徐侯。詞科二十載，朝籍方見收。四海厭名聲，廟堂多輩儔。後時不自失，觀化君悠悠。入辭未央廷，遠牧荒山陬。去矣成獨往，豈嫌時俗羞？

東鄰花

卜居非卜鄰，適幸鄰花發。照曜東軒東，暄然二三月。露香送清吹，晨豔開繁雪。稚子戲墻根，鳴雞出林樾。我來奔羈旅，疑及武陵歇。欲訪竟無從，空觀對寥寂。爲人懵俗事，鄰里多謝絶。獨爾可相親，芬芳未應滅。

---

❶「活」，傅校本作「治」。
❷「雲浮」，四庫本作「浮雲」。

公是集卷十六

宋劉敞撰

七言古詩

憶洞庭

少年慷慨輕遠行，出入楚、越多所經。每令百川盡衣帶，獨憶岳陽觀洞庭。方輿沈潛似無地，倚蓋回還徒見星。始疑上帝限南北，恐有漏澤連青冥。西風八月氛霧收，曠宇千里令人醒。苦爲外境相誘掖，欲棄塵世浮滄溟。當時發狂頗自怪，真擬乘興攜湘靈。至今局促不如意，坐視歲月無時停。涼秋滿眼更多感，回首尚覺君山青。

聞鴈

去年聞鴈江湖邊，爾時異鄉望白雲。今年鴈南身更北，可憐送目懷居人。我生羈旅自南北，鴈飛何爲亦遠役。浮雲滿天我無翼，相與因風寄消息。

庭楸

中庭長楸百尺餘，翠葉晻藹當四隅。晨霞夕日自相翳，並坐可得千人俱。憶昔河決鉅野溢，定之方中作宮室。當時魯人始種此，還賦衛風伐琴瑟。春華亹亹六十年，高榦錯落摧寒烟。悵望空隨衆木老，中含至音無與宣。

送張公往建溪

秋風駕流溪水急，君帆胡爲破烟入。仙人近約武夷會，漢祀山頭羽旄立。群山叢叢野波緑，君纓無塵見心曲。江淹夢筆靈有餘，君歸何時佇盈軸。

曉起

棲烏未動清漏殘，寥寥空堂生早寒。相重樹色如潑墨，欲落月采成渥丹。市聲嘈嘈入人耳，自笑帶星還若此。

防秋

秋霜折膠胡馬壯，❶胡馬窺邊怒邊將。游騎夜入燒回中，烽火朝傳過隴上。關東行客關西來，欲説兵形先啜哀。❷長戈不能斷右臂，壯士無過委黄埃。歲輸繒帛顧何益？匈奴反以馳荆棘。安得連山如長城，遍限中原卻蠻貊。

---

❶「胡」，原作「邊」，據傅校本改，下同。

❷「啜」，傅校本作「輒」。

打　魚

南人登魚作膢臘，清潭數里奔舟檝。層冰始解川氣和，百尺分明見鬐鬣。大網如雲遮要津，須臾牽網迴水濱。地高勢蹙漸逼窄，忽復逸出黄金鱗。釣叟篙師共驚駭，失聲奪氣俱逡巡。素魴赤鯉不足數，棄擲千萬如埃塵。豈知異物通變化？時暫網中還有神。

戲題西湖中魚

育育水滿湖，中有千金魚。浮沈得意似太古，不畏網罟畏鵜鶘。緑蒲欲齊藻初密，紅尾差差映朝日。疾雷驟雨人莫知，潛有蛟龍取之逸。

養　魚

鑿池不容數斛水，養魚才勝十餘尾。可憐出没萍藻間，還如汎濫江湖裏。君勿笑坳堂坎井無遠期，假有神物君不知。風雲變化在倏忽，隨衆幽潛聊爾爲。

和永叔食糟民

歲豐飲酒衆同醉，歲饑散糟民亦濟。乃知酒酤在官爲長策，上可足財下均利。黄頭稚子白髮翁，哺糟相隨塵土中。豈嫌身居犬彘後，還喜生值恩施豐。翰林仙伯屈主諾，憂民之憂樂民樂。禍階六筦不易救，惠及連城自云薄。周公以來千百年，希世俗儒玩糟粕。排斥酒誥終莫用，感激長謡豈虚作？恨公未爲富

民侯，此等區區豈所憂？❶

漁　翁

白頭老翁披敗蓑，求魚終日罩淮波。波深水闊望不絶，網目雖繁能幾何？大魚鱣鱏入淵底，小魚鯤鯇登網裏。❷手皸足趼吁可憐，何不爲網大如天？

苦　雨

東風十日不肯回，濃雲猛雨無時開。紛然萬瓦垂組練，忽變百里吹塵埃。河魚無翼蹈平陸，水鳥哺子升高臺。羲和送日不竟夜，陽烏翅濕方摧頹。腐薪數吹不堪濕，靈井已滿無用汲。大衢泥潦安得出？敗瓦漏缺端愁入。街頭紅粟更騰踴，歲晏敝裘方綴緝。黄花熒熒獨不憂，悵然爲爾臨風立。

麻黄州送李斯石銘二十一字

麻侯昔爲萊子國，海濱漁人獻文石。云是秦始皇帝《東巡碑》，二十一字李斯迹。桑田變海岸爲谷，此石亦沈滄海側。浪翻水轉石段空，偶存數尺非人力。文章雖傳失首尾，猶與《史記》無差忒。字形訛缺非昔時，蟄龍病虺相排迮。念昔屬車八十一，氣如虎狼食中國。方士獻策通神仙，諛臣奮筆夸功德。始皇未死名已滅，秦地初分石皆泐。邇來似覺天意然，欲令後世羞其惑。君不見夏禹九鼎傳三王，末年乃隨殷社亡。

❶「豈」，傅校本作「非」。
❷「鯤」，傅校本作「鯤」。

時平往往暫一見，龍文玉鉉曾無傷。聖賢作事宜萬代，事非聖賢多立壞。

畫草蟲扇子

《周南》草蟲但書興，《爾雅》蟲魚浪多證。豈如紈扇裂冰霜，畫出肖翹皆絕勝。蠅䖳蝶輕去。螗蜋狷，同類殊名悉相應。毗陵老匠含天真，獨得于心非氣孕。犉牛落筆殊偶然，秦女驂鸞不相稱。因君筆力尤天下，一借微軀聞萬乘。

聽江十誦食鱠詩戲簡聖俞

長安貧客食無魚，浩歌彈鋏歸來乎。主人聆歌知客意，酌酒買魚相與醉。一魚百金不可償，操刀作鱠揮雪霜。鱗分骨解珠玉光，舉盤引筯絲線長。楚飯彫胡香且潔，吴羹入口如沃雪。主歡賦詩客稱壽，裂簡摇毫落寒月。我亦羇旅秋蕭條，思鱸回首江漢遥。過門大嚼取快意，詠詩忘味如聞《韶》。君若乘風駕滄海，更鱠長鯨且相待。

積雪示張翁

冥冥同雲晝如墨，十日江城雪三尺。騏驥長鳴向朔風，鴻鴈悲飛困雙翼。此時窮巷多泥塗，念子衰年少筋力。時俗反稱少壯賢，丈夫動與飢寒逼。乘興能枝笻竹來，煮魚温酒澆胸臆。

苦　雪

積雪冥冥春不淹，流光驟去十之三。根拳枝拆物可念，衣敝履穿吾自堪。天樞回環錯寒燠，地軸開闔差朔南。乾坤密移世莫測，安得辨士能劇談？

雪夜留二三客飲

高樓鼓絶昏鴉宿，疎簾暗幕開明燭。雪風振海夜未央，酒池無冰春更緑。迎年送臘醉莫辭，回環四序長相續。

奉和聖俞春雪

一日朔風三日雪，冬來嚴凝春復結。不知長此終安窮，芳物差池且三月。雷公怒號何淬嗟？欲起草木呼龍蛇。可憐慘栗奪氣意，正復憔悴哀泥沙。紫宸放朝車馬息，鄰里謝交門徑寂。解龜換酒聊自樂，浮雲蔽日殊未極。

同聖俞十二月十三日喜雪

楚、越祆氛雜炎瘴，憑陵中州冬益壯。天兵横厲江湖間，殺氣冥冥逐飛將。南風不競寒律回，暮雪遠從閶闔來。雲崩濤涌天地閉，埽洒萬里空塵埃。公卿入賀陛下聖，海神來朝軍事定。

和永叔喜雪

陰風觸物生晚勁，積雪經旬戲春令。氣排水國吁可駭，勢覆山城力誰競？繽紛乍逐飛霰奪，慘淡仰見浮雲定。稍并日夜明相續，欲亂玄黄色交映。丘陵迤邐增更高，市井喧卑聽逾静。包荒含垢似天德，履素居純近民性。可憐佳境浩無極，非有雄辭豈能詠？忽憶避地歌其雱，攜手驅車及寬政。邇來盈尺亦何有？高臥閉門方自慶。矧占豐歳宜九穀，重抑驕陽驅百病。龍蛇在蟄鶯在谷，與我俱欣四時正。新詩翩翩摧古人，汝陰太守明廷臣。伻色揣稱笑流俗，與民樂賡陽春曲。由來曲高和必寡，況我才居郢人下。

去年對雪一首贈江十

去年對雪本憶梅，今年看梅更憶雪。繁香浩色他日時，誰爲年年劇胡越？❶乃知古來人間世，十常八九不如意。況我與君羈旅人，别多會少誰復計。閒來看梅取一笑，對雪更作明年調。

月　夜

清風卷雲天雨霜，衆星滅没月騰光。紛紜六幕含蒼蒼，瑩如冰壺察毫芒。太虚真人河漢旁，攀援桂枝曳霓裳。紫貝爲闕白玉堂，珠筵瑶席羅羽觴。倚風微吟聲抑揚，揖我起游謂我臧。左驂蛟螭右鳳凰，倏忽萬里天路長。塵埃下土殊茫茫，樂如何其樂未央。

依韻和永叔即席送擇之出守陝府

驪駒在門且勿喧，主人留客姑進酒。一時轉盼已陳跡，千里相望更何有？祖侯聲名二十年，天下英豪共奔走。誰云白髮寄郎曹？更喜朱旛入吾手。揚雄天禄就寂寞，召伯甘棠變枯朽。乃知人事不如意，自古十常有八九。男兒何曾計出處，時運由來有奇偶。莫嫌青雲晚著鞭，會取黄金大如斗。君能食飲和天倪，餘事無可付莊叟。

飛輪團扇歌

赤雲燒天天欲焚，深堂如炮井如饋。肴乾不食酒具陳，君胡愁嗟念南熏。主人白羽奇且新，捷逾輠膏

---

❶「爲」，傅校本作「謂」。

機有神。飛廉舒御旋相奔，晻藹翕霍娱坐賓。衣襟飄飄恍凌雲，何用御風絶埃塵。主人顧嗟顔色顰，❶安得救暍通下民。羊角扶摇非敢珍，願使大鵬離隱淪。上客捧觴起爲賀，君宜千年位卿佐。

雨過前軒偶記❷

江南羈客懷鄉墅，曉起前軒對零雨。❸清波滿目如鑑中，遶岸高松十餘樹。砌旁芳草似汀洲，巉巖殿角飛紅樓。沈光倒影入浪底，宛是若邪溪上頭。❹薄霧疎烟迷近遠，水色誰能辨深淺？忽驚謝去塵中游，不知正自居京輦。何人草服倚長松？迴頭誤問釣魚翁。眼前景致偶相同，❺豈異仙術遊壺中。

贈才元學士 家貧自秣馬，賜書使者至，言之上，上以語丞相，就職而拜廣安守。

待詔先生窮巷居，簞瓢屢空方晏如。自操井臼秣羸馬，卻整衣冠迎賜書。王人駐車久歎息，天子聞知動顔色。❻飽死曾不及侏儒，牧民會肯輸筋力。詔書朝出蓬萊宫，繡衣還鄉由上衷。君今已作二千石，亦復將爲第五公。

---

❶「嗟」，傅校本作「歎」。

❷「記」，鮑校本、傅校本作「作」。

❸「曉」，鮑校本、傅校本作「晚」。

❹「邪」，鮑校本、傅校本作「耶」。

❺「同」，鮑校本、傅校本作「向」。

❻「知」，傅校本作「之」。

題梅尉春波亭

層欄壓湖春水碧，日照高穹同一色。東風引浪飛魚鱗，極目傷心如楚澤。茫茫白芷連芰荷，倚沼畦瀛遥望多。官賢與衆共其樂，漁樵日暮常經過。君家德祖吴門子，棄職從仙如脱屣。此中吏隱人不知，且濯君纓洗君耳。

吴　宫

吴兒歙鄭女舞，彩衣姣服垂楚楚。姑蘇臺高春日遲，急節新聲鬧鍾鼓。美人歡醉捧瑶爵，君王萬壽長如許。吴宫四面盡山川，越兵那得到城下。

陰山女歌接伴副使知制誥馬祐事。

種玉不滿畦，種花易滿枝。王生寄石自有處，花飛隨風那得知。嬋娟翠髮陰山女，能爲漢裝説漢語。春心未知向誰是？夜彈琵琶淚如雨。赤車使者過鳳凰，閤中一聞先斷腸。碧牕鎖烟未容去，侍兒密獻江南璫。鵲飛上天星沈海，人心不同事隨改。翦環洗妝許君老，百年如夢情終在。妾乘油壁郎乘驄，西陵松柏墨色濃。新歡未已舊愁起，水流曲曲山重重。周周銜羽鶼比翼，天生相親人豈識？雖不及清路塵，猶當作山上石。

遷南行甲申十二月，桂陽叛蠻平，遷其種于京西諸郡。❶

伏波將軍昔征南，功業雖壯身不還。曾出封疆鑄銅柱，竟留種族依荒山。君不見如今聖天子，埽蕩妖

❶「種」下，傅校本有「人」字。

巢悉内徙。雕題來作冠帶民，鼻飲翻宜伊洛水。此功一成萬世寧，五嶺三苗長坦平。

寄王二子直

鴻飛輒上天，魚躍還入淵。故人去我百里餘，我欲附書無由緣。俗間離合誰得免？心雖欲近身逾遠。少壯相歡長年悲，自恨今爲丈夫淺。

夜寄獻臣

同居汴水上，自與君居隔。月出城頭人盡歸，思君攜手獨不得。興來狂歌無與賡，白雲時向望中生。城外明月未應滅，期君對舉黃金觥。

和永叔鳴鳩詩

晴鳩讙求雌，雨鳩鬧逐婦。天地有晴陰，嗟爾何欣復何怒？柔桑如雲春暮時，吴蠶半眠紫葚肥。食不過數粒，寢不過一枝。婦子相安可以老，何用汲汲合且離？雷公號呼風伯舞，天借之權作霖雨。可憐汝愚終不省，反室于怒誰哀汝？昔人惡爾巧，今人笑爾拙。巧不得近瑶臺，拙不能保家室。爾巧爾拙非汝情，天機回闔難自平，世人假爾推陰晴。

秋蛩

促即復促即，愁蛩一何力。不見機杼巧，但聞日夜織。霜隕木落天下寒，嗟我婦子衣裳單。大鈞萬物各有在，爾獨憔悴使人歎。一鳴復一飛，秋堂燕將歸。四時自興歎，天道不得違。憶昔春風和且柔，畏人來入人間游。鷹隼横厲自兹始，索寞分散還可愁。

三瑞堂

甘露被草，朝陽易晞。池蓮並蒂，及秋變衰。獨有長松連理老益壯，十年百年仍附枝。昔來一物足爲瑞，何況三異俱稱奇。吴中衣冠不勝數，天意自與寧馨兒。露乾蓮死不復見，正以青松并驗之。凱風孝子嘗悲思，三荆兄弟傷分離。此家遺風五十慕，物理推類誰能欺？到客爲爾俱題詩。

聞轆轤

轆轤復轆轤，日夜聲相續。長綆無已時，深泉變空谷。君不見開闢至今千萬年，斗樞坤軸相迴旋。河漢西流亦不息，見爾滄海成桑田。❶

過王氏弟兄

出城問窮僻，負郭正瀟灑。主人著書長閉關，佳樹當門宜繫馬。下馬上堂還讀書，新詩古琴雙起予。昏鴉棲雞欲斂翼，興盡將去猶須臾。徒見城中軒冕客，不如吾人一逢掖。安得茅茨同里居？子在東阡我南陌。

同永叔贈沈博士

我不識醉翁亭，又不聞醉翁吟。但見醉翁詩，愛彼絶境逢良琴。上多高峰下流泉，後有芳草前茂林。玄猨黄鵠翩翻其悲鳴兮，白雲翠靄倏忽而陽陰。此間真意不可盡，未遇知者猶荒岑。醉翁昔時逃世紛，戀

---

❶「見爾」，傅校本作「爾來」。

此酪酊遺朝簪。心雖獨醒迹彌晦，舉俗莫得窺浮沈。邇來十年定誰覺？獨沈夫子明其心。寫之絲桐寄逸賞，曲度寥落含高深。絶調衆耳多不省，醉翁一聞能別音。乃知精識自有合，何必相與凌崎嶔。伯牙鍾子期，目擊意已歆。蓬萊三山蕩析不可見，惟有水仙之操傳至今。安知後世萬千歲，此地不爲水火侵。但存君詩與君曲，雖遠猶可期登臨。沈夫子，與醉翁，斯言至悲君更尋。

六月六日自城北還過深甫避暑

熱不就惡木枝，渴不近盜泉水。自古有成言，念我還如此。愛君井源百尺深，愛君庭樹千里陰。相知豈計一飯報，長嘯聊爲猛虎吟。

得蕭山書言吏民頗相信又言湘湖之奇及生子名湘戲作此詩

吾家千里駒，氣與齒俱壯。去年射策雄東堂，今年調官在越上。指揮小吏遣簿書，笑語不廢才有餘。清酒肥魚宴賓客，時時騎馬臨湘湖。湖波無風百里平，人道官心如此清。居民愛尹氏爲字，韓子爲縣，百姓生子皆字韓。令尹生兒湖作名。家家祝君多男子，越中更有餘山水。

翦楸葉詞

涼風天際來，拂我階前樹。稍驚枝上禽，復墮葉間露。兒童畏我逢秋悲，刻葉作花矜歲時。祝我宜秋勸使插，未能免俗復爾爲。鬢邊二毛殊不惡，淮南何須傷木落。

寄書

十里一反顧，五里一徘徊。悠悠三千里，莫知我心哀。客愁紛無涯，歲月忽如擲。人生莫自料，皓首豈易測？節旄未落歸去來，天遣春風隨我回。入朝寧食建業水，還家卻賦南山雷。婦能秦聲妾趙舞，稚子可使行酒杯。急須爲樂娛日夜，何事憔悴淹塵埃？行矣乎，歸去來。

答金陵使君答王待制見寄雜言

阮公青雲器，寓意必豪縱。西臨廣武寄一笑，英雄紛紛競如夢。有時不能平，途窮即長慟。佳哉詠懷篇，千載共悲諷。金陵昔爲帝王居，氣象蕭索無復餘。長江連天水東注，臺城髣髴存丘墟。主人文章謫仙老，感古能無激懷抱。作亭正得山水勝，登臨更值風月好。賓客滿堂絲竹悲，古今風流自一時。君家夷吾雖有慷慨語，快意未必如君詩。淮水東流千萬年，此亭方與淮共傳。念君歸老廟堂上，未負賡歌留北山。

古　城

古城何巍巍，古墓何纍纍？生遊市朝死田野，從古到今無免者。城荒卻爲狐兔宅，墓在他人種松柏。伏羲以來三萬年，此城此墓幾變易。誰人聽唱野田詩，能令君悲亦不悲？

築室種樹

撫劒欲遠適，舍旃輒復息。四海廣大身正孤，東西南北頗同役。築室種樹反開門，閭里小人哀王孫。丈夫委順故任俗，餘事悠悠何足論！

風　花

風花不自知，高下逐風飛。故有多情處，時來點客衣。仙源應在晴溪側，弄雪吹香不忍歸。

種蓮

雨餘池上清且滿，浮萍漂漂綠蒲短。主人惜此芳意薄，移藕丁寧不辭遠。南陂芙蓉少人識，疊蘂重房無俗格。託根得地今始逢，西風白露爲君容。

公是集卷十七

宋劉敞撰

七言古詩

朱雲

志士不忘棄溝壑，勇士不忘喪其元。伏雞搏狸狗襲虎，感激只在精神存。漢朝陵替外戚盛，五岳振蕩三辰昏。臣强主弱上不悟，庭中唯唯誰能言？朱生節義邁金石，面劾不避師傅尊。願求上方斬馬劍，誅一厲百清其源。天威震怒不我受，利刃接頸雷霆奔。當前折檻色不變，❶命在頃刻誰扳援？昔時仲尼魯司寇，七日行戮端乾坤。嗟我此生心不就，❷冥冥后土埋其冤。漢家社稷變王氏，張禹虚蒙師保恩。卓然先

❶「當」，傅校本作「堂」。
❷「我」，傅校本作「哉」。

見在物表，佞臣敗國誰復論？❶ 我願乘雲款天閽，巫陽掌夢招其魂。立朝蹇蹇辨邪正，❷無復姦諛開倖門。

金山廨院

門前松響亂頭上，壁上江圖流眼前。松聲水響兩不辨，似有疑非心悠然，安得乘輿浮輕船？

潘道士

上清宮中老道士，曾從先皇去封祀。山頭候夜窺火輪，汾上掊鈎出金耳。雲成龍虎當翠華，豐隆前導清泥沙。萬靈扶駕百神護，雜沓仙侶堆雲霞。黃衣羽客千有餘，❸多能引説軒轅初。漢廷儒士議迂闊，❹天子自用申公書。金繩玉策埋石壤，神光夜見連空虛。天心報貺宸意喜，白茅玉印旌其徒。帷宮賜席接虎幄，待之如賓盡誠慤。中書祕術使之觀，神動精摇易飛躍。❺ 鼎湖龍去何超越，日月茫茫自奄忽。❻ 龍髯墮地秋草生，人世霜華滿頭髮。

---

❶「敗」，傅校本作「販」。

❷「蹇蹇」，鮑校本、傅校本作「謇謇」。

❸「千」，原作「十」，據鮑校本、傅校本改。

❹「士」，傅校本作「生」。

❺「躍」，明鈔本作「擢」。

❻「奄」，傅校本作「淹」。

過海舟

秦王好神仙，東上琅琊臺。蛾眉緑髮五千輩，去乘長風款蓬萊。此時秦人海旁立，生别死分不敢泣。但見高帆雲中没，野鳥悲鳴爲翔集。過海舟，何時還？火焚荆棘空驪山。

猛虎行

陸不辟虎豹怒，水不避蛟龍争。衆人亦有命，大賢豈虚生。千歲猶須臾，四野如户庭。解弓掛扶桑，脱劒倚太清。騰身騎日月，萬事如蚊蝱。貧賤有固窮，慷慨激中情。炎火燎崑丘，乃知白璧精。雪霜没衆草，高松獨青青。甯生歌車下，戚促兒女聲。時至乘化遷，運頽與物冥。震雷不經聽，芥蔕何足嬰？君不見賈豎競錐刀，蚍蜉利羶腥。何如乘雲御氣遊咸池？長嘯濯我冠與纓。

雷陂勸耕作雜言此陂蓋江都宫之地，吴王釣臺在其旁。先時民三十家耕其中，後强爲吏所奪，廢不耕者十餘年矣。予按地籍，悉召還耕者，使縣大夫授之地，如其舊。❶

君不見江都宫，昔時何崔嵬。下臨雷陂水，前踞吴王臺。臺傾無餘級，水竭空塵埃。隋人已曾顧此長歎息，今世更爲隋人哀。乃知天地間，一盛亦一衰。但從伏羲已來三十餘萬歲，❷未有書契勝言哉！堯、

❶ 此注明鈔本爲大字。

❷ 「已」，鮑校本、傅校本作「以」。

桀是非何兩忘，❶我欲勸人闢草萊。種稻水一方，藝麻陵四穨。❷爽鳩之樂非我有，聊獨玩此田莓莓。❸未知百世間，❹更復誰當來？且欲及閒從賓客，省耕訪此時徘徊。❺

碧瀾堂

苕溪之水摇空山，霅溪波流無日閒。❻上有高堂蔭華宇，蒼翠凌亂軒楹間。異時客心樂真曠，白鳥鵁鶄期往還。解纓鼓枕便所適，焉能復問居夷蠻。嵐光稜稜聳屏幌，水響灩灩摇瓊環。正如明鑑發塵匣，萬象聚眼醒容顔。秋風已高白芷老，編荷制蕙文斕斑。魂清魄爽弄明月，洞庭跬步尋非艱。神仙有無未可信，物色但訝非人寰。瑶宫紫府竟何若？茫然遠想令人潸。長竿獨繭可以老，安用馳獵盧重鐶。況復邦人講文墨，《風》《雅》不待仲尼删。❼丞相詞章狀元筆，犖犖神裁無由攀。嗟我胡然陷塵滓，不能追逐鷗白鷳。發狂醉問二三子，吴溪釣磯何如頑？陳丞相詩，王狀元書，刻于石。

---

❶「何」，鮑校本、傅校本作「可」。
❷「陵」，鮑校本、傅校本作「塍」。
❸「此田莓莓」，鮑校本、傅校本作「此由莓苔」。
❹「世」，鮑校本、傅校本作「年」。
❺「此」，鮑校本、傅校本作「斂」。
❻「波流」，傅校本作「流波」。
❼「仲尼」，傅校本作「東丘」。

濉陽歌

梁人猶爲濉陽歌，❶隋人水調能相和。梁人池臺已平地，隋人岸樹空嵯峨。梁人隋人去如水，水聲日夜流不已。張巡廟前春草生，里人尚識將軍名。國讎已滅心不死，憤氣半夜凌欃槍。❷丈夫節義豈在下？❸願爲長劒刳長鯨。

馬蹄硯

巴巫之山足奇石，氣含秋雲如黛色。君家寶硯安所得？圓爲馬蹄瑩爲璧。宛城路阻流沙長，中國久絶真乘黄。惜哉逸足世不識，所存一迹猶形相。鄙夫雖非伯樂比，偶見裹蹄識千里。願君不惜勤示人，倘有騂騮免空死。

天中山

兹山陂陀但盈尺，❹其下盤根乃無極。勇如共工莫可觸，力敵愚父無能役。開闢以來傳至今，形勢雖小當天心。斗極回旋未易測，日影短長猶可尋。石旁陰穴穿洞府，中有神物爲之主。禱祠往往見光景，嘆

---

❶「爲」，傅校本作「未」。

❷「欃槍」，鮑校本、傅校本作「蒼冥」。

❸「下」，鮑校本、傅校本作「小」。

❹「陂陀」，傅校本作「坡陁」。

旱時時作霖雨。由來丘山貴靈不貴大，正復陂陀亦何怪！

岸旁倒樹

滄洲老樹生幾秋，榦如黑龍根紫虯。雨水摧激勢突兀，❶夭矯出飲滄江流。危不見持顛不扶，蕭蕭生意令人愁。豈無耕夫與過客，暫時憩爾行則休。西風八月海水飛，枯槎昔曾凌斗牛。恐爾漂零未終極，掛帆欲去仍回頭。

黄寺丞井上桐樹爲雷所擊

君家井泉深百尺，上有高桐十尋碧。鳳鳥不至獨何憂？蛟龍深潛莫能識。迅雷烈風來擊時，地軸翻倒海水飛。正直摧傷豈天意？爨不成琴殊未遲。❷

送人之會稽

鷹隼羞逐巢上雛，騏騮恥隨廐中駒。由來俊邁惡羈縶，子獨三年留上都。江南秋風鱸魚美，庖鱠炊粳東入吴。腰間蘭佩垂左右，船若神仙人不如。會稽古來好風俗，嚴助買臣相繼驅。近來太守廷中臣，拔賢好善當朝無。子今東去懷自許，解榻非君尚誰與？剋日飛聲動洛陽，聽君如聽雷門鼓。

❶「水摧」，傅校本作「摧水」。
❷「不」，傅校本作「下」。

題深甫所種樹

中庭卻埽無餘地，憐君種樹還有意。重陰覆屋千尺時，徙坐讀書殊可喜。似君秀骨不易攀，當援桂枝星漢間。豈能玩此便自老？塵俗紛紛聊閉關。

雷氏子推迹石鼓爲隸古定聖俞作長詩敘之諸公繼作予亦繼其後

結繩既亡書契出，文字變化尤倏忽。太山七十有二代，❶遺事昏昏萬無一。岐陽石鼓起晚周，宣王之詩史籀筆。天下金石凡幾存，此當爲甲彼皆乙。體勢鳥迹雜蝌蚪，❷詞章《車攻》與《吉日》。六書既廢《小雅》缺，能使兼存此其實。韓公昔嘗歌感激，❸若弦周詩播琴瑟。雷生今復隸古定，如破魯壁傳簡帙。道之難行乃若兹，二千年間能事畢。先王親用必貴本，流俗玩文因喪質。此雖于今似不急，豈不班班見儒術！藏之天府自其所，大訓河圖亦何物。會稽群玉久冥寞，漆簡韋編尚髣髴。昔人雖死名不朽，智者能爲巧當述。太學先生事起廢，誦此勤勤救埋没。會令永與天壤傳，不比《酒誥》俄然失。

---

❶「代」，傅校本作「儀」。
❷「蝌蚪」，傅校本作「科斗」。
❸「嘗」，傅校本作「時」。

城頭烏❶

城頭月出天正白，衆烏驚飛啼夜色。枝高風多露新滴，畏聲惡影不能息。愁人感之援鳴琴，拂弦成聲淚沾襟。❷嗟爾一生八九雛，游翔不過東西林。白頭反哺無所恨，桓山分飛獨何心？

驚烏

北林風多丹葉稀，棲烏畏月夜中飛。哀音亂發不自得，孤影屢翻無所依。作巢欲高避彈射，誰道通宵不能息？山深林遠去冥冥，清露寒霜損毛翼。

梅

江東梅樹江西客，僻地相逢眼俱白。雜花亂草鬭青春，玉樹瓊枝比顔色。輕陰漠漠寒不返，清雨高風旦連夕。惜無白日照芳菲，決雲之劍那能得。忽憶曾過上林苑，五柞長楊心所識。結根擢秀皆尋常，得地翻宜帝王側。后皇嘉樹無遠邇，爾生自合居南國。勉留佳實和君羹，丁寧婦女無所摘。

蒲萄

蒲萄本自涼州域，漢使移根植中國。涼州路絶無遺民，蒲萄更爲中國珍。九月肅霜初熟時，寶璐碌碌珠纍纍。凍如玉醴甘如飴，江南萍實聊等夷。漢時曾用酒一斛，便能用得涼州牧。漢薄涼州絶可怪，今看

❶「城頭烏」，鮑校本、傅校本作「烏夜啼」。

❷「弦」，鮑校本、傅校本作「絃」。

涼州若天外。

和道粹探春

去歲探花煩兩郎，今年逢春情更長。廣文主人似知我，一首新詩能發狂。載酒可以過揚子，肩輿不嫌干辟疆。東風老去甚容易，百日醉倒我無妨。

岳州引水詩

洞庭清波一千里，城中釀酒常無水。泥塗遠汲人共悲，缾缶屢空罍亦恥。鑿井引竿高下流，清泉泠泠六物修。邦人已息漢陰拙，楚酒無復邯鄲憂。誰謂機心有機械？大賢事業終除害。

去年得澄心堂紙甚惜之輒爲一軸邀永叔諸君各賦一篇仍各自書藏以爲翫故先以七言題其首❶

六朝文物江南多，江南君臣玉樹歌。擘牋弄翰春風裏，斲冰析玉作宫紙。當時百金售一幅，澄心堂中千萬軸。摛辭欲卷東海波，乘興未盡南山竹。樓船夜濟降幡出，龍驤將軍數軍實。舳艫銜尾獻天子，流落人間萬無一。我從故府得百枚，憶昔繁麗今塵埃。祕藏篋笥自矜玩，亦恐歲久空成灰。後人聞名寧復得，就令得之當不識。君能賦此哀江南，寫示千秋永無極。

題永叔白兔同貢甫作

梁王兔園三百里，不聞有與雪霜比。今公畜此安取之，瑩若寒玉無磷緇。《春秋》書瑞不常有，歷年曠

---

❶ 「去」，傅校本作「余」。

世曾一偶。寧知彼非太陰魄，鳳凰麒麟亦郊藪。❶《周南》之人公腹心，張罝肅肅横中林。獻全不損一毫末，顧直肯計千鈞金。雕籠密檻回君寵，初不驚人有時拱。由來文采絶世必，見羈豈能隨衆，碌碌自放原野爲。

三清殿木槿

三清殿前木槿樹，朝繁夜暗自相催。晨光始出洛水上，暮雨又下雲陽臺。仙姬神女衣服麗，紫玉雜佩垂玫瑰。春餘衆木苦寥落，況乃漸逼清秋來。繁花滿目真可惜，稍稍萬片鋪蒼苔。黄冠道士情意薄，見似不見年年開。清風滿席車馬少，莫與共賞傾金罍。嘗疑壺中有仙術，安得升天繫白日。

和吴九元會

漢家初成長樂宫，亦以十月朝百工。武夫崛起少儀節，秦制苟簡非王風。猶云始知天子貴，此甚可笑田舍翁。聖朝禮樂百年備，文物寖盛兼羲、農。月正元日古所用，數歲一講賓王公。東至日出西太蒙，南極丹穴北崆峒。重譯款關惟恐後，❷奉琛薦幣無不恭。太常調樂辨《韶》《武》，少府拭璧差桓躬。旂常卷舒王路肅，干羽出没頑民從。協風入律效朔易，瑞雪盈尺迎年豐。陰慘陽舒變頃刻，天決地闢含沖融。君看此等聖人事，豈得復顧叔孫通？道旁擊壤九齡叟，校室受書三尺童。慣習昇平不自覺，豈悟帝力高無窮？

---

❶「藪」，傅校本作「棷」。

❷「重譯款關」，傅校本作「襲冠解辮」。

賴君作詩播英實，如以鳴鼓祛昏聾。吾知朝廷億萬載，與地侔富天比崇。

荆州兒歌

都盧小兒歌且舞，口吹鳴笛手擊鼓。日落群遊塵土中，嗷咷不分巴與楚。年年送臘迎春光，家家相隨夜開户。嗟汝兒曹舞更歌，及爾不爲如老何？

贈文顯

古來畫工著名者，吴氏鬼神韓氏馬。鬼神既僞不足稱，狗馬空難亦多假。顯師幼年獨寫人，至今精絶疑有神。灑毫便覺面如面，後素倏訝身觀身。高冠長劍天子側，他時金聲復玉色。師皆對之槃礴贏，衆謂十常八九得。諸公固爲廊廟賢，麒麟未畫宜私傳。一丘一壑吾亦可，煩仗丹青無間然。

戲作汎槎篇呈知府給事

君不見枯槎去時八月風，海水自與天河通。飄飄反出扶桑上，恍惚遍歷群仙宫。宫旁佳人瑩如玉，邂逅相聚歡不足。詐言物外日月長，正苦歸來光景促。回頭稍與烟霞隔，世人空辨支磯石。伯勞燕子東西飛，惆悵中間斷消息。

春日作

天王城西金明池，三月欲盡花菲菲。游人白馬黄金羈，騑驂結駟來金堤。禁城恩波無遠邇，清光面面均流水。

賞閣後小桃同景純作

僕本山野之生民，不堪刺促拘冠紳。江湖自放老將至，豈悟歲月如馳輪。謬隨多士貢王府，浪得虛名通紫宸。遽從下列居第一，當時頗似稱平津。感激更思報天子，僶俛從事希涓塵。濫書閨籍比朝舊，驟上天禄均儒臣。省躬顧影每自愧，譬如蒿艾參松筠。未能引分拂衣往，正用飽食慙懸鶉。太平中外雖少事，賢哲馳騖猶辛勤。幸無官守逃吏責，自可昏醉窮青春。夭桃花繁高倚樓，似若有意娱佳賓。❶浩歌大笑忘檢局，座客歡倒知吾真。東風瞥來能幾時？況子東西南北人。人間會合常苦少，擊鮮舉白毋羞貧。林端啼鳺風雨夕，異方相憶空酸辛。

土牛行

立春自昔爲土牛，古人設象今人愁。豈有笵泥作頭角？便可代天熙九疇。村夫田婦初不知，繽紛圍遶争相祈。皆云宜蠶又宜穀，拜跪滿前同致詞。由來人事常反覆，久立要津寧爾福。請看今者拜跪徒，少選分張取其肉。牛實無知何用祭，牛能有情豈不媿？化育萬物非爾才，世人資爾聊爲戲。

胡九齡畫牛歌

書契已來有繪事，畫牛著名今始二。胡生、戴氏雖異時，形似之間實兄弟。鬼神易寫狗馬難，古人舊語乃信然。不爾寥寥千萬年，筆墨曠絶無比肩。胡生曾畫百一牛，變態曲盡稱爲尤。翰林主人題辭古，四海

---

❶「娱」，傳校本作「虞」。

文士歌賦優。俗情護前喜排後，此事戴嵩未曾有。會知誦玩無已時，畫與胡生俱不朽。

同鄰幾觀中道家書畫

宋公好古天下聞，法書奇畫多求真。獨將文雅遺後世，官雖貴達家尤貧。近自唐室遠及秦，上下略數千餘春。丹青翰墨著名者，一二收拾忘辛勤。象賢濟美聲不墜，手澤鉅細皆如新。朝廷交遊累千百，未嘗肯示尋常人。蔡侯、江翁與梅伯，于今磊落稱絶倫。退朝相從得盡見，更覺清門無雜賓。鑒微賞異極毫髪，四座若獲千金珍。往往發狂或大叫，詠詩落筆争紛綸。我隨衆人久碌碌，學殖欲落衣生塵。願登群玉探禹穴，不憚山海馳舟輪。此君家近未宜後，率然欲往懷逡巡。淹留秖覺歲月老，復恐異物潛通神。但傳妙唱想絶蹟，誦歎慷慨書搢紳。

西戎行

吾聞聖人之兵有不戰，不戰之勝善之善。況復良將握天威，西戎雖强安得擅！憶昔屬國羽書聞，中宴徹酒詔圖勳。丞相陳謀御史請，獨可遣將誅其君。吏民詿誤不足治，我以威德周無垠。尚書侍郎盡明哲，秉鉞載旆如火烈。羽林積卒明號令，賊兵蹙戚憂巢穴。方春緩誅已偷息，天不假易行勦絶。太常請獻象功舞，史臣願勒西山岊。懸頭藁街敕狂慢，積粟金城撫疲苶。西戎行，告爾勿逆果自坑，百蠻來威天下平。

題浙西新學

文翁昔時理蜀土，能令蜀人似鄒魯。范公今者鎮江東，亦云教化似文翁。文翁、范公本同志，蜀人、吴人有殊異。蜀人之先自魚鳧，不聞道德能過吴。吴前泰伯後季札，禮讓繼爲天下帥。迄今遺風未全滅，得逢賢侯益昭晰。本之舊俗已相百，況乃磨礱皆俊傑。當時文翁化蜀者，獨有揚雄及司馬。後生可畏不可誣，安知不在吴公下。吴人于今歌且仰，我公去矣安所倣？願公上佐天王明，姬文孔術從兹行。

戲金壺道士法墨走筆雜言寄鄰幾聖俞

狂鯨蕩海海逆潮，巨鼇抃山山動摇。疾雷勁風自相薄，潛鱗伏介俱不聊。我無巨麴復藉糟，無思遠人心忉忉。

公是集卷十八

宋劉敞撰

七言古詩

送劉涇州

劉侯之弓三百斤，壯氣可以摧浮雲。不忍區區事狐兔，自請治郡當胡塵。❶天子外家異恩禮，私廟舊鼎多功勳。❷少雖侍中貴省士，匈奴宜避飛將軍。憶昔汝南始相得，十年見君我髮白。可憐日月如過翼，我誠儒生猶恨惜。腰間寶刀手中策，馳騖萬里須努力。

種桐

東園芳樹盈百株，四桐晚種皆丈餘。不緣桃李鬭顔色，不爲琴瑟養肌膚。霜秋要成萬葉子，他日與致丹山雛。野人此意真不誣，鳳鳥不至吾已夫。

❶「胡」，原作「邊」，據傅校本改。

❷「功」，四庫本作「邊」。

懷歸操二章

蟋蟀在堂歲云除，今我不樂鬱以紆。豈不懷歸畏簡書？　蟋蟀在堂歲云逝，今我不樂濡以滯。豈不懷歸朋友畏？

新　灘　行

憶昔秭歸之山崩，震驚千里如雷霆。江水逆流洞庭竭，至今蓄怒猶騰凌。泂淵沈沈色如墨，髣髴半露峰巒形。懸波一瀉三百仞，魚鼈蛟龍俱不寧。天公高居漏天隔，無故設險憂群生。時無伯禹真已矣，坐念疏鑿何由能？

靈椿館風折椿樹

野人獨愛靈椿館，館前靈椿聳危榦。風柔雨練三月餘，奕奕中庭蔭華傘。清陰及物不自惜，赤日當天損炎旱。危簷密牖清有餘，翠竹猗桐何足算？　南山白虎嘯狂飈，孤根易動枝條散。芳華寂寞未及衰，萎遲遂比溝中斷。君不見月中紫桂天上榆，有名無實安自如？　天河均潤易生植，❶甘露洒葉長扶疎。結根得所應自貴，庇蔭雖遠真徒虛。靈椿乎？　莊子浪叟誠爾徒。爾當自取八千歲，今顛蹶矣人誰扶？

觀林洪範《禹貢山川圖》

若昔文命熙帝虞，大龜浮洛出元謨。披山瀉澤魑魅走，四海砥定由天扶。周摧嬴仆亂疆理，壁中但得

❶「潤」，傅校本作「澗」，四庫本作「澗」。

司空書。先生始病學者惑，爲畫盈尺山川圖。職方輿地在眼下，地勢天文高下殊。始驚六合可舒卷，吾道指掌何難乎？先生當時持此藝，欲以稽古開天意。命乖時背竟何爲？于今傳者爲張宜。宜生五十頭已白，連蹇不爲州郡辟。朝廷何時舉行河？合笑平當未精賾。平當以經明《禹貢》舉行河。

昨日風贈王舒

昨日風，今日雨，門前泥坑昨夜土。秋懷慘悽誰最多？江南秀才洛下旅。十年麻衣走南北，飢寒不比倉中鼠。悠悠暖日庇重雲，舉頭看天不得語。

同永叔和介甫《昭君曲》

漢家離宮三十六，宮中美女皆勝玉。昭君更是第一人，自知等輩非其倫。恥捐黃金買圖畫，不道丹青能亂真。別君上馬空反顧，胡風吹沙闇長路。❶此時一見還動人，可憐怏怏使之去。早知傾國難再得，不信傍人端自誤。黃河入海難卻來，❷昭君一去不復回。青塚消摧人迹絕，❸惟有琵琶聲正哀。

子直擕雜文見過

王孫少年敏于筆，壯如驊騮勇鶚鶻。搖毫裂簡殊多端，因事陳詞不專一。春風吹空花滿眼，秋霜縮物

---

❶「胡」，原作「朔」，據鮑校本、傅校本改。
❷「難」，原作「能」，據傅校本改。
❸「摧」，鮑校本、傅校本作「魂」。

寒次骨。元氣回復無常形，四時變化豈定律。斯文法天亦自然，古來達者猶識偏。今君始冠便如此，後日更老當誰先？憶昔孟軻有遺語，取之左右逢其源。乃知述作繫根本，根本苟盛枝條繁。君能致身取不朽，後世知吾得賢友。

戲題歐公廳前白鶴❶歐云：「此鶴畏寒，常于屋中養之。」

明公雙鶴未易知，志在赤霄萬里外。低頭啄泥不自聊，拊翼向人幾可愛。北風崩雲三尺雪，側睨天池頗愁絶。不忍鳧鴈争稻粱，誤譏燕雀附炎熱。答公厚意終一飛，萬人仰首公看之。

大　風

嘈嘈大風起朔方，白日不没天莽蒼。洞庭、彭蠡半飛洒，厚地圓天俱抑揚。鵾鵬變化不可測，風雲感會生羽翼。方春殺氣何時極？生物悲愁少顔色。

同永叔哭聖俞

子真之後千餘年，人物寥落無幾傳。聖俞晚出江海壖，眉目自覺真神仙。氣如陽秋和以妍，文若河漢清且淵。大鈞匠物豈强鐫，飛黄絶塵寧俟鞭。名爲賓賓道所捐，才與時遻行苦邅。起草建禮哀可憐，掌教國子寒無氈。誰不富貴君重遷，誰不耄期君疾顛？長松摧壑芝焚烟，誰其尸之當問天。遺草大小三千篇，白玉落落珠聯聯。此自可敵當世權，物莫兩大猶信然。我家江南再世前，與君通家情有連。見君總角今華

❶「歐公」，四庫本作「歐陽公」。

顛，于我莫逆好已偏。今也已矣嗟絶弦，淚如翻波正淪漣。翰林文章日月懸，鑿石銘德埋九泉。上書立後禄紹先，分宅恤窮祭有田。嗚呼豈非天下賢，義不背死而苟焉，念子可以無悁悁。

魯風二首時聞孔中丞卒

太山之雲朝觸石，清陰油油麗空碧。塵生東田禾麥槁，季女呼嗟待膏澤。北風吹空不成雨，中道無復見形迹。嗚呼天高誰問天？人今相説讒風伯。

新甫之柏徂徠松，結根高齊千仞峰。天令爾生稟剛直，壽比王喬誰與同？驚霆何時發巖底，堅節青姿化爲燬。君不見，蟠木但以左右爲先容，能令人意尚奇詭。❶

續楊十七輓蘇子美詩

吾聞蘇侯不及識，内嘉孤雄世難得。文如翻波氣龍虎，風雲晦明在頃刻。中間流落似天意，今雖暫困當永適。忽傳長逝既已矣，知與不知同歎息。曩者避地金馬門，獻書著論驚上國。材豪志劇少所有，倏忽變化不可測。結交必皆天下士，朝廷見人退自斥。指揮功名力可取，城郭披露曾不惜。廟堂諸公交口薦，天子亦稱萬人敵。中道齟齬空歸來，扁州東浮問損益。登臨姑蘇睨滄海，憤歎始覺區中窄。徉狂爛醉遺日月，欲乘長風掛危席。安期洪崖殊髣髴，蓬萊方壺定可陟。浩歌秀句凌斗牛，至今紫氣猶融奕。若人不應逐物化，吴中好事先已惑。邇來安知非形解，世上蜉蝣限畛域。遺編逸藁尚多有，但恐靈物隨變匿。君當

❶「尚」，傳校本作「言」。

收拾藏永久，毋以交情死生易。

大雨行

日中驟雨海上來，懸流滂沱正奔猛。坳堂舊乾不濡足，回頭穿鑿成方井。炎涼更代殊恍惚，明晦回環不俄頃。地形天事無久長，何況人情足馳騁。君不見，張耳、陳餘刎頸交，中道相捐豈終永。

錦繡溪行

金霞卷風漾清碧，翠藻玉沙相歷歷。旌旗不動蛟龍眠，空濛錦繡張春色。五紋婉轉沈吟香，時時飛出雙鴛鴦。笑窺貝闕倚瑶瑟，金華射天高下光。海近蓬萊卻清淺，星客浮槎莫輕返。齋房幾日釁華芝，瑶席香殘舞燕歸。錦繡溪邊春幾許，欲尋清淺醉芳菲。

送鄰幾之官兼遊天台四明見于詩中

蓬萊謫仙頭半白，摇摇去爲江南客。長風醉送浮海航，宿雨自蠟登山屐。山海使人行易迷，君雖吏隱歸何時？若攀琪樹亦相憶，三鳥飛來寄消息。

褒信新蔡兩令言飛蝗所過有大鳥如鶴數千爲群啄食皆盡幕府從事往按視如言因作短歌記其實

廣州奇禽鴻鵠群，勁羽長翼飛蔽雲。嘯儔命侣自其職，飲水棲林餘不聞。今年飛蝗起東國，所過田疇畏蠶食。神假之手天誘衷，此鳥乃能去螟賊。數十百千如合圍，搜原剔藪無孑遺。歷尋古記未曾有，細察物理尤應稀。憶昔虞舜德動天，象爲耕地鳥耘田。聖時多瑞亦宜爾，請學《春秋》書有年。

月夜聞唱歌

滿城明月中宵白，淮南唱歌如淮北。春風忽起高入雲，餘聲卻下盤阡陌。南音俚曲自相知，時復一笑情熙熙。誰道幽蘭白雪好，只見獨謡應獨悲。

寄楊彦文楊窮居吴中，予與楊友，貧無以贍，作此見意。

高冠長劒非一賢，子獨困窮情可憐。差池早爲後曹掾，坎軻復就東山眠。昔者結交期白首，邇來傾蓋凡幾年。窮轍決江竟寥闊，緼袍共敝無由緣。人生出處不如意，自古富貴皆由天。天門九重不可問，咄嗟拊髀心拳拳。

寄范十九

君毋走馬君竟走，走馬蹶塊傷君手。蹭蹬翻成折臂翁，世間肯要三公否。西郊虜騎非常壯，❶年年犯邊殺邊將。勁弓長劒如君徒，始堪追逐青海上。功名棄置時未可，意氣激昂人所望。側身萬里風雪寒，無由贈子黄金丹。

劉涇州以所得李士衡觀察家寶硯相示與聖俞玉汝同觀戲作此歌

李侯寶硯劉侯得，上有刺史李元刻。云是天寶八年冬，端州東溪靈卵石。我語二客此不然，天寶稱載不稱年。刺史爲守州爲郡，此獨云爾奚所傳。兩君盧胡爲絶倒，嗟爾于人幾爲寶。萬事售僞必眩真，此固

---

❶「虜」，原作「敵」，據傅校本改。

區區無足道。

和府公觀劉團練寶刀詩此刀新羅所貢，上以劉正先爲珧、珌、鐐、琫，制作絶巧也。

吾宗寶刀清如水，東夷昔時獻天子。孤光晝射滄海寒，殺聲夜吼蛟龍起。上爲鐐琫下珧珌，粲如珠璣耀朝日。制度還存三代風，精神未是塵中物。祕藏武庫人莫窺，外家將軍獨得之。四方昇平竟未試，流落功名翻可悲。時無薛燭誰賞異？廟堂宗工詩絶世。丈夫要取萬里侯，肯令神兵負詩意。

與聖俞君章樞言持國飲因以太公大刀王莽錯刀示之大刀長五寸半，闊一寸。正爲刀形，鑄作絶精巧，其面有古文三字，上一字可曉，曰「齊」，下二字不可曉。其背爲圜法。錯刀長二寸，厚四分，金錯篆文兩字，上曰「一」，下曰「刀」，又其下曰「平五千」。沂州民鑿地破古塚獲之，各數十百枚。稍爲好事者購取。王公和守沂州，求得數枚，以其一遺予。

君不見，九府圜法傾東鄰，齊公大刀又日新。君不見，黄牛白腹蕩滄海，亡新錯刀忽遽改。一盈一虚更貿遷，勢如流波不復還。邇來上下各千歲，自太公至新室千歲，自新室至今亦千歲。何異俛仰須臾間？王伯之事百存一，況此錢刀握中物。愚智共盡令人悲，興廢相尋空史筆。前有一樽酒，浩歌爲君壽。君能識此當日醉，身世悠悠復何有？

往年築青澗城各有得佩刀者莫知其何世物余按故史則赫連勃勃所鑄也所謂大夏龍雀者是矣客因以遺予爲作七言詩

赫連寶刀利且堅，霜鱗錯落龍雀環。當時鑄作妙一世，赫赫似與天相連。雷公祝融借光彩，蓬飛中原鯨振海。神物羞爲不義屈，一去人間向千載。蛟蟠虎化自有時，氣如投蜺世莫知。力能提攜倚天外，一埽雲霧君看之。

寒林石屏風

屏風畫山皆任假，寒林石屏自然者。蒼紋紺脈亂交加，短樹高枝自瀟洒。觀者寧分畫與非，❶但怪奇妙非人爲。❷又疑古苔著石瘦，何得本末無纖遺？桑田變海松柏死，寒暑不及榮枯期。佳哉大鈞育群類，埏鎔精巧無巨細。❸天真通貌皆生成，❹俗師筆墨那形似。居人幽獨最相宜，樸厚遠謝雕鏤姿。城中雲母屏更好，慎勿浪示豪家兒。

秋園行

空園過霜無餘緑，上有梧楸下蘭菊。疎陰雖存不自蔽，殘香已斷誰更續。憶昔繁華今九秋，天時人事略相侔。放懷未能驚物化，爛醉聊可爲君謀。

槐陰

都城廣陌如綺分，緑槐左右結浮雲。火輪東升又西没，倒影參差朝復曛。輕車重馬誰家子？側肩相

❶「分」，傅校本作「知」。
❷「奇」，明鈔本作「神」。
❸「巨」，鮑校本作「鉅」。
❹「通」，傅校本作「道」。

逢密如蟻。共看擇蔭須臾間，可憐争道尋常裹。下有溝水日夜流，年華視此俱悠悠。

春　陰

楚山春陰誰復數？朝朝出雲暮暮雨。高唐恍惚信有神，晦明代謝今猶古。蜀江渺渺水東流，苦霧淒雨翻似秋。日月高懸不可遇，眼看卑濕令人愁。

桃　源

武陵谿水清無塵，武陵桃樹花長春。會買漁舟謝賓客，來作武陵山下人。秦人洞府晋人谿，碧草紅桃處處迷。流水至今堪悵望，問津從古失端倪。山川非復壺中見，雞犬猶傳雲外啼。顧視人間真敝屣，爲煩仙子託幽棲。

和永叔十二韻次韻。

愛公猶愛屋上烏，何況公家手種菊。憶昔重陽醉共賞，已落紗帽歡不足。誰令繁霜逼芳意？坐使嚴風卷餘馥。主人于此情不淺，上客方來强令束。馬聲玲瓏摇玉環，屨綦参差破苔緑。重尋荒徑憶五柳，因咏東籬憩茅屋。已憐歸鳥有真意，更覺晨風傷局促。引杯大釂傾玉壺，擊節應非響喬木。物華瞬息暫入夢，世事蚊虻一過目。浮丘接袂當鳳舉，俗士歌驪真狗曲。衣冠頃來塵土變，形貌今者毛髮秃。公詩乃使我忘老，逸調何由能繼屬？

共城寄仲弟

共城稻秧如黍禾，❶共城木少種竹多。熟聞邇來風土美，貧無置錐知奈何。百門蒼翠太行麓，百泉清泠淇水澳。長安宦遊跬步到，隱居雞黍終年足。人生早念少游言，燕頷莫矜飛食肉。即今囊空未果歸，且爲黎侯歌式微。寄聲好在久良苦，異時自檝來迎汝。

田　家　行

春耕高原不辭苦，晚歲離離滿百畝。豈知輸稻如輸金？始信種田虛種黍。持黍易金入市行，粳稻踴貴黍價輕。十鍾一石亦不憚，三時力農空自驚。去年歲荒食半菽，今年歲豐彌不足。物理悠悠難豫謀，誰謂豐荒略相覆？

荒　田　行

大農棄田避征役，小農挈家就兵籍。良田茫茫少耕者，秋來雨止生荆棘。縣官募兵有著令，募兵如率官有慶。從今無復官勸農，還逐魚鹽作亡命。

戲作青甆香毬歌

藍田仙人採寒玉，藍光照人瑩如燭。蟾肪淬刀昆吾石，信手鐫花何委曲？濛濛夜氣清且嫮，玉縷噴香如紫霧。天明人起朝雲飛，髣髴疑成此中去。

❶「黍」，傅校本作「麥」。

櫻桃花開留徐二飲

晨暉照屋清露晞，櫻桃花房開欲齊。繁花先得造物巧，不與衆卉争高低。參差蕚蕚相照耀，恍惚滿眼令人迷。鳥驚風過若無意，雲起雪飛空滿蹊。仰攀濃香俯玩影，應接不暇昏鴉棲。流光易失動壯士，斗酒相勞和天倪。浩歌直欲并日夜，醉耳不能分鼓鼙。人間出處未嘗定，暫雖會合終當暌。子今躍馬至萬里，脱略塵土排雲霓。豫知明年花復發，悵望君子無由攜。少年且作後日意，更使封植鶩淮西。

萬卷生

白頭書生南國賢，讀書萬卷夜忘眠。陋巷簞瓢未曾飽，苦心獨行竟誰憐？繙經遍窮十二等，陳力复過三千年。莫笑青袍學士老，太平能頌連中弦。

公是集卷十九

宋劉敞撰

五言律詩

野　望

重陽去寥落，小雪碧蒼茫。❶獸起駭枯草，鳥歸横夕陽。薄雲低引白，衰菊暗消黄。佇立何爲久？❷愴人非故鄉。

蕪城閒望二首

幽尋古城上，秋景日悽悽。❸落照映原没，陰蟲當路啼。隋宫變蕪蔓，楚分失端倪。自是傷亡國，非關醉眼迷。

❶「碧」，鮑校本、傅校本作「逼」。
❷「何」，傅校本作「胡」。
❸「悽悽」，鮑校本、傅校本作「凄凄」。

春草忽更緑，荒城陰霧滋。風存鮑昭賦，秋益宋生悲。慨想秦兵出，傳聞羽檄馳。江湖歲將晚，空羡逐鴟夷。

夏　晚

閏餘時候早，夏晚似新秋。月出空堂静，蟬鳴深樹幽。健逢鷹學習，喜見火傾流。早晚涼飈起，重修白罽裘。

聽　鐘

陋巷客回轍，夕陽鐘送秋。寒聲滿空谷，❶暝色下高樓。陡逐悲風起，❷微兼遠角收。旅懷傷急景，聽此愧淹留。

野　望

江水不可越，扁舟浮夕陽。高秋露寥落，遠樹出毫芒。澗水清兼濁，山苗緑映黄。漁翁豈招隱，何待唱滄浪？

觀南戍士卒作樂

簫鼓軍中樂，旌旗歲晚過。激昂雙劒舞，慷慨萬人歌。睥睨荆、衡小，騰凌虎兕多。北風隨殺氣，横絶

❶「滿」，鮑校本、傅校本作「漏」。
❷「陡」，傅校本作「斗」。

洞庭波。

聞聖俞移官霅上以便歸養

親老不擇禄，此心如古人。戴星捐吏事，戲綵過鄉鄰。若下開新酌，❶汀邊詠白蘋。醉吟俱入手，亦未負青春。

西域請平三首

西域請都護，崆峒獻凱歌。❷兩階增羽籥，萬里肅山河。甲第旃裘少，春宮苜蓿多。雌雄雙匣劍，棄置欲如何？

禦戎傳上策，不戰屈人兵。遂斷匈奴臂，❸何須萬里城。出車非遠略，高枕得昇平。戰骨翻空死，吁嗟壯士名。

單于貪漢物，自古號天驕。❹賜予金銀貴，行來玉帛遥。悲傷賈太傅，慷慨霍嫖姚。❺慟哭辭新第，❻

❶「若」，鮑校本、傅校本作「箬」。
❷「崆」，傅校本作「空」。
❸「匈奴」，原作「祁連」，據鮑校本、傅校本改。
❹「自古號」，傅校本作「中國避」。
❺「慷」，傅校本作「感」。
❻「新」，明鈔本作「將」。

英雄未可招。

雪後登觀風樓

雪帶郊原闊，城横碧玉齊。夕陽寒似落，遠樹望如迷。旅鴈情更急，棲烏飢亂啼。强歌非郢客，竟日戀危梯。

開竹下小逕招君章

翠竹生無數，蕭蕭一徑新。陰繁催短日，地僻斷飛塵。磐石兼容客，❶幽禽不避人。君能爛漫醉，當及七賢真。

贈刁十八自蜀還鄉昔與此君别于福唐

瘴海三年别，巴山萬里迷。相逢忻邂逅，即事恨睽攜。夢減清江外，愁寛太白西。知君偃鄉墅，已忘子規啼。

送李監丞致仕還鄉前漳州縣尉。

耄期吏隱倦，歸去上恩榮。國子瞻師保，鄉人慶父兄。揮金慰游舊，擊壤傲昇平。遠笑吴門叟，何爲變姓名？

---

❶「兼」，明鈔本作「無」，傅校本作「廉」。

懷陳州舊居所種桐寄黄翁

忽憶南軒樹，春風空復來。陳亡《韶》已矣，孔老鳳悠哉。不作溝中斷，應隨爨下灰。舊居阡陌並，君到爲徘徊。

荷　華

水國非人境，芙蕖五月秋。亂香清宿醉，濃豔破征愁。魚戲都堪數，❶鷗飛絶自由。會須窮一賞，詰曲任扁舟。

七月二日

西風入庭樹，❷天氣颯然秋。細雨纔成潤，❸高雲淡不流。❹平分感一葉，遠興憶扁舟。蟋蟀何須急，羇人始欲留。❺

---

❶「都」，鮑校本、傅校本作「多」。
❷「入」，鮑校本、傅校本作「進」。
❸「細」，鮑校本、傅校本作「山」。
❹「淡」，傅校本作「澹」。
❺「留」，明鈔本作「流」。

秋雨所居漏濕

皇天不愛物，風雨害秋成。未恨泥塗辱，端憂柱石傾。❶淹留驚歲晏，堅臥悵雞鳴。吾道還如此，商歌天未明。

秋　雨

采蕭逼晚歲，飛雨度高雲。暝色空牕見，秋聲墜葉聞。過螢低似滅，遠岫望如分。蟋蟀悲虚織，輕絲競欲棼。

始　涼

北風吹過雨，晚景留新秋。高臥來一笑，如焚寬百憂。精神露鷹隼，意氣激驊騮。自覺亦飛動，江湖思遠遊。

八月旦始涼

騷騷北風急，杳杳白雲飛。江漢波新起，蒹葭露欲晞。狂歌聞鳳鳥，楚製見荷衣。歷歷先賢趣，南浮亦庶幾。

❶「端」，傅校本作「專」。

重到謝氏園亭寄裴博士俊叔王主簿宗傑時裴往淮南，王詣京師。❶

徘徊遠林下，幽草爲誰芳？前日同遊客，今朝俱異鄉。東風雖淡蕩，陳迹似凄涼。何用江千里，春心故易傷。

送晁殿丞僉判鄭州

世德緇衣美，天倫玉樹温。于君如舊識，曾子欲奚言。❷東里賢能宅，成皐戰伐原。從容訪耆老，遺蹟尚多存。

檀　州正月二日。

窮谷回看盡，孤城平望遥。自古北口，山至此都盡。市聲衙日集，此州衙日市集。海蓋午時消。每旦海氣如霧，至午消盡，土人謂之海蓋。冠帶才通漢，山川更入遼。春風解冰雪，最覺馬蹄驕。

雨中聞鐘

疎鐘不隔雨，迢遞入重城。倦客未能寐，歸禽初不驚。霏微通暮色，❸颯沓隱秋聲。簾幕鮮風起，明朝應早晴。

---

❶ 此注明鈔本爲大字。

❷ 「曾」，鮑校本、傅校本作「贈」。

❸ 「通」，鮑校本、傅校本作「隨」。

珍　簟

珍簟平鋪水，珠簾半捲風。勞生高枕裏，多事劇棋中。性僻非朝隱，民淳賴歲豐。翛然對松菊，但覺訟庭空。

蟬

微軀定誰恨？清嘯不知勞。屈、宋悲秋苦，夷、齊臥隱高。風林含咽絶，露葉動蕭騷。何必催搖落，人今已二毛。

臨　雨　亭

秋至感人思，登臨成悵然。浮雲帝鄉外，落日古城邊。歸鴈聲相別，❶幽花色可憐。名山負獨往，觸物見徂年。

同梅二十五飲永叔家觀所抄集近事

陶公一畝宅，尤愛北牕風。心遠地成僻，客來樽不空。觀書太史氏，全性市門翁。予亦何爲者，于兹清賞同。

伏　波

伏波志慷慨，南涉武溪深。銅柱功一跌，壺傾悲至今。吾聞威四海，亦有失前禽。試察兩階舞，應如丹

❶「鴈」，傅校本作「燕」。

浦心。

客有遺予注輦國鸚鵡素服黄冠語音甚清慧此國在海西距中州四十一萬里舟行半道過西王母三年乃達番禺也

四十萬里外，孤州天與鄰。應誇王母使，更遇越裳人。❶素質宜姑射，黄冠即羽民。那將籠禽比，❷蕭灑絶埃塵。

九月十四日于雍熙院爲舅氏齋設作

他時傷遠别，渭北遽成悲。今作終天恨，悠悠奈我思。平生華屋處，回首不勝悲。寂寞西州路，何堪再到時。

晦　日

是月佳遊勝，兹辰舊俗同。會須陶一醉，相與送諸窮。江柳參差緑，林花點染紅。春期猶大半，作意競東風。

新　蟬

五月微陰始，鳴蟬高樹幽。倚風偏送曉，迎露欲先秋。孤管清兼濁，幺絃斷復留。年華自當爾，羈客浪

---

❶「遇」，傅校本作「過」。
❷「籠」，傅校本作「龍」。

多愁。

和江學士聞蟬

微陰變潛律，濃霧引疎音。時化能無感，清吟獨有心。蕭條映落日，斷續響中林。秋風忽滿眼，歎息歲華深。

寄隱直

避人非故土，帶郭喜幽居。淺俗情多畏，新知意尚疎。負暄勝構火，汲井足滋疏。二物關身外，悠悠謝里閭。

寄袁陟與陟去年約夏初相見，時陟自蜀江下南郡。

巫峽行雲外，春江落日邊。隔年雞黍具，萬里孝廉船。遠道比何若，相思長渺然。郢中輕白雪，逸響待君傳。

寄范佑之時病似狂。

吾子世罕識，他時醒亦狂。由來韻高逸，固自得軒昂。阮籍哭道路，接輿歌鳳凰。之人亦豈病，相歎不能忘。

寄王二十

累累煩書札，悠悠感別離。平生義繾綣，相憶路逶迤。羈旅老將至，江湖天一涯。佯狂人事絶，乘興爾難期。

寄蘇州張六

西風入簾幕，游子念江湖。丹橘垂珠實，肥魚薦玉腴。他時肯招隱，快意欲乘桴。物色煩相候，佯狂興不無。

寄隱直時寓汝州僧舍，予亦居輦寺。

俱爲異鄉客，似伴老僧禪。虛室矜生白，❶時流笑草玄。歲寒差自若，生理直翛然。❷無術能乘興，蒼茫欲雪天。

寄張獻臣

締交從若水，百里絶相過。平日相離索，期年見揣摩。從容席上客，清絶郢中歌。擬屬陽春和，伊予獨在邁。

寄張晉卿時棄官還家

聞道新安尉，清羸只自如。歸來陶令賦，養性子真書。情在交遊厚，心于仕進疎。人憂棄妻子，獨入剡中居。

❶「矜」，傅校本作「鶩」。
❷「直」，傅校本作「有」。

寄范佑之

范子三年别，長安北望深。相知非勢利，寄信各浮沈。勇鋭百夫敵，軒昂萬里心。何時殺群賊，自取肘邊金？

寄梅山陰

縣與吴門近，居家識舊游。山回江表盡，水入鑑中流。勝事皆高古，詩懷易滿眸。春風花又發，能寄北人不。

寄蘇頌兄弟

秋風生眼前，客子思悠然。羇旅獨無友，别離私自憐。賦甘傖父誚，詩許俗人傳。他日梁王客，偏懷太子賢。

寄因甫

昔别大梁下，至今三歲餘。豈無萬里使，不寄一行書。風俗與時薄，交游于義疎。知君淡如水，非是故忘予。

寄張仲謀

張也真吾友，今年見老成。自彊雖不息，積習亦諸兄。曲講聞師譽，題詩使客驚。莫如班定遠，投筆笑諸生。

和直孺夜涼❶

急雨逐雲過，微風吹月生。寥寥天宇闊，粲粲葛衣輕。展轉漏將永，昭回河正横。秋槎舊有信，忽憶汎滄瀛。

送婺州王學士

春草碧將歇，江南鶯亂飛。王孫去有適，綵服粲生輝。古郡富山水，斯人歌海沂。惟應布寬詔，談笑樹風徽。

素　屏

簡拙違時好，丹青謝爾工。坐看居士室，想見古人風。當户月常入，過春霜未融。物情忌太白，少自晦塵中。

城樓望春

高樓新雪後，春意已端倪。遶石泉聲急，圍城柳色齊。滯流貪適興，幽僻嬾招攜。舊種桃千樹，春遊豫恐迷。桃谷在樓下。

送邵武張學士

待詔勤穿履，承明厭直廬。一麾從此去，千騎上頭居。歲事畬田早，風謡鴂舌餘。班春急乘傳，知不爲

❶「孺」，明鈔本作「儒」。

鱸魚。

野思

野色行行遠，春輝樹樹繁。看花頻落帽，聽鳥久忘言。❶遣興惟詩句，開懷獨酒樽。誰能顧名利？終歲不窺園。

訪楊異寺丞楊所居在城外，甚多雅致。

三徑向松菊，始疑元亮居。但多柳五樹，復對隼雙旗。相識是傾蓋，劇談能起予。樵蘇不用爨，耳目且清虛。楊新得鬱林州。

黄寺丞風雨中見過

節物重陽晚，風雲萬里陰。君來慰孤憤，語次豁愁心。名下如舊識，人間仍陸沈。獨醒感庭菊，蕭索萬黄金。

送洛南周寺丞

不知商洛道，空慕《紫芝歌》。從事老將至，送君情獨多。雙鳧尚方去，駟馬故鄉過。想見揮弦樂，❷春風初扇和。

❶「忘」，四庫本作「能」。

❷「弦」，明鈔本、鮑校本、傅校本作「絃」。

弔南宜守尉

百越誰生禍？南宜遂不師。干戈傷耋老，守尉死城陴。荒洞招魂遠，官軍請救遲。弱妻攜稚子，嗟爾欲何之？

弔亡卒

厲俗侵王略，祆冤積楚氛。民荒誰念亂？功敗失圖勳。天子憂南土，戈船促大軍。何時收爾骨，委祭越江濆？

和楊備國博弔屈原❶

知音不恨遠，異代或同聲。靈魂自識路，幽遇亦含情。洼記屬揚子，❷臨淵悲賈生。高文激頹俗，會使衆人清。楊前歲夢中作詩，後數月，詔除歸守。❸既署事，過謁屈平祠，❹想見物色如夢中所覩，❺作文祭之，刻之于石。

聞夏太尉自長安徙備西邊

防秋未得還，戰士出長安。地利山河險，天時關塞寒。羌夷避飛將，天子倚良翰。見説成功近，秦中意

❶「原」，鮑校本、傅校本作「詩」。

❷「洼」，傅校本作「往」。「屬」，鮑校本、傅校本作「識」。

❸「除」下，傅校本有「栜」字。

❹「屈平祠」，傅校本作「屈子廟」。

❺「覩」，傅校本作「觀」。

似寬。

三月四日上方寺送隨州十一屯田

載酒憐春盡，尋芳到翠微。緜緜芳草遠，颺颺雜花飛。俯仰悲陳迹，淹留恨落暉。青楓千里目，那復送將歸。

嘯　臺

尚有高臺在，遺名幸未空。不時嗟眼白，失所念途窮。已矣先生意，蕭然烈士風。清芬定誰嗣？漫嘯白雲中。

日晚野步過孫監丞

幽居巷南北，雞犬略相聞。乘興偶有適，杖藜聊復勤。高城秋草落，密樹夕光曛。微爾開三徑，悠悠麋鹿群。

浮舟西陽池中

愛水都成癖，浮舟不厭頻。寒泉清見底，刳木略容人。故故乘流往，飄飄得意真。槎頭尺許地，鷗鳥欲相馴。

乏　酒

搖落偏悲客，清寒易中人。寂寥那自守，淡泊亦殊真。浮俗仍皆醉，虛談浪飲醇。高歌傲燕市，忽憶重千鈞。

西戎乞降

南國傳消息，西戎送好音。懷柔知帝力，啓佑亦天心。御酒葡萄遠，❶離宮苜蓿深。仍聞編舊里，❷五嶽望君臨。❸

壽　山在中京南，云多老人，往往百餘歲。

白隰見層峰，白隰即中京。巉巖倚碧空。上多千歲木，下有百年翁。櫟社不材永，東陵非義終。太史公云：盜跖日殺不辜，竟以壽終。吾聞仁且壽，故在太平中。《爾雅》：距齊州以東至日出爲太平，太平之人仁也。

山　寺

野竹檀欒翠，孤峰杳靄青。山樓隨詰曲，石路上青冥。雲色移時合，鐘聲隔水聽。似聞堪避世，遊子未嘗經。

城南泛舟三首

乘興隨所適，出郊聊汎然。清波能照髮，白鷺巧迎船。老樹悲秋雨，高風急暮蟬。孤城隱不見，落日暝浮烟。

---

❶「葡萄」，明鈔本作「蒲桃」。

❷「里」，鮑校本、傅校本作「禮」。

❸「臨」下，傅校本有注「傳曰：『天啓其懷。』」六字。

不踏城南陌，從春及素秋。蕭條非復昔，顧眄莽堪愁。❶白露蒹葭老，清風蘭桂幽。❷佯狂驚楚俗，應識棹夷猶。❸

高岸看爲谷，通波幾覆城。橧巢非太古，野俗競偷生。雨逐行雲過，山依返照明。楚歌揺落際，更動北歸情。

戳除蘇州掾

三年不相見，萬里比何如？聞道詞曹掾，新承選部書。弓裘傳習在，簪笏抗塵初。努力人間世，毋爲薄詔除。叔父初任鎖廳及第，❹思亦修進士業，皆在蘇州，故略見意第五句中。

黄州臨皋亭

春秋黄子國，楚、越穆陵關。比屋皆編竹，孤城半踐山。岸泥觀虎迹，雲水暗荆蠻。三入承明客，那能鬢不斑。

暴　雨

山晚雲霧合，江秋風雨多。馮夷何事舞？楚水忽翻波。黯黯夕陽盡，翩翩暮鳥過。輕舟送兩槳，聞唱

❶「眄」，鮑校本作「眄」，傅校本作「盼」。
❷「桂」，原作「杜」，據鮑校本、傅校本改。
❸「夷」，明鈔本作「移」。
❹「第」，傅校本作「弟」。

石城歌。

驟　雨

炎日大冶沸，清風愁意蘇。黑雲過山岳，白雨覆江湖。彷佛鬼神戰，騰凌車騎趨。森然異氣象，真復慰泥塗。

夏夜暴雨

大暑積炎夏，沈陰昏楚天。疾雷五河裂，飛電萬星懸。漲澤通南國，孤城鬬百川。似傳黄鳥語，欲反濯龍淵。

久　雨

秖憶風回雪，俄驚地出雷。沈陰連甲子，春事總歸來。湖水寒侵夜，江雲去復回。開年厭卑濕，不待熟黄梅。

久雨二首

江雨黄梅實，湖雲起蟄龍。寒生夜牀簟，聲絶暮山鐘。藥裹添新粉，書編拆舊縫。雖知恨卑濕，涼夜尚吾容。

頗憶家居日，朝眠一事無。邇來趨幕府，曙雨踏泥塗。城郭飛鳴鶴，階除戲浴鳧。秋風殊不遠，行欲問江鱸。

茶山送道粹

海上相逢少，山中别恨多。浮雲自向闕，秋水更增波。攜手意不盡，班荆情若何？徘徊强一醉，且勿奏驪歌。

招晋卿時晋卿到丹陽

識心非識面，常恨不相從。那作經年别，曾無一日逢。興來清剡雪，吟出暮山峰。浄埽門前路，期君馬繫松。

女郎臺

城郭臨湖盡，樓臺此地偏。動摇浮積水，高絶近諸天。應接都無暇，虚空足悟禪。塵中故易厭，興盡惜回船。

閔雨

風伯曾何憾？高雲不少留。聲如鬼神過，勢卷日星浮。河漢漠無象，魚龍方自憂。古書難盡信，雩舞竟悠悠。

砧婦

清霜石上乾，孤響耳中酸。歲逼秋芳盡，風量板屋寒。君行自悠遠，妾意亦艱難。此夜關山月，應知帶日寬。

李太傅輓詞三首

數聞伏閤議，屢上薦賢書。任重道空遠，名榮身反疎。異鄉悲鵩鳥，清詔隔公車。招隱真虚語，江湖萬里餘。漢清詔使以故大夫爲之。

報國念推轂，逢憂甘噬臍。孤鳴一垂翅，舉俗競吹齏。❶山鬼離居遠，靈魂識路迷。天高不可問，愁意日淒淒。

識理未曾誤，疾邪惟過深。豈忘事反覆，不忍俗浮沈。去國尚回顧，埋名方自今。異時山水意，惻惻弔鳴琴。予殿試程文特爲君激賞，署天下第一，議者乃皆決。

魯拾遺輓詞二首君晋初狀元及第，至其曾孫始葬。

市朝非故日，年代屬傳聞。始兆滕公室，來觀季子墳。埋名書故事，編簡屬遺文。苦恨相如賦，俱隨諫草焚。

西晋登賢日，東堂第一人。競推天下士，争辟幕中賓。故國無喬木，流風及搢紳。新阡廣陵上，荒草欲含春。

庶幾堂

閉門吾自足，况亦近墻東。滴滴階鳴雨，梢梢竹過風。緑苔侵杖屨，秋色近梧桐。高卧殊多興，詩成寂

---

❶ 「俗」，傅校本作「世」。

寞中。

晝寢❶

延州沈待制輓詞

《詩》《書》謀國體，談笑卻敵塵。❷已矣今成昔，歸來悲故人。餘忠焚諫草，遺恨畫麒麟。禁角聞鼙鼓，能無憶虎臣。

祠部王郎中送山水枕屏作

枕上萬峰合，蒼蒼驚夢魂。如浮武陵水，臥向桃花源。杖屨幾時士，茅茨何處村？悠然獨往意，欲問復忘言。

城樓望水是日龍掛影。

遠水全無地，高城略近天。龍吟忽半見，虹飲競相鮮。魚鼈争乘渚，兒童狹濟川。秋風只昨日，物意已蕭然。

送南昌郭主簿

楚劒烜照地，梅真從吏鄉。簿書非急務，鴻鴈試高翔。貍品牛尾貴，茶牙鷹爪長。因君訪風土，游子不能忘。

---

❶ 據查此詩爲王安石所作，故删詩存目。

❷ 「敵」，原作「邊」，據傅校本改。

公是集卷二十

宋劉敞撰

五言律詩

戲和同年時在薦福寺

逃暑涓涓酒，開襟細細風。過雲催急雨，落日澹秋空。樹影經行熟，泉聲笑語通。少年興不淺，寧與老人同。

鍊丹井

丹成人已去，泉在月空沈。輕舉非吾事，泓澄似客心。飲雖資一腹，貪不近千金。更愛雙桐好，曾非惡木陰。

水齋

野塘春水平，閒客自揚舲。鷗鷺時相近，波濤亦俯聽。榜歌漁父曲，醉讀屈平經。便欲從茲去，秋河泛客星。

長蘆口

泱漭東流白，微茫遠嶼青。風飈萬里浪，性命一浮萍。飛鳥戢倦翼，潛蛟浮暗腥。由來限南北，天意亦冥冥。

登東城樓二首❶

摇落客愁亂，登臨秋色空。溪流寒更碧，霜樹晚增紅。曠野駐殘日，虚軒來朔風。懷歸復感別，不語向征鴻。

高樓望不極，野興遠相宜。宇宙一長嘯，山川多所思。薄寒才勝酒，短景不禁棋。俯仰哀群動，遼遼見爾爲。

送人之嶺南

君去炎方遠，行行萬里餘。漸驚南瘴酷，益見北人疎。山谷藏雄虺，谿潭養鱷魚。秋風鴈不到，何處俟歸書？

城樓避暑

積水動微吹，高樓浮薄陰。登臨倦非土，瀟洒勸披襟。滌滌原野曠，熹熹城郭深。浮雲空蔽日，無意欲爲霖。

---

❶ 「二首」，傅校本無此二字，下有小注「時與李支使棋」六字。

寄　内

風雨驚春老，山川入夢遥。此時看破鏡，何處正吹簫？舊種萱叢碧，新歸燕語嬌。佳期漫自笑，不似浙江潮。

送祖學士使北

漢廷用五餌，無復請長纓。猶是輶軒使，時通絶域情。山川資覽眺，❶戰伐想縱横。不負四方志，那辭萬里行。

聞張六復棄官歸

應懷折腰辱，復作棄官行。頗似陶彭澤，兼疑尚子平。兵戈未消散，盜賊苦縱横。余亦存丘壑，相期作耦耕。

螢

翩翩豈自知，歷歷眩群飛。故作穿疎牖，時來鑒薄帷。助明清夜永，除害一身微。秋草隋宫路，茫茫舊賞非。

送簽判雍祕丞還朝

我有幕中士，名高天下聞。方從玉堂召，欲就子虛文。相得已非早，送歸寧易分。期君望此府，急自致

❶「眺」，傅校本作「覿」。

青雲。

定水二首

定水涵空碧，群山凝遠嵐。淵魚頗易得，菱實最餘甘。曠野應人語，涼風快酒酣。誰云陵谷换？自此識南潭。唐刺史陸長源時，汝有南潭，《孟郊集》有詩，今疑此地是。

此地去人近，向來幽賞違。使君留隼旆，烟水净魚磯。秋入冷蛩急，波明白鷺飛。異時江、漢興，撫事更懷歸。

索米

索米東方朔，端居陸士衡。書仍聞北闕，賦亦讓南傖。感激秋風起，提攜夜劍横。南軍敗王略，誰事請長纓？

自屯田歸望山别墅❶

岱陰宿雨霽，汶北秋風過。獨往予所慕，❷躬耕人謂何？林間雞黍具，日暮漁樵歌。卻望青山郭，應知惆悵多。古詩：「夕宿青山郭，日上青山上。青山不可上，步步常惆悵。」

---

❶「自」，明鈔本、鮑校本、傅校本作「王」。

❷「予」，明鈔本作「余」。

送高處士歸豐邑別墅

不及西京盛，空知鄠、杜間。衣冠爲我累，丘壑羡君還。隴麥逢春秀，林花著雨斑。雞豚社下醉，多與謝南山。

射　雕

將軍樂射雕，壯士挾烏號。影捩重雲静，聲翻一箭高。獵酣生鼻火，空闊散風毛。快意中原捷，何辭汗馬勞？

和楊褒雨中見寄二首

佳雨雲龍會，高堂河漢聲。驅除三伏過，埽蕩九衢清。造物不無意，爲霖真有情。憐君獨高臥，亹亹向群生。

明暗變牕色，蕭騷翻樹聲。閉門無所詣，高枕有餘清。櫪馬正局迹，韝鷹多遠情。分明動秋興，似欲惱潘生。

貰　酒

小徑入村塢，風帘拂暮霞。桃源還可宿，樽酒亦容賒。舉眼青山秀，隨松白露斜。尋常出郊少，未醉莫還家。

張學士送酒

秋風埽飛葉，客子鬢垂斑。好事煩攜酒，懷情愜閉關。坐看涼月墮，醉送暮鴻還。後日相思意，蕭蕭叢菊間。

朱　橋鹿兒館前。

朱橋柳映潭，忽見似江南。風物依然是，登臨昔所諳。犬聲寒隔水，山氣晚成嵐。留恨無人境，幽奇不盡探。

閏月朔日寄府公給事二首

良閏百年逢，自周廣順至今，再閏正月。佳辰獻歲同。春應隨北斗，天與緩東風。❶柳帶參差翠，花英點染紅。韶華供醉眼，未負黑頭翁。紅翠，府公宅歌舞者名。

嘉月重非常，芳期及載陽。郤因春意晚，得見歲華長。餘雪留寒色，新梅著早香。秖應勤一醉，持以答風光。

晦日自薦福院泛舟上女郎臺

晦日疑春晚，佳辰强客游。放船無用楫，置酒不驚鷗。牽率忘多病，登臨亂百憂。繁陰欺白日，容易暮雲浮。

---

❶「緩」，傅校本作「暖」。

新鴈二首

逢時志萬里，非爲稻粱謀。眇眇江、漢阻，蕭蕭霜路秋。❶知機自有素，側翅莫多愁。風起浮雲暮，空看片影流。

萬里南飛鴈，今年復此逢。自難隨燕雀，非不病秋冬。風急聲高下，雲深影疊重。江湖雖異土，汎汎爾能容。

白河逢鴈

白河見歸鴈，顧我影徘徊。憶昔從此逝，相看經歲回。春生聊自樂，鄉近不須哀。爲問經南國，能無尺素來。

雪中鴈

萬里羽毛弱，經時霰雪紛。江湖更何取？❷天地正同雲。影困低如落，聲悲遠似聞。識時端北嚮，送目感離群。

燈花

寒燈不及鄰，花豔競争新。重疊芝三秀，分明桂半輪。東風誰變律，芳意自驚春。流玩堪通夕，長眉莫

❶「路」，傅校本作「露」。
❷「取」，傅校本作「處」。

效顰。

王秀才自蜀之京留月餘歸南都

相逢暫相會，又向睢陽行。險夢尚存蜀，緇衣空厭京。故園見樹喜，舊友出郊迎。幸去君家近，飛鴻時寄聲。

哀王十三都官

把臂猶昨日，如何長不歸？賓天亦有似，招隱固疑非。玉折謝庭樹，綵餘萊子衣。永懷想平昔，涕下不能揮。

始秋二首

暑兼流火逝，秋共北風迴。歲晏蒹葭色，宵征蟋蟀哀。平分感摇落，留滯悵徘徊。知負滄洲約，枯槎八月來。

秋色忽已改，旅程殊未央。水雲含變態，山雨送淒涼。杳杳青楓暮，菲菲白芷香。多才悲宋、屈，摇落近滄浪。

送張器判官此君自初登第至今二十餘年，某總角時盛聞其名。❶

王國推多士，聞名二十年。白頭傾敝蓋，珠履尚賓筵。禮樂期先進，功名望昔賢。激昂知已晚，意氣欻

❶ 此注傳校本爲題。

飄然。

隱直感秋思南游予欲北還未得

櫪馬常嘶北，邊鴻卻顧南。❶一時秋氣感，兩地物情諳。俗怪玄尚白，自疑青出藍。何當鹿門隱？數就德公談。隱直書云，故交同學皆已軒騰。❷

始聞鴈

長風送羽翼，千里逐陽和。朔漠應飛雪，江湖始見波。❸識時機不淺，愁旅叫空多。勿以稻粱故，早飛乘網羅。

府公説牡丹盛開是日逼晚竟不及觀

落日含明豔，輕風襲煖香。傳聞亂人意，相見弄春光。❹醉裏歲空晏，愁中夜未央。異時驚麗絶，秉燭正難忘。

與楊十二廷評同登城東門

緑樹浮萍合，青山畫障開。登臨共今古，壯觀雜歡哀。長日消棋局，微風引酒杯。浮雲滿西北，容易雨

❶「顧」，傅校本作「顧」。
❷「交」，傅校本作「友」。
❸「始見」，傅校本作「見始」。
❹「相」，鮑校本、傅校本作「想」。

飛來。

春暮聞鶯

醉裏春空盡，江邊客未歸。可憐鳴睍睆，似欲訴芳菲。珍樹移時語，殘花入眼稀。離居亦幽獨，求友莫相違。

除日雪

迎年椒獻頌，駐臘雪留寒。偏助春華早，微增暮景寬。瓊瑶九城闕，玉帛萬衣冠。欲書甘泉會，❶他時盛暑看。

秋鶯

高舉慕求友，翩然辭谷中。那知改春序，又復到秋風。節物感歸燕，異聲嗟遠鴻。歸飛今正好，霜露脱梧桐。

涼夜露臥

風露清相襲，銀河湛不流。澄輝亦終夕，爽氣特先秋。高臥自微尚，冥煩嗟倦游。不眠計萬事，出處竟悠悠。

---

❶「書」，傅校本作「續」。

空釣得魚

持鈎非有釣，吾猶臧丈人。何知引纖繭？忽復得潛鱗。獨樂意逾適，儻來情亦真。君看渭旁叟，八十老垂綸。

秋　月

蟾光瑩碧墀，天色凍琉璃。市響新晴後，風和欲煖時。杉松冷岑寂，樓殿黑參差。静者非無趣，長吹遺所思。❶

月夜二首

月出浮雲盡，風生中夜清。星辰競摇動，河漢湛虚明。老樹稀疎影，驚禽斷續聲。秋懷先已亂，蟋蟀更宵征。❷

涼月含秋色，江天復雨晴。風雲共明滅，河漢亦淒清。鶩鵲時翻樹，悲笳遠過城。不眠看列宿，磊落背人傾。

送同年王殿丞知鄞縣

同日大梁客，共登青雲梯。逢時方躍馬，從政暫驅雞。萬水會東海，千巖開郯溪。遠游觀益壯，❸肯爲

❶「吹」，傅校本作「吟」。

❷「更」，鮑校本作「定」。

❸「觀益壯」，鮑校本、傅校本作「極壯觀」。

簿書迷。

風　雨

園林自有主，風雨苦無情。密葉枝枝緑，飛花片片輕。眼看春不住，醉任酒頻傾。何處鶯求友，時聞囀一聲。

送汝南張祕校及第後之官

從我陳、蔡者，憐君不及門。青雲期自致，鳴鶴果孤騫。仕道半綸重，及親三釜尊。因聲謝汝士，爲喜月告存。

戲呈府公

殘春亦無幾，短夜不須眠。翠幕深燈燭，清風引管絃。詼諧玩茲世，醉倒忘吾年。不作方外趣，安知濠上賢。

度支蘇員外才翁挽歌二首

湖海青雲士，元龍如古人。草書到聖地，詞學洎天倫。零落風流盡，平生意氣親。空存華屋處，寂寞已埃塵。

愛客每傾蓋，傳家能象賢。猶多嫌白眼，自不廢青氈。此家大門以來收古書畫甚，衆至，君尤備。吏隱如他日，郎潛遂幾年。人琴俱已矣，情至一潸然。

挽宋中道詞❶君召試學士院，得尚書屯田員外郎。

交游日零落，之子復云亡。常恨神鋒雋，端成中道傷。文章不用世，詞賦僅爲郎。名士如君輩，風流豈易忘？

吴侍郎挽詞二首

高第賢良策，朝廷擢季功。固疑多直諫，不得久居中。長嘯臨邊月，孤飛避遠鴻。盤桓周、召際，重見二《南》風。公治河南，又治陝，所作詩甚多。

臨汝休車騎，治中愧後門。平生一傾蓋，談笑極忘言。契闊聲塵遠，差池歲月奔。匣中寶刀贈，知辱故交恩。

與黄寺丞卜鄰

卜居先卜鄰，相望成相親。無復羇旅恨，況逢性情真。食薇亦自足，傾蓋不爲新。杖屨通阡陌，誰能倦角巾。

聞徙關中兵備河東❷

胡兵絶當路，❸戍卒下河源。烽火飛狐口，旌旗積鴈門。和親固下策，❹薄伐本中原。誰斷匈奴臂？

---

❶「宋中道」，原作「宋道中」，今改。

❷「東」下，鮑校本、傅校本有小注「壬子歲」三字。

❸「胡」，原作「敵」，據鮑校本、傅校本改。

❹「固」，鮑校本、傅校本作「故」。

非無國士恩。

立冬後風雨

冷雨欲成雪，❶高風催過雲。流光隨衮衮，吹籜共紛紛。此去天地閉，向來金石焚。敝貂寧獨恨，四序欲平分。

別西掖手種小梧桐贈三閣老

亭亭高未足，玩玩意空深。頗似少陵叟，能留一院陰。幸今長勿翦，無用晚知音。莫作吴儂態，翻從爨下尋。

西　風

西風木葉下，遠想洞庭秋。物色摧年老，天時助客愁。李衡千樹橘，張翰一漁舟。亦自人間樂，功名安足謀？

北　風

北風動江海，飛雨濕清秋。蟬噪曾何急？猿啼不自愁。冥冥高葉下，莽莽亂雲浮。正復開人意，披襟百尺樓。

---

❶「欲」，傅校本作「能」。

盜　賊

村落枹鼓起，城樓刁斗頻。畏塗深虎豹，行路入荆榛。故老人人怨，烽烟處處新。桃源容客棹，屬意武陵春。

風　雨

春光從此半，無復强淹留。風雨仍何急，鶯花各自愁。登臨非故土，摇落似清秋。物物驚人眼，應須與醉謀。

黛陀石馬蹄硯

一片蒼山石，遥憐巧匠心。能存辟雍法，宛是裹啼金。氣奪秋雲濕，光含墨海深。魚龍隨醉筆，變化出幽岑。

離鄂州至漢陽

小郡緣山腹，孤城闇夕楓。蛟龍戲霧雨，鼓角亂西東。江漢浮南紀，秋冬擬緒風。《離騷》楚人恨，過半夕陽中。

初　冬

陽光轉南極，漸喜入吾廬。物色經霜後，雲容欲雪初。嚴風動枯槁，凜氣益蕭疎。何日陽春發，❶潛興

❶「陽春」，傅校本作「春陽」。

冰下魚？

三月九日過正衙

去事駒過隙，此身江載萍。赤墀容再謁，清涕忽雙零。海鳥眩《韶》舞，天潢愁客星。平生鴻鵠志，獨有去冥冥。

病中辱聖從龍圖侍郎見訪聞便赴西州不及款曲偶成五言奉呈

衰病淹歲晚，分飛愁遠行。能回長者轍，因見故人情。後會知何地？相看疑此生。不爲習鑿齒，應作左丘明。

君章見過

衡門入秋草，幽獨得棲遲。車馬來何屢？樵蘇不自期。書成玄尚白，衣敝素爲緇。予亦貧非病，君應信所爲。

鄰幾君章見過

兩君共羇旅，三徑肯淹留。秀色映涼月，清風生早秋。樵蘇亦不爨，樽酒自相酬。歡然夜遂永，河漢西南流。

新燕

無奈春還老，秖看燕復來。凌風舞輕健，盡日語徘徊。久客宜相識，重簾爲爾開。畏人俱混俗，出處免沈猜。莊子曰：「鳥莫智于鷾鴯，其畏也而襲諸人間。」鷾鴯即燕矣。

馴燕

非無鷹隼慮，自識主人歸。立語移牕日，翻飛試羽衣。江湖萬里闊，天地一身微。不作驚鷗別，何須强察機？

雨中出城行汝水上

東野宜獨往，此中如舊溪。好風涼送雨，流水碧循堤。樹密扶行蓋，沙平印馬蹄。城樓隔雲霧，歸路欲全迷。

次韻奉和

少濯滄浪水，成君真隱高。虚舟恣上下，樽酒寄遊遨。静境愜外奬，緩歌忘我勞。興餘可逕返，落日麗平皋。

奉陪汎汝水作江休復鄰幾作附。

汝潁日滔滔，巢、由絶世高。風流雖緬邈，舟楫共遊遨。雉堞縈回遠，山川應接勞。幸陪觴詠末，旌旆駐蘭皋。

西浦阻雨

黑雲連海面，急雨漲淮潮。稍稍洲渚没，❶昏昏城郭遥。畏塗仗忠信，高舉幸扶摇。不作圖南興，誰當慰寂寥？

❶「洲」，原作「州」，據明鈔本改。

黑　雲❶

屯雲望如墨，❷萬里横空浮。白日變玄夜，朱明成素秋。疾風動屋瓦，急雨落河流。俯仰駭神化，精微難與謀。

傷梅公異二首

已矣梅公異，鄉庠漫貢書。竟無楊得意，終失馬相如。道德生何負？心懷死不攄。新墳帝城外，贈淚獨沾裾。

刻苦身常病，憂愁壽易侵。空令武子死，誰聽伯牙琴？寥落書盈篋，蕭條風滿林。惟應都下士，能記洛生吟。

傷胡二湘

知心不易得，此别定終天。自古皆有死，夫君獨少年。論文真已矣，揮涕默潸然。會有清琴在，秖應永絶絃。

❶「黑」，傅校本作「墨」。

❷「墨」，傅校本作「黑」。

公是集卷二十一

宋劉敞撰

五言律詩

閔雨

膚寸無時合，昭回此夜逢。春秋還閔雨，郡國共憂農。詞欲讒風伯，書將詰亂龍。王允書有《亂龍》一篇。關西兵税急，懼失萬餘鍾。

寄江東弟兄二首

分手如昨日，清秋獨異鄉。長年悲落木，短髮怯初涼。歸燕自有適，幽蘭誰爲芳？裁書寄鴻鴈，相與訪滄浪。

卻埽與人絶，悲秋驚歲徂。山川舉俗異，宇宙此身孤。弔影臨清月，書空向暝烏。懷歸屬吾黨，浮海待乘桴。

薦福寺竹亭

兹亭四時好，秀色映長松。静境非千畝，幽人如素封。吹聲偏洗耳，暑晝亦成冬。暫到還忘返，心知叔夜慵。

觀陝西圖三首❶

險固非天意，承平怪主憂。三年勞將帥，萬里問旃裘。尚記安西道，空悲定遠侯。大河知所向，日夜正東流。

憶昨傳消息，胡來渭水旁。❷信知秦地險，未覺漢兵强。青海通西域，長城起朔方。分明見地里，悵望隔要荒。

乘槎漢使者，聚米馬將軍。關塞他年阻，河山此座分。悠悠傷戰骨，處處怒妖氛。未分儒生老，深希筆硯焚。❸

送張六

將漕煩明府，東遊慰越吟。斲冰雖楚水，乘興即山陰。晋卿書云：「欲徑走鄜。」去去陶嘉月，悠悠見子衿。因君倚城闕，送目亂愁心。

---

❶「三」，原作「二」，據傳校本改。

❷「胡」，原作「羌」，據鮑校本、傅校本改。

❸這首詩原無，據明鈔本補。

送楊愷

著書非白首，待詔已公車。試吏何用喜，慰親聊自如。還從近關出，稍與京塵疎。豈謂三年久，君方就子虛。君著書篇上之，有詔須此任滿召試。

送范貫之

范叔貧如此，誰當與敝袍？哀歌困牛角，異味笑鄉豪。相得空長鋏，徒歸欲二毛。多慙訪夷節，無以慰滔滔。

送隱直

久客意無賴，送歸私自憐。悠悠想行路，苒苒背流年。雪過兔園少，春歸楚澤偏。君應解冠冕，笑傲辟人賢。

送衛州賈雲卿

淇奥文雅地，相門英妙才。春風萬人喜，都城千騎來。嘯激鸞鳳響，歌傳松柏哀。懷賢復訪古，處處爲徘徊。

送史館齊學士知荆南唐相映之孫有權文公行修國史制書在

問代唐丞相，當時太史公。白麻存舊物，青簡見遺風。鳴玉蓬丘峻，專城楚澤雄。由來稽古力，肯效一經窮。

近無西事消息

此心除國讎，安得借前籌。未報將軍捷，空增壯士憂。誰能占太白？試爲上高樓。自恐匣中劍，精光犯斗牛。

細　雨

細雨春城暗，空郊草色微。峽雲朝復暮，沙燕語還飛。柳帶柔堪結，梅香冷漸稀。旅遊時畏失，數醉得忘歸。

小雨四首

微風載雲起，好雨與風俱。暝色經時合，涼聲入夜疎。炎蒸暫灑埽，天事有驅除。倦客倚危枕，明燈照舊書。

泱漭輕雲濕，飄瀟晝雨來。稍霑飛絮重，競逼柳花開。江面春陰闊，天涯暮色催。郢中詞客意，最識楚王臺。

漠漠雲蒸柱，蕭蕭雨過城。不時變炎景，竟日度秋聲。灑濯林光浄，歸飛燕羽輕。野夫學爲圃，因欲事躬耕。

春城頻過雨，一望一增新。欲曉雲成錦，❶初晴草似茵。和聲散喧鳥，芳意屬游人。向晚車馬息，東風

❶「曉」，傅校本作「晚」。

吹暗塵。

喜從兄自京回

曾作《東都賦》，無人與共論。欣逢京輦客，仍是鶺鴒原。耳接天韶盛，塵棲素袂昏。秋風江海上，歸夢入夷門。

秋晴西樓❶

清風卷氛翳，廣野露秋毫。❷木落山覺瘦，雨晴天似高。開牕置樽酒，看月湧江濤。高臥淹湖海，非關氣獨豪。

春日樓上二首

春流抱城郭，暖色媚樓臺。麥秀聞雉雊，鸛鳴知雨來。浮烟著垂柳，晴雪落新梅。此地春愁闊，無人共一杯。

躍魚依暖景，歸鴈逐輕風。隔水麥苗緑，入簷花萼紅。郊原共鬱鬱，雲日故融融。醉眼傷千里，非關江上楓。

---

❶「樓」下，鮑校本有「中秋」二字，傅校本「中秋」爲小注。

❷「露」，傅校本作「落」。

醉後

舉眼醉向晚，甘心醒似狂。形骸隨酩酊，談笑助軒昂。舞袖翻宜窄，歌聲不厭長。高城湧明月，風景正虚凉。

樹陰偶坐

朝陽送微暖，晴靄入寒空。負暄春盎盎，探策樂融融。松下坐忘返，樹端遥見紅。喟然感時節，舉酒屬鄰翁。

春陰

江上浮雲聚，城中暮景兼。東風酒味溢，小雨客愁添。寒色端侵牖，斜陽不滿簾。滯留成楚老，卑濕意無嫌。

雨後小亭

疎雨纔能潤，微風未肯凉。低松無限碧，白芷可憐香。埽榻從高卧，歸禽不亂行。悠悠對老圃，幾與爾俱忘。

同伯鎮寄贈北都定雅禪師

逍遥方外禪，宴坐不知年。合抱平生柏，成區社長蓮。公卿盡隨喜，語默兩忘筌。聞有《詩三百》，無由一一弦。伯鎮云：「自丞相沂公、許公以來，贈師詩者三百餘首矣。」

夜坐因讀隱直書寄之

徂歲曾何急？清宵不復長。蹉跎問甲子，愁寂看燈光。峽雨蕭蕭冷，江雲澹澹黄。殷勤故人别，容易二年彊。

和孫監丞送書生南游

歷國向七十，滔滔何日還？輕齎一劒在，壯節二毛斑。浮俗風波裏，高情天地間。滯留多愠見，送遠愧登山。

夏　寒是時湖北地大震，河溢六塔。

冥冥梅送雨，㥶㥶麥迎秋。四月應徂暑，南方復重裘。崑崙摇地軸，渤海漲河流。天事無端錯，民生若許愁。

同黄子温小寒

陰老疑龍戰，風高怯海飛。枯蓬不自息，歸鳥競相依。時節驚流水，生涯託墐扉。哀歌向妻子，吾道亦牛衣。

晨至西陽池示同行

風定水逾静，雨收天倍高。分明寫水鑑，深淺露秋毫。車馬情頗厭，山林心正勞。觀魚近至樂，相與更臨濠。

又過西陽池

役役輕日月，回回分簿書。悵然面止水，樂矣羡游魚。鷗鳥舞迎客，江湖興起予。顧邀二三子，退食未宜疎。

送信陽舒使君

聞名自夙昔，已作舊相知。傾蓋成邂逅，如何還別離？軍聲咽鼓角，行色滿旌麾。莫怪樽前醉，親鄰心所期。

送南儀守黄中允

十年幕中客，萬里海南州。命服仍朱紱，夸鄉未白頭。山城時晝黑，嶺水或西流。問道林多桂，王孫莫自留。

和閻工部新作西齋

逍遥不期遠，趣足外囂塵。誰謂持斧客？翻同高臥人。江蘆烟葉重，巖菊露香匀。愛惜凌寒意，留歡過小春。

次韻王寺丞北城

專城空歲月，報國愧纖毫。幸及農功暇，初成壁壘高。飛翬鄰雉堞，縈帶俯魚濠。與聽輿人誦，無令板築勞。

同年陳君制策高第改佐著作東還餘杭作五言送行兼寄彥猷閣老使君二兄

江海一遠别，見君金馬門。先鳴二三子，强著五千言。同年所對詔策凡五千餘言。清望開中祕，英辭動至尊。薦賢受上賞，時論重西垣。同年本彥猷所薦。

興慶池送客

紅蕖千頃合，碧樹百年藤。長日宜沿泝，清風破鬱蒸。别離情易惡，衰老醉那能。還望邯鄲道，悲歌不自勝。

立春日齋祠畢還過金明池寄永叔

宿雨原野潤，朝雲宫殿明。東風未半日，佳氣滿重城。涣涣泉披凍，欣欣木向榮。江頭景如此，公起探春晴。

送次子敏歸河陰

表裏山河險，成皋廣武間。仕貧寧自佚，待次復空還。壽酒千秋祝，兒衣五綵斑。人生此樂少，何事慘離顔？

泛　舟

溪流向人急，野色背人偏。輕浪仍堪鑑，虚舟不費牽。柳長勤拂面，鷗戲巧隨船。幽興終難盡，禽魚莫間然。是日先飲，歐公道襄、漢之樂。

九日對酒二首

慘慘霜天迥，紛紛風葉黄。須傾一樽酒，少浣九回腸。世事渾無定，秋容每自傷。登高何必賦，會使鬢毛蒼。

懰慄看秋盡，❶差池感歲窮。薄寒侵白罽，危葉隕青楓。零落茱萸佩，淹留桂樹叢。年光不可玩，生意羨冥鴻。

對酒憶獻臣二首

舉酒惜春盡，緩歌傷别離。江山空發興，雞黍若爲期。醉起疑千日，愁來獨五噫。臯橋羈旅客，惆悵不同時。

春日懷吾子，羈遊各異方。況逢青眼絶，早識白眉良。樹逐相思老，江回去路長。感時惟尚寐，終日醉無妨。

汝陰送揚州通判廣陵高祕丞

朱轓垂綵旒，千里下揚州。本郡榮何甚？治中望最優。高人孫綽貴，節婦孟光尤。問俗應賓禮，清風遠鎮浮。郡人孫處正之高才不仕，及寡婦孟氏有賢操，寓居城中。

❶「懰慄」，傅校本作「憀慄」。

新作小橋

幽池舊徒涉，春漲得新橋。自恨濟川小，欣忘渡水遥。中流横蝃蝀，别徑會漁樵。更愛憑欄處，東風柳萬條。

五月十一日早行是日風寒如八九月

晨興事朝謁，星漢已闌干。雲薄露猶濕，風高天正寒。塵衣先改素，蓬鬢强彈冠。興在江湖永，空歌行路難。

月夜獨飲

霜落月更白，雲開天正青。捲簾邀玉兔，引酒勸天星。起舞憑相屬，高歌願共聽。春宵誰謂短？罍罄適添缾。

雨中贈徐監簿

明闇雲移影，蕭騷雨送涼。遠林寒起霧，清簟潤浮霜。小隱交遊絶，微吟杖履妨。奕棊還偃几，幽趣亦難忘。

寄和弟

鶺鴒飛砌下，廣莫起寒風。感物念游子，賦詩同召公。楚歌遠落木，淮月更虚弓。羇旅傷離别，如何歲亦窮？

九日寄因甫

遥想登高處，姑蘇秋草多。那無萬古恨，少作五噫歌。野菊蕭蕭晚，江鴻疊疊過。尺書不可託，送目奈愁何？

九日登城北門送孫許州

紅葉迎霜隕，高樓近日暄。送歸仍暮節，極望正平原。容易風吹帽，殷勤菊滿樽。豈嫌徑先醉，當識别銷魂。

九日時保州軍亂，殺守尉，河北置烽火，夏臺未平，關中防秋。

采采黄花菊，飄飄閶闔風。醉從紗帽落，興與古人同。北岳烽烟隔，甘泉候騎通。悲歌傷遠目，不獨爲青楓。

薇花❶

宫中萬年樹，天上紫微垣。❷此地飛塵隔，經時絳雪翻。幽香通複閣，密影半層軒。已後陽春節，無辭白露繁。

---

❶「薇」上，鮑校本、傅校本有「閣下紫」三字。

❷「微」，鮑校本、傅校本作「薇」。

懷襄陽郭户曹

遠身適荆楚，苦掾寄書題。他日相思甚，終年引望迷。銷憂峴山醉，招隱鹿門棲。勿以徒勞故，全家自此攜。

竹西亭送二十六弟赴定州去年三月亦于此相别即崑岡蒙谷之陽

山中招隱地，江上未歸人。那可連年别，俱逢欲暮春。亂飛鶯戀友，北向鴈辭賓。自覺雙蓬鬢，蕭蕭日更新。

送和弟通判陜府

丹紱雙紋綬，朱轓左畫輪。平生固自負，歸去亦榮親。美俗餘分陜，悲歌激在陳。别離俱未易，因目二毛新。予與和今年皆三十餘歲。❶

蕭山舍弟將發南都以詩候之

聞道雙飛舄，看來萬里流。傳聲淮口渡，審候越儂謳。霜蟹人人得，春醪盎盎浮。襄賁差不惡，須汝共銷憂。

春晴小園偶步

弱弱纖纖柳，朱朱白白花。春風最無賴，客鬢亦空華。草色明深徑，泉聲落淺沙。江楓千里思，醉眼向

❶ 「予」，原作「子」，據四庫本改。

天涯。

寄鹽城舍弟得書言歲大稔兼求作夫子廟記

海邑近蟠桃，銅章肯許勞。公田都種秫，霜蟹饜持螯。❶宮廟比洙泗，弦歌通掾曹。想多記石柱，非復笑牛刀。

蟻鬬

擾擾嗟何急？營營若有侵。由來穴知雨，非爾旱爲霖。王霸强并弱，❷興亡古到今。願君推達觀，安得異機心。

酒後登清風亭

清笳轉不極，碧水望偏多。醲酒春先醉，晴陽晚更和。起提如意舞，自擊唾壺歌。芳樹知多少，春游奈汝何？

同持國過江十新作池亭三首❸

築榭因高柳，疏泉激淺沙。登臨容展席，游汎足浮槎。露盌涵醇醴，冰盤餉美瓜。愛君難興盡，未醉惜

---

❶「饜」，傅校本作「厭」。

❷「霸」，傅校本作「伯」。

❸「同持國過江十新作池亭三首」，鮑校本作「同持國過江干新作池亭三首」，傅校本作「同持國過江干新作池塘亭三首」。「三首」，明鈔本爲小注。

還家。

菡萏千枝發，池塘五月秋。香繁初過雨，影密欲藏舟。魚躍知琴樂，❶鷗飛爲客留。江湖未成往，愧此意悠悠。

吏隱由來事，郊居故自宜。池臺隨意定，泉石象天爲。珍樹移時語，清風竟日棋。市朝情久厭，野老不相疑。

寄鳳翔舍弟

早悟出處際，同歸羇旅間。從軍差復樂，捧檄莫思還。百仞磻溪水，千巖大白山。異時曾想見，乘輿輒躋攀。

百里異形影，况今殊楚、秦。隴雲虚引領，江月漫隨人。愁恨西山雪，驚心絶塞塵。寄書懸勝夢，鴈足莫嫌頻。

俞氏甥及第後赴壽春尉立别

爾門大父行，俱是雲霄人。諸孫自駿骨，高第復青春。試吏小山下，還家芳桂新。當成我宅相，寧肯滯埃塵。

---

❶「琴」，明鈔本作「禽」。

勸耕亭晚望田家作

田廬非一處，微徑自相通。❶日下耕釣息，林邊言笑同。此雖人間俗，獨有方外風。吾亦畢婚嫁，還從擊壤翁。

危　樓

尚有危樓在，猶傳羽駕歸。悲歌城郭是，故老姓名非。積水浮天宇，孤雲遶翠微。遠遊悲世俗，思見菊花衣。

四望樓二首

白露參差晚，丹楓點染深。高樓延遠恨，嘶馬動歸心。留客小山桂，愁人思婦砧。昏鴉稍欲集，揹黑倒城陰。

屐步乘幽興，❷登臨當遠遊。涼軒不用扇，高樹自知秋。月出潮聲湧，雲生岳色浮。旅懷雖易失，無奈角聲愁。

中元雨後招兩漕

積水吾山溢，輕風汶篠秋。微涼禁魯酒，清唱發齊謳。小雨何須急，高雲更肯留。知公興不淺，能醉月

❶「微」，鮑校本、傅校本作「小」。

❷「屐」，傅校本作「屣」。

邊樓。

小雨朝歸東軒

小雨車馬息，微風牕户虛。塵埃頃洒埽，蠅蚋一驅除。高枕華胥夢，忘言藏室書。不知吾喪我，安更問其餘。

雨中北軒

草樹朱明晚，雲霓白日頹。幽居誰與適，山鳥獨無猜。蠹實危將墮，衰花冷自開。秋光殊不意，頓入眼前來。

西郊候客

西郊逢故人，傾蓋暫相親。車馬有行色，衣裳棲洛塵。問笻出冉筰，詢道自峨岷。卻話別時意，悠然已四春。

中秋月榭飲會

清秋望不極，涼月夜還新。河漢初無際，山川共絶塵。舉盃光可挹，起舞影相親。此興何曾淺？風流憶古人。

獨行

南山半雲雨，天氣雜暄寒。野興宜獨往，春愁無定端。鳥聲來静聽，柳色入遥看。卻謝芳樽酒，悠悠誰與歡。

石少傅致仕

獨持子房計，欲伴赤松仙。猶行少傅事，更覺大夫賢。疏受以少傅老，歎者曰：賢哉二大夫。詔策容就問，子孫隨拜前。顧嫌越相國，遠汎五湖船。

望沙樓爲高氏作。

朱軒映粉堞，遥出夕陽中。雲雨通巫峽，江山入楚宫。登臨餘壯觀，瀟灑向雄風。萬事隨陵谷，滔滔水向東。

楊子寺送彦猷閣老去年四月某别彦猷于京師到今適期年矣

一年再遠别，塵世令人嗟。況復江湖永，空驚鬢髮華。青山浮海上，遠水即天涯。出處俱萍汎，懸知後會賒。

出山自檀州東北入山，到鐵漿館出山，凡八程。

萬里亘東西，連峰隱朔陲。氣纏冰雪慘，險極鬼神爲。傴仄單車度，盤桓壯士悲。今朝識天意，正欲限華夷。

陰山

陰山天下險，鳥道上稜層。抱石千年樹，懸崖萬丈冰。愚歌愁倚劒，❶側步怯扶繩。更覺長安遠，朝光

---

❶「愚」，鮑校本、傅校本作「悲」。

午未升。

占晴三首

小雨何曾濕，輕雲苦易開。蛟龍自呴沫，江、漢欲飛埃。碧草寒仍短，喧禽去不回。楚山長對日，未信有陽臺。

白日麗江上，初晴風景饒。春愁來集眼，暖氣起連宵。曠野蒼茫合，飢鳶上下飄。長亭送行處，稍復柳垂條。

巫峽空多雨，江南自有春。瘴排寒色早，晴發歲華新。地暖仍餘濕，風和欲起塵。舊傷千里目，已復覺愁人。

登揚州城北門予昔侍親寓居此城下驛舍十八年矣愴然感動

昔釣城下水，今來十八年。❶居人幾能在，里巷獨依然。手種成喬木，躬耕有廢田。悲歌顧千騎，不覺涕淪漣。

有懷北歸寄張四和弟

安得生羽翼，超然成遠遊。探書下禹穴，問禮適東周。賢聖有遺迹，江山俱早秋。西風日夜急，無事獨淹留。

❶「十」，明鈔本作「拾」。

金山寺

水面塵土少，山頭炎景微。蛟龍能護法，魚鳥各忘機。山有龍穴及山禽巨黿之屬，皆馴。空寂見佛事，幽閒滯客歸。蓬萊似咫尺，擬縱海帆飛。❶

送張介歸山中

君歸湖上山，寄傲白雲間。巖樹定未改，春條應可攀。曾隨太守薦，近揖上公還。知子不貪貴，令人思閉關。

寒鴉

天清北風厲，日落亂鴉栖。望遠影如疊，聽長聲漸低。月中驚不定，城上暗仍啼。出處乘朝夕，應無失旦迷。

舍弟及楊十七尊兄同年登科賀彦文

紫禁過從密，青雲步武通。文章一朝盛，兄弟兩家同。結綬輕蕭育，忘年似孔融。相看各相喜，安得恨途窮。

冬暖

南服已卑濕，隆冬方晏温。夏蟲輕火伏，葛屨易霜繁。誰復謀吹律？吾真笑負暄。爰居或避地，亦慰

❶「縱」，明鈔本作「從」。

異鄉魂。

山　暖柳河館。

通谷近中原，初陽生舊年。欣欣林動色，漠漠野浮烟。鳴雉飛朝日，新芽發暖泉。東風彊人意，車馬亦翩翩。

公是集卷二十二

宋劉敞撰

五言律詩

銅陵阻風

驚浪乘風疾，浮雲映水低。卷帆高臥熟，看鷁退飛迷。山遠微分樹，村深略辨雞。蒹葭縈客恨，極望正萋萋。

螳蜋

玄蟬無所營，風露正淒清。執翳機何密？當車勇自輕。將迷黄雀患，已變玉琴聲。得喪還相召，南華所以驚。

雨中入省

簡書無暇日，風雨送殘秋。車馬常侵旦，泥塗空自愁。平生本迂拙，歲暮強淹留。會將投劾去，偃息謝交游。

旅居雨中

塵埃厭澒洞，風雨爲驅除。稍稍煩襟盡，蕭蕭秋氣初。堪憂忘陋巷，匡坐讀群書。半夜梁山操，悲歌問起予。

雨　中

蕭蕭過軒雨，物色送春歸。樹緑初成蓋，垣青半長衣。吟懷空擾擾，愁思動依依。想似江南景，草長鶯亂飛。

北牕聞雨

泄雲霏棟宇，危葉墮霜枝。忽忽時空晚，蕭蕭坐自悲。竟無高枕興，還有閉關宜。生事安蓬藋，商歌恣所爲。

送因甫宰湘鄉

相思恨不見，今子去長沙。幸有國百里，可憐天一涯。春風洞庭水，殊俗楚人家。回首傷卑濕，知君髮易華。

挽仁宗皇帝歌四首

漢恩隆四世，商歷盛三宗。與子孫能繼，寧民户可封。雲歸疑厭代，鼎就莫攀龍。廟樂兼《韶》《武》，應傳盛德容。

措刑文武後，四十有餘年。幾與華胥比，寧知帝力然。占齡無協夢，棄躧趣登山。後世稱稽古，應參堯舜篇。

不陣威逾遠，無爲俗自柔。《詩》《書》通月窟，簫勺靖炎陬。畢陌宮車晚，蒼梧草露秋。定知千歲後，民尚是軒丘。

謳歌歸命啓，遏密罄宗堯。陵寢略依漢，衣冠深葬橋。空看同軌至，非復總章朝。西望新宮柏，悲風亦後凋。

太一齋居

適野性所喜，采真今更諳。地偏塵土少，人遠井泉甘。長日眠高枕，微風酒半酣。從來天尺五，信有此城南。

城南晚歸

高秋變摇落，遠水露澄明。飛鳥江中墮，❶孤帆木末征。逆風吹帽側，踈雨逐雲行。興盡聊當反，塗窮眼自驚。

獨酌憶和甫

開牕一樽酒，❷獨酌静無言。明蟾不可駐，❸流水自東奔。❹野犬迎虚吠，舟人争渡喧。悵然此時意，

---

❶「墮」，鮑校本、傅校本作「度」。

❷「樽」，原作「杯」，據鮑校本、傅校本改。

❸「明蟾」，鮑校本、傅校本作「夕陽」。

❹「自」，鮑校本作「且」。

不醉已消魂。

履冰

昔聞《小旻》戒，今踐薄冰行。涌水怒愁裂，寒蛟蟠畏驚。遲遲但覺遠，戰戰尚思輕。誰斷狐疑志？窮源更北征。

燒殘樹

古樹荒祠側，他年雷震餘。蛟龍從此逝，螻蟻至今居。錯節摧犀甲，燒痕蠹漆書。會看妨要路，終勝斷溝渠。

雙樹

吾廬雙好樹，簇簇近浮烟。急雨仍堪倚，斜陽不廢眠。山童勤掃葉，稚子莫驚蟬。俗態輕幽寂，柴門賴素偏。

題巷北桃花

深巷山桃樹，無人亦自芳。青苔何限地？紅蕚可憐香。俗眼輕幽僻，陰天逼艷陽。殷勤謀一醉，容易送春光。

杜祁公挽詞二首

天下蒼生望，朝端百辟師。辭榮如棄躧，得道去乘箕。無復臨雍問，空餘罷市悲。會書廊廟語，世世奉蕭規。

第五廉莫比，留侯功不居。遺風何峻極？❶雅尚得沖虛。平昔常開閤，深塹晚曳裾。千金論一字，永慨袖中書。某去年方與公相識，後累得公書，皆草書親筆，勁媚可愛。

送人之洛

逢人問嵩少，千里駕征軒。倦馬夜未寢，鳴蟬秋尚煩。❷風烟新洛邑，冠蓋上東門。合有西賓問，歸時許共論。

聖俞墜馬傷臂以其好言兵調之

知兵心自許，見謂百夫雄。上馬常慷慨，墮車寧困窮。誠非代大匠，疑欲作三公。匹似陳湯病，猶成絕域功。

烽火壬午歲自關中、河北至青州皆設之，于是烽火通齊、秦矣。

齊、秦誰謂遠？烽火自相通。消息雌雄國，關防百二同。流光下滄海，飛焰避驚鴻。不及承平日，空悲垂白翁。

得貢甫巢縣書云阻風

別離常作惡，衰老異他時。望望風波苦，悠悠兒女悲。江空人迹絕，天迥鳥飛遲。若復無雙鯉，何由慰

---

❶「峻」，傅校本作「駿」。

❷「煩」，鮑校本作「頻」。

我思？

曬　書先祖賜書，法帖甚多。

藏書不滿萬，幽蠹亦時除。上有朝廷副，多從秦漢餘。山川迷禹穴，雲海隔崐墟。持此貽清白，歸爲林下居。❶

邵少卿挽詞二首

湖海青雲器，朝廷白首郎。蹉跎遇已晚，零落意仍傷。屢擁行臺節，頻腰太守章。東南滿遺愛，不獨一桐鄉。

廣柳非高蓋，空山異昔歸。善人天不與，行道涕交揮。髣髴音容在，留連義故違。安居自傳世，閭里尚光輝。君爲三轉運，又累典大藩，致仕而終。

鎮潼觀察留後贈侍中李君挽詞君讓節旄守澶淵，其先人亦嘗守澶淵。

築壇辭將鉞，分土繼緇衣。忌滿名猶誤，宜年報尚非。離鴻哀斷續，埋玉想光輝。冥漠金貂贈，❷空看鹵簿歸。

---

❶「爲」，四庫本作「來」。

❷「漠」，傅校本作「莫」。

侍讀右丞贈尚書李公挽詞

扶陽《詩》《禮》學，世世有知名。玉樹芳榮早，金華地望清。川沈終合劒，風折欲分荆。蕭瑟烏衣巷，偏傷道路情。

再見禁卒往桂陽二首

古亦苗民患，今仍禁旅過。祆氛半翼、軫，殺氣覆山河。御史暴公子，將軍馬伏波。不應淹日月，頻獻凱旋歌。❶

肅肅卷征甲，蕭蕭出郢門。蛟螭雄步驟，鷹隼急飛翻。數有蠻夷警，遥憐賦税煩。唐虞兩階舞，帝肯用昌言。

丁右丞挽詞二首

再歷三公府，終崇萬乘師。優游邇臣表，簡淡古人爲。愛士常推轂，傳家不遺危。平生赤松願，猶復白駒悲。

司籍歸良史，調鐘待一夔。遽聞麟掩袂，猶觖鳳來儀。絶筆流風在，遺音後世知。春原國人送，《黄鳥》寄哀詩。

❶「頻」，傅校本作「賴」。

國殤

屢聞戎馬入，輒有國殤詩。多壘非吾責，亡民痛爾爲。請纓慙肉食，無敵怪王師。聞道臨洮野，天陰戰骨悲。

暮角❶

落日孤城閉，高風暮角愁。邊聲亂歸馬，物色向新秋。❷尚有單于怨，仍傳出塞憂。時平翻感激，不語看層樓。

題天池館二首

誰人畫素屏，中座對滄溟。雲氣隨蛟蜃，波濤湧户庭。風高鵬解羽，天近客浮星。會有湯湯意，無琴亦自聽。

粉墨勢回環，滄波入座間。溟茫朝百谷，迢遞隔三山。怪獸有時化，孤槎何日還？乘桴古人勇，向壁每慙顔。

自長平至陳州河水絶清

清川百里餘，净渌照空虛。落日金波蕩，微風霧縠舒。瑩心看白石，明目數游魚。洗耳非吾事，兹身與

❶「暮」，鮑校本、傅校本作「鼓」。

❷「新」，傅校本作「清」。

世疎。

金山館

出塞二千里，荒亭無四鄰。貪烏飢攫肉，狡兔急投人。短短西隅日，冥冥北路塵。腰間丈二組，空愧漢廷臣。

庶幾堂雨夜偃几作

短夜催微月，流雲濕太空。瀟瀟鳴竹雨，❶颯颯舞松風。形影明燈裏，歡娛隱几中。吾衰儻未甚，正復夢周公。

春晚

芳菲不少住，白日定空長。庭樹暗新緑，春衣生晚涼。悠悠向時節，細細到壺觴。❷誰使風前絮，來參醉後狂？

鐵漿館

稍出盧龍塞，回看萬壑青。曠原開磧口，別道入松亭。此館以南屬奚，❸山溪深險。以北屬契丹，稍平衍，漸近磧

---

❶「瀟瀟鳴竹雨」，傅校本作「蕭蕭篩竹雨」。
❷「到」，鮑校本、傅校本作「倒」。
❸「南」，傅校本作「前」。

矣。别一道自松亭關入幽州，甚徑易，虜常祕不欲使漢知。❶ 虜馬寒隨草，❷奚車夕戴星。奚人以車帳爲生，晝夜移徙。 忽悲田子泰，寂寞向千齡。

涼　雨

晚雨蕭蕭急，秋陰處處高。風雲愁宇宙，淮海怒波濤。貧有匣中劒，飢餘井上桃。誰能散積靄？萬里度鴻毛。

風雨寄張野人

天地初開泰，雲雷未厭屯。泥深長閉户，謀拙苦憂貧。狼藉千株雪，空亡一半春。仍愁三徑裏，草色斷幽人。張好《周易》陰陽之説，故詩有泰、屯、狼藉、空亡之語。

孤壘二首

孤壘敞新觀，層軒臨暮霞。分明魚意樂，徒倚客愁賒。遠近見百里，高低有萬家。春風甚不遠，更種滿城花。

落日含古意，高臺多遠心。魚龍潛凍水，蟋蟀有哀音。江漢南浮遠，關山北望深。張衡《四愁》意，歷歷起登臨。

❶ 「虜」，原作「敵」，據鮑校本、傅校本改。
❷ 「虜」，原作「敵」，據傅校本改。

連日西南風戲作

連日風且曀，端居突不黔。西南人殆絶，甲子雨還兼。巫峽雲屢起，洞庭波正添。誰能誅屏翳？試使後飛廉。《離騷》：日後飛廉使奔屬。

雨中送孜入京兼呈諸親舊

江外五年别，齋中三日留。何能慰衰疾？正足亂羇愁。澤國瓜時雨，淮山桂樹秋。思歸欲招隱，❶一一謝交遊。

對　雪

朔雪似迎春，霏霏散玉塵。稍看人迹絶，坐對物華新。地暖消還疾，風高舞正頻。郊扉聊自臥，誤怪洛城人。

對雪憶隱直

淅淅度牕竹，紛紛綴館梅。怕消愁寂寞，看舞愛徘徊。寡和思吾友，相望共酒杯。時披白鶴氅，西北上高臺。

八月十六日夜月

不減冰輪滿，微增玉漏長。過雲收薄潤，重露濕清光。歷歷素娥影，菲菲丹桂芳。枯槎容客載，醉過羽

❶「欲」，鮑校本、傅校本作「與」。

人傍。

秋霽望月

明蟾此夜新，竚立爽精神。幾夕隔霖雨，相看如故人。❶風生疑折桂，雲過欲埋輪。應有關山客，長歌淚滿巾。

送張器著作

昔年聞子虛，上國重相如。老厭諸侯客，晚陪東觀書。絃歌魯儒習，風俗楚人餘。感激青雲氣，功名亦未疎。

江行寄隱直

自念復遠適，與君仍解攜。天文鶉首尾，地勢陝東西。江漢饒風雨，關山盛鼓鼙。離憂各易老，秋意欲悽悽。❷

新梅寄春卿給事

徂歲嗟無奈，新花笑自如。雪魂消去未，春色復歸初。欲折意空遠，少留香有餘。一枝寄驛使，浪語故愁予。

❶「看」，傅校本作「望」。

❷「悽悽」，鮑校本、傅校本作「凄凄」。

禦　冬

漂泊愁多病，差池歲復闌。老驚時月疾，貧畏雪霜寒。外物關身足，空堂寓膝寬。敢希王佐略，聊取一枝安。

春日小園憶張六

不見張公子，春遊分寂寥。獨行愁楚澤，何處榜吴橈？芳樹皆宜笑，垂楊總細腰。一樽成强醉，四望欲魂銷。

雪後遊小園

園林過新雪，草木散芳華。物色皆疑似，春歸亦有涯。逕泥生沮洳，凍乳滴楂枒。❶所適從吾樂，淹留見暮霞。

納涼明教臺呈太守

榻移隨樹影，杯側見山岑。白鳥渴求水，玄蟬清噪林。道書無近語，天籟有遺音。向北新開逕，行苔過竹陰。

臨淵亭寄輦下親舊

鼉魚山迤邐，北有鼉尾山，又有魚山。濟汶水交流。信美終非土，思鄉更倚樓。露滋黄菊晚，風起白雲秋。

---

❶「楂枒」，傅校本作「查魣」。

長嘯澄潭上，誰憐公子牟？

丁酉五月郭守恩戰歿武戡走入壁守恩勇將有智略

敵兵得漢巧，五月戰西河。壯士平原死，孤城殺氣多。猶聞疏勒守，無復魯陽戈。不反東流水，滔滔奈爾何！

聞舅氏以祕書監致政謹獻拙詩爲賀

今日王朝士，多稱賢大夫。恩榮隨几杖，官職上蓬壺。行路歎或泣，都城畫有圖。他時辟雍問，惇史記訏謨。

得和書自越入京時寓商丘

遥想行舟處，春江花正繁。殊方更回首，不語獨銷魂。寡和愁郢客，雅游思兔園。吾能事應聘，見爾大梁門。

送杜横州

小郡横山外，居民半島夷。路偏逢客少，地濕見秋遲。銅鼓侵城角，蠻旌接使麾。平生聞義勇，好祭伏波祠。

送余江州

潮汐通城下，東南仍上游。懷章趨便道，疊鼓送華舟。卷旆鷹隼急，落帆江漢秋。心知戀魏闕，頻上庾家樓。

冬至即事

南極日差永，幽人喜不勝。陽生漸堙鬱，陰老尚憑陵。風解吴山雪，江流蜀地冰。衝寒彊乘興，屣履過鄰僧。

晏公挽詞三首

望苑牧英儁，巖廊奉德音。功如四支重，化以二《南》深。安仰嗟維石，能傳賴碎金。浮雲送哀挽，慘澹更爲霖。

簡易能容士，精誠樂與賢。如何五湖尚，非復赤松年？几几空遺舄，悠悠不問天。獨應春輟相，令望故依然。

衮戟三司舊，笳簫一品榮。獨傷去國意，仍以撫封行。落日白駒影，空林黄鳥聲。公歸那不復，悽愴國人情。

鄰幾挽詞二首其叔爲之主。

那知一樽酒，流涕寢門前。非復平生日，空看東逝川。詩書遺素業，山水閟空弦。人物陳留古，當憑耆舊傳。

忘年一傾蓋，適意兩虚舟。老去翻相失，人生固若浮。蕭條蒿里餞，零落竹林游。知與不知者，同時俱涕流。

聖俞挽詞

孤宦衆人後，空名三十年。交游一時絶，詩筆四方傳。歸旐江湖永，藏書日月邊。應封《史通》子，他日慰窮泉。聖俞預修《唐書》，書成未上而亡，議者欲請于朝，賜一子官，以追寵之。❶

洗　竹

舍側萬竿緑，蕭蕭終歲佳。翠深疑魍魎，根老畏龍蛇。翦剔扶霜節，分張及馬檛。世無嵇、阮輩，竟負野人家。

爆　竹

節物隨時俗，端憂見旅情。土風猶記楚，辭賦謾譏傖。烈火琅玕碎，深堂霹靂鳴。但令休鬼瞰，非敢願高明。

歲暮憶隱直

歲窮浩長歎，心事如波瀾。高卧老將至，相思天正寒。浮雲紛霰雪，陋巷獨瓢簞。裹飯非無意，悠悠行路難。

雪中與長文景仁會西閣

梁山風與雪，歲暮自峥嶸。誤逐滄浪叟，飛來白玉京。屯雲紫微閣，疊壁九重城。更挹浮丘袂，端令俗

❶ 此注鮑校本無。

眼驚。

梅❶

澤國春還早，山梅臘競花。繽紛迷雪意，浩蕩逼年華。驛使紅塵遠，江風短日斜。芳菲恐易失，愁思亂悲笳。

立春日雪中遊蒙谷

冰解泉應動，雲寒雪更飛。谷中知律變，林下覺春歸。風物如游蜀，衣冠似浴沂。瑶林與碧樹，處處競芳菲。

墨　竹

羈游念此君，子墨慰幽人。洒落不經思，蒼筤如出塵。交加月下影，濃澹霧中筠。試作吴山想，蕭蕭意亦真。

夕　陽

過雨風景好，斜陽林下明。倦游宜几杖，卻埽稱柴荆。宿蝶依花静，歸禽觸葉驚。逍遥共兹世，聊復得吾生。

❶「梅」，鮑校本、傅校本作「梅花」。

寄題歙州流盃池

公子愛客意，高山流水間。清波無斷續，翠巒自迴還。野興四時得，棠陰終日閒。何當竹林賞？醉耳聽潺潺。

答張給事途中微雪見寄四韻

空行萬里塞，不見六花飛。目北庭回，三十餘程未嘗見雪。今日傳清唱，端來點客衣。度關迷馬色，拂樹散春暉。不減山陰興，從軍中夜歸。

雪　後

飛塵暫消凍，❶春意亦沖融。❷野水涓涓緑，林梢靡靡紅。躍魚輕泮凍，鳴鶴舞和風。出處驚時節，悠悠看歲窮。

古北口對月

萬古關山月，遥憐此夜看。蛾眉空自嫵，叢桂不勝寒。他日刀頭問，何時客寢安？因之千里夢，共下白雲端。

❶「凍」，傅校本作「息」。

❷「亦」，傅校本作「日」。

新　月

花外驚新月，春殘復滿弓。餘香輕墜露，疎影細含風。火禁通方俗，年華思老翁。清光堪半夜，稍醉玉壺空。

雪後病愈至射堂作

病失千峰雪，晴開萬景新。鴈飛天欲暖，風起野無塵。弱柳悲羌笛，辛夷思楚人。攀條復顧影，頗似去年春。

目疾呈深甫

久思廢耳目，乃復困觀瞻。默坐但憑几，幽居長下簾。玄黄迷宇宙，明晦錯烏蟾。萬事形骸外，人將不汝嫌。

新晴二首❶

雨餘春更好，日出望還新。喧鳥啼驚客，林花笑向人。年華如過鴈，世事劇飛塵。置酒陶嘉月，滔滔醉任真。

薄雲開早景，宿潤減飛塵。好在松筠色，依然鳥雀馴。避人深卻埽，炙背暖生春。未得獻天子，潛書報近鄰。

---

❶「新晴二首」，鮑校本、傅校本作「初晴」。

秦淮對月

舊熟秦淮水，今浮萬里船。泬寥明月夜，淡泊始秋天。静境他時絶，清光度曉圓。無人漫詠史，回首憶先賢。

晚泊對月

川光晚都白，岸色遠全青。明月隨孤劍，浮槎送客星。南飛鵲擾擾，北鴈嚮冥冥。❶誰謂悲歌短？能吟酒易醒。

欲雪寄貢甫

欲雪天地閉，積雲江海昏。著書成寂寞，玩歲覺崩奔。鴻鴈自嘯侣，鶺鴒常在原。離憂紛滿眼，浪作種庭萱。

初雪

三日風振海，中宵雪覆城。已看秋落漠，更逼歲峥嶸。原隰龍沙磧，樓臺白玉京。知誰錯吹律？物物驟堪驚。

殘雪

積素不可卷，潛陽方未蘇。勁風吹强起，明月照全無。封蟄龍蛇病，傷根竹柏枯。誰能開白日？后土

---

❶「鴈嚮」，傅校本作「嚮鴈」。

正泥塗。

望雪山

朔風何處雪，徑度江南山。半出青天外，猶臨庭户間。崔嵬海潮湧，泱漭暮雲還。壯觀感人意，長謡如可攀。

戲賀段生

驃騎門下士，蹉跎已白頭。知人家監誤，彈劍起吹愁。❶忽逐侏儒飽，遥聞禄仕優。還鄉問耆舊，當憶負薪謳。生本會稽人，娶妻上國，居李師門下十年得官。

❶「吹」，傅校本作「吟」。

公是集卷二十三

宋劉敞撰

七言律詩

贈致政葉郎中

老掛朝冠息故園，國人同歎仲翁賢。心慙白首戀三署，意與赤松均大年。玉樹承風榮紫闥，史臣書美耀青編。他時就問朝廷策，還見公卿語鄧先。

次韻和寄

講業儒林璧水開，望親雲下想徘徊。平原日暖歌鴒在，橫隴風高聽鴈來。隱几郡齋閒主諾，薦羞家府樂循陔。何時乞得歸寧告，對襲斑衣捧慶盃。

寄獻淮西大哥給事附案：淮西給事即敞也，此詩當係其弟攽作。

千里提封盛府開，照淮紅旆晚徘徊。地靈固有壺公舊，時泰不同唐相來。韋斷陳編占藥喜，珠揮新什詠《蘭陔》。阿連今羡南飛翼，酒影猶能入壽盃。

送晏公留守南都

蒼龍大火明堂分，原廟離宫萬乘居。五帝遺聲在名頌，三公出使用安車。去思尚想多耆老，條教秖煩讀舊書。複道平臺彌百里，鄒陽何處曳長裾？

伯父挽詞

四十賓興七十歸，清風遠與古人稀。未如彭祖猶爲天，頗似桐鄉得所依。大塋在京師，伯父嘗爲長洲，因遂葬焉。何路可能奔遠日？此生無復待烏衣。故尋庭樹丁寧誨，東望吴門涕自揮。

城下種竹今春極有佳筍

環城密篠舊檀欒，春筍新成幾萬竿。池上龍蛇驚蟄起，軍中矛戟繞營看。烏啼窈窈千重碧，風過蕭蕭五月寒。緩帶輕裘容自暇，屨綦多向此林端。

四月見梅花作

臘前芳樹暑前開，笑憶《周南·摽有梅》。玉色還如雪中見，天香不減嶺頭來。黄鶯未識休頻顧，粉蝶初逢亦自猜。應與靈芝競三秀，碧城瑶圃隔塵埃。

寄慶州子華侍讀諫議近有書道舊。

禁中頗牧去臨戎，屬國歸來敵壘空。聞道詩書今絶幕，復看天馬亦從東。醉傾床酒留邊月，歌倚鵾弦舞朔風。猶憶平生歡一笑，莫忘書札寄賓鴻。去年慶州討畔有功，近西人上書乞「六經」，又遣使大市邊馬，故并及。

姚家寨道中逢李諫議

蕭蕭歸騎歷崔嵬，一見塵中耳目開。授玉同爲萬里使，望雲先識二星回。北荒鵬躍南溟去，西極馬循東道來。世上應無此别遠，留連殭盡手中杯。

逢范景仁李審言二諫議

怪來原隰滿光華，不意相逢天一涯。❶久别班荆情未易，❷少留空蓋日傾斜。❸山連木葉千峰雪，地逼龍城萬里沙。深愧壯心輕遠適，自嫌憔悴聽悲笳。

貝州未破書寄王子直司徒

孤城死地尚睢盱，智勇俱當竭蹶趨。貧且賤焉真恥也，壯之良者盍行乎。料無豪傑同吴反，陰有神靈助漢誅。深怪先登少瑕叔，不應時論惜蝥弧。

酬宋次道憶館閣曝書七言

長廊複閣接天居，炎日清風蠹寶書。乍到似迷群玉近，屢觀疑及羽陵餘。俊游真與塵埃隔，逸賞空驚應接疎。石室會須歸史筆，《周南》寧復滯君車。

---

❶ 「逢」，傅校本作「從」。

❷ 「班荆」，鮑校本、傅校本作「崇班」。

❸ 「少留空蓋日傾斜」，原作「少留傾蓋日空斜」，據明鈔本改。

九日龍華閣寄永叔永叔有書見憶。

黄花欲落曉霜濃，極目秦川一望中。節物還如去年好，懽遊不與故人同。接䍦自恣風前落，羽檄寧妨席上通。還畏簡書歸未得，寄詩黄閣付征鴻。是日得秦州檄，調兵備邊。

寄題友生水閣

曲岸重重植淺莎，雨餘初覺長微波。水紋滿屋浮清簟，風力衝階折芰荷。境静自宜詩興遠，夜空應見月明多。從來著述希揚子，爲羨幽人載酒過。

逢永叔

絶域逢君喜暫留，舉杯相屬問刀頭。久持漢節旄空盡，獨拜穹廬死可羞。醉裹歲華驚易老，愁邊溝水愴分流。玉關生入知無恨，不願張騫博望侯。

和永叔景靈朝謁從駕還宫

漢帝迎年十二樓，明廷朝計萬諸侯。真仙降集鈞天樂，雲旆回翔駟玉虬。物色遥占紫氣入，香烟不隔曙光浮。祕祠非爲神君語，自飭衣冠渭北游。

泥雨早朝

雲氣卷舒東復西，月華明晦曉兼迷。正憐盛服坐假寐，何處蒼蠅來誤雞。高卧山林勞夢想，出門冠帶混塗泥。人間氣味故易厭，豈若從容歸治畦。

次韻得午日酒

午日風光復晏陰，軒昂未許歲華侵。楚魂招後宜皆醉，春醞來時且獻斟。高枕洞庭看鳥度，卷簾衡岳聽猿吟。郢中寡和由來事，應喜新詩有嗣音。王僧達《答顔延年詩》云「春醞時獻斟」。

十二月十六日

水國冰銷天欲春，山城日出景還新。可憐物色曾非土，亦復窮愁不放人。碌碌流年轉車轂，悠悠生意厭風塵。草茅不必開三徑，杖履何嘗及四鄰。

孫侍郎訪及仍攜示近詩

泌水衡門野老居，彤幨丹轂使君輿。固驚北海猶知備，曾謂西河尚起予。高臥窮愁迷歲晚，立談襟抱爲公攄。浪傳方伯中和頌，詎有虚儀講德書。

逢呂侍郎

北鴈南鳬不自期，異鄉交臂復分飛。壯心已折霜侵鬢，徂歲相看淚滿衣。絶幕陰多逢日少，滯林行苦見人稀。❶子牟意緒君諳識，況乃登臨遠送歸。

寄西臺吴侍郎

淮陽高臥彊逾時，洛水嵩峰入夢思。霖雨徒深旱歲望，白雲自與帝鄉期。功名擺落人間世，出處優游

❶「滯」，傅校本作「遰」。

萬乘師。坐視天民應未可，似公當就太平基。

同濟川題王金吾園亭

王侯功業等山河，謝、傅風流倦燮和。治第由來處窮僻，賞心曾是極酣歌。歲寒松竹孫枝在，詩罷池塘宿草多。聞道將軍亦愛客，春游不問主人過。

謝晏公蓮實

落蘂漂香思碧蓮，嫩芳成實澹晴烟。❶玉杯側露參差重，麟趾模金約略圓。擷秀乍聞回急槳，薦新還許備加籩。涉江不限芻蕘往，志服深希百疾蠲。《本草經》：藕實久服除百疾延年也。

答許待制依韻

水衡錢朽太倉陳，均逸于藩布上仁。朞月政聲歸臥理，舊邦風物變車鄰。懷章昔別江湖永，辭劇由來意氣真。召伯《甘棠》大山賦，去思留得與邦人。

曹秀之待制罷福建還朝劉君玉待制自長沙移鄧俱會郡下作七言敘別

華閣昭回雲漢間，侍臣高選奉清閒。曹、劉共許同時貴，楚、粵初看報政還。邂逅相逢驚遠別，從君一笑發愁顏。莫教鐃鼓催行色，更益春風兩鬢斑。

---

❶「晴」，傅校本作「清」。

將去上清題梧桐樹

小砌圓陰覆瞑霞，曲軒疎牖稱相遮。已成嘉實誠無用，未遇知音勿遽嗟。得地豈須矜露井，隨流方共笑枯槎。明年冠者成春服，重看紛紛滿樹花。

鳳凰山笙竹

仙山不記鳳鳴時，碧篠空含玉潤姿。海外雖傳有嶰谷，人間似未悟孫枝。道家正貴知音少，野處還于静節宜。千歲重尋《樂毅傳》，悠悠更覺使心悲。❶

上巳日玉津園賜宴是日雜端爲主人

御苑初晴暖景微，侍臣還許宴春輝。鳴禽試羽交交囀，落葉迎風冉冉飛。執法在前容款曲，大官先置盡膏肥。和平自是歡娱日，未醉春醪未可歸。

和憶幽谷二首❷

早聞幽谷未曾窺，翠壁清泉入夢思。到眼惜無名手畫，醒心欣得醉翁詩。種花舊比甘棠樹，刻石今成峴首碑。使我一麾從此逝，勝遊當不減君時。

深居忽忽春空過，積雨瀟瀟夏欲交。近砌梧桐新有蔭，銜泥燕子總成巢。此邦卑濕酒長醉，隨事文章

---

❶「悲」下，傅校本有「《樂毅傳》中稱『汶篁』此嘗是已」十一字。

❷「和憶幽谷二首」，傅校本作「又和憶幽谷」。

亦解嘲。心遠地偏人跡絶，漫勞三逕數誅茅。

京尹仲議侍讀自成都赴闕將過長安先寄

都城一別遠相望，楚水秦山各異方。每頌中和傳四子，重聞京兆得三王。執經誤接金華祕，臥閣驚看鬢色蒼。逃暑肯爲十日飲，能無歌舞薦清觴。

初雪朝退與諸公至西閣

朝光初上九門開，貝闕珠宮白玉臺。真有燭龍浮渤澥，卻占雲氣認蓬萊。斗回暖景聞鳴鶴，稍借新芳入早梅。便覺年華無限賞，履綦重疊遶蒼苔。

答河中梅龍圖

龍池柳色鎖春烟，故國風光此地偏。高下樓臺渾浸水，往來車馬自隨船。舉杯醉舞時相屬，倚瑟悲歌忽愴然。安敢爲文敵金谷，誤煩求友賦新篇。

離陳州先寄潁上龍圖

蓬蒿一畝亦蘧廬，終歲紛紛三徙居。客耳欣沾潁川水，兒謠積厭武昌魚。寧知代舍悲長鋏，忽幸侯門埽敝裾。雖信師金譏數昧，未甘萊子勸捐書。❶

❶「勸」，傳校本作「勧」。

寄襄陽舅氏龍圖

虎符龍節鎮方州，天禄先生尚黑頭。南山紀川殊壯麗，❶高陽賓客故風流。沈碑幾處書遺受，❷非土他時恨倚數。想詠五君夸屢薦，爲憑三鳥寄綢繆。

送司馬倩赴權官平涼尉

將女隨郎過渭城，❸正如前曰武陵行。當時底事傷離别，今日安知隔苑渺。❹生渺平波侵漢苑，纍纍高塚厭奏京。登臨感慨尋常事，何況衰年父子情。

和春鄉答韓殿丞

暫辭金鼎擁朱旛，注意雖殊體貌存。擺落功名如脱屣，招攜賓客許遊藩。東人愁詠鴻遵渚，北海欣看酒滿罇。無以公歸君幸鳳，識池深隔九重閽。

復　雨

閉門高枕避春霖，眼見群芳稍見侵。獨醒不如終日醉，正想邦似斷年陰。老驚歲月都無用，興在江湖

❶「麗」，鮑校本、傅校本作「觀」。

❷「處」，原作「虔」，據鮑校本、傅校本改。

❸「過渭城」，原作「渭過城」，據傅校本改。

❹「日」，原作「曲」，據四庫本改。

特更深。正想青楓千里外，草長波闊亂愁心。

雨中醉歸

楚山終日雨霏霏，寥落村花入眼稀。可惜東風變酒味，無端宿靄破春暉。屈平漁父誰清濁？御叔臧孫交是非。倒著接羅驚道路，悠悠判與世相違。

永叔附寄滁州庶子泉李監題十二字

瑯琊山側白雲溪，石壁何年李監題？翰墨一時稱妙絶，塵埃數字尚端倪。驚看龍虎潛光彩，恨使莓苔損角圭。大叫發狂心未足，竹林幽賞負招攜。

臨崑亭

孤城西北起高樓，天半崑崙入寸眸。碧樹參差見平圃，屯雲重疊辨軒丘。百年禮樂逢休運，千里江山極勝遊。那似鮑照空寫恨，❶不爲王粲獨銷憂。

和永叔李太尉飲席聞箏

紅顏翠髮奪春輝，纖手哀弦逐羽巵。正使千觴無復醉，誰令中曲不勝悲？留連起舞驚殘夜，倣寫遺音入怨詩。我識《東山》安石意，沾襟應自屬桓伊。

❶「照」，原作「昭」，據文義改。

齋宿集禧觀戲詶永叔見寄時永叔在後廟攝事

尚平故有五山期，獨許迎年太液池。貝闕碧城相絢爛，石林琪樹共參差。玉盃醽好經時醉，冰簟風多盡日棋。❶正想火龍勞陟降，更煩佳句寄相思。

依韻和致政龐相公上巳約遊集禧觀不至

琳館經春瑞氣浮，當時曾約相車遊。❷仙花又向庭中落，宮水還縈苑外流。雲路空思攀去鶴，沙堤猶憶問行牛。明年三月芳菲在，須把蘭亭禊事修。

馬上南風變晴

繁陰欲閉凱風來，一埽窮荒萬里開。日色葱曨浮渤澥，雲容舒卷映蓬萊。旅情更覺光華遠，暖意何妨節物催。醉眼卻思山雪好，臘前容可當新梅。

新種雜花樹

江邊臘破東風起，舍側栽花遶四鄰。要似桃源堪避世，會令桂樹默留人。即看紅葉娟娟秀，豫想喧蜂處處新。庾宅荒涼宋亭古，應須大占郢中春。

---

❶「冰」，傅校本作「水」。

❷「曾」，原作「會」，據傅校本改。

答子温雪中見寄

勁風蕭颯結衡波，飛雪崩騰萬里過。亦未妨人洛陽臥，還聞有客郢中歌。壯心可念哀鴻遠，正色遥憐翠竹多。會卜豐年慰羈旅，敢辭荒逕重張羅。

次韻和永叔歲旦對雪見寄時某于上源驛典護契丹朝正使人日當歸前一日始得此詩

朔風千里動高簾，雷起龍山晝擁簷。屬國請纓謀已拙，屠蘇澆酒歲空添。翦幡春事宜人日，破鑑歸期見玉蟾。聊欲爲君留薄具，爛蠡床酒水精鹽。❶

答景彝對月

正惜蟾蜍沈夕靄，忽傳鐘鼓送秋晴。浮雲四卷無餘迹，斜漢西流亦自明。危檻鈎簾吟獨久，❷薄帷高枕夢逾清。❸幽蘭佳菊溥新露，❹的歷珠華滿翠莖。❺

立夏祠太乙宮

絳闕迎年候執期，羽衣通夕侍嚴祠。神光映月開璇室，香霧含風拂桂旗。路遶城南天最近，地非人境

---

❶「床」，原作「床」，據傅校本改。

❷「鈎簾吟獨久」，鮑校本作「釣篇吹獨夕」。

❸「帷」，鮑校本作「食」，傅校本作「涼」。

❹「佳菊溥」，鮑校本作「丹桂沾」，傅校本作「佳菊霑」。

❺「歷」，鮑校本、傅校本作「的」。

日偏遲。還聞增授無窮筴，馳奏中宸對受釐。

自陝到闕感而成詠

葱葱氣象瞻嶢闕，肅肅行裝造近畿。鈞奏昔年曾夢到，玉關今日是生歸。茂陵病久迷朝序，宣室人疎懾帝暉。簪屨未忘恩再造，不然何路謁彤闈。

送人赴闕

五月齊侯報政時，衮章英節照西畿。昔看高鴈冥冥去，今喜長螭婉婉歸。詔使相望擁冠蓋，都人傾倒遲光輝。師臣固有三公拜，豈獨優游奉講闈。

留別永叔

回車欲度幕南庭，此地那知眼界青。❶老覺鬢毛俱種種，醉看風物盡冥冥。平時慟哭休論事，遠別悲歌不忍聽。❷且共春風同入塞，憶君時計短長亭。

澄心堂讀許渾以下諸詩

許渾詩後三百年，長嘯空堂覽舊篇。落日孤城曾不改，曲池高樹復依然。塵埃暫憩道路客，文雅相追今昔賢。魚躍鳶飛殊有意，卜居仍欲近湖邊。

❶「界」，鮑校本、傅校本作「解」。

❷「不」，原作「更」，據鮑校本、傅校本改。

寄密令楊彥文

傾蓋相親成白頭，離懷終日敵三秋。可憐雞黍虛朋好，應用弦歌亂旅愁。太史成書自留滯，石城通信已沈浮。王孫可恨山中久，舊令曾爲褒德侯。

答楊令彥文

從吏相望千里餘，蓬蒿無以避空虛。豈惟論議沈時俗，更覺精神耗簿書。慙愧故人存雅素，殷勤佳句慰離居。《周南》會是弦歌地，莫忘尋盟一起予。

寄致政張大卿

昭回雲漢麗清秋，曾看星槎歷斗牛。歸去還爲竹林會，相望寧減赤松遊。達人軒冕都如夢，塵世功名不自謀。聞道東山多逸賞，從君欲具五湖舟。

送伯鎮守湖州

馮公白首敝長裾，萊子斑衣樂有餘。金馬門前歌避世，水精宫裏奉安輿。萬重巖岫高藏日，百丈溪泉俯見魚。去去春風稱行樂，京塵回首憶離居。

次韻四叔父出守新定寄歐陽一首

勾吴半在海山中，聞道驅車更向東。舊治空傳漢都尉，漢丹陽都尉治歙。遺民無復楚諸熊。楚之先熊繹封丹陽，其後徙郢。文章老去輕時輩，勢利恬來付覺雄。臥理便應長閉閣，一方還見古人風。

園人獻蒲萄

婉婉柔條萬虺蟠，纍纍佳實紫金寒。甘泉滲液秋香重，瑞露凝膏曉色乾。鮫室珠盤驚不定，蓬萊金醴恨微酸。❶貴人寧借涼州牧，暫負衡門報一餐。

送劉先輩恕年十八舉進士，通「五經」，登科，以年未及格守選。

關東少年西入都，諸老先生驚不如。射策遂爲天下選，限年卻就里中居。豫章固起秋毫末，千里方從跬步初。會見高明成偉器，不憂絳灌毀《新書》。

聞范參政巡西邊

漢與匈奴如弟兄，猶傳敵騎向邊城。數煩卿士親持節，始恨儒生妄請纓。形勢倒懸方舛逆，計謀無益是縱横。古來賢哲多屠釣，公試諮詢策太平。

次韻和王刑部秋日寄元兄尚書

脊令原隰曉霜清，季子嗟行不自寧。歸夢時環北斗極，相輝猶隔太微星。源流淮水占何遠？羽翼西山藥最靈。接武禁嚴多故事，共看蘭玉出階庭。

至日早起

至日應添一線長，漢儀憶奉萬年觴。嗚珂列炬隨丞相，長劍高冠滿未央。法從此時瞻玉座，侍臣獨許

---

❶「醴」，原作「體」，據傅校本改。

近清光。輶軒今出荒山外，厭見塵沙萬里黄。

冬　至

殊方喜及固陰消，積雪層冰意亦聊。就日稍欣南極永，觀雲尚恨帝鄉遥。閉關自信天心復，吹律應知玉琯調。留滯能無越鄉戀，甘泉受計萬神朝。

聞元旦大朝會

玉帛雍容萬國來，帝城如斗挹春迴。旂常影亂三辰象，鐘鼓聲喧百里雷。北極正臨丹鳳扆，南山遥入萬年杯。諸神受計明堂定，留滯江濱志已摧。

公是集卷二十四

宋劉敞撰

七言律詩

招友上清宫❶

脩竹高松無俗塵，全然不似近城闉。黄冠習静多藏客，野鳥忘機卻傍人。高閣切雲銜落日，廣庭霏雨濕清珉。北牕固有逍遥地，來讀《離騷》戴角巾。

聞范饒州移疾

汲黯廉平漢主知，淮陽移病苦清羸。偃藩政事應無及，伏閣精神定未衰。天欲期人身必乏，❷帝疑飛將數多奇。何當半夜開宣室，獨使雍容對受釐。

❶「上清宫」，明鈔本爲小注。

❷「期」，鮑校本、傅校本作「斯」。

編《杜子美外集》

少陵詩筆捷懸河，亂後流傳簡策譌。❶樂自戴公全廢壞，書從魯壁幸增多。斯文未喪微而顯，吾道猶存嘯也歌。病肺悲愁情自失，苦吟時復望江沱。子美詩云「病肺臥江沱」，予亦有此疾。

鼓角樓宴集❷

周城百雉擁中軍，阿閣三間麗白雲。❸燕雀總知依盛德，山河相與助雄文。此樓府公作，自爲之記。輕裘緩帶居多暇，旨酒嘉肴客易醺。還識魏牟懷北闕，正逢長日扇南熏。❹

夏日上府公❺

紅芳過盡緑陰多，索寞無如長日何？午影遲留成藴暑，熏風飄蕩作清和。夢餘欲驗松生腹，棋罷真知斧爛柯。❻還想高吟酬美景，訟庭岑寂長青莎。府公有詩云「高吟酬永晝，痛飲歎華年」，故及之。

---

❶「譌」，明鈔本作「訛」。
❷「集」，鮑校本作「席」。
❸「間」，鮑校本、傅校本作「階」。
❹「熏」，傅校本作「薰」。
❺「夏」，鮑校本、傅校本作「長」。
❻「知」，鮑校本、傅校本作「如」。

賀司馬君實何濟川得寵公炭

上府愛才天下聞，兩君素出將軍門。❶欲正大冶慰民望，❷豫排寒風作春温。❸不煩束緼資遊説，聊復優賢報國恩。❹自笑野人臥窮巷，負暄方擬獻天閽。

獨宿直舍

談笑從容宫漏稀，高軒去盡掩重扉。風含玉宇霜威勁，月上疎牕燭影微。❺周衛相望諠夕警，❻爐香不斷護朝衣。塵軀更覺仙山峻，旅夢端從江海歸。

五月望日赴紫宸謁待旦假寐

半夜北風天反寒，倒衣驚問紫宸班。雲容不辨陰晴際，月色猶迷爽晦間。獨喜鳴雞應鐘漏，❼正憐殘

---

❶「君」，原作「軍」，據傅校本改。
❷「冶」，鮑校本、傅校本作「爐」。
❸「豫」，明鈔本作「預」，傅校本作「願」。「風」，明鈔本作「氣」。
❹「復」，明鈔本作「取」。
❺「月上疎牕」，明鈔本作「月墮窗疎」。
❻「諠」，鮑校本、傅校本作「喧」。
❼「應」，鮑校本、傅校本作「識」。

夢識江山。❶濯纓簪筆初無補，空愧紛紛數往還。

送李留後守東平

少壯去人如水流，似君那作侍祠侯。高談每及功名際，出守真寬聖主憂。麾下百城包海岱，道傍千騎擁貔貅。家聲時論俱輝赫，世將寧爲好時羞。

題連理亭 唐乾符中所建，其棟梁頗宏壯，云自盧龍涉海致之也。

靈光蕪滅泮宮平，三百年中獨此亭。無復喬林見連理，尚傳高棟出窮溟。疎簾清簟宜炎日，苑柳長梧半廣庭。臥向汶篁塹薊植，燕山都欲負刊銘。

答陳州通判廷評同年

黄門獻賦接群賢，上國知名獨累年。不謂招徠從隗始，至今慚愧在盧前。簿書幾廢三餘學，繩墨空勤一割鉛。還喜遷喬友聲近，❷高山流水入清絃。

麃子嶺帳館寄隱直

離腸易感歲華催，更席龍沙望紫台。持節不眠宵自永，聽笳無事淚空摧。❸扁舟何處山陰雪？驛使

---

❶「識」，鮑校本、傅校本作「失」。

❷「聲」，傅校本作「生」。

❸「摧」，鮑校本、傅校本作「催」。

他年嶺上梅。欲寄一書愁已亂，天邊應候客星回。

過中京走馬上平安奏狀

載驅冬歲拯河源，❶虜廷在潢水北，❷云自天潢也。❸狀奏今朝款帝閽。目斷白雲浮魏闕，心先飛騎向中原。揣摩詎試衡人術，感激空銜國士恩。猶使匈奴戴黄屋，南歸慚弔陸生魂。

冀州正月十六日飲席

月缺雪殘雲亂飛，千燈相照續長輝。寒欺短夜禁杯酒，春入東風試舞衣。老惜佳辰經歲得，醉驚陳迹出門非。漁陽鼓節尤悲壯，知我心從萬里歸。❹

無雙亭觀瓊花贈聖民

東風萬木競紛華，天下無雙獨此花。那有靈霙凌暖日，❺不爲琪樹隔流沙。祠城寂寂春空老，江雨冥冥日易斜。仙品國香俱妙絶，少傾高興盡流霞。

---

❶「載驅冬歲拯」，傅校本作「驅車終歲極」。
❷「虜」，原作「北」；「潢」，原作「横」，均據傅校本改。
❸「云自」，傅校本作「自云」。
❹「心」，鮑校本、傅校本作「新」。
❺「靈」，傅校本作「雪」。

園人獻芍藥

淮海由來草木夭，春工殊復自嬌嬈。始知隋苑多佳麗，未覺吴宫久寂寥。冰雪肌膚明綽約，雲霞衣服潤飄蕭。一枝漫取堪誰贈？老去風情不自聊。

雨中北軒晚寢

樹色禽聲相與閒，吾廬仍共一枝安。浮雲蔽日緜緜雨，積水嬰城慘慘寒。還恐百芳從此歇，不知后土幾時乾。閉關高枕交游絶，一夢江湖意緒寬。

和府公多葉榴花

翠條紅蘂映貧家，笑倚熏風拂露華。重疊火雲燒落日，淺深金鼎轟丹砂。多情强自含春恨，不語那能學館娃。但寄一枝共醉賞，❶試將顔色比裙紗。

寄謝霍丘静樂亭

城西陵谷幾推移，仍有中庭玉樹枝。從政真同傲吏隱，賞心能與古人期。誅茅改築成芳樹，引水交流漲曲池。聞道小山多麗句，還因春草夢新詩。

晝　寢

屋邊高樹緑雲陰，堂下清池碧玉深。卧想溪山迷遠近，夢爲魚鳥或飛沈。治逢平日如無事，老覺衰容

---

❶「共」，傅校本作「供」。

稍見侵。聊取《南華》寄齊物，不爲《東武》極悲吟。

雨中家人致酒

急雨連宵晝不收，草堂晨起似新秋。山歌倚瑟清無賴，野饌隨樽特自優。追古最宜真渾沌，❶旁騷仍有畔牢愁。綸巾搭腦醒還醉，得此堯民已甚休。

答令狐司封使君舟中見寄

汝潁相從彌十年，江樓今日遲歸船。自驚物役還如昔，但覺詩情更爽然。寥落鶯花千騎裏，蒼茫烟雨萬山前。未知後會仍何地，彊醉春風酒似泉。某戊子春與使君會汝南，到今適十年。

次韻和春卿城西同步

夕光卻射戍樓紅，野色遥瞻百里中。玉帳坐休鈴下衛，春衣行試舞雩風。招攜直許威儀略，戲笑深矜意氣融。流水高山俱在眼，知公令望共無窮。

往得南岳玄猿特善嘯立秋後風雨頗涼聲尤清絶憐其有山林之思爲作七言

薄雲疎雨濕風枝，衡岳猿啼憶此時。回首那無萬里感，向人時作一聲悲。鍾儀故有南冠恨，莊舄猶多舊國思。車馬紛紛九域客，路傍翻笑斷腸爲。

---

❶「最」，傅校本作「自」。

過思鄉嶺南茂林清溪啼鳥游魚頗有佳趣

山下回溪溪上峰，清輝相映幾千重。游魚出没穿青荇，❶斷蝀蜿蜒奔白龍。盡日浮雲横暗谷，有時喧鳥語高松。❷欲忘旅思行行遠，無奈春愁處處濃。

題臨波亭❸

緑楊芳草舊無蹊，竹隖花源敵剡溪。水影時翻高檻動，天形略抱曲城低。逢迎野興鷗雙下，點綴春愁鶯亂啼。宿雨楚山雲正滿，高樓莫上使人迷。

至日宴水上嘔吐先醉上府公

南極微陽中夜新，碧池風物曉來春。鼓鼙似動魚龍伏，旌旆不驚鷗鷺馴。東閣于今待賢士，西曹不意吐車茵。博陽器度平津學，雖賤猶堪頌得人。

次韻奉和給事中知蔡州吴育作。附。

律上陽和雖始煦，罇前人意已生春。濠梁且欲觀魚樂，淮郡何能致鹿馴？爲訪心朋猶縱棹，況逢時雋與均茵。别車豈必辭沈醉，更有高陽倒載人。

---

❶「出没穿青荇」，傅校本作「聿役穿緑藻」。

❷「喧」，傅校本作「暄」。

❸「題」，明鈔本、鮑校本、傅校本無此字，四庫本作「過」。

送沈康學士知常州沈自博士除郡，某少時居客此州甚久。

三科妙選漢臺臣，君去分符牧遠人。富貴須爲千騎長，中和好布萬家春。山川陽羨由來勝，謠俗延陵自古淳。曾是倦游羈旅地，送行增羨兩朱輪。❶

送柳舒州

金馬宿儒當世賢，著書天禄自忘年。中和屢以樂職用，九次方爲耆老遷。❷何恨一麾仍出守？會須千室看鳴絃。秖因閉閤江湖上，❸正想遥心象魏前。

送張蘇州

始上蓬丘肅羽儀，舊更臺省著清規。懷章又下芙蓉闕，候騎先瞻鳥隼旂。楚澤潦收騰駕遠，廣陵濤起渡江遲。吴中事事皆奇勝，還見風流太守詩。

送刁越州

笑持符印下瀛州，真得千巖萬壑游。父老爲郎無自苦，鑑中行樂不知秋。居人舊俗多姚姒，幕府連城半斗牛。太守會兼四千石，璽書寧復久淹留。

---

❶「增」，四庫本作「曾」。

❷「九」，傅校本作「久」。

❸「因」，傅校本作「應」。

送修撰張待制知越州

倦籫華筆直承明，自請分符江外行。真得蓬萊爲治所，徑從雲漢濯塵纓。山游訪古窮書穴，春事劭農見象耕。若向鑑中望明月，會吟還肯寄新聲。

送張兵部知遂州

錦帳郎官錦里賢，皁衣休直綵衣還。懷章過邸驚群吏，建節乘春感舊關。道側壺漿積遺愛，里中牛酒慶承顔。朝廷孝治君先布，更聽傳歌太學間。

送彭待制知瀛州

趙北燕南如掌平，定知臺選寄長城。雅歌不廢軍中樂，緩帶能令塞外清。傾蓋由來欣意氣，著鞭從此想功名。灞池送目邯鄲道，倚瑟空多惜别聲。

同鄰幾持國過杜和州

江南太守水齋居，殘雪層冰正滿渠。忽憶山陰乘興往，可憐心抱向人攄。放歌浩蕩驚狂客，换酒從容解佩魚。四座歡衷兩傾倒，歸鞍欲犯夕鐘初。

寄　獻　臣

通塞由來自有期，奏書未上莫嗟咨。錐藏勉後三千客，舌在須强百萬師。固有青雲堪自致，暫虚丹桂不爲遲。如今相府聞名甚，章丞相雅知君。應以雄文薦赤墀。

離京後寄貢甫隱直哉生魄後一日雨中作。❶

清川如帶屢回環，信宿猶居百里間。敢恨淹留同桂渚，❷正憐風雨似梁山。月殘虛魄無由共，雲映高樓不可攀。卻怪夢中翻識路，化爲蝴蝶一飛還。

伯鎮出都後見寄

疊鼓鳴笳太守船，都人傾注似登仙。舊游俯仰成陳迹，離思紛紜遶別絃。愁目青楓空自極，素書雙鯉不忘傳。恐君未得江湖樂，追詔方將急用賢。

寄劉景烈前寄新詩未及答，移高陽關部署。❸

漢設重關斥塞垣，詔移飛將護秋屯。胡人無復窺南牧，❹燕客時應祭北門。清酒肥牛宴長日，輕車精騎獵平原。少年真得軍中樂，況復詩書盛討論。

寄隱直

江漢相思山萬重，君家少室定西東。年華過去如流水，心事差池似老翁。一世共爭蝸角上，微生多付

❶「哉生魄後一日雨中作」，原爲詩題，據明鈔本改。

❷「桂」，明鈔本作「杜」。

❸「移」上，傅校本有「近」字。

❹「胡人」，原作「邊庭」，據鮑校本、傅校本改。

酒杯中。❶窮途何必多垂涕，❷吾更冥冥笑阮公。

寄王二十先借王《杜甫外集》，會疾未及録。近從吴生借本，增多于王所收，因悉抄寫，分爲五卷，又爲作序，故報之。

昔借君家《杜甫集》，無端臥疾不曾編。近從雲上吴員外，復得遺文數百篇。❸夫子删詩吾豈敢，古人同疾意相憐。❹子美亦有肺疾也。新書不惜傳將去，❺悵望秦城北斗邊。

新居陳州城下讀書作

誅茅負郭楚人居，泌水衡門自有餘。數困米鹽希辟穀，素輕農圃重捐書。絶糧尼父期先進，畫卦羲皇序古初。千世風流尚在眼，百年貧病不欺予。

讀《漢書》

賈誼求爲典屬國，終軍願得使匈奴。和親不及當時策，慷慨猶爲大丈夫。百年强敵輕中國，一世奇功悲腐儒。聞道邊民尚嚴警，異時回首恨江湖。

---

❶「多」，傅校本作「分」。
❷「窮途」，明鈔本作「途窮」。
❸「數」，鮑校本、傅校本作「四」。
❹「疾」，鮑校本、傅校本作「病」。
❺「惜」，傅校本作「識」。

連雨三日東軒讀書

雨中無復故人車，寂寞閉門三日餘。卻信袁安似有道，未知原憲定何如。浮雲極目無由卷，積蘚侵堦不易除。正賴高眠堪自遣，時時紛亂滿床書。

次韻滕岳州謝王南郡酒

誰信專城千騎居？空齋圖籍兩三廚。銷憂盡付鴟夷酒，乘興兼忘阮籍塗。愛客誰先魏公子？長貧卻笑范萊蕪。歸軒仍有東門餞，顯父還須至百壺。

和章伯鎮

南上湘潭誰記初？❶北還宣室受釐餘。共憐賈傅才無敵，真作揚雄老著書。調笑群騶飢欲死，去來千騎樂何如？洞庭木下鱸魚熟，三歎新詩重起予。

和滕巴陵寄張虢州

明府功名期壯年，滯留中路鬢成斑。豈知汲黯輕爲郡，真爲劉伶善閉關。歸夢未嘗離帝所，謫仙寧久混人間。會看使者持三節，緩帶輕裘且自閒。

❶「誰」，傳校本作「淮」。

公是集卷二十五

宋劉敞撰

七言律詩

寄楊子華閤老使君

吾丘不樂直承明，固請分符關外行。賜册最榮批鳳尾，離群獨恨出龍城。壯謀欲負腰間組，愁思空摇塞外旌。塵土滿衫頭半白，一聞班馬不勝情。

風　雨

晚雲蒸雨瀉驚湍，積水浮城五月寒。卑濕向人如楚澤，風塵回首憶長安。歲華徂暑參差盡，旅館懷歸去就難。自昔梁山有遺操，試憑繁手一清彈。

重過華陰馬上口占寄李君錫王懿臣薛師政三漕

三歲重過二華間，衰年彌覺厭塵喧。自知碌碌初無補，正是紛紛不憚煩。江壁向來憂鄭客，鼎湖今日望軒轅。修門漸近翻嗚咽，滿面風埃涕淚痕。

過中京後寄和貢兩弟

歸鞍蹀躞弄輕塵，滿眼韶光破宿雲。去國幾愁歌白紵，上天真喜望緹群。華林雪盡鶯先囀，廣陌風多草競熏。我欲還家千日飲，益須釀酒張吾軍。

舍弟東還病中口占七言奉寄景仁彝唐公甫

眼暗頭昏逾十旬，所苦正如此。涔涔終歲髮華新。幽如羑里迷天路，韓退之《拘幽操》云：「朝不見日出，暮尤憎日光。」❶醉似中山與鬼鄰。體中憒憒，如醉酒者。閉閤卻憐廷掾力，府事屬丞掾，責大指而已。廢書彌信道家淳。眼病尤不便閱書，過八紙則憒悶矣。修門已後君無恙，試枉招魂慰滿身。《楚辭》云：願賜不肖之軀，放遊志乎雲中。賴皇天之厚德，還及君之無恙。某自先朝三十九年出守雍都，故云。

句容劉同年寄示游山詩及朮煎

江外三峰倚碧天，古來相續幾神仙。自無飛骨何由到，賴有新詩尚許傳。餌朮始知堪度世，聽松真得自忘年。會驅雞犬從君隱，與擇華陽數畝田。

登　城

前歲登城日幾回，去年猶記隔辰來。老侵筋力銖銖減，❷慵壞心情寸寸灰。幸有風光相挽引，那無賓

---

❶「尤」，傅校本作「猶」。

❷「減」，四庫本作「歲」。

友共追陪。北臺好在中秋月，便是重陽菊蘂開。

喜春卿自陜歸

休汝曾更月旦評，幾年漂泊倦塵冥。神峰好在巖巖石，符采依然兩兩星。天禄自嫌書尚白，絳帷仍喜眼猶青。《召南》風什知多少，一一親弦更許聽。

聞　鶯

舍南舍北柳陰陰，竟日啼鶯不自禁。羇旅可憐還擇木，間關似欲向知音。鳩鵙無事催芳草，燕雀相喧守舊林。幽獨閉門驚歲晚，固煩求友慰愁心。

寄貢甫時遷居城南水上

城南風物似江湖，卜築尤宜近水隅。俗薄容垂真釣否，庭閒得種此君無。關身調度惟存劒，適意圖書略滿廚。心遠地偏俱可喜，免逢甲馬與塵塗。

中使傳宣二月一日史院賜御筵某亦預召作七言呈禹玉真孺景仁三内翰

《虞書》紀典上稽唐，《魯史》傳經近屬商。刻玉春山瞻氣象，積星東壁聚鈎芒。朝思膏飫懽情洽，天令中和晝刻長。雖引客卿譏子墨，翰林還許望清光。

答次道學士來詩末句及芍藥。

世路相逢難自期，江城三歲想瓊枝。寧知邂逅驅千騎，亦復東南寄一麾。把酒聊同醉鄉樂，看花欲後麥秋時。舊都紅藥猶堪賞，不負風流謝客詩。

送陝府祖學士

承明持橐倦徂年，自陝分符得近關。人物風流二《南》後，山河形勢兩周間。莫嗟落魄書猶白，共許優游鬢未斑。數醉申湖好風月，傳車行且趣君還。

酒席贈欽聖提刑學士

棄捐不預朝廷議，❶落莫真成老禿翁。放眼能寬蜀郡禮，高賢信有古人風。都門倏忽三年別，樽酒淹留一笑同。還有野歌隨拙舞，肯教庭炬徹明紅。

秋日和韻

禁垣清切近雲霓，楚客逢秋意亦悲。拙學由來玄尚白，敝裘何意素成緇。解嘲卻笑朱丹轂，迕俗兼懲百一詩。短景正須棋玩歲，薄寒寧厭酒盈卮。

涵虛閣晝臥

池水無波清照心，庭柯交讓緑成陰。游魚自與江湖闊，翔鳥不期山谷深。身外悠悠日復夜，世間擾擾古猶今。寄愁天上從吾樂，高臥聊爲《招隱》吟。

---

❶「預」，傅校本作「與」。

于司録東園

辟疆園圃厭城闉，❶聞道池臺事事新。自置一樽消永日，别留磐石待幽人。雨添草色迷三徑，風散花香入四鄰。亦欲肩輿乘興去，主翁何必舊相親。❷

送劉郎中監靈仙觀盡室而往

華髮星郎七十餘，碧山遥訪羽人居。白石不爲天上藥，淮南欲試《枕中書》。長纓自濯滄浪水，高蓋仍瞻駟馬車。福地神仙應易致，幾時南嶽候乘輿。漢武帝南巡，禮天柱爲南嶽云。

奉和諸公御製後苑賞花釣魚❸

四照繁英拂檻開，九重芝蓋賞春來。卿雲共和光華旦，瑞霧偏凝沆瀣杯。池藻躍魚波淡蕩，林光傾日景徘徊。淮陽閉閤頭今白，夢達鈞天惜未陪。

---

❶「厭」，鮑校本、傅校本作「壓」。

❷「翁」，鮑校本、傅校本作「公」。

❸「奉和諸公御製後苑賞花釣魚」，明鈔本作「和諸公御製後苑賞花釣魚」，鮑校本作「和御製後苑賞花釣魚詩」，傅校本作「奉和御製後苑賞花釣魚」。

秋晚西樓

微霜欲墮木葉脱，積潦已收天宇清。皎皎日華映林莽，瀟瀟風色閉柴荆。❶正憐戎馬秋防塞，❷何處悲笳暮遶城？回首浮雲滿西北，《七哀》還見古人情。

送劉中允涣年五十餘以潁上縣令致仕卜居廬山

五柳先生厭俗紛，拂衣歸去臥江濱。松菊還同昔人好，山川復似向時新。瀑泉飛雪千巖晚，仙杏蒸霞萬樹春。亦欲扁舟乘興往，滄浪借取濯埃塵。

答令狐司封求酒

馮公郎隱髮蒼蒼，撥棄塵煩得醉鄉。富貴兩行安用聖，滄浪獨醒詎非狂。顧慙宿釀能千日，遠愧深衷頌短章。當就天公借北斗，更傾東海益君觴。

持禮北庭回示希元并寄之翰彦猷當世

肅承朝命謁穹廬，卻臥空牀涕滿裾。不敢復論天下事，更能重讀篋中書。男兒戰死自無恨，國勢倒懸誰爲攄？我本不來人彊我，百年空使愧相如。

---

❶「瀟瀟」，鮑校本作「簫簫」，傅校本作「蕭蕭」。

❷「戎」，原作「邊」，據鮑校本、傅校本改。

聞鶯

陰陰老樹連村路，羃羃輕烟過雨天。長愛禽聲能永日，似于鶯友欲忘年。朱纓紫椹看齊熟，深巷荒城得屢遷。朗詠謝公池上作，勿驚春物變熏絃。❶

元日發古北口寄禹玉直孺昌言三閣老初入燕境。

桂酒椒盤共發春，山川雖舊物華新。仲尼《魯史》王正月，泰帝《河圖》歲甲寅。今年歲至甲寅，與《河圖》天元同。玉殿聳聞斟白獸，火城想見接清塵。應憐二使星安在，北斗杓端析木津。❷

立春後遊杜城陳丞相郊園

韋、杜勝游誰可尋？相君舊隱對雲岑。冰渠婉轉蛟蛇活，霜竹參差孔翠深。故老能言臥龍地，兒童不用滿籯金。郡齋殊負青山郭，空挹芳樽慰客心。古詩：「朝離青山郭，暮宿青山上。青山不可上，步步常惆悵。」謝朓亦云：「不對芳春酒，還望青山郭。」

至日登樓

南極陽生天地新，高樓氣色已含春。得無鴻鴈翻歸翼，應有龍蛇動蟄鱗。亦復書雲占楚歲，不辭爲壽

---

❶「勿」，傅校本作「忽」。

❷「端」，傅校本作「邊」。

引湘醇。甘泉從祀雖能賦，❶悵望鈎陳擁北辰。是日上親郊。

久雨

長至須臾二月來，朔雲零雨未嘗開。陰藏晝景長繡線，寒奪陽和潛律灰。宿翼困冰多後鴈，暗香漂水惜殘梅。撩晴召暖無他術，安得涼風一夜回。俗云風回則晴。

同鄰幾伯鎮觀祕閣壁上蘇子美草書

蘇子佯狂不自疑，漢庭籍甚莫言非。❷放歌金馬居常醉，窮老滄洲不更歸。蘇在吳中自爲作詩曰：「我今窮無歸，滄洲送餘生。」浮世功名均夢寐，平生翰墨獨光輝。壁間數字龍蛇動，神物通神亦恐飛。

立春

臘去春歸意可憐，久爲羈客海西偏。温風泛泛生巵酒，和氣融融媚管絃。翦綵直爲兒女戲，土牛向自國家傳。事情爭愛新翻擲，還道今年勝去年。

立春日紫宸拜賜歸持國見率同過江十不行

蓬萊佳氣舊無時，春物迎新特更宜。燕識玉箱來自早，漏隨宮線報還遲。溝聲破凍纔通苑，酒力含風易滿巵。蓬鬢不堪雙綵勝，懶隨君向習家池。

---

❶「雖」，傅校本作「誰」。

❷「籍」，傅校本作「藉」。

賀隱直

寂寞三年倦一飛，知音不限向來希。雖然主簿非高士，猶喜分曹近太微。執法在太微垣。吏部銓中趨俗狀，❶京官班首望天威。漢儒多有司空掾，努力新書更發揮。桓譚、何休皆以司空掾著書。

送楊景修祕校歸❷

武夷曾孫塵外仙，❸手攜桂枝歸故山。夸鄉始信一經是，衣錦不須三組還。蓬萊觀書聊復爾，枳棘棲鸞殊未然。野人放蕩辱先進，慙愧竹林諸阮間。

答校書郎孫侔少述

金華勸講愧通經，銅虎分憂强請行。千騎亦知翁子貴，一麾誰覺仲容輕。西賓落莫空遺俗，北斗闌干有舊城。欲作過秦無與語，故人高論憶盱衡。

次韻奉答屯田宋員外

汗血龍文千里駒，長楸未試蹋庭隅。一麾幾老諸侯相，五日初還建禮趨。獨得鳳毛驚衆目，相望花萼照亨衢。白頭漫感悲秋賦，自笑妨賢此禁塗。潘岳《秋興賦》：「善乎宋生之言。」

---

❶「趨」，傳校本作「超」。

❷「祕校歸」，四庫本作「祕書郊歸」。

❸「夷」，鮑校本作「林」，傳校本作「陵」。

爲轉運沈郎中題❶

寶軸牙籤三萬餘，中園華宇蔭清渠。風流復見郊居賦，榮觀歸乘使者車。俯仰江山樂無有，優游文籍昔誰如？何當去此從君語，盡得平生未見書。

題　溪　堂

蘇俠遺懽小洞庭，高堂殊恨曲池平。山川滿目仍非昔，魚鳥依人自不驚。❷瑣細幽花相嫵媚，回環流水共澄清。秋風初足江湖意，不作鱸蓴萬里情。

和伯鎮初拜湖州

君向江湖領一麾，親歡自與宿心期。腰間紫綬新光彩，都内青錢厚寵私。廄吏莫催乘傳去，詔恩方許戍瓜時。碧瀾堂上青山下，爛醉尋春亦未遲。伯鎮歸館待闕，當以明年夏去京師。

和韓司諫移亳宫雙檜植于道山

仙子分根白鹿壇，定知高峭出巖端。濃雲借色曾無變，初日移陰漸可觀。風外共成蒼鶴舞，夜深齊作翠幢看。人今俟爾爲梁棟，慎勿輪囷取自安。

---

❶「爲轉運沈郎中題」，鮑校本、傅校本作「轉運沈郎中歸和州墨墅堂」。

❷「自不」，傅校本作「不自」。

新秋

七月荆人亦具裘，朔風颯颯動昭丘。巫峽出雲杳無定，洞庭飛葉絶堪愁。長歌濯足滄浪水，回首開襟西北樓。宇宙歊蒸暫瀟洒，小山青桂與淹留。

和宿直晨出遂赴奉慈齋告寄持國子履

玉殿嗚鞘闢寢闈，銀臺歸騎蹀霜蹄。❶樓光已映朝霞動，樹色猶銜宿靄迷。身貴承明翻厭直，歲窮樽酒幸招攜。太常幾日休齋禁，亦欲從公醉似泥。

遊平山堂寄歐陽永叔内翰❷

蕪城此地遠人寰，❸盡借江南萬疊山。❹水氣横浮飛鳥外，❺嵐光平墮酒杯間。主人寄賞來何暮？遊子銷憂醉不還。無限秋風桂枝老，淮王先去可能攀。❻

---

❶「蹀」，傅校本作「蹛」。

❷「遊平山堂寄歐陽永叔内翰」，傅校本作「登平山堂寄永叔内翰」。

❸「此地遠」，傅校本作「遠地隔」。

❹「江南」，明鈔本作「陽朝」。

❺「水氣横浮」，傅校本作「江氣横朝」。

❻「可」，傅校本作「更」。

再遊平山堂

背城歷歷纔十里，經歲悠悠能一來。可惜簿書捐白日，强從賓客宴平臺。暮雲自與千山合，醉眼時令萬宇開。老子誰憐興不淺，黄花欲落更添杯。

病中口占七言奉送前成都尹吕寶臣龍圖還朝

開遠故城長樂坡，三年重此送君過。宦游不道相逢少，愁病何堪慘别多？驍虜猶知奉威信，❶巴童莫忘習中和。廟堂應趣緇衣拜，少緩離亭白玉珂。

月夜獨酌

涼月破雲涵碧霄，暫憐庭宇斷塵囂。露翻高樹光明滅，❷風度疎篁影動摇。❸驚鵲似投人處息，暗蟲如恨歲華凋。短歌薄酒清輝裏，百感先秋不自聊。

奉和永叔雨中見寄

泥塗后土未曾乾，騎馬相過行路難。卧聽雞鳴知景晦，起逢花謝惜春殘。銀臺幸闕連宵直，樽酒能謀盡日歡。紅藥蒼苔雖寂寞，多情肯作舊游看。

---

❶「驍虜」，原作「强敵」，據傅校本改。

❷「翻」，鮑校本、傅校本作「飛」。

❸「摇」，鮑校本、傅校本作「亂」。

城樓晚望

長夏淮天卻似秋，居人未解白貂裘。雲起岱山時漲雨，風迎滄海欲橫流。日邊渴問長安使，天際頻瞻顧客舟。❶自是《七哀》宜寫望，不關非土故登樓。

答宋都官游驪山見寄

華清宮殿映春暉，未醉三哺莫遽歸。人事廢興猶可記，風光流轉不相違。歌臨灞岸朱絃脆，走度章臺汗馬肥。自是秦川貴公子，城隅相望不能飛。

和孫少述題虎丘❷

吴墟秦燼滅遺蹤，誰見千巖鎖梵宫？化出樓臺雙樹外，密移天地一壺中。石形虎踞森相向，劒氣龍蟠冷射空。羃宧無由蠟山屐，因君詩句夢江東。❸

和孫侔鴈蕩山二首

鼇翻溟漲折靈山，漂落塵區莽眇間。自有神仙護真境，故令林木斷人寰。碧城萬玉重重合，琪樹三株

❶「頻瞻顧客舟」，明鈔本作「頻沾賈客舟」。

❷「和孫少述題虎丘」，明鈔本作「和少述題虎丘」，鮑校本作「和少述題虎邱二首」。

❸「江東」，傅校本作「山東」，下並有「崑閬塵沙不可攀，蓬萊涉海去無還。寧知勝絶神仙境，近在青林紺宇間」詩一首。

寂寂閒。安得長風破高浪？拂衣東去一躋攀。

天台賦後世多賢，復在君家鴈蕩篇。氣逸還令人聳動，境幽初許俗流傳。萬峰林立浮雲外，一徑梯横絶海邊。聞道歸艎從此逝，秋風招隱特依然。

答羅同年憶楸花之作驅磨、市易、錢帛諸禁，非假不得歸家。

勾稽嚴密不通賓，因見楸花憶去春。當日同僚嘗把酒，于今邑子遠思人。臨安草木皆蒙錦，金谷池塘各鬬茵。自笑癡兒了公事，經年不識酒沾唇。

依韻謝某送行詩

天涯畢昴隔烟塵，風雪梁山憶侍親。行記簡書聊接淅，去懷印綬正逢春。評依月旦情增戀，行期在月末。詩感蘭陔意重陳。先向沙隄候歸騎，卻瞻霖雨作伊晨。

閣下午寢晚歸

高閣遥依日月光，蒼苔重疊紫薇芳。蟬聲已覺迎秋急，雲物還驚過午涼。獨往山林非復昔，夢爲魚鳥不能忘。芝泥封詔雞棲樹，半落宫槐滿地黄。

觀沖卿所試詩賦賀府君

斗城烟霧隔金鑾，日破輕陰玉滴寒。揵筆補天凌造化，高文驚世湧波瀾。夢成白鳳飛鳴遠，功就丹梯步武寬。回首蓬萊笑清淺，春風前後發芝蘭。

歲晚偶作

不嫌臘過催人老，直恐春歸惱客愁。柳眼梅心俱次第，雲容雪意與淹留。歲窮楚俗依稀古，冰解巴江洶湧流。遣興長須一樽酒，呼兒徑典敝貂裘。

立春日過薦福寺

一歲還隨一歲來，立春人日競相催。細細谷風能破凍，熙熙習俗似登臺。初陽弄色明高柳，殘雪留寒伴落梅。淮北風光元自好，壯心摧謝不勝哀。

宿齋中書外省答永叔京尹内翰朝回馬上見寄并謝子華次韻

朝罷章臺日幾竿，遥聞走馬試雕鞍。春風自發遊人意，宿雪偏留下省寒。坐久獨知宫漏永，詩成誰盡玉堂歡。會須一辦如泥醉，從笑歸來筆向乾。

富谷老人臧自用云本京師兵士咸平中没番五十餘年矣❶

白髮衰翁雙涕零，❷曾隨諸將戰咸平。一來隴右迷歸路，❸卻問中華似隔生。思報漢恩身已朽，恥埋胡

❶「自用」，傅校本作「用自」。
❷「翁」，傅校本作「公」。
❸「一來隴右」，傅校本作「一捐左衽」。

壞死無名。❶今朝縱觀非他意，得見官儀眼自明。❷

都運陳光禄自河北移陝西以病不得詣别作七言奉送

西州判袂忽三年，夢想城南尺五天。謝病歸來真老矣，傷春刻意益茫然。受降塞外威名遠，足食關中寄注專。❸北顧邯鄲復臨灞，更能一醉促哀弦。漢光禄徐白爲築塞外受降城也，某向守雍，數同杜城之游。

游禪智寺❹

重岡斗上半浮雲，❺行繞芳叢日已曛。蒙頂川原眼中見，揚州歌吹竹西聞。梵王重壁臺先毁，❻古佛雙林火亦焚。會看旃檀重滿地，莫悲麋鹿向成群。

寄題黄州李史君韋杜山居

主人朝隱望誰先？卜築城南地復偏。服食早知仁者壽，退休前惜大夫賢。封千户比蒼蒼竹，畝一鍾金上上田。從此去天纔尺五，幾時雞犬亦登仙。大卿少時嘗遇隱者，得藥服至今，鍊氣卻老，亦有奇效。

---

❶「胡」，原作「邊」，據傅校本改。
❷「明」下，傅校本有小注「時歸越中」四字。
❸「專」，傅校本作「顓」。
❹「游」上，鮑校本、傅校本有「和貢甫」三字。
❺「重」，鮑校本、傅校本作「崇」。
❻「梵」，鮑校本作「荒」。

和龐相公寄題白郎中鳳棲巖山居❶

丹鳳何年此地棲？蒼山流水入巖扉。主人早逐長離去，邑子先期駟馬歸。脩竹萬竿終歲碧，蹲鴟千畝入秋肥。已聞父老釃牛酒，會看夸鄉晝錦衣。

次韻酬張真温❷

未曾相見已相知，自許聞絃可識微。每信白頭于義得，豈將青眼向君違。坳堂仍滯三年蟄，寥廓方看萬里飛。誰謂夜光投道路？莫因長鋏起思歸。

陪府公汎汝水作七言奉呈府公給事

寒波略傍曲城流，彩鷁遥兼翠蓋浮。努力濟川天下望，暫時乘興鑑中游。蓬萊清淺迷滄海，河漢昭回隔斗牛。君看龍門盛賓客，世間還自有仙舟。

---

❶「白」，傅校本作「句」。

❷「真」，傅校本作「直」。

北京大學《儒藏》編纂與研究中心　編

《儒藏》精華編選刊

公是集（下）

〔北宋〕劉敞　撰
黄壽成　校點

北京大學出版社
PEKING UNIVERSITY PRESS

公是集卷二十六

宋劉敞撰

五言長律

聞韓范移軍涇原兼督關中四路❶

涇原非遠略，韓范各名卿。地盡三秦國，身當萬里城。指麾沙漠静，談笑鐵山輕。報國心如日，憂民病若酲。❷終軍材冠世，汲黯直知名。風雪隨車騎，鷹鸇起旆旌。年年戰頻衂，事事淚堪横。會刷蒼生耻，重看鑄劒耕。

送隱直辟青州幕府

全齊七十城，表海寄名卿。開府馳羔鴈，除書得俊英。借籌心感激，憑軾氣縱横。浩蕩軍中樂，從容稷

❶「路」下，鮑校本、傅校本有小注「癸未」二字。

❷「若」，傅校本作「苦」。

下生。士由知己用，禄以及親榮。送別羞長鋏，能無歸去聲。❶

駕幸飛山教場閱武侍宴

冬令三農畢，時巡萬乘行。川源分壁壘，貔虎望麾旌。王氣雲成殿，天光日繞營。風隨鼓桴急，塵絶馬蹄輕。發石機投短，抨弦火激明。❷響振摧列缺，影墮落欃槍。❸令下凝霜肅，恩加挾纊平。搴旗輕俯仰，奪槊妙縱横。壯士前歌勇，儒生縱觀榮。炙行熢燧舉，觴溢海濤傾。清道遥傳警，鳴鞭夕向城。欲知威略遠，區外讋天聲。

鳳覽德輝 開封府試。

婉婉丹山鳳，飄飄萬里飛。識時翻羽翼，覽德下光輝。逸勢凌雲起，和聲逐吹微。層霄猶降顧，治世獨知歸。繒繳初無慮，梧桐正可依。願分阿閣地，永謝楚狂譏。

校獵同支使作

長郊被山澤，積雪浄林臯。殺物天時武，從禽士氣豪。飈塵逐車騎，鷹隼亂旌旄。壯節排蒼極，歡聲激怒濤。興餘生鼻火，空闊散風毛。狡穴無遺噍，窮巢或暗嗥。中原遂除害，汗馬敢辭勞。勸賞車行炙，均恩

---

❶「歸」，傅校本作「愧」。
❷「弦」，鮑校本、傅校本作「絃」。
❸「欃槍」，鮑校本、傅校本作「攙搶」。

士籍醴。歸塗喧鼓吹，餘勇屬鞬櫜。快意當如此，君看歲月滔。

得隱直書重陽日登高于三門禹廟悵然恨不參之作一詩以寄

九日情何極？三門望特高。大河横日夜，砥柱析毫毛。眺覽興亡古，登臨意氣豪。窮源悲絶域，微禹歎容刀。萬事浮雲去，前賢逝水滔。秋陰生遠塞，殺氣起臨洮。努力追遊晚，逢人應接勞。黄花滿酌酒，白鷺看驚濤。醉舞相傾倚，商歌散鬱陶。别離懷病友，書禮諭綈袍。俗態隨傖父，愁吟困楚騷。飛車儻可得，攜手恣遊遨。

王祕丞惠然相訪并見遺蜀牋玄石硯

僕本時名薄，君胡雅顧偏。聞弦賞流水，望氣覓龍泉。談笑心相得，逢迎禮率然。樵蘇從不爨，詩賦許深傳。墨石巴山硯，魚鱗蜀客牋。寵分通縞帶，慕用比先賢。知我春秋貴，論交金石堅。誰能憚先進？自古有忘年。

送孫之翰知陜府

山河晋表裏，方伯陜西東。昔重諸侯選，今煩太史公。固疑多直諫，不得久居中。時論譏憂半，天心待考功。宣帝出蕭望之爲郡，諭意曰：所用皆更治民以考功。旌麾都護道，謡俗《召南》風。偃息甘棠下，知君簡易同。

吴資政守陜一年還守西都又改禮部寄示在陜時詩作此致謝

分陜問何闊？朞年迨有成。去思仍舊俗，來暮已新聲。父老壺漿遠，兒童竹馬輕。圖書還洛奥，禮樂命春卿。繼出《甘棠》什，流傳《大雅》情。正風瞻豈弟，舊觀復神明。露鶴九秋警，霜蟬千里清。❶知音非季子，猶識二《南》并。召公居陝，周公營洛也。

寄張六臥疾在山陽

都門一分袂，羇旅兩如何？薄宦貧病久，畏塗憂懼多。予自宋抵此，亦爲水驚。幾成哭寢户，幸免葬江波。彌有三秋感，誰杭一葦過？新愁添素髮，幽境長青莎。安得攜君手，開懷醉且歌。

張樂洞庭

聞昔軒轅帝，時巡臨洞庭。《咸池》備廣樂，南極燀威靈。至樂均夷夏，希聲入窈冥。江湖亂魚鳥，宇宙激雷霆。會有馮夷舞，還令楚客醒。遺音不可學，逝近向東溟。

分題鳥鳴山更幽

空山高不極，喧鳥自相求。永日曾一哢，深林疑更幽。遺音散虛谷，習響動岑樓。寂寂千峰暝，蒼蒼萬木稠。居成境外趣，真慰靜中游。誰强騷人賦？王孫不可留。

社日宴臨波亭呈府公

春色池上好，公來朝日初。棟梁歸喜燕，霖雨躍潛魚。雲氣隨歌妓，林光暗碧車。案：「碧車」一本作「隼旟」。心閒簿領暇，興適酒盃餘。言志吾與點，論詩商起予。定知金谷集，不比右軍書。

---

❶「蟬」，傅校本作「蟾」。

送升之

諫官上耳目，河北今股肱。出處誰與並？功名方見稱。鈎陳虛侍從，天路逼飛騰。急病忍濡足，憂民先飲冰。萬人瞻使表，百縣懾風稜。雅意本朝在，規摹方面憑。寒荄待暖律，狡兔避秋鷹。慷慨都亭語，無嫌力未能。

九月八日晚會永叔西齋

醉翁手種菊，呼我宴西齋。落日有餘興，窮秋多所懷。緩歌揮白羽，趣舞墮金釵。烏帽何勝落，黃花故自佳。念離還作惡，處世亦安排。蒼鬢聊相對，❶青雲豈易階。毋容獨見跋，能盡酒如淮。少作三年別，人生定鮮諧。

奉酬春卿資政給事見寄并貺法酒

王甸雄三輔，侯邦重百城。公雖縱談笑，人自服神明。烹斡元和正，陶鎔庶物精。優游破餘地，洒落動高情。訟比甘棠息，居無吠犬驚。勤追頖宮學，繼出汝南評。風雅移方俗，弦歌溢頌聲。忘年及晚輩，與進絶諸生。預列登堂拜，陪參別乘行。襟懷向客盡，風彩照人清。弧矢親覿德，滄浪並濯纓。宴餘花爛漫，獵罷雪縱橫。末節形骸外，良辰樂賞并。西曹寬吏讁，東閣借賓榮。密席明金炬，佳人出玉笙。聽歌濃黛斂，看舞小腰輕。敢謂招攜訊，由來許與誠。會知私坎井，未可屈長鯨。鳳尾騰中詔，麟符寄別京。去思邈已遠，陳迹浩難平。叩叩煩書禮，悠悠想旆旌。何時命霖雨，舉世望阿衡。逸唱回春藻，深衷釋吝萌。自然心

---

❶「鬢」，傅校本作「髮」。

醉久，那在酒如錫。

次韻和宋職方北城

菏澤元通濟，陶丘已近齊。身紆會稽綬，詔圻武都泥。求瘼初無術，端居愧擇棲。萬家嚴壁壘，五雉聳樓梯。版築人同欲，經營事不迷。峻防誰敢慢？隆棟可言低。兵衛森旂戟，軍聲疊鼓鼙。論詩譏自鄶，肄士取諸睽。物境晨昏異，賓朋步武躋。遠烟春漠漠，殘雪晝淒淒。華髮歡同籍，他年恨解攜。瓊瑰何足報，埽壁爲君題。

蒙某借示新詩不勝歎服輒妄作五言一首以誌欣慕

元化陶鈞外，中樞斗極邊。濟時俱陟降，均逸暫蕃宣。近輔城連十，東方騎累千。親歡主于適，時論老而傳。養志古何有？承顔能浩然。君羹鼎味在，綵服衮衣聯。德表真希世，天倫略比肩。名今萬石最，景帝曰：「石君四子俱二千石，于是舉集其門號萬石。」學肯一經專。相戒南陔養，賡歌棠樹篇。塤篪盛迭奏，金玉爛相鮮。錫類迂深眷，懷歸私自憐。一聞詩、禮意，特悟昔人賢。陳亢聞詩、聞禮，又聞君子之遠其子。某違親外補，自以不足，讀仲卿之篇，聞一得三矣。

觀後苑瑞蓮❶

靈液涵秋色，仙花露夕香。交陰分擢秀，並蒂爛齊芳。回復天鍾氣，深沈地獻祥。寶燈輝四照，文羽勢

---

❶「後苑」，原作「苑後」，據四庫本改。

雙翔。飛蓋宸游密，披圖祕牒光。重華與同本，併此祝無疆。

擬御試求遺書于天下

中祕收圖籍，清衷訪古初。周爰馳使傳，悉上得遺書。事有先秦舊，文多變隸餘。千巖窮禹穴，四徹按峴墟。高閣題天禄，群英議石渠。定知奎壁彩，從此麗雲居。

河決東郡以平聲爲韻叔父令賦

傳聞大河決，遠與北溟通。汜濫蛟鼉怒，蕭條郡國空。淇園方下竹，瓠子復修宫。世待文成術，民懷伯禹功。沈牲煩太史，負土困關東。封禪應知外，誰人秦矩公？

上夏太尉

四海傳烽急，長安亦響振。老儒稽變事，是時秦州守坐邊事貶秩。强敵暴生民。廷議衣冠客，書聞草野臣。諸公咸世傑，天子識平津。開府三司舊，提兵十萬新。丹青大信著，明白睿謀伸。賜馬飛龍亞，分衣寶帶親。貔貅帳下士，鵷鵠幕中賓。虎節關河雪，天街畢昴塵。朔方須築郡，燕谷豫含春。❶策效曾無敵，師行輒有神。人心惟助順，天道亦親仁。執鉞來刑虢，勾芒下賜秦。成功符屈指，默化劇陶鈞。既已通西域，還應察珮珉。焉知充國頌，不足壯麒麟。

❶「豫」，傅校本作「預」。

次袁陟十四韻

羇旅嗟無友，佯狂漢水陰。相逢幸傾蓋，送別悵分襟。之子雖吏隱，高名何陸沈？蛟龍蟠學海，風雨潤詞林。寡和嘗歌郢，傳經雅屬參。孔子作《孝經》屬參。丈人今諭蜀，幹蠱爾勞心。接淛予征遠，看雲反顧深。旅懷兼去住，秋色愴登臨。信有江山助，宜無霧露侵。相思見逸唱，清絶響寒砧。擊節時孤笑，開樽憶共斟。歲華幾向晚，客恨孰能禁？城闕愁回首，詩人誨嗣音。曾非青玉案，爲媿洛生吟。

聞西使到關❶

遥聞西域使，來獻大明宮。故事三苗比，官儀敵國同。賜書深慰藉，錫命極優崇。含垢應王度，懷柔尚古風。蒼生向來急，殊俗此時通。冠蓋長城北，邊關絶幕東。春秋大一統，吏事責三公。何有長沙客，題詩慟哭中？

寄閬州諸弟 聞西蜀大水。

渤澥來參首，西南入漏天。泄雲三峽壅，噴雨五河懸。雷電虚巖底，虹霓白日邊。孤城危獸角，沈竈溢蛟涎。胸肥愁巴俗，超騰怯羽仙。傳聞吞夢澤，想見墮飛鳶。漢河星槎遠，泥塗劍閣偏。空懷萬里浪，興盡閬風前。

---

❶「關」，傅校本作「闕」。

九月二十五日召赴後苑觀稻時惟兩府及講筵諸學士得預，時方講《春秋》。

農祥依帝力，鈎盾即天田。覽物秋成後，回輿鉦艾前。膏塍衆錦錯，香穟萬珠聯。共賞倉箱富，初非雨露偏。銅池寒引溜，玉樹晚含烟。縱觀欣遊豫，登嘗慶吉蠲。執經紆顧問，拜賜濫周旋。不負《春秋》學，端逢大有年。

行詣揚州壽寧寺❶

隋宫老荆棘，淮地阻山川。❷天子周王狩，周世宗嘗幸此。❸諸侯楚社遷。宿軍江水上，休甲古城邊。清蹕乃過此，❹高臺亦宛然。殿空生影響，畫古剥丹玄。缺甃驚跳鮒，遺碑失紀年。廢興真可感，耆舊每多傳。一詠蕪城作，斜陽聞暮蟬。

和喜雨

望歲憂農事，爲霖屬柄臣。吁嗟動雲漢，精祲驗天人。霏霧凝空曲，雄風激水濱。驅除斷炎燠，洒埽淨埃塵。勢欲翻河海，聲疑過鬼神。山川共秀發，穹壤劃清新。庶物含生意，元和倚大鈞。穴蛟深奮角，轍鮒

❶「寺」下，傅校本有小注「周世宗嘗幸此」六字。

❷「阻」，原作「祖」，據傅校本改。

❸「周世宗嘗幸此」，傅校本無此注。

❹「乃」，傅校本作「仍」。

默翻鱗。雷電天威遠，耕桑帝力匀。依然四時正，好在萬家春。會府開清旦，高堂引慶賓。沃焦心有待，濯熱正無倫。蒸礎遺占信，隨軒舊史真。京師并福潤，爻象在經綸。舞罷看佋服，談餘識墊巾。新詩追《大雅》，輿誦洽《烝民》。單袷寒仍薄，清和氣已震。晴暉明旭日，霽色卷高旻。亹亹希前哲，淒淒幸及辰。陽秋書閔雨，一頌魯公仁。

病中逢秋欣然慰懷作五言呈兩倅

過更縻遠戍，懷禄滯歸休。一臥淮陽閣，三防塞外秋。傷時惟慟哭，謝病不幽憂。主畫稀前輩，忘形賴雋游。韓稜才抗俗，枚叔賦無儔。感慨今如此，支離尚有瘳。涼風鴈南去，清夜火西流。江海鱸魚興，何當汎斗牛？

詔書求方略之士咸令自陳

破敵須多士，憂民賴九重。公車皆自薦，物議絶先容。駿骨何妨市，金臺不易逢。處囊争耀末，躍治要居鎔。秋野騰鞲鶻，春雷起蟄龍。吾徒正高臥，欲老白雲峰。

聞德州河决

九河乘積雨，大水出平原。無復金堤固，空驚漏澤翻。蛟龍移窟宅，魚鼈害黎元。直想崑崙坼，兼疑渤澥渾。三山屢漂蕩，百谷互并吞。大懼彝倫斁，誰能謁帝閽？

送子高知潤州

屈指朝廷士，誰能望素風？賢良方正舉，父子弟兄同。鄙諺黄金貴，愚儒白首窮。今看一戰霸，信有萬夫雄。官秩南宫峻，天文右掖通。塤篪諧《大雅》，鴻鵠起層空。帝予夸鄉樂，民懷濟物功。吴人真得虎，漢守去憑熊。山勢端臨北，江流正直東。遥知子牟意，故在九城中。

題幽州圖

代北屯兵盛，漁陽突騎精。棄捐看異域，感激問蒼生。尚識榆關路，仍存漢郡名。可憐成反拒，未見請横行。先帝曾親伐，斯人昔徯征。大功危一跌，遺恨似平城。往者干戈役，因之玉帛盟。權宜緩中國，苟且就升平。名號于今錯，恩威自此輕。奈何卑聖主，豈不負宗祊。事有違經合，功難與俗評。復讎宜百世，刷恥望諸卿。封畛唐虞舊，氛祲渤碣清。遺黎出塗炭，故老見簪纓。寒谷青陽及，幽都日月明。此懷如萬一，高揖謝縱横。

某往歲侍大人守丹陽粗知此郡之盛復戲成小詩呈子高

自古佳麗地，到今風物奇。群山盡迴抱，緑水正逶迤。事體存都會，繁華盛昔時。秋聲雄鼓角，曉色亂旌旗。樓觀渾飛動，林巒互蔽虧。子鵝留客飲，白紵送歌詞。太守貴如此，郎官清可知。虚投射堂策，深恨著鞭遲。

淮上期龐十一不至❶

淮上稱晨朝，晨光滿麗譙。有懷空悵望，無和獨行謡。水色全含鑑，林花半隱樵。雲烟平宿莽，鷗鳥破

❶「龐」，原無，據明鈔本、鮑校本、傅校本補。

春苗。野俗陽歌麗，游人白馬驕。先生惟寂寞，至樂亦逍遥。洙泗風差遠，川原景幸饒。思君不得見，何以助簞瓢？

和府公二十韻

百草迎年茂，群花逼夏零。天工感寥落，春事出丁寧。皓月彫寒魄，鮮風結暖馨。彩霞融縹緲，甘露洒清泠。照坐千枝燭，摇空九子鈴。輕黄金綴縷，凝碧玉鐫缾。爛漫輔鮫錦，❶褵褷聚鶴翎。問名驚競秀，變態駭流形。鍾美應成媪，儲芳或景星。意真乘澹泊，氣淑倚娉婷。浄影臨彫檻，疎音隔後庭。瑶妃旦酣酒，玉女夜窺櫺。時世妝濃澹，朝雲夢窈冥。魂從攀處亂，醉任看餘醒。禁籞曾迂幸，天歌獨仰聽。一時矜絶出，衆卉謝晶熒。正爾生成巧，由來造化靈。屬詞勞比興，圖象費丹青。雨重碧油幕，燈昏雲母屏。謫仙才不世，激賞爲君聆。

同貢甫賀錢子飛兄弟

盛德淳熙耀，豐規振後昆。降心徠俊傑，前席問黎元。嘉會真千載，休聲聚一門。象賢俱秀出，濟美並鴻騫。性復朱繩直，書曾玉露繁。十年森氣象，江海豁詞源。心伏驚諸老，名聞動至尊。深嚴親賜策，淵默静臨軒。明白朝廷制，丹青教化原。屢聞呼萬歲，争誦累千言。宜有非常遇，誰嫌不次恩？官儀推粉署，地望逼星垣。令問人人得，風流善善存。春華照棠樹，高韻溢篪塤。義辱交游接，歡心抃笑煩。空慙一枝

❶「輔」，傅校本作「鋪」。

小，當謝北溟鯤。

召赴崇政殿觀新樂

聖人千歲合，禮樂百年興。律以聲身效，功兼述作稱。道將諧一變，天欲佑丕承。舊典《周官》在，遺音制氏增。獻書嘉魏叟，博物待延陵。金石完新制，工師變舊能。英華融治世，淳古邈逾繩。縱觀傾朝野，賡歌望股肱。和風動寥廓，協氣散凌兢。帝所真疑夢，天階自絕升。三雍漢未盛，九辯夏徒矜。珥筆欣攄頌，名山益望登。

社後雪

故陰不自斂，飛霰一何驕？强妬春陽盛，那妨玉琯調。滔天初極望，見晛已全消。詎損朱華麗，秪添緑野饒。泥塗窮道路，絺綌亂鼲貂。遂恐天時錯，仍虞歲事枵。浮雲猶苦結，燕賀乍驚飄。但使風從律，無嫌物反祆。初過元日社，又放紫宸朝。乘興從君飲，孤音續郢謠。

立春日乾祐縣送梅花

終南全近蜀，春日得新梅。始信秦風是，非關越使來。秦詩：「終南何有？有條有梅。」雪霙明自照，雲葉薄誰裁？香重浮山露，膚清避俗埃。衆芳知遠矣，獨秀亦悠哉。翦綵何勝妬？嚴妝莫自猜。差池鼎鼐味，曠絕棟梁材。把酒千山外，那令寂寞開。

淮西廟梅花獨此處有之

荏苒江南村，芬菲臘後春。逾淮翻不變，映雪已爭新。俠骨香驚俗，冰膚冷照鄰。定非隨驛使，直恐謫仙人。聞笛空含怨，看圖恨失真。應爲一時賞，莫與衆芳倫。

形鹽象虎

備物崇賓饗，斯鹽肖虎形。熬波煩巧匠，象武示君靈。天産參多品，秋嚴聳外庭。炳文隨鏤刻，毅氣得儀型。服猛非同趣，昭文亦異經。碎身如見取，調鼎薦芳馨。

同徐監簿灞涘望長安

驅車凌灞岸，回顧望長安。北闕塵明滅，南山氣鬱盤。人來日遠近，城轉斗闌干。長樂鐘聲斷，秦川樹色殘。聽歌迷夏首，倚瑟想邯鄲。鬢變驚遊子，因知行路難。

捷　詩❶

捷報蒼龍闕，書從白豹城。賊中城名，大軍所至。關河開地利，雷雨肅天兵。氣攝千山動，威加萬里平。獻俘多寶玉，效首悉長鯨。社稷靈何遠？巖廊策自精。餘妖暫呴沫，壯士待龔行。天馬來西域，貂裘賓上京。遥知無干羽，❷冠劍賀公卿。

寄上濠州舅氏

天閣愁揚子，諸侯困仲舒。反爲清淨誤，竟以謗讒疏。開幕臨濠水，懷章下石渠。塞翁輕失馬，莊叟樂

❶「捷詩」，明鈔本、鮑校本、傅校本作「軍捷」。
❷「無」，鮑校本、傅校本作「舞」。

觀魚。倚杖曾何怪？逍遥直自如。貴爲千騎長，富有萬家居。臥理翻無事，高談雅不虚。舊憐狂簡性，遥想賦歸歟。

和永叔對雪次韻

驚飈卷白日，朔氣逼寒門。已密何須急，雖多未覺繁。勢輕飛有態，光潔瑩無痕。磦砢封喬木，玲瓏綴夕軒。迹深看揪躧，歌苦相車轅。測厚矜膚寸，愁消怯晏温。崩騰雲將合，颯沓雨師屯。埽去蛟螭亂，堆成虎豹蹲。夜明休秉燭，詩興助開樽。公若憐萱桂，那辭訪小園。

爲紀四謁舊相識

非無負米志，復作退飛身。豈但龍蛇蟄，終慙鴻鴈賓。蕭條依陋巷，契闊問通津。長鋏行焉往，悲歌夜復晨。交遊青眼隔，世路白頭新。意謝栖栖佞，情依戀戀仁。敢齊天下士，真媿轍中鱗。肯問三年學，壺飧及病親。

和鄰幾聖俞持國雪十八韻依次用

集霰群陰結，飛雵萬寓低。乾坤豁開闢，方域露端倪。廣宇規茅蒨，彫墻築粉泥。山容包紫翠，壤色變玄黎。筒葛來從越，冰紈製自齊。遊歡慰枚馬，獵興助良奚。飾貌沽珍粹，因方衒角圭。隙間巇可抵，行際道先迷。沾服驚遊霧，臨淵怪飲蜺。調元思暖律，跧伏憫靈蠵。幾誤烏成鵠，纔分鶴處雞。慘膚森若竪，墮指酷逾刲。澤國水還襄，焦原足易棲。貧儒欣夜誦，季女戚朝隮。舟楫膠藏壑，騂騮滑踠蹄。斲冰歌競若，擿埴杖頻攜。景幸人人得，詩從物物題。長吟歌真樂，❶安羨舞前溪。

奉同鄰幾詠雪

侵旦滿城雪，從天萬里風。陰沈朝日變，慘澹宿雲同。❷徑渡湖沙遠，群飛海上空。崩騰兼上下，眩晃失西東。帝所銀爲闕，河濱貝作宫。瑶林高不極，❸璧水闊無窮。巨麗神仙境，精微造化工。霏花争爛漫，噴霧極溟濛。埽洒埃塵豁，苞含物象充。牛衣愁病客，鶴髮思衰翁。❹侵冒貂餘黑，憑凌火似紅。厲威深刻轢，正色坦昭融。姤舞多珍鷺，迷群有斷鴻。陽微怯頻復，❺陰老恣驕雄。蔀屋貧奢等，輝牕晝夜通。歲華驚朔易，故老識年豐。❻占賦慙賓右，聞歌慕郢中。閉門徒自喜，乘興力難崇。

再和鄰幾

冱寒凋暮節，大雪冒神州。氣象昏千里，光芒混六幽。度前蚊過目，隕曠葉驚秋。烟素長誰引？雲羅

❶「歌」，傅校本作「寄」。
❷「澹」，傅校本作「淡」。
❸「極」，傅校本作「及」。
❹「思」，傅校本作「似」。
❺「頻」，傅校本作「顰」。
❻「故」，明鈔本作「古」。

薄自浮。勢輕低更起，影亂去還留。玉石均朝采，❶珠璣共暗投。圍城明組練，格野亂旗旒。模象群形富，牢籠衆險周。履空諳曳縱，❷騁望快登樓。栖璧函珍帶，❸裝簾耀寶鈎。潤應河澤比，甘豈井泉侔。萬物紛同態，繁陰慘共愁。波聲增渤澥，原色借來粦。邀醉時吹面，❹欺貧屢洒裘。驅除夏蟲盡，❺排迮楚氛收。人謝泥塗辱，家成汗漫遊。畫圖饒粉堊，比興極歌謳。積久風逾厲，消遲歲聿遒。短才非子敵，祕思爲君抽。高韻侵梁郢，煩言不可詶。

壺公祠大樹

若人既羽化，伊樹亦千年。委榦龍蛇蟄，此樹枝反下入土中。交陰孔翠鮮。流光駒過隙，浮世海成田。信有壺中藥，能移物外天。真游藐何許？神理信茫然。❻會見遼東鶴，悲歌感市塵。壺公所居近市，今此樹乃在郊外，非漢時城也。❼

---

❶「朝」，傅校本作「鼂」。
❷「縱」，傅校本作「徙」。
❸「函」，傅校本作「含」。
❹「面」，明鈔本作「雨」。
❺「蟲」，傅校本作「虫」。
❻「信」，鮑校本、傅校本作「直」。
❼「城」下，鮑校本、傅校本有「邑」字。

七言長律

劉永年部署清燕堂文丞相爲之作。❶

漢庭謀帥用《詩》《書》，丞相今來握虎符。帳下偏裨皆緩帶，軍中談笑亦投壺。故開廣榭宜高會，自有清泉入座隅。三輔衣冠獻謡俗，五陵豪俠壯規模。❷椎牛釃酒捐長日，急管哀弦舞豔姝。射取天狼作乾豆，莫推衛霍擅西都。

和王待制新作白鷺亭七言十韻

六朝形勢會層軒，前俯蒼洲卻踐山。二水中分鑑澄澈，萬峰離立翠回環。古人遺賞興亡外，良守來居仁智間。聽訟遂同棠樹愛，放懷真與海漚閒。嘯餘風雨知何處？望及雲霞若可攀。喬木參天愴城郭，浮萍滿地笑人寰。楚謡清絶酣秋興，吴拂從容舞玉顔。象魏由來心自遠，湡浯聊復樂忘還。掖垣幸許追遐躅，天禄仍欣接近班。塵土揚州頭欲白，遠從君借慰疎孱。

和陳度支杜城園池長韻詩丞相文惠公兄弟舊名園。

三輔衣冠多俊賢，邇來風物故依然。君家復在城南社，時望從知尺五天。韋氏訓經門益大，鄭侯治第

❶「文丞相爲之作」，原無，據明鈔本補。

❷「俠」，鮑校本作「傑」。「模」，鮑校本、傅校本作「摹」。

世相傳。雪殘太一虚無裹，塵漲重城蒼莽邊。脩竹萬竿迷暗谷，清渠百道散鳴泉。欣欣樹色知春近，寂寂禽聲覺地偏。使節歸來同晝錦，扁舟浮去似登仙。裨諶適野非無興，更挹逍遥池上篇。

賀春卿拜資政殿學士移西京留守

自昔東郊擇股肱，至今筦鑰委名卿。官儀高出金華殿，地理雄專北斗城。寶帶别兼天馬賜，彩衣仍照玉符明。正風鼓動《周南》什，和氣銷除武庫兵。聽訟《甘棠》從勿翦，攀轅舊吏不勝情。千年重得吴公守，門下無由望賈生。

公是集卷二十七

宋劉敞撰

五言絶句

蒲三首

青青水中蒲，根葉自勾帶。今我不如彼，望君萬里外。

青青水中蒲，秀色宜三春。常苦秋氣早，飄飄悲路人。

青青水中蒲，誰能移之陸？婦人繫所徇，憔悴甘獨宿。

順州聞角

北山三千里，歸來已近邊。如何聞鼓角？晨坐更悽然。

瑞竹雙榦同本，往來者因以瑞名。❶

聳節偶相並，雪霜終不迷。應將古人比，孤竹有夷齊。

❶「者」，鮑校本、傅校本作「看」。

暮冬寄鹽城弟二首

流水應無極，東流向海城。殷勤囑雙鯉，爲寄別離情。

海上春常早，相思正一涯。北風吹雪盡，遥想折梅花。

東　樓所謂觀風樓也。

能懷望鄉思，慎勿上東樓。海氣常常霧，淮聲故故愁。

鼎　池前太守鑿此池，深八九尺，得銅鼎，受一斗餘，扃蓋如新。鼎下有物如藥，青紫色，役人不知，棄水中。藥下有丹砂可一升，皆太守取去。或云是金鼎，予因號「鼎池」。❶

丹成雞犬去，鼎在陵谷遷。惟有千年鶴，時來浴水邊。

嘯　臺

高臺映水末，極望有層軒。覽物惟長嘯，逢人未始言。

酒　舫

悠悠轉小棹，漾漾逐浮萍。載酒和嘉月，投篇弔獨醒。

杏　源在射堂西面，略可通小船。兩旁種花，有杏最巨，故名。

淺水通漁艇，低花損帽簷。東風日夜起，幽興此中添。

---

❶「予」，原作「子」，據傅校本改。

蓮　池在射堂東。

東池種蓮子，紅白間稀疎。夏木陰成後，君看錦不如。

漁　臺在鼎池上，北即城濠，常觀魚于此。

陳漁何處好？層觀倚高城。快意屠門嚼，安知萬里鯨！

花　嶼在鼎池。

孤嶼曲池中，芳菲四面同。春愁隨雀舫，繚繞未曾窮。

袁真人祠

絳節朝何所？白蜺空此堂。神仙詎學得，客到彊焚香。

丹　井在真人祠。

清源秖數尺，❶知是鍊丹餘。安得棲真子，相邀《肘後書》。

竹　岡其下丹井。

層岡南面起，仰見檀欒姿。詰曲成幽洞，因堪象武夷。武夷有毛洞也。

大　楸使宅堂前。

長楸蔭柏堂，小枝猶合抱。得地遂天年，斧斤安敢到。

---

❶「秖」，傅校本作「只」。

紅玉誰家女四首燕中記所見。❶

紅玉誰家女？雙瞳如水流。映花看漢使，不覺墜搔頭。

紅玉誰家女？明豔奪青春。羞人不得語，含笑卻成嚬。

翠霞金縷衣，獨立翳斜暉。無奈春風蕩，吹人只欲飛。

春風能吹衣，不能解人意。使我爲朝雲，與君從此逝。

清明後鴈

留滯江南久，今來萬里歸。春風稍和暖，作意入雲飛。

憶關中諸弟

好去北歸鴈，憑將千里書。潼關何日到？送目故愁予。

立春日宿高陽關以病酒不飲復用前韻

月色初元夜，花香翦綵春。而公高陽客，翻作獨醒人。

寄書

區脱逢歸驛，作書憑寄聲。那知夢識路，先入大梁城。

---

❶「四首」，鮑校本、傅校本在「所見」下。

雨後回文

緑水池光冷，青苔砌色寒。竹深啼鳥亂，庭暗落花殘。

芍藥

跗蕚晴相照，芳香暖競飄。波翻蜀地錦，霞萃赤城標。

萱花

種萱不種蘭，自謂憂可忘。緑葉何萋萋，春愁更茫茫。

疊韻

圖書如蘧廬，吏事累志意。招邀即逍遥，❶醉寐自棄置。

山行

荒徑惑東西，回環極翠微。空持征鳥意，長作準繩飛。

池上

脩竹仍封雪，交渠已泮冰。那知四時改，獨有醉騰騰。

過分水嶺

去去百憂集，回頭歸路迷。紛然萬行淚，自逐水東西。

---

❶「即」，傅校本作「聊」。

草蟲扇子

洒落烟紈薄，肖翹物象奇。坐愁冰鑑釋，深恐夏蟲疑。

雄州留寄醉翁

沙漠惟逢雪，燕谿不見春。聊將曾折柳，留待未歸人。

馬上口占

冰澗縱横水，風松高下聲。遠遊應易老，跋馬更凝情。

冬至

寒事欲無幾，春歸方有期。嘉辰正須醉，愛日爲君遲。

南齋病卧

香卷風飄幌，燈昏雨映簾。客愁渾不寐，更覺漏聲添。

對月口號

今夜閨中月，應憐破鏡輝。南飛烏與鵲，爲我報將歸。

戲題

薄宦遭百舌，不如歸去來。提壺沽美酒，泥滑滑如苔。❶

❶ 「如」，傅校本作「於」。

戲呈叔恬府辟入幕不諧得宛丘簿

聞道珠履客，今朝黄綬歸。定知高士貴，一府莫言非。

東池避暑二首

涼風千箇竹，疎雨萬枝蓮。自是清無寐，非關醉不眠。

翠石瑯玕色，長楊風雨聲。不須醉劇飲，此地有餘清。

古北口守歲二首

春渡遼東海，星回幕北天。悠悠鄉國别，明日便經年。

山盡寒隨盡，燕北諸山盡于此。春歸客亦歸。一杯分歲酒，送臘强依依。

公是集卷二十八

宋劉敞撰

七言絶句

題行者店石楠

無限荒山秖一家，竹園蔬圃寄生涯。老翁手種石楠樹，三十餘年看好花。

翠鍾亭二首

空城風雨晦如秋，漠漠長江天際流。故倚高樓望行色，南山不見使人愁。

江外群山如畫圖，輕烟殘雪入荆吴。東風醉問春多少？遠郭垂楊十萬株。

李氏池上醉中詩

春塘泉脈活龍鱗，宿雨花枝覆錦茵。薄俗不容白眼客，醉鄉自有葛天民。

中秋夜作

淒風白露墮清秋，月上江湖開客愁。世事紛紛欲如髮，醉醒任意判悠悠。

思鄉嶺

絶壑參差半倚天，據鞍環顧一悽然。亂山不復知南北，惟記長安白日邊。

宿麃子嶺穹廬中此嶺無水，往來驛人常擔水自隨也。

千山雪遶帳廬寒，一半冰消塞井乾。憶卧衡門甘泌水，可憐孤枕未曾安。

摸斗嶺

盤峰回棧幾千層，徑欲淩雲攬玉繩。浪得虚名夸鄙俗，古來天險絶階升。

狎鷗亭

波光柳色交相亂，野客沙禽特共閒。未醉那宜徑歸去，夕陽猶在杏花山。

黄河

輕車重馬自相騰，横度長河百丈冰。貝闕珠宫應浪語，黄沙際海谷爲陵。

過臨潢口號

雲消歸路暖無塵，❶試學章臺走馬身。塞柳關榆莫相惱，小園桃李解迎人。

寄張四二首

城下清淮百丈深，樓前明月冷鎔金。何似關山望處景，因人寄示《隴頭吟》。

❶「雲」，傅校本作「雪」。

清秋千里夢相思，潁水滄浪各一涯。洗耳君方避堯舜，濯纓吾請學鴟夷。

寄聖民十月十一日方到

跋馬望君秋暮時，君來何後菊花期？齋中故有金鈴酒，猶可籬邊倒接䍦。汶陽有金鈴菊酒，味殊勝也。

送蕭山和弟

江上蒼山百里國，鑑中明府校書郎。臘梅冬笋知時節，驛騎回時早寄將。

絶句送和弟行東皋兼過獻臣二首

落日濃霞輝碧潭，淮南風物似江南。榜船載酒隨鳧雁，物色詩懷著意探。

西風滿眼荻飛花，楚澤秋光一半差。庖鼈好期張仲友，捲帆應帶海山槎。

渭　城

舉世幾人歌渭城，流傳江浦是新聲。柳色青青人送别，可憐今古不勝情。

虎丘和孫少述❶

崑閬乘沙不可攀，蓬萊涉海去無還。寧知勝絶神仙境，近在青林紺宇間。

畫屏二首

滔滔江湖萬千頃，何爲飛來入軒屏？大澇不增旱不減，静聽無聲視無影。

❶「少」，原作「可」，據明鈔本改。

六月炎蒸百慮煩，舉目一見心暫閒。市人悠悠那得識，此意高山流水間。

自西橋至紫温載酒作樂即事呈府公四首

欲暖水流初汎汎，半閒人意正悠悠。清觴自可輕捐日，高管無端吹暮愁。

澹烟蒼翠籠高樹，密竹交加隱曲堤。水調向終人欲醉，夕陽稍近戍樓西。

潛鱗畏樂勿復躍，舒鴈避船争亂飛。乘興正須勤一到，會令魚鳥見忘機。

主人宿望功名際，下客素心江海中。舟楫由來歸傳説，滄浪元自屬漁翁。

雷　琴

三百年中天下工，密移山水入號鐘。世間會有孫枝在，自是知音不可逢。予所寳琴，大曆年中雷震斷，到今三百年矣。

晚步城上寄貢甫

雨過行尋舊履綦，江南山色遠相隨。池塘芳草新無限，還引新詩入夢思。

雪後見山樓❶

春寒天氣似江南，閒倚高樓酒半酣。盡借前山作屏障，更煩佳雪洗烟嵐。

❶「樓」下，傅校本有「詩」字。

送人遊蘇州

莫倚春風爛漫遊，姑蘇臺上特多愁。傾城人逐鴟夷去，惟有空江日夜流。

重登見山樓有感

高軒送目萬重山，不盡東西千里間。長嘯何由生羽翼？ 徑排雲霧看人寰。

答鍾元達覓藕栽二首

紅妝翠蓋出污塗，水面風吹醉欲扶。自是凌波有仙種，文君莫訝茂陵姝。

漸點青錢浮水面，猶將素節混泥沙。送君百頃風潭上，莫笑元非十丈花。

新　年

雪消冰解漏青春，醉眼驚看物物新。已識年華似飛鳥，直將身世委天均。

果園巷訪楊寺丞

雪霽江城氣色春，果園巷口静無塵。林間水上俱通馬，徑入誰能問主人。

聞江十吴九得洛相酒戲呈二首

洛城春酒碧霞光，東閣遥分東觀郎。陳俠應嗤伯松拙，魏侯元惜次公狂。

衆人皆醉屈原醒，天禄寥寥白髮生。東緼君當游相國，那能我自勝公榮。

朝謁武信殿三首❶

旌旗千里自天來，投策黄河飲馬回。聖主釋兵方外服，東巡日觀望蓬萊。

原廟衣冠渭北遊，侍臣世世祀春秋。敵馬何由向南牧？萬神相與衛軒丘。

天下安危寄老臣，幄中談笑静胡塵。❷丹青未備雲臺像，笳管猶悲道路人。❸

微雨登城二首❹

雨映寒空半有無，重樓閒上倚城隅。❺淺深山色高低樹，一片江南水墨圖。

日午風高新雨晴，殘花飛絮兩輕輕。垂鞭緩轡饒閒望，時復林間布穀鳴。

簷下

簷下渠泉朝暮聲，樓頭山色四時青。此中故有無窮意，正要悠悠醉復醒。

圍棊調鄰幾

華髮仙翁共奕棋，樵柯爛盡忘歸時。洞中日月遲如此，世上榮枯詎得知。

---

❶「三首」，明鈔本爲小注。

❷「胡」，原作「邊」，據傅校本改。

❸「笳」，傅校本作「微」。

❹「微雨登城二首」，鮑校本作「登城微雨」，傅校本作「登城微雨二首」。

❺「閒」，鮑校本、傅校本作「閑」。

見召西陽池汎舟仍示雅章因成二絶希笑覽也

畫舫欲隨波上下，行人先似水西東。翠萍卻是多情物，漂泊不離芳沼中。

習池幾度共芳菲，爛醉池頭到落暉。臨去主人雖不召，山公能不少依依。

順州馬上望古北諸山

平原不盡對群峰，❶翠壁回環幾萬重。背日映雲何所似？秋江千丈碧芙蓉。

伯勞

伯勞東去燕西歸，可惜春光相見稀。惟有歌聲留別恨，畫梁三日更塵飛。

同河中府簽判劉狀元廷平訪華陰雲臺觀陳摶先生故居是日雲霧不盡見諸峰❷

平舒道上望諸峰，❸翠出浮雲幾萬重。過客仍迷五里霧，真人與致二茅龍。

題戚化源畫清濟貫濁河圖

濁河清濟坐中分，沙浪澄波兩逼真。自畫壁來多少日，能知清濁幾何人？

西樓

西樓獨上不能迴，遶郭新花正盛開。誰信不曾騎馬出，春光自到眼前來。

---

❶「不」，傅校本作「上」。

❷「平」，疑當爲「評」。

❸「上」，明鈔本作「士」。「諸」，明鈔本作「三」。

興慶池送江淮陳度支是日微涼

芙蕖滿地水浮空，不意江湖入望中。獨把一杯送歸客，可憐羈思滿秋風。

九疑山圖

蒼梧南岸碧嵯峨，直上雲衢不甚多。天使九峰迷萬世，可憐虞舜不悲歌。

送智慈

海上忘機是白鷗，暫來非爲稻粱謀。乘風又作滄浪別，怊悵居人浪得愁。

西掖聞鶯

宮樹陰陰翠蓋成，熏風盡日語流鶯。秖應欲助歸田興，故作林間舊友聲。

遊龍山

七澤高秋霜葉紅，龍山一望夕陽中。愁來乘興時時往，楚老相疑是孟公。孟嘉在荆州遇興，輒造此山，盡日乃反。

出城

水映朱扉樹遶城，午天暄煦僕姑鳴。馬蹄款段春泥熟，自愛乘涼半日行。

琵琶亭

江頭明月琵琶亭，一曲悲歌萬古情。欲識當時斷腸處，❶只應江水是遺聲。

---

❶「斷腸」，傅校本作「腸斷」。

過湖城誦《雋不疑傳》作

北闕公卿如堵墻，誰持一語判興亡？ 君知京兆人無及，❶正用《春秋》侍帝旁。

晚　步

城頭雪色連雲色，池面冰光亂日光。泥滑應須勞杖履，幽期恐後野梅芳。

石　牌　磯

長江激水成飛電，蒼石横波起疾雷。自覺心能仗忠信，布帆無恙御風來。

送張岳同年

長安道側風塵裏，傾蓋相逢許白頭。誤在盧前已深愧，莫隨時態作沈浮。

答劉同年寄青朮煎松湯并詩

自無金骨凌風相，心愧仙翁度世方。一聽山中白雲曲，已如揮手謝華陽。

遣　思❷

淮上秋光凝客恨，城頭暮色滯斜暉。獨醒未必能勝醉，遠望由來可當歸。❸

❶「人無」，鮑校本、傅校本作「無人」。
❷「遣」，傅校本作「遺」。
❸「由」，四庫本作「山」。

楊無敵廟在古口北。❶

西流不返日滔滔，隴上猶歌七尺刀。慟哭應知賈誼意，世人生死兩鴻毛。

雪中詣相國寺

西風卷雪白如沙，索漠空林開白花。病僧迎客興不淺，自啓軒牕煎越茶。

柳河❷

相望不容三日行，多岐無奈百長亭。欲知河柳春來緑，正似山松雪後青。

神山在鹿兒峽北。

林立衆峰俱到天，傳聞此地有神仙。名山三在蠻夷國，方士之書猶信然。

早春野泊壽寧觀

小逕連村行幾曲，垂楊未緑草成蹊。門前野水還如帶，恐是仙源使客迷。

依韻奉和梅堯臣四首

陰雲著地無精光，細雨翳日看微茫。千里江山在何處？心憐社燕銜風翔。

---

❶「北」下，鮑校本、傅校本有「其下水西流」五字。

❷「柳河」，鮑校本、傅校本作「十二月二十七日宿柳河聞永叔是日宿松山作七言寄之自柳河直路趨松山不過三百里然虜諱不肯言漢使常自東道更白隰長輿折行西北屈千餘里乃與直路合自此稍西南出古北口矣」。

而今四海雖休兵，猶有防秋在戍城。征婦裁衣欲寄遠，時將蟻子候陰晴。

春草更緑春林衰，長安游客未成衣。淒淒計欲變寒色，一夜無語看燈輝。

欲埽鵬翅還北溟，欲引羲轡來東瀛。從兹陰翳永絶滅，康衢不使泥塗生。

春　草❶

春草緜緜不可名，水邊原上亂抽榮。似嫌車馬繁華處，才入城門不見生。

寄王閤使十月十一日冀州相别，十一月十一日聞過古北口。

憶醉離亭舞翠娥，舉觴同聽《渭城》歌。故人卻出陽關見，愁問行雲奈若何？

興化寺花

蟠桃浪占三千歲，琪樹虚傳十二城。争似此花常在眼，風吹日炙四時榮。

古北口

自古北口即奚人地，皆山居谷汲，耕牧其中，而無城郭，疑此則《春秋》之山戎病燕者也。齊桓公束馬懸車，涉辟耳之溪，見登山之神，取其戎菽冬葱布于諸侯，蓋近之矣。口占一篇，因以傳疑。

束馬懸車北度燕，亂山重複水潺湲。本羞管仲令君霸，無用俞兒走馬前。

❶「草」，明鈔本作「早」。

直舍竹下殘雪二首

阿閣三階敵井幹，宮墻十仞逼雲端。故留殘雪侵春事，欲伴孤篁老歲寒。

重疊空階委玉塵，蕭疎碧篠束浮筠。❶地寒自稱孤高節，❷不共陽林競早春。

十一月十五日朝拜章武殿雪中口占呈聖民學士

原廟衣冠月出游，侍祠義比漢諸侯。應有海神朝絳闕，勿驚飛雪滿崑丘。❸

歲暮雪中寄隱直前年季冬與隱直相會京師凡十餘日

長安積雪深三尺，窮巷相看共一樽。物色歲華還彷彿，異方回首重消魂。

秋夜見月❹

微風送雨江南去，涼月銜雲海上來。❺暑氣頓除秋暗入，忽疑浮漢弄昭回。❻

---

❶「束」，鮑校本、傅校本作「凍」。

❷「地」，原作「池」，據鮑校本、傅校本改。

❸「勿」，傅校本作「忽」。

❹「秋夜見月」，鮑校本作「中秋見月」，傅校本作「中夜見月」。

❺「海」，明鈔本作「水」。

❻「昭」，鮑校本作「槎」。

別彦文

兔園風物共追遊，直自霜秋到麥秋。何故臨岐猶有恨？未曾攜手上商丘。

登新河橋詩此河受三十六陂水。

朝陽破霧水浮空，極目江湖一望中。三十六陂冰雪解，魚龍鱗鬣動春風。

小園

弱柳低花俱有意，淺沙深竹總無塵。從今不恨交遊絶，還倚東風作主人。

雪霽行小園

力埽墻根通野徑，少留林下訪初春。魂翻眼眩看梅杏，幾處攀條輒誤人。

正月二日雪後到小園

新年已覺有春光，宿雪無多映夕陽。竹箭晴來依舊碧，柳條暖去不勝黄。

納涼明教臺呈太守

臺下井泉冰冷滑，城隅川色劒光鋩。多慚簿領相寬假，全得南風一日涼。

聞張隱直率范十九佑之遊邊寄之三首

莫怪黄河來積石，又疑弱水隔崑崙。若嫌古記難全信，他日君歸與細言。

未甘海上乘桴去，猶託隆中竟日眠。努力英雄樹功業，鄙夫洗耳太平年。

紅旂白羽尚紛紛，❶渭北洮河十萬軍。歷覽山川窮勝負，朝廷肯棄奉春君。說高祖料匈奴者。

題浄嚴觀春波亭

滿目烟蕪蘸緑漪，江淹遺恨楚江湄。仁人四海皆兄弟，何必東風悵别離！

初　雪

冥冥濃雪半空黑，烈烈北風吹日回。海水翻從九天落，龍沙卻渡五湖來。

野人致枸杞青蒿

爛蒸香薺白魚肥，碎點青蒿涼餅滑。宿酒初消春睡起，細履幽畦掇芳辣。

答杜九重過東門船戲作❷

共醉江南日落春，悲歌一曲思離人。卻尋陳迹愁先亂，況復青青柳色新。

牡丹三首

刻成紅玉萬枝香，排出華燈四照光。聞道閬風有琪樹，可能一二敵芬芳。

宮女妝花不必勻，淺紅深紫自爭新。已能含笑驚愁眼，枉是無言對暮春。

密密芳華亂夕暉，碧油幕下覺春遲。何時謝絶人間事？看盡東風爛漫時。

---

❶「旂」，傅校本作「旌」。

❷「船」上，傅校本有「回」字。

題慧禮師雙樹院

雙樹婆娑三百年，江南秀色上參天。不知昔日誰來種？正爲道人開法緣。慧禮初露止此樹下講經論，四衆歸之，今成屋五十餘間，佛事甚盛也。

揚州聞歌二首

淮南舊有千遮舞，❶隋俗今傳水調聲。白雪陽春長寡和，著書愁絶郢中生。

半夜暖風吹朔雪，東城南陌曉來春。郊光野氣望不極，柳意梅香愁向人。

徧閲齋房題名獨不見永叔戲作七言

十二樓居五碧城，祠官多識漢名卿。蓬萊仙客飛升早，不向丹臺稍刻名。

自東門汎舟至竹西亭登崑丘入蒙谷戲題二首

汎汎扁舟春水平，緑蘋白芷欲齊生。王孫自喜山中客，莫唱淮南《招隱》聲。

萬竿蒼翠隔晴川，寂寞蕪城三百年。此地重聞歌吹發，揚州風物故依然。

養　雞

耆舊漂零漢汝南，長鳴獨與古無慙。蕭蕭風雨思君子，欲倚空牕聽爾談。

❶「千」，原作「于」，據傳校本改。

受詔俟代先遣家人南歸發後一日寄内七言❶

年長漸難禁遠別，❷宵長初信有相思。天寒展轉不得寐，一夜風吹庭樹枝。

一百五多葉白牡丹答陳度支二首

玉色天香無與儔，猝風暴雨判多愁。君知大半春將過，初識人間第一流。

嵩少雨晴寒食時，年年驛使按瑶墀。塵埃落莫長安陌，笑倚春風不自知。

安福院二首

溪流婉轉樹蒙蘢，複閣虚廊小徑通。下馬解鞍一長嘯，便疑身已出塵中。

三十六陂秋水來，龍蛇奔走起風雷。老僧與置南軒地，會是憑欄心目開。此院在鄭門外，三十六陂水出其下。草樹幽邃，有溪山之賞。予勸寺僧鑿兩墻爲軒，❸可以盡觀覽之勝也。

題新開花呈永叔

野客賞春憐物華，不將手觴新開花。且留林下引狂蝶，看舞東風傾緑霞。

東　山刺史獨孤及所游。

獨孤刺史提千騎，飛蓋驢游向此中。高岸如今已成谷，還如峴首憶羊公。

---

❶「受詔俟代先遣家人南歸發後一日寄内七言」，鮑校本、傅校本作「受詔候代先遣家人南歸後一日寄内」。

❷「長」，鮑校本、傅校本作「久」。

❸「勸」，原作「觀」，據傅校本改。

五色薔薇

春來百花次第發，紅白無數競芳菲。解向人間占五色，風流不盡是薔薇。

黄薔薇

緑葉黄花相映深，水邊臺畔結浮陰。何人解賞傾城態？一笑春風與萬金。

嶰林

已看秀色動高林，會見脩脩滿翠岑。不學渭川千畝富，欲聞嶰谷鳳凰音。

杜鵑花

嫩紅輕紫仙姿貴，合是山中寂寞開。九陌風塵肯相顧，可憐空使下山來。

公是集卷二十九

宋劉敞撰

七言絶句

閣後叢篠中自生梧桐手封殖之因作口號呈范七王八二閣老

常詠椅桐待高鳳，忽經阿閣見孫枝。朝恩未放江湖去，更看亭亭百尺時。

種梧桐

欲種梧桐滿碧軒，春風岑寂映琴樽。雖未能令丹鳳至，要須長絶衆禽喧。山僧説：「百鳥莫棲梧桐，避鳳凰。」驗之頗然，古無此論也。

別永叔後記事

醉中不記別君時，臥載征車南向馳。驚覺尚疑君在側，滿身明月正相隨。

即事

梅靨稀疏無賸白，❶柳眉繁弱未全青。墻頭紅杏春多少，醉看愁吟意總醒。

寒蘆

洞庭木落風霜秋，❷蒹葭處處使人愁。可憐一見京塵裏，卻憶孤槎天際浮。

呈主人二首

世上年華似車轂，俗中形態若樊籠。解開絳帳陳紅粉，何必通儒獨馬融。

雨催春意苦無多，柳色花香奈汝何！誰舉一樽屬明月？小垂手舞緩聲歌。

迎春花二首

穠李繁桃刮眼明，東風先入九重城。黃花翠蔓無人顧，浪得迎春世上名。

沈沈華省鎖紅塵，忽地花枝覺歲新。爲問名園最深處，不知迎得幾多春。

自淮南移天平兼西路安撫使六月五日初入東界得快雨是時齊魯久旱欣然作小詩示攽奉世等聊志一時意耳

東郊問俗擁征轅，天與爲霖破鬱煩。慙愧泰山雲觸石，誤疑刺史雨隨軒。

---

❶「賸」，傅校本作「剩」。

❷「霜」，傅校本作「露」。

偃師驛觀先帝所植兩松及錢丞相壁記❶

華封耆老望車塵，故以青松祝聖人。雲去帝鄉桑變海，舊枝重疊長龍鱗。

十二月二日❷

十月黄河冰未澌，柳條若若草離離。❸寒蛩逐馬聲相續，都似江南秋半時。

便坐廷中秬生嘉禾兩本因成二十八字呈同僚諸君

報政三年愧魯公，將何歸奏未央宫。便廷嘉穀知天意，因得從容賀歲豐。

即事二首❹

長日熏風春欲回，❺啼鶯鳴鴂亂相催。不嫌柳絮都飛盡，❻惜許酴醾取次開。

白社不知天上樂，❼殘芳可惜逐東風。誰家酴醾花正發？走馬平明看醉翁。

---

❶「先帝所植兩松及錢丞相壁記」，明鈔本爲小注。

❷「日」下，傅校本有小注「自此以下奉使作」七字。

❸「若若」，傅校本作「弱弱」。

❹「即事」，鮑校本、傅校本作「齋滿」。

❺「熏」，鮑校本、傅校本作「薰」。

❻「都」，鮑校本、傅校本作「多」。

❼「社」，傅校本作「石」。「不」，傅校本作「二」。

種花五首

粉蕚朱華俱滿叢，鶯喧蝶舞亂春風。前年手種今年看，自覺淹留已老翁。

弱柳海棠雖晚栽，翠眉紅臉已齊開。蜀姬艷色巴姬舞，併送春愁入眼來。

長愛武陵溪上人，種花無數碧溪濱。莫輕野客時情薄，看盡靈桃歲歲春。

行遶新芳不擬回，春光二月已全催。江南寒食饒風雨，未落應須日日來。

憶昔空園今作林，墻頭枕上總成陰。廢興人事非天意，時暫紛華亦賞心。

探花郎送花坐中與鄰幾戲作七首❶

兩郎探花如顧山，紅紫黃白俱可憐。春風過此即埽地，爾復碌碌慰眼前。

兩郎敖蕩不自羈，春物寂寥寧得知。❷能讀《離騷》飲美酒，頭白江翁殊復奇。

春服始成天氣新，沂水風起如魚鱗。由來舞詠吾與點，童子與公凡幾人。

眼昏頭白老馮唐，三十餘年離舉場。春色年年在瓊苑，曾經十牓探花郎。❸

溱洧芍藥堂背萱，濃紅柔緑相映繁。鄭衛之風久寂寞，坐無詩翁誰使言。

---

❶「七」，鮑校本、傅校本作「五」。

❷「寥」，鮑校本、傅校本作「嵺」。

❸這首詩鮑校本、傅校本無。

酴醿薔薇香最奇，古人不聞今始知。世間此輩復何限？❶ 零落深林方足悲。

牡丹開盡群芳少，紅藥丹萱亦可憐。眼看春事已如此，有酒不飲詎爲賢。❷

桃花三首

清露濃霞滿眼春，攀香弄影地無塵。仙源一入吾將老，❸不學武陵溪上人。

碧海仙山拂太微，春風蟠木發瑶池。人間日月知多少，坐見高花爛漫時。❹

小樓西望那人家，出屋香梢幾樹花。只恐東風能作惡，亂紅如雨墮牕紗。

聞御試畢寄同人

鵬欲圖南魚戴角，風雲變化不踰時。誰知遁世聱牙者？ 翻覆西牕數局棋。

贈省判沈郎中 君家書二萬卷，❺皆精繕也。

休文零落向千年，一世風流幾許傳。錦袋牙籤二萬卷，羡君能似昔人賢。

---

❶「何限」，傳校本作「可恨」。

❷這首詩鮑校本、傳校本無。

❸「吾」，傳校本作「人」。

❹「爛漫」，傳校本作「熳熳」。

❺「君」上，傳校本有「此」字。

在北得家書

論從定約欲車回，笑領雙魚手自開。便覺長安近于日，不聞人自日邊來。

奉天門觀汝水❶

流水回還縈雉堞，❷亂山蒼翠擁層樓。會將緑蟻捐長日，❸幸有高風送麥秋。

崑丘臺

重巒似欲學層城，上有帝宫人不行。訪古尋幽復觀化，垂楊生肘未曾驚。

洪澤阻風

風振蒼山海逆流，扁舟未濟使人愁。聊把釣竿消永日，溪翁沙鷺共悠悠。

時會堂二首

雪霽蒼山未有塵，陽崖氣色已含春。不關南國年芳早，自爲東藩欲貢新。

江湧岷山萬里來，地蟠崑嶺百尋開。故移蒙頂延年味，共獻無窮甘露杯。

十二月雷後作

臘破春光逼眼來，喧風膏雨雜輕雷。黑貂已敝京塵裏，興發猶堪貰酒杯。

---

❶ 「汝」，鮑校本、傅校本作「流」。

❷ 「還」，鮑校本、傅校本作「環」。

❸ 「捐」，鮑校本、傅校本作「消」。

寄賀隱直捷開封府解

高士何須輕主簿，客星今欲上靈槎。題名趁取臺中舊，前後龍頭屬當家。

聞張給事倍道兼程已過古北戲作七言

叱馭勤王肯暫留，邊沙朔雪犯貂裘。飛黄一日須千里，應笑迂儒騎土牛。

雷　雨

寂寞荒居草木深，商歌猶足玩愁霖。仰頭笑問豐隆苦，亦未妨人倚柱吟。

椶　櫚

纛影吒𠈌竿影直，❶雪中霜裏伴松筠。可憐憔悴凌雲色，還是昂藏獨立人。❷

江　梅

江南誰折一枝春？玉骨冰膚畫不真。撩亂清香隨驛使，塵埃滿眼正愁人。

觀兒童逐兔輒失之戲呈希元二首

碧眼兒童誇絕倫，競馳犇兔蹙飛塵。俯身捷下重岡去，空聽弦歌不見人。

滿目蒼山宿草衰，雪殘深谷正多岐。莫將弓箭窮飛走，笑殺黄鬚鄴下兒。竇，相州人，髭亦黄。

❶「𠈌」，鮑校本、傅校本作「㲿」。

❷「是」，鮑校本、傅校本作「勝」。

初出古北口大風

我持漢節議和親，北上邊關極海濱。宜有鬼神陰受命，勁風來埽幕南塵。

十二月十二日齋祠西太一宫是日大風

絳闕碧城天與通，世間惟望氣渾融。神仙定與塵埃隔，自怪來時亦馭風。

和聖俞逢賣梅花五首

送臘迎年越嶺梅，幾時隨驛過江來。上林桃杏矜顔色，已老東風寂寞開。

三月都城雪卷沙，幽芳偏恨雜群花。九衢何處江南客，一笑相知越女家。

東阡北陌競春游，弄雪翻雲爲少留。落去能無怨羌笛，折來端是亂鄉愁。

安得繁英種滿園，風前月下共方樽。放歌起舞濃陰裹，長使清香濯醉魂。

可憐風雨逼流陰，無奈芳菲惱客心。暫引江南春入眼，不辭多擲袖中金。

觀城上梅花憶和

城頭梅樹花初發，每到花前憶剡中。白水碧山應不少，與誰攜手過春風？❶

送張譯歸

雪霜載塗春欲晞，江流水駐君北歸。南方遐敻久共住，可憐不及雙鳧飛。

---

❶「誰」，傅校本作「君」。

小園春日

草色初新柳帶長，宿烟清露濕朝陽。東山雲起西山碧，南舍花開北舍香。

寄東平侍讀叔平侍郎❶

曲榭層臺花木深，春風千騎盛登臨。高山流水非無意，正得君來慰我心。

上巳不赴金明集招鄰幾談

樓船旗鼓颺春風，曲水浮觴一醉同。窮巷誰憐車馬絶，蕭條相對兩衰翁。

梅　雨

無窮雲霧濕梅天，終日昏昏只欲眠。髀肉生圓頭髪白，强尋高處望山川。

詔賜御書稽古兩字作口號示子弟

毛玠素屏非俗物，韓稜寶劒得龍淵。謨明敢與皐陶比，稽古虚參堯舜篇。於時予知貢舉，又紀察刑獄。

秋晚雨中隱几偶書寄聖俞五首

秋雲欺日不得光，西風送雨寒蒼茫。北來鴻雁翅羽濕，那能自致凌天翔。

如聞鑾服愚弄兵，凶酋恃險愁孤城。軍書插羽懼不急，安得良術吹天晴。

窮秋未窮草木衰，里人過半單裳衣。谷中吹律不可待，上天愛日何時輝。

❶「郎」下，傅校本有小注「聞樂郊頗亦葺」六字。

我欲乘桴渡南溟，手攜水伯趨蓬瀛。秋來雨多蛟蜃喜，滿目愁見風濤生。安得獨上崑崙巔，側身常近清陽邊。氛妖墮散昏墊解，使我目朗心蕭然。

羊角風

我似靈鯤初化鵬，徑辭北海向南溟。可煩更借扶搖力，已度皐蘭望紫庭。

觀梅櫻桃❶

梅花欲落櫻桃盛，白雪彤霞各自愁。❷腸斷黄蜂與粉蝶，東園來去不知休。

潞河❸

飲馬長城行且謡，❹雕鞍金勒映春朝。潞河正月冰都盡，不惜障泥走度橋。在長城南。❺

陳勝

夥涉矜豪欣據陳，力崇司過督群臣。欲將燕雀輕天下，自使侯王不復親。

---

❶「桃」下，傅校本有「作」字。

❷「霞」，傅校本作「雲」。

❸「河」下，鮑校本、傅校本有小注「此水自代北來正爲潞字疑赤狄嬰兒所居近之」十九字。

❹「城」，原作「安」，據傅校本改。

❺「南」，明鈔本作「内」。

客寄天台月桂子

天上仙人月裏栽，無端飄逐海風來。可能種作千尋樹，歲看高花爛漫開。

辛卯十二月同持國游會靈觀各曾賦詩後一年會靈燒高下俱盡天子爲先朝所爲不忍廢復治集禧略放渭陽帝祠制度五嶽同宇毋乏事而已不能如向之鉅麗也戊戌十二月以事過謁祠下作七言寄持國

白玉五城十二樓，還曾同作采真游。重來無復壺中景，惟見蒼林鎖碧流。

戲成一首

參差翠嶂坐中分，斷續流泉盡日聞。❶何異高唐與巫峽？夢餘真復有朝雲。

雜詩三首

大梁公子樂邯鄲，愛士能從市井間。雖詫平原傾食客，魯連猶蹈海濱還。

季長誕節薄拘儒，俳笑紛紜絳帳居。爲問從來三輔士，幾人門下撇衣裾。

天禄先生空白頭，時時好事載書游。滑稽不及鴟夷輩，寂寞端成淑德侯。

絶句

青苔滿地初晴後，緑樹無人晝夢餘。惟有南風舊相識，偷開門户又翻書。

---

❶「斷續」，傅校本作「續斷」。

彭城先輩未披奇采早飲雋聲遺詩寄答二首❶

清門早日映朝端，俊域于今有二難。虹氣韞來徒想玉，❷國香聞處已知蘭。

劒池夜久光芒緊，蓼草春深景象寬。寄惠新詩仍過此，濡毫容易報琅玕。

朝日偶作呈友人

漸知春意入城來，向午池冰已半開。和氣滿天真可望，憑君須上最高臺。

榴　花　洞

熏風四月群芳歇，火玉燒枝拂露華。偶坐清陰人不到，白鬚道士進流霞。

和永叔宿齋太廟聞鶯二韻

碧樹凋零滿眼秋，黄鸝飛去使人愁。翰林仙老齋房客，猶恨人間歲月流。

題庭前藥欄

宿雨初晴曉尚寒，土膏欲動未全乾。碧萱紅藥饒情態，泄漏春光已滿欄。

壺公祠送別

塵世紛紛多别離，一攀庭樹欲沾衣。不知何故壺中叟，能棄人間不復歸。

---

❶「早飲雋聲遺詩寄答」，傅校本作「早飲雋聲遺新詩用甲寄答」。

❷「韞」，傅校本作「緼」。

山中作

空山日午東風起，積雪半消巖下池。逐勝不知芳草遠，長謡石上失回期。

浄土院從王伯初飲呈座人

雪滿春城幽興長，放歌起舞盡君觴。幸憐犀首飲無事，不怪次公醒亦狂。

飲子華家醉翁不來因令鸞英彈醉思仙❶

翠眉紅袖拜尊前，❷撩弄春聲入四弦。❸坐少車公還不樂，爲君重奏醉思仙。

月下

蟾蜍滴露侵石垣，松檜吟風如澗泉。夕夢未窮山路遠，自疑乘月弄潺湲。

城南雜題

當日龍船校五兵，旋開池沼學昆明。邇來封禪和平久，舊地分教百姓耕。講武池。

垂楊冉冉籠清籞，細草茸茸覆路沙。長閉園門人不入，禁渠流出雨殘花。玉津園。

---

❶「鸞」，鮑校本、傅校本作「藥」。

❷「尊」，鮑校本作「樽」，傅校本作「鐏」。

❸「弦」，鮑校本、傅校本作「絃」。

盤姍不稱三公位，掩抑空妨數畝庭。❶只有老僧偏愛惜，倩人圖畫作書屏。❷短槐在水陸院。

早時風景愛東吴，一到京師興益疎。偶向城南疑澤國，夾川垂柳帶僧居。水寺。

芙蓉池❸

緑華青蓋滿方塘，雨灑風吹著處香。浄埽釣磯雙樹下，醉敧涼枕弄秋光。

憶和

楚澤茫茫白芷生，春風紅樹語流鶯。高樓不見千巖路，落日空含萬里情。

嘯亭雨後❹

風捲高花舞成雪，雨濕芳草緑侵雲。❺層軒獨立時惆悵，淮北春光過五分。

西楚

楚割淮西自不輕，元王賓客亦洪生。重捐醴酒迷高士，末路翻亡五十城。

---

❶「掩抑」，鮑校本、傅校本作「偃蹇」。
❷「倩人圖畫作書屏」，鮑校本、傅校本作「借人圖畫入書屏」。
❸「池」，傅校本作「花」。
❹「嘯亭雨後」，鮑校本、傅校本作「雨後登坐嘯亭」。
❺「濕」，鮑校本、傅校本作「滋」。

袁本初

橫刀長揖紫廷中，健者寧須屬董公。郿塢然臍直假手，❶始知天下有英雄。

魏文帝

江水由來一帶橫，魏文何事畏疑城？不應天意分南北，自是無人敢請纓。

武皇

武皇英氣古無儔，解道平城遺朕憂。汗血龍媒十八萬，單于臺下獵清秋。

后土廟瓊花廟吏云：「今年開花絶少，❷比舊歲憔悴。」❸

繁香簇簇三株樹，❹冷艷飄飄六出霙。移植天中來幾月，❺欲看憔悴老江城。

送張奕進士歸廣德省親

南北旅遊三十年，相逢依舊孝廉船。千鍾不洎今吾老，羨爾歸安二頃田。

---

❶「直」，鮑校本、傅校本作「真」。

❷「年」，傅校本作「歲」。

❸「歲」，鮑校本、傅校本無此字。

❹「株」，傅校本作「珠」。

❺「月」，明鈔本作「日」。

自淮南遷東平移后土廟瓊花植于濯纓亭此花天下獨一株爾永叔爲揚州作無雙亭以賞之彼人别號八仙花也或云李衛公所賦玉蘂花即此聊以小詩記其所從來❶

海内無雙玉蘂花，❷異時來自八仙家。魯人得此天中樹，❸乞與春風賞物華。

董　相

江都治後徙膠西，衰老諸侯等棄之。❹爲問平津相天下，尚開東閤欲賓誰？

白　登

白登計祕自堪羞，相印猶歸曲逆侯。安用熊羆三十萬，平城遺有子孫憂。❺武帝詔曰：「先帝遺朕平城之憂。」

鎖宿禮部中夜口號

浮雲不動月微明，錦帳香寒夢易驚。猶覺春風花未發，獨聞宫漏出重城。

---

❶「彼人」至「即此」，傅校本作「彼土人别號八仙花也或云李衛公所賦玉蘂即此是」。

❷「海内」，鮑校本、傅校本作「淮海」。

❸「得此」，鮑校本作「來此」，傅校本作「所得」。

❹「衰老」，傅校本作「衮衮」。

❺「遺有」，鮑校本、傅校本作「更遺」。

題送客亭别任迴❶

北飛鴻鴈南飛燕，擾擾俱非自在身。莫向孤亭南北望，野花江草最愁人。

送魏廣祕校同年

羨君歸著老萊衣，風雨紛紜欲别時。會是東堂許爲友，自憐扶路不勝悲。

風　雨

人生老去自多憂，索索逢春卻似秋。過盡百花初不省，何須風雨更添愁。

山　光　寺

隋家昔日歌舞地，荒草滿庭烟霧深。猶有老松長百尺，悲風來動海潮音。

答張安内翰見贈二絶

雲鵬自合縱天池，蒿鷃寧嫌寄一枝。適往蚤聞仙老辨，解嘲聊慰俗人嗤。

玉螭階側鳳池邊，接武嚴徐愧昔賢。天驥絶塵方萬里，知君不顧繞朝鞭。

答阮逸中允

天後天先隱姓名，❷曾聞注易動公卿。窮愁不得無編述，慙愧删詩取正聲。

---

❶「客」，明鈔本無此字。

❷「天後天先」，傳校本作「天隱先生」。

小　桃

鳴鳩唤雨天色變，遲日烘雲花意催。一日出遊三日醉，自知慙負小桃開。

和趙七得屯田郎❶

童稚聞君賦上林，校讎偏愧接華簪。朝廷禮樂推先進，莫歎郎潛佩肘金。

❶「郎」，傅校本作「印」。

公是集卷三十

宋劉敞撰

制誥

龍圖閣直學士兵部郎中涇原路經略使王素可諫議大夫

朕臨御天下，賴宗廟之靈，方内乂安，元元蒙福。而往者戎狄窺間緣隙，❶時入爲暴，患皆在守圉之臣，文不能附衆，武不足威敵，使貪暴之民，震驚朕師。具官王素，假節剖符，居邊三年，内鎮撫百姓，外教戰士，令行禁止，惠于鰥寡。爰及疆外羈縻之虜，❷咸懷服集，不失朝貢，中國以安，朝廷益尊，此蕃衛之勳也。《詩》不云乎：「大邦維翰。」其議遷秩，升于諫列，以慰吏士《出車》《東山》之思。

❶「間」，傅校本作「伺」。

❷「虜」，原作「國」，據傅校本改。

前邠州觀察推官李育可著作佐郎前趙州軍事推官許林宗可大理寺丞

古之禮，珪璋特達，而璧琮有藉。寶非不同也，所從用之異。豈惟寶哉，士亦宜然。育用文學進，有以自見。林宗由吏材選，稱于知己。夫蓬丘圖書之府，廷尉法理之本。往爲之屬，各踐爾位，思所以報，毋隳而守。

前秀州崇德縣尉左惟温可漣水軍録事參軍

天下無事，人得養老，長幼修孝悌之行，甚善。而猾惡民起爲盜賊，奪攘以侵擾之，郡縣所患者也。汝以邑尉，捕擊如律。尚書條上閥閲，遷爾紀曹。祇服明命，益思自奮。

西京左藏庫使忠州刺史高陽關路駐泊兵馬鈐轄時明可文思使

執干戈典兵馬之臣，當以戰多勇功受賞于朝，而但累歲月，計資考，以此取高位，壯士之恥也。然今天下乂安，士無所試其能，故偏裨將帥例以恩進。遷爾使列，以觀來效。爾亦毋謂易而得之，因易而守之，盍亦竭節顧義，思所以報國者乎！

宰相富弼奏試國子四門助教王淵宰相韓琦奏鄉貢進士李常並可試將作監主簿

曩者朕親祀清廟，推恩延賞。而大臣得薦其門下之士，置之仕籍。今丞相以淵等聞，❶夫與吾陶冶萬物、長育人材者，非丞相歟？何惜一命，以慰士大夫之望！其慎所履，毋辱己知。

内殿崇班唐詢可内殿承制

邊吏欲其奉法守職，以安吾民，而不欲其徼功興事以撓王略也。故歲滿無負者，輒遷其秩。爾有治狀，協于賞格，進承制命，無墮常守。

定武軍節度推官衛觀可大理寺丞常州團練推官沈披可衛尉寺丞

昔唐有天下，諸侯自辟幕府之士，惟其材能，不問所從來。而朝廷常收其俊偉，以補王官之缺，是以號稱得人。今州郡從事皆吏部旨授，然其試之臨政而不苟，察之行己而有立，亦皆一時之選也。故吾亦且命以九卿之屬，使漸而升于朝。觀與披也，既歷試于外，又亟稱于知己得人之聲，庶必能勉焉。

❶「淵」，傳校本作「常」。

禮部侍郎參知政事曾公亮可加正奉大夫進封開國公食邑五百户賜推忠佐理功臣

朕承七廟之光，繼三聖之緒。惟慎祀時享，未足副盛德；委事有司，未足盡誠孝。故稽曠典，歷吉日，親率公卿，躬執豆籩，昭見祖宗，並受祉福。若乃哀時之對，申錫無疆，天寓之内，莫不受慶，❶而況一二耄老肅雍顯相者乎？具官曾公亮，德器渾厚，智謨閎達。予欲觀于《雅》《頌》，參《玄鳥》《清廟》之詩，以追孝于前人，汝明。予欲謹于王事，極四海九州之美，以備物于大饗，汝圖。予欲時和年豐，以薦厥嘉生，登黍稷之馨，汝翊。予欲制禮協樂，以對越太室，交神人之雍，汝助。夫賞，國之典，不可廢也。進階中朝，頒爵上公，衍食加田，勒忠甲令，使百執事粲然皆知輔德致治之報焉，不其偉歟！

將作監林洙可司農卿

自周以來，稷爲大官，今吾非廢稷不務也，而官益輕，豈居其職者未能勉乎？具官林洙，資稟通裕，臨履修潔，擢正卿位，尚宜其事。昔乃先正，實領大農之任，以迪文考。今年穀未充，邊人望哺，爾其勤身敏行，無忝名實，于以勸穡劭民，庶有賴焉。濟爾世美，不其多乎！

---

❶「慶」，傅校本作「獲」。

都官員外郎邢夢臣可侍御史殿中丞沈起可監察御史裏行

御史執憲轂下，紀綱國體，非雅亮勁正之士，不足參論議、廣聰明。拯與景初，吾所信也。使之慎簡厥僚，必皆其人。而拯也以起聞，景初也以夢臣可。稽之閥閱，察之望譽，人咸曰允哉，予甚嘉之。夫鑒以明，故可正容；繩以直，故可形枉。毋勤小補而遺大體，毋忽近務而隳常守。事君盡禮，其可以報知己乎！

屯田員外郎胡揆除都官員外郎

朝廷鎮撫四夷，以綏中國，貴于息民，而不務佳兵。故常敕邊吏，毋邀奇功。五嶺已南，蠻夷雜居，其俗剽悍，尤爲易動，而桂州一都會也。前通州軍州事、尚書屯田員外郎胡揆，承用詔旨，悉心疆事，終揆之任，恬然無虞，亦可謂善吏，能宣明威信者矣。夫守邊之患，常在見小利不達大體，以侵迫驅奪之爲，故至大亂，貽憂吾民，則若揆者不可以不賞也。稍增其秩，以示褒寵。

陝西路都轉運使兵部郎中天章閣待制傅求可右諫議大夫河北轉運使工部郎中天章閣待制周沆可兵部郎中依舊

岐、畢，吾西土也，被山帶河百二之險，而有昆夷之虞。燕、亳，吾北土也，平原廣牧，四戰之地，而有玁狁之警。贍足兵食，綱領郡縣，將命宣指，甚難其人。具官傅求，明智敏察，表以文雅。具官周沆，深中篤厚，居以名檢。並委節傳，分按州郡，皆有述職之勤，美俗之風。夫較考陟明，其來尚矣。或正諫省之列，或遷夏卿之屬，所以褒善勸能。爾其欽哉！

司門員外郎張鞏可開封府推官

京師者，舉衆大之辭名之者也。風俗雜而獄市繁，治稱浩穰。吾令襄爲尹，急吏緩民，甚有文理。其僚虛席，思得敏才以左右之。具官張鞏，嘗使行河，決川滌源，❶衆工胥作。輓漕以通，其精力幹用，效在已試。俾贊輦轂之政，尚克有立。夫都邑翼翼，四方是則，無習茍且，違道干譽，則予一人汝嘉。

太子中舍通判衡州張兑可殿中丞

郡有倅貳，關決衆務，所以優民事，示重慎也。俗吏不察大體，而矜勢怙權，以争重輕，吏民反苦之，甚非朝廷意。爾居職自若，奏課亦善，通籍循省，以疇歲勞。方天之休，爾其勗哉！

兵部員外郎張中庸可開封判官

京師，衆大之居，其俗具五方，而諸侯所視法也，號稱難治，蓋自古記之。爲之尹者，專用擊斷，則網密

❶「滌」，原作「滌」，據傳校本改。

俗敝；崇之以寬，則威信不立。故常擇精明疏通之人，以參其職。具官張中庸，材劇而用博，行修而志堅，處煩決疑，必有餘裕。俾贊浩穰之政，當適寬猛之中。根本之地，爾惟欽哉！

度支郎中李碩可三司户部判官

財賦大計，一出于民。取之寡則用不足，然而民逸；取之多則用有餘，然而民困。此三司之難也！術不能通輕重，智不能調盈虚，則吾不以爲之僚。具官李碩，嘗以名字典郡，風采奉使，敏以爲政，精于檢下，所到而治，有迹可紀。使之參計耗登，贊舉籌策，庶可以不傷財，不害民乎！往即會府，毋乏乃事。

龍圖閣直學士趙師民包拯刑部郎中❶

任莫重于有土，功莫美于宜民。故周設加地進律之典，而漢著增秩賜金之令，以勸能者，朕折衷焉。拯，識清氣勁，直而不撓，凛乎有歲寒之操。師民，經明行修，敏而好學，浩乎若天府之富。俱備顧問，並參法從，屢獻切直之議，講聞絶出之業。而勤請爲郡，期于報政，曾未期月，翕然治聲。昔望之自以諫臣，恥于補外；而龔勝進以儒者，窘于撥煩。我圖傑材，無愧往哲。宜程功次之久，俾踐刑曹之屬。褒善陟明，孚我休命。

---

❶「拯」下，明鈔本、傅校本有「等」字。

樞密直學士右諫議大夫權三司使包拯加上輕車都尉食邑

祀者，國之大事也，而祫又加大焉。朕既親饗祖考，承致多福，慶賜所被，自公卿大夫、六師庶衛執干戈之人，外薄四海，罔不畢及。搢紳歡呼，士卒凫藻。其調度費用，一出大農，固亦勤矣！某强志盡瘁，夙夜匪懈，任重權專，不可以非理撓。使吏謹其職，下安其業，民不加賦，而國有餘財，以成朝廷之大禮，可無褒乎？古者敘六勳之等，藏乎天府者，固以旌有勞；頒五爵之封，衍以真食者，固以優有德。有司其明按舊事，申錫休命，以稱朕意。

程戡檢校太傅宣徽南院使判延州

西戎即敘，方外無警。然而襟帶之地，重兵所集，欲守衛中國，宣明威信，非股肱舊德，帷幄宿望，豈足與朕同西顧之憂哉？某識量閎博，猷爲靖密。政事之幹，長于治人；忠厚之誠，形于事上。陟降二府，勤勞歷年，所以翊亮國體，裁成機略，爲益多矣，其誰間然？乃者辭劇就閒，委權謝事，雖嘉沖尚之意，俾遠侍從之列，而風力克壯，問譽攸屬，方且修邊備以懀遠俗，豈宜輟老謀以忽外慮！❶參榮四貴，視秩三師，衍

❶「忽」，傅校本作「曶」。

以爰田之封，畀以元戎之寄。❶文武惟憲，爾其勉焉。

罷諸路同提點刑獄使臣置轉運判官

國家兼覆寓内，疆理天下，分立州邑十有八路。惟吏之不平，民之失職，政之頗類，獄之糾紛，未能獨察也。故設糾虔之司，使奉欽恤之寄，專屬朝寀，貳以武吏。誠欲審疑察枉，釋冤決滯，納民于不冤，流化于無訟。而武吏或起世家，或由軍功，文墨期會，未必深究，監司背項，適增其繁。夫非其習而望其效，違其方而冀其功，不亦難乎！其罷諸路同提點刑獄使臣，令樞密院勘會，已及二年者，即令赴闕；未及二年者，與就移合入差遣。及于河北、河東、陝西緣邊兵馬多處，相度添置路分都監，以次補用。庶幾人盡所長，官不虚受。夫轉運使之任，所寄耳目、治財賦、集事功也。江南東西、荆湖南北、廣南東西、福建、益、梓、利、夔等十一路，此其去京師遠者萬里，近者數千里，或跨帶山海，崛崎蠻夷，而皆一員主之。處則無與參慮，出則無與僇力，設有緩急之警，調輸之煩，機會一失，民受其敝，甚非豫慮先事之策。其各增置轉運判官一員，以三年爲一任，選差第二任以上知州資序人，候一任滿日，提點刑獄差遣。初入知州及第任通判資序人，候滿兩任日，與提點刑獄差遣。若居部無狀，隳職敗事，亦重行其罰。蓋士常患任之不當其材，無以見長；用之不久其任，無以見功。今朕别異文武，使得自試，選擢賢能，使得次進，吾于士大夫可謂無負矣！其各竭力悉

---

❶「畀」，傅校本作「付」。

心，勉成功名。布告中外，咸諭朕意。

太常少卿張鑄可光禄卿致仕

古者，有司年至則致仕，所以恭讓而不盡其力也。具官張鑄，履尚夷粹，足以檢俗，精力强敏，足以濟物，而能顧禮畏義，願上印紱。朕閔勞以官職之煩，今聽其請。夫佚老之士，雖不能輸力于朝，其矯厲風節，不亦過絶保禄持寵不知止者乎！俾列九卿，以榮其歸。祗若休命，思厎終譽。

無爲軍録事參軍馬易簡可太子中舍致仕

控搏禄利者，至于遷籍損年，飾貌匿衰，以緩退休之期。爾齒未耄，仕無缺行，能決于去，庸非廉乎？自下郡掾，升東宫屬，歸安鄉閭，足爲榮觀矣！

權郴州軍事判官楊永可右贊善大夫致仕前岳州平江縣張正己可大理寺丞致仕

年至還政，典也，而貪禄者或不能止。能止者，皆好禮者也。至于以廉自嘉者，有不待年去矣。今永也禮，而正己也廉。忽而不録，何以慰其子弟之心？或升籍朝闈，或丞事卿寺，歸榮鄉閭，以樂暮齒。

韓通贈中書令❶

皇伯故右武衛大將軍漢州團練使世榮可特贈密州觀察使追封高密侯

敕：禮以稱情而立文，榮以哀死而加厚。贈卹之典，在于有司。具官某，地近屬尊，身修行治，翱翔膴仕，表儀公姓。内聯環衛之嚴，外假州符之重。奄至大故，未究榮途，❷眷言悼傷，良用惻楚。追賁廉車之秩，仍疏侯社之封。尚其有知，對越休命。可。

皇叔故右武衛大將軍漢州刺史叔豹可特贈夔州觀察使追封雲安侯

敕具官某：贈襚之典，古有加等，所以追賁材德，而示愍卹也。我朝緣惇睦之恩，崇哀榮之册，褒贈宗室，厥有異數。以某托居近屬，生有懿行。開環衛之幕府，領名城之符章。惜其不永遐齡，遽違昭世。追錫廉車之寵，仍啓侯社之封。眷惟有知，歆此休命。可。

---

❶ 《韓通贈中書令》見於《宋史》卷四八四《韓通傳》，係宋太祖開國初所下，顯非劉敞所作，故删文存目。

❷ 「榮」，原作「營」，據傳校本改。

皇叔故右監門衛大將軍叔耆可贈濟州防禦使追封濟陽侯

敕具官某：莫遠具邇，公族之恩也；生榮没哀，有司之事也。以某身居近屬，居有顯譽，未及修齡，遽辭昭世，愍焉傷悼，良以爲軫。建侯禦侮，是爲寵秩。濟陽之區，實爲奥壤。錫命幽穸，用寧潛魄。可。

皇伯故龍武軍大將軍滁州團練使世經可贈洺州防禦使追封廣平侯

敕具官某：公族之恩，莫遠具邇。雖有疵吝，粲而不殊。某庀職環尹，領符要郡，不淑而夭，良用惻悼。追崇贈典，申錫休命，防禦廣平，因授侯印。泉壤有知，歆此光寵。可。

皇叔右武衛大將軍忻州刺史世枚皇叔右武衛大將軍舒州團練使叔婼並可贈觀察使追封侯

敕：生著令譽，没有餘榮，所以好善而不忘，勸功而無忽。❶矧吾近屬，宜有嘉寵。具官某等，謹身自修，學古敏志，爲宗室之令望，若都士之素守。夭閼不淑，愍悼良深。廉車按俗之名，茅土賜國之貴。俾推贈典，併示優恩。尚其有知，膺此殊渥。可。

---

❶ 「勸」，原作「觀」，據傅校本改。

皇兄故右監門衛大將軍士穎可特贈洺州防禦使追封廣平侯

敕：莫遠具邇，所以厚睦族之恩；生榮没哀，所以隆宜䘏之禮。眷惟近屬，庸有加等。具官某，資性好善，始終寡尤。享年不永，❶早世無禄。興悼于再，思有以稱，俾崇衈典，下慰九泉。使庵領州之盛，侯印啓封之貴，併疏密章，用光壤户。可。

皇姪右監門衛將軍克孝妻某氏可封仁和縣君

《常棣》之詩，其輯之亂曰：「宜爾室家，樂爾妻孥。」知其爲治内之本也。今夫宗婦有湯沐之邑、封君之號，此其所以稱宜且樂，不亦光大章顯乎？具官克孝妻某氏，憑慶良奥，作嬪懿近。柔静之操，足儀閨壼，莊肅之風，能承祭祀。俾疏列壤，且擇令名，尚無懈于夙夜，思能對于休寵。

參知政事程戡曾祖守瓌贈太子少保

德厚者流廣，德薄者流狹。朕親建配天之祀，對越祖考，而股肱大臣，恩不及三世，則非重本追遠之義也。某以鴻漸之翼，屈歌之政，治加其民而攄蕴不盡，教施其族而慶鍾方遠。肆爾曾孫，毗予大政，朕嘉與

❶「永」，傳校本作「融」。

之同德協義，丕承宗廟。故若稽貴始之典，推本貽謀之實。且欲申人後之寵，教天下以孝。褒加愍册，列于孤卿，九原而有知也，其尚榮我丕顯休命乎！

曾祖母某氏追封郡太夫人

迺者，朕以戡有英濟之器，謨明之望，故選于衆，置諸丞弼，而中外翕然，咸以爲宜。夫源深者其流永，根固者其枝茂。朕以此知程氏之世，家聲壼彝，必有積仁累慶殁而不朽者矣。夫用人之子，遺人之先，豈示民訓俗之道哉？戡于國制，得贈三代，故以褕狄，顯而廟室，和氣猶存，歆後于有。❶

祖某贈太子少傅

人之情，爲父祖則欲其子孫之貴，爲子孫則欲其父祖之榮。朕所矜式大臣，表顯先正，申錫異數，追加寵爵，庶曰有以慰其孝思乎！某處幽履素，抱德懷和，❷才能見遺于時，文采不表于世。然而于公仁恕，高門有待，太丘道廣，奕葉方起。不有褒崇之册，❸豈稱燕貽之心哉？有司其判密章，以少傅之韍襚之，雖戡

---

❶「歆後于有」，傅校本作「歆有于後」。

❷「懷」，傅校本作「煬」。

❸「崇」，傅校本作「愍」。

哀往奉先，可以無憾也。

妻曹氏追封安定郡夫人

《召南》歌賢者之風，❶而《鵲巢》美夫人之德。此言朝廷之教，必先始于近，而公侯之貴，得以榮其家也。某氏生于茂族，有温惠淑懿之稟；歸于君子，有夙夜警戒之益。夫善同者報等，體敵者禮均。今戢積德累行，參榮宰路，而其妻車服命號，未之能稱，則禮有不答，豈典也哉！《詩》不云乎：「如山如河，象服是宜。」期疏善郡之封，以章有家之慶。

曾祖母平原郡太夫人田氏追封某國太夫人

樞機之任，下所具瞻，必使澤副其爵，服稱其禮，而後可以一統類，美風俗矣。故吾于股肱之良，加禮貌之重，申錫寵數，逮于曾門。某氏具體聖善，作嬪良家，奥宫無違，❷梱教兼備。既成蕃衍之祉，實啓燕翼之

❶「之」，原無，據傅校本補。
❷「家奥宫」，傅校本作「奥宫事」。

訓。肆其裔孫，服在近輔。❶原鍾慶于有後，知積善之攸從。俾疏大國之封，以極小君之寵。襚服愍策，❷泥書密章，足以光賁泉壤，流美厥後矣。

祖太子少傅思義贈太子太傅

卿士之孝，念祖修己，則福禄從之。朝廷之選，尚賢報功，而典教備焉。若其不懈于位，無忝所生，膺受光寵，增益天秩，宜徇追遠之志，以著率親之典。某德操昭融，業履純茂，久幽而不改，有聞而無聲。乃其元孫，嗣承休緒，陟降四輔之密，左右萬事之微。懿厥勳勞，既覃三錫之命；推夫燕翼，實由先世之謀。❸是宜崇飾愍章，增賁幽穸，陟春宫前傅之烈，茂宗彝時享之華。志氣尚存，膺我休寵。

祖母彭城郡太夫人劉氏追封某國太夫人

朕聞自仁率親，至于祖而義備；立愛廣孝，始于家而道遠。然惟位崇者可以充其數，德盛者可以如其志。眷吾鼎臣，進執機柄，俾增寵命，以副具瞻。某氏幽閒挺操，婉嫕成德。珩珮之節，光乎女圖；山河之

---

❶「近」，原作「存」，據明鈔本、鮑校本、傅校本改。
❷「策」，原作「榮」，據明鈔本、傅校本改，鮑校本作「册」。
❸「由」，原作「有」，據明鈔本、鮑校本、傅校本改。

質，宜是象服。雖假褕翟之寵，領湯沐之封，未從開國之崇，尚觖宜孫之慶。函疏奧壤，薦錫愍章，庸俾寵光，增賁泉路。

母京兆郡太夫人王氏追封某國太夫人

褕翟，小君之命。湯沐，大郡之封。❶王澤下流，國人稱願，在乎多士，可謂盛矣！其有梱教甚茂，子貴增進，薦錫寵章，以輔孝治。某氏淑慎之質，禀乎天性。柔順之美，居爲女師。❷委蛇山河之德，積累閫壼之慶。雖萬鍾之養弗待，而二《南》之風藹存。是宜疏成國之榮，加襚服之貴。將俾海内化母慈之善，廷臣懷子養之極。往告其室，尚兹歆顧。

祖太師尚書令兼中書令楚王彬封吴王

古之禮于異姓固重矣，而況國有大祀，恩被天下，而椒房之貴，别子之宗，積善遺德，鍾美儲慶，而無漏泉之澤，及祖之榮，則非王者之智矣！某元精所生，佐命之首。昔王業始基，國命猶踽，而能宣力股肱，敬屆吴蜀，謀無遺策，忠協成筭，外之濟干城之安，内之保帷幄之勝。功兼三傑，聲冠群后。朕躬執圭瓚，親祀

---

❶「大」，原作「六」，據明鈔本、傅校本改。

❷「女」，原作「少」，據明鈔本、鮑校本、傅校本改。

太室，觀于庭亨之列，籍于景鐘之銘，慨然敘不朽之迹，興可作之感。雖哀榮義極，褒襚禮備，猶欲追以異王之封，❶稱茲元勳之舊。吳，大國也，尚云亨之。

祕書丞范純仁父仲淹贈吏部尚書

朕親執圭瓚，昭見祖考，還御端門，發號施慶。昭天漏泉，恩靡不逮，誠欲慰士大夫立身揚名、奉先追遠之思，況王室舊德，功在盟府者乎！某英亮特達，宏正深雅，文學自奮，忠義事上。故入贊機政，出董邊師，朝廷以尊，戎狄畏之，❷可謂股肱心膂，大臣之表矣！不幸早世，棟折梁壞，畫然傷之，至今不忘。聞其有後，庶能濟美。夫積善必報，顯親無遠。追命之典，自春秋固行矣。苟可以旌忠臣之節，申孝子之感，豈非崇勵風教，通于神明者乎！其以天官冢卿，告其封襚。

---

❶「異」，原作「義」，據明鈔本、鮑校本、傅校本改。

❷「戎狄」，原作「四裔」，據明鈔本改。

公是集卷三十一

宋劉敞撰

奏　疏❶

上仁宗論辨邪正

臣伏蒙聖造，擢居儒館。雖步履尚艱，稍稽入覲，屢得寬告，跧跼私門。然不敢安居，常思當今切務，欲伸報塞，而事頗紛綜，固非筆墨可盡。今且以一事最大者，仰塵天聽，伏惟聖慈，更賜裁察。夫君臣之道，本是一體。君者，元首也。執政者，股肱心膂也。諫官、御史、侍從論思者，耳目也。内外群有司者，筋肌支節血脈也。體若具備，方能成人。爲君者，上下之官亦具，而無陽不能成國者，正如爲人之體也。人之體，一脈不和則爲疾矣；君之國，一官不和則爲害矣。體之不和，爲疾最大者，股肱心膂也；國之不和，爲害最大者，執政也。夫執政者，輔贊萬幾，爲國大臣，日至君前，議論天下之事，賞善罰惡，進賢退不肖，喜怒繫乎人

❶「疏」下，傅校本有「一」字。

情之舒慘，邪正繫乎朝廷之盛衰。是執政者，天下之所觀望，群有司之所師表也。執政不和，則群有司安得而和哉？群有司不和，則萬務安得而治哉？萬務不治，則天下之民受其弊矣。民既受弊，則國家衰亂隨之，此萬萬必然之理也。是故爲國者，欲求治且安，非天下人和不可也。欲天下人和，非中外官司皆和不可也。欲中外官司皆和，非執政先和不可也。執政者，朝廷教令之所出，而天下治亂之所繫也，安得不和也！《尚書》皋陶曰：「同寅協恭，和衷哉！」周武王曰：「紂有億兆夷人，離心離德；予有亂臣十人，同心同德。」康王曰：「三后協心，同厎于道。」夫三后皆當時聖賢，此足見聖賢若不和，亦不能同致其道也。且夫執政者和，則類無猜嫌，所議皆合，事必極其理，盡其善，然後行下。人固悦服而禀從之，承流宣化，風動草偃，遂使天下蒙其利，豈有不治而安者乎！及其至也，乃能致昇平而令國家享祚于數百年者矣。昔西漢陳平爲右相，周勃爲左相，勃既誅諸吕，平以勃功高，遂以右相推勃。及平對文帝，決獄治粟，事有條理，勃自知能不如平，復推平爲右相也。唐太宗召宰相，房喬以杜如晦能斷大事，如晦復謂喬善嘉謀，而太宗卒用喬策。兹四相者，非用心至和，以天下爲任，安肯互相推薦，爲國遠慮如是之切而不自争勝耶！此乃臣前所謂執政者和則致世昇平，使國家享祚數百年之明效也。若執政者不和，則議事之間，動有疑貳，或忿争于官府，或辨列于君前，咸蓄不平之心，必無至當之論。假使彊自牽合，終或乖戾，互相厭苦，陰肆傾擠，門下賓朋，助爲摇撼，彼此窺伺，是非紛拏，忿逞私憾之讐，何卹公家之事？既行于下，人不悦服，而不肯禀從，淪胥展轉，遂至天下受其弊，則豈有不衰而亂者乎！其甚者，至有賈禍召亂，❶爲國大患而不可救者矣！昔唐憲宗相裴度，時方鎮跋扈，度勸帝用兵諸道，叛亂者悉皆歸服。憲宗遂成中興之業，王室大振。既而誤用李逢吉爲相，逢吉大姦邪，嫉度功業，令門下朋黨號「八關十六子」者，興造謗訕，百般中傷，以至撰作謡讖，謂度有天分。憲宗既惑度，遂罷去，尋致河朔、徐、汴再陷賊庭，王室復弱矣。僖宗用鄭畋、盧攜爲相，争黄巢邀請節旄事，攜以畋語至切，遂拂袂投硯而起，❷喧于都下。然衆議畋語爲是，攜議爲非。時議用宰相王鐸爲都統，出討黄巢，攜大不悦，益固執不與巢節旄，只授以率府，其意欲激黄巢之怒，使鐸功不成，以快己志，殊不以天下安危爲慮。而僖宗不明，終用攜議。黄巢大怒，擁衆百萬，自嶺表横行天下。是時大亂，無一州一縣不用兵者。俄而兩京陷没，僖宗幸蜀，生民塗炭之極，自古無比。久之，巢雖漸敗，而朱温自巢軍投來，終移唐祚，自號大梁。兹二相者，營私徇己，用心不公，擠陷忠良，敗壞時政，或翦弱王室，覆亡宗社。爲臣至此，隕族何償！此臣前謂賈禍召亂，爲國家大患而不救者之明效也。以此足見執政者和與不和，實繫乎天下治亂之本，存亡之機也。如人股肱心膂之疾，可以喪其生也。至于諫官、御史、侍從論思及内外群有司者，亦不可謂其職小而容有不和也。苟有不和，則亦如人耳目筋肌支節血脈之疾，安得謂其小，而不治之使和平哉！周武王曰：「紂有臣億萬，惟億萬心；予有臣三千，惟一心。」夫三千者，舉其内外官也。成王曰：

---

❶「至」，傅校本作「則」。

❷「投」，原作「授」，據傅校本改。

「庶官惟和，不和政龐。」《禮》曰：「和者，天下之達道也。」漢劉向亦曰：「衆賢和于朝，則萬物和于野。」昔賢又以烹調鼎鼐、更張琴瑟、操執轡馭、合煉藥石設于方以爲喻者，❶或大或細，未有不以和爲主也。爲君者不可不察也，不可不審其所擇也。夫内外大小之官，所以致其不和者何哉？止由乎君子小人並處其位也。蓋君子小人方圓不相入，曲直不相投，貪廉進退不相侔，動静語默不相應，如此而望議論協和，政令平允，安可得耶？安可幸而致耶？《易·泰卦》「君子道長，小人道消」，則時自泰矣；《否卦》「小人道長，君子道消」，則時自否矣。若使君子小人並位而處，其時之否泰必無兩立之理。君子常寡，小人常衆，則小人必勝，君子不勝。君子不勝，則奉身而退，樂道無悶。萬一小人不勝，則陰陽交結，互爲朋蔽，駕虚鼓扇，白黑雜糅，千岐萬轍，眩惑主聽，必得其勝然後能已也。小人既勝，則益復肆毒于良善，梟心虓志，無所不爲，所以自古泰而治世少，否而亂世多者，亦止乎小人常勝，君子常不勝之所致也。小人但能爲亂，不能致治，若小人或能致治，則《易》更九聖，必不于小人道長之時，謂之爲否也。凡六十四卦三百八十四爻，大抵諸聖以意象配君子小人而分善惡，至多不可悉數也，《易》曰：「小人不恥不仁，不畏不義，不見利不勸，不威不懲。」夫小人者，聖賢無不鄙而惡之。故《易》曰：「小人而乘君子之器，盗思奪之矣。」《詩》曰：「憂心悄悄，愠于群小。」此皆聖賢鄙惡小人之甚者也。《書》曰：「君子在野，小人在位，民棄不保，天降之咎。」此謂用小人，則民叛而天降咎也。仲尼曰：「君子中庸，小人反中庸。」荀子亦曰：「君子，小人相反也。」夫小人所爲既與君

❶「喻」，傅校本作「諭」。

子相反戾，則安可使之並處哉？所議安能得其協和哉？夫天子無官爵，無職事，但能辨別君子小人而進退之，乃天子之職也。自古稱明王明君后者無他，惟能辨別君子小人而用舍之，方爲明矣。至于煩思慮，親細故，則非所以用明之要也。夫前車者，後車之所望也；古事者，今事之所鑒也。仲尼删《書》，于堯、舜、大禹皆稱「曰若稽古」。傅説戒高宗，亦曰：「事不師古，以克永世，匪説攸聞。」恭惟皇帝陛下，禀上聖之資，嗣累朝之業，纘服未久，勤勞已至。更望考前世盛衰治亂之迹，近代安危存亡之機，凡所選求，力辨邪正。所喜者未可遽用之，所怒者未可遽棄之。《禮》曰「愛而知其惡，憎而知其善」者是也。又人所毁者未必爲惡人，所譽者未必爲善人，仲尼曰「衆惡之，必察焉；衆好之，必察焉」者是也。孟子尤于進退善惡之説至詳。齊宣王問曰：「吾何以識不才而舍之？」孟子對曰：「國君進賢，如不得已，將使卑踰尊，疏踰戚，可不慎歟？左右皆曰賢，未可也。諸大夫皆曰賢，未可也。國人皆曰賢，然後察之，見賢焉，然後用之。左右皆曰不可，勿聽。國人皆曰不可，然後察之，見不可焉，然後去之。」夫一國之人皆曰賢，皆曰不可，亦不可不謂之出于衆議，而不可不從之也。孟子尚以謂未可信而進退之，猶復躬自察焉，直俟王親見其果賢則用之，親見其果不可則去之。此所以大防姦人朋比，毁正譽邪，亦所以防偏見者以丹素甘辛而好惡之差也。蓋恐用舍或爽，則所損多也，實懼之至也。苟如是，而失之者尚恐不免，然亦鮮矣。陛下君臨天下，必不如孟子之辭，盡聞天下所議論，若夫左右之説，及在廷諸人之語，則皆可聞之矣。然固未可遽信而遽行，更在博詢而參校之也。所詢者，須詢于可詢者也，詢之必不肯誤陛下也。若詢及姦險浮薄不正之人，則向所謂愛憎毁譽偏見者皆有焉。有之，則邪正錯亂，是非混淆，陛下至英至睿，亦莫得而辨之也。兹事雖自古聖王亦以爲至難。

皋陶曰：「在知人，在安民。」禹曰：「惟帝其難之。」帝謂堯也。仲尼獨取堯、舜，比之如天，尚以知人安民爲難，況自堯而後者哉！由是而語，陛下可不慎之又慎之！大抵有天下，得人可治而安，不得人則亂而危，至甚則又遂繫乎存亡也。臣前所援據，特一二而已，但且欲證臣狂瞽非臆説焉，其有在方策者比比皆是，不可殫引，陛下開卷則見之矣，惟望慎之慎之又慎之也。臣昨蒙陛下召從僻左之外，起于衰病之中，秪是念其舊人，授以國鈞，辭不獲免，夙夜驚惶，若非旁假衆賢，共成大政，則臣虚薄老朽，立見敗事。夫四海至廣，萬幾至煩，更藉天下之才，以濟天下之務，所以不避煩瀆之罪，願陛下持古鑑今，選賢與能者，乃犬馬之至誠也。惟聖情開納，則非臣之幸，乃宗廟之慶，生靈之福也。臣死罪死罪。

論邪正❶

臣伏以馭臣之道，在分別邪正。正臣當親而近之，邪臣當疎而遠之。至于天下之人，亦皆以此窺朝廷。若正臣聚于朝，則姦雄屏息，治平可望；若邪臣聚于朝，則僥倖競進，傾敗可待。二者不可不深察也。臣伏觀朝廷太平積久，賢能衆多，然其間邪正亦雜有之。或愛君憂國，非公正不發憤。❷或朋黨比周，背公樹私。亦有循默自守，不能爲善，又不敢爲惡。陛下臨御三十餘年矣，以上聖之姿鑒群下所爲，固無遁形，固

❶「正」下，傅校本有「劄子」二字。
❷「發憤」，傅校本作「憤發」。

無隱情，然有可戒慎者，在此而已。凡正臣常難進而易退，邪臣常易進而難退，何以言之？正臣者惟義所在，言則逆君之耳，是所以難進也。言或不用，不欲自顯，因事而去，是所以易退也。邪臣者惟利所在，言則逢君之欲，是所以易進也。行雖惡，不顧禮義，名雖醜，不知愧恥，患失之耳，是所以難退也。此兩臣者，願陛下參伍觀之，毋使當親者疎，當疎者親，則朝廷尊榮，而社稷安矣。近者翰林侍讀學士吕溱、樞密直學士蔡襄繼出典郡，❶今又聞御史中丞孫抃、翰林學士歐陽修、知制誥賈黯、韓絳並乞補外。此其人等皆有直質，無邪心，❷議論不阿執政，有益當世者也，誠不宜許之，使四方有以窺朝廷，而姦佞僥倖之雄因而競起。此則分別邪正之一端也。臣以孤拙，忝官侍從，日夜思維，無以少裨聰明，恐陛下忽于正臣之易退，而忘左右前後直道之不容也，不勝其愚，謹獻所聞，惟賜采擇。

論聽政

臣近曾密獻愚忠，乞特降手詔，諭與閤門前後殿聽政，稍增數刻，足以廣聰明，收衆心，未蒙采納。伏念九月以後，晝漏益短，日始東出，已涉辰初。比至百官起居，二府奏事，逡巡俯仰，便及辰正。實恐群臣因此

---

❶「吕溱樞密直學士」，原無此七字，據鮑校本、傅校本補。
❷「邪」，原作「流」，據鮑校本改。

請對稀少，習俗既成，下情壅隔，甚非陛下憂勤萬幾之意。❶臣謂自九月以後，用巳初爲限；三月以後，用辰正爲限。雖升降止于數刻之間，其于收斂群情已無量矣。臣又竊聞頃來奏事者，雖有可否，罕聞德音，君臣之情亦似未通。且萬乘至尊，群下至卑，以至卑接至尊，甚難也，皆考據條制，齋戒沐浴，乃得一見。自以爲千載之遇，而曾不蒙少垂察問，盡其忠藴，則人人抑默，退而失望。臣願陛下延見上殿臣僚，仍賜委曲訪問。侍從之臣則問以治體，言事之臣則問以所言，財利之臣則問以國計，守土之臣則問以民俗。如此則朝廷得失，人情善惡，無不聞者矣。《易》曰：「惟君子能通天下之志。」能通天下之志，而天下不治者，未之有也。臣忝近列，無補聰明，輒貢所聞，伏增戰恐。取進止。

上仁宗論睦親宅不當建神御殿

臣伏見古之正禮，諸侯不祖天子，公廟不可設于私家，所以明正統，尊一人也。今睦親宅興建神御殿不合王制，❷不應經義。竊聞聖慈，以天寒人勞，權罷役徒。臣謂若于禮當作，則不可以人勞之故而止。何則？祖宗至尊也，役徒至賤也。卹至賤之衆，而輟至尊之廟，非所以爲名也。若禮本不當作，則不如遂止之耳，何以權罷哉？伏乞令禮官詳議其事，使下不爽于名，上不愆于禮。

❶「幾」，傳校本作「機」。
❷「建」，傳校本作「造」。

上仁宗論修商胡口

臣聞天有時，地有勢，民有力。聖王之建功謀事者，不與天分時，不與地分勢，不與民分力，則功成而事立。今朝廷以河決商胡，議必塞之，臣竊謂過矣。乃者霖雨淫溢，山谷發泄，經川横潰，或衝冒城郭，此天時也。澶、魏之埽，如商胡者多矣，咸決而商胡獨敗，此地勢也。淮、汝以西，關、陝以東，數千里之間，罹干水憂者，甚則溺死，不甚則流亡，夫婦愁痛，無所控告，略計百萬人，未聞朝廷有以振業之也。而議塞河，强疲病之餘以極其力，乘殘耗之後以略其財，重爲事而罰所不勝，急爲期而誅所不至。上則與天争時，下則與地争勢，此臣所謂過也。臣聞河之爲患于中國久矣，其在前代，或塞或不塞，今塞之爲仁，不塞不爲不仁，此有時而否者也。以堯爲君，以舜爲臣，以禹爲司空，十有三年而後僅能勝水患耳。今朝廷之無禹明矣，而欲以數月之間塞決河，不權于時，不察于民，不亦甚乎！議者以爲不塞河則冀州之水可哀，甚不然。夫河未決之時，能使水不病冀州則已矣。既決之後，縣邑則已没矣，人民則已亡矣，府庫則已喪矣，雖塞河不能有救也。今且縱水之所欲往而利導之，其不能救與彼同，而可以息民，何嫌而不爲？《詩》云：「民亦勞止，汔可小康。惠此中國，以綏四方。」夫中國者，固四方之本也。惟陛下與知道者慮之。

上仁宗論天久不雨

臣伏以古今之通義，主逸而臣勞。陛下親聽萬幾，日昃不倦，與群臣等勤矣。今又聞以天下久不雨之故，降服徹膳，躬自暴露，夜輒升壇禱祠，達旦不寐。此則聖躬之勞，過于群臣，群臣實未有及陛下者也。臣竊聞之，不勝其憂。且水旱之數，未可前測，設復彌月連旬，不如聖意，陛下何能專以萬乘之體，爲群臣代勞哉！❶如今萬一冒風寒霜露之苦，有所不怡，陛下當使誰受其責？而宗廟社稷之憂，獨在陛下，陛下不可不自愛也。《詩》《書》百家，聖賢精論，皆曰：人者天地之心，人和則天地之和致矣。近者大赦，恩及四海，解宿逋，裁減常税，宥過除罪，與之自新，德厚如此，和氣宜應。而愆亢尤甚者，臣之愚竊意今日政事，所褒進，所刑罰，所施舍，所廢置，猶有未合人心、不當天意者，故令陰陽否隔也。陛下誠少加聖恩，延問正直，日新其德，則和氣可致，時雨可望，何必降服徹膳，躬自暴露，涉風寒霜露之險，增宗廟社稷之憂，非計之安者也。陛下視群臣百姓如子，群臣百姓望陛下如父，父以子將失所之故，深自克責，不避災疾，而子方宴然自若，不可謂孝。臣雖賤，竊不勝犬馬之心，又以謂救旱之術在彼不在此，故敢冒昧陳聞，惟陛下裁幸。

論孟陽河公事

臣伏見軍巡院現勘孟陽河公事，准中書劄子，惟只取勘後來檢計官吏壕寨等。臣竊聞衆議皆云，相度此河，本由楊佐，所役人夫七八千人，掘破丘墓百五十餘處，生者勞敝，死者暴露，百姓怨痛，謗議沸騰。今捨佐不問，專罪餘人，未審出于聖意，將由有司之誤？以此斷獄，恐不合人情。況自正月以來，和氣不應，

---

❶「群臣」，傅校本作「憂民」。

風雪爲沴，人多死亡，未必非政役失中、刑罪乖當之變。臣忝司刑獄，既有所見，不敢不陳。其孟陽河公事，伏乞斷自聖衷，以相度者爲首，檢計者爲從，一例取勘，重行貶黜，少謝勞敝之衆，粗慰暴露之魂。且匹夫匹婦，精誠有以動天，伏望不以臣言爲迂。取進止。

論邊臣

臣伏以豫備不虞，軍之善政。曩者元昊畔亂西邊，震驚騷動之患，❶延被天下。賴陛下神聖與宗廟之靈，元昊殞滅，國内多故，其子幼弱，委政舅氏，故邊鄙得以復安，百姓養老長幼，早寢宴起，此誠天道助善，中國之福也。然自爾以來又十餘年矣，其子益壯，竊謂虎狼野心，未可待以不疑，設使一旦發狂，能爲風塵，而邊備少懈又如曩時，甚非豫慮制勝之策。臣望朝廷申敕邊臣，常若寇至，城郭必固，甲兵必修，倉廩必實，賞罰必明，候望必謹，威信必立，使夷狄懔懔，❷無可乘之隙，則邊患遠矣。頃者邊吏頗以飲食之費、役使之傭得罪，即今武吏，多不願臨邊，有不得已就職者，皆畏避微文，情不自聊，居常救過，苟免而已，緩急恐不足以責效，又非所以明朝廷大體也。孫沔、吕溱，皆貴重之臣，有功名于時，猶以此見廢。設復有孟舒、魏尚之徒，臣固知議者不能容之。此乃馮唐所以疑漢文帝不能用廉頗、李牧也。鄉飲酒之禮，一獻百拜，其爲修慤

---

❶ 「騷」，傅校本作「搔」。

❷ 「夷狄」，原作「疆埸」，據傅校本改。

至矣，然而終不可以治軍旅，則治軍旅者，姑亦取其大節而已。邊臣有材者寡，可用者少，臣願陛下容養此輩，闊略細過，無甚督以微法，使得樂職嗜事，展力效用，人人思報上恩，則折衝遠矣。臣所部不當邊劇，然而言此者，欲推明聖德，駕馭智勇之一端，非敢爲邊吏游説也。不勝區區。取進止。

論張茂實

臣伏以爲國之道，防患于未然，遠嫌于萬一，所以安群情，止邪謀也。伏聞張茂實本周王乳母子，嘗養宫中，故往年市人以狂言動茂實，頗駭物聽。近者韓絳又以讒説傾宰相，重摇人心。則是一茂實之身，遠則爲小人所指目，近則爲群臣所疑懼，雖聖心坦然，于物無猜，恐未能家至户曉，使人人不惑也。假令茂實其心如丹，必無他腸，亦未能家至户曉，使人人不憂也。如此則備宿衛，典兵馬，適足以啓天下之惑，動天下之憂，甚非重宗廟、安臣民、備萬一之計。臣謂今日之宜，要令兩善，莫若解茂實兵權，處以外郡。于茂實不失富貴，而朝廷得遠嫌疑，此最策之善者也。昔王郎自稱劉子輿，盧芳自號劉文伯，因疑飾僞，未必皆有犯上之心，但流言驅扇，群情眩惑使之然耳。臣忝近列，方當遠出，心之所疑，不敢不極論。乞以臣言密付執政商量。取進止。

論元日合朔避寢太早

臣竊聞朝議，以元旦合朔，欲自二十一日避正殿。臣以謂天明雖有可畏之道，然亦當稽古率禮，然後爲允。按三代之典，日食無豫避之事。《左氏傳》稱「避移時」，《曾子問》諸侯入門，不得行禮者，日食居其一。此皆覩有變而戒，非蚤備也。先王制禮，過之者猶不及。其制法，先時者與不及時者，均貴得中而已。漢唐素服寢兵，卻朝會不視事，及求直言，大率皆在合朔之辰，未有先時旬日者也。兆憂太過，《春秋》所譏。今敵使來朝，遠方觀禮，舉措失中，或輕爲所覘。伏乞詳求舊典，❶折衷于禮。取進止。

❶「乞」，傅校本作「以」。

公是集卷三十二

宋劉敞撰

奏疏❶

上仁宗論吴充不當以譴責禮生被逐

臣伏聞同知太常禮院吴充、鞠真卿並除知軍差遣。館閣補郡，蓋是常事，資序之間，亦無重輕。今者在外論議，皆云鞠真卿曾因自陳，先有指揮。而吴充只緣公事，譴責禮生，以此迕旨。不審虚實，但此聲既布，此體可惜。何者？吴充官則博士，職則禮院，朝廷欲有興爲，詢求宜適。而胥吏輒敢擅發印狀，曾不稟問，此則豈惟輕侮吴充而已，實亦上忽詔旨，在于事體，不得不怪。而太常寺長官初不糾按，開封府受牒，又曲爲容庇。觀此首尾，乃是禮生可誅，太常寺可責，開封府可劾，而吴充可賞也。今既未然，禮生一以贖論，禮官隨而斥罷，自然衆情不能無惑也。朝廷久安，吏習因循，百司庶府，處處苟且，稍激厲振職，尚未有知如

❶「疏」下，傅校本有「二」字。

何，更行此事，恐淺近之徒因以爲戒。且見吴充以振舉職事被謫，以譴劾胥吏被逐，不如苟且，豈不傷事，豈不害政哉！先王所以下酌民言，釋疑止謗，蓋爲此也。伏望神慈，追正前命。臣初拜官謝恩，面蒙開許，有不便事，得以奏陳。奉承以還，不敢失墜。竊謂外間此議，實稱不便。❶

上仁宗論大臣不當排言者❷

臣昨聞吴充黜官，馮京落職，將謂其人所行實有過當，所言實有不可，是以觸忤聖意，不蒙矜恕。及于延和殿奏事，面奉宣諭，充乃是振職，京意亦無他，中書惡其太直，不與含容。臣竊驚駭，不覺憤咽。前古以來，惟有人主不能容受直言，或致竄謫臣下。今陛下慈仁好諫，寬大如此，不知中書何故不思將順聖意之美，要須排逐言者？❸今四方之人不知本末，反謂陛下不能聽諫，口謗腹誹，所損不小。且如此事，陛下心所必恕，中書卻欲必行，是蔽君之明，止君之善，侵君之權，增君之過。苟要作威，驚動朝望，今後雖有不公不直，人不敢言，得以利己，得以罔上，陛下不可不深察也。臣按六經、舊史，大臣蔽君之明，止君之善，侵君之權，增君之過者，皆爲不忠，陷于刑誅。況今時人情，遠不如古，若聞陛下欲爲而牽于大臣，大臣欲作威而

---

❶ 「便」下，傅校本有小注「至和元年十一月上時知制誥」十二字。
❷ 「者」下，傅校本有「第一狀」三字。
❸ 「要須」，傅校本作「須要」。

不憚陛下，則必相率背公向私，奔競權門矣。❶此風一動，此勢一失，是爲君與臣同國，聖人之至戒也。魯僖公時，頻致天旱，《春秋》謂由公子遂專權之應。而《洪範》五行，僭則常暘，蒙則常風，下侵上則山崩地震，日月薄蝕。如今者此事，逆于倫理，必恐感動陰陽，或能遂致災旱風霧、山崩地震、日月之眚，望陛下留神，深察此言。臣以淺近，荷陛下厚恩，不敢不報。竊恨此一事，近世未有，臣雖口陳，未能詳盡，謹手書具奏以聞。❷

再上仁宗論大臣不當排言者❸

臣前月十一日延和殿奏公事，因論吴充、馮京謫官本末，面蒙宣諭，云中書怒其直，不與含容。臣其時曾奏言：若如此，則大臣蔽君之明、專君之權，而擅作威福也。必恐動感陰陽，有地震、日食、風霧之異。今臣竊聞鎮戎軍地震，一夕三發，去臣所言五日之内爾。又京師雪後昏霧累日，復多風埃，太陽黄濁，此皆變異之可戒懼者也。臣所以先知必然者，按《五行志》云：「事雖正，專之必震。」況其不正乎！又《尚書·洪範》：「蒙，常風若。」而《京房易傳》：「臣之蔽君，則蒙氣起。」以此數者合之，必知有異也。然皇天保祐陛下

❶「競」，傅校本作「走」。
❷「聞」下，傅校本有小注「至和元年十一月上時知制誥」十二字。
❸「者」下，傅校本有「第二狀」三字。

至深至厚，以災異隨事輒應，欲陛下覩變自戒，永綏四方也，不可不思，不可不憂。今陛下推誠委信大臣，而大臣依勢作威，政事不平，如此甚衆。在外畏憚，已非常時。陛下宜深究天地之意，收攬威權，無使聰明蔽塞，法令不行，則足以消伏災異矣。臣前已奏陳，故敢再述所聞，特乞留中，詳加省覽。❶

上仁宗乞固辭徽號❷

臣伏見宰臣率文武百官詣東上閤門拜表乞加上尊號，准批答不允。此誠見陛下恭遜持滿，惡盈好謙之意。且陛下自寶元以來，不復加徽號近二十餘年矣。沖遜之德，上通于天，下信于民，此上天所以保祐聖躬受福無疆，❸萬民所以愛戴聖政日新一日者也。今實不須稍增數字，示人自滿。臣竊願陛下固執雅意，群臣雖十上表，堅遜勿受，足以益見積年沖遜之實，必大得天人之祐。且陛下尊號既已云「體天法道欽文聰武聖神孝德」，❹盡善極美矣，復曰「大仁」，不足增光，而曰「至治」，則有若自矜。今百姓多困，倉廩不實，風俗未清，賢否混淆，獄訟繁多，盜賊群輩，水旱繼有，雖四夷初定，然本以重賂厚利羈縻而服之，非畏威慕義者

---

❶「覽」下，傅校本有小注「至和元年十一月」七字。
❷「號」下，傅校本有「第一狀」三字。
❸「保」，傅校本作「報」。
❹「孝」，原作「好」，據《宋史》卷一〇《仁宗紀》改。

也，未可謂「至治」。然則遜而不居，于聖德彌高矣。今群臣皆以加上徽號爲請，而臣獨望陛下以固辭徽號爲願，其心則同欲尊君，同欲愛君，然望陛下裁之聖慮，參之美志，斷而行之，則有高世之名，與道同符，豈數字可盡哉！❶

再上仁宗乞固辭徽號❷

臣近上封事，欲望陛下堅遜尊號，今已兩奉批答不允。願陛下遂執此意，斷在不疑。且陛下不加尊號已二十年，謙沖之德，超絶前古，簡在帝心，人臣歸美。夫以二十年行之，一旦改之，于義不可。蓋推善歸美以尊君父者，臣子之常節也；遜德惡盈以保天下者，聖人之至道也。臣謂陛下永執至道，以當天心，必有一謙四益之報。增加數字，未足發揚光輝，實恐反累陛下二十年昭升之美。又入今歲以來，頗有災異，日食、地震、雨雹、大雪、飛蝗、涌水，傷害廣遠。以理論之，陛下寅畏天命，正當深自抑損，豈可于此時加上尊號？昔伊尹戒商王曰：「有言逆于汝心，❸必求諸道；有言遜于汝志，必求諸非道。」今臣此言，逆于心者也，❹誠

❶「哉」下，傅校本有小注「嘉祐四年六月」六字。
❷「再上仁宗乞固辭徽號」，傅校本作「上仁宗乞固辭徽號第二狀」。
❸「逆」，傅校本作「違」。
❹「逆」，傅校本作「違」。

望陛下求諸道而已。❶

三上仁宗乞固辭徽號❷

臣兩貢愚忠，欲望陛下辭不受所加尊號，似未蒙采納。臣豈敢阻衆人之意，豈敢損主上之美？實以爲崇陛下之稱號，不如明陛下之謙遜；徇臣子歸美報上之心，不如廣君父克己畏天之道。此事至重至大，在陛下力能行之，不當復詢左右之臣。今群臣五上表，聽之則頓失二十年謙遜之美，不聽則合于嚴恭寅畏、持盈克遜之義，亦令四方無窺聖德之淺深。臣雖狂暗，竊重惜此，不敢不再三陳聞。❸

上仁宗論皇女生疏決賜予

臣伏見今月二十八日疏決在京繫囚，雖恩出一時，然在外群情皆云聖意以皇女生，故賜慶澤，恐非王者之令典也。去年閏月已曾減降，尚未半年，復行此恩。《傳》稱：「民之多幸，則于國不幸。」「再赦，好人喑啞。」前世明君賢臣論此詳矣。雖成事不説，臣願朝廷戒之。又聞多作金銀、犀象、玉石、琥珀、玳瑁、檀香等

---

❶「已」下，傅校本有小注「嘉祐四年六月上」七字。

❷「三上仁宗乞固辭徽號」，傅校本作「上仁宗乞固辭徽號第三狀」。

❸「聞」下，傅校本有小注「嘉祐四年七月」六字。

錢，及鑄金銀爲花果，賜于臣下，自宰相、臺諫皆受此賜。臣謂陛下無益之賜，無名之賞，殆無甚于此，若夸示奢麗。臣以輔主爲職，奈何空受此賜，曾無一言焉？遂事不諫，臣願陛下戒之。伏惟皇上開祐聖德，故後宮有多子之祥。陛下當明謹政令，深執恭儉，以答上天之貺，建無疆之基，不宜行姑息之恩，❶以損政體，出浮冗之費，以隳儉德。臣雖鄙淺，竊獨惜此，故敢觸冒陳聞，惟賜裁幸。❷

上仁宗論水旱之本

臣伏見城中近日流民甚多，皆扶老攜幼，無復生意。問其所從來，或云久旱，耕種失業；或云河溢，田廬蕩盡。竊聞聖慈憫其如此，多方救濟，此誠陛下爲民父母之意，足以感動群心。臣猶謂但可寬目前之急而已，非救本之術也。譬如良藥療病，必先審其病源，病源不除，强食無益。今百姓之病已可見矣，父子兄弟不能相保，鰥寡孤獨不能自存，强者流轉，弱者死亡。所以致此者，其源在水旱也；所以致水旱者，其本在陰陽不和也；所以致陰陽不和者，其端在人事不修也。然則三公之職，主和陰陽；而議臣之任，主明天人。陛下何不責三公以其職，使之陳陰陽不和之理；詢議臣以其學，使之述天人相與之際，參之聖心，以觀今日政事？若陛下所委任皆已得人，所施皆已應天，則水旱者蓋无妄之災，不足畏矣。若天人之際少有不

---

❶「行」，原作「乎」，據傳校本改。

❷「幸」下，傅校本有小注「嘉祐四年四月上」七字。

合，豈得晏然坐視其病，心知其源，不思救之哉？臣言似迂，其理實切。今群臣爲陛下謀者，不過煮粥糶米，名爲救濟，其實亦欲欺聰明，自解免而已，非謀國之體也。又今天氣當暑反寒，率多常風，雨澤愆候，秋成不可必，願陛下速思所以救其本者，召致和氣，無令聖心重增焦勞，則天下幸甚。❶

上仁宗論災變宜使儒臣據經義以言

臣伏以聖王所甚畏事者莫如天，所甚聽用者莫如民。是故觀天意于災祥，詳民情于謡俗，因災祥以求治之得失，原謡俗以知政之善否，誠少留意，則皆燦然矣。前古賢聖之君，莫不循此以導其下；忠信之臣，莫不緣此以諷其上。上下相飭，而自天祐之。竊見朝廷每有吉應嘉瑞，則公卿稱賀；至于災異非常可怪之事，則寂然莫有言者。雖歸美將順，臣子之常操，而于戒儆吁俞，理似未盡。陛下復不自延問，以求天意，恐非所謂「小心翼翼，昭事上帝，聿懷多福」者也。臣愚以爲五經災異之説，最深最切。凡四方所上奇物怪變、妖孽沴疾有非常可疑者，宜使儒學之臣，據經義傳時事以言。若其言是，可當天意；若其言非，足以廣聖聽。如近日雨雪驟寒，人有凍死者，此亦災變之一端矣。惟聰明睿知，深思遠慮，順時謹微，不可不慮也。臣忝近列，愚不能通古今，竊觀前世商高宗、周成王畏天威、享福祚之益，誠願陛下留意于此，臣不勝

---

❶「甚」下，傳校本有小注「至和二年上時知制誥」九字。

區區。❶

上仁宗乞闊略唐介之罪

臣伏聞陛下以殿中侍御史裏行唐介言事狂狷，責授春州別駕。尋又聞陛下以春州險遠瘴癘之地，憐其孤危，將不生全，改授英州。此誠陛下聖德厚恩，容忍臣子，萬萬無窮也。臣竊觀《詩》《書》所載，帝王之君，德莫盛于知過，仁莫大于好生，名莫榮于聽諫，陛下皆踐之。且唐介居下訕上，至陷于戾，而陛下察其本心以忠信爲之，故曰「知過」。既責介身，投之遠方，而復憂其不全，故曰「好生」。當介初得罪之時，中外震動，以言爲戒，及聞徙還英州，❷人人忻幸，知陛下無意殺之，忠義者更思竭盡，故曰「聽諫」。臣不勝幸甚！聞伊尹戒商王曰：「有言逆于汝心，必求諸道；有言遜于汝志，必求諸非道。」此商所以保乂四海，格于皇天者也。臣竊謂介之所言雖逆耳，求之于道亦當有合者。陛下幸寬全不誅矣，若復闊略其罪，優游其身，俾得省過追咎，復齒朝列，于以開廣言路，勸來者，則盛德無疆，高視上古。臣不勝犬馬之心。❸

---

❶「區區」下，傅校本有小注「嘉祐四年上時知制誥」九字。

❷「還」，傅校本作「遷」。

❸「心」下，傅校本有小注「皇祐三年十月上時直集賢院」十二字。

上仁宗論狄青宣撫當置副使

臣聞朝廷以狄青宣撫荆湖，經制盜賊，而議不置副，臣以爲不便。或曰置副而使中人爲之，臣又以爲不便。臣聞上古王者之遣使命將也，必爲之設介貳參佐，非獨司紀綱，廣謀策而已，亦以謹大事，❶備不然也。今擁數萬人之衆，❷連四路之師，節制萬里，吉凶所繫，而單車臨之，孤拱獨立，猝有疾病不意之虞，無所仗託，莫相維持，非計之得也。狄青起于行伍而遷樞近，天下誠未見其美。方以盜賊之急，擁兵而出，故人人相望風采，願聞成功，以得貞固幹略之臣，參職共事。設以中人爲之，必大失事望，足以示陋，非朝廷之光也。臣故曰：議不置副不便，置副而使中人爲之亦不便。此臣所以拳拳也。蓋先事而言者，常若迂闊；後事而言者，常若不及。惟陛下留意芻蕘，謹重軍旅之任。❸

上仁宗請諸州各辟教官

臣伏見近敕，更張貢舉條約，欲令四方遊士各歸其鄉里，而有司得以覩行聽言，絶濫進之弊，此誠上近

---

❶「亦以」，傅校本作「亦所以」。

❷「人」，傅校本無此字。

❸「任」下，傅校本有小注「皇祐四年九月上時直集賢院可尚書考功」十七字。

古制，下適時宜。然臣猶謂必欲人安其居，皆有常心，漸之于仁，摩之于義，化民成俗，則莫若開庠序以收養之，設師弟子以教誨之，月考時試以勸勉之。教定俗成，然後賢不肖立見，而真僞不雜矣。今州郡皆有學，❶學皆有生徒，而終患無師以教之，但令掾曹領其事，職既不專，教用不明，自古儒學之官不兼治民，蓋爲此也。臣欲乞州郡有學處，聽長史各奏辟教授一員，于前任判司簿尉中選有文行、堪爲人師者充，仍令以四年爲一任，學理考數、官資俸禄同之掾曹，則學有常師，教有常業，士子競勸矣，于朝廷長育人材之意誠未失也。今欲游士歸鄉，❷而不爲設學，則無以收之；設學而不爲置師，則無以率之；置師而不立課試講習之法，則無以成之。三者名存實亡，則學者不歸，雖欲別賢不肖，興廉讓，崇鄉黨之化，不可得矣。惟陛下裁許。❸

上仁宗論龍昌期學術乖僻

臣聞人主所謹，一嚬一笑，誠以衆人所望視，天下所倣傚者也。古者聖王之行賞也，服物之章，不可倖得，府庫之財，不以濫予。前日朝廷以龍昌期所著書下兩制，臣等觀其穿鑿臆説，詭僻不經，甚至毀訾周公，

❶「郡」下，傅校本有「幸」字。
❷「士」，原作「壯」，據傅校本改。
❸「許」下，傅校本有小注「嘉祐二年十二月上時知揚州」十二字。

疑誤後學，難以示遠，乞下益州，毁棄板本，未聞朝廷卓然有所施行。今忽加賜五品章服及絹百匹。臣未知誰主爲姦邪，崇僞飾虚，附下罔上，以誤陛下？執政又曾不能謹重政體，顧畏公議，苟慰藉人情，賣弄國恩，其失豈特嚬笑之間哉！按昌期之書違古背道，所謂言僞而辨，學非而博，是《王制》之不聽而誅者也。陛下哀其衰老，未使服少正卯之刑則幸矣，又何賞之哉？昔孔子作《孝經》，以非聖人者無法，乃比不孝之罪、要君之罰。而朝廷顧多昌期之毁周公，臣所不曉也。且陛下使臣等議之，臣等不敢不盡忠。既而棄其言焉，豈以臣等爲蔽賢而害能乎？夫蔽賢而害能，人臣之大罪也，願陛下因正臣等之罪，而大表顯昌期之書，使天下皆服誦而習尚之，則可以釋謗于萬世矣。自非然者，置臣等之言而不用，縱昌期之妄而不誅，乃反褒以命服，厚以重幣，是非貿亂，沮勸顛倒，使迷國之計行于側，而非聖人之俗倡于下，臣竊爲陛下不取也。《書》曰：「天命有德，五服五章哉。」夫章服固天所有，而財力又民之所出也。陛下奈何曲徇大臣之意，而苟榮小人之身乎？將使遠方寡見淺聞之民，奔走于辨僞之學，沈没于非聖人之論，迷而不反，非國家之利也。伏乞追還詔書，斷天下之疑議，毋使有識之士窺朝廷之淺深。臣不勝拳拳。❶

❶「拳拳」下，傅校本有小注「嘉祐四年八月上時知制誥」十一字。

上仁宗論景靈宫不當建郭后影殿

臣所領禮院得御藥公文，稱奉聖旨，送畫到景靈宫廣孝殿後，❶建郭皇后影殿圖子一本詳定者。❷其圖子已别具狀繳奏訖。臣伏見近日京師木土之功，❸靡耗國用，其弊特深。原其本因，只爲差内臣監修，利于偷竊官物，及訖功之後，僥求恩賞，以故多起事端，務廣興作，其甚則託以祖宗神御，張皇事勢。近年以來，如此興造，略無虚歲。伏以景靈宫建自先朝，以尊奉聖祖。陛下又建真宗皇帝、章懿太后神御殿于其間，天下之人皆知陛下奉先廣孝之意。然則此宫乃陛下奉親之所，今乃欲以後宫已廢未復之后建殿，與先帝太后並列，有瀆神靈，莫此之甚。臣竊謂事決不出于聖意，皆小人私與興作，有所僥求爾。蓋自前世帝王于宗廟之外别爲廟享，以追奉祖宗者則有之，未聞有自追奉其妃后者也。蓋小人不識事體，但苟一時之利，不思損虧聖德。伏乞特賜寢罷，以全典禮。❹

❶「孝」，原作「好」，據鮑校本改。

❷「建」，鮑校本、傅校本作「修蓋」。

❸「土」，原作「上」，今據四庫本改。

❹「禮」下，傅校本有小注「嘉祐三年十月上時爲翰林學士知開封府判太常禮院」二十二字。

上仁宗論孔宗愿襲文宣公

臣等謹按，漢元帝初元元年，以師孔霸爲關内侯，食邑八百户，號褒成君。而霸上書，求奉孔子祭祀。元帝下詔曰：「其令師褒成君關内侯霸，以所食八百户祀孔子。」及霸卒，子福嗣。福卒，子房嗣。房卒，子莽嗣。皆稱褒成君。平帝元光二年，始更以二千户封莽爲褒成侯，而追謚孔子曰褒成宣尼公。以此觀之，則褒成者，國也；宣尼者，謚也；公侯者，爵也；褒成宣尼公者，猶曰河間獻王云爾。蓋推宣尼以爲褒成祖，非用褒成以爲宣尼謚也。唐世不深察此義，以褒成爲夫子之謚，因疑霸等封褒成者，皆襲其祖之舊耳。故遂封夫子文宣王，而爵其後文宣公。考校本末，甚失事理，因循承襲，至今不改。先帝既封泰山，親祀闕里，又加文宣以至聖之號，則人倫之極致，盛德之顯名，盡在此矣。尤非其子孫臣庶所宜襲處而稱之者也。臣等以爲無擇議是，可用其文宣王四十代孫孔宗愿，伏乞改賜爵名，若「褒成」「奉聖」之比。上足以尊顯先聖，有不階之勢；下不失優禮孔氏，使得守繼世之業。改唐之失，法漢之舊。傳曰：「必也正名乎。」又曰：「正稽古立事，可以永年。」此類之謂也。❶

---

❶「也」下，傅校本有小注「至和二年四月上時爲知制誥」十二字。

上仁宗論折變當隨土地之宜

臣聞聖王之處民也順其性，是故居山者不使居川，居渚者不使居中原。其取民也任其宜，是故山虞不以魚鼈爲賦，川衡不以材木爲貢。蓋順其性者知天者也，任其宜者知地者也。聖王之功不變天地，是以其養易足，其教易成，其求易貢，其取不匱。今之時善言政者，莫不欲富民，欲富民而常患奪其財者，由有司取之，反其性而戾其宜，于是或以穀爲金，或以芻爲帛。糗非精也，而求之不舍，民是以困窮，是以流亡，是以盜争。朝廷豈不恤哉？蓋不得已也。臣以爲方今用度不足之時，欲盡如古，蓋亦不可，且敕有司，毋責魚鼈于山，毋索材木于川，則百姓亦庶幾矣。臣非敢虚言也，臣所治州十縣，其五皆種穜稑，而有司乃使以糯與粳爲賦，一不如約，吏當坐之。若此者，上則不順于天，下則不因于地，中則不悦于人，去聖王之功遠矣。惟陛下哀憐之，臣幸備職事，以治民爲職，詔書問可以寬民者，臣竊疑莫先于此。夫賦税固自古有之，臣願敕諸轉運使，必不得已而變折其所有，毋變其所無，變其所可得，毋變其所不可得，則民疾不困矣。❶

---

❶ 「矣」下，傅校本有小注「慶曆七年上時判蔡州」九字。

上仁宗論城古渭州有四不可❶

臣今月二十二日奏公事，臣得預上殿，親聞德音，以謂古渭州存之則爲害，棄之則傷威，兩者未決，詢及左右，指音懇惻。臣誠獨美陛下聰明謙遜，好謀無窮也。臣雖不聞公卿之議，然臣之愚以爲棄之便。何者？朝廷與羌戎約和久矣，今一旦奪其地而城之，棄明信，規小利，使夷狄有以窺中國，❷不可一也。羌戎種落非一族也，自見稍侵，必人人懷疑，交謀間諜，以新城爲比，或能相率大爲邊患，不可二也。自始築城，到今半年耳，所費已鉅萬計，秦州爲空竭，而調終饋運，不可勝紀。設復屯兵守之，日引月長，財盡力竭，則關中皆可憂，不可三也。向者虜出争利，❸多殺官軍數千人，後雖擊破其衆，足以相當，而敵怨益深，其志復得故地而已。兵若不解，憂患方起，不可四也。假令新城足以蔽秦州，長無羌胡之虞，❹雖傾國守之可也。不然，地形便利，賊能乘之，以窺邊圉，雖傾國争之可也。今失所重輕，而糜國財用，困民力，損士卒之命，以貪此咫尺之地，計功則可辱，言利則可恥，慮患則可憂，昭昭甚明，而談者不忍決之，謂爲傷威，臣所不諭也。

❶「有」，傳校本無此字。
❷「夷狄」，原作「外國」，據鮑校本改，下同。
❸「虜」，原作「敵」，據鮑校本改，下同。
❹「胡」，原作「寇」，據傳校本改。

昔者舜伐三苗，三苗不服，益贊于禹，班師振旅，而有苗來格。由此觀之，帝王之威，在使物畏之，不在使物惡之。故動以義，順于理，則物畏之矣；動以利，逆于理，則物惡之矣。畏之則服，惡之則侮，自然之道也。武帝黜丞相御史之請，而止不田車師、輪臺，則天下復平。元帝用賈捐之之策，而罷珠崖，❶則中國復安。故以德言之，則不過舜禹；以强言之，則不過漢武帝。以馭夷狄也，患枉于義，不患力不足也；患逆于理，不患威之損也。惟陛下察于此兩者，以觀利害之熟在，謀之貴多，斷之貴獨。明鑑所以見容，古事所以知今。臣不勝狂直之至。

上仁宗論温成立忌

臣伏聞敕旨，爲温成皇后立忌，禮官請對，不許，臣竊惑之。凡朝廷常務，百司小事，猶當上稽舊典，下採衆論，何況宗廟大禮至尊至重，豈可以一時之寵獨決聖心！義有僭失，貽笑萬世，虧損盛明，悔不可追。今議者乃云，有邪臣密啓，眩惑聖聰，導陛下以非禮，勸陛下以拒諫。若此無實，尚非美事，設有其實，罪亦大矣，當伏兩觀之誅，以謝天下。且自太祖以來，后廟四室皆陛下之妣也，猶不立忌，奈何以温成私昵之愛變古越禮，則貴妾于妣，尊嬖于嫡，上無以事宗廟，下無以教後嗣，恐祖宗神靈不樂于此，非陛下奉先思孝之意也。昔成湯改過不吝，故稱聖王，格于皇天。願陛下毋篤于嬖近之寵，毋安于邪佞之説，毋變先帝之舊

❶「珠」，傅校本作「朱」。

典，毋枉宗廟之正禮，回易意慮，卻情去私，詢于司存，追寢過命，使萬萬億年無復譏議，天下幸甚。臣以無能，忝備儒館，禮樂之失，臣得預言。❶

上仁宗論輔郡節制

臣伏覩詔敕，建置輔郡，改張官司，實欲開廣王畿，增重京邑，❷垂制久遠，强幹弱枝者也。然臣竊有所惑，以爲許、鄭、陳、滑、曹，既在寰内，則不當復存軍額，猶稱節鎮。節鎮之設，蓋古方伯、連率之謂，非寰内諸侯也。凡改制立法，固必關盛衰之中，然後可以永世無弊者。孔融疾曹操專法，漢室寡弱，于是建議欲復古千里之制，不以封建。操遂惡融，終于害之。然此本由漢家制度無法，不稽古爾。設令京師諸侯素有分限，則强臣何由因緣以覬覦？今朝廷甫欲建設近輔，周衛都内，誠不宜復存五州節制之號，以開後世諸侯因緣封建之萌。何況今之節制，重于古之封建。孔子曰：「必也正名。」名之不正，五變之末，至于民無所措手足，故不可不審也。漢武本置三輔，皆治長安中，非不知鼎立千里之内爲便也，其意乃實不欲使億兆之衆，偏有所分而已。及唐雖以同、華爲二輔，各自一郡，然猶不立軍額者，皆方面征鎮當一道者也。臣謂今日事體，固當法之，忠武、彰化等軍額，盡可停罷，獨存其州名，于理爲允。伏乞令近臣詳議。

---

❶「言」下，傅校本有小注「至和元年正月上直集賢院」十一字。

❷「邑」，傅校本作「師」。

上仁宗論日食用牲于社非禮

社者，上公之神，群陰之長。故日食則伐鼓于社，所以責上公，退群陰。今反祠而請之，是屈天子之禮，從諸侯之制，抑陽扶陰，降尊貶重，非承天戒、尊朝廷之義也。

公是集卷三十三

宋劉敞撰

奏疏❶

上仁宗請罷五溪之征

臣聞舜爲天子，禹爲司空，伯益贊之，君臣之盛，自古未有也。以伐三苗，曾不得咫尺之地，因班師振旅而歸。晉郤缺率諸侯之師八百餘乘，挾公子捷菑以攻邾婁。斥堠不設，❷城門不閉，以韋帛通語言，諸侯皆罷。故曰：「非吾力不能攻，義實不爾克也。」此二者皆不可謂善戰矣，然舜、禹不以其故貶聖，伯益、郤缺不以其故損賢，理有逆順，義有曲直也。今武溪諸彭，父子結怨，而邊臣輕發兵，爲子討父，得無非春秋王霸之略乎？❸臣以謂過矣。智者欲騁其巧，勇者欲用其力，矯箭累絃，勵劍負戟，以深入爲事，甚非治天下之大

❶「疏」下，傅校本有「三」字。

❷「堠」，傅校本作「候」。

❸「霸」，傅校本作「伯」。

體。臣聞古者三王之伐，征不貢，討不朝，今彭氏父子所以争一旦之命者，乃自失職，不得朝貢也。臣以謂可聽以休邊民，此舜、禹之策，益、郤之義，所以明于典謨、《春秋》也。往年歲星在鶉尾，則宜厚仁義以應之，而始誅五溪，逆父子之節，難以得天。今盛夏動衆，下潦上霧，多毒蛇惡草之害，難以得地。得天地之道者，自古五帝三王之所以務通而順也。雖有聖辯，莫之能變其説，而況縱欲貪功，徼一時之勝者乎？❶恐此爲人臣之利，而非國家之福也。臣願朝廷謹之。

論糾察司❷

臣伏以先帝哀矜庶獄，開釋無辜，以京師浩穰，獄訟繁多，創設糾察一司，辨理微枉，澄審謬誤，誠不欲使吏得弄法，民陷非罪，設令侵冤，有所告訴也。伏見諸大辟公事，或具獄既上，情涉可疑，或審問之際，囚自翻變者，並皆移司推勘。左軍則移右軍，右軍則移左軍，府司亦然。然此三處形勢既均，利害略同，更相顧望，自爲地道，寧伸吏曲，莫念民枉。以此治獄，恐非朝廷欽恤之意。臣謂諸大辟公事，其情理可疑及囚自變者，並委糾察司奏請，别差官置勘。其司獄等仍須與元勘處不相干礙，方許抽差。如此則獄無銜冤之濫，吏無試法之倖，好生之德，洽于民心。取進止。

---

❶「勝」，四庫本作「務」。

❷「糾」，傅校本作「糺」。

辭不受詳定官制敕❶

臣伏以人臣之義，不能宜辭，不及宜讓，若不辭不能，不讓不及，且上誤朝廷之任，下貽來者之笑，則非忠信之道也。今月二十九日，閤門召臣受敕，令詳定官制。臣以謂此帝王能事，朝廷大務，必將損益沿革，彌綸興廢，成一朝之制，不獨空言而已。此則非臣所能。今英俊林立，號稱多士。韓絳首建經世之畫，可令草具其事。歐陽修、吴奎皆學該古今，窮極貫變，欲定大典，非其人不可。此則非臣所及。臣顧常規規守循習之論，所謂食而聽事者也，不敢以爲事不可行，而竊自計力有不足，故輒緣忠信之義，辭所不能，讓所不及。所有敕命，不敢祗受。取進止。

再奏

臣准閤門告報，受敕詳定官制，尋曾奏乞辭免。今月二十日中書劄子，奉聖旨不許。退自徇省，必非所任，豈敢默默貪功就事！故復别白言之。且陛下欲紀綱國體，裁成王制，改創服章，述作典訓，此一世大務也。當得其人，乃可成事，臣之淺暗，非其人矣。力小任重者不立，智小謀大者不行。前日朝廷欲正大樂，先定律吕，自景祐至今，近三十年，所費鉅萬，而功不就。豈不就哉？蓋由群臣無夔、曠之才，而猥當夔、曠

❶ 「敕」，傳校本作「劄」。

之責，是以責愈精而功愈疎耳。今之所爲，又重于樂，上當得周、召制作之明，次當得管、蕭經綸之略，乃可庶幾。自非然者，恐雖三十年未可望也。此臣之所以量力揆能，度長絜大，而不敢誣上也。伏乞特留聖鑒，聽臣所讓，則制作之功，不失所期。所有敕命未敢受。取進止。

受敕後奏乞先條數事與中書門下更加商量翰林學士胡宿同上尋得聖旨依奏

奉敕詳定官制，並曾懇辭，不蒙允許。伏緣朝廷百司官名職任，多不合古，若稍加裁正，粗成統緒，亦恐行來已久，未協時宜。今乞且未置局，容臣等取前代官制，將今日官名職任商度可改正者、可裁損者、可申明者，條列三兩事，先送中書門下，更加商量。若果可施行，置局辟官，次第删定。或以爲君子之業，樂因循，重改作，則更俟朝旨，擇其可從。取進止。

條上詳定官制事件❶

臣等昨奉敕，爲翰林學士韓絳上言，國家奄有四海，承平百年，官制未修，方苦其陋，欲望討論唐百官制及本朝官制品秩事件，量加裁定，正其名體等事。奉旨差臣等同共詳定。臣等累曾懇辭，不蒙允許。尋具劄子，陳乞且未置局，容臣等取前代官制，將今日官品職位商度可改正者、可裁損者、可申明者，各條三兩事，先送中

❶ 「條上詳定官制事件」，傅校本作「上仁宗請詳定官制」。

書門下，更加商量。若果可施行，❶即制局辟官，次第删奏。聖旨：依奏。臣等今詳定到事件如左：

一、漢置丞相，其後改置三公，官皆公府辟召掾屬。唐制以尚書、門下、中書三省長官爲宰相，尚書令、僕射、侍中、中書令是也。官品未至者，同中書門下三品，今平章事即其比也。參知政事，唐初亦是正相，崔、温等嘗爲之。國朝之制，下宰相一等。若用唐制，正其名體，則四輔之任當悉用平章。依漢制即須立丞相府。

一、唐制，御史大夫一人，中丞三人。國朝之制，大夫不置，以中丞爲臺長，他官或以給事中、諫議大夫權之。若欲改正官制，置丞相府，則大夫當復，輕重乃等。

一、唐制，無公卿爲樞密事。五代用兵，始與中書對掌機密。欲改正官制，當以院事還中書及尚書兵部。

一、尚書省二十四司既爲虚名，所以官冗員衆。即欲改正官制，當罷三司，復二十四司及九卿。官使有定員，其郎官不在本省治職事者，並以前資及散官處之。其涖外任者，或依唐制，置上中下等州刺史及别駕之類，隨官品任之，或欲輕其權，則曰知某州刺史之類。

一、文武散官及檢校、兼官、勳爵、實封等，在開元已前頗有實事，于今爲散官，猶敘服色，粗繫輕重，其餘悉皆虚名，無益治體。即欲改正官制，當例行省罷。若以假虚名而任實職，兼存亦可。

❶「可」，傅校本作「有」。

已上所謂改正者也，略舉一隅，若于今可行，即推此類具正之。

一、大理寺決天下之獄，刑部覆之，于事已足，又加審刑院，則爲駢衍。即欲裁損官制，當以院事官屬還刑部。

一、吏部尚書、侍郎分領銓事，則當差以輕重，分別流品。今審官院掌京朝官磨勘差遣，而流内銓惟典州縣幕職官，體制不倫。即欲裁損官制，當以審官院職事歸尚書銓，州縣幕職官歸侍郎銓。

一、群牧司、提舉司、觀察司之類，皆古無此職。即欲裁損官制，悉當省罷，還屬尚書、九卿。

已上所謂裁損者也，略舉一隅，若于今可行，即推此類具正之。

一、左右史並當隨宰相入立仗下，以記言動。今史官之任，不及聞前殿正事，故德音善政，多失紀録，欲申明復此舊制。

一、中書出制敕，唐制並經門下審覆，然後尚書出告身，經歷三省。比來惟于中書發敕，虚置三省官名。今欲申明復此制，國朝令文具載。

一、國朝近制，觀文殿大學士惟待舊相，自資政殿大學士至天章閣待制已上，其間多有無員數，數除受侵廣者，由邊幅不立也。諸舊有員者宜依舊數，未有者宜差定其員，著爲久制，以革一員之濫。

一、唐制，舍人六人，分判尚書六曹事，所以佐丞相，謹政令，欲乞申明此制。

一、舊制，九卿之職不隸尚書。今卿監職事、三司關領者，宜取還寺，亦省侵官之類。

一、唐制，左右丞相判尚書省事，中書判門下省事，中書舍人判中書省事。國朝門下省權用近臣判之，中書省即舍人年深者判，與唐制略同。准昨來言者稱，近臣判省太重，考按唐制，似不如此。惟常衮自以同中書門下事，即當兼判中書省，是時崔祐甫以舍人判省，謂衮侵官，士論由此不平衮也。

一、三班自供奉官至殿侍、差使之類，唐制武選皆無此名目，宜徙置于外，以區别華冗。

一、朝廷若從改正之説，即俟改正之後，設官分職如周、唐，乃可約《六典》著書垂之後世。若未能如此，而欲著書，惟可將《會要》及諸司編敕并格令，删繁取要，因今日官名粗書職分而已。

已上所謂申明者也，略舉一隅，若于今可行，即推此類具正之。❶

論讓官疏

臣伏見故事，諸讓官者，或一讓，或再讓，或三讓，皆有品秩。非不欲人人讓也，讓之迹近名，近名則容僞，而爲禮者惡煩，煩近于褻，故設中制，有所止之也。昔舜命九官，夔、龍不讓，其他伯益之徒，一讓而止。此則治世之法也。竊見頃來士大夫，每有除命，不問高下，例輒累讓，雖有出其至誠，恬于勢利，然亦已逾典制，過夔、益矣。若習俗遂巧，流風稍敝，必且挾僞采名，要上迷衆，更以爲進取之捷徑，奔競之祕策，甚可惡也。豈獨煩于禮哉！夫讓雖美道，君子所有餘，小人所不足，然非其真，則醜亦甚。昔鄭公孫段辭爲卿，退則又使太史命己，子産惡其爲人，其後卒爲亂。故飾僞之敝至于此，非國家之福也。公孫段尚其小者耳，子

❶「之」下，傅校本有小注「嘉祐三年十二月同翰林學士胡宿上時知制誥」十九字。

之擅燕，王莽代漢，其始皆以善自名，已而稍入于邪也。臣謂賢者之節，難進而易退者，非讓一官之謂也，謂其能擇于義，不犯非禮也。故雖不多讓，其節猶可見。衆人之情，好得而惡失，好得而惡失者，亦非勉受一職之謂也，謂其不擇于義，越禮而動也。故雖復飾讓，其情亦彌險。讓與不讓，一以故事、舊典爲準，無使釣利者要君，采名者售僞。不幸而不值子産之精識，則公孫段之徒紛然競于朝矣。臣言似迂，而慮實遠，望賜財擇。

論奉慈廟❶

臣伏見中書劄子，下太常雜議奉慈廟廢置事。臣以有司之職，惟當據經，已與臣鎮等參按經傳舊文奏陳。然臣之愚意，猶有未盡。何者？國家承歷代之後，去聖久遠，禮文殘缺，宗廟之禮常因時施宜，不盡滯古，務沿人情也。伏惟章惠太后之于仁宗皇帝，雖非真廟命以爲母，然仁宗皇帝一以如母之禮事之。生則安養，號比長樂；殁則大葬，謚配真廟；祭稱皇妣，祝云嗣子。其誠禮如此之重也。今議者疑于毀其廟，瘗其主，如此，豈惟震駭士大夫之情，亦甚違先帝之意。《春秋》毁泉臺，猶曰：「先祖爲之，已毁之，不如勿居。」周廟姜嫄，閟而無事；梁之小廟，享祫有數。臣謂奉慈一室，當于此二者之間，制定其儀，上稱先帝褒崇之意，下成泉臺折衷之義，又以明聖主無改父道之美。伏乞參之聖心，令兩制臺諫，重加詳定。取進止。

❶「廟」下，傅校本有「劄子」二字。

奏乞改郡名❶

臣近點檢諸軍轉員官告，竊見殿前司虎翼右第一軍都指揮使楊榮封弘農郡開國侯，「農」上一字，即宣祖御諱。❷伏以國朝之制，崇奉七廟，二名偏諱，行來已久，不宜于開國建侯獨有觸犯。竊謂楊榮可改封别郡，或以「洪」字代之，如漢武帝以徹侯爲通侯，❸事理既正，可以行遠。取進止。

論舉薦❹

臣伏以朝廷設保薦之令者，欲振拔幽滯，甄録才實也。士大夫所以報國恩，無過于此矣。然猶閉其聽請濫進之隙，故限以定員，結以同罪，防禁既詳，責望又重，不可復加。而頃來奏章之入，或文字小不應式，或筆畫偶有所遺，于義無害，皆見退卻，甚失朝廷求才實之本，亦非士大夫舉所知之意也。臣謂中外舉狀，除員數須要照會，可不言及同罪，所以立法不可不謹，其他雖小小差誤，並許收使，不須曲難。如此足以開

---

❶「名」下，傅校本有「劄子」二字。

❷「御」，傅校本作「廟」。

❸下「侯」下，傅校本有「矣」字。

❹「薦」下，傅校本有「劄子」二字。

廣薦引之路，亦杜絶所由巧文要市之弊，庶幾簡而易行矣。取進止。

論契丹告哀

臣竊聞契丹遣使告哀，朝議擇吉日然後見之。臣以謂情禮未稱。何則？國家與戎約和，立兄弟之親者，非畏其力也，又非愛其義也，欲繼好偃兵，以安百姓而已。今其主不幸，訃喪朝廷，誠得小國歸命天子之義，宜稱順其意，致哀痛之情，使其君臣歡然感動，皆知天子仁厚之德發于至誠也。今稽留使者，擇日受訃，雖協陰陽時日拘忌之説，而違君子匍匐救喪之節，下令遠方有以疑朝廷無惻隱厚終之實，非所以感人心也。昔唐太宗聞張公謹之喪，哭之不避辰日，史策以爲美談。臣謂朝廷甫欲結異俗之歡，示中國之禮，宜推此意行之，令使者夕入而朝見之，❶則情禮相副，足以固好存愛，不言而信矣。取進止。

論除降不用誥

臣至和中，因任顓落職，不降誥詞，曾奏陳朝廷非故事，難以爲法。其時延和奏對，面奉德音，許賜施行。自此故事復正。去年劉尤瑜降官，直以敕牒。近日王琪降官，亦不出誥。則是前詔尋復廢閣，事體之

---

❶ 「令」，傅校本作「今日」。

間，似趨苟簡，❶雖非王政之急，然亦失朝廷賞罰訓誥慎重之意。伏乞檢會申明，所貴雖小事猶不失舊體，使百司有以遵法。取進止。

上仁宗論石全斌不當除入内副都知❷

臣竊見入内押班石全斌，爲入内副都知。臣謹按，全斌昨已有制旨，除宫苑使、利州觀察使。未能三日，復换此命。朝令夕改，古人所非。若因全斌陳請，探其不滿之意，曲徇所求，以悦其心，便是朝廷恩典未有定制，惟繫宦官臨時徼乞。宣布天下，必以爲惑；傳示後世，必以爲笑。何則？陛下賞罰當信天下，當教後世。不知全斌功勤凡有幾何？昨者嶺外之行已曾受賞，今後温成葬畢，賞又不薄，不知厭足，愈求遷進，朝廷亦當愛惜事體，無宜輕改成命。全斌閨闥之臣，尚如此姑息，萬一復有權勢重于全斌者如何待之？臣雖鄙賤，實惜此體，不敢輒撰告詞。

❶「趨」，傅校本作「趣」。
❷「知」下，傅校本有「狀」字。

禮部貢院定奪鄭荀起請科場未便事件❶

當院准中書批下前權奉寧軍節度推官鄭荀奏科場未便事件，奉聖旨進貢院定奪聞奏者。今具畫一如後：

一、❷鄭荀稱伏覩云云，當院今詳看：天下解額，多少不同，不可均一，所從來久矣。幸因赦令增益者四十餘處，恩已無量，若更限以十人取一，在他路雖未有大損，于福建、江南、川、廣則必特爲僥倖，到省之人必須比舊數倍，恐非今日治體所宜，不可施行。

一、鄭荀稱科場舊制四年云云，當院今看詳：昨朝廷下間歲之詔，蓋欲開廣賢路，使士子無後時失業之恨，又欲游士各歸其鄉，不復有寄籍冒貫之敝，本不驅迫遠方舉人，必令奔走也。何故反更恤其不便？況降敕已來，裁三四年，常人安于所見，尚未盡信，具當循守，漸變習俗，不可輕改。

一、鄭荀稱天下逐州軍云云，當院今看詳：聚試之議，今時多持此説，但于國體未爲通允。本責刺史、縣令鄉舉里選，重操行而後文詞，若聚之轉運司，則此法何寄？又一路不下十數州軍，所差試官正令不得人，決不盡失，若聚之一處，而試官非其人，則一路俱受其弊矣。此必然之患也。事不稽古，又不便今，難以施行。

❶「件」下，傳校本有「狀」字。

❷「一」，傳校本作「一件」，以下各段皆同。

一、鄭荀稱竊見南省云云，當院今看詳：取士之制，古今不同，非務相反，事有所因也。祖宗收攬威權，兼聽天下，鑒唐之弊，親程多士，四聖相繼，以爲定法，固非群臣所當輒議。若以南宮考校，日多爲精，崇政考校，日少爲粗，此又不然。南宮雖累旬，然所考不下數千人，崇政雖浹日，然所考不上數百人。相去有十一之較，誠未見其淹速精粗之弊也。

一、鄭荀稱諸處發解及南省帖經云云，當院今看詳：帖經墨義，誠爲無用，然所以歷久未廢罷者，當以其唐室以來有司舊法，雖無甚利，亦不甚害，廢之未爲多，有之無所妨。比之告朔之餼羊，以愛禮爲勝耳。

一、鄭荀稱舉人除齊衰喪服云云，當院今看詳：此制施行已久，如妻及子孫弟妹，雖皆齊衰，猶以卑幼，不廢貢舉，自餘服紀，固未嘗釐革。即未知荀指何等爲齊衰？

右謹具如前，鄭荀所畫科場事，❶今定奪到，皆非要切，不可施行。具狀奏聞。❷

禮部貢院駁張洞起請乞降等收録少字賦論進士奏准中書批狀

右謹具如前，伏以禮部考試條式頒行天下，蓋設公共之格，以便程文之體，使舉子務各畢力，而有司得以考實。譬于射，御者不失其馳，而射者自能中，乃爲善也。若欲變法易令，徇人所短，事同詭遇，非所以待

❶「鄭」上，傳校本有「其」字。

❷「具」上，傳校本有「謹」字。

天下賢士也。又業文之人，惟務語省，亦不于數字之間便成駢贅。且施行已久，未嘗聞以此爲弊。朝廷信令何必輕改？所稱欲依御試宣卷，即當院無由檢會。況御試恩繫臨軒，而貢院責在有司，以此比類，體亦非允。其張洞起請，議難施行。

奏乞州郡辟選人爲教授❶

臣伏見今歲制舉中選者三人耳，其間猶有以薄于行誼而被黜者。此非有司較試之不精，蓋在于聽言而不察行，玩文而不計實之蔽也。選舉若此，豈可爲永法哉！臣前歲嘗言：州郡有學，學皆有生徒，而患無講授之師以專領之。乞令州郡自辟選人爲教授，仍理四考爲一任。未蒙施行。臣以爲朝廷大務，莫重于選舉，常患游士不安其鄉里，則有司無由考行實，是以專取詞藻，則賢不肖混淆，至于廉恥之節壞，而浮僞之俗成，皆從此塗出也。今使州郡有學，學皆有師，師皆有課試之法。居常則勉其學而矯其失，當貢士則訂其行而程其言。一郡之士，性之若否，習之邪正，能之多少，皆可豫見而蚤定也。于是上其名與言偕，則選舉精矣。人知爲善于其身，然後乃能信于鄉里；信于鄉里，然後乃得聞于朝也，則皆勸于爲善矣。一紀之外，三十年之內，教成俗定，則士各安其土，相厲以義，相尚以節，何患賢士之難得哉？誠如此，治古之風庶幾可復也。事固有言之似迂而理甚切、行之似近而功甚遠者，教化之謂也。伏乞檢會臣前奏事理，特賜詳擇。

❶「授」下，傅校本有「狀」字。

取進止。

奏外官親戚相代

臣伏見審官、三班、流内銓注擬外官，其間或兄弟、伯叔、子姪自相爲代。若前人政善，後人繼之，善固無可言。設前人政惡，後人因循之，則害政而負于義，如發舉之，則傷恩而戾于教。二者俱不可。即令前人有吏民之怨，因以去位，而後人懷親戚之耻，乘之報忿，則一郡一邑爲害必多，非所以安細民也。臣謂審官、三班、流内銓所注擬外官，其在五服之内，于法許相容隱者，皆不得相爲代，有敢妄冒居之者，以私罪論，于理爲便。

公是集卷三十四

宋劉敞撰

表

揚州謝上表

一介之材，善無所取。千里之地，任爲不輕。仰戴恩華，退增慙懼。臣聞事上之行，莫若愛君；愛君之臣，莫重去國。汲黯遺言李息，望之致意本朝，古今美談，賢哲餘事。況臣本以薄技，遘兹昌辰，幸得出入周衛之中，優游侍從之末。持槖簪筆，庶乎寡尤；帶劒佩衡，足以自効。豈其輕去嚴密之奉，偷得便安之私！蓋引嫌避親，中外著令；因事補吏，朝廷通規。幸蒙賜可之書，殆殊共治之選。伏遇皇帝陛下，天度容物，聖資盡人。揆其忠誠，非有違象魏之意；察其淺識，猶足寄民社之安。沛然德音，委以符竹，敢不勤恤人隱，奉宣上恩，自飭固陋之心，庶幾樂易之政。

進四銘表律、鐘、鼎、鸞刀。

臣某言：臣伏見周世宗使其臣王朴定雅樂，當時稱爲精。及太祖聞之，以爲聲高一律，❶非和音也。雖有此詔，未及改創。陛下稽古之德，自誠而明，深究禮樂之本，而以述作爲務。故敕有司宿儒，據周漢舊典，乃魏晉以來百家之説，參覈是非，以立鐘律。前後二十餘年，及得其真，至詳至慎，無以加矣。律初就，以校尺寸，與司天景表正合，可謂得天。及以鑄鐘考其聲，下王朴一律，如太祖之素。由此觀之，國家制作之美，通于神明，蓋所謂性與天道，不可得而聞者也。陛下又因以興神鼎、鸞刀，奏事郊廟，皆出于聖慮，稽合典訓，所以藏萬世，示子孫，器之寶也。古者作器必銘，銘之義，天子合德。臣幸得召赴崇政殿，從士大夫之後，周旋器寶之側，目覩其狀，耳聞其聲，竊不勝其愚，謹獻律、鐘、鼎、鸞刀之銘四章，以發明令德之指，而庶幾不朽之地。揚子雲曰：「銘哉銘哉！有意于慎。」臣以子雲爲知言也。干冒旒扆，臣無任恐懼待罪之至。

謝加學士表

常人之情，得所求而喜；智者之慮，過其任而憂。今邊備雖嚴，帥責差易；學者雖衆，儒選實難。豈有貪就應聲之求，忽忘非分之任？怔忪失據，欣懼兼懷。固欲辭榮，不獲承命。伏念臣猥以薄技，起于諸生，內之無子産潤色之才，外之無山甫將明之用。久典訓誥，洊臨藩垣，七年于茲，微效不立。猶以陪外廷之

---

❶「爲」，傳校本作「謂」。

末，聞長者之風。間蒙分章，平議臣之奏；時引大體，正宗廟之儀。苟圖納忠，❶非敢忤物。❷然而讒人飾詞以巧詆，法吏挾怨以中傷。當是之時，幾無以免。聖心先覺，公議尚存。浸潤之説不行，震驚之衆爲止。風波可畏，天幸實多。内私自憐，懼久得罪，輒匄千里之守，❸庶警一麾之行。不謂皇帝陛下，生成曲全，覆露無已，進增金華之講，❹增重儒林之光。❺委以西州，適其素願。望非所及，幸不可涯。夫匹夫一飯之恩，庸士然諾之信，猶能捐生出死，成功立名，況臣連數十城之封，兼四千石之重。于以宣明威信，撫養細民，盡其愚忠，庶無大悔。以此圖報，敢爲虚言？

序

易外傳序

余讀《周易》，表其《彖》《象》、爻辭，蓋聖人之意微矣，非通材達識，孰能言之？《傳》曰：「仁者見之謂

❶「忠」，原作「志」，據鮑校本改。
❷「忤」，傅校本作「迕」。
❸「千」，原作「十」，據鮑校本改。
❹「增」，傅校本作「預」。
❺「增重」，傅校本作「重增」。

之仁，智者見之謂之智。以言者尚其辭，以動者尚其變，以制器者尚其象，以卜筮者尚其占。」四者所從得之殊，其稱君子一也。然《易》之書最爲深，至天道性命變化之數，自孔子罕言，後世無述焉。以爲傳其人不待告，告非其人，雖言不著云爾。學者或有謂《易》之辭非爲數者，此以目聽何異？及論剛柔始交而生屯，分泰之體而成，則莫能通，習于所可見，而蔽于所不能覩，然後知《易》非一家之術也。夫君子所居而安者，《易》之序也；所樂而玩者，爻之辭也。是以自天祐之，吉无不利，以其窮理盡性，能自鏡得失也。余以爲仲尼有云：「垂之空言，不如見之行事深切著明。」故采五帝以來明君賢相、忠臣良士，下及亡國喪家、興壞成敗、禍福善惡之理，附之《彖》《象》、爻辭，以見白黑。其說主王氏也，而時有不同，亦微辨而不斥。後有觀者，總而理之，得以自省焉。

春秋權衡序

劉子作《春秋權衡》，《權衡》之書始出，未有能讀者，自序其首曰：權，準也；衡，平也。物雖重，必準于權；權雖移，必平于衡。故權衡者，天下之公器也，所以使輕重無隱也，所以使低昂適中也。察之者易知，執之者易從也。不準則無以知輕重，不平則輕重雖出不信。故權衡者，天下之至信也。凡議《春秋》，亦若此矣。《春秋》一也，而傳之者三家，其善惡相反，其褒貶相戾，則是何也？非以其無準失輕重耶？且昔董仲舒、江公、劉歆之徒，蓋常相與争此三家矣，上道堯、舜，下據周、孔，是非之議不可勝陳，至于今未決，則是何也？非以其低昂不平耶？故利臆説者害公議，便私學者妨大道，此儒者之大禁也。誠準之以其權，則童子不欺；平之以其衡，則市人不惑。今此新書之謂也。雖然，非達學通人，則亦必不能觀之矣。耳牽于所聞，而目迷于所習，懷恐見破之私意，而無從善服義之公心，故亦譬之權衡矣。或利其寡而視權如盈，或利其多而視權如縮，若此者，非權衡之過也，人事之變也。雖然，以俟君子耳。孔子不云乎：「知我者以《春秋》，罪我者亦以《春秋》。」于權衡何傷哉！于是卒定其書，❶爲十七卷。

顔魯公文集序

魯公極忠不避難，臨難不違義。是塵垢糠粃，猶祇飾而誦習之。將以勸事君，況其所自造之文乎？然魯公没且三百年，未有祖述其書者。其在舊史，施之行事，蓋僅有存焉。而雜出傳記，流于簡牘，則百而一二。銘載功業，藏于山川，則十而一二。非好學不倦，周流天下，則不能遍知而盡見。彼簡牘者有盡，而山川者有壞，不幸而不傳，則又至于千萬而一二，未可知也。吳興沈侯哀魯公之忠，而又佳其文，懼久而有不傳，與雖傳而不廣也，于是採掇遺逸，輯而編之，得詩賦銘記凡若干篇，爲五十卷，學者可觀焉。蓋君子多見，則守之以約。沈侯好學，喜聚書，至三萬卷，若是多矣，然猶常汲汲而不足者。至其集魯公之文，使必傳于天下，必信于後世，可謂守之以約而尚友者乎！予是以序其意。

---

❶ 「卒」，傅校本作「率」。

時會堂詩序

州城北帶廣阜，古所謂崑崙岡也。其木宜茶，與蒙頂比，故或謂之蜀岡。太守歲貢蜀岡茶，以火前采之，發輕使馳至京師，不過十日，爲天下先。自禹抑洪水，❶分九牧，淮海惟揚州，其任土之法，若瑶琨、金木、篠簜、齒革、羽毛、織貝諸奇物，當備輸王府。天子爲其遠費民力，皆止不以爲常貢，常貢獨茶，至簡易矣。❷然猶歲所上不過三數斤，所以御于至尊者，貴精不貴衍也。世或説蒙頂茶宜久服，能輕身、除疾、卻老。誠有是者，豈非臣子至願哉！❸《貍首》之詩，以時會爲樂者，固諸侯之事也。于是築堂蜀江之陽，命曰時會，將率官屬修職貢于此焉，且使來者世世勿忘服也。嘉祐二年十二月，右正言知制誥知揚州軍州事劉某題辭。

張氏雜義序

韓文公作《歐陽詹哀辭》，言閩之人舉進士自詹始，明詹以來未有舉進士者也。舉進士由詹而始，則當

❶「洪」，傳校本作「鴻」。
❷「簡」，原作「節」，據傳校本改。
❸「至」，傳校本作「所」。

時雖有舉者，必未甚多也。詹死于今三百年，而閩之舉進士爲特盛焉。自流寓他處，及占名數京師，入太學爲胄子者不數人，其舉以鄉里者，歲常不下六七百人，其衆居天下五分之一，閩之進士可謂多矣。凡讀書、作文章、被儒服，無不舉進士者。其不舉進士，獨侯官張宜。宜爲人龐眉而甚古，少言語，有誠慤，不爲狎侮。治毛氏《詩》、孔氏《書》、王氏《易》、鄭氏《禮》、《左氏春秋》，皆通其訓詁，名其家法，轉以相解，條分節斷，剖芒析毫，不可以辯給奪也。其言三代制度出于經者，不啻如眼見。乃不説魏晋時事，不知有格律詩賦也。吾嘗與共讀詔令數事，時方立今王后，宜驚曰：「是于古不可，上如何若行耶？」吾曰：「公所言，周公法也。國家承歷代之弊，亦雜用漢唐禮，不純出于周，此所謂損益可知者也。」宜于是悦。然解觀其意，非周公、仲尼之制，雖出于天子，猶以爲大不可。其篤信好道而不阿世，可見于此矣。性便講解，多新意異義，務與聖人合，而不求黨同。間嘗邀其著書，宜時年四十餘，謙讓未肯當也。然吾樂其道固窮而不戚，絶俗而不詭，雖古君子不過也。自吾與宜别而遊于上國，且七年矣，求其在貧賤而用心若宜者，蓋未有。由是知古君子亦止于此而已耳。傳曰：「舉逸民。」夫宜之事父母孝，與友信，于鄉里和，用其身端，閩人皆知之，而無爵禄之勸，宜可謂逸民也已矣！此固聖王所欲舉也。因記憶宜所言《詩》《書》雜義，歲久頗不存，得其十事，爲一卷，以傳之其徒，以達執事者，庶幾于宜有所發云。

衡字公甫序

古之人有聖智者出，然後制器濟用，以爲天下利，而洪荒之風革矣。前聖作之，後聖因之，以至于多且備。宮室棟宇，養生之大物也；丘墓宗廟，奉祀之大歸也；城郭溝池，守國之大防也。車輅所以行陸也，舟梁所以行水也，險阻由是而通。耒耜、鎡錤、筐筥、杵臼，所以資農作也。薄槌以時蠶，機杼以成絲，絲、麻、布、帛，所以資女功也。衣食由是而有。鈇鉞、干戈、介胄、矛戟，所以衛民人也；常、旂、旟、旐，所以表師帥也；鼓、鼙、鐃、鐲，所以警進退也。姦暴由是而戢。網、罟、畢、翳，所以給畋漁也，災害由是而除。衣、裳、韠、舄，所以周身也；冕、弁、巾、冠，所以飾首也。天子之鎮圭，諸侯之五瑞，所以班國也；佩玉于身，觸以衝牙，組綬咸異，所以節行也。貴賤由是而衰。喪期有數，喪制有別，齊、斬、苴、枲，以杖屨輔其隆，以日月致其殺，所以厚人道也，孝思由是而篤。珪、璧、琮、璜，凡用玉者，所以禮神修好也，誠慤由是而交。鼐、鼎、錡、釜，所以致烹飪也；俎、豆、簠、簋，所以旅飲食也；爵、勺、奠、彝，所以斞酒醴也。賓祭由是而供。金、石、絲、竹、匏、土、革、木，舞以干戚羽旄，象其君德，所以諧音樂也，和樂由是而合。莞、簟、几、杖，所以佚四體也，尊少由是而分。射侯既抗，正鵠既設，弓矢以中，所以習射也，禮容由是而考。節、符、印、璽，所以孚遠近也，命令由是而質。府庫之藏，鍵閉、筦籥以固之，所以謹出納也，詐僞由是而察。❶五行之産，五材之用，或文也，或素也，或有象也，或無象也，或貴其聲也，或貴其色也，或貴其德也，視其所施而已。大小有宜，上下有稱，于以尊尊而親親，老老而賓賓，敬鬼神而利民事，國家制度于是乎始。罔淫爲異器，以啓奇邪，是以作而可法，用而可觀，惟度量權衡，齊衆之器也。多寡天下之物，誠信天下之民，本之同律，參之同

❶「詐」，原作「作」，據傳校本改。

度數，以適規矩方圓，以定準繩平直，法于王府，同于四海之內。凡出于人力者，莫不得所，以程百器，以役百工，是以先王務審之。今吾族子者，衡其名，子平其字矣。嘗得進士第，冠多士于天子之廷，是尊儒之重選也。六朞而拜四官，籍在外朝，職在書府，出守大邦，世人猶以爲淹。相見于江之南，固請于予曰：「爲我推衡平之義而易字焉。」予不得其辭而告之曰：「衡平而物得輕重，物得輕重而民得其情，天下之公所由出也。字曰公甫可乎？」公甫曰：「衡也，不得叔父之言，爲不自安。今朋友以爲衡也者，將告之曰，是吾叔父之言也。」

鄭野甫字序

鳥獸與人雜生于世，鳥獸之形，有頭足毛羽之異，吾人者因其形之一類，概以其物稱之。人之形同，莫可辨者，古之人以名人出其父祖之命，以爲識別。後之人因名配字，以義類相符，非謂有勸沮之殊，欲令人人行其名字也。故有因義以配物，有因物以配義；有因名之文損益藏顯，而字乃反之；有因名之物，遂以其實配之。是以因義以配物，如耕之於伯牛，如由之于子路。因物以配義，如赤之于子華，師之于子張。字反名，如商之于子夏，偃之于子游。物配實，如長之于子長，予之于宰我。是其意也。今之人不究本初，以意起事。或謂此名也，宜充之以是道；彼字也，可行之于終身。雖失古人之心，猶未離乎告人以善也。然而以名字自守，于吾道之門，固矣，狹矣。鄭子名叔熊，其友字以正夫。子欲聞其說也，命予爲言其理以易之。

夫子學于古道，智深而見博，又以行誼自潛，不待正夫字然後勸也，❶請字之曰野甫，以附于因物以配義者，如曰不已質哉！爲賦《白駒》之卒章曰：「生芻一束，其人如玉。」其人如玉者，謂其來自外也。

斁字序

古之人重冠，重冠故重相字。字之也者，傳其名也。傳其名者，主成其德，故字表德者也。若名則非表德者也。古之人有名狗，名鰌，名黑臀，名籧篨，皆賢人也。周公之子名禽，孔子之子名鯉。聖人之命其子亦無擇焉。然則惡乎擇？擇乎字而已。帝乙愛其子，字之受德，使其人充其字而守之，其祥淑豈短哉？今斁之名者，厭也，不擇也。然則孰字之宜？宜乎思。昔箕子之言者：「思曰睿。」孔子之言者曰：「不思，罔。」《周書》之言者曰：「罔念狂。」嗚呼！思則睿也，不思，罔也，罔念，狂也。今爾何監？非時箕、孔、《周書》致身之迪？且思豈一端而已哉！將爲子，思乎孝；將爲弟，思乎順；將爲兄，思乎愛；將爲友，思乎信；將爲長，思乎惠。是由爾身出者也，人其斁爾乎？是故言，人思其中也；行，人思其度也；德，人思其永也；居，人思其親也；樹木，人思其不伐也。如是焉曰罔，未之有；其不曰睿，亦未之有。其字斁曰思，惟無斁。

❶「然」，傅校本作「而」。

劉景烈字解序

劉侯，外戚公子也，而過人者三：其弓七鈞，而射百步，末可以斃牛；兵無長短，劒無單復，應敵施巧，倏忽不可知如神；居士大夫間，而恂恂不失節似儒者。予是以嘉之，夫士有英邁之氣，而非功名之時，則略爲不用；資功名之時，而無信任之勢，則效爲不見。今劉侯其天材多矣，又有肺腑之親，而四方夷狄尚多恣睢者，❶設使因其時，奮其氣，功名豈遂少哉！而久處未試，予以是惜之。他日因燕飲酒，言曰：「吾名永年，而字昌齡。以爲釋可也，以爲訓則不可。幸有以易之。」予曰：「然！使貴而可以永年，則安有齊、梁之君？使富而可以永年，則安有范、中行之臣？齊、梁之貴，范、中行之富，而忽然不聞。彼可以永年者安在哉？在功名而已矣。天地無窮，而人之生有涯。夫以有涯遊無窮之中，而無以自別也，蠢然作，蟄然止而已矣，❷雖萬物何辨焉？嗟乎！此智勇士捐筋力，忘利害而不顧，以求就功名者也，故一託于義，而終身安之。金石象其聲，丹青狀其貌，簡策敘其實，若是可以永年矣。字子以景烈如何？」座客相和唱善，劉侯拜且謝曰：「謹受教，請銘之心，不敢須臾忘。」因序其語授之。

❶「夷狄」，原作「外國」，據鮑校本改。
❷「而」，傅校本作「則」。

公是集卷三十五

宋劉敞撰

序

送從父弟斆序斆爲蘇州户曹掾，二父舊治也。

吾聞富者送人以財，仁者送人以言。吾非仁者，以吾一日長乎爾，莫爾告也不可。昔者莊生有言，吾甚善之。其言曰：「形莫若就，德莫若和。就不欲入，和不欲出。」又曰：「内直者，與天爲徒；外屈者，與人爲徒。」嗚呼！知此可以無怠矣。就而入者，不可以群；和而出者，則掩上也。内而不直，則其中不立；外而不屈，則衆厚怨之。夫智無小也，學而已矣；官無小也，敏而已矣。知學不病，知敏不匱。居處恭，執事敬，與人忠，雖之夷狄，猶足恃也，又況泰伯、季子之國，伯父、叔父之所舊治者哉？爾其以此矣。

送王舒序❶

由中國入揚、越五千餘里，其地隘絶，號爲一人守險，萬人莫攻，蓋自秦、漢亂時則然。今宋德一致，夷以爲郡縣，人民反習筆墨，歲貢士比中州爲多。南北人往來商貨財，❷吏送故迎新，旦暮不絶，若夷徑然。❸然猶山行不能度車馬，依草木巖壁，極上復下，斗絶無漸。毒蛇狼虎據要處爲害，或時瘴霧昏闇，發于草莽，早衰暮年，易以致病。其川行不能勝百石，下瀨漂激，聲氣洶駭，船石礧浪，隱轔乘波，水奔逝不能正目。篙工一舉手不得所，輒碎散沈溺，不可援拯。故北人去者常惴焉。今王生治裝，正歸閩中無難色，出門取道無畏辭，豈王生其土人能習之哉？其怚音麄。悍不避虎狼灘瀨之惡，甘從事哉？王生之意思于歸見其親，猶方壞水決畜，揵簣土不能遏，故接淅而行，尚何顧險乎？雖然，王生惡得勿重其身哉。❹親憂亦憂，親喜亦喜，曾子也。事親有道，而信乎友，孟子也。王生不道曾氏、孟子則已，苟道之，王生欲行者何以異兹？吾聞吴越多奇士者也，王生如得其人而與之游，吾又將賀王生之信于友而獲乎上也。

---

❶「王舒」，傅校本作「王仲舒」。
❷「貨」，傅校本作「賈」。
❸「徑」，傅校本作「庚」。
❹「勿」，傅校本作「不」。

送江鄰幾序

古今爲《左氏》者衆矣，功名之士則尚權變，詞辯之士則貴文章，數家則隆讖緯，❶小學則工文字，亦徒禄利存焉。若夫大不爲功名，細不爲詞辯，不僞于讖緯，不衒于文字，居今之世，無有禄利之勸，而治《左氏》者，惟獨鄰幾。鄰幾之學，則可謂得乎其性而出乎其心矣。雖然，吾聞君子之學者，貴其爲道也，非貴其爲名也；貴其適于聖人也，非貴其愈于衆人也。夫澶漫而無家，閉絶而無宗，此今世之儒固非矣。有家以相訾也，有宗以相奪也，此漢世之儒庸是乎？然則鄰幾何説焉？故謂鄰幾盍爲《春秋》？夫《春秋》者，五帝之所以化，三王之所以治，禮可以起，義可以制者也。一之于仲尼則得之，一之于左氏則失之，而鄰幾猶固以不然。昔蘧伯玉蓋年五十而五十化，鄰幾憖以吾言寘于耳。東南將有賢者乎，吾願子評之，將無賢者乎，吾願子復之。子之化也，何必五十？吾敢以此爲贈。

送梅聖俞序

昔者邊鄙無事，士大夫恥言兵。聖俞獨先注《孫子》十三篇獻之，可謂知權矣。及其有事，士大夫争言兵，或因以取富貴，聖俞更閉匿不省利害，可謂知道矣。夫聖俞前非勇也，知天下忘戰之必有憂也。後非怯

❶「數」，傳校本作「術」。

也，知功名之説勝則隳教化也。聖俞之任其身不輕矣，世人其若聖俞何哉？某少聖俞十六歲，然聖俞與我爲友，所以從之游，常恐不足。今聖俞應聘許昌，某以事留京師，不得偕行也。古者贈人以言，吾何以贈子乎？明子之趣，以示人不欺耳。嗚呼！世有君子者，以我爲知言矣，于聖俞無負焉。

送蘇安上序

莊子曰：「得者時也，失者順也。」可謂盡于理矣。今夫學者守一先生之言，則自以爲有餘；其以干于世，則自以爲足以濟天下。❶不幸而不得，則自以爲不若人，是以有憤怨之色，是以有鄙倍之氣，是以有戚嗟之聲。若是，其得也不足以便人，其失也足以傷身，豈不可憐哉！曩者安上嘗舉于鄉，名稱甚高，亦得矣，而曾不喜，其意乃恥所以舉者，非己之學也。今斥于有司，名稱甚屈，亦失矣，而曾不憾，其意乃推所以失者，非己之時也。苟不安于道，達于命，遠于利，能若是哉？嗚呼！明安上之意，以語衆人，乃得笑焉；明安上之意，以語賢者，吾庶乎無取友之過。吾請以此爲上賁。

送王生序

王生嘗過劉子，劉子弗謝也。聞其將之京師，受業太學，往送之門而告之曰：吾聞贈人以其幣也，弗若

---

❶ 下「以」字，原作「矣」，據傅校本改。

以其道也；資人以其貨也，弗若以其言也。今子進于藝矣，而遠行，吾毋以贈子。雖然，子之學也，將學于道乎，將學于利乎？將道與利兼存之乎？其毋乃貌爲道而情爲利乎？何子之汲汲不憚煩哉？反修而身，反寧而親，反友而兄弟，夫道已至矣，人有非子者乎？且夫古之君子之學也，慎其所以爲號；其仕也，慎其所以爲名。是以其號可傳，其名可信也。今之君子則不然，其學也託號于仁，其仕也寄名于義，是以其號不可傳，其名不可信也。故學者至乎鄉原而不自覺，❶仕者至乎兼愛而不自恥。嗚呼！慎之哉。道術既爲天下裂矣，子毋寡吾德而輕吾言哉！榮子之量爾。

送楊鬱林序

鬱林，名郡也。太守，尊官也，其任不輕矣。然而當拜者，輒以炎瘴霧露爲解，天子以謂此皆全軀保妻子之臣，無憂國之風，皆置不用。而詔丞相擇刺史之賢者，使舉奇偉倜儻之士以充其選。于是大人部荆州詔書先至，則以楊侯聞，天子可焉。遂自郡從事遷廷尉丞，假五品服以行，別賜錢十萬，衆皆榮之。然楊侯既受命，退而治裝，汎然不以爲喜。聞嶺海之説，風土之異，漠然不以爲憂，如他日焉。人皆曰：楊侯，矯亢人也。嗚呼！前世之所以能治也，爲官擇人；後世之所以不治也，爲人擇官。彼庸庸之臣，志得意滿，坐

❶「乎」，傅校本作「於」。

而養交，以饕富貴，真若長者。一旦有境外之事，憂畏首鼠，堅以死避，❶世常有之。夫不可使往，《春秋》貶焉，若無君子，何以矯也？吾以楊侯，矯世之君子，《春秋》之徒歟！推此心也，雖在山海之外，而加千乘之國，其有難治哉？于其行，序以贈之。

送邵賢良序

墨譏儒以言命，夫儒者豈好言命哉？古之賢多所説而不見鈎用，多爲善而不得升舉，幸而説合善取，則齟齬乖戾，卒敗其功而後已。是類有若天爲之者，故推其窮而歸于命。孔子之相魯也，孟子之仕齊也，賈誼之用漢也，樂毅之用燕也，功施矣而不待究，❷名達矣而不得遂，皆天也。苟出于天者，又曷怨乎？今邵氏舉賢良，天下之人舉賢良者不獨一邵氏，然而邵氏無媒援于世，猶奮于畎畝之中，則邵氏誠賢良也。今之時太平而士務進，故山海之士無伏匿。以不伏匿之士，遭舉賢良之時，士至者必多。然而有司擇之，邵氏之外不能滿三，❸可謂精矣！夫合天下之士，觸有司之情，雖十册之，其勢不爲人後亦明甚。于是而不獲命也，是功施而不得究，名達而不得遂者類也。事雖失圖，其自致卓然之風，猶足以暴于後生。昔公孫子前舉

❶「避」，傅校本作「辟」。
❷「待」，傅校本作「得」。
❸「滿」，傅校本作「論」。

賢良不見用，後舉賢良爲第一。夫公孫子非愚于前、智于後也，曩日之晝，猶今日之務也。前見絀而後見寵者，遇不遇之時異也。己適不遇，雖智無益。己適當遇，言必見可。皆非人力所能爲也，而命非乎！故惜邵氏之未逢者，宜推之于命，而致乎勿憂。致乎勿憂者，本乎儒者之道者也。

送劉初平序

讀書而講道，據權而涖事，其功德易以及民，孰若士大夫耶？然而天下緤組垂紱，爵上聞者，無不慕山林之士，而願與之齊。爲山林者，囂然若固當也。此其故何哉？豈朝廷之士真可薄，山林之士真可高？彼何予之而不辭，此何受之而不讓乎？亦曰不汙于利，不近于恥，不親于憂，不煩于事，苟異乎此者，無不慕焉。如此雖糠粃乎堯、舜，無非者矣。若劉生者，豈真士大夫所慕者耶？其游遍公卿，無往而不若舊相識。使汙于利，近于恥，親于憂，煩于事，而能爾乎？往者朝廷喜求才，拔草野，有出茅屋任諫大夫者。後太平，益厭懈，人亦益近薄，故蒲草珪璧，往往流于瞽叟，而詔書亦輒以先生處士寵之，欲以致後人。今劉君好史書，語當世事有權變，又博識多前知，爲士大夫所稱，而未聞有以舉應詔者，何耶？事固有難知者哉！行矣，入於越，誠將見范公，願以告曰：「斯道也，將亡矣。苟相天下也，而能勿興此乎！」

送焦千之序

君子之學也，至于自得而已耳。智足以經天下而不慮，論足以合當世而不言，仁足以懷萬物而不憂，非可憂而不憂也，憂其所憂，不憂其所不憂。今世之士，皆不憂其憂，而憂其所不憂。舜之陶，伊尹之耕，太公之漁，至矣！當是之時，洚水滔天，懷山襄陵，下民其咨，而舜不慮。桀作淫侈，慢神虐民，並告無辜，而伊尹不言。紂脯鬼侯，醢鄂侯，殘賊仁義，而太公不憂。此一聖二賢，豈自遠于人哉？德有守，任有職，以道援天下，枉尺直尋而不爲者也。夫不汲汲于世者，固世所汲汲焉。不汲汲于世者，乃可以大行。王者不作，聖人之道衰，于是乎有宋、墨之學以救攻止鬬，有蘇、張之學以排患折難，有孫、吴之學以强國勝兵，有商、管之學以長材足用。外託號于仁以邀利，内寄名于忠以干權。嗟乎！道之所以不明也。學者衆而達者寡，得之者喜，失之者憂，吾安知夫得之非失，而失之非得歟？吾又安知夫喜之非憂，而憂之非喜歟？是以君子慎所學，惟至于自得而已耳。焦生既學于歐陽公，因北游京師，京師賢智之所聚也，伎能之所試也，變化之所出也。生其務自得，毋枉道憂天下之憂以翹于人。憂天下之憂以翹于人，人將謂生宋、墨也，孰與勿學？吾亟得見焦生于歐陽公之門，美生之志足以造于道，而不流于俗。于其行也，贈之以言。

送謝希樂學士赴闕序

學者稱仁義必歸堯、舜。堯、舜，聖人也，當時之行事在二《典》者，孔子敘之矣。其君臣之言，吁命以成，不忮不疑，熏然太和，以有鳳鳥之符。嗚呼！何純古粹至若此？❶ 爰及商周，其道德雖不與堯、舜偕

❶「至」，傅校本作「聖」。

比，然史之所載，聖人述焉。後世誦以爲經，師師相傳，由百世之下，等百世之盛，莫之失也。及兩漢受命，史臣奮力以書于策，然由無聖人裁之，褒貶不中，學者不宗師，況又無兩漢之美者可道也哉！今天下康乂，無異于古，而天子以堯、舜爲法，所踐所言，合符前王，則史官左右所記注，得不宜盛而推之于聖人乎？前日謝公處此任，天下共美之。今公之朝也，人又以宜代天子言者也。夫代天子言者，豈不欲制度詔令如堯、舜、三王，❶坦然措之六經乎？嗚呼！人今以堯、舜之道責公，公雖欲强而辭讓不可。公能思之裁之，推之明之，則史之所記，宜在彼二者之間矣。此可謂國家大務，凡號儒者得勿喜乎？苟志之及乎此，毋留公行。三月某日序。

送福州文學蜀人范宗韓序

蓋君子之仕也，辭貴不辭賤，辭富不辭貧。夫文學之位可謂賤矣，其禄可謂貧矣，是范生所不得辭也。范生，蜀人，爲古文章有名，或薦于上，上以福州文學處之。范生于是攜其妻，東南出巴峽以趨海濱。嗚呼！太平以來，治貴和同，四方之士，未有特超而起者也。及其多事，而年少群不逞之人逃奔蠻夷，爲之謀主，以病中國。由是隱居之賢，以名高見疑，稍稍就吏矣。其禄雖寵，因之實也；其籍雖仕，竄之實也。豈可謂非命也哉！吾嘗游福州，識張宜太和，詡詡老儒也。其爲人介而不別，同而不流，是以不爲世俗知，亦

❶「詔」，傅校本作「教」。

不爲世俗患。子往從之乎，又何陋哉！

送潘況序

士不遇者，隱可也。古之所謂隱者，非求異于人，將以同于人。是故擇可以託者名焉，因可以利者惠焉，資可以養者食焉。彼且索之以其智，任之以其材，則術深矣；守之以其誠，達之以其識，則志廣矣。詹何之釣，至于可以爲邦；庖丁之解牛，合桑林之舞；嚴君平之卜筮，蜀人以化。世豈知所以隱哉？潘生始以進士舉，既不偶，故去而治醫。夫醫者，世特患其無常。潘生之醫，合色脈，立經紀，平權衡，序清濁。其有所治，猶掇之也，可謂深矣。是其所以索之者固精，任之者固良，守之者固明，達之者固遠歟？是古隱者之志也！夫士屈首受書，出于蓬蒿之下者，必有濟天下之心。幸而在位，拘文法，顧利害，至于白首，或未能活一人。今以醫故，歲所活輒數十百千。此兩者責孰爲深？功孰爲多？潘生之隱于醫，可以無譏矣。于其行，序以贈之。

送從兄赴選序

從兄居鄉里，執耒耜耕者，殆三十年。衣食未嘗充，旱乾水溢，稍喪其土，則乞于鄉黨鄰里，以養其親。家君聞而憐之，適會上郊推恩，得任子弟，從兄以是爲郎。又三年，將西之京師，見予于襄濆海上，其色焦然，其髮班班然，其足踽然病矣。嗚呼！前此者兄知勞力而已，後此者又將勞心。古之人所謂生爲役者，一身而二任焉，其有不病乎？雖然，吾聞之，惟知道者可以不憂。兄其亟爲學，其猶可及壯也。

送新安尉張詵序

古者，諸侯制有其國，惟卿命于天子。命于天子者，不名于《春秋》，以尊之也。今也不然，公卿大夫出爲方伯州牧者，得行古諸侯之事，不得行古諸侯之權。其吏也，天子置之。諸侯之所得爲者，貢士而已。貢士多者數千人，少猶數百人，拔其尤者聞于上，其大率十取一，然而會于尚書者亦不減數千人。有司雜試其藝，第其能者而聞于上，其大率亦十取一，然而進于天子者裁數百人。萬取千焉，千取百焉，不爲不精矣。天子又親試其言而校之，退其不中程者，録其中程者，則益加少矣。故凡拔于卿，考于尚書，策之廷中，非其才千百人之尤也，莫至焉。如是而以爲士，以佐諸侯，以治天子之民，其不輕而重也亦明矣，是《春秋》所不名者類也。然而或以爲小者，彼自侈其才而負其氣，不度柳下惠。以予觀之不然。夫天下有事，執干戈之卒，瞋目語難，破堅陷敵，出萬死一生之計，奮不顧後，可以朝弛擔而暮析圭。儒者辨武厲精，馳意應變，語奇以恫愒當世之權，可以立談而取公侯，勢激之然也。及其無事，將考以文采，詢以制度，與之揖讓以行禮，可者斯與之焉。不假時以爲勢，不資辨以徼用，其言必合于先王，其德必蓄于其躬。故仕者難也，不得以卑爲恥，然則能勿重乎？今晉卿既自能力于其術，以取尤于千百人，又能順天子，佐諸侯，治其社稷人民之事，是柳下惠之智也。苟順是而行之，其獲于邑人，而得于諸侯，聞于天子也，易矣！其于高爵，若詔擯而

上諸堂，孰能禦之？吾知天子之命大夫士，于《春秋》有重也，故爲之序以贈。❶

送湖南安撫某使君序

苗民之頑，不率帝命，蓋自古記之矣。以堯爲君，以舜爲相，而有三危之誅；以舜爲君，以禹爲相，而有群后之師。此非其德不至，力不足也，不得已也。然則聖朝獨得已而已之乎？夫苗夷，異類者也。❷其暴，虎也；其貪，狼也；其捷，猱狖也。山林之與居，鳥獸之與群，其險阻幽絶，非人境也。然而驅中國之士，衣三注之甲，負弩荷戈，加糧糗其上，夜則冒霧露，晝則負赤日，日夜不休，與之馳逐，是以難也。然則雖欲急成功，安可得哉？今者，上策莫若修堯、舜之義，明布其德，而彼將自服。其次嚴兵以守之，絶其抄略之路，而勿爲深入之師。其次誘而致之，使去其穴，則因可取也。若夫恥不能追而探其巢，不爲致人而致于人，釁于勇而嚙于禍，可進而不可退，是以用師僥倖也，非國家之利也，願使君不爲。昔者三苗之事，益贊于禹，故其功烈垂于後世，而莫得過焉，世不可誣，安知後來者之非益也？將在使君所以達之而已，何畏乎有苗？

---

❶「贈」，傅校本作「賸」。

❷「苗」，傅校本作「蠻」。「者也」，原作「異焉」，據鮑校本改。

送湖南運使慎學士序

景祐四年七月，詔以某叔父爲湖南轉運使。明日詣閤門，疏曰：「荆湖去京師蓋數千里，其地于古爲三苗，有彭蠡、洞庭大澤之險，而其南蠻夷與國爲境，凡風雨明晦，率常蒸毒，易以疾病。而臣母老，不可往，惟陛下哀憐。」未報，又上奏曰：「臣不敢憚遠，恐羈縻南方，以爲老母憂，則死有餘恨。臣本三司判官，今誠得罷所領，獨校讎祕閣，資以其暇奉親，不勝幸甚。」制曰：「可。」更以慎公爲湖南轉運使。當是時尚書郎在荆湖察獄者，以不迎親之官，爲會稽太守劾舉，見責問。而叔父以母老故辭内外任，以求在左右，朝廷以爲美談。而慎公在書館三十年，前後佐大司農，爲外郡守亦十餘歲，勤勞久矣，乃得此任。士大夫以爲少，而公處之無愠色。嗚呼！古所謂各行其志者歟？孝者念其親，而忠者念其公者歟？念其親者忘其禄，念其公者遂忘其親歟？《詩》曰：「是用作歌，將母來諗。」念親之謂也。又曰：「豈不懷歸，畏此簡書。」念公之謂也。天子以此命其臣，而其臣又用此以報天子，欲求内外之不治，風俗之不劭，不可得也。若夫吏道之端，民事之情，教化之本，征賦之法，孰爲賢而不識此者，未足以贈也。故于公之行，語所可頌者，爲來者法焉。

公是集卷三十六

宋劉敞撰

記

天台山記

汝陽地理書有天台山，在今縣北三里所，❶其高尺餘，傳自古至今，莫有能損者。其上土，其下石也。亦曰天中山，以爲豫州于四方最中，❷汝南故刺史治，于豫州亦最中，是山于汝南又最中，蓋處天地三萬里之極，自古考日景、測分至者，皆莫正于此，以是名之。其傍有祠，其主山也，其神爲蛇，黑文而赤章，其見無常，或脩或短，或幽或明。民有不恭，事不信不飭，則變怪動之，其地居屯營，營之士歲時獻享之。夏丞相之爲此州，嘗親至其處，祝曰：「蛇若使吾見之，❸吾力能大而祠。」莫見。丞相去未能數十步遂見，從騎多見

❶「今」，傅校本無此字。

❷「爲」，傅校本作「謂」。

❸「若」，傅校本作「見」。

者，猶蛇也，其脩尺。丞相亦遂不復顧，然吏民亦以故加嚴畏之，或夸誕過其真。要之，有山之名，無山之情，而民不厭以山稱之，蓋得四方之中，《易》所謂「地中之山，謙」，「尊而光，卑不可踰」者也。故作記表其地。

雙廟記

淮西于古爲豫州。唐武氏改制稱受命，諸李多失職。越王正以刺史與所部兵討不當立，既而兵敗，王自殺。吏蹤迹黨與窮治之，數千人皆列大逆。于時武氏方以刑立威，大臣坐飛語，不問曲直皆族夷。以故知越事多濫，無敢救者。狄梁公爲刺史，獨倡言：脅從非首惡，不當坐。奏疏免之，竟全此數千人。其後百餘歲，當憲宗時，豫州已更號蔡，節度使吴元濟據城反，天子引天下兵，征之不順，攻之不勝，戍之不服。丁壯苦軍旅，老弱疲轉餉。士大夫咸共怒，而將顔、將重、將古、將武、將通四面擊之，以盡力戰，盡誅爲意。而李太尉獨任智策，夜入其城縛之，不殺一人，所以使百姓復見禮義，脱于戮死。嗚呼！梁公可謂賢相，太尉可謂賢將矣。其恩厚，其施博，尸而祝之，不亦宜也哉！開元中，刺史元通理始作《感德碑》，載梁公之仁，其後段文昌作《平淮西碑》，明太尉之功，而俱不爲祠堂，使民無所追享。宋興八十載，知軍州事王質詢問其故，歎曰：「善爲後慕之也，豈可使二公不祀哉！」度地以作廟，異室而同宇，南面上左。未及成，質遷。又十餘歲，數换守帥，莫克就者。今太守至，遂就之。庭宇甚設，儀衛甚飾，歲時報焉，水旱禱焉。嗚呼！德之不朽者如此夫。使凡相者而皆若梁公，則治安得不平？使凡將者而皆若太尉，則功安得不成？然則廟此者，非徒思昔人而已，亦爲來者允蹈之也，不可不刻石以謹其始，故于是乎書。質者，丞相旦弟子，清淨慈惠，爲政不煩苛，官至天章閣待制尚書郎中，所居見稱云。某月某日劉某記。

王沂公祠堂記

齊、魯雖皆稱貴文學、尚禮義之國，然其俗亦與時升降。小白右功力，任權數，則其敝多匿智。伯禽尊尊親親，至其衰也，洙泗之間，長幼相揖讓，其失蓋以遠矣。然仲尼稱之曰：「齊一變至于魯，魯一變至于道。」由此論之，非明君賢師扶世導民，孰能反其本哉！五代之亂，儒術廢絶。宋受命垂七十年矣，天下得養老長幼，無兵革之憂，庶且富矣，然未有能興起庠序，致教化之隆者也。自齊、魯之間，弦誦闕然，况其外乎？丞相沂公之初守青也，爲齊人建學。其後守鄆也，爲魯人建學。由是二國之俗始益知貴《詩》《書》之業，❶而安其性之所樂。老師宿儒，幼子童孫，粲然自以復見三代之美。禮讓日興，刑罰日衰。嗚呼！君子之盛德大業哉。孔子所謂「至于道」者非耶？沂公薨于鄆且二十年，鄆人愛慕而悲思之，僉曰：「不可使文正之德不享于世。」前太守錢公子飛聞之，因即學宫而建祠堂，以稱士大夫之意。錢公去位之五年，堂乃成，其廣若干，脩若干，崇若干，凡皆錢公之素也。《甘棠》之詩曰：「勿翦勿伐，召伯所茇。」亦諸侯之正風哉。序其語于石，以詔後世。又作《登歌》一章，并刻之，云：「文武維周，天命郅隆。孰相其成？周公、太

❶ 「由」，傅校本作「繇」。

公。周公冢宰，太公尚父。遜厥碩膚，惠于齊、魯。維此齊、魯，聖賢之緒。尊德樂道，四方爰茹。不振不競，靡則靡定。既晦而明，在我文正。天子是毗，諸侯是師。賦政于外，俾民不迷。乃設學校，乃敦《詩》《書》。翼翼齊、魯，若周之初。二公之位，文正履之。二公之治，文正以之。周歷千歲，二公實使之。文正之功，後亦將似之。徂徠之松，新甫之柏。我作此堂，以告無斁。」

待月亭記

春卿劉侯監兵于兖之明作，作新基，移舊亭于園池之廉，名之曰「待月」。一日，燕賓友之酒三行，客有長揖主人，請問「待月」之旨。答曰：「先是署有西園，❶園有舊亭，昔人尸之，荒榛與并。栖雞于垣，閑馬于楹，或寢以羊，或宿以兵。有風至止，林籟少清；有月來思，池光不盈。一日植足于園，縱觀而歎曰：『景物否閉久矣，將祈泰于予乎？』由是呼卒夫，具畚挶，輦糞穢，鉏蒿茅。一之日培竹與松，育美材也；二之日浚池及泉，養清德也；三之日因池土以封其基；四之日即亭材而廣其構。不役于民，不擾于公，以潰于厥成。魯山巖巖，惠我蒼翠；魯水湯湯，遺予潺湲。而又周公之宇，仲尼之鄉，聖賢遺蹟，盡畫于壁。若有神物，陰來相之，或疑化工，私以與之。夫亭以池遷，盡能事也；月以水鑑，取善類也。予今是亭，西南去天，空曠千尺，不植草木，爲月之地。若秋之夕，夏之夜，素魄初上，納于清池，嬋娟淪漣，相與爲一。如金在鎔，如圭在

---

❶「署」，原作「置」，據鮑校本改。

磨。忽憶湘江之流，若洞庭之波。登斯亭，對斯景；發吾之浩歌。❶則待月之名，不有當歟！」主人之詞既畢，客有舉觴而言曰：「春卿，吾聞士閒燕相與言，則及仁與義。又曰：『文武之道，未墜于地，在人，賢者志其遠者大者。』君今揭亭待明月，❷宜乎禮賢材，廣賓友，求仁義之説，與文武之用。內則思建明堂，興辟雍，與三代之故事。外則思復河湟，平薊壤，續漢唐之舊服。用之則爲事業，爲功名，垂光册書。不用之則有孚在道，以畜其實，與夫晏安之流，遊西園，寢北堂，同心而異志焉。」主人曰：「晋人善禱，或譏輪奂。周人落成，秖美寢興。吾子博吾以王道，勤我以功名，君之言，古人不如。」顧謂敞曰：「先生業文，爲我書今日賓主之辭，與亭成之歲月。」敞固不讓云。

東平樂郊池亭記

古者，諸侯雖甚陋，必有苑囿、車馬、鐘鼓之好，池臺、鳥獸、魚鼈之樂，然後乃能爲國，非以娛意崇不急也，❸以合士大夫、交賓客賢者，而同吏民也。《蟋蟀》《山樞》《車鄰》《駟驖》《有駜》之詩是已。不然則觳，觳者墨術也。不侈于禮樂，不暉于度數，曰「人我之養，畢足而止」，亦瘠矣。夫東平蓋古之建國，又有州牧連

---

❶「吾」，傅校本作「吾人」。

❷「明」，原作「清」，據傅校本改。

❸「娛」，傅校本作「虞」。

率之政，于今爲重。其地千里，其四封所極，南則梁，東則魯，北則齊，三者皆大國也。其土沃衍，其民樂厚，其君子好禮，其小人趨本，其俗習于周公、仲尼之遺風餘教。可馴以《詩》《書》，而不可詭以朱、墨，詭以朱、墨鄙矣。鄆故有負城之園，其廢蓋久，士大夫無所于游，四方之賓客賢者無所于觀，吏民無所于樂，殆失《車鄰》《駟驖》《有駜》之美，而況于《蟋蟀》《山樞》之陋。敞以謂非敦《詩》《書》，節禮樂之意也。據舊造新，築之鑿之，增之擴之，營之闢之。有堂有臺，有池有榭，有塢有亭，❶有館有南北門。堂曰「燕譽」，臺曰「陳戲」，池曰「芹藻」，榭曰「博野」，塢曰「吾竹」，亭曰「玩芳」，館曰「樂游」，南門曰「舞詠」，北門曰「熙春」。其制名也，或主于禮，或因于事，或寓于物，或諭于志，合而命之。❷以其地曰「樂郊」，所以與上下同樂者也。其草木之籍，松、梧、槐、柏、榆、柳、李、梅、梨、棗、楟、柿、安榴、來檎、木瓜、櫻桃、葡萄，太山之竹、汶丘之篠、嶧陽之桐、雍門之荻、蒲圃之檟、孔林之楷，❸香草奇藥，同族異名。洛之牡丹、吳之芍藥、芙蓉、蔆、芡、亭蘭、菊、荇、茆，可玩而食者甚衆。孟子曰：「賢者而後樂此，不賢者雖有此不樂也。」吾其敢自謂賢乎？抑亦庶幾焉。後世將必有追數吾過者矣，吾請以此謝。

---

❶「有塢有亭」，原作「有有塢亭」，據傅校本改。

❷「合而命之」，原作「合命而之」，據傅校本改。

❸「楷」，原無，據傅校本補。

漢中三亭記

五年，伯父以選爲興元。既至，平獄訟，時賦役，協群吏，程百工，政事備舉矣。明年作廉讓、弭節、漢三亭，于是相攸面勢，或因或創，高其閈閎，厚其垣墉，謹其塈塗，以交賓客，以休主人，以燕僚友。屬役于其貳蔣侯，瓦木之費，不出于府而財有餘；板築之任，不求于民而力有餘；壯麗之度，不越于法而巧有餘。處者欣欣，來者熏熏。而是歲大有年，禾合穎，木連理，牛兩犢。百姓胥慶，吏請著記，患不得其説，伯父因舉圖授某。某以爲凡南面而聽治者皆公侯。公侯之于其國，有所興，無不記者。其在《春秋》，作南門，新延廄，築王姬之館，或以得其制書，或以得其宜書，或以得其時書。嗚呼！聖人治天下必自人道始，而世或以爲不然，靳于財，嗇于力，陋于禮，故郡國廢送勞之節，❶簡燕豫之樂。夫興元固都會也，使四方之賓來而無所于接，三監之大夫至而無所于息，執政之士勞而無所于游，又何以觀政也哉！作三亭而可以觀政，非得其宜乎？有因有創，因者無絶也，創者無侈也，非得其制乎？不傷財，不害民，而歲以有年，非得其時乎？是三者有一焉，固書于《春秋》矣，況其參也哉！某請進此説，以示後世之君子。後世之君子將大有得于三亭焉爾。若夫風土之樂，山川之美，耳目可及者，不足道也。某年月日某記。

---

❶「之」，原誤重，據四庫本删。

歲寒堂記

天聖中，伯父爲蕭山，去十二歲，而吾弟和亦爲蕭山，蕭山之人固望而喜矣。和至官，盡復修伯父之政，而不敢有加焉。居數月，作歲寒堂者，故便廳之廢爲庖者也。因其墻壁而塈墁之，因其棟宇而端治之，因其松竹而封植之，爲之令名以寵嘉之。而吏民乃皆喜曰：「果也，吾侯善起廢者。」縣故無射堂，和乃益其東偏，作求己亭，以交賓客，接賢者，❶修弓矢射侯之禮，而從之游者皆驩然忘歸。或游揚侯聲，❷浸尋達于淮、泗之間，長老聞者咸悦。和于是欲記其指于石，以示越人。吾曰：凡有百里之地者，皆曰國君。國君之所爲，百姓之所視也。將由乎愛民勤政之爲乎，則百姓喜；將由乎廣己造大之爲乎，則百姓怨。是故不可不慎也。今作歲寒堂，❸能使吏民信之，作求己亭，❹能使賓客樂之，是亦足稱矣。始伯父爲蕭山，鑿鄭渠以便國漕，歲省度支錢累百萬，而不名其功，君子以爲難，百姓歌美之。今和益樹政，又能使百姓不忘者，吾見歲寒、求己與鄭渠偕矣。嗚呼！吾因此又有感者。凡天下之事，先王之政，其已廢可起，如歲寒堂者衆甚。❺

---

❶「接」上，傅校本有「以」字。
❷「侯」，傅校本作「其」。
❸「作」，原作「和」，據傅校本改。
❹「亭」，原作「堂」，據四庫本改。
❺「衆甚」，傅校本作「甚衆」，下同。

凡當世之俗，聖人之禮，其已忘可舉，如求己亭者亦衆甚，誰爲君子果而行之乎？此非今所得及也。姑以書于石，達吾心焉爾。慶曆三年十一月劉某記。

欣欣亭記

劉子作欣欣亭。先是弘農楊異亦爲欣欣亭，自爲之記，序其所以欣欣之意。或曰：「子之欣欣，楊之欣欣歟？」劉子曰：「否。」「可得聞歟？」劉子曰：「何爲其不可也？吾得所以居此者，達亦欣欣也，窮亦欣欣也；富亦欣欣也，貧亦欣欣也；人知之亦欣欣也，人不知亦欣欣也。欣欣之實，盡于此矣。吾又嘗聞夫戚戚之實，未盡于此。嗚呼！戚戚之實，窮亦戚戚也，達亦戚戚也；貧亦戚戚也，富亦戚戚也；人不知亦戚戚也，人知之亦戚戚也。窮而戚戚者，爲達也，達而戚戚者，其又有大不達者存。貧而戚戚者，爲富也，富而戚戚者，其又有大不富者存。人不知戚戚者，爲知也，人知之亦戚戚者，其又有大不知者存。嗚呼！吾敢爲戚戚，毋欣欣乎？吾請以欣欣之實爲終身之居，豈直亭也而道之哉！」

伯父寶書閣記

初，伯父以尚書郎致政歸，築室于蘇之長洲，曰：「吾昔爲之宰矣。賦役吾未嘗不均也，因其力而時使之。獄訟吾未嘗不謹也，察其情而恕思之。人皆思我，後世居之安。」室既成，聚書數千卷，覆以重閣，指之示子孫曰：「此先帝以賜先子者也，此先子所以教後嗣者也。吾嘗以此事親，以此事君矣。行年八十，無悔于心者。今以遺汝。」吴中士大夫聞若言，皆記以爲惇史。某以爲古之君子，莫難于擇所處，擇所處而當，故令聞長世，其身休焉。伯父之卜居也，于人之我思。其遺子孫也，以己之事親與君，而歸于無悔心。忠信、學問而已矣，牛羊、倉廩、金玉之富不預焉。《頌》不云乎：「在彼無惡，在此無斁。」雖龐氏之義，何以遠過？于是名其閣曰「寶書閣」，而刻其語于石，使後生有述焉。若夫楝宇之制，奢約之度，智者可以觀其則，仁者可以見其志，非爲者所及也。嘉祐三年正月，右正言知制誥知揚州軍州事某記。

三脊茅記

古之祭祀無不用茅者，而至于封禪則必三脊茅，以爲神藉。三脊茅出于江、淮之間，蓋非其地不生。而江、淮之間則皆楚、越國也。有王者則後服，無王者則先叛。自三代之君，莫不患之。故封禪者必三脊茅，其意以爲能服楚、越，使以其職來貢，則三脊茅可致。三脊茅可致，而封禪乃宜矣。古之人非輒貴異物也，事理相起，知其必然爾。周衰，齊桓公霸天下，❶其功大而自矜，欲遂封太山，故管仲亦以三脊茅止之，是所以不能致者也。三脊茅既非世所常玩，又封禪之禮希闊不講，故學者往往不能得其名。先帝將封太山，責三脊茅于荆，荆人莫識。有一老父識之，然後得貢于天子。天子竟至太山而還，以老父爲有神助，賜九品之服。嗚呼！非明天子不能封禪告成功，非封禪無所用三脊茅。久矣，天下之無明天子也，彼其不爲時用，

---

❶「霸」，傅校本作「伯」。

可勝言耶！余令畫工圖之，以示學者。

壺公祠大樹記

壺公祠在縣西北十里，其中庭有大樹，絜之蔽牛。壺公者，費長房之師。當東漢時賣藥汝南市中，歸輒挂其壺，而躍入焉。長房爲市掾，見而怪之，就傳其方，一旦別長房去，莫知所終，蓋神仙人也。其所挂壺處，則此樹是也。至今百姓道之，疑以爲仙者不死，故其物亦壽也。漢以來九百餘歲矣，常草木所不能待也，此獨存，是其異者一也。察其根，則蚪結而膠緻；察其榦，則空虚而穿穴；察其葉，則柔弱而繁澤。是其異者二也。條之下垂，蔕之上屬，側穿復出，大者合抱，小者徑尺，環之成林，是其異者三也。挾可異者三，汝南人世世傳之，而莫能正其名，故通謂之大樹云。夫天下之物，未可以理窮，則未可以類推也。彭祖歟，冥靈歟，其或使之歟？吾惡乎知之？咸平二年，有爲壺公祠者，不能久，遂廢。慶曆初，夏丞相守此邦，乃益新之。于是民之祈福祥者，士之考技術者，吏之覽方俗者，常至其下。嗚呼！能使此樹不朽，未必非壺公也；能使壺公益聞者，未必非丞相。故作記，以信來者，刻之廟中。

先秦古器記

先秦古器十有一物，制作精巧，有款識，皆科斗書。爲古學者莫能盡通，以他書參之，廼十得五六。就其可知者校其世，或出周文、武時，于今蓋二千有餘歲矣。嗟乎！三王之事，萬不存一。《詩》《書》所記，聖王所立，有可長太息者矣，獨器也乎哉！兑之戈，和之弓，離磬，崇鼎，三代傳以爲寶，非賴其用也，亦云上古而已矣。孔子曰：「多見而識之，知之次也。」衆不可概，安知天下無能盡辨之者哉？使工模其文刻于石，又并圖其象，以俟好古博雅君子焉。終此意者，禮家明其制度，小學正其文字，譜牒次其世謚，迺爲能盡之。

林華觀行鐙記

某獲一銅器，刻其側曰：「林華觀行鐙。五鳳二年造。第一。」不知何所用。按《漢書》，五鳳，宣帝年號，其歲丙寅，到今嘉祐壬寅，一千一百一十七年矣。又刻其柄上爲「扶」字，皆秦小篆也。

龍雀刀記

右一刀，往年築青澗城掘得之。其鐵精利，其環爲龍身而鳥喙。蓋赫連勃勃所作大夏龍雀者也。勃勃使其臣作銘曰：「大夏龍雀，威服九區。」然今不見銘處，或歲久磨滅歟？將其時雖有銘，亦不皆刻之歟？

貞觀刀記

右一刀，以金錯其背，曰：「貞觀十六年并州都督府造，鍔刃匠蘇四等造，專當參軍事王某。」物勒工名，蓋古制也。其字體勁，金亦精好，足以明當時總核名實，百工所制作，後世鮮及之。

公是集卷三十七

宋 劉敞 撰

義

士相見義

自天子至于庶人，皆有摯。摯者，致也，所以致其志也。天子之摯鬯，諸侯玉，卿羔，大夫鴈，士雉。鬯也者，言德之遠聞也；玉也者，言一度不易也；羔也者，言柔而有禮也；鴈也者，言進退之時也；雉也者，言死其節也。故天子以遠德爲志，諸侯以一度爲志，卿以有禮爲志，大夫以進退爲志，士以死節爲志。明乎志之義，而天下治矣。故執斯摯也者，執斯志者也。君之摯以事神，臣之摯以養人。惟君受摯者，惟君受養也。非其君則辭摯，不敢當養也。古者，非其君不仕，非其師不學，非其人不友，非其大夫不見。士相見之禮，必依于介紹，以言其不苟合者也。必依于摯，以言其以道親也。苟而合，惟小人而不恥者能之。君子可見也，不可屈也；可親也，不可狎也；可遠也，不可疎也。賓至門，主人三辭見；賓稱摯，主人三辭摯。所以致尊嚴也。大夫以禮相接，士以禮相諭，庶人以禮相同。然而争奪興于末者，未之有也。人苟爲悦而相親若者未必争，苟爲簡而相親若者末必怨。是故士相見之禮者，人道之大端。所以使人重其身，而毋邇于辱也；所以使人審其交，而無邇于禍也。惟仕于君者，召而往。未仕而見于君者，冠而奠摯。在邦曰市井之臣，在野曰草茅之臣，君雖召不往也。是故雖有南面之貴，千乘之富，士之所以結者，禮義而已矣，利不足稱焉。刑罰行于國，所誅者好利之人也，未有好利而俗不亂者也。無介而相見，君子以爲諂。故諸侯大國九介，次國七介，小國五介。

公食大夫義

食禮：公養賓，國養賢，一也。親之，故愛之；愛之，故養之；養之，故食之。食而弗愛，猶豢之也；愛而弗敬，猶畜之也。饗禮，敬之至也；食禮，愛之至也。饗爲愛，弗勝其敬；食爲敬，弗勝其愛，文質之辨也。公使大夫戒，必以其爵，恭也。已輕則卑之，已重則是以其貴臨之也。賓三辭聽命，言是禮之貴弗敢當也。弗敢當，故難進也。公迎賓于大門内，非不能至于外也，所以待人君之禮也。臣之意欲尊其君，子之意欲尊其父，故迎賓于大門内，所以順其爲尊君之意也。三揖至于階，三讓而升堂，充其意，諭其誠也。于廟用祭器，誠之盡也。君子于所尊敬，不敢狎。不敢狎，故神明之。故忠臣嘉賓，樂盡其心也。大夫立于東夾南，西面北上。士立于門東，北面西上。小臣東堂下，南面西上。宰東夾北，西面南上。❶ 内官之士在宰東北，西面南上。❷ 百官有

---

❶ 「南」，原作「北」，據《儀禮・公食大夫禮》改。

❷ 「西」，原無，據《儀禮・公食大夫禮》補。

司備，以樂養賢也。設筵加席几，致安厚之儀也。公設醬，然後宰夫薦豆葅醢，士設俎。公設大羹，❶然後宰夫設鉶啓簠。言以身親之也。賓徧祭，公設粱，宰夫膳稻，士膳庶羞，爲慇懃也。賓三飯，飯粱，以湇醬。此君之厚己也。賓必親徹，有報之道也。庭實乘皮，侑以束帛，雖備物，猶欲其加厚焉也。公拜送，終之以敬也。有司卷三牲之俎，歸于賓館，不敢褻其餘也。上大夫八豆、八簋、六鉶、九俎、庶羞二十，其餘衰是，見德之殺也。君子之言曰：愛人者，使人愛之者也；敬人者，使人敬之者也；親人者，使人親之者也；自卑者，使人尊之者也。是故公養賓，國養賢，其義一也。未有愛之敬之，親之尊之，而其位不安者也。未有不愛不敬，不親不尊，而能長有國者也。將由乎好德之君，則將飴焉，惟恐其不足于禮。將由乎驕慢之君，則將曰：「是食于我而已矣。」故禮，君子所不足，小人所泰者也。孔子食于少施氏，將祭，主人辭曰：「不足祭也。」將飧，主人辭曰：「不足飧也。」孔子退曰：「吾食而飽，少施氏有禮哉。」故君子難親也，將親之，舍禮何以哉！

致仕義

自頃，有司屢言，士大夫過七十而不致仕，請引籍校年而卻之。天子弗忍也，以詔戒告之而已。予謂致仕之義，君非使之，臣自行也。宜乎天子弗忍督迫之，而以詔書告戒也。然而天下之老臣猶自若也。甚矣夫，其非天子之意也，故作《致仕義》。致仕之義，古者大夫七十而致仕，君非使之也，臣自行也。臣雖行之，君曰：

❶「大」，原作「犬」，據鮑校本改。

「是猶足以佐國家社稷也，留之不可失也。」于是乎有几杖之賜，安車之錫，所以致留之意也。君留之，臣曰：「不可貪于人之榮，不可溷于人之朝，不可塞于人之路。」再拜稽首，反其室。君不彊焉，義也。毋奪其爵，毋除其禄，毋去其采邑，終其身而已矣。此古者致仕之義也，此之謂上下有禮。故古者大臣讓，小臣廉，庶人法，百姓不競，由此道也。是以古之爲臣者，不四十不禄，不五十不爵，不七十不致仕。四十而禄，爲不惑也；五十而爵，爲知命也；七十而致仕，則以養衰老也。不惑，故可與謀大事矣；知天命，故可以受大寵矣；養衰老，故可以全節儉、教百姓矣。故古之仕者爲道也，非爲食也；爲君也，非爲己也；爲國也，非爲家也。是以時進則進，時止則止也。是以進不貪其位，止不慕其權也。凡致仕之義，君曰：「畜犬馬，不可以盡其力，而況士大夫乎？是雖誠賢也，雖誠智也，吾不可盡其力也。」此恩之至也。臣曰：「爲人臣者不顧力，雖然，吾力不足矣，不可以當社稷之役，而蒙干戈之任矣。不可以勞夙夜之慮，而苟旦暮之利矣。全而歸焉，亦可已矣。」此義之至也。故君以恩御臣，臣以義事君，貪以是息，而讓以是作。今之人則不然，仕非爲道也，而爲食也；非爲君也，而爲己也；非爲國也，而爲家也。是以進不知止，而困不知恥也。是以當老者，上雖屢督教之，而猶莫從也；有司雖痛詆發之，猶莫顧也。此無他，廉讓之節不素厲，而賞罰之政混也。然則奈何？曰：必引籍校年而命之退，則薄于恩而觳于義；必毋引籍校年而待其退，則貪位而害民蠹國。均之二者，莫若察有功者而必賞之，無問其齒焉；察無功者而必廢之，無問其齒焉。彼知賞不出于有功，廢不遺于無功也，❶則震而自謀矣。震而

❶「功」下，傅校本有「者」字。

自謀，則賢不肖去與就決矣。如是，亦焉用引籍校年而命之退，以損吾義哉！今夫無功與有功者，皆雜然莫辨也，彼所以得偷容于其間也。故夫偷容之人，而欲其畏義由禮，以自潔于繩墨之外，是難能也。聖王之治也，非禮義所誘，則驅之以法。驅之以法，亦不廢其禮義之指。此故法之驅也。❶嗚呼！爲致仕而卒以法驅也，不已薄乎？其亦出于不得已爲之者乎，然則又何憚而不爲哉！

投壺義❷

古者投壺之禮，主人以賓燕而後投壺也。燕者，禮之輕者也。輕則易，易則褻，褻則慢。酒之禍，恒由此作。是以君子惡其褻以慢也，爲壺矢以節其禮，全其歡也。君子之于人，苟有以歡之，必有以禮之；苟有以禮之，必有以樂之；苟有以樂之，必有以言之。賓者所法也，非法人也；所養也，非養人也。主人奉矢以親之，言卑其身以事賢也。主人三請不怠，賓三辭不煩，尊禮重樂之義也。尊禮則敬矣，重樂則和矣。敬以和，故上下能相親也。君子之所異乎人者，其惟易事而難悦乎，❸不褻其接，所以致難悦也。主人拜送，賓

❶「此故」，傅校本作「故此」。
❷「義」，明鈔本無此字。
❸「惟」，傅校本作「唯」。「乎」，傅校本作「也」。

辭，❶賓拜受，主人辟，授受之禮也。授受者，人道之大也，不可以不敬也，拜以敬之也。勝飲，不勝者罰也。辭不曰罰，曰養，不尚人以勝也，不恥人以不能也。飲曰賜灌，不恥過也，不忌人以勝己也。故尚人以勝則矜，恥人以不能則怨，自恥其過則忿，忌人以勝己則懟。❷矜以怨，忿以懟，此辨訟之所由作也。勝者有爵，貴也；有馬，富也。内不失其樂，外不失其功，然後富貴可保也。投順爲入，不順，雖入不釋，明順而後有功也。樂以《貍首》，以順爲節也。侍于先生長者，不角，不擢馬，以順爲禮也。順爲功，故弗非也；順爲節，故節可守也；順爲禮，故禮不悖也。故曰：「古之君子乎，不必相與言也，以禮與行示之而已矣。」《詩》云「示我顯德行」，此之謂也。

辨

祭法郊廟辨❸

有虞氏禘黄帝而郊嚳，祖顓頊而宗堯。夏后氏亦禘黄帝而郊鯀，祖顓頊而宗禹。商人禘嚳而郊冥，祖契而宗湯。周人禘嚳而郊稷，祖文王而宗武王。《傳》曰：「禘，大祭也。」禘者，帝也。帝者，先王之配天者

---

❶「辭」，原作「辟」，據明鈔本、鮑校本改。
❷「己」，原作「也」，據明鈔本、傅校本改。
❸「祭法郊廟辨」，明鈔本作「祭法小傳」。

也。「禮，不王不禘。王者禘其祖之所自出，以其祖配之」，所以明德厚者流光，德薄者流卑也。郊者，祭天也。孝莫大于嚴父，嚴父莫大于配天。天者物之本也，祖者人之始也，所以致尊極之意。祖宗者，廟之不毀者也。古者，天子七廟：曰考廟，曰王考廟，曰皇考廟，曰顯考廟，曰祖考廟。有二祧。祧之言超也，遠廟也。去祧爲壇，去壇爲墠，凡祖考之廟，皆迭毀也。其不毀，惟有功及有德者。或謂之祖，或謂之宗。祖者，非太祖也，言後世述之也。宗者，非宗祀也，言後世尊之也。「何以知祖非太祖，❶宗非宗祀也？」曰：「文王非周太祖，武王非周宗祀也。周人祖后稷，周公宗文王。」「何以知祖者後世述之，宗者後世尊之？」曰：「商有祖甲、祖乙，皆非太祖，又有中宗、高宗，皆非宗祀也。」曰：「夏后氏不郊顓頊而郊鯀，何也？」曰：「祖者必有功，有功則廟不毀。鯀無功，其廟毀。故推以配天嚴父也。」「商人郊冥，何也？」曰：「冥，諸侯也，未受命，不可稱祖宗，其廟毀久矣，故亦推以配天也。因是以見非天子不禘，非天子不郊，非天子不建祖宗，非有功德不爲祖宗，非有祖宗無不毀廟。鯀無功，故不敢食于廟，而食于郊。食于廟爲必毀，食于郊則世世修之，此禹之孝也。冥無廟，故不敢與于祖，而食于郊。與于祖爲必毀，食于郊則世世修之，此湯之孝也。因是以見廟已毀，雖有功猶不可復立。《春秋》曰：『立武宮。』蓋刺之也。郊者，祭之至尊者也，或配以祖，或配以父。三代異物，有近有遠，其祭不同，其所以嚴父配天一也。」曰：「然則夏之郊也以顓頊，商之郊也以冥，而《禮運》曰：『杞之郊也，禹也。宋之郊也，契也。』何也？」曰：「湯放桀，封禹之後以上公，遷鯀而郊禹。

❶「以」，傅校本作「用」。

武王殺紂，封湯之後以上公，遷冥而郊契。《祭法》之言者，言其始也。《禮運》之言者，言其末也。是以二者不同也。」

君臨臣喪辨

君臨臣喪，以桃茢先，非禮也，周之末造也。事之，斯爲臣焉；使之，斯爲君焉。君臣之義，非虛加之也，寄社稷焉爾，寄宗廟焉爾，寄人民焉爾。夫若是，其孰輕之？故君有慶，臣亦慶；君有戚，臣亦戚。《書》曰：「元首明哉，股肱良哉。」尊卑異而已矣。雖于其臣亦然。故臣疾，君親問之；臣死，君親哭之。所以致忠愛也。若生也而用，死也而棄，生也而厚，死也而薄，生也而愛，死也而惡，是教之忘生也，是教之背死也。禍莫甚于背死而忘生，苟爲背死而忘生，故不足以託六尺之孤，寄百里之命。施之于人者，不變于存亡，然後人之視其亡猶存矣。❶則夫桃茢何爲乎諸臣之廟哉？或曰：「于《記》有之，宜若禮然。」曰：「否，是固亦周之末記也。❷昔者仲尼之畜狗死，使子貢埋之，曰：『丘聞之也，敝帷不棄，爲埋馬也；敝蓋不棄，爲埋狗也。而丘也貧，❸無蓋也，亦與之席焉。』夫不以賤而棄之，爲有勞也；夫不以死而欺之，爲有生也。

---

❶「矣」，傅校本作「也」。

❷「固亦」，傅校本作「亦固」。

❸「也」，原作「之」，據鮑校本改。

勞雖賤不棄也，死雖狗不欺也，而況于君臣乎？吾故曰君臨臣喪，以桃茢先，非禮也，周之未造也。雖然，必有以也。古者，人君非弔喪問疾，不至乎諸臣之家。非弔喪問疾而至乎諸臣之家，謂之君臣爲謔。故君弔于臣，使巫祝先，釋采于廟門，然後入。釋采者，告有事也。或失其義，而謂巫其祓之乎？昔魯襄公嘗朝于荆，荆君死，荆人曰：『公必親襲。』魯人辭不得命，則使巫祝以桃茢祓而先，蓋厭之也。由是觀之，則魯襄公爲之也。」曰：「君臨臣喪，不以桃茢先，則吾信之矣。❶二人執戈以前也，非惡之乎？」曰：「豈謂是哉！君之行，固必有衛之者矣，况諸臣之家乎？昔者楚公子圍會諸侯于宋，將升壇，使兩人執戈，設服離衛，諸侯之大夫皆知其爲君也。如苟惡之而已，會于宋何爲惡之哉？」

❶「吾」，原作「君」，據鮑校本改。

公是集卷三十八

宋劉敞撰

論

易本論

「《易》曰：『太極生兩儀，兩儀生四象，四象生八卦。』此何謂也？」曰：「太極者，天地之先也，未有清濁，未有剛柔，未有上下，未可以物名，故謂之太極也。太極將判，則清者始上，濁者始下，上下絪緼，而未可以天地名，有其儀而已矣，此之謂太極生兩儀也。雜乎兩儀之中，芒芴之間，是始有水火木金土之象，是始有一二三四五之數，是始有東西南北中之位，而未可以五行稱，有其象而已矣，此之謂兩儀生四象也。一三五者陽，二四者陰，陽之數九，陰之數六，因其九而三之，則得乾，因其六而兩之，則得坤。此之謂參天兩地，此之謂乾元用九，坤元用六。且夫天者積陽也，地者積陰也，凡積之類老，老則能變矣。故乾一變而得震，坤一變而得巽。乾再變而得坎，坤再變而得離。乾三變而得艮，坤三變而得兑。此之謂乾道成男，坤道成女，此之謂四象生八卦也。」或曰：「子言則美矣，理則深矣，願聞水之所以一，火之所以二，木之所以三，金之所以四，土之所以五。其先後多少之序者，氣耶，數耶？」曰：「氣也，亦數也。兩儀之氣合而生沖和之氣，生于子。子者，黄鐘也，其位北方，當十一月，而一陽生，故水數一也。黄鐘之氣下生林鐘，林鐘者，未之氣也，其位南方，當六月，而二陰生，故火數二也。林鐘之氣上生太蔟，太蔟者，寅之氣，其位東方，當正月，而三陽生，故木數三也。太蔟之氣下生南吕，南吕者，酉之氣也，其位西方，當八月，而四陰生，故金數四也。南吕之氣上生姑洗，姑洗者，辰之氣也，其位東南，當三月，而五陽生，故土數五也。故因其先後之序而數之，則水一，火二，木三，金四，土五。因其陰陽之位而數之，則亦水一，火二，木三，金四，土五，此自然也。」曰：「子之言者，蓋五象，而謂之四象，何也？」曰：「土者，兩儀之别也，先四象而生，後四象而用，四象賴之而有，故不名一象，而寄其位于東南也。東南者，辰也。」「胡不寄之西南而寄之東南？」「土者非有正居也，順取一位而已矣。」曰：「黄鐘者，冬至之氣也，一歲則一至，十歲則十至，而子以能生謂四象，何也？」曰：「是乃所以能生四象也。天地之氣，一而已矣。其之北者則爲寒，其之南者則爲大熱，其之東者則爲大温，其之西者則爲大涼。寒謂之水，熱謂之火，温謂之木，涼謂之金。天用其精，地用其形，而人不知耳。苟明其一歲一至，十歲十至，推而上之，至于千歲千至，萬歲萬至，又推而上之，至于未始有物。氣之至也有止乎？又何怪不生四象哉。」曰：「請問天有六陽，自子至巳。地有六陰，自未至亥。今黄鐘生陽，則宜傳之大吕，而反傳之林鐘，何也？林鐘傳之太蔟，則是矣。太蔟傳之南吕，又何耶？此爲復有一陽氣乎？固同物也？」曰：「此自同物，而陰陽有尊卑，授受有順逆耳。陽尊陰卑，尊者專其位，卑者不敢專其位，必寄之于其衝，以求就陽也。故黄鐘下生林鐘，而大吕之氣應者，寄之大吕也。太蔟下生南吕，而夾鐘之氣應者，寄之夾鐘也。姑洗下生應鐘，而仲吕之氣應者，寄之仲吕也。蕤賓上生大吕，而林鐘之氣應者，寄之林鐘也。夷則上生夾鐘，而南吕之氣應者，寄之南吕也。無射上生仲吕，而應鐘之氣應者，寄之應鐘也。此皆其衝也。此之謂妻道、臣道、地道。故妻從夫，臣從君，地從天，其義一也。」曰：「請問乾坤生六子，而乾坤與六子並列，❶乾居西北，坤居西南，何也？」曰：「八卦者，皆出四象。四象生八卦，則八卦不得不並列也，其位有先後耳。乾者天也，天道貴陽，陽者皆屬天。坤者地也，地道貴陰，陰者皆屬地。陽始于子，終于戌，置乾于子戌之間者，此陽之終始也。陰始于未，終于酉，置坤于未酉之間者，此陰之終始也。」曰：「何謂大衍之數五十，其用四十有九？」曰：「衍者，積也。天地之數始于一，積于十。聖人參天兩地而倚數，故衍天之參，則爲三十。衍地之兩，則爲二十。所以參天兩地，而不一天兩地者，一不可用也。故乾積三，坤積二，而不積一。一者乾坤所不用，是以其用四十有九。」「何謂乾之策二百一十有六，坤之策百四十有四？」「皆老陽老陰也。」「何爲皆老陽老陰也？」「乾無少陽，坤無少陰也。」「然則老陽何以九，老陰何以六？」曰：「乾積三以爲九，故老陽九也。坤積二以爲六，故老陰六也。」「少陽何以七，少陰何以八？」曰：「老陽則生少陰，老陰則生少陽。陰陽之相生，猶環之無端。陽道作息，陰道作消。七者，言益一于老陰也。八者，言損一于老陽也。」「《易》何以獨用七八九六爲占乎？」曰：「天一，地二，天三，地四，天五，地六，天七，地八，天九，地十。皆五行也。五以上爲道，五以下爲器。聖人用其道以畫卦，用其器以推數。土者，四時所不載也，故上

❶「與」，原無，據傅校本補。

則并于四象，下則遺而不用。此聖人作《易》之本也。」「何謂陽卦多陰，陰卦多陽？」曰：「索乾者爲陽，震也，坎也，艮也，皆乾之索也。索坤者爲陰，巽也，離也，兑也，皆坤之索也。乾之索，皆一陽二陰，非多陰歟？坤之索，皆一陰二陽，非多陽歟！」「何謂陽卦奇，陰卦偶？」曰：「震一也，巽二也，坎三也，離四也，艮五，兑六也，是奇偶也。陽必畫五而後卦，陰必畫四而後卦，是奇偶也。」「何謂陽一君而二民，君子之道；陰二君而一民，小人之道？」曰：「陽者君之象，陰者民之象。陽者君子之事，陰者小人之事。陽卦一陽而二陰，非一君而二民歟？陰卦二陽而一陰，非二君而一民歟？一君而二民，非君子歟？二君而一民，非小人歟？」「敢問二君而一民奈何？」曰：「執德不一，斯二君也。政出多門，斯二君也。有國家天下而不能守，賢聖將因而興，百姓各擇主而歸之，斯二君也。此所謂小人之道也。」

重黎絶地天通論

昔天地之始判也，清者在上，濁者在下，在上謂之陽，在下謂之陰，其已久矣。然而《書》獨曰「重、黎絶地天通」，何哉？曰：凡天地者，名也。清濁者，體也。陰陽者，氣也。是雖人物，而有上下之異，然其治乃反在人。人者，天地之心也。故人道治，則天地適其位，清濁安其常，陰陽辨其序。人道不治，則上下交亂矣。其名雖不變，其體雖不雜，其氣雖不改，然其政擾矣。故古之治天下者，必有神民之官，以序天地，蓋惡擾也。凡親上者，本乎天者也；親下者，本乎地者也。是以神之事皆屬天，民之事皆屬地。毋以民亂神，毋以神惑民，則天地之道得矣。然則上下不位乎，陰陽不安乎，幽明不别乎？所謂「重、黎絶地天通」者此也。

昔觀射父既言其略矣，未盡其方也。則世雖有重、黎，而欲絶地天通何由哉？吾請言其方。凡天子祭天，諸侯祭土，卿大夫祭五祀，士庶人祭其先。天子七廟，諸侯五廟，卿大夫三廟，士一廟。天子祀以犢，諸侯祀以牛，卿大夫祀以羊，士祀以豕。天子有禘有祫，有享有薦，諸侯祫而不禘，卿大夫享而不祫，庶人薦而不享。天子以公爲尸，諸侯以卿爲尸，大夫、士以孫爲尸。天子事尸十有二獻，諸侯九，卿大夫七，士五。天子之祭，天下助；諸侯之祭，一國助；卿大夫之祭，一邑助；士之祭，朋友助。天子舞六代之樂，諸侯舞時王之樂，大夫以下不樂也。故貴賤有禮，上下有等，而不相逾，所以治神也。士以德，農以力，工以巧，商以利。二十而冠，三十而娶，五十而衣帛，七十而食肉。不耕者祭無盛，不績者喪無服，不事事者出夫家之征。師教之也，宗收之也，友攝之也，吏治之也，卿賓之也。生有所依，死有所歸，不犯非禮，不慕非福，則人勸其業，而刑是用措，所以治民也。此可謂「絶地天通」矣。今庶人而得祭天地，旅山川，祀非其鬼，卿大夫不得立宗廟，可謂治神乎？庶人服侯服，食侯食，居侯居，男不耕，女不蠶，起而相隨，以事神爲俗，無父子之親，無君臣之節，下者乃爲巫祝，略計天下，常百萬人，可謂治民乎？由是觀之，重、黎之業已矣。然則天地不通乎，人神不擾乎，上下不瀆乎，百事不隳乎？嗚呼！明吾言者，可以治天下矣，雖使重、黎復生，何以易此哉？

師以得民論

先王治天下，有不勞而民自爲正者，治之至也。不勞而民自爲正者，其惟師乎！天地生之，父母養之，而師教之，然後内可以事親，外可以事君，大可以治民，小可以治身矣。故師者非他也，所以使人知事親之道，事君之義，治民之術，治身之法者也。有人于此，内不足事親，外不足事君，大不足治民，小不足治身，則禽獸無以異矣。知自別于禽獸，則必從師以學之。故師者，非以飲食望人之口也，非以財利鈎人之心也，非以權勢制人之力也，非以名譽飾人之意也。以仁爲本，以禮爲教，以樂爲和，以信爲符，使人乃誘然而歸之，翕然而隨之。故有國家者，恃之以化良民焉，恃之以得賢臣焉。故師者，常與人君分天下之治者也。位不同耳，名不類耳，權不及耳，衆不如耳。不然，殆無以異。是以先王知其若此也，則重師之禮，以繫邦國之民也。民誠從師耶，則是下已善矣；民誠不從師耶，則是下已惡矣。善惡之端，皆出于師，故師不可不重也。是以先王制事師之禮，雖于天子，無不北面，言有君之尊也。制喪師之禮，雖于諸侯，無不三年，言有親之戚也。設用此等，故能使師重于世矣。凡傳學者，説義必稱師，聽從必盡力。説義不稱師，命之曰背；聽從不盡力，命之曰畔。背畔之人，世主不以爲臣，世士不以爲友，鄉里賤之，宗族疎之。設用此等，故能使師信于時矣。然後天子按已教之民，已成之俗，而施政令焉，何難哉？今夫上不以師爲意，則民不可得而繫也，民不可得而繫，則散矣，是與彼無牧長宗主一類也。此之謂要道。故冢宰執而司之，使師之道達于天下，而無背畔乎，是冢宰之職得也。師之道不達于天下，而背畔多乎，是冢宰之職失也。冢宰者，治本而不治末者也。舍九兩而任簿書，求以繫民，不亦遠哉！鄭康成以爲師者諸侯師氏之官，是守章句者也，得其一不得其二者也，未及知先王之治不勞而民自爲正之道者也。夫師豈獨師氏之官哉？師氏豈獨諸侯之臣哉？故大司徒之職，「以本俗六安萬民」，其一曰「聯師儒」。師則以賢得民者矣，儒則以道得民者矣，而曾以爲異乎！

三代同道論上❶

古者有言：「夏后氏尚忠，忠之敝，小人以野，救野莫如敬。商人尚敬，敬之敝，小人以鬼，救鬼莫如文。周人尚文，文之敝，小人以僿，救僿莫如忠。三王之道若循環。」此非君子之言，好事者飾之也。聖人之道同，而王者之政一。同也，故能同不同；一也，故能一不一。同者，道也；不同者，物也。一者，德也；不一者，俗也。故自伏羲氏、神農氏、黄帝氏、少昊氏、顓頊氏、高辛氏、陶唐氏、有虞氏，天下之生久也。一盛一衰，一亂一治，然而所以盛者常同，所以治者常一。何以言之？❷凡聖王之後而至于衰者，非其道衰也，物使之衰也；其使之亂者，❸亦非其德亂也，❹其俗使之亂也。繼而起者，明道以待物，則衰遠矣；正德以訓俗，則亂遠矣。故可以革物者，道也，而道未嘗革；❺可以變俗者，德也，而德未嘗變。夏后氏有天下四百餘

❶「論」，明鈔本無此字，下《三代同道論中》《三代同道論下》仿此。
❷「之」下，傳校本有「邪」字。
❸「使之」，傳校本作「主於」。
❹「亦」，傳校本無此字。
❺「革」，傳校本作「變」。

歲，桀爲無道，❶顛覆禹之典型。❷夏人不忍，成湯伐而放之，四海之内歸之如一，非叛夏也，以成湯爲能復禹之績也。故仲虺稱之曰：「天錫王勇智，❸纘禹舊服。」此之謂也。商有天下六百餘歲，紂爲無道，顛覆湯之典型。商人不忍，武王伐而殺之，四海之内歸之如一，非叛商也，以武王能反商之政也。❹故《武成》曰：「乃反商政，政由舊。」此之謂也。故湯復禹之績，則得禹之天下；武王反商之政，❺則得湯之天下。當是時也，禹没而復起，湯滅而復見，同焉而已矣，一焉而已矣。安得忠、敬、文之三而異之？且夫忠也，敬也，文也，是三者之于道，本末也，表裏也，相待而成，相須而行者也，不可一日離。而以爲千歲而代興，故曰非君子之言，好事者飾之也。奚以謂之？凡父子之道，君臣之義，夫婦之親，賓友之好，長幼之序，此所謂人道之大端。❻此人道之大端，非忠則不足以相懷，故先王之爲禮，必本于忠。忠也者，禮之本也。然而不敬，則忠不見，故先王表以敬。敬也者，禮之體也。然而不文，則敬不昭，故先王等之以文。文也者，禮之成也。是先王非尚此三道也，其變節次序不相緣，則禮不立，然而相緣之甚密，喘而言，蠕而動，一皆雜于是，有隆

❶「爲」，傅校本無此字。
❷「型」，傅校本作「刑」，下一「型」字同。
❸「勇智」，原作「智勇」，據傅校本改。
❹「商」，明鈔本作「湯」。
❺「商」，明鈔本、鮑校本、傅校本作「湯」。
❻「所」，傅校本作「之」。

有衰，有左有右而已矣。是以發于内者，則隆于忠；接于外者，則隆于敬。旁暢曲巧，極物之變，則隆于文。惟君子能體之，能體之則能言之，能言之則能述之。未有文而不原于敬者，未有敬而不因于忠者也，未有忠而不敬不文，能成其忠者也。故曰三者之于道，本末表裏也，相待而成，相須而行者也，不可一日離。然而以爲千歲而代興，❶故曰非君子之言，好事者飾之也。

三代同道論中

古者有言：「有虞氏貴德而尚齒，夏后氏貴爵而尚齒，商人貴富而尚齒，周人貴親而尚齒。」此非君子之言，好事者飾之也。夫聖賢之治國家天下，所以率民而教之。有達貴者，有公貴者，有私貴者，有無貴者。德者，其達貴也；爵者，其公貴也；親者，其私貴也；至于富，則無貴也。所以謂德達貴者，德之于天下，無所不貴。在朝廷貴于朝廷，在鄉黨貴于鄉黨，在市井則貴于市井，在夷狄則貴于夷狄。是百王之所同，故謂之達貴。所以謂爵公貴者，爵之敬在朝廷則伸，在宗族則屈，是又百王之所同也，故謂之公貴。所以謂親私貴者，親之愛在宗族則伸，在朝廷則屈，是又百王之所同也，故謂之私貴。此數物者，人情之紀，王事之本，聖人所不能奪也，是以推而任之。推而任之，故以德王天下，以爵尊朝廷，以親定宗族。以德王天下，故天下不可不貴德；以爵尊朝廷，故朝廷不可不貴爵；以親定宗族，故宗族不可不貴親。三者不失其處，則王道

❶「爲」，傅校本作「謂」。

成；三者失其處，則王道不成。❶是以有九德者治天下，有六德者治一國，有三德者治一邑，有一德者治一職。此所以見德之貴也。治天下者，爵天子，臣兆民；治一國者，爵諸侯，臣萬民；治一邑者，爵大夫，臣陪隸；治一職者，爵爲士，臣輿皁。此所以見爵之貴也。雖爲天子必有父，雖爲諸侯必有兄。故三年之喪達乎天子，期之喪達乎諸侯，大功之喪達乎大夫。其在宗廟則皆以齒，此所以見親之貴也。其義並隆而不相害，並行而不相悖。措之而安，❷施之而通，王者之盛也。未有能尚其一而遺其二者也，故曰非君子之言，好事者飾之也。所以謂富無貴者，彼富非德之修也，非爵之隆也，非親之懿也，以世禄多財先人而已矣。則爲義者必恥之，爲政者必疾之，是又百王之所同也，故謂之無貴。然而商人貴富，則是以商人之爲商者，殆乎秦之爲秦者也。昔者秦有天下，右貨而尊利，以昉于滅。吾未始知秦之所以滅，非蔽于商人貴富爲之禍也。昔者魏有天下，棄親而崇勢，以昉于滅。吾未始知魏之所以滅，非蔽于夏后氏貴爵爲之禍也。昔者晋有天下，侈親而滅制，以昉于亡。吾未始知晋之所以亡，非蔽于周人貴親爲之禍也。故聖人不然。以德王天下，以爵尊朝廷，以親定宗族，三者並隆而不相害，並行而不相悖，有偏而不起者則亂矣，豈及于虞、夏、商、周異世而貴之哉！故曰非君子之言，好事者飾之也。

❶「則王道」，原作「王道則」，據傳校本改。
❷「措」，傳校本作「錯」。

三代同道論下

古者有言：「夏人尊命，商人尊神，周人尊禮。」此非君子之言，好事者飾之也。彼謂命者，四時政令所以教民云爾，是非夏之道也。夏后氏以建寅爲正，其數得天，于以下政令，宜此有由然者也，非固以爲道而尊之也。彼謂神者，四時祭祀所以訓民事君云爾，❶是非商之道也。夏之末，山川鬼神莫能億寧，而葛伯不祀，成湯誅葛而放桀，正天地之祭，定社稷之禮，修山川之典。此亦有由然者也，非固以爲道而尊之也。彼謂禮者，君臣朝會凡以摯交接相施予云爾，❷是非周之道也。武王伐紂，天下之諸侯會于孟津者八百餘國。既入定商，駿奔走，執豆籩，受命于周廟。武王于是班宗彝，分寳玉奇貨，❸以懷諸侯。諸侯裨冕搢笏，射乎太學，養老乎東序，耕乎籍田。此亦有由然者也，非固以爲道而尊之也。若夫聖人之治，王者之法，宰制萬物，兼覆天下，則此三者無不修也，無不謹也，不能以一廢矣。故當其尊命，則雖周猶夏也；當其尊神，則雖夏猶商也；當其尊禮，則雖商猶周也。何以言之耶？民事則尊命，鬼事則尊神，王事則尊禮。同時可也，同日可也，同月可也。當其義則今所尚者先，不當其義則向所先者後。後者復先，先者復後，一物不應而亂

❶「祀」，傅校本作「享」。
❷「爾」，傅校本作「耳」。
❸「貨」，明鈔本作「物」。

起矣。豈及于夏、商、周異代而尊之哉！故曰非君子之言，好事者飾之也。夫好事者知三王之異物，而不知其道之同也；知三王之異俗，而不知其德之一也。道者所以革物而非革于物者也，❶德者所以變俗而非變于俗者也。❷故三王之所改者：正朔緣于曆而改，律吕緣于聲而改，都邑緣于地而改，徽號緣于色而改，樂舞緣于功而改，官職緣于事而改，田賦緣于俗而改，械用緣于便而改。及夫以性爲内，以情爲外，以名爲制，以禮爲體，此所謂道德之本也。夫苟不可改，則忠也，敬也，文也，三代同尚矣；德也，爵也，親也，三代同貴矣；命也，神也，禮也，三代同尊矣。奚獨三代哉？吾以此推之，昔者伏羲氏、神農氏、黄帝氏、少昊氏、顓頊氏、高辛氏、陶唐氏、有虞氏，封于太山、禪于梁甫者七十有二君，其實一也。

四代養老論❸

養老蓋以盡孝慈也。劉子曰：以養老莫善于燕，莫不善于饗，而食次之。以養義莫善于饗，莫不善于食，而燕次之。周人備矣。所謂養老者，養其體者也。故擇其柔嘉，選其馨香，潔其酒醴，品其豆籩，修其簠簋，奉其犧象，謹其祓除。于是乎體解折節而共飲食之，又爲折俎加豆，是以惠豐而德洽。民之見者，以爲

❶「而」，傅校本無此字。
❷「而」，傅校本無此字。
❸「論」下，明鈔本、鮑校本、傅校本有小注「時年十七」四字。

盡心也，莫不加愛焉，故莫善于燕。夫饗所以訓恭儉也，而養老所以充氣體也。修其物，篤其意，而不得躬之。酒盈而不飲，肉乾而不食，設几而不倚，一獻而百拜，惡在其惠也！故莫不善于饗，是有虞氏所以不從也。所謂養義者，養其賢者也。年者天下之達尊也，爵者天下之達尊也，以達尊之爵養達尊之年，其意猶不敢褻爲之，故一獻而百拜。民之見者以爲至恭也，莫不加肅焉，故莫善于饗。夫養義者貴其養志也，若曾子之養曾晳者也，而食者無百拜之恭，無一獻之節，此所謂養口體者也，若曾元之養曾子者也。民之見者可易也，故曰莫不善于食，是夏后氏所以不從也。雖然，三聖之作，非以相反也。養老以彼，養義以此，所以尊其年，尚其德也。尊其年，仁也；尚其德，義也。仁且義，所以天下無所爲而晏然矣。故周人通其道，達其意，修而兼用之，兼之是謂大備，不可改矣。孝之道達，則子咸若；悌之道達，則幼咸若；登歌清廟，則君咸若；下管象武，則臣咸若。所以慮之以大，受之以廣，行之以禮，修之以孝，紀之以義，終之以仁，一事舉而衆美具焉。孔子曰：「郁郁乎文哉，吾從周。」此之謂也。

公是集卷三十九

宋劉敞撰

論

救日論

《春秋左氏傳》曰：「二至二分，日有食之，不爲災。」又曰：「非正陽之月不鼓。」臣以爲過矣。夫聖王所甚畏而事者莫如天，天神之最著而明者莫如日。日者，衆陽之宗，人君之表也。日有食之，天子則伐鼓于社，諸侯則伐鼓于朝，非爲慕迂闊而塗民耳目也。明其陰侵陽，柔乘剛，臣蔽君，妻陵夫，逆德之漸，不可長也。如是，則奚救奚不救，奚畏奚不畏哉？丘明之言，使諛臣依以諂其君，邪臣資以固其身，臣請辨之。幽王之詩曰：「十月之交，朔日辛卯，日有食之，亦孔之醜。」周之十月，則二分矣，安在其不爲災者歟？《夏書》曰：「乃季秋月朔，辰弗集于房。瞽奏鼓，嗇夫馳，庶人走。」夏之季秋非正陽也？安在其不鼓者歟？由此觀之，日食之必可畏，必當救也，無所疑矣。夫諂諛姦邪之臣，出則朋黨比周以遂其私，入則詖僞欺罔以濟其欲。固日夜無須臾之間，惟恐君之覺己也。日有食之，是將喜焉，庸肯斥言災異以儆于上哉？是以或至于陵夷，而猶不悟，魯季孫、漢張禹是也。昔者季孫意如之專魯，知日食之爲傷其君而不憂也，卒逐昭公。張禹之仕漢，知日食之爲害國而不告也，卒成王氏。嗚呼！變所從來微矣，爲人上者可不察哉，可不察哉！

城郢論

子囊爲令尹，城郢，君子稱之曰：「忠矣，能衞社稷。」囊瓦爲令尹，城郢，君子譏之曰：「卑矣，必亡楚國。」夫楚，一也；子囊、囊瓦，令尹等也；城郢，均也。子囊以取褒，囊瓦不免于貶，何哉？君子者固譽成而譏敗乎！論之曰：否。昔子囊之爲令尹也，修法制，舉賢才，附百姓，親鄰國。所以守其四封者已遂矣，❶惟郢之未城，于是城郢則豫患而已矣，安得不謂之忠？囊瓦之爲令尹也則不然，遠忠直，比讒諂，貪愎無厭，遂過不更，百姓怨之，諸侯怒之。所以守其四封者已小矣，惟郢之可城，于是城郢則外民而已矣，安得不謂之卑？夫外民，民亦外之。此囊瓦所以亡楚也。事固有同功而異情，同迹而異論者，此之謂也。《易》曰：「王公設險，以守其國。」夫設險之與恃險，豈得同哉？設險者彊，恃險者亡。故先王制城郭、溝池，所以立固，而非固之本也。制鄉遂、都鄙，所以便守，而非守之本也。制師旅、卒乘，所以建威，而非威之本也。本之所在，在德義，在知人，在安民。必有其本，然後城郭、溝池可得而固也，鄉遂、都鄙可得而守也，軍旅、卒乘可得而威也。故政有本末，事有先後，無後其所先，而先其所後，則天下可治，百官可任，萬民可附，四

❶「遂」，明鈔本、鮑校本作「遠」。

夷可服。惟明者而後及之，非囊瓦之所能見矣！

不朽論

士之不朽者三，所以本者一也。德能服人則不朽，功能濟時則不朽，言能貽世則不朽。雖然，本之者德而已矣。德者，仁義、忠信之謂也。内著于其外，達則其功也，窮則其言也。故德者，本也。功與言者，末也。處勢高，名澤及于遠，謀而世用之，行而世信之，則功必立。處勢卑，名澤不及于遠，謀而世弗用也，行而世弗信也，則言弗著。故功者，以德爲功者也，非俗之所謂功也；言者，以德爲言者也，非俗之所謂言也。俗之所謂功者，規一切者也。争地以戰，殺人盈野，争城以戰，殺人盈城，則有彊兵之功；壞井田，廢什一，困百姓之力，實府庫之藏，則有富國之功。以詭譎爲機，以刑法爲驅，以君心爲度，以巧僞爲制，❶若是而已矣。俗之所謂言，務無用者也。飾名數以干禮，合章句以導諛，爲曼衍以詭俗，務名譽以邀利，大不可施于朝，小不可教于鄉，以靡麗爲精，以辯異爲奇，若是而已矣。是以德也，功也，言也，❷判而爲三。嗟乎！君子之道所以隱也，功非其功矣，言非其言矣。然而世猶貴功而尚言，自以謂不朽，吾未始知其誠不朽也。夫世之士既無以明功與言之端，又因見世俗之功而趨之，聞世俗之言而美之，自以太上立德不可及也。嗚

❶「巧僞」，傳校本作「功利」。

❷「言」，四庫本作「書」。

呼！則是以功與言，常必去德而獨存者也，喪其本矣。申、商也，孫、吴也，儀、秦也，楊、墨也，何可勝言哉！

仁智動静論

禀天之性，❶剛健中正，純粹明白，生而知之者，是謂仁矣。貧賤不能憂，富貴不能淫，死生不能變，乘物而用，循理而動，率性而行，推分而安，是終始本末不出于静，故孔子曰「仁者静」也。静莫如山，山之爲物，天質自然，一成而立，亘萬世而不變，損之者難，益之者易，可謂能静矣，故孔子曰「仁者樂山」也。夫貧賤不能憂，富貴不能淫，死生不能變者，固不知所謂貧，亦不知所謂富，不知所謂賤，亦不知所謂貴，不知所謂死，亦不知所謂生者也。審乎自得，得乎無假，若是則何壽如之矣，故孔子曰「仁者壽」也。夫智者亦禀天之性，而不能純粹，有所好惡，有所嗜慾，有所喜怒，有所偏溺。不學則不知其道，不問則不知其惑。是故食無求飽，居無求安，日夜不厭，就有道而正焉。損其好惡，損其嗜慾，損其喜怒，損其偏溺，以求入大中之檢，合聖賢之度。使言滿天下無口過，行滿天下無怨惡，而後可已矣，是終始本末不出于動，故孔子曰「智者動」也。動莫如水，水之爲物，源于山而赴于海，盈科而後進，見險而不止，以求遂其志之所趨，必放乎平而止，增之則深，益之則廣，可謂能動矣，故孔子曰「智者樂水」也。夫損其好惡，損其嗜慾，損其喜怒，損其偏溺，非自苦也，其心見道理之顯然，所以去不善而就善，以自悦矣。故雖見外物而不遷，雖處汙世而不易，如是

❶ 「禀」上，傳校本有「論曰」二字。

則何樂如之矣，故孔子曰「智者樂」也。夫仁者以安仁爲静，智者以利仁爲動。安仁者本于誠而明之，利仁者本于明而誠之。誠而明之，不亦静乎？明而誠之，不亦動乎？誠者，天事也；明者，人事也。天事故静矣，人事故動矣。雖然，苟誠而不明，雖静未可謂仁。是以顔淵問仁，子曰「克己復禮」也。明而不誠，雖動未可謂智。是以子夏曰「博學而篤志，切問而近思」也。夫顔淵可謂能仁，子夏可謂能智，欲求仁智之動静者，舍二子亦何觀乎？或曰既謂之「仁者静」矣，又曰「克己復禮」，何哉？應之曰：仁，内也。禮，外也。仁者難以與人共，而禮者所以并容也。是故賢者俯而就之，不肖者跂而及之。夫顔子之克己復禮乎，俯而就之耳，亦何適而非静哉？

博施濟衆爲聖論

仲尼之門，問仁者多矣。以令尹子文之忠，陳文子之清，子路之勇，冉求之藝，猶未備仁之稱也。至于子貢問「博施于民，而能濟衆」，則遂以爲聖，何哉？嘗試論之，所謂博施者，殆非俗之所謂博施矣；所謂濟衆者，殆非俗之所謂濟衆矣。彼俗之所謂博施者，不過以散利布惠爲言；俗之所謂濟衆者，不過以分災救患爲解。必若是，則賢者亦能及之，何待聖哉？必若是，則有國家天下者乃能行之，賤貧則不能矣，❶是貧賤必無聖人哉？此皆計功而言，不足以知仲尼之意，明聖人之道者也。夫聖人者，與天地合其德，與日月

❶「賤貧」，傳校本作「貧賤」。

合其明，與四時合其序，與鬼神合其吉凶。是以在下位，則化育萬物，物盡其性而不見其迹，可謂博施濟衆矣；在上位，則陶冶百官，官服其體而不得其名，亦可謂博施濟衆矣。豈獨欣然以散利布惠爲美談，分災救患爲己務哉！夫散利布惠，分災救患，可勉强而暫爲，則是聖人亦可忽然而暫到也。聖人之神不可暫到，則散利布惠，分災救患，非聖人之任亦已明矣。以謂不然，復效以事。夫仲尼在下者也，隨之者三千之徒，或智或仁，或過或不及，莫不盡其性，得其欲，皆可以治天下，則其施不亦博，而濟不亦衆乎？堯、舜在上者也，億兆之衆，或賢或愚，或善或不善，莫不安其教，樂其生，而不知爲之者，則其施不亦博，而濟不亦衆乎？故聖人法天者也。天之道能以美利利天下，而不言所利。如聖人必散利布惠而施，必分災救患而濟，是非天矣，何足稱哉？或曰：散利布惠，分災救患，非聖人之任，然則是仁者之事乎？曰：亦非也。使仁人在下乎，苟免于窮困亦幸矣，❶何暇及人？使仁人在上乎，則利不待散而均矣，惠不待布而廣矣，災不待分而民懷矣，患不待救而物遂矣。然則散利布惠、分災救患者，賢人之業，其功名可數者也。

畏天命論❷

傳曰：「畏天命。」夫天命可畏，而未有能知者也，惟聖人然後知之。所謂天命者，非諄諄然接乎人者

---

❶「窮困」，傅校本作「困窮」。
❷「論」，明鈔本無此字。

也。害于民謂之孽，變于常謂之異，動于氣謂之沴，發于色謂之眚，逆于類謂之祥，雜于俗謂之妖，著于天謂之象。是故有以興，有以亡，有以敗，有以成。惟聖人然後能見而識之，❶識而名之。所謂性與天道者也，非聖人則不能知之。故古之君子務畏天命，而不務知天命也。夫非聖人，而務知天命者，吾見其不能，且不信矣。古之君子，其畏天命也，聞一異則悚然懼，見一祥則悚然懼，未知是之爲善歟，爲惡歟？悚然懼而已者，吾知畏而止矣。是故其守也約，其行也慤。妖祥之事，休咎之説，付之蓍龜瞽史，而不勞吾心。吾非不願知天命也，天命固不可知也。❷强求知之，是不誣天，必且誣人。昔夏之衰也，龍降于帝庭，其漦爲物，而卒喪周。周之衰也，麟獲于魯，其卒啓漢，❸沙鹿之崩也，❹晉史卜之曰：「後六百歲而聖人興。」夫若是者，其孰能知之？此聖人所獨知也。故曰莫若以畏。❺仲尼在陳，聞魯有火，曰：「其桓、僖宫乎？」夫聖人之于天命，有不待卜矣。❻湯之時，八年七旱，湯親之南郊而禱焉，曰：「政不一歟？❼民失職歟？宫室營

❶「而」，原作「之」，據明鈔本改。
❷「固」，傳校本無此字。
❸「其卒啓漢」，原無，據明鈔本、鮑校本、傳校本補。
❹「崩」，原作「間」，據明鈔本、鮑校本、傳校本改。
❺「若」，傳校本作「如」。
❻「卜矣」，傳校本作「變已」。
❼「歟」，傳校本作「與」，下同。

歟？女謁盛歟？苞苴行歟？讒夫昌歟？」由是觀之，湯且不知也。然而古之君子有曰：「天命也，可推類而得，❶可觀象而察。」自董仲舒咸有是言，離之合之，文之飾之，大者篡亂，其次賊虐。然則非實使之，其啓有間矣。夫天命决不可知，求知天命者，以謂尊天也，然而不得其指，不殆乎以天欺人乎？古之君子莫惡乎以天欺人。以人欺人猶不可，而况乎以天欺人者乎！是所謂南面之禍也，北面之賊也。故善畏天者，莫如成湯。爲國家，若成湯可也。

仕者世禄論

文王之治岐也，仕者世禄，而《小雅》亦譏絶功臣之類。然則賢者之治國也，固官人以世乎？應之曰：否，非此之謂也。凡士農工商者，蓋通功易事，相爲用者也。士以仁義，農以稼穡，工以器用，商以貨殖。士之所以爲士者，術也，然而待農而食之，待工而用之，待商而資之。農之所以爲農者，力也，然而待工而用之，待商而資之，待士而治之。工之所以爲工者，巧也，然而待商而資之，待士而治之，待農而食之。商之所以爲商者，利也，然而待士而治之，待農而食之，待工而用之。兹四人者，世序其業而食其勞。是故明王之治也，使仕者世禄。使仕者世禄，則農者世耕，工者世巧，商者世利矣。德及天下者稱天子，天子世天下；

❶ 「推類」，傅校本作「類推」。

德及一國者稱諸侯，諸侯世一國。是皆人君也，非君無所世。故雖卿大夫，莫之世也。❶卿大夫莫之世，是謂逼君，《春秋》譏之。故所謂世禄者，世世有禄者，非世世其禄者也。故古者自卿大夫、士之子，不貳業，幼則入小學，長則入大學，教之以《詩》《書》之訓，禮、樂之方，正其齒，辨其節，齊其衣服，明其辭讓。業成而志定矣，雖未就吏，而不累有司焉；雖未執事，而化民之端見焉。至于三十，然後試以事；至于四十，然後授以位；至于五十，然後命以爵。然猶論辨而任之，度材而進之，使上無棄材，下無棄人。凡賢者之子孫，公卿大夫之胄，莫不在位矣。能大者禄厚，能薄者禄少，如是而已矣，此乃所謂世禄也。及至後世，富貴以其勢排蹙貧賤，雖賢不得進，雖老不得試。而富貴者，雖不肖與嬰兒，猶乘父兄之尊，列于朝廷。是以爲政者患其若此也，則進孤寒疎遠以爲公，收管庫盜賊以爲名。是兩者皆失也。教之以其道，則賢者可得；論之以其材，則能者可見；限之以其年，則學者不偷。毋以其勢撓之，毋以其親疑之，則仕者皆世禄矣。今不正其本以從先王，而顧憂其末以反先王，此固王道之不行于世也。嗚呼！行文王之政者，天下必治矣。

爲仁不富論

凡天下有至理，此盈者彼虚，此厚者彼薄，是自然之不可易者也。故爲仁者不富，爲富者不仁，亦若此矣。夫仁人之爲身，必將先義而後利，先德而後禄。以禮爲法，以智爲輔，以文爲表，以義爲内。非其道，雖

❶「莫之」，原作「官以」，據傅校本改。

加千乘之利，不悦焉；非其志，雖加萬鍾之禄，不取焉。此仁人之所以爲身也。此其爲身，所以無富之稱也。及其爲家，則正其居處以應法，薄其奉養以應禮，均其有餘以濟不足，言其利以去其貪，此仁人之所以爲家也。此其爲家，所以無富之名也。及其爲國，愛民而時使之，養民而薄斂之，取民而節用之。幣帛寶貨，與百姓共其利，弗專有也。藏之于民，而上下皆足，此仁人之所以爲國也。此其爲國，所以無富之號也。故小爲一身，大爲一國，取予施舍，進退行止，必出于仁，而無富者矣。雖然，其無富，乃所以爲大富也。故仁者雖一身，而貧賤不能辱；雖一家，而萬乘不能奪；雖一國，而天下不能傾。近者親戚安之，賓友歸之；遠者四鄰懷之，九夷向之，尚非大富乎？彼爲不仁者不然，苟爲一身而已。力之所及，將無不攘；智之所及，將無不取也。故在下則盜，在上則暴。爲倉廩，至于使百姓無以食；爲府庫，至于使百姓無以衣。可謂富矣，然而不仁之患則又至焉。是以昔者蚩尤誅，楘夷滅，桀紂亡，非患財用之乏也，非苦貨力之少也，凡以身富而不仁也。是以聖王制税賦，足以養百官，備水旱；制朝貢，足以結諸侯，通遠方。然猶厚往而薄來，輕費而廣施，惡不仁也。故天子不言有無，諸侯不商貨利，大夫不畜雞豚，士不問什一。所以遠利而近仁也，所以厲風俗而禁淫僞也。冉求爲季氏宰，不能改于其德，而賦粟倍他日。孔子曰：「求非我徒也，小子鳴鼓而攻之可也。」由是觀之，君子之富可知矣。

公是集卷四十

宋劉敞撰

論

封建論

三代之王也，舉天下以封建。秦之帝也，破封建以立郡縣。二者孰是乎？曰：封建者，道也；郡縣者，利也。封建者，公也；郡縣者，私也。然則奚以爲道？奚以爲利？奚以爲公？奚以爲私？曰：非聖人不能王天下，非王天下不能封建，非封建不能長世。是以古之封建也，不主于功，亦不主于親，主于德而已矣。德厚者其封大，德薄者其封狹。車服以明之，制度以一之，禮樂以修之，仁義以結之，祭祀以教之，喪紀以厚之，朝貢以勸之，聘享以懷之。猶懼其未也，于是冕服圭璧以賞其勤，甲兵鈇鉞以聳其怠，制謚美惡以出其名，策書簡牘以觀其行。其治忠厚，其政淳一，其教誠慤，然猶戰戰以持之，翼翼以守之，如畏其傾，如苦其生。非以其貴自驕者也，非以其富自逸者也。自天子至于諸侯，自諸侯至于大夫，自大夫至于士、庶人，上下率是，其化深矣，其俗成矣，其意安矣，故可以傳世。故曰封建者，道也。及乎秦則不然，其取天下以詐力，其治天下以苟簡，其仁義不足以相懷，其忠信不足以相恃。有功者疑之，有德者忌之，自其子弟不能信也。是以權天下之貴以尊其己，斂天下之富以厚其身，滅絶禮樂以逞其心，嚴刑濫罰以快其意，皆以封建爲害己也。故秦之有天下也，便其私而已矣。故曰郡縣者利也，利用其私，則道用其公者分矣。故封建作而仁義行焉，郡縣立而刑名制焉。由是觀之，非聖人不能封建審矣。周之有天下也，太王、王季基之，文王、武王成之，周公、成王守之，是以其化民也深，其易俗也固。九牧之君，千有八百，世守其法，莫之敢貳。至于穆王，王愆于德，淫遊無度，而諸侯不畔。至于厲王，泯亂典訓，天下勿堪，❶流王于彘，諸侯釋位以謀王室，二伯共和以相王事，宗廟乏主二十餘載，而神器不移。至于幽王，昏于嬖妾，❷虐害于下，下弗堪命，王以兵死，周遂東遷。于時政教陵夷，不能及遠，故齊桓、晋文率天下諸侯以服事天子。❸桓公北伐山戎，南破楚召陵，西討孤竹，東定海濱，功業大矣。然葵丘之會，管仲一言，動色下拜。文公討叔帶之亂，敗楚、鄭之師，救齊、宋之危，誅曹、衛之罪，小國奔走，大國悸恐，威力遠矣。然過而請隧，天子不許，稽首趨避。故亂如幽、厲而不能遷也，强如桓、文而不能謀也，❹孰使之哉？由是觀之，非封建不能長世也審矣。或曰

---

❶「勿」，傅校本作「弗」。
❷「妾」，明鈔本作「孽」。
❸「子」，原作「王」，據傅校本改。
❹「能」，傅校本作「敢」。

周失之弱，❶此不足以知之。夫周之失也，其在廢文武之法而已矣。每守其法，每布其義，雖有齊桓、晉文之强，莫敢不率，又況郳、莒、滕、杞之小國乎？然則周之失也，非封建弱之矣。三代封建，威分于外而享國長。漢魏郡縣，威專于内而享國短。其享國長也，封建之效也。其威分于外也，則非封建之罪也。其享國短也，不封建之效也。其威專于内也，則非不封建之力也。其亦可知爾已。然則謂封建不若郡縣者，安也。其曰非聖王不足以封建，而郡縣者固世無聖王而用之者也。與其無聖王而封建不得其理，不若去封建而爲郡縣，可苟而治，是則可矣。

賢論❷

人君之賢其身，不若其使賢之爲賢也；人臣之賢其身也，不若其薦賢之爲賢也。聰明辯慧，技藝敏給，此可謂賢矣。然是謂匹夫之局，非人君之操也。人君者，目不自視，明者效之；耳不自聽，聰者效之；口不自言，智者效之；心不自慮，聖者效之。故曰百官當而已矣，此人君之操也。明者視之則視必遠，聰者聽之則聽必微，智者言之則言必當，聖者慮之則慮必精。使獨用其身，不能治也，雖欲治之，不能給也，故曰不若使賢之爲賢也。忠信仁義，剛毅有立，此可謂賢矣，然是謂終身之善也，未足以傳世也。人臣者，以其宗廟

---

❶「失」，原作「室」，據傅校本改。

❷「賢」，原無，據鮑校本、傅校本補。

爲心焉，以其萬民爲心焉，以其後嗣爲心焉。大爲之謀而使智者就之，遠爲之略而使仁者守之，今世賴其澤，後世蒙其福，世續其類，是天地之功也，是春夏秋冬之相與成歲也，故曰不若薦賢之爲賢也。劉子曰：昔者舜有天下，大聖人也，惟其不欲其身賢而已矣，是以舜好問，好察邇言，所舉而用者二十有二人，被袗衣鼓琴，二女果而天下治。昔者周公相天下，大聖人也，惟其不欲其身賢而已矣，是以日昃不倦，勞于求士，所執贄見者十有餘人，所交友者百有餘人，賢者相與繼其德而成之，至其末也，刑措四十餘年，故君莫盛于舜，臣莫盛于周公。不爲舜之爲者，非賢君也；不爲周公之爲者，非賢臣也。劉子曰：君之不君，非獨愚也，雖聰明辯慧，技藝敏給，而不知用賢者，猶不君也。臣之不臣，非獨鄙也，雖忠信仁義，剛毅有立，而不知薦賢者，猶不臣也。昔者桀紂矜天下以能，高人臣以聲，則是豈不聰明辯慧，技藝敏給哉？惟其自賢而已，不知用賢，至于亡也。昔者臧文仲相魯國，魯國以强，其言必當，則是豈不忠信仁義剛毅有立哉？惟其自賢而已，不知薦賢，至于削也。故曰：「雖有周公之才之美，使驕且吝，其餘不足觀也已。」所謂驕者，非獨以貴驕人，以富驕人者也，以材驕人者有甚焉。所謂吝者，非獨吝于爵人，吝于分人者也，吝于教人者有甚焉。故以材驕人，慢也，人怨之。吝于教人，忌也，人疎之。是以古之君子莫爲驕與吝也，求爲人君者，盡于此矣；求爲人臣者，盡于此矣。《詩》云：「不識不知，順帝之則。」言君之所以爲君也。《詩》云：「樂只君子，保艾爾後。」言臣之所以爲臣也。君爲君焉，臣爲臣焉，雖亘萬世，吾不知其可改也。

賞罰論

「賞爲勸有功也，賞必以春夏，不已怠乎？　罰爲懲有罪也，罰必以秋冬，不已緩乎？　怠則不勸，緩則不懲，然而曰賞以春夏，罰以秋冬者，是非聖人之意也？」應之曰：「否！　子所謂功者，謂夫輔世治民之爲功乎？　抑謂闢土彊兵之爲功乎？　子所謂罪者，喪業失序之爲罪乎？　抑謂殘民害上之爲罪乎？　子賞之，勸也，將勸其至于善而已乎？　將幸其身而已也？　子罰之，懲也，將勉其至于恥乎？　將勉其身而已也？　吾語汝聖王之治。　聖王之治，官得其職，民勸其事，物安其所，無獨治之名，無倉猝之功。　是以三載考績，三考黜陟幽明。　其陟也，所謂賞；其黜也，所謂罰。　賞以春夏，罰以秋冬，則何怠且緩之有？　古者惟軍賞不逾時，軍罰亦不逾時。　用命賞于祖，欲民速得爲善之利也；不用命戮于社，欲民速見爲不善之辜。　是聖王之所不得已而用之者也，非所以治士大夫。　故子之所刺者，平世之治也；子之所稱者，軍中之法也。　且夫賞爲勸善也，爲善者終身誠之。　今一賞以春夏而已至于怠矣，則是雖爲善未嘗不僞也。　從而賞之，是賞僞也，豈所謂善乎？　與其賞是人也，則若勿賞是人也。　故君子正行非以干禄也，經德非以希世也，愛民非以要譽也，尊主非以懷賞也。　故有功雖賞不驕，賞之雖晚不怠。」曰：「非春夏則不可賞乎？　趣取賞而已矣，何必春夏爲？」曰：「否！　是所謂順天時者也。　爲人父者莫不欲其子之孝于己，欲其子之孝于己，莫若己爲孝。　爲人上者莫不欲其下之順于己，欲其下之順于己，莫若己爲順。　天者，王之上也；王者，諸侯之上也；諸侯者，大夫、士之上也。　故王者順天則諸侯順王，諸侯順王則大夫、士順君。　君之所爲而大夫、士爲之，是良大夫、士也；王之所爲而諸侯爲之，是賢諸侯也；天之所爲而王者爲之，是聖王也。故春夏者，天之和氣也，天所以施生也，物之所榮也，故賞行焉。秋冬者，天之義氣也，天所以肅殺也，人物之所畏也，故罰行焉。故賞罰之所以順天者，臣事君也，子事父也，少事長也，賤事貴也，其本在王。天下之君悦而言之曰：『王猶順天，則天下莫不悦而順王。』天下之君悦而順王，則天下之大夫、士悦而言之曰：『君猶順王，則天下之大夫、士莫不悦而順君。』故王者，父事天，母事地，兄事日，非以祈報也，以達天下之大義也。」

魯法論❶

魯人之法也，取人于他國者，府與之金。可謂惠矣，未可謂之仁也。君子之制其國也，井牧其田野，而時制其貢賦。❷多乎十一則虐，寡乎十一則不足，十一而上下均矣。工作之，商行之，爲士者治之。平其政令，教其仁義，老有所息，幼有所養，而民安其鄉里矣。君不行仁政，吏不恤民，士不教之，敵國日至而不能守，長幼相攜持而行。苟能以歸者而予之金，是寄民爲政也。取之不給則益賦，益賦則益困，益困則又轉而去之，是徒取諸彼而予諸此，是無異競之而後償之者也。❸爲君子遵其本，務其要，平其政令，教其仁義，老

❶「論」，明鈔本無此字。

❷「制其貢賦」，傅校本作「致其貢」。

❸「競」，傅校本作「𢿱」。

有所息，幼有所養，而民厚矣。安在人人而悦之？人人而悦之，可謂惠矣，未可謂之仁也，是非周公之舊也，不能民者之爲也。子貢取人而不受金，孔子曰：「魯人不取人于他國矣。」是亦非孔子之言也。孔子之教人也，將以仁乎，❶將以利乎？必以利，魯國之法乃益不可爲矣。君不行仁政，吏不恤民，士不教之，敵國日至而不能守，長幼相攜持而逝。苟能以歸者而予之金，是聚好利之民而乏國用也，民固見金而不見仁也。❷必以仁，則子貢是矣。子貢所以取人于他國者，爲仁也，所以不受金者，爲義也。子貢以仁率其國民，以義率其國民，一正其身，而惠大矣。故一鄉而亡十人未爲衆，能以十人歸，而爲利者已多矣。親戚莫相卹也，❸故舊莫相援也，朋友莫相先也，閭里莫相愛也。得金則幸以存，不得金則道路然，其心豈曰仁乎哉？❹亦曰利而已矣！是親戚故舊朋友閭里，終相與去仁而爲利也。《詩》曰：「于嗟闊兮，不我活兮。于嗟洵兮，不我信兮。」❺言仁義之不相予也。❻今又過而責子貢之仁義，則是非孔子之意也。且孔子亦教之愛民而已耳，何爲恐恐然懼不能贖民于他國？

❶「仁」，原作「人」，據傅校本改。
❷「民」，明鈔本、鮑校本無此字。
❸「卹」，傅校本作「恤」。
❹「曰」下，傅校本有「非」字。
❺「信」，傅校本作「伸」。
❻「予」，傅校本作「與」。

貴功論

人之貴士者，貴其有成功者也。當世榮之，後世師之，圖象肖之，典册紀之，鼓歌舞之，皆以其人賢不可尚也。是惡識所謂貴乎？夫立功者有五重：有其志，無其術，一重也；有其術，無其時，二重也；有其時，無其位，三重也；有其位，無其主，四重也；有其主，無其年，五重也。五者俱得，然後能立功。然則謂立功者賢耶？幸乎！治水莫如禹，使禹遭成湯之世，術無試矣，時不合也。生于堯、舜之間，故能見其材。使不爲司空，水未可治也，其位非矣。然所以得治水者，有堯、舜也。治兖州之水十有三年，治他州之水九年，如有不幸而早死，又安得功烈哉！由是而言，立功者謂之賢，非也；謂之幸，是也。焉有非其時，無其位，失其主而能運天下之柄者乎？士也奈何以功名矜人？人也奈何以功名慕士哉？

齊不齊論

或問：「貴賤可等歟？」曰：「可。惟有德者能等貴賤。昔者周公相天下，履乘石，南面而朝諸侯，然而身執贄而見者數十百人，此以貴等賤也。曾子居于魯，布衣不完，萬乘之國欲以卿相之位致之而不能，此以賤等貴也。故惟有德者爲能等貴賤。」曰：「貴賤吾得聞之矣，貧富也亦可同歟？」曰：「可。惟有禮者能同貧富。昔者天子卑宫室，菲飲食，非不能侈也，禮不宜也，此以富同于貧也。伯夷、叔齊正衣冠，嚴辭令，不以一介取人，亦不以一介予人，非其道，繫馬千駟，致禄千鍾，不顧也，以餓于首陽之山，此以貧同于富也。

故惟有禮者能同貧富。」曰：「貧富吾得聞之矣，死生也亦可齊歟？」曰：「可。惟有道者能齊死生。昔者仲尼嘗畏于匡，困于陳、蔡，或不食者七日，然而講誦益堅不衰。晏嬰哭靈公，崔杼以戟勾之不動。此以死齊于生也。古之人未不慕富貴生，❶而惡貧賤死也。庶民以是喪德，以是犯義，以是棄道；君子以是守之，以是榮之，以是安之。夫是故貴有所不就也，富有所不求也，生有所不苟也。故苟不能等貴賤，將謀去之，則無不爲矣。苟不能同貧富，將謀遷之，則無不爲矣。苟不能齊死生，將謀活之，則無不爲矣。夫當其無不爲，則人道何治焉？古之君子所以稱有德曰窮而固，爲其能等之也；所以稱有禮曰貧而樂，爲其能同之也；所以稱有道曰壽殀不貳，爲其能齊之也。」曰：「然則揚子雲何以謂不可齊，不可同，不可等也？」曰：「吾所言學士之操，君子之事也。揚子所惡，匹夫之志，衆人之僻也。是欲以齊生死而無忌于法也，同貧富而無畏于政也，等貴賤而無嚴于上也，是堯、舜所誅也，惡之不亦可乎？古之人豈無死生之感，貧富之累，貴賤之情哉？亦審于義，志于道，使不義之生不能奪，不義之富不能汙，不義之貴不能夸而已矣。是之謂齊不齊。」

患盜論

天下方患盜，或問劉子曰：「盜可除乎？」對曰：「何爲不可除也？顧盜有源，能止其源，何盜之患？」

❶「未」，傅校本作「未嘗」。

或曰：「請問盜源？」❶對曰：「衣食不足，盜之源也；政賦不均，盜之源也；教化不修，盜之源也。一源慢，則探囊發篋而爲盜矣；二源慢，則執兵刃刧良民而爲盜矣；三源慢，則攻城邑略百姓而爲盜矣。此所謂盜有源也。豐世無盜者，足也；治世無賊者，均也；化世無亂者，順也。今不務衣食而務無盜賊，是止水而不塞源也；不務化盜而務禁盜，是縱焚而救以升龠也。且律使竊財者刑，傷人者死。其法重矣，而盜不爲止者，非不畏死也，念無以生，以爲坐而待死，不若起而圖生也。且律使凡盜賊能自告者，除其罪，或賜之衣裳劍帶、官爵品秩。其恩深矣，而盜不應募，非不願生也，念無以樂，以謂爲民乃甚苦，爲盜乃甚逸也。然則盜非其自欲爲之，由上以法驅之使爲也。其不欲出也，非其自不欲出，由上以法持之使留也。若夫衣食素周其身，廉恥素加其心，彼惟恐不得齒良人，何敢然哉？故懼之以死而不懼，勸之以生而不勸，則雖煩直指之使，重督捕之科，固未有益也。今有司本源之不恤，而倚辦于牧守，此乃臧文仲所以辭不能詰也。凡人有九年耕，然後有三年之食。有三年之食，然後可教以禮義。今所以使衣食不足、政賦不均、教化不修者，牧守乎哉？吾恐未得其益，而漢武沈命之敝殆復起矣。若乃尚摘發之術，❷任巧譎之數者，未足以絶姦，而郤雍因以見殺于晉。故仲尼有言：『聽訟，吾猶人也，必也使無訟乎！』推而廣之，亦曰：用兵，吾猶人也，必也使無戰乎！引而伸之，亦曰：禁盜，吾猶人也，必也使無盜乎！盍亦反其本而已矣。」爰自元昊犯邊，中國

---

❶「源」，原無，據傳校本補。

❷「摘」，傳校本作「擿」。

頗多盜，山東尤甚，天子使侍御史督捕且招懷之，不能盡得，于是令州郡盜發而不輒得者，長吏坐之，欲重其事，予以謂未盡于防，故作此論。

從横論 爲慶曆中重講西北和盟作。

昔六國之世，地醜德齊，天下未有所歸，而游士説客以從横爲術，是故憑軾結靷而東者無不言從，憑軾結靷而西者無不言横。故從成則山東强，横就則秦人帝。當趙肅王之時，蘇秦爲從約長，合六國之將相，盟于洹水之上，投其書于秦，秦人畏之，爲閉關者十五年。及張儀相秦，權譎諸侯而破其從，六國瓦解，争割地事秦，輸其寶貨，從其詔命，外多其敵，内殫其力，而六國自此而滅矣。由是觀之，秦惟毋使六國從親，則秦必受其憂；六國惟毋使秦之横成，則六國必蒙其患。雖然，爲六國謀秦，不出于從矣；爲秦謀六國，不出于横矣。未有能兼從横之勢，以相操蹙之者也。竊惟今日天下之患，莫甚于從横，制從者在外，制横者在内，此其可爲大憂也。何以言之耶？夫元昊，國之仇賊，而北戎之姻親也。陰山之外，結之久矣，間使相通，潛兵相資，糧糗相周，擄獲相分，此其雖異族，實一家也。攻城下邑，破軍殺將，有丘山之利，而無毫毛之辱，是以其相得益深，非制從者在外乎？自先帝以來，與戎約和，畫壤界，通邊關，棄冠帶之民，虚府庫之積，歲歲輸之，猶以爲少，窺間抵巇，乘時邀利，挾長短之數，規必得之路。今者二十萬復往矣，然恬而不慮也，以姑息爲策，以苟安爲是，非制横者在内乎？夫制從者在外，此蘇秦之勢也，秦兵雖强，不足以亢之，閉關而已矣。制横者在内，此張儀之勢也，六國雖衆，不足以亢之，割土地効寶貨而已矣。今者使外專爲從人之計，内專任横人之説，苟如是，國何以禦之？❶ 是故兵力屈于西，民力屈于北也。兵力屈者瓦解之形也，民力屈者魚爛之形也。夫欲堅其未解，全其未爛，莫若破從而散横。欲破從而散横，莫若絶其和約；欲絶其和約，莫若出于不意。夫戎有輕中國之心久矣，❷易而無備，故借兵于賊者，以中國爲不足慮也。善戰者因其勢而導之，選智勇，順地形，出其不意，襲其不備，雖不盡其巢穴，范陽之地吾必舉矣。如此，則虜方内憂，❸其國不暇，又奚暇以兵與人哉？如此，則外不爲從，内不爲横。外不爲從則易支，内不爲横則難困。以難困之兵當易支之敵，雖不善守，猶不常失，況又全天下之力，任天下之智，奮天下之勇，致天下之怨者哉！必若不爲六國復出于兹，秦兵復雄于彼，❹雖有智者不知任其咎矣，其禍變豈可勝言耶？故曰：天下之患莫甚于從横，惟毋使從者制其外，横者制其内而已矣。欲治天下者，破其從，散其横，然後天下可爲也，萬事是非何足備言。嗚呼，戒哉！

❶「何」，傅校本作「胡」。
❷「戎」，原作「敵」，據傅校本改。
❸「虜」，原作「彼」，據傅校本改。
❹「雄」，傅校本作「伯」。

湯武論❶

説者曰：「湯、武非放弑。」是不然。是不及知聖人之權，不以至公之道待聖人，疑其有利天下之心。疑其有利天下之心，是以惡其有放弑之名，是以矯爲之説，僞爲之辭。其意則善矣，其義則不可通。凡惡放弑之名者，爲其利之也，大則利天下，小則利一國，是以斥其所以取之之狀，貶其所以奪之之罪。今湯、武者聖人也，大有天下，小有一國，無利之之心，無求之之意，然則何疑矣？果不足疑，尚何諱夫有放弑之名已哉？以爲湯、武非放弑，是不及知聖人之權，不以至公之道待聖人，率其私心而爲之隱者也，是蔽惑之説，非湯、武之本指也。湯、武之本指在乎隆至公之道，以立放弑之業，受放弑之名，以一至公之義。是以昔者湯放桀，惟有慚德。武王作《大武》之樂，盡其美，不敢盡其善。苟不以放弑爲名，湯尚何慚？武尚何未善哉？❷夫帝王之事，有變有常。常事禮也，變事權也。堯授舜，舜授禹，湯放桀，武王伐紂，是皆所謂權也。權者，反于經而後善，故必自貶損然後中權矣。故堯、舜不辭外禪之非，湯、武不惡逆取之名，貶而益明，損而益隆者也，尚何疑而諱哉？説者曰「湯、武非放弑」，問之，曰：「湯、武聖賢，而桀、紂大惡也。」應之曰：然則亦以湯、武爲非臣，以桀、紂爲非君乎？夫放弑者正君臣之名也，非正善惡之名也。桀、紂雖不善，其位

---

❶「湯武論」，明鈔本作「論湯武」。

❷「善」，明鈔本、傅校本作「盡」。

君也；湯、武雖善，其位臣也。以臣伐君，而不謂之放弑，是去君臣、亂上下之道也。苟無君臣焉，可也。如有君臣，則桀、紂乃所謂君，湯、武乃所謂臣也。故桀、紂天下之惡而已矣，湯、武天下之賢而已矣。湯、武之有天下，不利之耳，不求之耳，至放桀而伐紂，誰得而避之哉？故謂湯、武非放弑，則去君臣而亂上下矣。天下之賢者將起而掖其君以奪之矣，深非其君以罪，而厚自榮以名矣。故善言道者不然，彼湯、武者真放弑者也。明白其道，所以序聖人之心；貶損其名，所以受天下之垢。受天下之垢而名不辱，❶百姓不疑，萬世不非，是乃聖人之所以爲聖也。謂湯、武非放弑，是不及知聖人之權，不以至公之道待聖人，率其私心而爲之隱者也。是去君臣，亂上下，喪名實者也。矯爲之説，僞爲之辭者也。❷昔者晉靈公爲不道，誅國人，辱士大夫，支解膳宰，逐大臣趙盾。趙盾出奔，趙穿因民之不悦執公弑之，然而董狐書曰趙盾。盾曰：「弑者非我也。」董狐曰：「子爲正卿，亡不出境，入不討賊，非子弑君則誰哉？」孔子曰：「董狐，良史也。趙盾，良大夫也。」由是觀之，盾非不知弑君之名也，爲法受惡也。爲法受惡者，所以崇君臣之義，厲上下之敍也。然而謂湯、武非放弑者，是謂湯、武無趙盾之德，無孔子之志也？

---

❶「名」下，明鈔本有「獨」字。

❷「辭」，原作「辨」，據明鈔本改。

狂譎華士少正卯論

世俗説曰：「太公封齊，❶誅狂譎華士，周公聞而非之。孔子爲魯司寇，七日殺少正卯兩觀之間，門人見而惑之。」論之曰：是皆不然也。齊無狂譎華士而已矣，如有，太公必不誅也，太公誅，周公必不非也。魯無少正卯而已矣，如有，仲尼必不殺也，仲尼殺之，門人必不惑也。夫世俗之説，狂譎華士者，齊高士也，不降其志，不仕非其主。如是，則伯夷、叔齊之比也。昔者武王伐紂，伯夷、叔齊扣馬而諫曰：「以臣伐君，不可以訓。」左右欲兵之，太公扶而去之，曰：「義士也，不可殺。」夫太公以伯夷、叔齊爲義，則亦必以狂譎華士爲義矣。以伯夷、叔齊之義爲不可殺，則亦必以狂譎華士之義爲不可殺矣。夫武王伐紂，從聖智之士，與天下之諸侯，舉國而東，伯夷、叔齊沮解其意，非毀其事。三軍之衆，莫不怒者，太公獨以爲義而不誅也。罪莫大于誤軍，過莫大于非聖人。伯夷、叔齊兼此二者，而太公不誅。齊無狂譎華士而已矣，如有，太公必不誅也。夫狂譎華士不可誅，則所誅者非狂譎華士也。非狂譎華士，則必巧僞以誣世，❷詭法以惑衆者也。夫巧僞以誣世，詭法以惑衆，是王政之所當去者，❸故曰太公誅之，周公必不非也。夫世俗之説，少正卯者魯

❶「封」下，傅校本有「於」字。

❷「誣」，傅校本作「侮」，下同。

❸「者」，傅校本作「也」。

之聞人也，與仲尼並居于魯。仲尼之門人三盈三虚，獨顔淵不去。夫言獨顔淵不去，是閔子騫之徒嘗去之矣。少正卯能使閔子騫之徒去聖人而從己，❶是少正卯非細人也。夫以閔子騫之智，足以昭善惡，決去就，猶深悦少正卯之義，則少正卯之非細人審矣。❷故曰魯無少正卯而已矣，如有少正卯，仲尼必不殺也。且仲尼與之並居，不能以義服其心，與之立教，弗能使弟子不叛己，是魯國之人莫不以是人爲賢也。民以爲賢，仲尼始爲政，七日而誅之，百姓不知，是仲尼嫉賢也。嫉賢而惑民，何以爲政？故曰仲尼不殺也，然而殺之者必非少正卯也。非少正卯，則必巧僞以誣世，詭法以惑衆者矣。夫巧僞以誣世，詭法以惑衆，是王政之所當去也，故曰仲尼殺之，門人必不惑也。世人好言聖而不知其道，好言政而不知其統。夫聖人之道不出于禮義，而王政之統不出于順民心。違于禮義，逆于民心者，聖人不以爲道，王者不以爲政也。故聖人作而修天下之禮，明百物之義，設取予之分，決向背之趣，使百姓闇然而服。是故移世易俗，而不見其迹，如之何不教而殺哉？

非子產論

子產聽鄭國之政，有事公孫段，賂與之邑。劉子曰：權而不義。子之事親，性也；臣之事君，義也。以

---

❶「去」上，傅校本有「使」字。

❷「矣」，傅校本作「也」。

性合者諫不入不去也，戹窮禍患不避也，有功不報也。以義合者諫不入有以去之，戹窮禍患有以避之，有功有以報之。有功而報之，義也，未有無功而賜者也。無功而賜，以爲説也。父不能以使子則不父，子不可使也則不子，君不能使臣則不君，臣不可使也則不臣。故父有使子而無報，君有報臣而無賂。賂臣而使之，不可謂國。三卿、五大夫、二十七士，可勝使乎？使而賂之，可勝賂乎？臣不見利，必莫之勸也。是君臣上下，相率而爲利也。義不足以動之，仁不足以存之，忠不足以論之，❶信不足以結之，禮不足以明之，幾何相率爲利而國不亡乎？君子爲國家者，修其義，達其禮，君君臣臣，父父子子，而安有不行者哉？或曰：「子産不得已也。」對曰：「然！吾固曰非治世之法也。」

叔輒論

叔輒哭日食，叔孫昭子譏之曰：「叔輒將死矣，非所哭也。」嗚呼！叔孫昭子，不知言者乎！夫昭公弱君也，享國久矣。季氏彊臣也，能專其政，所樹置非親戚則黨與也。一臣君不得使焉，一民君不得有焉。賞罰違于衆，而形勢敓于外。❷子家駒，達于人者也，閉其口而禄仕矣。梓慎，達于天者也，詭辭不敢正言矣。是以叔輒知日食之憂，必將及君，欲陳則不見信，欲嘿則不能已，欲謀則逼于禍，欲隨則失其守，發憤壹鬱而

❶「論」，傅校本作「諭」。
❷「敓」，原作「敦」，據傅校本改。

無與誰語，故慷慨感激，至于號咷也。設使昭公因而感悟，聽用其謀，援忠直，退姦邪，破朋黨之敝，禁彊僭之臣，魯可復興，豈獨長守其貴哉？當是之世，仲尼聖人也，而生其國；顔、冉之徒仁人也，四方歸之，舉而用焉，以謀三桓易矣。然而遂不覺悟，長惡養凶，不及五年，奔走失國，寄于乾侯，終身愁孤。從此觀之，豈不可大哀而慟哭也乎？此乃叔輒之所以感也。夫忠國之君子，明于禮義而陋于知人心，人固未易知也。《易》曰：「書不盡言，言不盡意。」夫言而書之以爲詳矣，而猶曰不盡，而況乎未始書之，未始言之者哉？此叔輒所以見譏于當世，狂而不信也。嗟夫！

公是集卷四十一

宋劉敞撰

議

天子五門議

禮説天子五門，曰臯門，曰庫門，曰雉門，曰應門，曰路門。此有五門之名，無五門之實。以《詩》《書》《禮》《春秋》考之，天子有臯門，無庫門；有應門，無雉門；有畢門，無路門。諸侯有庫門，無臯門；有雉門，無應門；有路門，無畢門。天子三門，諸侯三門，門同也，而名不同；三同也，而制不同。何以言之耶？《詩》曰：「乃立臯門，臯門有伉。乃立應門，應門將將。」《書》曰：「二人雀弁執惠，立于畢門之内。」又曰：「王出在應門之内。」此皆道天子之禮者也，無道庫門、雉門者，非天子門故也。雖然，畢門或謂之虎門，或謂之路門。路門者，建路鼓于此門之外，太僕司之，指路鼓而言，故曰路門。虎門者，王在國，則虎賁氏守王之宫，蓋居此門。故太保命仲桓、南宫毛，俾爰齊侯吕伋，以二干戈、虎賁百人，逆子釗於南門之外。當是時，吕伋爲天子虎賁也。❶指虎賁而言，故曰虎門，其實一也。《明堂位》曰：❷「庫門，天子皋門；雉門，天子應門。」此言魯之庫門制如皋門，魯之雉門制如應門也。魯用王禮，故門同王門。其制雖同，而名不同也。諸侯有路寢，路寢之門是謂路門。此諸侯三門也。無道皋門、畢門、應門者，非諸侯門故也。《春秋》曰：「雉門及兩觀災。」子家曰：「設兩觀，乘大輅，諸侯之僭禮也。」譏兩觀不譏雉門，雉門者諸侯之禮，兩觀者天子之禮也。天子三朝，諸侯三朝，天子外朝在皋門之外，諸侯外朝在庫門之內。天子治朝在應門之內，諸侯治朝在雉門之內。❸天子內朝在畢門之內，❹諸侯內朝在路門之內。其建國之神位，左宗廟，右社稷，皆夾治朝，此《春秋》所云「間于兩社，爲公室輔」者也。禮説以爲廟于庫門之內，❺誠然者。仲尼助祭于廟，事畢，出游觀之上。觀者，雉門也。雉門在內，庫門在外，當言入游，不當言出也。祭畢而出游，乃得至觀之上，明廟在治朝之左，雉門之內也。《郊特牲》曰：「繹之于庫門內，失之矣。」繹當于廟，即廟在庫門者，無失也。又曰：「獻命庫門之內，戒百官也。太廟之命，戒百姓也。」百官疎，故戒之于外朝；百姓親，故戒之于太廟。此亦魯事也。魯之有庫門，審也，天子無庫門也。何謂畢門？畢者，趩也，王出于此，則趩也，師氏掌焉。

---

❶「以二」至「吕伋」，原無此二十一字，據傅校本補。
❷「明堂位」，原作「明位堂」，據明鈔本、鮑校本改。
❸「天子治朝」至「雉門之內」，原無此十八字，據鮑校本補。
❹上「內」字，傅校本作「治」。下句「內朝」之「內」字同。
❺「爲」，鮑校本、傅校本作「謂」。

何謂應門？應者，應也，王居治朝，正天下之政，則四海之内罔不敬應也。何謂臯門？臯者，告也，王居外朝，則播告萬民，謀大事也。此亦《春秋》大言天子也。何謂庫門、路門、雉門？諸侯不敢戚天子，名門，以其所近也。庫者，府庫所在也。雉者，治朝所在也，謂之雉，猶治也。路者，路寢所在也。此亦小言諸侯也。

或問：「子之所言，宮室門户之間道歟？」曰：「然！固正宮室門户之道也。」

爲兄後議

禮：天子之廟，三昭三穆，與太祖而七。諸侯二昭二穆，與太祖而五。所謂昭者，父道也；所謂穆者，子道也。天子、諸侯未必皆身有子，故或取于兄弟之子以爲嗣，親同則取其賢者，賢同則取其長者，長同則卜其吉者，❶非兄弟之子則勿取。❷故不以諸父爲嗣，父尊也；故不以諸兄爲嗣，兄亦尊也；不以諸弟爲嗣，弟，己之倫也。此古者五廟七廟之序，❸以昭穆不相越，❹迭毁不相害也。至乎後世，國家多事，或傳之諸

❶「卜」，傅校本作「取」。
❷「勿」，明鈔本、傅校本作「弗」。
❸「五廟七廟」，傅校本作「七廟五廟」。
❹「以」，鮑校本、傅校本作「所以」。

兄，或傳之諸弟，蓋有不得已也，❶則禮散久矣。然既已受國家天下，❷則所傳者雖非其子，亦猶子道也；傳之者雖非其父，亦猶父道也。以天下國家爲重矣。《春秋》僖公，實閔公之兄。閔公遭弑，僖公書「即位」，明臣子一體也。公孫嬰齊卒，《春秋》謂之「仲嬰齊」，以謂爲人後者爲之子，當下從子例，不得復顧兄弟之親稱公孫也。《春秋》之義，有常有變。夫取後者不得取兄弟，此常也。既已不可，及取兄弟，則正其禮，使從子例，此變也。故僖公以兄繼弟，《春秋》謂之子；嬰齊以弟繼兄，《春秋》亦謂之子。所謂常用于常，變用于變者也。既正其名，則僖公不得不以閔公爲昭，歸父不得不以嬰齊爲穆。既正其昭穆，則迭毁之次，不得不以一代一也。而儒者或疑禮無後兄弟之文，遂以《春秋》書「仲嬰齊」爲不與子爲父孫，非也。子爲父孫，誠非禮之正，有不得已者，《春秋》正其爲臣子一體而已。故實公孫嬰齊，而謂之「仲嬰齊」。若《春秋》本不聽其爲後者，則當書曰：「公孫嬰齊卒。」學者問之曰：「此仲嬰齊，曷爲謂之公孫嬰齊？」不與爲兄後也，乃可矣。夫《春秋》，家猶重之，況國乎？國猶重之，況天下乎？故凡繼其君，雖兄弟必使子之。如繼其君，繼其大宗，而不使子，是教不子而輕其所託也。此文公所以受逆祀之貶也。然《春必使子之。繼其大宗，雖兄弟秋》固爲衰世法，非太平正禮也，太平之世未嘗有也。漢時定迭毁之禮，丞相玄成、丞相衡引昭、宣兩帝並爲

❶「也」，傳校本作「焉」。

❷「既」，傳校本無此字。「國家天下」，明鈔本作「天下國家」。

昭，❶獨以孫爲昭，而不知禮無兩昭。使昭帝之天下無所傳，宣帝之天下無所受，失禮意也。又惠帝、文帝皆高祖子，惠帝親受之高祖，文帝則受之惠帝，雖皆兄弟，此與閔公、僖公何異哉？存當以臣子敘之，死當以昭穆正之。而漢時議者皆推文帝，使上繼高祖，而惠帝親受高祖天下者，反不與昭穆之正。至于光武，當繼平帝，又自以世次爲元帝之子，上繼元帝，而爲元帝後。皆悖經違禮，❷而不可傳者也。自漢世以來，其議尤衆。皆曰兄弟不相爲後，不當以昭穆格之，妄也。若不以昭穆格之，則天下受之誰乎？凡人君以兄弟爲後者，必非有子者也，引而爲嗣，臣子一體矣。而當嗣者反以兄弟之故，不繼所受國而繼先君，則是所受國者竟莫有嗣之者也，不可一矣。生則以臣子事之，死則以兄弟治之，忘生悖死，不可二矣。己實受之後君，不受之先君，今當自繼先君者，不惟棄後君命己之命，又當廢先君命兄之命，不可三矣。天下國家則歸之己，而父子之禮則恥不爲，不可四矣。徐邈曰：「若兄弟爲昭穆者，❸設兄弟六人爲君，至其後世，當祀不及祖禰。」此又妄之甚者。禮有所極，義有所繼，❹爲之後者爲之子，所以正授受，重祖統也。兄弟六人相代爲君，亦六代祀祖禰矣。假令非兄弟相代，其祖亦當遷矣，不得故存也。即如此言，使有兄弟六人爲君，各

❶「並」，原無，據明鈔本、傅校本補。
❷「悖」，鮑校本、傅校本作「倍」。
❸「爲」，原無，據鮑校本、傅校本補。
❹「繼」，鮑校本、傅校本作「斷」。

自稱昭，是有十三廟也。又其最後一君，當上繼先君，而五君終爲無後也。豈其所以傳重授國之意乎？《禮》：爲人後者降其私親。設兄弟六君，故當各自爲嗣，義不可曲顧其親，何謂祀不及祖禰哉？凡言禮者，惡其諂時君之意，苟曰益廣宗廟，大孝之本，而不詳受授之道、《春秋》之義，使當傳國者不忍以國與其宗，曰：「非吾子也。」當受國者又不肯以臣子之禮事其君，曰：「非吾父也。」至令宗廟猥衆，昭穆駢積，而鬼有不嗣者，推生嗣死，獨何悖哉！獨何悖哉！❶

奔喪議

臣竊見，舊制，官自三司副使以上及班行使臣，遭父母喪者，例皆有百日公除。孝子雖有思慕之心，猶逼于王命，不得遂行，此誠傷教害理，無取于今。臣伏以三年之喪，通于天下。以義制恩，古人有之，自謂身在軍旅、躬被金革者，不敢以私事辭王事爾。本非承平之時游談侍從之臣所當行也，又非班行冗下之職所當預也。習俗既久，寖以成風，其賢者則以不即人心爲悲，其不肖者遂以當喪墨縗爲榮。以之錫類，是爲傷恩；以之教民，是爲忘孝。今天下往往有聞哀不舉、廢哀圖仕，源自此始，不可不慮。《傳》曰：「君子不奪人之親，人亦不可奪親。」竊謂惟在軍中者，可權從變禮。其舊制三司副使以上及班行使臣百日公除，不合禮意，宜聽行三年之服，以崇孝悌之風。臣又聞，古者大夫去國三年，然後收其田里，明有恩也。今丁憂臣僚，

❶「獨何悖哉」，明鈔本、鮑校本、傅校本無此四字。

即日絶其俸禄，亦爲大确，豈有行禮之人反不及被放之臣？臣往見丁憂者，家貧無食，乞丐餬口，其皇皇傷孝子之心，非所以化民成俗也。臣以謂，文官兩制、武官自諸司使以上，與給全俸，其餘京官下近臣商量可否。

妾爲君之長子三年議

李端懿卒，其庶弟之母疑其服。或曰：「妾爲君之長子三年。」某未之聞也，故議之。妾爲君之長子三年，傳無其文，而鄭玄以爲禮。然經「大功布衰裳，牡麻絰纓，布帶，三月；受以小功衰，即葛，九月」章曰：「大夫之妾，爲君之庶子。」其傳曰：「妾爲君之黨服，得與女君同。」故玄以謂女君三者，妾亦三年矣。按三年之服，髽衰、疏衰，無妾爲君之長子，則君之長子未可以三年服也。凡禮之所慎，名爲大。妾不得體君，是以其服也，有故而遂者矣，以别嫌明統也。然則得體君者，惟小君爾。小君爲長子三年，妾又爲之三年，則安在其能别嫌明統？且不得體君也，❶難以言禮。然則所謂「妾爲君之黨服，得與女君同」者，殆指謂庶子以下爾。爲庶子大功，則爲長子宜期。爲長子期，雖無明文，然猶可有見者。《傳》曰：「妾爲女君、君之長子，惡笄有首，布總。」是言服女君之笄與君之長子笄同也，笄同則衰宜同矣。爲女君期，不得不爲君之長子期，此文之一隅可反求者也。凡服之降也不過一等，其加也不過一等。妾爲君之庶子大功，爲長子三年，失

❶「也」下，傅校本有「夕守亂矣」四字。

其等矣。然則妾爲君之長子疏衰、裳齊、不杖、麻屨、惡笄有首、布總，于禮爲節。然康成推庶子之傳以言長子，而不求其意；法家因康成之言以著服制，而不原其失。輕重貿亂久矣！某以謂九伯，先帝之甥、大王之子、李氏世嫡也。其喪也，國人覠焉，使庶弟之母爲之三年，于義未安，改而從政，儻亦禮之一得云。

與爲人後議❶

孔子射于矍相之圃，子路誓客曰：「賁軍之將，亡國之大夫，與爲人後者，不入。其餘皆入。」蓋去者半。敢問何如斯謂之「與爲人後」矣？與之也者，干之也，求之也。庶子奪其宗，非干歟？嫡子不後族人，支子後族人，嫡子而後其族，非干歟？諸父諸兄，尊也，諸弟，倫也，義不可爲後，❷非干歟？禮不後異姓，異姓不爲子，異姓而爲人子，非干歟？庶子而奪其宗，則篡其祖也；嫡子而後其族，則輕其親也；諸父、諸兄、諸弟而後其子兄弟，則亂昭穆也；異姓而後于人，則背其姓也。當周之衰，賁軍之將，亡國之大夫，與爲人後者蓋多，此仲由所惡也。曰：「禮不後異姓，異姓何以有爲人子者？」曰：禮所言者，方其治世也。世衰禮廢，必首于夫婦之間。夫死子幼，莫之安其室矣，于以適人，少則依其居，長則從其姓，貴則利其禄，富則利

❶「與」，原無，據明鈔本、鮑校本、傅校本補。
❷「可」下，鮑校本、傅校本有「以」字。

其貨，而莫之自外矣。此亂之甚者也。或曰：「繼父朞。」曰：繼父者，有父道而非其實也。❶妻穉子幼，子無大功之親，而與之適人。所適者爲之築宮廟于門外，❷使子以四時享其先，妻不敢預焉。築宮廟于門外者，❸遠其宗也。妻不敢預焉，正其族也。如此，則繼父之道矣。故同居則服朞，異居則服三月，未有能易其姓者也。君子不易人之姓，人亦不可易姓也。或曰：「昔之言禮與子異。」曰：然！昔之言禮者，以謂人有後矣，而又往與之者也。有後而又往與之，是兩後矣，安見有兩後者歟？且人惟無後，故求後焉，未有有後而又求副焉者也。❹此非子路之旨。或曰：「立後者，立族人。族人既爲人之後矣，而父晚有子，立族人歟？立子歟？」曰：諸侯將立後，必告于天子，而見于祖。大夫將立後，必告于諸侯，而見于祖。《傳》曰：「爲人後者，爲之子。」爲之子者，降其私親，所以重之也。如有子則反，苟代匱而已，非立後也。

復讎議

「父不受誅，子復讎可乎？」曰：「可！君臣，義也；父子，性也。」曰：「不以親親害尊尊乎？」曰：「親

❶「而」，原作「也」，據明鈔本、鮑校本、傅校本改。
❷「宫」，原作「宗」，據明鈔本、鮑校本改。
❸「宫廟于」，原作「宫于廟」，據明鈔本、鮑校本改。
❹「有」，原不重，據明鈔本、傅校本補。

親，内也；尊尊，外也。親親，本也；尊尊，末也。重内而輕外，先本而後末者，道有在焉。」「若是則臣可以報君乎？亦可乎？」❶曰：「否！非此之謂也。君之于臣也，固有誅道，若何其可手哉！」❷「然則奈何而復之？」曰：「以告于方伯，方伯致其法。古之事有在于是者矣，《書》曰『葛伯仇餉』，湯征自葛，爲餉者之父而仇之者也。告于方伯而不從，則告于天子，天子致其法。❸古之事有在于是者矣，《書》曰：『皇帝清問下民，鰥寡有辭于苗。』遏絶苗民，無世在下，爲鰥寡之人而仇之者也。告于天子而復不從，則是上無天子，下無方伯。上無天子，下無方伯，則緣恩而疾之可也。」「請問其人？」曰：「伍子胥是已。」曰：「伍子胥亦嘗告諸方伯，天子而不從乎？」曰：「否！子胥未嘗告也。」「未嘗告，何以得專復讎？」曰：「子胥知雖告焉，猶無益也。當是之時，周爲天子，而楚以王自居。晋主諸侯，而楚與之狎。主盟周晋之下，❹不能行于楚也久矣，又惡能誅之？❺此《春秋》所以緣恩而疾之者也，君子以謂猶告。」「敢問師友之讎亦可通乎？」曰：「不可！太上無讎，莫敢亢也。國君惟父母之恩達，牧長惟朞之恩達，其餘力能報之則報之可也。」曰：「太上無讎，則仕焉可乎？」曰：「否！不謀其利，亦不致其怨而已矣。仕則吾不知也。」

---

❶「若是則臣可以報君乎亦可乎」，原作「若是則可以報君乎之亦可乎」，據明鈔本、鮑校本改。

❷「手」，疑當作「乎」。

❸「天子」，原無，據明鈔本、鮑校本、傅校本補。

❹「下」，鮑校本、傅校本無此字。

❺「又」，原無，據明鈔本、鮑校本、傅校本補。

處士號議

劉子曰：士之有爵，禮也；有號，非禮也。古者蓋名而不字，其次字之矣，而死不謚；其次死有謚矣，而生無號。號者，下事上也，臣事君也。古者有神農氏、軒轅氏，非所以褒士也。故士有不可臣，而無不臣。有隱居以求其志，而無矜世以立名。名之于人也大矣。其亦將有叛親戚、薄君父、毁聖智以干于世者乎？❶且夫士之隱也，❷非惡富貴也，爲上之不我知也。既知之矣，貧可使富，賤可使貴。故有天下者斯養天下之賢，有一國者斯養一國之賢，士大夫不能也。是以士則薦之大夫，大夫則薦之君。薦之者，達之也，非苟增其名也；養之者，用之也，非苟美其號也。古之善爲士者不敢以賢自譽，是故無事而食其食，不敢也；無位而服其服，不敢也。如非其禮而踐其號，何爲哉？

不舉賢良爲非議并序

景祐四年，詔舉賢良方正之士，至者數十人。明年，有司試其藝，獨二人應科。于是宰相議以賢良猥衆，多名少實，欲一切罷之。余在京師作此議也。

---

❶「乎」，鮑校本無此字。

❷「且」，明鈔本、鮑校本、傅校本無此字。「也」，鮑校本作「者」。

賢良通于古今之變，政教之本，豈止心辨善辭，以自鬻一時哉？　今夫天子深居皋庫之中，而洞視四海之表，❶雖有日月之明，不能隱于旛旆。　故外有登聞、匭函，內有銀臺、閤門，而設御史、諫官，是紀是綱，則豈不欲盡下情而斷欺負哉？　雖然，民能自詣登聞、匭函者，非必有長材異畫動主聽者也，特州里細故訴困于上，不則利其身以禄者也。　臣能自致銀臺、閤門者，非必有讜言切辭爲國憂者也，特簿書往來，各守一端，不則幸其遇以求位者也。　夫細故不舉，不足爲天下憂；　簿書不期會，不足爲朝廷病。　由是而言，雖使百登聞、匭函，不若十賢良之盡下情也；❷雖使十銀臺、閤門，不若一方正之識本務也。　諫官、御史，位隆志滿，充庭取備，不若使草野之士直言而極諫也。　夫古之取士者，選之于鄉，舉之于民，三公賓而薦之，天子拜而受之，是以禮義全而廉讓作也，其意蓋曰賢能重而禄位輕云爾。　是以或藏而不肯仕，或走而不肯見，其意亦曰吾之身重于禄位云爾。　故君人者趣于人，不聞趣人。　今天下之仕必由進士，求進士者又不謹于禮，聚之如召役，校之如試技，意可則薦，不可則黜，故進士之名至卑也，進士之禮至薄也，進士之仕苟易也。　上重其禄，下輕其身，故潔己高世之士不肯從也，❸深自託于賢良而發憤。　今大夫之議，謂賢良無益，而學者顧多奔競，而可廢勿舉焉。　嗚呼！　曷爲其然哉。　大夫固患其無益歟，謂進士者乃有益哉？　固患其多奔競歟，

---

❶「表」，明鈔本、鮑校本、傅校本作「廣」。

❷「十」，明鈔本、鮑校本、傅校本作「一」。

❸「肯」，原作「忍」，據明鈔本、傅校本改。

則胡不使公卿舉之，而乃使其自進也。夫自進者多，則忘以利爲恥。使待舉而動，則天下之人莫不以禮自守。如是而患奔競者多，未之有也。抑又有甚便者一焉。今公卿皆禄位自廣，才德自高，恥有迎師之名，羞有廉士之問，其來長矣。今一旦敕之，使爲國薦賢，宜人人用心，而天子必有垂拱無爲之安。吾又以閲公卿之才，忠信者進，私黨者退，譬若蓍之權衡，不可誣也。使上無文仲竊位之過，下無伯尊攘善之禍，不亦大哉？所謂甚便者也。然則言賢良可廢，非賢良之失。凡吏待之不以禮，使之不自重也。故禮之不謹，則賢者不出；待之不厚，則賢者不勸。其理然也。又曷爲廢其舉哉？天下潔己高俗之士焉所而發憤？憂國濟世之士焉所而布策？懷義願忠之士焉所而赴訴？貪進苟得之士焉所而矯厲？且夫賢良，美稱也；方正，善行也。方爲天下，而自不舉賢良始，是使今之天下不得與周漢比隆也。古之治國家者，有益于用則存之。夏后之鼎，湯之典寶，周之琬琰，魯之大弓，晋之闕鞏，衛之大吕，陳之石砮，和之弓，垂之矢，離之磬，胤之舞衣，此其非有通古今之變，明王道之本，達下情之塞，然而世掌之，況在其求人乎？故子貢欲去告朔之餼羊，仲尼不悦；臧文仲廢六關，君子譏其不仁。然則循名而忘其實，失所以廢；棄大而恤其小，失所以置。患不使有司舉賢良，不患賢良無益也。

張忠定謚議

太常禮院謚故禮部尚書張公曰忠定，太子中允直集賢院同判吏部尚書曹劉敞覆議曰：尚書布衣之時，任俠自喜，破産以奉賓客，而借軀報仇，往往過直。及讀書爲文，折節受學，則爽厲明白，❶務求道真。至于策名試吏，俶儻奮發，思自見于世，不令己失時，蓋有古賢之風。而神宗聖考，知人善任，使每盡其用，雖專斷于外，而上不疑，此其所以感激慷慨，能成功名者也。夫英偉卓犖之人，固自負其材，可以意氣忠信結而不可以禄位富利取也。尚書再在蜀及他臨莅，皆朝廷所倚重，或兵荒之餘，而言聽計從，德澤下流，民到于今稱之。蓋君之圖任一，則士之報施重，不其然乎？自宋興以來且百年，言治者甚衆，其直己以事上，盡心以撫下，生有榮名、死有遺愛者，尚書殆無與並焉。末年以疾，害于朝謁，不至大位，士君子以爲恨。今皇上甄德念功，使有司追賜之謚，而曰廉方公正，安民大慮，❷竊以謂無間然矣。請從博士之論，以充太史之録。謹議。

趙億質謚議

《春秋》之議：❸視遠物者見其形不見其容，聽遠聲者聞其疾不聞其舒，此褒貶之審也。少傅公歷仕三朝，嘗列四輔，謀謨之益，施爲之效，蓋多有矣。然而入則直論，出則詭詞，是以人無聞焉。雖推美讓德，大

❶「爽」，原作「表」，據鮑校本改。
❷「民」，原無，據蘇洵《謚法》卷二、《皇朝文鑑》補。
❸「春」上，鮑校本、傅校本有「議曰」二字。

臣之宜，亦其天性恭慎然也。今太常易名，謂之「僖質」，稽論揣稱，竊以爲允。謹議。

巷議

人或言于巷曰：「吾聞國家録有功之臣，❶訪其子孫，爲將用之。若趙韓王、寇萊公、張尚書者，皆可謂有功矣，❷何以反不録耶？」❸有應之曰：「然！吾固疑之，必有司失之矣。謂此三公子孫已仕故弗録耶，❹則大臣有子孫在朝廷者衆甚而亦録。❺謂此三公功烈薄故弗録耶，❻是大不然。方祖宗在側陋時，韓王故人也，祖宗龍飛，韓王之功爲多。祖宗有天位，地不過數州，擅生殺、僭命號者相屬也。❼韓王宣其股肱之力，强者誅夷，弱者臣從，日闢國百里，卒使中國爲一統。修法令章程傳世之具，至今天下賴之，以比蕭、曹不可謂功薄也。真宗即位日淺，契丹内侵，兵至澶淵，上親即戎，未敢渡河，當是之時，大臣葸葸憂懼，

❶「國家」，明鈔本、鮑校本、傅校本作「詔書」。
❷「可」，原無，據明鈔本、傅校本補。
❸「耶」，鮑校本、傅校本作「也」，下同。
❹「仕」，原作「著」，據明鈔本、鮑校本、傅校本改。「弗」，鮑校本作「勿」。
❺「大」，鮑校本、傅校本作「功」。
❻「此」，鮑校本、傅校本作「之」。「功」，原作「之」，據鮑校本、傅校本改。
❼「僭」，原作「借」，據明鈔本、鮑校本改。

不知所爲，或勸上避之秣陵或勸上避之蜀漢，❶然萊公扣馬抗辭，發憤慷慨，以謂棄中國而去，則河北、河東非朝廷所有，❷廢興之効危于累卵矣。❸天子感悟，遂渡河北，契丹由是遁逃。則萊公之謀也。巴蜀再叛，百姓凋弊，盜賊滿野，時尚書受命治之。單車到府，城無居民，庫無金帛，倉無見粟，而群孽在外。尚書能安而輯之，威而懷之，盜賊殄滅，善民得職，至今蜀之人稱之若神明，不可謂無功也。嗚呼！方韓王之時，天下地狹人寡，財力不足而敵國多，韓王能以弱爲强，以小爲大。今天下地廣人衆，財力有餘而敵國少，然元昊叛不能誅也，日蹙國百里。方萊公之時，賊兵深侵河北，再三欲亡，大臣懷異謀，請棄中國，京師可謂危急矣，❹然萊公獨以爲無能爲，天子用其一言，而百萬之衆北首奔駭。今無故兵不壓境，畏其虚言，歲至鉅萬，❺以貶威損重。方尚書之時，乘亂敗剽刼之後，公私埽地，然尚書外禦寇，内治民，克成厥功。今居平地，因承平之資，盜賊發，輒更數十郡不得，❻殺官吏，辱士大夫，惡不忍言，長吏以下或開門送迎，具牛酒過

❶ 二「之」字，原無，據鮑校本、傅校本補。
❷ 「河東」，原作「山東」，據明鈔本、鮑校本、傅校本改。
❸ 「効」，原作「功」，據明鈔本、鮑校本、傅校本改。
❹ 「京」，原作「東」，據明鈔本、鮑校本、傅校本改。
❺ 「至」，明鈔本、鮑校本、傅校本作「致」。
❻ 「不得」，原無，據明鈔本、鮑校本、傅校本補。

兵，可哀也。使此三公今在，❶天子得而用之，天下不足憂矣！今此三公子孫微甚，可因此大振顯，以示在位者也，曷爲反不録？❷吾固曰是有司之失。嗚呼！由元昊之叛，將帥無功失律者相繼，雖或貶退，然皆不旋踵用之矣。以此易彼而何有焉？」❸某聞其言，因竊著于簡，爲《巷議》。

❶「今」，明鈔本、鮑校本、四庫本作「且」。

❷「録」下，明鈔本、鮑校本、傅校本有「乎」字。

❸「彼而」，傅校本作「猶可」。

公是集卷四十二

宋劉敞撰

説

雜説九首

善治天下者，求之于其身而已矣。耳也者，所以聽也；目也者，所以視也；口也者，所以言也；心也者，所以思也；手也者，所以攫也；足也者，所以走也。凡此數者，相待而成，相須而生，廢之則病，缺之則喪。然而莫相易也，莫相德也，分定故也。聖人之治天下，能使百官萬物如耳、目、心、口、手、足之不可相易，亦不相德，濟之如一身，而天下安有不治哉？❶ 屠羊説者，楚之屠羊者也。當昭王之時，吳兵入郢，昭王奔走，屠羊説有功焉。王定而賞之，屠羊説曰：「不可！王始失國，吾亦失屠羊。今王復國，吾亦復屠羊。吾職已足矣，又何賞乎？」此其不相德也甚矣。所謂分定者，非名位有所極，人不敢間之者也。清濁中理，賢

❶「哉」，原作「者」，據傳校本改。

不肖中倫，人莫能間之者也。譬若足之不可爲手，耳之不可爲目也。故天子憂天下，諸侯憂其國，公卿大夫憂其家。所任大者憂亦大，所任小者憂亦小，非上獨逸而下獨苦也。古者以進爲役，以退爲休，勞力者安，勞心者憂也。其不以利私己也已，故上下一體也，憂大者慮遠，憂小者慮短。故有天下者，其視百歲猶旦暮也。有一國者，其視一世猶旦暮也。有一家者，其視一歲猶旦暮也。旦逸樂而暮憂患，人情所不爲。是故天子有百世之憂，諸侯有十世之憂，士庶人有終身之憂。❶

非獨百姓爲有俗也，❷至于有司執事亦有俗也。❸爲國者謹察其俗，變之則治，不變則壞，不可不慮也。然則今執事之俗何也？曰：今執事之俗以希世爲賢，以守道爲拙，以苟簡爲治，以姑息爲安，以佞諛爲禮，以雷同爲美。以希世爲賢，故巧競之路開也。以守道爲拙，故敦樸之節消也。❹以苟簡爲治，故政有所不舉也。以姑息爲安，故事有所不修也。以佞諛爲禮，故忠信之士匿也。以雷同爲美，故正直之風壞也。雖然，此六者非忽然而敗也，若火之燒膏，若泉之穿石，漸之漬之，將放于盡而止，❺不盡則不止。方其未盡

❶「身」，傳校本作「世」，此句下並有題「雜著八篇」。

❷「非」上，傳校本有「一篇以謂」四字。雜説以下各段同。

❸上「有」字，傳校本作「百」。

❹「敦」，傳校本作注文「太上嫌名」四字，下同。

❺「放」，原作「效」，據明鈔本改。

也，❶可不憂耶？ 故及其未盡而救之，庶有已乎？ 然則何不視其不爲希世者而貴之富之，以抑其不守道者；視其治苟簡者而黜之辱之，以進其不苟簡者；視其安姑息者而黜之辱之，以升其不姑息者；視其佞諛者而糾之讁之，以振其不佞諛者；視其雷同者而糾之讁之，以來其不雷同者。如此而人盡其心，吏專其職，内之無秕政，外之無敗事，亦不數歲而習以爲俗矣。及其習以爲俗也，天下何事之不治哉！ 今至使國家者委之天，曰：「治，天也；不治，天也。」抱道德者委之命，曰：「達，命也；不達，命也。」凡治國家者在仁，而享富貴在賢，今也皆委之天與命者，六者之俗不除，曲直相混淆，故知其無可奈何者，爲此言也。夫習俗之人惟見其是，不見其非也，是以禍至而不知。今不能變，後之人其必有任是者乎。嗚呼！ 若火之銷膏，可不戒之哉。

古今不同，風化不一。帝王之政，在謹察其時之俗，其善者敦而悦之，其惡者反而新之，然後政可行也。今天下之俗其何如哉？ 曰：今天下之俗習于機巧，急于財利，薄于禮義，輕于刑罰。機巧習則用不足，財利急則盜將起，禮義薄則君子隱，刑罰輕則小人肆。此固反而新之之時也。其反而新之無説乎？ 曰：有欲機巧之反也，莫如尚忠厚；欲財利之反也，莫如進廉士；欲禮義之反也，莫如謹制度。行斯三者，則刑罰重矣。欲刑罰之反也，其要在知人。知人者，求若人者，尊之使可則也，貴之使可尚也，富之使可悦也，百姓惡有不勉而從之者乎？ 夫百姓者固見利而不見義，今且使其見爲利不若爲義者之榮也，惡有不順乎？ 今

---

❶「未」，原無，據明鈔本補。

且使其見爲義不若爲利者之榮也，惡有不悖乎？

三代之王，各有官刑。所以然者，公卿大夫操事任職，與百姓異。百姓以勤勞效事爲務，❶而卿士以興化致治爲責，其法不得一也。近觀《春秋》之義，責賢者備，責不肖者略。所謂賢者固卿士之品也。官刑見于《書》《傳》者，夏則昏墨賊殺，商則具訓于蒙士，周則多矣。今刑罰憲章所以防禁小人掊博淫盜、争鬭毆擊者甚備，而卿士大夫其荒謾頗僻、傷教損俗者，于法無比，則置而不論。必求其掊博淫賊、争鬭毆擊者，然後舉行刑焉。❷彼爲卿士大夫者，雖甚不肖，亦安有爲夫市井小人之爲者乎？苟不爲市井小人之爲，則皆良大夫也，而其懷惡頗僻，傷教損俗，有甚于市井小人之爲者，反置而不論，不亦操下詳、責上略乎？是背于《春秋》。今宜粗定官刑，以興化致治。賢者任，責之使夫居官者有畏也，亦不待掊博淫賊、争鬭毆擊而後罰之矣，則必思正其身以扶世道民。如是不亦忠乎？❸

古之公族，高可以秉國鈞，下猶列大夫，所以能爾者，誠教訓服習之至也。人之材性，賢愚不同。賢者可使亞聖，愚者可使畏義。若飽食逸居，❹而無師保之嚴，則放僻邪侈，無不爲已。今公族子弟，雖有説書

❶「勞」，明鈔本、傳校本作「力」。
❷「行」，明鈔本、鮑校本、傳校本無此字。
❸「忠」，傳校本作「中」。
❹「逸」，傳校本作「佚」，下同。

伴讀，類不能開導其性，假使天資茂異，猶不自知，況其膏粱漸染，何由振起乎？古者太平之世無棄人。今公族，國之枝葉也，其賢者未嘗効用，中下又不養育，但令飽食逸居，其爲棄之，不亦甚乎！天下一家，四海一法，荒徼山野之士無不並取，可謂立賢無方矣。而親戚懿私，以嫌不用。公卿大夫懷左官附益之疑，莫肯任忠信建言其事。幸天下常寧，固無可虞，若時移俗變，或有强臣跋扈，而公族枝葉，無權無勇，不足畏憚。前古如此，可勝言哉！夫言且然之勢于未然之時，俗必笑之。及其有然，恨不早然，何可然也？魏文帝明知秦所以亡者，無親親之輔，而拘束子弟，愈于盗賊，國不三紀，移于强臣。此可謂昭昭之鑒也。夫爲政之體，用兵之術，苟平生未嘗見，雖抱智勇，或失規矩。今公族甚多，宜選厲賢儁，歲出數人，令曉民事。若其大雅卓然，便借以權柄，此與任殊姓異族功相遼矣。《詩》曰：「揚之水，不流束楚。」「無信人之言，人實迋汝。」又曰：「有杕之杜，其葉菁菁。獨行惸惸，豈無他人，不如我同姓。」同姓之親親，其所以然者，禀性受體，共源異派，出于天性，而不可解于心也。故公子不去國。嗚呼！可不念也哉，可不念也哉！

古太學教胄子以九德，及其學成志就，足以不惑，然後授以爵位。故二帝三代，世族門子，多得賢材。今公卿大夫郎吏以上，皆得任子弟。上者至京官，❶其次仕州郡，非復專學問道，苟以榮富家貴族耳。勢崇

❶「上」，原作「下」，據傳校本改。

力鉅，易以謀通，❶往往據要職重任，十有八九嫡庶不分，賢不肖混淆。天下常若官多員少者，❷此等害之也。可爲著令，諸當任子者，得任爲後者一人，餘皆不得。若自以爲有殊功異行，詔上名者，不用此令，而令朝臣以上子弟，悉詣太學著籍受學，爲設五經博士，隨所欲學，從博士習之。間歲輒一試，如漢朝射策，取問經典大義。通五經、四經爲上，三經次之，二經爲下，不及二經且勿舉。以十道爲問，不失爲上，失一二次之，失三四爲下，失五勿舉。既得其人，以學優劣制其爵禄。假令其父若大父世父官本微也，今以其子孫才高，自以高官與之，稱也。假令其父若大父世父官本崇也，今以其子孫材下，自以小官與之，亦稱也。人當以言行爲類，非若萬物可種傳也。如此，仕者皆得其人，經義益修矣。

古者求士，先退讓敦樸者，欲以勵世矯俗也。士之應世求者，亦偃蹇自厚，而鄙小榮利。是以人懷廉約之心，俗長敦厚之風。若不得已而應聘効力，則謂然中立，以道進退。何則？其素所操持者不近勢利也。故古者鮮患失之歎。今進士猥多，自十年以來歲歲增益。州郡所舉會于尚書者，常三千以上，若盡以爲賢，是何賢之多也？雖《兔罝》之世不能及此。必若不能盡賢，但啓貪競之心，開奔走之路，非朝廷之美也。又懷利干進，互相窺詆，發揚其短長，或攜手揚袂，佻達傲蕩，無復處士之態。習俗爲常，❸不覺不禁，必復有

---

❶「謀通」，原作「講道」，據傅校本改。

❷「多」，傅校本作「衆」。

❸「常」，原作「長」，據明鈔本、傅校本改。

西晉曠放狂譎之敗。竊以謂宜令州郡間歲舉進士者，取其實行經學，試之如太學冑子，大郡三人，其次二人，其次一人，無則闕。京邑，四方所則，❶士之占籍多，可令五十人，餘京或五十七人，其佻薄無行皆擯斥勿收。如此，號爲州郡舉進士可矣，非進士自舉也。夫自舉之與人舉之，所以厲世矯俗，豈可同日而語哉？今不惟進士自舉而已，至于賢良方正亦自舉也。豈不過乎！夫賢良，美稱也；方正，善行也。古之當此名者，方將高臥潛處，不知羔雁珪璧之聘三四至而遂能起乎？今皆循循然窺顔色，求便利而進矣，争門齰指不足諭其情，側肩攫金不足況其態，鼓腹自鬻不足比其羞，無乃其實與其名不相符哉！今世皆知高賢良于進士矣，不知賢良之害于俗甚于進士。何以言之耶？人有言曰：「南城之澤有兔焉，可逐而取也。」彼聞之者必争先致力焉，然其至也，必游手惰農耳。又有言曰：「有鹿焉，可逐而取之也。」則不獨游手惰農而後争之也，必將有舍業而往者矣。則兔小而鹿大故也。夫進士，兔也；賢良，鹿也。二者皆以動貪利之心，❷而賢良之所動者多，可不慎哉！故女以自媒爲醜，士以自獻爲污。今朝廷使公卿大臣舉賢良方正，則名實當矣。

太守縣令，宰民之官，久則民愛之畏之，不久則威不下，德不及。今數移易，少及三年者，至于善郡或數月而一改。人知當遷，懷苟且之心。吏見其上當去，又欺罔之，或因緣爲姦，不可考較。如此，朝廷雖欲使

---

❶「則」，原作「賦」，據明鈔本、鮑校本、傅校本改。

❷「以」上，傅校本有「足」字。

二千石宣布教化，勢不可得；二千石雖欲爲朝廷宣布，勢亦不可得。而民吏奉承長上，又非獨易也，或嗜好不同，或寬急異術，或趣舍殊路，❶或懲勸相駮，期年一變法，數月一易政，雖有百心，不知所從，若不如指，鞭扑隨之，豈不可憐也哉！宜一以九年爲限。又頃令守宰募兵，❷滿率者賞之，如此，則守宰去字民之任，而更當主兵也。夫守宰以占民田户口衆寡爲殿最久矣，今一旦以募兵爲事，❸若不籍流人，將安取之哉？流人不復田畝而爲兵，守宰貪募賞格，必無禦之者，不出數年，天下喪失户口必甚，復安得人而充之乎？若滿率不賞，則棄信也。方欲用兵，而先棄信，不可爲也。若滿率必賞之，則欲賞者必多，誰欲朝廷安集飢餓之人乎？又宜假守長以權，使輕重有所出，惡逆自劾，盜賊不生，要在任之以久耳。

《書》云：「謀及卿士、庶人。」蓋以通下情，慎事機也。今天下之事，惟決兩府，假令盡得賢智，猶當詢衆，況又未必得賢乎！凡民吏上書，❹或興建利害，朝廷大事，可依唐漢故事，❺令百官雜議，議而行之，以法《洪範》。往者詔書有所爲，或一年，或二年，或三年，或數月之間，又輒取格，此皆謀之不審，議于苟且。

❶「趣舍」，傅校本作「取捨」。
❷「頃」，原作「須」，據傅校本改。
❸「旦」，原作「日」，據明鈔本、鮑校本改。
❹「凡」，原作「夫」，據傅校本改。
❺「依」，原作「以」，據明鈔本改。

方行之時，以爲萬世之策也，❶事未及半，乃知不便，因而止之耳。故數下不信之令，輕損神明之威，非朝廷之福也。若謀而後行，議而後決，安得此患乎！又頃兵興以來，調度不足，吏民獻攻戰之策、富國之術者，不可勝紀，高得入幕，下猶參軍，抑豈無碩畫奇效可施之當世者乎？然浮僞猥多，善惡不分，時議皆謂懲張元、吴皓，姑息此輩，以故扇習，更求試用，造作怨謗，興出事端，欲以恫愒主上，規取貨利，❷此不可不察也。盡禁其端，則衆情壅塞，苟有至者而輒賞之，則姦僞滋長，宜取所言下賢臣考較，驗可用者則聽待詔，其不可用者罷之。所待詔者，或必試用，則敕近臣問狀，若策試時務，審無虚僞，然後隨其器用之。則留者必自以得上心，失者必自不恨。今者雷同一概，無所玉石。或長材異謀，不見旌别，雖被國恩，猶以爲耻。其庸庸者，則又過幸。或私相假借文字，竄竊姓名；或密從左右，刺取前人所上書已嘗奏御者認爲己有。所以規中上意，百端千緒，不可不察也。其言興利除害者，類無遠識，以掊克爲智，以斂怨爲德，以一切爲便，以米鹽爲能。有司樂之，輒爲行下，于國未有毫毛之益，而于民有丘山之損，此豈可持久哉？❸凡若此類，尤宜與衆議也。議必可行之，議之不可，奈何行也？今朝廷非無議事之典也，所議數事而已。誅大臣則議之，謚大臣則議之，皆有司成其文，而郎吏以下唱唯而已，非能有所指發異同也。而諸近臣輒移疾自便，不赴其

❶「爲」，傳校本作「謂」。
❷「貨」，傳校本作「資」。
❸「此」，傳校本無此字。

期。如此，孰與不議也？❶名存實亡，何益？《詩》曰：「詢于芻蕘。」芻蕘猶可詢，況諸大夫乎？議事，❷丞相下九卿，卿下州，州下郡，郡下縣，縣下鄉。

百工説

百工之事，聖人智也；百子之術，聖人治也。百工殊智而同巧，百子殊術而同治。作車以行陸，作舟以行水，鑠金以爲刃，凝土以爲器，鞣革以爲韋，合異以爲繢。甲欲其堅也，刃欲其利也，弓欲其規也，矢欲其直也。其意舛馳，其務相反，其智不一，能并而容之、并而任之者，司空也。或爲楊，或爲墨，或爲刑名，或爲縱横，或爲道德，或爲法術。爲人欲其棄己也，爲己欲其忘人也。其意亦舛馳，其務亦相反，其智亦不一，能并而容之、并而任之者，聖人也。故司空氏得其人，百工者咸安其職、勉其業、居其次。司空失其人，百工者起而相時之好惡，以巧相傾、以利相排、以説相勝。聖人在上，百子者各輸其術、陳其力、守其官。聖人隱，王道廢，百子者不得其用，起而察時之治亂，深念而遠慮之，以智相多，以學相非，以法相厲，天下于是大亂，人自爲教，家自爲治。則上無聖王，而使人不得其材，賢者在下，而業不試故也。著之其書，傳之其徒，以謂若己而治矣，此一官之事，一器之用，譬猶鼎之可烹，罍之可盛，使相易而不能行矣。其淺深度量，規矩措

❶「不」上，傅校本有「本」字。「也」，傅校本作「耶」。
❷「議」上，傅校本有「又」字。

置，適其所宜而已矣。楊氏思天下之亂，以謂亂生于利，彼也故爲我。墨氏思天下之亂，以謂亂生于私己也，故兼愛。申、韓思天下之亂，以謂亂生于民分之不定也，故尚刑名。蘇秦、張儀之徒思天下之亂，以謂亂生于患難之不排，紛揉之不解也，故爲縱横。莊、老思天下之亂，以謂亂生于多欲也，故教以清浄。陳仲、史鰌思天下之亂，以謂生于貪曲也，故教以廉直。許行、陳相思天下之亂，以謂亂生于逐末也，故教以稼穡。孫武、吴起思天下之亂，以謂亂生于不教民戰，故立兵法。此皆其美者也。是以言之或相擯也，或相尚也。雖然，尚之非也，擯之又不是也。聖人者立，數子者得其欲而言止矣。故言者生于不用也，術者生于不試也。言而皆得其用，天下安有言；術而皆得其試，天下安有術。故仲尼之門，德行顔淵、閔子騫、冉伯牛、仲弓，言語宰我、子貢，政事冉有、季路，文學子游、子夏。聖人之能盡人之材也，知人之能，止其分也。使治天下，亦若是矣。使世而無仲尼，德行者或爲老、莊，或爲陳、史。言語者或爲秦、儀，或爲惠施。政事者或爲刑名，或爲法術。故曰：非百子之害也，無聖人之害也。聖人不息，王政不滅，百子者不起。夏有天下四百餘歲，傳之商。商有天下六百餘歲，傳之周。聖人治之，仁人接之，百子者不得作。周有天下八百餘歲，文敝極矣，仲尼生而無位，百子者紛然而起。由是言之，百子出于周衰也，周之前固未有也。及至今之時，道無所主，治無所出，學者喪其性，而萬物失其體，而欲復三五之治，何可得哉？故曰：世之敝，必鄉原也。相悦以名，相飾以利而已矣。世之所向而爲之，世之所背而去之，因主爲操，因俗爲度，因僞爲禮，滑稽而無法，誕漫而無家。世之敝，必鄉原也。鄉原不及百子，百子不及中庸。中庸者，聖人之治也。堯舜所以君也，周公所以臣也，仲尼所以師也，子思、孟軻所以救敝也。惟仁人能知聖人，子思、孟軻之謂也。

説犬馬

由漢以來，苟進言于天子，無不以犬馬自予者。嗚呼！犬馬之賤，誠若是甚矣。使夫治國守道之臣，進以義，退以禮，而犬馬之況不已貶乎？❶使夫亂國偷容之臣，進以利，退以刑，而犬馬之況不以僭乎？今夫犬之爲人用也，不過受一器之食，然而外則有獲獸之效，内則有禦寇之猛，斯可謂適其材矣。今夫馬之爲人用也，不過盡一鈞之芻，然而外則有兵戰之捷，内則有馳獵之奉，斯亦可謂適其材矣。故功著而利不益，身勤而事不害，此雖廉能之士，❷盡瘁不貳，何有能過焉？若夫亂世偷容之臣，享五鼎，禄萬鍾，非特一器之食也。高堂華宇，寵章美服，非特一鈞之芻也。挾虚譽而邀利，竊主權以移國，外之無獲獸之效，内之無禦寇之猛者，世不可勝紀也。所謂功薄而罪尤，身利而事害，如此，何以自比犬馬耶？❸且吾聞賊臣之喪國矣，未聞犬馬之亂世也。誠使桓、靈、惠、懷之君，其左右前後盡若犬馬也，則天下何喪焉！故吾以謂亂國之臣，其不若犬馬，未可以爲比也。用貴擬賤之謂讓，用賤擬貴之謂僭。然而以彼亂國之臣而比犬馬，吾見其僭，不見其讓也。

❶「況」，原作「説」，據傅校本改，下同。
❷「此」，明鈔本、鮑校本、傅校本作「世」。
❸「耶」，傅校本作「也」。

公是集卷四十三

宋劉敞撰

書啓

擬朝廷報契丹書

恭問大契丹皇帝。遣某子遺朕書，告將親伐元昊，朕不敢聞。先帝割靈、夏五州之地封李德明，使奉拓跋之祀，編族宗籍以寵其姓，尊官貴爵以養其身，厚賜重禄以足其意，丹書鐵券以堅其信。德至厚也，澤至大也。曩者元昊不思先帝之至德，忘其祖先之勤苦，因中國累世之賜予，以煦沐其人民，遂扇揺種族，造作名號，掠刼郡縣，西邊苦之。當時公卿大夫皆曰：元昊所爲，大惡不道。朕不得赦，故詔邊郡厲兵馬，爲士民之衛，絶其屬籍，削其官爵，以苦之而已。然皇帝遣使再來，讓書隨至，以爲起殘民之伐，無忌器之心，邀開南之地，求二十萬之賂，朕甚恧焉。以皇帝之書問公卿大夫，皆曰：地者先帝所有，不可輒移。二十萬之賂，在中國秋毫耳，不足愛惜，以絶驩心。故詔有司，如皇帝所諭。今西邊之吏，將帥和輯，兵械益修，財用大足。元昊數至，攻無所利，掠無所得。智窮變索，甫求納款，使者再至，朕未許也。而皇帝欲躬御師徒，深涉其境。意者儻有他故，以怒皇帝之心，不然向也全安之，今乃破毁之乎？且元昊中國之畔臣，皇帝之尚主也。朕將勸行，則是以疎間親，而不忌器也。朕將沮行，則是失計而養畔也。其伐其不伐，皇帝自處之，朕不敢預聞。攻城下邑，歸之彼國；係擄人民，歸之彼都；輸獲珍寶，歸之彼府。朕不以破元昊爲幸，亦不以不攻元昊爲怨，守先帝之約，全二國之歡，不亦可乎？皇帝勿疑，譬如交阯、雲南有爲不順者，❶朕詔有司討之，豈以此遠煩皇帝哉？聞皇帝行獵西北苦寒之地，自重爲望。

與吴九論武學書

前此有人自京師至，言朝廷制作武舞，教之庠中者。小人竊喜，以爲太祖太宗功業軼三王，德厚侔天地，而廟樂未立，雅頌未備。公卿大夫乃宜冬不裘，夏不葛，而日夜謀之，所以使名聲洋溢，與萬世無窮，百姓有以詠歌，四夷有以觀聽也。而闊然寖久，功烈掩塞。是以天子感焉，而作樂崇德以薦之宗廟，肆之上帝矣。周室既衰，管絃之書遂亡，于今千歲焉，而吾徒乃且復得閱其蹈厲，親其文物，是千一之會也。以足下方爲學官，所以欣然奉書，求粗問制度，亦欲夸動下國，奮揚輝光。今辱來訊，乃知傳者之誤。而國家自以邊鄙未靖，故立武學，以校驍鷙之士，孫、吴、賁、育之儔，小人失望，又重感歎。昔三代之王建辟雍、成均以敦化者，峩冠縫掖之人，居則有序。其術《詩》《書》《禮》《樂》，其志文、行、忠、信，是以無鄙倍之色，鬭争之

❶「者」，傳校本無此字。

聲。猶懼其未也，故賤詐謀，爵人以德，褒人以義，軌度其信，壹以待人。故曰：「勇則害上，不登于明堂。」民知所厎，而無貳心。是以其教不肅而成，其政不嚴而治，曾未聞夫武學之制也。夫縵胡之纓，短後之衣，瞋目而語難，按劍而疾視者，此所謂勇力之人也。將教之以術，而動之以利，其可得不爲其容乎？爲其容可得無變其俗乎？吾恐雖有智者，未易善其後也。而況建博士之職，廣弟子之員，本之不知，教化其寖弱矣。夫戰國之時，天下競于馳騖，于是乎有縱横之師，技擊之學，以相殘也。雖私議巷説，有司不及，然風俗由是以薄，禍亂猶是以長，學者之所甚疾，仁人之所憂而辨也。若之何其效之？且昔先王務教胄子以道，而不及武者，非無四夷之患，誠恐示民以佻也。今既示之佻矣，道其已乎？四方之人何觀焉？且足下預其議而不能救歟？吾所甚惑也。足下書曰：時事日新，恨不我見。此獨非新事乎？吾既見之矣，故聊以裁答。

答進士潘起辭不爲師書

某頓首秀才足下，前日吾子有辱于某，聞吾子稱摯，不敢見也。辭不獲命，既匕見矣，敢使從者以書還摯。某雖未得識吾子之面，然亟與鄉大夫執政者游，其論處士之秀，必以吾子爲最。譬莫信于鄉黨，故某也始有願交之心。今吾子乃幸過其門，而諭以書，是使某内得所望，而外有以託于交也。夫信于鄉黨之信，固信矣，猶之信于人也，未若信吾之所自信，爲信于己也。是以因吾子之書而審求之，則夫不自多以年，不自足以智，不自憚以力，此君子志士之所尚，而某也方得法于吾子，子有何望師于我哉？或者人有以不肖欺聰明歟？吾子之聽有時而過歟？亡其所謂寡于世者，矯而闢之歟？燕王之尊郭隗是也。不然，師之道甚難，何願于不肖？夫古之人既樂于育材，又重于爲人師。既悦于問學，又慎于得己師。師者，聽之者也無拂；師者，則之者也無違。無拂者，君事也；無違者，親事也。古之人兼君親而奉之，未嘗易于師，師亦不可易也。某常誦此，不敢易于人，亦願吾子不失易于人也。道德之師深而約，章句之師雜而競，文字之師辨而夸。今吾子上愧于道德，而下不願爲章句、文字，然則吾子何求矣哉？吾子亦謹用其志，毋怠所事，道德將自至。某也，不足以司進退，吾子察之。某頓首。

爲伯父作上范參政書

某月某日，某官某再拜獻書參政諫議：蓋聞小人之事君子也，盡心焉耳矣。事可陳，雖私不嫌也；言可出，雖疎不避也。忠信故也。今某願有謁于閣下，不敢嫌其私，亦不敢避其疎，願閣下聽之。人皆言曰：「執事好善恐不及，用人不求備，是周公以來一人而已。」夫好善恐不及，則士樂歸之；用人不求備，則世無棄材。宜乎小人之率胸臆、舒肝胆于左右也。某之獲私也非一日，又嘗得爲屬吏，又嘗得預于薦論，以某之不肖也，而見信于執事，故親戚爲某酌酒而相賀，朋友爲某易貌而改觀，然而某之意，獨不自幸也。何則？當是之時，執事猶在外，故某非敢望伸于人也，十年于兹矣。今自執事之贊天下之政也，善無所不升，能無所不用。某也，竊不自遜，以爲奉令承教，亦幸無罪，非敢當執事之首舉也，其亦庶乎一之後而及之乎，其亦庶乎再之後而及之乎，其亦庶乎三之四之而及之乎？今既不獲矣，意者某之愚，不概于心耶？抑亦衰老不足以任事耶？抑亦不肖將有讒慝之口間之其中耶？自非然者，執事豈輕昔日之舉，而重今日之賜哉？默而不言，其無乃使人疑夫執事之遺忘微賤乎？其無乃使人疑夫執事之薦人不以誠居情乎？其無乃使人疑夫執事之不自信其信乎？是故事雖私不敢嫌，言雖疎不敢避，此小人事君子忠信之實也。願執事察之。某又聞趙文子之相晋國也，所舉而用者管庫之士七十餘家。夫管庫之賤，而文子不捨者，考其素行，有以效其將來者也，故能成其功。仲尼曰：「如有所譽，其有所試。」今某則自謂見譽于門下矣，未見試于門下也。執事如不忍廢文子之意，遺仲尼之義，則某也願竊自比管庫之士。豈獨某幸甚而已，抑四方之人，將大有悦執事之不遺微賤者焉。干冒威重，不勝戰恐。

上鄭資政啓

邈遠符光，亟遷歲籥。晞虹蜺之隆燿，濶江漢之清流。心如旌摇，訊將雨絶。伏惟坐鎮南國，翕寧純禧，恭以某官，稟靈山川，爲世梁棟。邁一德以齊俗，含至誠而協中。往者董正武經，毗參公鉉。折衝出于樽俎，威令被乎夷戎。茂功越成，優詔均逸。雖帝堯四岳之任，下統諸侯；而姬旦《九罭》之詩，咸思衮服。矧惟注意，固亦匪朝。闇于知人，幸兹守土。誠陶鈞之遠及，趨棨戟而無緣。仰冀上爲廟朝，益綏福祉。

與知府龍圖啓

右，某仰止英輝，藐焉陋國。顧恪居之鞅掌，曾奏記之差池。非敢自疎，誠獨内愧。何德宇之寬裕，循雅故之勤隆。貶損音題，開諭蒙蔽。于傳玩而無斁，輒藏弆以爲榮。伏惟某官積學淵通，扶義倜儻，以功業而爲任，急名教以濟時。仁政所加，休聲之所偃；善民得職，獷俗之革心。天下想見其風，主上方倚爲相。敢希慎重，以塞具瞻。

與知府龍圖啓

右，某久違符光，寖易年籥。方遘閔而潛處，絶奏記而自通。馳精棨扉，萌吝心曲。伏惟坐鎮多暇，味腴積中。恭以某官政爲吏師，文入聖奧。紹先覺之逸軌，含正始之古音。清德鎮浮，休風偃俗。誠明堂之良榦，亦太室之元龜。曩者典領大農，總司邦計，憂思獨遠，謀謨至深。暫違近班，求全而或毁；旁詢餘議，皆仰而益光。顧彼价藩，豈淹大用？緬冀俯順炎燠，倍頤寢興。

與許州龍圖啓

右，某伏蒙迂念舊治，寄聲下寮。在謙尊之光，誠有餘裕；顧樸鄙之質，非所勉任。竊承弭節便時，涓日樹政。去思未解，條教復新。雖巖石之瞻，以淹遠致；而方面之寄，可謂允懷。某近馳悃，誠諒布聽覽。悵雲霧之益，騑遠坐隅；惟燕雀之依，仍在宇下。敢冀爲國自重，少副區區。

與滑州龍圖啓

右，某願游藩籬，望見風采。幸被外臺之檄，當叩大府之嚴。接淅于行，趨塵在近。伏惟綏萬夫之政，道六氣之和。德業優優，吉祥止止。矧聞膺鎮圭之召，修卓馬之朝。舍人治裝，方隆相漢之望；霖雨審象，即頒命説之篇。仰冀上爲倚毗，倍寧寢處。

與審官龍圖啓

右，某緬違英表，洊易流陰。百憂忘生，殆無視息之意；三年俟放，獨作羇孤之臣。雖辱賜環，猶棄居郡。藐漂淪而是懼，嗟僻陋之見容。簡記差池，精爽飛越。惟雅素之甚厚，冀神照之未忘。近承雍容清嚴，左右顧問。矧導和之有術，固錫福以彌沖。恭惟某官，賢業幾深，德華彪蔚。宿負致君之略，況多正始之風。宜處弼諧，益觀治象。諒在匪伊之夕，即頒誕告之書。某過被詔函，遠分使指。趨階符而尚遠，摇心旆以增勞。冀順天和，允副時望。

與經略龍圖啓

右，某啓：伏審升榮内閣，臨統西師。《圖》《書》之淵，固歸德望；屏翰之地，宜在偉人。實亦朝廷之華，豈伊交游之寵？伏惟某官，猷爲英亮，神檢邃深。直清播于當時，功烈效于已試。猶屈方面之任，寄外禦之憂。儻周九命之崇，尚先作牧；漢三公之選，必更治民。訂之輿情，又可前賀。某叨膺符守，往繼治規。自顧空疎，竊所欣預。

與知郡屯田啓

右，某偃伏高風，想見英采。徇挈缾于吏局，絶捧謁于賓閎。過辱流謙，特迂華檢。緬荷勤渠之眷，秖舒鬱結之悰。伏惟某官，偉度淵停，敏材鋒出。方攄遠到之藴，以極冥升之基。豈伊近藩，久淹令望？冀慎衛生之術，少寬引領之懷。

上參政諫議啓

右，某伏覩邸報，竊審某官，光被僉俞，毗參大政。貳公演化，方茂太平之風；間世得賢，實快具瞻之望。恭以某官，德輝華國，智略該時。經緯之氣甚高，王霸之術獨茂。施之爲政，卓爾絶倫。固宜主上極注意之求，朝廷期迓衡之美。豈獨不賓之虜，❶未康之民，偃薄乎威聲，滲漉乎仁教？某職居守土，禮絶没階。仰跂虹蜺之光，俯同燕雀之賀。

---

❶「虜」，原作「國」，據傳校本改。

上樞密諫議啓

右，某忝預搢紳之後，得游化鈞之中。洒濯至和，奔走賤事。以謂竿牘之禮，不足以自通。然其燕雀之誠，則深于預附。惟均調丕律，燕翼大猷。神明降休，福祉如響。伏以某官，具體元哲，炳靈崧高。蹈先覺之英規，藴庶幾之賢業。所以經國尊主，扶世導民，莫非正始之風，以趨大中之極。功德並茂，輝光日新。故出臨价藩，則萬夫悦服；入贊上樞，則百工咸熙。蓋折衝兩楹之間，而寢兵萬里之外。上方博采輿誦，稽合懿經，將正富民之封，毋觖在庭之望。敢冀上爲宗社，精調寢興。

上樞密諫議啓

右，某伏審某官，光膺詔册，榮貳樞衡，伏惟慶慰。恭以某官，德重國基，道鄰聖奥。用經濟爲己任，以忠肅得士心。致君之規，期于熙盛。康世之度，實効憂勤。下推具瞻之謡，上揆可久之業。所以增重宗稷，覃化朔南。時論翕然，僉選斯在，命下之日，海内寫懷。皆習聞于訏謀，已想見于風采。伏惟三后之治，高並羲、軒；四輔之賢，今得伊、召。太平可翹足而待，盛德方隨流而攘。某忝聯具寮，慶覿休遇。莫諧班賀，但極驩心。瞻望符階，不任抃激之至。

與龍圖諫議啓

右，某近修賀牘，輒枉嗣音。仰厚睠之過隆，撫懦衷而增感。伏以某官，道隮聖壼，名聳朝端。入贊靖淵之謨，出寄蕃宣之重。聲猷絶擬，功業並崇，而雅素不忘，㧑謙益甚。夫以教化爲任，必敦愷悌之風。仰詠誨言，祗欽德望。尚阻侍前之便，更深引領之懷。伏冀上爲廟祧，倍寧寢履。

與龍圖諫議啓

右，某倥偬官曹，淹留荆楚。地處南海，幾絶馬牛之風。知慙小夫，遂忘竿牘之禮。永惟僻陋，無以奮飛。近審賜方底之書，急追鋒之召。僉俞允屬，柄任必歸。遠方傳聞，通夕載抃。矧以某官，智窮精祲，學富淵源。處經事而皆得其宜，主盛德而不牽于俗。聖朝所以簡照，多士所以推賢。名澤並流，功業已試。方旌華國之望，以正富民之封。❶敢冀上爲倚毗，倍寧寢餗，不任懇懇之至。

與知府諫議啓

右，某暌遠德符，淹留官局。雖引領而繼日，念置郵而曠時。逖聽風聲，坐慰孤陋。諒偃藩之多暇，益

❶「民」，傅校本作「人」。

專氣而考祥。伏惟某官，高度鎮浮，遠猷濟俗。明見秋毫之末，智均輠轂之流。舉無遺功，謀不失利。管、商强富之策，國用以饒；申、甫蕃宣之材，上心攸屬。矧最七人之近列，樹千里之休風。試之治民，蕭侯不樂于居外；倚以爲相，漢帝素察其深中。方期促裝，願必加愛。棲仰之抱，一二罔伸。

與參政諫議啓

右，某啓：竊覩邸報，伏審某官，光被僉俞，毗參大政，天下幸甚。伏以某官，德爲柱石，言合典謨。蕩正始之徽音，敦致君之遠業。憂民惟切，奉己甚微。退讓形乎具寮，直清見于行事。久蓄貳公之望，果膺補衮之求。況今强虜淩邊，❶疲氓失職，實須迪哲，大濟群生。追太古仁壽之風，熙先帝文明之治。功業甚盛，指揮可期。某忝分外官，親覯嘉會。雖罄得賢之頌，尚稽賀廈之儀。瞻望符階，卑情不任踴躍之至。

與知府内翰諫議啓

右，某伏承偃息近藩，將明盛德。雖本朝之望，士論觖然。而方面之安，民謡籍甚。伏以某官，學猶天府，道幾聖鄰。謀謨之淵深，器幹之英亮。卓躒當世，翺翔昌期。固當調玉鉉之至和，賁衮衣之繁寵。輟處外屏，猥同衆人。福潤之流，限以千里；恩教之遠，局于萬夫。甚未稱致君之姿，且將有遵渚之詠。喦歸可

❶ 「虜」，原作「敵」，據傅校本改。

佇，葆毓是祈。瞻望軒墉，無任懇款之至。

與中丞諫議啓

右，某竊覩邸報，伏審某官，光被僉俞，擢領風憲，伏惟慶慰。恭以某官，清修方潔，妙慮淵深。智出千人之英，德居四科之首。所以潤色王度，光輝朝端，後進得以承風，天子倚以爲相。歷金鑾之祕近，專内史之浩穰，到皆有聲，政在已試。猶且眷上卿之府，國體所崇。惟七人之班，朕命宜允。龍光駢委，風采昭融。盍徇倚毗之恩，以開弼諧之漸。某効官有局，趨賀無期。仰跂虹蜺之光，俯同燕雀之慶。

與知府諫議啓

右，某比者銜命荆州，假途會府，揖虹蜺之絶焰，❶聆河漢之緒言，沃如清風，祛此凝吝。矧以重鄉枌之愛，厚宗姓之盟，宴有加籩，禮常異數。迨啓行于南浦，復延餞于麗譙。感著實深，跂戀何極？涉始秋之餘暑，投芒刃之新硎，理解居多，天均自若。伏惟某官，炳靈南紀，挺德中朝。明白球琳之姿，深閎廊廟之器。輟從星閤，超踐蒲規，尚觖望于符階，暫吐金于江表。豈誠優于共理，抑將試以治民。固應匪朝，即有寵拜。幸慎葆光之術，稍寬引領之勞。懇款于兹，敷陳奚既。

❶「焰」，傅校本作「炎」。

與知府龍圖諫議啓

右，某祗膺明命，再陟東曹。捧綸綍而若驚，感風波之可畏。積薪相襲，後者居先。屈産復歸，齒其加長。矧外無尤異之積，内乏左右之容。舊物猥還，衰顔自哂。且夏官之屬，甚貴書勳；賞典之行，皆盛盟府。亦宜得清通之智，英敏之才，豈伊滯姿，可以虚受？此蓋伏遇某官至誠推士，閎量容人，深感彙征之非辜，仍憂屈轂之無用。齊素爲紫，庶幾三倍之貲；燕馬非良，忽增一顧之價。仰銜異眷，但刻深衷。收功桑榆，願激昂于壯節；誓心金石，期慷慨于當時。瞻望符光，豈勝懇款！

與知府資政諫議啓

右，某伏審某官暫解樞衡，出臨藩屏。本朝注意，雖均逸而優賢；蒼生具瞻，仍矯首而觖望。竊以某官，比德伊、管，致君勳華。謀大而志深，器遠而任重。借籌帷幄，覃化邊荒。甫臻偃武之規，亟辭執事之柄。功高而不與，道隆而從汙。穆然清風，粲若白日。昔吉甫有徂齊之駕，人詠其遄歸；周旦挾居東之疑，王思于新逆。僉俞久洽，登拜不遐。伏冀上爲廟朝，倍寧寢處。

永興到任謝宋承旨啓

右，某啓：肅將命書，臨署吏牘。藐是空疎之質，寄以會繁之區。方地數千，連城累百。内修民社之政，外總兵戎之機。僶俛事爲，經營分表。力非其任，智不逮心。❶此蓋某官雅懷并容，餘論推假，不遺三益之素，使就一麾之安。顧恐非才，終無云補。冀因德輝之及，猶有朞月之成。方阻披瞻，曷勝銘向。

與知府侍讀給事啓

右，某驟遠德輝，遽彫月彩。以瑣旅之無暇，曾奏記之後時。伏惟鎮撫一方，翕寧百禄。竊以某官，材爲世傑，智則吏師。優游上前之嚴，徘徊天下之望。出守近輔，甚觖乎民瞻；入毗大鈞，方欽乎帝賚。敢冀倍寧寢食，仰副俞諧。

與留守資政給事啓

右，某伏審某官，諏詢穀旦，臨撫別都，伏惟慶慰。竊以某官，贊襄大猷，登翊元治。名澤純粹而並茂，規畫昭衍而無疆。簡詔自天，均勞于外。伊王城之開奧，總宫籥之申嚴。深寄股肱，保釐郊甸。福潤之博，布山川而交流；鍾重之威，參九鼎而特固。上采古事，下聆僉謀。蕭何之居關中，尚躋相國；周公之在洛邑，亦有衮衣。將副具瞻，豈云曠日？敢冀順倚毗之眷，敦葆輔之才。瞻望符階，不任頌戀之至。

❶「逮」，傅校本作「迨」。

與知府侍讀給事啓

右，某屢馳短記，恭詗下風。惟蘊暑之戒辰，方前旌之取道。清塵勤止，泰宇晏然。竊以某官，德昭聖鄰，學該天府。歷居顧問之地，積負弼諧之瞻。居臨价藩，大翊邦甸。曾未入境，黎俗欣望而已多。永惟簡心，策書延登以斯逼。伏冀俯順時序，精調寢興。

與鄆州給事啓

右，某啓：伏審寵陞禁瑣，改鎮須句。雖巖石之瞻，尚觖時望；在股肱之寄，誠出上心。素辱顧憐，伏深慶抃。竊承遠驅王節，俯壓楚郊。望清塵而匪遥，逼賤事之有守。莫諧趨見，但極勞心。恭以某官，蓄謀淵通，具體純粹。修治世之具，見于彌綸；抱逢辰之資，合若符契。密籌帷幄之策，大鎮邊境之虞。成功甫施，均逸居外。且衮衣有遵渚之感，本朝多注意之勤。雖于藩是崇，實宰政斯在。仰希上爲宗祏，精調寢興。

與資政給事啓

右，某數被簡書，載驅道路。瞻棨戟之邈若，曾竿牘之闕如。内訟冥煩，交馳神幹。伏惟飲醇專氣，條教寧民。宜慶祐之方長，兹德符之永固。恭以某官，秀出人傑，卓爲國華。體貌著于上心，利澤見于天下。

豈其局迹千里，卷懷一時？信將振芳風于清塵，恢宏業以濟俗。尚冀良食，益符具瞻。

與知府給事啓

右，某沿牒旁郡，省親京師。深惟便私之行，蓋蒙錫類之賜。重迂騶馭，臨餞郊亭。貪恃厚恩，忽忘淺量，至于昏醉，有瀆視瞻。雖高明之見寬，實寤寐以自訟。伏惟聽覽多裕，吉祥來寧。某驟違後塵，甫越數舍。引領馳戀，向風增懷。冀養環中之和，庸慰天下之望。

與資政給事啓

右，某暌遠符階，貿遷歲律。縻簿書之鮮暇，修魚素之曠時。惟寬度之過人，固恕情而容物。側聆布宣詔教，翕受多祺。伏以某官，柱石之材，龜玉之寶，由中庸以希聖，推盛德以鎮浮。頃嘗贊襄萬機，焜燿三府。方爲霖以賜册，遽均逸而作藩。近輔陪京之邦，實繄福潤；明堂布政之地，方藉弼諧。幸保寢興，允符禱頌。

與皇甫給事啓

右，某啓：焉依寶鄰，時假餘潤。未有及民之德，過竊增秩之恩。此蓋某官，素加陽秋，曲厚風義，使疲蹇效賀，庳虛蒙榮。重煩咫尺之音，深諭勤渠之意。愧當雅睠，增鏤鄙悰。方拏舟以啓行，阻詣門而取別。

伏希上爲朝社，精調寢興。❶ 瞻望之深，非筆能究。

與知府給事啓

右，某恪居官次，跂仰符光。迷于期會之文，曠是竿牘之禮。伏惟臨一都之會，據千里之邦，惇樹休聲，緝寧福履。恭以某官，醇文貫道，高義鎮浮。騰膚敏之徽聲，挺中和之正氣。功業已試，議論有餘。聖上之所簡心，多士莫不推美。論股肱之郡，孰若中天？次承弼之臣，僉曰舊德。即期入輔，以副具瞻。敢冀上爲廟朝，精調寢履。

與知府給事啓

右，某間者于役，忽焉累旬。奔道路之孔脩，淹簡書之多畏。心繫幕府，思如風旌。伏蒙迂念空疎，親貶教誨。一字之重，固比于衮衣；八行之勤，本施于敵體。非此賤陋，所宜捧承。恭審燕處超然，茀禄綏止，且感且慶，以晝以昏。竊聆道路之謠，卿士之論，以謂盛德素著，宜遂就格天之功；而方面本輕，不當屈致君之量。深恐大旆，亟還中朝，實惟僉俞，敢不私喜？某飭駕還郡，拜塵有期。更冀上副倚毗，倍加攝養。

❶ 「寢」，傳校本作「寐」。

與給事啓

右，某恭沿使檄，就省親闈。還軫近郊，復覘星符之采；趨風上館，再聆月旦之評。慰抃交深，指陳罔究。

與許州知府給事啓

右，某肅承朝命，開決郡條。屈首受書，不能半古；弾冠充賦，苟利及親。幸試可于上前，辱推恩于券外。參民社之重，居僚吏之先，曾非所宜，何以自强？此蓋伏遇某官，陶冶庶俗，熏蒸太和，不欲寖昌之朝，而有退處之士，使得奏薄伎以自効，相諸侯以協恭，受賜甚多，敗材是懼。然而土宇所及，柝聲相聞。譬若層雲之陰，必及庶草；溟海之浸，莫遺近封。用此而言，知免于戾。顧守恪居之律，阻修趨見之儀。瞻望符階，飛越神幹。伏冀上爲宗祐，精調寢興。

公是集卷四十四

宋劉敞撰

書　啓

與沈丘仇香祕校啓

右，某頃賴英鑒，共登賢書。私喜邂逅之逢，矧瞻顒昂之表。遽驚判别，驟荷記存。緬佩玉音，秪攪心府。伏承履肅霜之序，味粹道之腴。茀禄用寧，啓處自若。尚睽款會，益冀保和。馳企之悰，敷陳罔究。

與判府相公啓

右，某屬因便道，幸得趨風。幕府容賓，里人授館。識恩顧之加厚，愧微賤之不遺。迨兹啓行，假以後乘。且復貶損手澤，稠重誨言，雖《小雅》之序《緜蠻》，亦古人之稱樂易，曾靡遠過，曷能弭忘？伏惟某官，純粹含章，直方鍾美。上求至治之術，下察當世之宜，裁成大猷，鋪繹元化。顧均勞而居外，暫握節以陪京。周公處東，還踐赤舄；召伯分陝，入爲冢卿。矧在稽古之朝，方增迓衡之望。聳聞僉議，大慰輿詹。敢冀益慎寢興，少符禱頌。

與判府相公啓

右，某伏以景近極而就長，律奏陽而復本。候雲備歲，布始經邦。恭惟某官，德茂帝臣，義均國體。正氣詡物，備四時之和；盛功格天，宜萬福之報。及群陰之滋損，諧衆望之僉俞。光華本朝，陶冶元化。某素依教育，密庇恩輝。阻慶下塵，馳精重戟。

與判府相公啓

右，某託于一官，邈若千里。雖復蒙福潤之沾洽，偃德風之清泠。罔能奮飛，秪益固陋。竊惟撫寧黎俗，翕受祺祥。恭以某官，股肱中朝，蕃屏方面。名澤純粹，功實輝光。上有同心之歡，下多注意之願。豈宜淹久京輔，徘徊衮衣？跂聞瑞節之還，大慰巖石之望。敢冀仰爲宗祏，俯和寢興。

與判府相公啓

右，某宿官甚賤，偃德素深。譬猶處鈞範之和，漬江海之潤。日以蒙益，忽不自知。又逼簡書之繁，重稽竿牘之問，豈意假借光寵，勤渠誨言？藏以爲榮，服之無隕。伏惟某官，晞德聖域，禀符元精。蓋上天所以保祐國家，而聖君有以康乂民物。功著廊廟，澤遺昆黎。讓而作藩，静以鎮俗。雖齊侯賜履，王室是毗；

抑周公處東，人望猶觖。側慶玉堂之册，復還金鼎之司。敢冀上爲敷求，益加保攝。

與判府相公啓

右，某伏審某官，肅奉制書，臨撫近鎮，伏惟慶慰。竊以堯命四岳，外總諸侯，周逮三公，出倡九牧。蓋社稷之衛重，而股肱之寄深。恭以某官，德度昭明，器宇淵博。固嘗歌九功之美，贊萬務之微。均逸彌年，注意在上。仍徘徊于方面，益宣布于善經。南山巖巖，猶觖乎士望；華舄几几，方兆乎公歸。某密附慶陰，阻修禮賀。瞻望台屏，不任欣抃之至。

與判府相公啓

右，某游于陶鈞之和，漸于江漢之潤，蒙德甚厚，依仁已深。未嘗自通門闌，望見風采。邈若數舍，忽如異方。伏惟蹈中和之精，膺元吉之報。恭以某官，翼亮淳治，弼成茂勳。格于上天，簡在明主。以謂負濟民之術者，不宜虛富民之封；立長世之業者，不宜觖當世之望。必委政柄，大爲孚先。欽聞疇咨，跂俟册命。敢冀上爲宗祏，倍寧寢興。

上致政少保啓

右，某暌遠門墻，差池歲月。顧轅下之局促，蹈海濱之阻幽。竿牘頗疎，形影相媿。伏惟頤神浩素，綏履康寧。恭以某官，邁德濟時，建功扶世。躋蒼生于既富，從赤松以自居。明哲保身，進退中道。振高節于頹俗，有大庇于斯民。蓋周公明農，宜加金舄之禮；魯侯俾壽，必有兒齒之祥。某早辱重知，再爲屬吏，坐遠熒煌之照，尤深跂戀之懷。敢冀仰順時和，俯凝福祐。

與通判國博啓

右，某祇奉詔函，來臨治所。屬館舍之初定，加簿書之易迷。曠于置郵，固以生媿。遽捧寄聲之問，粗寬引領之思。伏承晏處自如，吉祥萃止。顧微官之見縛，卜高會其未涯。仰冀保和，少紓馳想。

與鄰州通判啓

右，某肅膺朝命，分貳藩條。媿治幹之不優，欣提封之相接。伏惟某官，識精以敏，器閎而深。固爲群吏之師，矧最諸侯之選。河海均潤，誠有望于餘波；爵里自通，尚無從于良覿。敢希善嗇，庸副傾瞻。

與潁州知府少卿啓

右，某伏惟某官，英氣弸中，德符灼外。膺帝衷之深簡，蹈玉燭之至和。順履三微，翕寧百禄。某久依餘潤，阻慶高閎。馳望清塵，罔勝欣預。

與運使太博啓

右，某伏審循覽屬封，言還計府。跋涉之遠，炎涼既遷。惟偃息乎至和，固綏凝乎多福。某恪居賤局，仰庇洪庥。曾不獲履幕下之清塵，竊座隅之餘論。感逾秋實，摇若風斿。伏冀上念簡照之隆，倍精養氣之術。

又

右，某伏審某官。肅分威節，出建漕臺，伏惟慶慰。恭以十二牧之分，上沿虞氏；六百石之拜，近法漢朝。必皆識度深沈，問望英特。矧屬昌旦，尤難得人。竊惟某官，智析秋毫，明極水監。經國之具，足以垂將來；富民之謀，方且寛當世。欽若慎簡，總兹利權。列城聳觀，下吏偃伏。某猥以無狀，幸而忝員。尚依樂易之風，庶逃遲鈍之責。阻修趨見，但劇傾瞻。❶敢冀嗇神，少符引領。

與運使啓

右，某伏以流光徂暑，戒三務于《豳詩》。涼風告寒，協上官于神瞽。恭惟某官，將明盛德，宣布善經。

❶「瞻」，傅校本作「詹」。

政優優而洽聞，祥止止而來萃。某恪居有局，走見無從。伏冀順蹈至和，丕凝多祜。

與運使度支啓

右，某啓：執别未幾，懷賢寔深。良由相照之意多，自使仰高之誠盡。遽煩流問，益愧撝謙。兼審跋涉修塗，按循屬部，吏民瞻德，固已澄清；戎虜慴威，❶遂皆讋服。方奏膚公之狀，亟升上笏之勞。更冀節宣，用寬企佇。

與兩轉運啓

右，某幸沿使檄，得省親闈。祇畏簡書，亟還官局。荷仁恩之錫類，欣德宇之庇身。延仰賓閎，增摇心旆。伏惟布宣詔指，翕受春祺。竊以蹈絶人之資，振希世之略。所到皆治，好謀有成。國器卓然，士論咸在。必將躋深嚴之地，書尤異之勳。鋪張嘉謨，攄發妙藴。伏希上爲簡照，俯凝粹和。

與京東兩轉運啓

右，某啓：比緣親嫌，外領藩守。三换歲籥，再更使符。未有惠民之稱，而當進秩之寵。此蓋某官，陽

❶「虜」，原作「敵」，據傅校本改。

秋素及，風義相先。飾短爲長，樂善無厭。使迂疎之質，濫蕃衍之恩。矧焉依外臺，自力方面。仰止德望，庶逃嘖言。欣聳并深，敷述寧喻。

上太尉相公啓

右，某猥以冗瑣之材，叨當剌舉之任。亟承詔旨，行視鑾陬。屢有奔命之勤，久疎奏記之禮。内惟懦節，素辱重知。既未有以報恩，復無緣以進面。跂瞻門下，踧踖眉間。❶伏惟某官，寅亮國經，緝熙帝載。及功成而自引，綏眉壽以歸居。昔之折衝兵戎，或不出樽俎之表；偃息里第，亦大建藩垣之威。又況盛德絶倫，遠猷蓋世，畫一之規素著，可久之業甚修。朝野具瞻，神人致喜。勾芒賜秦穆之壽，豈止九齡；燕伯胙成周之功，必逾百歲。仰希自重，下副禱祈。

上樞密太尉啓

右，某伏審光被朝僉，寵專武柄，伏惟慶慰。竊以樞機宥密之地，帷幄靖淵之謀。外張皇于六師，内弼成于萬務。化參維斗，爵列上公。昔難其人，今覯斯美。伏惟某官，體純粹之德，蹈中庸之方。練達前修，經緯當世。治世之效，甫就于升平；華國之光，夙彰于無外。然而權季未正，功次或差。主上所以簡衷，士

❶「踧」，傅校本作「蹙」。

類所以引領，果膺徽命，以豁具瞻。俾夫牧馬絶于幕南，奇兵成于堂上。是爲盛德，實曰烈光。某辱顧眄之素深，荷陶甄而期久。徇衆增喜，望風馳懷。載笑載言，倍百常品。

上太尉相公啓

右，某近馳柔幅，幸叨侍鈴。何兹罜罜之誠，遽辱諄諄之誨。陳公尺牘，傳以榮家；魯史一言，寵于華衮。仰軒墉而尚阻，銘肺腑而不忘。恭以某官，國器淵深，天材特達，以康濟爲己任，用忠肅合世資。協德股肱，折衝帷幄。訏謨底績，既指期而太平；成功不居，遂偃藩而夾輔。昔周以二伯倡九牧，堯命四岳統諸侯。古今之典靡殊，中外之寄兼重。然而鴻飛遵渚，宜無信處之期。帝曰奮庸，方盡迓衡之望。敢冀上爲宗祏，精調寢興。

賀上夏太尉啓

右，某竊覩邸報，伏審上樞太尉寵被帝命，入專兵柄，伏惟慶慰。恭以某官，元精鍾粹，迪哲秉彝。經緯之氣甚高，王霸之略獨茂。訏謨萬務，則庶績熙成；訓齊六師，則遠戎震盪。功高往牒，德簡睿衷。惟兹宥密之幾，實宜英傑之用。折衝帷幄，成算廟堂。上有同心之歡，下增偃草之望。休期所屬，有衆所瞻。某忝效一麾，緬賒上府。雖罄得賢之頌，尚稽進賀之儀。延仰符階，再深踴躍。

知永興軍謝兩府啓

雍州上腴，見稱前史；秦地四塞，實雄諸侯。至于人物車甲之饒，風聲謡俗之盛，擇守未易，得人爲難。豈有抱空疎之姿，守樸陋之學，材不洎衆，智非過庸，擢從講闈，假以威節，兼四千石之重，連數十城之封。自視缺然，曷以稱此？此蓋伏遇某官，專陶鈞之化，隆作廈之功，至和平分，群力並用。不愛美錦，曲從庇身之求；申錫介圭，略比元侯之舊。蓋觀國者以處遠爲陋，事君者以居中爲榮。揆能苟微，冒寵忻過。固當勵斷斷之節，立優優之風。庶幾所長，尚有云補。下塞讒慝之口，上答甄鎔之私。

鄆州謝兩府啓

右，某啓：四月十六日，蒙恩授起居舍人知鄆州事兼西路安撫使，已于某月日到任上訖。朝廷之士貴際，而驟陟侍從之嚴。社稷之守重民，而洊叨屏翰之寄。智所不及，人其謂何？蓋材各有宜，賞欲無僭。昔壽王東郡，見譴璽書；買臣會稽，許奉計最。或負課自脱，或終更亟還。以彼具絶人之材，猶未免曠位之責，而某方申錫明詔，優游便藩，豈自謂撥煩之宜，殆必有過情之聞。伏惟某官，衡石多士，股肱本朝，盛德處懷，至公期物。袁絲陋于學，寧有不得居中之嫌；潘岳拙于長，固宜自試用短之效。方當上師法令，下勤簿書。庶幾樂職之風，仰酧造物之意。

謝外任兩府啓

右，某啓：比者叨膺恩秩，更領使符。右使之華，在日月之際；東藩之會，參股肱之都。内惟寡能，懼辱重寄。此蓋某官，推平以進物，謀治以濟時。大鈞所埏，必無窳器；廣廈既構，或兼衆材。使得輸尺寸之長，謹宣布之復。靈派均潤，休光照鄰。擊柝之音相聞，高山之仰跂及。庶依曠宇，以謝煩言。無任瞻望感激之至。

上留守資政尚書啓

右，某得游化鈞，多歷年所。惟重恩之未報，屬孤迹之見摧。屏息海傍，貽羞門下。既不能負荆以造謝，亦恥奏記而攄懷。藐然跂瞻，竊獨咎責。伏承某官，弼諧帝業，震蕩天聲。思四海之必孚，恥一物之遺用。以故卑蕞，復辱甄收。不然淹轍之鱗，迨無決水之望。夫賜而不德，此大賢之風；貪于私恩，則小人之事。輒捐竿牘，毋溷聰明。歲荏苒而殆徂，心摇蕩而無極。仰惟宸宇泰定，福履康寧。伏以某官，禀和維崧，具體元哲。蓋上帝所以賚弼，而聖朝必于迓衡。保釐别都，雖有三后之政；緝熙大業，尚觖萬夫之心。將授衮衣，且還玉鉉。上副倚毗之重，下均尊養之宜。瞻望符階，卑情不任懇激之至。

與制置待制啓

右，某竊審某官，光被帝俞，寵升天閣，且出宣于使指，悉兼總于利權。朝廷得人，衣冠須慶。伏以先帝策府，法雲漢之昭回；郡國均輸，集京師之平準。清華之選爲最，繁劇之柄鮮雙。號稱才難，必符衆允。恭惟某官，朱繩秉直，貝闕凝姿。茂久業之經綸，知當世之取舍。總執憲之任，志乎澄清；贊司會之謀，國以充富。刃無綮肯，智極淵泉。博聽僉諧，宜備顧問。既雍容于近侍，乃董振于外臺。昔蕭何饋軍，高祖稱其人傑；諸葛流馬，三國許以名臣。迹其勤勞，並居相輔。推故事而可見，矧令望之絶倫。緬冀上爲倚毗，倍精寢處。

與劉守待制啓

右，某比者擊汏遄征，班荆胥遇。協邂逅之良願，奉雍容之雅談。莫能淹留，遽爾睽越。時返顧以增戀，託置郵而尚疎。伏惟保釐郊畿，宴安休祉。恭以某官，清徽肅物，高論端朝。裁經術以自將，聳德華而絶出。優游侍從，振動謀謨。士林望之以龍門，天子目之于國器。且以大火明堂之分，白水真人之邦，宫鑰攸存，麟符宜慎。暫輟從于近列，將大贊于萬幾。輿望實然，休命何遠？幸保沖和之氣，以符頌願之心。瞻望軒墉，豈任凝約。

與銓主待制啓

右，某向常馳記，遽辱嗣音。不以侍從之嚴，遂遷疇昔之雅。服之無斁，藏以爲榮。方隆暑之在辰，諒燕見之多暇。吉祥止止，啓處休休。恭惟某官，智窮幾微，學有根本，處全德以耀世，振遠猷以事君。蔚爲國基，能得士望。雖復陟深沈之地，居顧問之班，猶以道非大行，澤不廣被，宜補衮衣之闕，以恢王佐之風。天眷亦優，帝賚不遠。伏冀倍精寢處，上副倚毗。

與審官待制啓

右，某託于疎冗之官，藐然僻陋之國。聲塵不接，牋記實稽。惟曠度之多容，豈雅素之遂絶。恭惟雍容帝側，綏養時中。伏以某官，德量淵深，神鋒穎擢，知當世之要務，自一時之偉人。議論精通，文采英發。多士咸自以不及，天子深察其有餘。歷試于難，所到皆治。固將舉富民之典，收命世之功。永觀豐規，大濟黎政。敢希酌民望之方集，推天眷之攸光。益思自珍，以隆嘉遇。

與都運待制啓

右，某伏審某官，輟從顧問，出領漕輸。雖馬牛之風，猶限以南北；故竿牘之禮，遂曠于浮沈。伏惟循察列城，敦樹賢業，神明于是來舍，福禄有以如茨。恭以某官，高節映時，清規照物，蹈先覺之令德，茂當世之遠猷。雍容爾僚，表範多士。間以烽堠未息，兵調尚繁，資深智之絶人，委前籌以富國。地方萬里，儲及九年。朝無北顧之憂，胡絶南下之牧。❶訂勳甚大，計德實高。佇頒夢弼之書，爰舉代工之命。敢冀精啬，以副仰瞻。

與制置待制啓

右，某近因便風，輒奉柔翰。況不遐于旌棨，諒已叩于聰明。春序甫中，陽和增茂。惟悉心于邦計，靡失節于道腴。伏以某官，高義薄天，純文華國，黼黻帝王之術，昭回雲漢之章。論議詳明，利害彰著。行無可擇，人亦愛其儲胥；至必有聲，樹兼存于蔽芾。迺者西戎背德，千里餽糧，經賦必出于大農，輸漕方資于長策。遽從顧問之列，暫委財利之權。功期有成，軍不乏用。方將贊襄幾務，允釐庶官。人望尤從，心禱斯在。伏冀上爲宗祏，精調寢興。

與糾察宗正待制啓

右，某伏審考庸太室，增秩夏卿。用《春秋》漸進之褒，見朝廷僉俞之重，伏惟慶慰。恭以某官，炳靈邦鎮，錫胄國宗。迪淳懿以自居，蹈中和以超舉。不屑近務，求觀休風。雍容内朝，揮綽德度。儼乎圭璋之

❶「胡」，原作「馬」，據傅校本改。

望，燦乎雲漢之光。寧當稍遷，以淹大用。蓋七兵之貴，主上有以簡衷；三事之賢，衆人欣于歷試。訂茲寵遇，曷究遠圖？仰冀節宣，以副瞻誦。

與虢州張待制啓

右，某近于行郵，忽辱荅教。窺詞意之甚重，銘心腑而弗忘。伏承坐鎮多餘，葆光自若。矧以某官，天機沖邃，器度閎深，久陟顧問之聯，方儲贊襄之業。士無異議，人已注心。然有非妄之災，出于不意之變。暫迂良幹，外典劇藩。蓋大賢將興，先乏其體。鷙鳥欲舉，必卑其身。天有還形，福其焉往？幸遵偃息之術，以俟光亨之期。

與岳州待制啓

右，某啓：伏以王春正始，乾象布和。風入律以應期，斗爲天而改朔。恭惟某官，勤宣令德，惠懋齊民。同福禄而殿邦，分股肱而爲郡。鴻飛遵渚，久流布于聲詩。帝曰奮庸，將上熙于天宰。履端在旦，受祉惟新。禱詠所深，敷陳焉究。

與渭州知府待制啓

右，某向審寵膺節召，臨統邊封。幄中之謀，主上許其人傑；閫外之任，羌戎畏于天威。❶可以懷柔，不獨鎮静。恭以某官，倜儻扶義，慷慨立朝。卹功名之後時，患郊野之多壘。見古人之風采，爲當世之藩垣。故叱馭取途，不以親解。讓爵辭賞，毋以家爲。英氣憺于遠夷，高義動乎宿將。功業屈指而可待，問望與日而益隆。昔申伯于宣，吉甫薄伐。上增榮于宗廟，下綏福于蒼生。咸秉大鈞，以報盛德。佇聆贊元之命，以啓迓衡之朝。❷伏冀上爲倚毗，倍加調護。

與岳州知郡待制啓

右，某啓：伏審涓選休辰，按臨劇部。方條布于教令，已延見于吏民。戎有良翰，坐聞周邦之喜；鴻飛遵渚，抑非盛德之宜？伏惟某官，英氣深閎，神鋒卓穎。騖絶塵之逸軌，邁扶世之高風。慷慨功名，發揮事業。固已入充顧問之選，出靖震驚之師。方崇茂勳，以底至治。何垂成之變，忽于丕圖；蓋无妄之災，殆必有喜。夫聰明可以理解，而賢哲難以數逃。汙隆其期，淹速奚恤。方阻咫尺之問，遽杜一介之來。仰窺謙

❶「戎」，傅校本作「虜」。
❷「朝」，傅校本作「期」。

光，秖攬吝腑。❶ 涉新秋之沆碭，投硎刃之優游。勉隆至和，以俟休復。

與某待制啓

右，某近修短記，幸叩侍鈴。何兹疎冗之人，遽損勤隆之筆。誠大賢之念舊，見明哲之用心。捧玩再三，感歎稠疊。恭以某官，知參《彖》《繫》，文賁天人。體圭璋之令姿，履金石之勁節。雌黄所及，過于《春秋》之褒；善俗攸歸，有同溟渤之赴。矧委夷末路，跼從頹轅，徒以久要之情，遂均一顧之價。向風慷慨，引領徘徊。念章綬之見拘，趨門館而伊阻。伏冀上爲廟祏，精調寢興。

與提刑太保啓

右，某託貳郡條，仰依雲蔭。曾乏趨風之望，居多引領之勞。伏蒙某官，過齒懦姿，曲流榮問。緬荷勤勤之賜，秖深叩叩之懷。隆暑在辰，聞名曠願。冀察輔生之術，益綏沖氣之和。跂佇豐恩，少符至懇。

❶「攬」，傅校本作「攬」。

公是集卷四十五

宋劉敞撰

書啓

回漢陽郭郎中啓

右，某啓：迺者引嫌避親，得請補外。瓜時再易，續用靡升。天秩不遺，龍光猥及。既塵右史之筆，又撫東侯之封。某官風義相先，忠愛有素。遠形慶問，深諭謙亨。祇佩攸深，指陳焉迨？尚阻晤言之適，冀精沖養之方。引矚爲勞，寤寐于是。

與知郡郎中啓

右，某竊伏下風，悚聞高義。未嘗修一日之雅，望先進之門。故雖懷賢，終失通問。豈意敦尚謙德，勤渠誨言。愧非所堪，祇以爲好。伏惟某官，藴志方潔，得機邃深。固籍甚乎中朝，聊偃息于名部。揆以令望，宜躋近班。稽之治功，矧有善最。兼冀衛生之術，並觀進秩之榮。企詠特深，敷宣罔究。

與雜端郎中啓

右，某伏審某官，榮被僉俞，入毗風憲，伏惟慶慰。竊以紀綱之地，歷代難其人；直清之材，當時賴其用。所以修厥典法，樹之徽聲。俾朝有肅穆之光，士無苟且之患。隱括所繫，慎簡攸先。世方得賢，人用胥慶。恭以某官，抱歲寒之堅操，藴正始之休規。德業汪洋其無涯，風采峻峙而可畏。足以立懦夫之志，鎮流俗之浮。果升中臺，實持樞要。天驥首路，固非邇圖；元龜在庭，方襲重寶。冀精衛生之術，以永名世之稱。不任懇款之至。

與通判郎中啓

右，某伏承涓選休辰，往臨善治。委翼下國，怪三年之不飛；絶塵西郊，信千里之方展。忽蒙示問，姑慰懷賢。悵吏守之有常，俯禮餞而伊阻。商秋沆碭，道路阻深。勉精寢味之宜，庸俟公侯之復。傾瞻攸甚，敷述罔殫。

上運使提刑賀冬啓

右，某伏以元統含三，萬物將作；中聲倡六，衆陰其消。恭惟某官，味至道之醇，乘和氣之運。宣布上指，將明治經。蹈此迎長之辰，綏于積善之報。某宿官有局，修慶無緣，瞻望旌麾，不任歡欣之至。

謝館職啓

右，某啓：今月某日，蒙恩授前件官充職者。虎闈引籍，驟望清光。璧府觀書，遽參華列。皆極盛朝之選，豈伊寒士之宜？承詔若驚，荷恩彌重。❶竊以右文遘運，躬聖撫辰。優游太平，闡繹洪業。儲思天人之際，垂精道德之淵。上稽漢儀，下襲唐舊，開闢儒館，表章聖塗。長育英材，賓禮賢俊，將使辨邦國之典，參禮樂之司，整齊百家，是正六藝。固當得純學碩聞之傑，❷博物不羈之雄。内副詳延，外慰觀望。今垂纓戴紱而羞管、晏者繼踵，搢笏修紳而希稷、契者比肩。淵源之所漸，風流之所及，雜沓並出，雍容相推。自以繩、契以來，《河》《洛》而下，歷選列辟之盛，參稽信書之傳，語才爲難，于斯莫盛。若度長絜大，詢事考言，必得其尤，以充厥位。使獲耀日月之炎，垂虹蜺之光，庶幾增輝本朝，洵美顧問。豈宜使庸庸之介，玷濟濟之昌？❸實不中聲，道所深忌。如某者智非語上，材僅及中，少無聞達之求，長有蒙愚之蔽，❹浸尋壯齒，汩没下流。悼世守之或隳，激懦衷而求晉。❺歲不我與，幾成從事之迷；斐然成章，猶及進取之望。備能書于鄉

❶「恩」，原作「蒙」，據傳校本改。
❷「碩」，傳校本作「領」。
❸「濟」，原不重，據傳校本補。
❹「蒙」，傳校本作「樸」。
❺「求」，傳校本作「盂」。

老，辱下第于太常。自以天機不深，學殖方落，幸得陪士大夫之後，願不過掾功曹之微。豈意奏技中宸，程衡乙覽。許壽王之智，以謂少雙；擢平津之文，乃居第一。虛名浮實，浩寵逾涯。參敘廷中之平，分貳方面之守。孤生薄祜，罔極遘凶。魂離幹而僅存，性遁天而將滅。隙駒驟遠，仕版復還。手澤尚存，篋書已廢。親歡不洎，風樹彌哀。姑上里仁之廬，秪索長安之米。推恩給筆，奏頌得覽。內省骫骳之辭，仰塵清閒之燕。分甘投削，理絕覬覦，而譽生不虞，惠出非望。加秩青宮之屬，庀職道家之山。榮耀赫然，聲徽籍甚。夫澼洸賤技，❶翳萬户之封；緯蕭薄資，私千金之富。物情攸畏，天幸實多。此蓋伏遇某官股肱大猷，陶冶庶俗，推轂晚進，持衡化源。且聚精會神，屬圖治世之具。故拔十失五，以廣得人之風。底是空疎，冒干東照。斯誠大賢曠度，盛德至誠。仰蹈《嘉魚》之規，俯循《菁莪》之樂。舉此錯枉，其誰不欣？豈伊懦夫，獨享豐澤。固當師平明之理，飭固陋之心。帶鉤佩衡以自修，守法誦數而聽事。義不假器，言無隱情。庶以小罄策名之方，次酬匠物之賜。過此以往，未知所裁。

永興到任謝鄰路啓

右，某啓：某過膺朝綍，擢侍經帷，仍委使符，來臨雍部。內惟鄙樸之質，私計便安之宜。就陰寡尤，處遠無競。省技能之至短，顧榮幸之實多。此蓋某官推轂衆材，提衡清議，假陽秋之豐潤，垂虹蜺之末光。義

❶「洸」，傅校本作「絖」。

均同升，愛忘所短。矧復土宇相錯，柝聲交聞，襲豈弟之風流，聆中和之成頌。亦足以祓飾固陋，優游緒餘。馳慕之深，❶啓處寧捨？伏冀上爲眷倚，精調寢興。

揚州到任謝上啓

右，某啓：❷朝廷欲治，未嘗輕長人之權；郡國甚微，亦皆有分土之寄。然則宜得智力肅給，器能周通，上足以奉宣詔恩，下可以表率方面。豈伊淺薄，輒誤簡求。伏惟某官，登翊聖期，恢張王紀。樂育人物，因材而措之宜；熙成天工，授方而效以事。將使懦質，有資昌時。昔汲黯之忠，不難淮陽，而眷眷于李息；蕭侯之節，非疎平原，而汲汲于本朝。案：此下原本缺。

謝知制誥啓

右，某啓：蒙恩授前件職者，望卑而寵厚，能薄而選優。内視缺如，自量幸甚。竊以三代之盛，溢于《詩》《書》；兩漢之隆，布在史册。雖上德獨茂，時文日新，亦有代言之臣謀謨于内，秉筆之士發揮于朝。是以墳典粲然，若日星之華；制度焕乎，有金玉之麗。兹體甚大，惟賢之求。而況皇圖寖昌，妙慮臻極。鼓天

❶「慕」，傅校本作「鄉」。
❷「右某啓」，原無，據傅校本補。

下者，悉獨運于神化；居廷中者，舉絶望于清光。將使少窺淵源，進贊名命，聲教所被，八荒其同，訓辭之傳，萬世無斁。則宜得當代之傑，絶人之材，練達古今，發明貫變，繪秀龍虎，垂光虹蜺。庶幾相如視草之工，子産潤色之美。若時述職，可以無慙。如某者禀生顓蒙，執藝迂淺，徑從諸儒之末，竊售一日之長。譬猶射非前期，難以稱善中；鑄者躍冶，或以爲不祥。然且玷甲乙之科，借交游之寵，通籍省户，飛纓蓬山，出入輿衛之間，編摩簡牘之記。雖復自强，已非其宜。豈可參法從之嚴，直右垣之祕？此蓋某官樂與善類，出于至誠，欲斵雕輪囷，以成大輅之用；驅策偃蹇，❶而效秋駕之奇。故俾懦姿，遂肩榮選。夫力不能進，則雖任鄙有絶臏之憂；精非所堪，則雖顔生有皓髮之變。然而僶俛奏技，徘徊就官，蓋上答天施之隆，次酬己知之厚。過此以往，未知所裁。

與揚州知府啓

右，某困于期會之文，藐在僻陋之國，顛瞑乎從政，憒眊而無奇。故雖當世之賢，平生所慕，猶疎竿牘之問，徒仰雲漢之高。豈優游邇鄰，❷敦尚風義，欲收一日之雅，固枉八行之音。伸紙慨然，終夕如接。矧以某官，秉彝迪哲，成德鎮浮。績醇醇以爲文，濯翯翯以爲白。漢武之稱嚴助，海内少雙；揚雄之敘子淵，天

---

❶「策」，傅校本作「鍛」。

❷「豈」下，傅校本有「意」字。

下鮮儷。固將大用，必願自珍。傾跂之深，敷陳非究。

與新知府啓

右，某伏審前旌，已臨近縣。萬夫聳跂，方有來慕之謡。❶永道倭遲，喜聞坦履之吉。即期趨見，增劇歡心。

與知府先狀啓

右，某伏審前驅，俯臨近縣。某以攝符節之重，守筦籥之嚴，不得趨詣路傍。瞻望馬首。無任欣歡悚仄之極。

與陝府知府待制啓

右，某伏審受剖圭之封，典分陝之命。函谷天險，包二周以爲雄；《甘棠》頌聲，歷千歲而復見。仰惟盛德，實高當時。恭以某官，素履鎮浮，清規格物。挺中和之正氣，騰膚敏之徽聲。顔氏知幾，固超殆庶之品；王祥正始，不在能言之流。入侍清閒，出屏方面。雖千里之地，非所以極其賢；抑萬夫之雄，必有以

❶「慕」，傅校本作「暮」。

觀其政。昔堯用四岳，命爲三公；周之諸侯，入掌六事。蓋有故實，炳然風聲。矧茲濟世之才，必踵弼予之典。望加保攝，以副倚毗。

與參政侍郎啓

右，某竊覩邸報，伏審某官，光被制書，毗參邦政，伏惟慶慰。恭以某官，挺中和之正氣，藴康濟之遠猷。世襲徽名，僉若令望，曩者席斗樞之宥密，籌帝命之深嚴。不如子房，天子每稱其英傑；乃命申伯，朝廷屢委以藩垣。然而疇咨允歸，衆望久觖。亟下贊元之命，果先當世之賢。鄭國緇衣，遂彰于前烈；楊公清德，彌著于後來。《詩》《書》所稱，簡牘所載，實增輝于有國，豈多讓于昔人？升平之期，跂足而俟。某早繄鈞鑄，親遘逢昌。雖私頌于得臣，終莫諧于趨賀。瞻望符照，卑情不任欣踴之極。

與樞密侍郎啓

右，某伏審循覽異方，還奏北闕。推股肱之隆眷，撫邊徼之群黎。翕如陽春，涣若時雨。奮壯士之鋭氣，挫狂寇之先心。威暢不毛，德厚無極。固神明之所勞，惟啓處而益寧。恭以某官，文茂經天，器深鎮國。勤皇王之本務，輸社稷之元忠。動合人心，言垂世範。以淵衷之簡佑，與蒼生之具瞻。宜正保衡，允作霖雨。矧方叔自鎬，還履上卿；晉公視師，旋拜真相。推故事而明白，況時望之僉同？敢冀上爲倚毗，益綏祉福。

與知府龍圖侍郎啓

右，某近者某官析圭分國，秉節撫封，弭駕近藩，便時珍館。哀嘗僚之憂困，❶矯流俗之沈浮，屢枉顧臨，深形憫惻。魂去幹而已久，神還觀而暫新。及聞涓選休辰，延見諸吏，念當奉牋以修慶，因使以問安，禮節寖荒，❷情意莫屬。豈謂曲迂英念，特貶誨音。身先匹夫，固非小人之望；義動君子，益見大雅之風。捧玩以還，感激并集。竊惟裂壤千里，雖蒙潤于京師；觀政萬夫，實稽用于廊廟。倚毗有素，圖任叵量。伏冀俯踐時和，仰綏天祐。

上副樞密侍郎啓

右，某伏念恪居官次，逖遠符階。雖涵詠洪鈞之間，而寂寞滄海之上。伏惟贊襄宥密，翕受禎祥。恭以某官，藴聖相之姿，有人傑之量，文章盡于經緯，功業著于謀猷。陟降廟堂，鎮安社稷。運籌于樞機之內，覃化于宇宙之中。上所同心，民實受賜。尚虚玉堂之拜，未專金鉉之司。卿士積具瞻之誠，衆庶鬱迓衡之望。

---

❶「嘗」，傅校本作「常」。

❷「荒」，傅校本作「崩」。

固當伊匹，❶爰正弼諧。敢冀上爲宗祧，益綏福履。

回王屯田啓

右，某啓：猥從大夫之後，久聞長者之風。不以言輕，輒陳公舉。遽煩謝記，過諭謙辭。尚闊晤言，宜精綏履。自餘感戢，曷既裁名。

與知府龍圖侍郎啓

右，某伏審陟冬卿之貳，撫天黨之封。簡照便蕃，休譽充洽。竊以某官，惇大深博，直清昭融。自結淵中之知，歷居方面之任。敏以布政，静以鎮浮。序閥閱之高，稽聞望之重。久宜處常伯之列，贊大鈞之和。果膺寵章，亟更劇鎮。然而專地千里，未能以攄妙藴之精；樹風一方，不足以觀遠馭之略。佇升鼎席，甫慰民謡。敢覬上爲倚毗，倍寧寢膳。

與知縣著作啓

右，某伏審光被詔函，寵升中袐。相君薦士，風烈聳聞。公朝進賢，聲實自稱。方劇欣歡之懇，忽迂巽

❶「匹」，原作「匪」，據傅校本改。

與之文。❶仰服周勤，曷勝銘鏤。伏惟某官，神鋒秀達，智局閎深，政術自將，民譽已試。宜升尤異之最，以結欽明之知。辟書始聞，嘉慶爰下。諒遠到之叵測，抑漸褒之有開。更希保和，庸副馳詠。

與知縣殿丞啓

右，某闊對風徽，驟遷時律。幸鄰土宇，稔熟政聲。雖欣蒙潤之多，尚失置郵之問。豈期厚睠，特貶華緘。銘荷良深，誦玩無斁。伏惟某官，濟相門之美，擢英轂之先。方當奮飛，以極妙蘊，然猶觀萬夫之政，寄百里之封。事有漸階，勢必遠到。勉慎攝生之術，少寬引領之誠。

與知郡寺丞啓

右，某竊承宣布盛德，億寧遐藩。親奉計書，入踐朝著。眷茲與游之舊，尚闕寄聲之文。忽遺玉音，如款扉表。愧悚既集，抃笑以并。矧以過人之姿，豈縻待次之賞？側俟休命，永觀遠圖。勉毓道真，庸浣心曲。

與通理殿丞啓

右，某向審光被詔除，來貳藩政。雖未晤于英彩，已前聳于休風。矧復更踐之契不輕，賀問之禮宜舉。

---

❶「巽」，傅校本作「選」。

顧縈吏役，久墮郵音。忽枉相先之辭，益增無斁之服。伏惟某官，器幹敏濟，聲猷邃深。以智自將，所到皆治。猶屈千里之駕，以贊六條之煩。某非才居前，承命多幸。尚賒披對，側冀葆綏。縷縷之誠，敷述豈究。

與紫微舍人啓

右，某伏審寵膺帝綍，榮陟星垣。帝王之文，所以鼓四方之動；典謨之體，有以復三代之風。實曰才難，必符衆允。恭惟某官，學猶天府，德爲國基。浩浩江漢之流，峩峩嵩華之表。曩者飛龍御歷，仄席求賢，首應茂廉之書，高入英雄之彀。廷臣自以不及，天子喜其同時。猶復歷試蓬瀛，徊翔江海。衆人觖望于留滯，後進面風而咨嗟。果還載筆之游，復正代言之選。名實相稱，輝光日新。且上觀紫微之躔，密臨三台之次。彯纓服彩，繼踵秉鈞。矧令望之絶倫，豈登延之曠日？辱知甚久，推數以懽。仰冀上爲宗祧，載精寢餗。

與致政宫傅啓

右，某伏蒙某官，猥顧冗僚，特頒珍教。陳公尺牘，傳以榮家；魯史一言，寵于華衮。仰軒墉而尚慕，銘肺腑而弗忘。伏惟某官，具體上仁，秉彝懿哲。逢治平之休運，奮保義之宏規。周旦碩膚，宜膺金舄之命；留侯少傅，遽請赤松之游。望建帝廷，德爲國老。猶復徘徊舉吏，密勿誨言。誠前世之未聞，實懦夫之過望。屬拘印韍，阻詣符階。仰冀善固寢興，永綏祉福。

與宗正舍人啓

右，某近託蘧廬，遠馳竿牘。仰料雍容之暇，俯昭悃款之誠。眇是固陰，忽將朔易。惟陟降于帝右，增沐浴于天和。矧復令望高明，珍光純粹，足以躋民生于仁壽，謀國體于太平。僉疇之期，日月以繼。仰希順蹈時序，葆集休祥。

與知府密學啓

右，某向嘗贄書，遽辱賜教。荷玉音之聲應，知賢德之謙光。置以爲榮，服之無斁。兼審鎮臨全蜀，綏静群黎。犬無夜吠之驚，神有來舍之福。恭惟某官，氣含淳勁，明照幾微，對風聲以導人，敦名教以振俗。曠然致君之量，卓爾正始之規。猶且緩步乎邇僚，歷試乎方面。昔堯以四岳，參領三公；周之諸侯，入掌六事。揆盛德之高世，加休績之殿邦。必將疇咨輿人，僉舉故典。敢冀上爲宗稷，精調寢興。

與審刑舍人啓

右，某沈于僻陋之鄉，迷于期會之事。雖虹蜺之絶跂，亦竿牘之曠修。蓋恃知音，庶捐小智。伏惟入隆顧問，出總祥刑。❶惟愷悌之降康，在興居而蒙福。伏以某官，稟材淵厚，秉德融明。講求王佐之資，優入聖師之閫。名聲表海，文義薄天。兹可謂後進之元龜，中朝之碩望。故擢從七人之列，峻陟紫微之垣。潤色大猷，贊襄密命。方將下玉堂之册，升鼎鉉之司，推其仁心，均之天下。敢冀益綏寢履，用俟都俞。

與和州紫微舍人啓

有，某近審暫辭掖垣，出建侯屏。下淮波而擊汰，臨楚郊而弭旌。清風弗遐，英概如揖。顧守圭之罔越，曾趨前而莫遑。伏惟跋涉脩塗，❷鎮撫劇部，道腴自勝，神宇益寧。恭以某官，鍾秀山川，挺質珪璧，擢文學之高第，贊綸綍之微言。問望益高，藩宣是屬。騁神驥于千里，非盡其能；窺天文之三階，抑爲之漸。仰希慎重，允副傾瞻。❸

與宗正紫微舍人啓

有，某託傳車之倥偬，望紫掖之深嚴。奮不能飛，愁其如渴。伏惟邇凝旒之靖密，味至道之醇腴。履必

---

❶「祥」，傳校本作「詳」。
❷「塗」，傳校本作「涂」。
❸「瞻」，傳校本作「詹」。

考祥，神兹來舍。潤色王度，已著坦明之風；彌綸國經，即開太平之路。伏冀上爲廟祏，精調寢興。

與徐州龍圖啓

右，某啓：廼者剖符臨州，假道詣部。豈《春秋》之義，篤于善鄰；何愷悌之風，惠以多禮。遽達麾戟，方困旅行。引領已勞，寄聲幾晚。伏惟某官，德器渾厚，智謀淵通。上所自知，效在已試。方當謨明廟堂之地，時亮柱石之功。豈伊近藩，能屈遠績？某受署云始，親仁有初。馳仰清規，增結丹藴。

與運使郎中啓一

右，某仰庇層雲之陰，緬介外臺之府。蔑瞻風表，秖役襟悰。伏惟輔六氣之和，踐百禄之報。竊以某官，德符人傑，英器天成。知流輠而無涯，明析毫而自照。方隆朝寄，暫總利權。將亟陟于近班，庸大攄于素藴。敢冀順時良食，爲國自珍。

二

右，某伏以律中事統，❶辰以析津。漢修上宿之郊，秦紀成冬之令。恭惟某官，將明詔旨，敷繹政經。

❶ 「事」，傅校本作「書」。

愷悌之德允隆，❶吉祥之報斯集。佇膺僉簡，益踐豐恩。某幸庇餘光，尚睽良覿。瞻望旌蓋，秪役懷悰。

三

右，某伏審某官，被詔典州，涓辰視事，恭惟慶慰。竊以某官，高度跨世，長材出人。屢駕𨍏使之車，歷乎外臺之選。風采特立，聲猷遠聞。復總司預之權，益崇方牧之烈。諒惟匪夕，亟陟近班。某幸守一官，得因大庇。再欣際託，尤極歡愉。冀精養氣之宜，庸浣由衷之禱。

四

右，某比者幸迂使節，臨撫郡封。霽澄清之威，以寬不逮；恢宣布之澤，以來至和。庶懷欣然，盛德著矣。遽睽眉宇，增結心旍。伏惟昌赫曦之藴隆，味沖和之純粹。優優投刃，止止凝祥。悵官局之不遷，瞻軺駕之方遠。敢希保毓，少浣依棲。

五

右，某伏審秉節撫封，麾旌及境。已嘗通咫尺之問，道方寸之誠。恭惟跋履山川，綏寧茀禄。偃德風之

❶「愷悌」，傅校本作「豈弟」。

先路，懷符采之照人。迎𨐌前麾，不任欣附。

六

有，某縻職有常，趨風無所。踆非烟之流蔭，❶增播旆之遐心。伏惟循覽屬城，將明盛業。吉祥爲之止止，出處坦乎休休。竊以某官，智察未形，器非近用。基長材于速到，資歷試于劇司。計絕差毫，刃無留迹。方課殊尤之等，亟升嚴近之聯。仰冀谷神，益綏多福。

---

❶「踆」，傳校本作「踜」。

公是集卷四十六

宋劉敞撰

雜著一❶

論性

人之性必善乎？曰：然！人之性可爲堯、舜乎？曰：否！性同也而善不同，善同也而性不同。故善有上，有中，有下。上之中又有上焉，中之中又有中焉，下之中又有下焉。上之上者聖也，其次仁也。中之上者君子也，其次善人也。下之上者有常也，其次齊民也。仁不能聖，善不能爲君子，齊民不能有常，而謂人皆可以爲堯、舜，謬也。曰：苟如是，人有性矣，性有善矣，善有等矣，則學無益乎？曰：否！玉之爲物也，人知其寶也。有相倍差者，有相十百者，有相千萬者，則豈一玉哉！人之性何以異乎是？雖有萬鎰之玉，不剖不見寶，不琢不見用。人之學何以異乎是？孔子曰：「聖人吾不得而見之矣，得見君子者，斯可

❶「一」，原無，據傅校本補。

矣。善人吾不得而見之矣，得見有恒者，斯可矣。」世亂禮廢，人莫自學，學又不能克其性，此孔子所爲喟歎。然則人之情惡乎？曰：否！情者，性之動也。性既善矣，情安云惡？子見夫影乎？形曲而曲，形直而直，夫情亦猶是矣。性者，仁義也。情者，禮樂也。今夫人未有不親其親者，今夫人未有不尊其尊者。親親之謂仁，尊尊之謂義。故性者，仁義也。親其親，驩然樂矣。尊其尊，肅然恭矣。肅然恭者，禮之本也。驩然樂者，樂之原也。故情者，禮樂也。故聖人以仁義治人性，以禮樂治人情，未有言禮樂而非善者也。背其性，或毁仁義，此非性之過也，背其性也。喪其情，或棄禮樂，此非情之過也，喪其情也。物有奪之矣。是故適其理則喜，違其分則怒，親之則愛，害之則惡，生則樂，死則哀，此皆民之善者也。君臣以此相保，父子以此相親，夫婦以此相睦，長幼以此相序，賢不肖以此相别，聖人以此起，君子以此治，奚謂不善耶？今夫水火，人所恃以生也。火失則焚，水決則溺，非水火之罪也。焚者相繼，溺者相及，無怨乎水火而棄之者，水火利用也。獨至于情，而以謂不善乎？無已，則忘其情者而善乎？禽獸木石之爲乎？是可知也。孟子曰「人之性善」，「人之性皆可爲堯、舜」，此過言也。堯之時不爲無人，堯而已矣。舜之時不爲無人，舜而已矣。文、武、周公之時不爲無人，文、武、周公而已矣。孔子之時可以治國家天下者，惟七十餘士，亦不爲無人，孔子而已矣。安在人可爲堯、舜哉？荀子曰：「人之性惡，其善者僞。」此悖言也。夫古之人曷爲乃教人反其性，背其真而爲道哉？信斯言也，是聖王禮義無所積而起也。揚子曰：「人之性，善惡混。」此飾言也。善則善矣，惡則惡矣。彼聖人者生而神焉，其何惡之存？韓子曰：「人之性，上者善，下者惡，中者善惡混。」此虚言也。昔者仲尼不云乎：「性相近，習相遠。」必上者而善，下者而惡，是白黑而已，何相近之有？是四者皆非所以盡性也，若孟子可謂知之矣。故不知性之善者，不知仁義之所出也；不知情之善者，不知禮樂之所出也。是故有反仁義于性而爲道，喪禮樂于情而爲達，生于其心，害于其躬，發于其躬，害于其俗。聖人復起，必從吾言矣。

憫學

由周以來，至于今千有餘歲，學者益多，達者益少，其故何耶？古之學者，其材非有殊于今也，其所聞者皆正聲耳，其所言者皆正道耳，其所視者皆正色耳，其所習者皆正術耳。于以學道，是由性之也，其達不亦宜乎？今之學者，其材亦非有殊于古也，其所聞者非正聲耳，其所言者非正道耳，其所視者非正色耳，其所習者非正術耳。于以學道，是由反之也，❶其不達不亦宜乎？且古之學者非獨性之而已，又多勸之以義。今之學者非獨反之而已，又多動之以利。嗚呼！居今之世，學古之學不亦勤乎！❷其勤至矣，而猶未適于道，不亦可悲乎！雖然，非學者罪也，非人性不同也，非道去世也，時俗改矣，師術衰矣。復使古之人生于今世，其學亦若是止矣。雖然，君子不可不勉也，天下之治在道，❸道之意在經。惟夫好學之士，博

❶「是由」，原作「由其」，據明鈔本、鮑校本、傅校本改。
❷「亦」，明鈔本、鮑校本、傅校本作「已」。
❸「之治」，原作「治之理」，據明鈔本、鮑校本、傅校本改。

雅之人，與一時超絕者，❶將獨至焉，其亦安能如吉之多達也哉？雖然，吉之達者，其逢世有位，則將施之。今之達者，其逢世有位，又將以吏爲師。則是其學之也，未始非學乎無用者也。勞心乎無用，豈不可憫也哉？嗚呼！學之猶不學也，習俗久矣，誰居，其救此敝者？其惟聖人乎！

論治

察天下之所以不治者何也？曰：惟其不好善而已矣。故君不好善，自以爲善在己矣，故忘其卿大夫，雖有善道，不得進也。卿大夫不好善，自以爲善在己矣，故忘其士，士雖有善言，不得陳也。如此，則上無善也，下亦無善也，孤立自用，而無所與謀矣。是故法出而天下怨之，令下而四海非之，是何也？由不考天下之善，不因天下之是。天下之所謂善者上不用，天下之所謂是者上不知也。凡人之所彊而不足者善也，所惡而有餘者惡也。天下之善固不可徧考，然而傾心乎善，天下之善必歸之矣。天下之是固不可徧因，然而勞意乎是，天下之是必得之矣。故水深而魚聚之，林茂而鳥集之，物理相召也。夫君不好善，必忘其卿大夫。使卿大夫賢人耶，必不留矣；不肖耶，君雖惡之，猶苟而進。如是，則君不好善，終身與不肖者居也。卿大夫不好善，必忘其士。使賢人耶，必不留矣；不肖耶，卿大夫雖怒之，猶苟而進。如是，卿大夫不好善，終身與不肖者居也。君與不肖者居，卿大夫與不肖者居，天下亂可待矣。吾本其亂，由上不好善。故古之

❶「時」，明鈔本、鮑校本、傅校本作「世」。

明王，❶使卿進大夫之賢者，大夫進士之賢者，士進民之善者。是故四海之内、里巷側陋有善焉，君得而用之，而況親戚父兄之臣乎？而況左右侍從之臣乎？必不伏矣，誠盡得人之歡心也。是故古之明王，畏不得人之善，則卑身以先之。是故父事三老，兄事五更，立敢諫之鼓，設進善之旌，置誹謗之木。故王者之好善如此，則四海之内思致其善，遠者蹶而趨之，近者就而馨之，能者因而陳之，不能者亦聞而厭之。是故王者之好善如此，則其臣何爲不好善哉！故上有善也，下亦有善也，博覽並用而無所疑矣。是故法出而天下喜之，令下而四海順之。是何也？由盡得天下之心者也。治道之貴，無過此矣。雖然，好善有三，有好而行之者，有好而任之者，有好而尊之者。好而行之者王，舜、禹是也。身善矣，而又好善，此仁聖之度也。好而任之者霸，❷桓、文是也。身不能善，舉善而委心焉，此雄傑之慮也。好而尊之者彊，魏文侯是也。身不能善，聞善不能行，又不能任，尊而事之，天下歸其賢，敵國不敢伐，是亦好善之實也。嗚呼！能知此三者之別，而致行之，治國何難哉？是乃孟子所謂「優于天下」者也。

言治

爲治者有其迹矣，而迹未必可復也。語治者有其言矣，而言未必可常也。遺迹而因于時，忘言而徇于

---

❶「故」下，傅校本有「然」字。

❷「霸」，傅校本作「伯」。

理，治之大方也。故昔者無懷氏、神農氏封于泰山，禪于梁父者，七十有二君，而治未嘗同，此道之謂也。崔寔論爲政，仲長統善之。賈誼謀匈奴，班固非之。自漢以來，莫謂不然。寔之言曰：「明君者，以嚴致平，非以寬致平也。」大宋之興，剗五代之敝，除其苛虐，吏以鞭扑赦贖爲治，而天下以寧。南至交趾，北至幽都，東漸于海，西被于流沙，外無彊桀之虜，❶內無群黨之寇，民不見金革之患者于今百年，自三代以來未嘗有也。此可謂以嚴致平者乎？固之言曰：「誼欲試屬國，設五餌三表以釣匈奴，其術已疎矣。」先帝與戎約和，內愛百姓，外親鄰國，略循誼之策，而匈奴服從至今五十餘年，自三代之盛，講信修睦，附疎柔遠，亦未嘗有若此其久也。可謂術已疎者乎？從此觀之，爲治者因于時，而迹不足守也；語治者徇于理，而言不足專也。故自《詩》《書》《禮》《樂》，治世之具者。皆遺迹而求所以迹者也，忘言而索于所以言者也。非仲長統、班固之徒所能見也。

爲政

善爲政者，使人自養，而非養人也。使人自治，而非治人也。務養人者，不足于養而離人。務治人者，不足于治而罔人。曰：然則如之何使人自養而人自治也？曰：士、農、工、商者，通工易事而相爲役者也，

---

❶「虜」，原作「邦」，據傅校本改。

非相爲賜也。于是焉敏手疾力而任其事，❶勞心竭慮而致其術。既已足其父母、妻子矣，然後推而及于其族，然後推而及于其鄉，然後又推而及于其道路，然後鰥寡孤獨殘疾者有懷。此人之情也，豈患不能養哉？患不使之養也。夫人之生也，固冥然其無所守，固雜然其不可一，是必有師友之勢，必有宗主之統。師友、宗主者，非威人以刑者也。安人以德，習人以禮而已矣。彼人自有師，家自有宗，故在上者得善民而教之。得善民而教之，故在上者不勞而治。今夫廢人所以自養者而盡其財，所謂不足而後養之，所以離人也。今夫人不爲師，而家不爲宗，則廉恥不立，而習俗不一，所謂不治矣。不治而後治之，所以罔人也。離人者凶，罔人者危。故聖王務人之所自養者而養人，故不乏；務人之所自治者而治人，故不苛。

言畏

善者之治其民，畏而不懼；不善者之治其民，懼而不畏。何以實之？夫善治者固必正其民，齊其分，壹其志。而吾民曉然知之，利雖可得，不偷取也。君子則顧義，小人則顧法。其不見若其見之，其不聞若其聞之，是謂畏。如是者，議可以廢于朝，刑戮可以廢于市矣。夫名誠正，可傳也；分誠齊，可守也；志誠壹，可信也。事當其是而行之，雖不宿戒，坦乎其無疑；義當其否，雖不先請而廢之，決乎其無憂。曰功就而已矣，名立而已矣。無有遠近也，無有新故也，無有疏戚也，上下一之，是謂不懼。此無他，惟其議善明而論惡

❶「敏」，傅校本作「旅」。

審也。夫不善治，則易其名，錯其分，貳其志，而吾民無能知之，事雖當是，不敢行也，曰忌。義雖當否，不敢廢也，曰譏。忌則死矣，譏則離矣。無有遠近也，無有新故也，無有疎戚也，賢不肖一之，是謂懼。如是者，在上則喪其功，在下則喪其名。夫民既已知功之不可致矣，既已知名之不可守矣，苟可利焉，而引取之而已矣。幸乎所不見，覬乎所不聞，其私則勝也，是謂不畏。此無他，惟其議善不明，而論惡不審也。故聞爲治者，謹乎民之所畏與懼，而善觀治者，察乎民之所畏與懼。畏者心服也，畏乃修，修乃來。懼者貌服也，懼乃謀，謀乃亂。昔者三代之王使民畏，故其刑省而治日廣，且多功。秦之王使民懼，故其刑繁而治日拙，且無功。後世之治者，慎所以懼民哉。

疑禮❶

今之《禮》非醇經也。周道衰，孔子沒，聖人之徒合百説而雜編之，❷至漢而始備，其間多六國、秦、漢之制，離文斷句，統一不明。惟《曾子問》一篇最詳，而又不信。其問曰：「君薨而世子生，則如之何？」對曰：「三月而告于禰。」吾疑非仲尼之言也。古者諸侯將薨，無世子則命貴公子先爲之定也。命之定，則後無篡奪之憂，雖愚人亦知其必然，又惡有既殯而待世子生乎？既殯而待且不可，況既葬而待乎？既葬而待，是

❶「禮」下，明鈔本、鮑校本、傅校本有小注「時年十七」四字。
❷「合」，明鈔本作「念」。

或曠年。《春秋》諸侯踰年無君，最其重也，況曠年乎？往三月無君則相弔，此往無君也，況果無君乎？苟以君之重嫡，不可不須焉，則夫人之生也不可期。苟爲世子焉？苟爲女子焉？如遂女子，亦將尊之乎？或曰：「此謂世子生而告神之禮也，非須以爲君也，爲君者先定矣。」此不然也。其名之以世子，舉之以繼體之義，宰祝從之，有君儀焉，何謂非君？或曰：「其諸將反先定者而授之乎？」曰：惡，是何言也？爲人後者爲之子也。彼既爲後矣，屢易之可乎？或曰：「吾聞之，參也魯。問之幾是乎？」曰：問之者對之，固亦宜。魯何獨參也。昔者《春秋》譏惠公不早分其嫡庶，以底大亂，又奚爲此論哉？或曰：「三年之間，有冢宰焉，此其見之。」曰：「冢宰者奚設哉？設以佑嗣子乎？設以待嗣子乎？且冢宰亦何嘗之有？有伊尹之心則可，無則篡也。安能望人人乎伊尹哉？其亦可知矣。予以謂質家親親先立弟，文家尊尊先立子。聖人之意必有從乎此，不在乎彼也。且成王幼，周公以爲憂，況目以冀，月以望乎？吾以是觀之，今之《禮》非醇經，審矣！

續謚法

劉子曰：古者生無字，死無謚。生無字，故名而不諱。死無謚，故上下同之。及至乎周，幼而名，冠而字，死而謚。字者所以貴其名也，謚者所以成其德也。盛矣文哉！

劉子曰：夏商之道不勝其質，兩周之道不勝其文，其斯之謂歟？賞罰窮矣。

劉子曰：古之爲謚者有取也，取乎名，取乎號，取乎字。賢者取賢稱焉，愚者取愚稱焉。黄帝號之祟也，舜、禹名之隆也，桀、紂名之汙也，尼父字之珍也。

劉子曰：爵而不謚，周也；爵而謚之，魯也；不爵而謚，漢也。由文已哉，由文已哉！嘉魯哀公誄尼父合于謚，法堯、舜、禹、湯之志，作《續謚》五十，以待後世天爵之君子成德焉耳。

教化無方曰尼，先覺任重曰摯，述而不作曰彭，信而好古曰彭，隱居求志曰夷，伯夷也。仁義庶幾曰淵，不幸短命曰淵，和而不流曰惠，柳下也。愚知適時曰俞，甯武子。進退寡過曰瑗，蘧伯玉。恭儉好禮曰嬰，晏子。清浄無爲曰聃，耄期適道曰聃，老聃。❶惠而多愛曰僑，子產。直而不撓曰肸，叔向。輕爵守節曰札，季子。居敬行簡曰雍，仲雍。❷孝友時格曰騫，尚德慎言曰适，善事父母曰參，曾子。❸使能造命曰貢，子貢。在約思純曰憲，原憲。伎之敏給曰求，冉求。勇而知義曰由，子路。文學博識曰商，子夏。容貌莊敬曰張，顓孫師。信道輕仕曰開，漆雕開。不得中庸曰晳，曾點。言合聖人曰若，子有。敬慎威儀曰華，公西。有德疾憂曰冉，伯牛。知德中庸曰伋，子思。蹈道知言曰軻，隱居放言曰逸，夷逸。反性敦禮曰況，荀卿。兼愛尚賢曰翟，上同遵儉曰翟，墨子。救攻上開曰鈃，宋鈃。獨善爲我曰居，楊子居。巵言日出曰周，莊子。潔白不汙曰皓，四皓。言行軌物曰

❶「老聃」，原無，據傅校本補。
❷「仲雍」，原無，據傅校本補。
❸「曾子」，原無，據傅校本補。

舒，董子。簡易多聞曰向，劉向。守死善道曰勝，龔勝。覃思寡欲曰雄，揚子。審音知化曰曠，師曠。❶巧歷絶倫曰衡，張平子。達數知來曰輅，管輅。博物多愛曰遷，良史實録曰遷。司馬遷。❷

說大射三侯❸

《鄉射》記曰：「鄉侯，上个五尋，中十尺。」上个者，最上幅。中者，最中幅也。又曰：「侯道五十弓，弓二寸，以爲侯中。」此說中幅，所以用十尺者，取之侯道者也。又曰：「倍中以爲躬，倍躬以爲左右舌。」此說躬與舌各一幅也。又曰：「下舌半上舌。」此說上下皆有躬舌也。侯中一幅，上二幅，下一幅，幅廣二尺，則與侯中方矣。《梓人》職所謂「廣與崇方」者此也。必先量侯，乃制侯中。既得侯中，乃定躬舌。既定躬舌，乃因侯中之廣而求其崇，必定而足。凡五十弓之侯，其中十尺，其布五幅，躬、舌各一幅也。七十弓之侯，其中丈四尺，其布七幅，躬各二幅，舌亦各二幅也。九十弓之侯，其中丈八尺，其布九幅，躬、舌各二幅也。其崇則中十尺者，崇亦十尺矣；中丈四尺者，崇亦丈四尺矣；中丈八尺者，崇亦丈八尺矣。謂之中者，正以其居

---

❶「師曠」，原無，據傅校本補。
❷「司馬遷」，原無，據傅校本補。
❸「説」上，明鈔本有「一」字。

中也。中者對上之言也。有上有中，則有下矣。九十弓之侯，布九幅，❶以五爲中。七十弓之侯，布七幅，以四爲中。五十弓之侯，布五幅，以三分爲中也。《大射儀》曰：「大侯之崇，見鵠于參。參見鵠于干，干不及地武。」此高下之節也。大侯崇丈八尺，棲鵠于其中，從遠視之，則出于參之有舌下，故曰「見鵠于參」也。參崇長四尺，棲鵠于其中，從遠視之，亦出于干之有舌下，故曰「見鵠于干」也。所以必于舌下者，舌長能蔽之，故以見爲節矣。干侯之鵠則去地武，武者三尺也。世言步武，步六尺，則武三尺，武者迹也，兩迹之間則三尺，武以是名之。干侯之鵠，用此爲高，蓋幾中矣。其設之次，大侯在東，參次之，干次之，使審不至相掩，疎足以射，其勢參差相入，是謂貍步。鄭云「中猶身也」，身之外復有躬、舌，躬、舌、身三者異物，則五十弓之侯，其崇丈八尺。七十弓之侯，其崇三丈三尺。九十弓之侯，其崇三丈六尺。三丈六尺，既難卷舒矣。至其設之，又令參侯去地一丈五尺少半寸，計其上綱，則三丈三尺五寸少半寸也。大侯去地三丈三尺五寸少半寸，計其上綱則四丈八尺五寸少半寸也。此之難信，不俟言矣。鄭意以爲，❷不若是則大侯之鵠不見于參，參不見于干。然雖如鄭說，求之大侯之鵠，終不能見于參，參亦終不能見于干也。胡不嘗試以勾股求之？人去干五十步，干去參三十步，干高一丈九尺三寸，令人目高七尺，從干望參，計參侯之鵠，❸去地三丈四尺

---

❶「九幅」，原作「九尺」，據傳校本改，以下「七幅」「五幅」同。

❷「爲」，傳校本作「謂」。

❸「計參」，原無，據明鈔本補。

五分寸之四，乃能見之。今鄭所說參侯之鵠去地二丈九尺三寸，高則高矣，欲使鵠盡見不足三寸，欲使鵠盡見不足四尺八寸五分寸之四，從參侯視大侯亦然，然則非也。且鄭意謂三侯重張，當使後侯高前侯耳，是與經不合。經令獲者旌，各負其侯，執旌者欲使射者視之審也。如令大侯在參之背，參在干之背，其去地皆數十尺，雖執旌安得而負之？而射者亦安得而視之哉？又經云「以貍步張三侯」者，非爲射者之志也，乃爲張者之法也。而鄭以爲射當如貍之擬物，則何預于張侯乎？且鄭不獨誤於此也。經曰：「主旅酬，若命復射，則不獻庶子。❶司射命射惟欲。卿大夫皆降，再拜稽首，公答拜，一發中三侯皆獲。」是言值中一侯，輒釋獲爾。而鄭以爲矢揚觸有參中者，❷是又失之，亦惑已哉！

小功不稅解❸

韓子作《小功不稅書》。小功不稅，禮也。曾子曰：「小功不稅，是遠兄弟終無服也，而可乎？」韓子嘗弔于人，見其貌慼，其意哀而其服吉者，問之曰：「何也？」曰：「小功不稅也。」是以韓子疑之，而作《小功不稅》之書。夫韓子之疑之是也，彼人之爲非也。然而小功不稅，禮也。韓子曰：「君子于其骨肉，死則悲哀

❶「鄭不獨」至「庶子」，原無此三十一字，據明鈔本、鮑校本、傅校本補。
❷「爲」，傅校本作「謂」。「觸」，傅校本作「觶」。
❸「解」，原無，據傅校本補。

而爲之服者，豈牽于外哉？聞其死則悲哀，豈有間于新故死哉？」❶甚矣，夫韓之達于禮而近之也。雖然，疑之未盡也，求之不得也。夫爲服者，至親之恩以朞斷，其殺至于大功，兄弟之恩以小功止，其殺至于緦。外親之服以緦窮，其殺至于袒免。聖人之制禮，豈苟言情哉？亦著其文而已矣。大功稅，小功不稅，其文至于是也。兄弟之服不過小功，外親之服不過緦，其情至于是也，❷因其情而爲之文，親疏之殺見矣。故禮，大功以上不謂之兄弟，兄弟有加，而大功無加。無加者，親親也；有加者，報之也。親親者稅，下親親者不稅，是亦其情也。且禮專爲情乎，亦爲文乎？如專爲情也，則至親不可以朞斷，小功不可以不稅；如爲文也，則至親之朞斷，小功之不稅一也。夫曾子、韓子隆于情而不及文，失禮之指而疑其説。雖然，韓子疑之是也，彼人之爲非也。何以言之耶？小功雖不稅，亦不吉服而已矣。記曰：「聞遠兄弟之喪，既除喪而后聞之，❸則免袒，哭之成踊。」夫若是奚其吉哉？故曰彼人之爲非也，韓子疑之是也。小功不稅禮也，然則免袒成踊則已矣乎，猶有加焉，曰我未之聞也。雖然，降而無服者麻，不稅是亦降而無服已。❹哀之以其麻，哭之以其情。逾月然後已，其亦愈乎吉也。

❶「新」，傅校本作「親」。
❷「情」，原無，據傅校本補。
❸「后」，傅校本作「後」。
❹「已」，傅校本作「也」。

師三年解

昔高宗伐鬼方，三年克之。周公征東山，三年而歸。夫高宗至明也，鬼方至幽也，周公大聖也，管、蔡大惡也。以至明伐至幽，以大聖討大惡，何必三年？三年克之，何足以多？然而《周易》是稱，《詩》人是美，以謂中興之功莫高，悦使之道莫先。如此殫財力，曠日持久，而有勝焉，亦足稱矣。則豈若速成而務財豐？孫、吴之師不聞巧之久也。❶以是推之，所謂三年者，殆非世之所謂三年者矣。故觀《既濟》者，《離》下而《坎》上也。《離》下則文明莫盛焉，《坎》上則隱伏莫盛焉。❷以文明之進，當隱伏之退，勢不能久。而《東山》亦曰：「勿士行枚。」❸吾以是觀之，則三年者，一年而庶之，一年而富之，一年而教之之謂矣。且夫聖人之于天下也，非私其有天下之名也，哀夫民之不被其澤而亂政之罔民也，是以有征伐焉。豈欲亟一時之勝而遺後世之患乎？豈欲貪勝之名而忘愛民之道乎？是故三年者，并庶之、富之、教之而言也。夫爲之徐則垂之固，教之習則措之安。豈若小丈夫哉？戰則窮國之力而後已，若不勝則以詐謀濟之，故奇變詭譎，以計相中，邀一時之捷，而棄長久之策。故勝則遺其患于君，不勝則遺其患于民，此所謂不忠之大者。而聖

❶「巧」，原作「朽」，據明鈔本、傅校本改。

❷「隱伏」，原作「伏隱」，據明鈔本改。

❸「行」，傅校本作「嗰」。

人所以貴持久，孫、吳所以尚拙速也。夫以孫、吳之智，窺桓、文之德，尚不能合，以規聖人之道，❶固綿遠矣。而世不知者，又以謂聖人之師尚若是其緩矣，三年而後有成，是故老師費財，恬而勿慮，❷宿兵玩寇，安而勿疑，則是俱未得其中也。何謂庶之？曰除其苛虐，寬其征賦，老其老，幼其幼。何謂富之？曰疇其田伍，治其里邑，❸原其本業，節其服用，通商阜農，勸功易事。何謂教之？曰生有以養，死有以葬，祭祀有法，出入有儀，良其師保，美其官守。❹二人莫非君臣也，尺地莫非君有也。引師而去之，民効死不畔矣。

御龍解

天下之物無智于龍者，是能乘雲氣雷雨而游乎天地之間，在天地之間無微細隱隙而不容其身者，其爲物也，可謂神矣。然而昔之人得而擾之、御之，則以能識其嗜欲，而不偝其性也。❺凡擾畜物之道，苟爲不盡其性，雖狎不留。苟爲盡其性，雖不狎留之。然而狎犀、象、虎、豹也易，狎龍也難。彼龍者，恃其才之夫

❶「以」上，傳校本有「而」字。

❷「勿」，傳校本作「弗」。

❸「治」，傳校本作「定」。

❹「美」，傳校本作「善」。

❺「偝」，傳校本作「背」。

而智之神，如有不合則去矣，無求於人矣，❶非若犀、象、虎、豹之受制于人，而求全于人，而喪身于人也，是以狎之非其道弗就也。方夏之衰，御龍氏死，天下無傳御龍之術者，龍于是去而不返，若無龍焉。然則非實無龍也，彼其神知天下無有能識己之嗜慾而御之者，故匿而不出也。其不出，天下始益好而奇之，萬有一遇焉，猶震眩顛踣竄匿而不敢視。❷甚矣！夫龍之可好而不可親也，可怪而不可擾也，豈實龍之情哉？然而世之人始因旱而像之，因水而禜之，怨呼咨嗟以求其肹蠁髣髴之應者。嗚呼！何世之人不憚煩，而與龍異好尚且至于此哉。❸

❶「無求於人矣」，原無，據傳校本補。

❷「踣」，傳校本作「仆」。

❸「尚」，明鈔本無此字。

公是集卷四十七

宋劉敞撰

雜著二

明舜

桃應問于孟子曰：「舜爲天子，臯陶爲士，瞽叟殺人，則如之何？」曰：「執之而已矣。」「然則舜不禁歟？」曰：「舜安得而禁之哉？夫有所受之也。」「然則舜如之何？」曰：「竊負而逃，遵海濱而處，終身訢然，樂而忘其天下。」劉子曰：孟子之言察而不盡理，權而不盡義。孝子之事親也，既外竭其力，又内致其思，不使其親有不義之名，不使其人有間非之言。瞽叟使舜塗廪，從而焚之，乃下。使浚井，從而揜之，乃出。舜往于田，日號泣于旻天，夔夔齋栗，瞽叟亦允若。❶《書》曰：「父頑，母嚚，弟傲，克諧以孝，烝烝乂，不至姦。」由是觀之，舜爲天子，瞽叟必不殺人也。仲尼之作《春秋》，爲尊者諱，爲親者諱，爲賢者諱。故以子則諱父，

---

❶「叟」，原無，據傅校本補。

以臣則諱君，豈獨《春秋》然哉？雖爲士者亦然。故必原父子之親、君臣之義以聽之。昔者商鞅之作法也，太子犯之，鞅曰：「太子，君之貳也，不可以刑，刑其傅與師。」鞅之謂刻矣，然而猶有所移。由是觀之，瞽叟殺人，皋陶必不執也。葉公子高問于孔子曰：「吾黨有直躬者，其父攘羊，而子證之，何如？」孔子曰：「不可！吾黨之直也異于是。父爲子隱，子爲父隱。」由是觀之，瞽叟殺人，皋陶雖執之，舜必不聽也。舜豈以天下有所受顧臨其親哉？夫聖人莫大焉，天子莫尊焉，以天下養莫備焉。德爲聖人，尊爲天子，以天下養，然而不能使其親無一朝之患，是則非舜也；知聖人之德，知天子之尊，知天下養之備，然而不知天子父之貴也，而務搏執之，是則非皋陶也。無其事云爾。有其事，奚至于竊負而逃，遵海濱而處？故曰：孟子之言，察而不盡理，權而不盡義。夫衡之爲物也，徒懸則偏而倚，加權焉則運而平。一重一輕之間，聖人權之時也。請問權，曰：皋陶不難棄士，不過失刑而已矣，以君臣權之，天下之爲君臣者必定，義莫高焉。舜不難棄位，不過隱法而已矣，以父子權之，天下之爲父子者必悦，仁莫盛焉。故善爲政者，毋以小妨大，毋以名毁義，毋以術害道，毋以所賤干所貴。迂其身，有以利天下則爲之；貶其名，有以安天下則爲之。其惟舜、皋陶乎？

舜　死

舜以天下讓禹，十有七年而死于蒼梧。蒼梧，夷也，去中國萬有餘里。欲天下之一乎禹也。周公繼文、武攝天下，❶七年，制禮作樂，反政于成王，使其子伯禽就封于魯，而己居成周，死葬于畢。欲天下之一乎周也。舜、周公同道。舜君也，周公臣也，舜、周公易地而處則皆然。然則堯何以不去中國死夷狄乎？曰：「舜之相堯也二十有八載，德施于民也長，功見于民也大，天下忘堯焉。堯之子不肖，《書》曰：『罔水行舟，罔晝夜頟頟，朋淫于家。』天下疾焉。故堯崩三年，四海遏密八音，如是而已，不能有加矣。❷禹之舉也由舜，其相舜也，不能若舜之久。舜之子又不若丹朱之甚不肖也，天下不以爲戒。雖舜死，天下將不忘舜，是以舜去中國焉。去中國而天下一乎禹矣。」或曰：「舜勤民而野死。」曰：「有天下以與聖人，不使後世萬姓被其害也而去之，可不謂勤民乎？」或曰：「舜死于巡狩，❸征有苗。」曰：「不然也。堯以天下讓舜，使舜巡四岳。《書》曰：『二十有八載，帝乃徂落。』舜以天下讓禹，使禹征三苗。《書》曰：『苗民逆命，禹乃班師，布文德。』夫堯、舜未嘗不巡狩伐無道也，抑既讓天下矣，則無所事天下，夫舜何爲而巡狩且伐三苗乎？」「然則古之有是説也，何故？」曰：「昔者晉文公召天子以會諸侯，《春秋》爲之諱曰『狩于河陽』，然則舜不能忽然違天下而去，將託于狩而至蒼梧也。舜之讓，《春秋》之諱，聖人之意也。孟子曰：『先聖後聖，❹其揆一也。』昔

---

❶「攝」，傅校本作「相」。

❷「矣」，傅校本作「焉」。

❸「狩」，明鈔本、傅校本作「守」，下同。

❹「先」，原作「前」，據傅校本改。

者太王之子曰太伯、仲雍、王季，王季有聖子曰文王。太王欲傳之，太伯、仲雍知之，因採藥而去，以自竄于荆、吴之間。然則聖賢之所以讓其國家天下于聖人者，❶亦必有道矣。孔子曰：『太伯可謂至德也已矣，三以天下讓，民無得而稱焉。』」

伊吕問并序

讀鬼谷書，以伊尹在夏，吕望在商爲仵合。讀孫武書，又以二人爲反間。夫世衰道敝，天下語權變者宗鬼谷，語奇正者宗孫武。學者既無以拒之，而復假聖人以自耀，將使澆薄之俗，甘心于詐僞。予甚懼焉，作《伊吕問》。

或問：「人有言曰：伊尹五就桀，五就湯。太公三就紂，三就西伯。有諸？」曰：「有之。」曰：「然則爲仵而合者歟？」曰：「否！不然也。昔者伊尹避桀，耕于有莘之野，不以耒耜爲可賤也，以須天下之平，卒不可得。湯聞其賢，往聘而起焉。太公避紂，釣于渭水之上，不以漁之事爲可薄也，以須天下之平，卒不可得。文王聞其賢，往獵而起焉。二子者，皆聖人之仇也。知不以久幽爲不賢，而曾紛紛以求合爲賢乎？且吾聞之，伊尹歸于商而爲之相，太公歸于周而爲之師，二子者法堯、舜者也。❷以堯、舜之道，不可以臣伐

❶「國家天下」，明鈔本、鮑校本作「天下國家」。

❷「法」上，傅校本有「皆」字。

君，可以臣輔君。成湯察焉。古者諸侯歲一貢士于天子，湯因是焉而貢之，故伊尹入于夏，夏不能用。古者士不得其職則去，諫不用其言則去。伊尹數諫而不入，識夏之可醜也，歸于亳。湯又貢之，貢而反者五。知其不足與有爲，然後終相之。當此之時，伊尹乃自亳之北門入，遇汝鳩、汝方于徐，而作《汝鳩》《汝方》之書。伊尹、太公其臣均也，成湯、文王其主均也，夏桀與紂其亂均也。以伊尹之入于夏，故亦知太公之入于商。以伊尹之入于夏爲湯貢之，故亦知太公之入于商由文王貢之也。則二子者，皆願爲而不得者，非忤之而後合者也。且忤而後合者若蘇秦者乎？昔者蘇秦嘗爲燕謀齊，而僞得罪于燕者以納于齊，齊人剥而裂之，天下莫不笑。故圖爲忤合者，蘇秦也，不免于死。而謂伊、吕之聖人爲之乎哉？」曰：「伊、吕之不求于合，則吾信之矣。若乃湯貢之，文王貢之者，非間歟？」曰：「惡，是何言也！且以湯之得天下也，爲得桀而得歟？爲得道而得歟？文王之得天下也，爲得紂而得歟？爲得道而得歟？湯之得天下也，自其伐葛。文王之得天下也，自其伐崇。湯伐葛而莫之逆者，而桀喪其天下矣。文王伐崇而莫之違者，而紂喪其天下矣。且子謂湯之得桀也，伊尹間之，其得葛也，孰間之乎？文王之得紂也，太公間之，其得崇也，孰間之乎？聖人之爲聖也，爲其正而已矣，是以衆人爲不可及。必以間而有天下，則其所以爲聖也，不亦衆人而可爲之歟？」曰：「然則世之有是言也，何出？」曰：「出乎貪勢而好利者。貪勢者樂縱横，好利者喜用兵。其于術，猶號而售之也，是以私自託于聖人。」

問南子

或問：「《語》曰：『子見南子，子路不悦。』信乎？」曰：「信。」「然則仲尼之見南子也，欲因以行道乎？」曰：「否！不然也。昔者叔向囚于晋，晋人將殺之。欒王鮒者，嬖臣也，使謂叔向曰：『事我，我免子于死。』叔向不應，亦不謝也。夫叔向不應，豈不曰生者人之所安也，爲不義而生者，我之所不安也。❶富貴人所欲也，爲不正而富貴者，我所不欲也。得勢而行道者所願也，爲不正而行道者，我所不願也。夫曲其身以赴利者，叔向所不忍爲，而謂仲尼爲之乎？且夫欲行道而求合于人者，吾未之聞也。求合于人而欲以行道者，吾亦未之聞也。他日，王孫賈以微言問于仲尼曰：『與其媚于奥，寧媚于竈。何謂也？』仲尼曰：『不然！獲罪于天，無所禱也。』夫仲尼生居亂世，固天下無所遇，得其人，可以行道而不爲也，曰毋以獲罪于天，而因南子以求致其行，❷是媚于竈矣。何以爲仲尼？」曰：「仲尼之不因南子以行道，則吾既聞命矣。敢問仲尼之見南子何也？」曰：「古者不傳贄，不爲臣。故稱其君曰君，稱其君夫人曰小君，二者皆君也。國君有宗廟之事，君親牽牲，大夫從之，夫人親薦盎，命婦從之，將與之共宗廟之事，正君臣之位，不可以不見也。南

❶「我之」，傳校本作「人」。

❷「行」，傳校本作「仁」。

子者，衛小君也。當是時，仲尼仕于衛，如之何不見？」「敢問：禮歟？」「禮也。」「禮則子路何不悦？」❶曰：「子路之意，以爲親于其身爲不善者，❷君子不入也。衛君無道，夫人無德，君子奚宜留哉？乃仲尼則欲先正其名。君臣，名之大者也，名正則庶民服。道不行然後去，是以未嘗有所終三年淹也，此之謂也。孟子曰：『孔子有見行可之仕，有際可之仕，有公養之仕。于季桓子見行可之仕也，❸于衛靈公際可之仕也，于衛孝公公養之仕也。』所謂際可者，接可見也。古之人接可斯仕矣。」

啓疑

昔者，齊伐魯，孔子憂之，謂門弟子曰：「魯，父母之國也。今危如此，二三子何爲莫出？」于是子貢往見田常而説之，曰：「臣聞憂在内者攻彊，憂在外者攻弱，今君憂在内，而魯弱不可攻也，則不如攻吴。」于是子貢南説吴使伐齊，東説越使伐吴，北説晋使承吴之敝。故子貢一出，號爲安魯、亂齊、破吴、强晋而霸越。嗚呼！不亦甚哉。此亦周末戰争貪利之人耳，❹而謂子貢爲之乎？❺且夫卻齊以存魯，于魯則幸矣，于彼

❶「何」下，傅校本有「爲」字。
❷上「爲」字，傅校本作「謂」。
❸「也」，傅校本無此字，以下二「也」字亦同。
❹「亦」，傅校本作「夫」。「利」，傅校本作「禍」。
❺「而」下，傅校本有「曾」字。

四國則敗矣。不惟如是，❶又使其身蒙惡于田常，如與之篡焉。不惟如是，又使聖人被不知人之譏，如與之謀焉。雖然，齊伐魯之事不能無也，子貢説田常不能無也。雖然，子貢之言則謂何哉？子貢必將謂田常曰：「吾聞君三封而三不成者，大臣害君也。今君上不見信于君，下又見壅于大臣。外爲高、鮑將兵伐魯，君伐而勝，則高、鮑之謀也；伐而不勝，則高、鮑將歪君之罪。上者不見信于君，下又壅于大臣，外與諸侯與國爲仇，君之位若朝露，可翹足而亡矣。夫魯，千乘之國也，未可量也。君不如按兵勿伐，以銷高、鮑之謀。外自樹黨，下以嫗拊百姓，使不踐戰死之患，全而歸之。夫百姓全而歸，戴君如父母。魯喜于不伐，親君如師友。銷高、鮑之謀，則未有以間君也。君乃釋此三利，而必踐萬危之塗，開大臣之意，身與之爲市，不亦惑乎？」❷如此，庶乎子貢之意矣，猶恐非也。今乃飾縱横之詐，挾反覆之辯，親指之聖賢之間，學者信而不論，論者昏而不諭，毋乃已謬哉。雖然，是傳聞者也，疑似者也。古之爲書之三者多有之。其始也出乎信，而今也成乎僞，吾請言之。傳曰：「彭祖最壽，八百餘歲。」敢問彭祖非人也耶？則豈獨八百歲而已哉？是人也，何以獨得乎？此固難通也。雖然，爲是有端。仲尼曰：「述而不作，信而好古，竊比于我老彭。」吾以此推之，所謂老彭者，古述作主也。上采五帝，下及五伯，上下八百歲之間，譬若《春秋》，是非三百四十三年，太史公述歷黄帝以來三千餘歲也，非仲尼與魯隱並生，太史與黄帝俱壯，其書則然也。此傳聞不考實者

❶「惟」，傅校本作「唯」，下句同。

❷「乎」，傅校本作「哉」。

也。舍彭祖無傳聞者乎？曰有。傳曰：「徐偃王有筋而無骨。」夫徐偃王，徐國之君也。主祭祀，奉朝聘，交鄰國，接百官，古者人君無所不親，則偃王何以能自力哉？古者有天疾者不入宗廟，有人疾者不入宗廟，則偃王何以能自入即位哉？❶語曰：「偃王好爲仁義，而不修武備，以亡其國。」吾以此推之，文德柔，柔者筋象也；武備剛，剛者骨象也。故貴文而廢武，亦不可以存國，猶有筋而無骨，而不可以爲人也。此出于議論比興者也，而不審則疑矣。舍徐偃王無疑者乎？曰有。《傳》曰：「魯陽公與韓戰，怒而揮戈，日退三舍。」夫天至高也，日至遠也，魯陽以七尺之軀，丈二之戈，氣不足以盈谷，力不足以破山，憤而指麾，日爲之卻，則豈獨日哉？蓋天亦隨之，❷此不可以誑嬰兒終日，又況天下乎？古者，兵法三十里一舍，吾以此推之，魯陽者，戰而敗績，一日之中而北三舍爾。世人不知，則以爲日退三舍矣。❸此傳聞而謬者也。舍魯陽無疑者乎？曰有。《傳》曰：「黄帝與蚩尤戰于阪泉之野，❹帥熊羆狼豹貔虎爲前驅，鵰鶡鷹鸇爲旗幟。」夫黄帝之人民猶今之人民，黄帝之郡國猶今之郡國。黄帝何以能獨任異類與之成功哉？言黄帝之士卒如熊虎，言黄帝之旗幟載鷹隼，則可已。豈獨黄帝有是哉，《書》曰「如虎如貔」，《詩》曰「織文鳥章」，此亦聞而不

❶「自」，原無，據傳校本補。
❷「亦」，傳校本作「以」。
❸「爲」，傳校本作「謂」。
❹「阪」，原作「版」，據傳校本改。

察者也。舍黄帝無聞而不察者乎？曰有。《傳》曰：「文王四乳。」所謂文王者，其仁義忠信，聖人之姿爾，惡得形狀之異乎？必形狀異然後爲聖人，則孟子又烏得云「堯、舜與人同」乎？《語》曰：「周有八士：伯達、伯适、仲突、仲忽、叔夜、叔夏、季隨、季騧。」此八人者，同母而四乳。吾以此推之，所謂四乳者，亦猶是四乳之謂也。此固美之過實之言也。舍文王無過實者乎？曰有。《傳》曰：「伊尹生于空桑。」夫人之不生于木，猶木之不生于人也。伊尹獨爲絶類離倫，無所受其氣，若蜉蝣醯雞之出于物也？❶《禮》曰：「空桑之琴瑟。」斵琴瑟，莫宜于空桑之木。地名。吾以此推之，伊尹之生于空桑，猶文王之生于西戎也，何怪之有哉？此固好奇而不經者也。故曰言遠而僞，道散而惑。三皇之事，萬不存一；五帝之事，千不存一；王伯之事，百不存一。❷非篤學而心知其道者，豈足勝論哉？昔者宰我問于孔子曰：「黄帝三百年，信乎？」孔子曰：「黄帝在位百年，崩而民哀之百年，用其教又百年，此其所以三百年也。」楚子問于觀射父曰：「《書》曰：『乃命重、黎，絶地天通。』使無重、黎，民其登天矣。」觀射父曰：「不然！昔者高辛使南正重司天，北正黎司地，天地之道序，而人神不相雜，乃所謂絶也。民不能登天也。」嗚呼！吾安得夫孔子、觀射父而聽之哉？

❶「也」，傅校本作「乎」。
❷「王伯之事百不存一」，原無此八字，據明鈔本補。

五百

或問曰：「五百歲而一聖人作，有諸？」曰：「否！不然也。或問乎孔子曰：『吾聞黄帝三百年，黄帝何以能若此之久也？』孔子曰：『黄帝在位者百年，崩而民畏其神又百年，已而民用其教又百年，此之謂三百年。』夫言固有若是者也。古者，二聖王之法，五百年然後移，故曰五百歲而一聖人也。」曰：「昔仲尼有言：『大人者，與天地合其德，日月合其明。』今曰聖人之法，五百歲而移，是可謂天地合其德，日月合其明乎？」曰：「是非此之謂也。蓋古者有不粒食，不衣裳，居不屋，死不葬之俗矣。非不樂之也，不知爲耳矣。而今也耕而食，織而服，安而宅，葬而得者，固不一俗。夫聖人蓋因時而設法，相時而制治者也。法固有必變，治固有必革。謀不能五百年者，非聖人也。當五百年之極，而不知承之者，非聖人也。夫五百年之極，其禮與其俗既已灑矣，然後歸而新之。故聖人者，常出于五百年之後者也。不五百年其法不亡，不可得而亡也。既五百年而猶不亡，所謂不亡，非不亡也，直亡矣而未有絶也。由堯至于湯，五百有餘歲。由湯至于文王，五百有餘歲。由文王至于孔子，五百有餘歲。堯之仁，湯之武，文王之治，適因其時、得其際而改焉。民之去故俗而就新治，悦然如水之赴下也，誰能禦之？孔子得其際矣，而不得其時，周之俗遂極乎敝，所謂非不亡也，直亡矣而未有絶者也。故孔子作《春秋》。《春秋》之作，曰：『行夏之時，乘殷之輅，服周之冕。樂則《韶》舞。』夫後世未有爲孔子之爲者也，如有孔子之爲者，則亦必五百年而後可亡也。故曰：五百歲一聖人作。二聖人作者，二聖人之法變于五百年者也。前之則民未忘德，過之則遂極乎敝。極乎敝，雖久，非聖人所謀也。今曰：周人八百，殷人六百，以爲文王賢于湯也而可乎？故聖人非能計歲必五百年而生也，以其成之，則宜乎居五百歲之後也，是以傳此言也。」或曰：「揚子雲以謂事之不然。」曰：「子雲玩文而遺意者也。其曰不然，不亦宜乎？」

公是集卷四十八

宋劉敞撰

雜著三❶

題三公子傳

孟嘗、平原、信陵，皆稱賢君，善養士，士至三千人。然孟嘗以讒廢，惟馮生從車一乘入秦，使孟嘗復重于齊。平原背千里之趙與楚約從，非毛遂幾不定。信陵最賢矣，得侯嬴乃能成功。士亦安在多哉？然不多養士，亦失此三人。此三人非特百十之雄也，乃在三千之一也。以彼其折節慕義，貧賤無所遺，卒得其用者三千而一耳，況乎不養士，士無所歸者乎？其不困辱幸矣，何功名之望哉？

❶「三」，原無，據傅校本補。

讀《封禪書》

劉子曰：新垣平候日再中，文帝以建元，言汾陰有寶鼎氣，乃效于後。平之于術亦可免矣。其卒以詐死，爲世大僇，何哉？彼以其術爲遠，而飾之以巧；以其利爲迂，而益之以諂者也。其敗不亦宜乎？是故博學而精擇之，正言而謹守之，不爲頃久變志，不以利鈍遷慮，避此患也。❶莊周有言：「毋以人徇天，毋以故滅命。」豈新垣平之謂耶？悲夫！

題《東漢·逸民傳》後

東漢逸民十有七人，得道之中者，龐公而已矣。富貴不能淫，貧賤不能移，威武不能屈，隱居以求其志，行義以達其道，此所謂不遭時者，非激世長往者也。古之君子進以禮，退以義，故進不謂之貪，退不謂之僞，以其身爲天下法也。故賢者至焉，不肖者勉焉。故曰：「禮義，天下之公也。」若夫二三子者，以絶世爲高，不臣爲名，至其後世也，羞朝廷之士，孔子所謂「鳥獸不可同群」「欲潔其身而亂大倫」者，此之謂歟。

❶「避」，傅校本作「辟」。

題《魏太祖紀》

漢高帝既誅項羽，而哭之哀。魏武帝平袁紹，亦祭焉。世或以二君匿怨矯情，非也。方天下畔秦，劉、項兄弟也。及董卓之亂，袁、曹同盟也。其艱難周旋，禍福同之，豈云虚哉！及權就勢成，人懷圖王之意，還自相攻耳，非有宿怨積仇，必達大義者也。既摧破其國，癈其初約，❶雖功業歸己，而英心感動，自然隕涕，此乃所謂慷慨英雄之風也，豈介介然幸己成而樂人禍哉？且夫爲天下除殘，則推之公義；感舊撫往，則均之私愛。此明取天下非己欲，破敵國非己怨也。其高懷卓犖，有以效其爲人，固非齪齪者所能察也。嗟夫！如彼英傑之人爾，猶未易得其意，又況聖人乎哉！

設侯公説辭并序

天下之辯士，皆自以能排患釋難，亡使存，危使安者也。然而説有可以行，有不可以行。子貢説野人，野人拒之，此不可行者也。夫以楚之强，項羽之暴，其甚于野人明矣。而侯生一語而太公以歸，其道奚出哉？請試陳之。

謂項王曰：「漢使陸賈請太公乎？」曰：「然。」「然則楚與之乎？」曰：「否。」「何以不與也？」曰：「漢

❶「癈」，原作「非」，據明鈔本、鮑校本、傅校本改。

急，寡人常寬之，危常存之。漢得志輒欺寡人，寡人不忍與並立乎天下，是以不與也。」曰：「噫！亦甚矣。大王之厚于漢，有天下必矣。天下之歸漢，必矣。楚之不得天下，必矣。天下之不歸楚，必矣。何也？臣請言之。大王嘗與漢臨廣武而軍，❶當是之時，楚欲烹太公而漢不救。彼知殺人之親者，不可以得志于天下，而可以致天下之怨，故不示楚以急也。今何故而請之？且大王何以不遂烹太公？」曰：「伯謂我爲天下者不顧家，烹之無益，故不烹也。」曰：「誠如伯言者。今漢之意，其欲得其父者耶？❷其外欲以得其父爲請，內實使楚害之而致天下之怨以滅楚耶！夫豪傑並起，以誅秦爲事，秦既破矣而戰伐不息，使百姓父子肝腦塗地，至苦也。楚與漢亦各有分地，今漢去其地而與楚爭，彼自知智不若大王，勇又不若大王，故輕委其親以邀怒衆心，曰凡所爲天下洶洶者，楚耳。又出信使厚幣，使天下見之，皆信漢用兵之不得已也。則人人致死于楚矣。故曰『甚哉，大王之厚于漢也』。故大王不如歸太公，明與漢分天下而王之，天下之人皆知大王之無負于漢也，又知漢之有分地也，彼雖欲欺其衆復從事于楚，衆不爲用，雖强之不聽，是漢孤也，大王之霸，可以萬全。今大王益留太公，漢亦益怒其衆，楚亦益怠，漢亦益進，願大王熟計之。且夫爲天下者不顧家，苟殺之無益，則雖留之亦無益矣。苟殺之足以益怨，則留之亦足以益怨矣。不識争天下者，使天下怨我利也，使天下怨彼利耶？兩者願大王計之。臣非敢爲漢謀得太公也，欲爲楚謀取天下也。臣之言用，則

❶「軍」下，傳校本有「矣」字。
❷上「其」，傳校本作「真」。

漢無辭以用其衆，無名以行其詐，而天下定矣。」

寓辯

劉子論則疾辯士。❶或曰：「劉子安得疾乎辯？夫辯者，排患難，解紛糅，或立談之間而致和平，此雖孫武之師，仲由之材，賁、育之勇，不洎于此矣，乃可喜也。顧劉子未能耳，何遽而疾之哉？且夫秦破趙軍長平，進圍邯鄲之危若綴旒者。諸侯畏秦而不敢救，秦劫諸侯而不敢進也。故馳辯之士深計而無所用，多言而無所納，皆欲存趙而抑秦，奉諸侯以弊關中。然而諸侯之兵不出于境，彼亦智者之慮有所未盡也。❷及魯仲連畫新垣之策，而秦兵退舍。劉子誠能造意設辭，❸爲可以動諸侯之兵者，則劉子于辯，固易而可非之矣，今劉子未能窮辯者之慮，又焉能斥辯者之過？」劉子笑而應之曰：「夫邯鄲之圍，諸侯莫救，勇者不能進其斷，説者不能伸其意，❹彼諸侯畏秦之勢則固然，又何足怪。雖然，諸侯未睹秦滅趙之患也，今請説而出其兵。子其爲齊、楚、韓、魏之王，吾請説子。」遂説齊、楚之王曰：「秦圍邯鄲，邯鄲且亡，其大夫之謀曰：

---

❶「則」，原無，據明鈔本、鮑校本補。
❷「有」，原無，據明鈔本、鮑校本、傅校本補。
❸「劉」上，傅校本有「今」字。「誠」，明鈔本作「成」。
❹「能」，傅校本作「得」。

『請以天下帝秦。』而趙國舉臣于秦，趙帝秦之使旦夕且行矣。臣竊爲大王憂之，夫趙入于秦則秦益强，秦得其尊號而歸，必釋趙而令諸侯。秦、趙合歡，則趙有河南，秦有山東，秦因下兵峭谷，伐其後帝己者。趙亦出兵而佐之，伐其後帝秦者。如此，則齊、楚先危矣。且夫齊、楚之不伐于秦者，以趙邇而齊、楚遠也。今趙先下秦，秦必不外于趙矣，而與之謀諸侯之事，則齊、楚必先伐矣。秦貪其尊號而欲并天下，兵不至郢、臨淄不肯止矣。是齊、楚疎趙而受其兵，畏秦掇其患也。何趙之智而齊、楚之愚也。且趙之帝秦，社稷之故，其計必果矣。而秦有并天下之心，其兆必從矣。秦從趙請，又責于諸侯，則王能遂帝秦而臣于秦乎？」王曰：「不能。」曰：「然則王之不救趙亦過矣，今日趙下，明日兵必至齊、楚。齊、楚天下之强國也，❶秦必欲先其强者，而後其弱者，臣恐齊、楚之病又甚于邯鄲之圍也。」王曰：「然則奈何？」曰：「今夫齊、楚之地方數千里，❷帶甲數百萬，車數千兩，馬數千駟，萬乘之國也。而秦亦萬乘之國也，秦圍邯鄲而莫能救，固畏之也。俱據萬乘之國，而齊、楚獨臣于秦，臣竊爲大王羞之。臣聞秦戰長平，民年十五者必赴焉。秦王又爵民于河內，以與趙戰，連時而不解。臣竊度之，秦名勝趙，其衆固已困矣。❸非十五者不可用，其民固已竭矣。王于此時以齊、楚之强，選將授兵，因秦之敝，以救邯鄲，臣見趙之寶器重賂必入于王，而秦必以信使厚幣以交

---

❶「天下之强國也」，明鈔本、傅校本作「天下莫强焉」。

❷「數」，傅校本無此字。

❸「已」，傅校本作「以」。

王國。不此之務，而委兵以俟帝秦，竊爲大王不取也。」于是齊、楚之王曰：「善。」吾又因見韓王而説之曰：「韓、趙世世之與國也，而秦天下之仇讐也。秦圍趙而韓不救者，必以秦爲强而趙爲弱。今趙自見其弱而諸侯莫救，必請以國事秦，而以帝帝秦。秦得其帝己，必縱趙而與之連謀，以圖諸侯。趙之怨王也必深，則必以兵伐韓，而秦又出兵宜陽，而責于韓曰：『何爲後帝我？』是趙攻于北而秦攻于西也。韓不割膏腴要郡以事于趙，不北面委贄以事于秦，韓不得息。是韓棄與國之好而要仇讐之禍也。假使趙不帝秦，秦不縱趙，趙必折而入于秦矣。亡趙以益秦，于王何利哉？齊、楚救之，我不救之，是王獨招患于是也。且夫秦久留趙而不去，豈能無畏諸侯之救趙哉？❶故宣言以刼諸侯，而諸侯遂聽之。假如秦兵伐韓，則韓能遂爲之臣哉？王必不欲爲之臣，則願王之以兵救趙也。王不救趙，則秦、趙之患必至矣，願王圖之。」韓王曰：「諾。」夫已説韓，則見魏王而説之曰：「臣聞魏遣晋鄙將二十萬之衆以救趙也，怵于秦而止，臣竊以王謀之過也。夫秦人貪而多詐，故竭國之兵以事邯鄲，邯鄲未下，而其兵亦困矣，故恐諸侯之救趙也。先宣言以刼之，彼雖名强，實懼王耳。今王又止晋鄙之兵而不行，是王之謀中秦之計也。且夫以聲威魏者秦也，王猶畏之，有如秦既勝趙，以實伐魏，則魏能臣于秦乎？秦見魏弱，必以魏爲不能國，非盡臣魏，其兵固未可止也，臣固以謂王之謀過也。且救人而止其兵以觀望成敗，使秦勝趙，則秦之兵必至于魏矣；使趙勝秦，則趙之兵亦必至于魏矣，而秦必反爲趙之助也。臣請言之，昔者秦伐韓之修魚，而楚救不至。韓之君臣謀曰：『秦欲伐楚

❶「趙」，傅校本無此字。

久矣，不若與秦和而伐楚，則秦必聽韓而捨韓矣。且韓失于秦而取于楚也。』❶楚人聞之大恐，命戰車滿道，士卒滿野，而告于韓曰：『寡人將救韓也。』然卒不救韓。韓大窮困，❷請和于秦。秦聞楚之先欲救韓也，使將將兵伐楚，至丹陽，斬首八萬而歸。夫當秦、韓之相持，楚兵不出，故秦得勝韓。既勝韓，❸因而伐之，其勢然也。故楚雖不救韓，而秦兵猶至者，秦貪而戾于事也。向使楚兵救韓，則秦必喪師而失衆矣。夫大王之兵名爲救趙，❹雖未嘗與秦戰，❺然而趙已滅，秦必移兵以臨大王。前日之楚是也。臣故曰：『使秦勝趙，則秦之兵必至于魏矣。』夫許而不與，失其所以與；怨而不絕，失其所以怨。今王之兵有救趙之名，無救趙之實，趙勝于秦，則王何功于救也？夫以無功之事，招失許之怨，故趙勝秦，則趙之兵必至于魏矣。而秦欲和趙，故必反爲之助也。今王何不使晉鄙進兵以明救趙，秦久圍趙，❻勢不能固，彼畏王之威，必引而去，是王西抑强秦而北存孤趙，天下之强國必請服，弱國必入朝，則王之王業成矣。不務以此，而務躡楚之跡，起秦之禍，興趙之怨，甚爲王不取也。」王曰：「善。」如此，則五國必從，從則邯鄲必解矣。于是或者曰：

❶「且」，傅校本作「是」。
❷「窮困」，明鈔本、傅校本作「恐因」。
❸「韓」，傅校本無此字。
❹「名」，原無，據傅校本補。
❺「嘗」，原作「常」，據傅校本改。
❻「圍」，傅校本作「畏」。

「善！今日乃知劉子天下之士也，而辯固劉子之末也。請謹事左右。」夫邯鄲之圍，諸侯莫救，辯士説者萬端而兵莫肯出，及魯仲連謀之，秦兵退焉。公子無忌至，遂敗秦師。夫秦師非不能勿懼魯仲連也，❶畏其説之當也。非不能勿懼公子無忌也，知其師久而敝也。所以劉子深求當時之事，託以利害之趣，東引齊、楚，南動韓、魏，可謂至當之理，必然之效也。❷

諭客

寶元、康定之間，元昊畔，詔書求材謀之士，于是言事自薦者甚衆，輒下近臣問狀，高者除郡從事，其次補掾史，且數百人。時予方遊吳中，客有相哀者，作諭。客謂公是先生曰：「蓋聞賢者不遺利，智者不失時。因形推勢，以事爲機。是以功勳流于竹帛，盛德載于黎庶。歷百世而不衰，掩衆人以獨奮，此所謂豪傑之士也。而先生亦有意于此乎？」先生曰：「何以教之？」客曰：「今西兵距境，崑崙道絶，主上不怡。邊有宿甲，旃裘之貢不入，鐘鼓之娛不勸者，于今三年矣。❸是以下求賢之詔，開自薦之路，總攬奇俊，兼聽天下，恩涵于人心，義激于肺腑。故令下之日，坐者泣沾襟，臥者涕交頤，咸欲奮必死之力，蹈難測之機，忘山川之苦，

❶「夫」，原無，據傅校本補。
❷「也」，傅校本作「矣」。
❸「今」，原作「是」，據傅校本改。

薄戰伐之危，請長纓以繫頸，輸家財以濟師。拜章者交乎公車，獻策者滿乎北闕。起徒步以析爵，由一言以改列。此亦遭遇之時，變化之契，勇辯之辰，敵國之勢，穰苴所以權軍而西出，蘇秦所以掉舌而東逝也。今先生乃悄乎如不知，藐乎如不聞，名與智寂，迹與勢淪，懷書滿腹，不如衆人。意者，暗于事勢而然乎？且夫道期于用，不必全潔；功期于成，不必無辱。是以伊尹負鼎，伍員鼓腹，百里食牛，包胥慟哭，乘時因勢，大直細曲，崇如丘山，炳若執燭。今先生乃獨習無用之言，守難行之事，遺棄諸子，專愚六藝。井田雖通，不可以厚財賦之入；鄉飲雖講，不可以助軍旅之急；羽舞雖文，不可以代干戟之執；麻冕雖純，不可以更甲胄之襲。睢盱拳曲，空言少實，不可圖進取之益。則何不卑論儕俗，夜寢夙興，馳騁乎孫、吴之場，揣摩乎蘇、張之誉，舌如電流，功如雷行，威名並建，家國兩榮。乃反侈陋巷之處，甘藜藿之食，目無韶曼，耳絶金石，抱甕而汲，不知用力。行身若此，老且奚益？」先生曰：「吁！客何貌之壯而語之少，何願之大而智之小？信難以議道矣！雖然，不可以不陳也。昔者軒轅有阪泉之師，堯有丹浦之征，舜有三苗之誅，啓有扈氏之兵，成湯造攻于牧宫，文王收績于崇城。當此之時，覆載侔于天地，文明比于日月，休恩滲于時雨，厲威粲于霜雪。跂行喙息，罔有不服。然且弓矢未盡閉，干戈未盡戢，❶小至俘馘，大至流血。巍巍之功不爲之差減，赫赫之號不爲之滅裂，適足以增其徽名，廣其休烈而已。客以謂有損于盛德耶？夫狂童鴟張，天奪其魄，跳踉顛蹷，假命頃刻，親戚不輔，鬼神所殛，狗吠其主，鼠竊疆埸，此與蚩尤、三苗何以異哉？然而將帥

❶「弓矢未盡閉干戈未盡戢」，四庫本作「干戈未盡戢弓矢未盡閉」。

之臣閲于《詩》《禮》，介冑之卒奮于貙兕，賞未及懸，刑未及峻，而天下之民，億兆之衆，固已集矣。于是乎虎盼鷹視，❶龍行雲起。譬若挽千石之弩，決垂潰之疽；引洪河之流，沃殆滅之燬。曾不移息而可見，又何足煩天下之學士？主上所以朝乾夕惕，勞于求賢，通自進之路，開博訪之門者，恐伯高、傅説之流藏于巖野，伊尹、太師之品逸于屠釣。又所以明謙讓之義，恭聽卑之操，使非常之業與士大夫共有也。此乃三王所不及，五帝所難行，愚陋之人豈能昭見其情哉？昔燕欲駿馬，乃市朽骨，而千里之駒果至；越欲勇士，乃揖怒蛙，而百夫之勇來萃。主上亦欲得特達之人，❷是以狂狷者無所咈，排觸者無所忌，高爵重禄，或富或貴，鑑洞乎神明，量配乎天地，豈可以爲小醜之未夷，群兇之尚恣哉？且夫東漸島夷，南及交趾，西奄孤竹，北越鑿齒，受令朝朔，齊一車軌，雷動風行，方百萬里。觀數郡之地，元昊之衆，曾不若黑子之著面、螻蟻之循穴，而欲以敵國論之，固失類矣。且客獨不聞宋受命之説乎？昔者唐失其御，海水横溢，寰宇之内，分爲六七，不貢不朝，靡所統一。于是蠢蠢之氓，困于戈鋋，積尸爲山，流血爲川，❸糜潰屠剥者，蓋五十餘年。上帝眷之，乃命太祖受禪啓國，方行千里，猶有殘孽，弗率弗祀，太宗平之，真宗成之。至于制作之道，似或未遑。然亦開籍田，封泰山，禮河汾，考百王。皇上率循聖武，靡有遺軼，而勝殘去殺，適底今日。是以往者申訪古

❶「盼」，傅校本作「眄」。
❷「得」，傅校本作「致」。
❸「爲」，傅校本作「成」。

樂，緒正郊配，大定六籍，謹敕元會。欲以就一王之法，成必世之期，使後嗣遵其矩，太常肄其儀。參于六經，表于萬年。澤漏乎重溟，功陟乎上天。❶還成、康之俗，儼典、謨之篇。❷包弓偃革，無得踰焉。此學者所以踴躍，而鄙儒所以拳拳也。何以誇蘇、張于平世，侈孫、吴于異類？終無益于王道，空自絶于聖治。客徒笑我暗于事機，我亦悲客躁于富貴，而不知制作之義也。」言未畢，客竦然而謝曰：「荒野之人，溺于所聞，先生幸教之，謹受令矣。」

責和氏璧

楚人和氏得玉璞荆山之中，奉而獻之厲王。厲王使玉人相之，玉人曰：「石也。」王以和爲誑，而刖其左足。及厲王薨，武王即位，又奉其璞而獻之武王。武王使玉人相之，又曰：「石也。」王又以和爲誑，而刖其右足。武王薨，文王即位，和乃抱其璞哭于荆山之下，三日三夜，泣盡繼之以血。王聞之，使人問曰：「天下之刖者多矣，何子之怨也？」對曰：「吾非怨己之刖也，哀夫寶玉而題之以石，貞士而名之以誑也。」王使人治其璞，果得寶焉。故命曰「和氏之璧」。此世世稱和氏善知寶，而又甚悲其不幸也。吾意善知寶者不然，彼天之生玉也有常質，居上不待以爲益，在下不損以爲少，此人主之所貪也。雖全而言之猶辱，今一不免其

❶「天」，原作「年」，據傳校本改。
❷「儼」，傳校本作「儷」。

身，其不知寶也甚矣。至于刖而後哀之，其不知過也甚矣。苟使和寶之，則若勿獻；苟使和哀之，則若勿怨。彼非所明而明之，其刖也猶幸。周人得夏后氏之鼎，藏之太廟，已八百有餘歲矣。周衰，宋大丘之社亡，而鼎入于泗水之中。秦始皇滅周，恥不得其器，于是齋七日，使萬人没水求焉，不獲而後止。楚有良弓，號之曰「大屈」，傳世之寶也。齊與晋、越聞之，皆欲得之，興兵而圍之。夫興兵者，上有破軍殺將之禍，下有析交離親之辱，然而不計者，寶之所在，則不憚以安爲危，以存爲亡。彼人之所求，而非求于人也。試使一人負鼎之秦，一人挾弓之晋，則不敢以冀百金之償，豈獨寶哉？雖道亦然。今使天下之賢士，有道之君子，負抱其義，祇飾其辭，不擇趣向，不度可否，號呼于人主之側，以冀萬一焉，甚者殺身捐生，其次刑戮流亡，終無與任其責者。則吴起逐于魯，而韓非死于秦，其欲將與《説難》爲之禍也，非二君之過也。然而世獨謂和爲不幸，謬矣！夫謂和之不幸，固失其理，而和之自謂貞，又非其名。所謂貞者，必審于輕重之際，榮辱之分，和不哀其身而哀其玉，忘所重而徇所輕，是竪刁之自害，易牙之殺其子，世主所以厚疑也。吾未知其貞。故爲貴在乎賤，爲遠在乎近，爲大在乎小。古之君子不外于己而内人，不厚于人而薄身，倡而後應，引而後動。舜陶于深山之中，伊尹耕于有莘之野，傅説築于巖險之下，太公釣于渭水之上，及其大行也，名甚白，居甚安，功甚信，此其離于世俗之患也遠矣。無他，人主者求之也。

諭　歸

太原王舒以進士處太學。太學于今無師弟子之教，養老講兵之禮廢已久，諸生至者無所觀習，皆欲著名廣文館，覬三歲一貢士，爲苟可以幸其身耳。其非胄子者，至以錢入吏，自隱爲士大夫之後。王生恥之，乃更占名數京師，求舉于鄉，又連不獲，蓋居者十年焉。王生，閩中人也，父母皆老矣。異日，吾嘗謂王生必歸。或曰：「王生不必歸。」吾曰：古者仕不遇則去，説不用則去，夫仕而去者道也，説而去者激也，以其京師不入，猶有諸侯存焉。齊、魯、宋、楚、秦、晋之大國千乘者非一也，滕、薛、韓、魏、邾、莒之小國百乘者非一也。今天下一家，仕進一道，黜于京師，復進于闕下，去則無所矣，則王生之居可也。雖然，王生能無朝夕之念于其父母乎？其父母能無朝夕之念于其子乎？故曰：王生必歸。且王生所以久不歸者何爲乎？爲貧賤羞父母乎？爲不遇恥鄉里乎？抑爲上國勝下國乎？夫王生士也，豈爲是哉？使貧賤可羞，是曾子不足爲也；不遇爲可恥，是孟子不足多也；以上國勝下國，是仲尼不足師也。夫曾參至孝，未嘗羞貧賤；孟子亞聖，固不恥不遇；仲尼誠明，而欲處九夷。彼一聖二賢，其意何如哉？爲士者可法乎？不可也。今夫胡馬也，聞北風而嘶，心懷其舊土也，有仁心焉。曷爲士也，苟恥其身而廢其歸，曾輕任其身而不知也？且使王生得之不以道，其躬雖富貴，其事親爲能自厭其心哉？吾與王生同道也，同道近乎友，欲乎吾欲之無過也，是厚乎身于無過也。故諭王生使之歸，解其惑。

雜録

處士之有道者，孫侔、常秩、王令。侔，揚州人，居于蘇、湖間，好爲古文章，尤方廉，不能與俗浮沈，而接物則恭以和。秩，潁州人，應進舉，初未爲人知。歐陽永叔守潁，令吏較郡中户籍，正其等，秩貲簿在第七。

衆人遽請曰：「常秀才廉貧，願寬其等。」永叔怪其有讓，問之，皆曰：「常秀才孝悌有德，非庸衆人也。」永叔爲除其籍，而請秩與相見，悦其爲人，秩由此知名。及張唐公守潁，因薦秩于朝廷，賜以米麥束帛，秩固讓不受，自陳方應舉，無隱者之實，不敢當其賜。是時余守揚州，亦以孫侔聞，朝廷賜之如秩，侔受之而不謝。兩人者取舍異，或議其意，予以秩尚節而侔安禮者也，所謂賙之亦可受矣。尚節者潔而介，安禮者廣而通。令，亦揚州人，少時落拓不檢，未爲鄉里所重。後折節讀書作文章，有古人風。王介甫獨知之，以比顔回也。

志雪

閩越地濱海，氣窳薄多暘。余三年居之，未始見雪。明年丁丑來京師，秋即雪。長老或以爲寡，人知其寡，或共議之。❶或曰：「九月于卦爲剥，剥五陰一陽，陰雖太盛，陽亦未絶，未當雨雪也。然雨雪者，陰太早，刑太急也。」或曰：「物不時爲災。雪當降于冬，不當降于秋。降于秋不時也，是當爲災。」人解之曰：「否！凡以卦爲剥，陰雖盛，陽尚存，不當雪者。是十一月雪，亦可怪也。十一月陽始生固微。正月三陽而雪，人不怪也，何以獨怪秋也？且三陽爲泰，泰時雨雪猶可。五陰爲剥，剥時雨雪，何以不可而謂之刑失乎？且刑何以失？夫古者昏亂之時，天子不隱愚，大夫不愛人，吏不哀矜，鰥寡不見收，則獄有過而氣有變耳。今天子聖而明，大夫謹而詳，吏畏而法，鰥寡悦而安。其于刑也訊從恕，議從厚，疑從赦，何致于失而

❶「或」，傅校本作「即」。

雪哉？此議之非也。又凡所謂不時而災者，❶謂害于歲耳，今九月雪何以害也？穀已入則不害，麥已布則不害，民已室處授衣則不害，鳥獸既毻則不害，昆蟲已蟄則不害，而猶謂九月雪爲不時，失類也。夫南方地卑故瘴暑，北方地高自倍，南方盛冬無雪非異，故北方未冬爲雪何怪乎？且雪不當降于秋，降于冬可也，降于春可乎？夫春猶秋也，世不怪春雪，何怪秋雪？人儻以少見爲疑耳。夫麥宿種而性能寒，故種麥而雪，殆豐年祥也，未可議。」明年麥果大收，倍于昔年。然則二者之言，前果謬，後大信也。人見所鮮，即議以爲怪，爲不時，爲災，則凡出處異于世，言語異于世，文采異于世，世所謂鮮而可怪者，以施于事，必以謂不時，行之于民，則以謂且有災，然卒無災有福者多也。世人豈但好論議哉？亦怪其非常，與己殊致耳，然則是與非未可信也。是歲也，秋復雪，明年吾又將賀民之豐麥也，故志焉。

❶「而」，傳校本作「爲」。

公是集卷四十九

宋劉敞撰

雜著四❶

碑辭

萊公祠堂碑辭❷

上元年，相國萊公以讒死南方，有詔歸葬雒陽。道出江陵，江陵之人德公之相天下，又哀其死，相率迎柩公安，哭以過喪，大家賻奠，小家斬竹揭錢幣獻之。已獻，因投諸路旁，竹皆更生，蔥菁成林，邦人神之，號曰「相公竹」云。遂私作祠堂，以爲公歸。水旱疾疫，于是請命，罔不響答。後二十餘歲，南郡太守乃告縣更作公廟，以遂百姓之思。昔者召伯聽訟，甘棠勿伐。鄒子吹律，陰谷生黍。全而封殖，孰與斷而蕃育？爲

❶「雜著四」，原無，據傳校本補。

❷「辭」，明鈔本無此字，下有小注「并歌詞」三字。

之而榮，孰與感之而生？惟萊公相天下，生能使一物不失其所，死能使枯槁復息，以昭其仁，以顯其神，黔首戴之，子孫不忘，可謂靈矣。乃作哀歌，刻之廟碑。辭曰：

孰作祠堂？江陵之人。云孰享之，萊公之神。
孰毁萊公？朝廷不知。孰譖萊公，死而不歸。
公歸無所，于汝信處。取彼譖人，投畀豺虎。
赫赫萊公，爲天子忠。公今既死，誰相天子？
西有昆夷，北有玁狁。公乎不存，鰥寡允蠢。
纖纖之竹，昔惟枯莖。公惠我民，速哉青青。
誰謂公遠？我瞻在堂。顧我人斯，亦孔之明。
誰謂公遠？我瞻在竹。顧我人斯，亦孔之育。
勿伐勿摧，❶萊公之依。於斯萬年，❷不遐有違。

❶「勿伐勿摧」，原作「世勿我摧」，據明鈔本、鮑校本、傅校本改。
❷「斯萬」，傅校本作「萬斯」。

字辭

張誨字辭并序

張誨既冠，謀所以字者，劉子曰：是于禮有辭，爲之作辭。

令月吉日，既備爾儀。爰告爾儀，字爲爾傳師。❶

先民有言，事若莫咨。敬服勿忘，維德之基。

彼昏之陋，靡懷靡度。其告諄諄，其聽藐藐。

昔者曾子，三省厥身。「傳不習乎」，世以有聞。

毋曰高止，跂焉可及。毋曰深止，俛焉可汲。

信爾朋友，樂爾兄弟。聽用我謀，是無大悔。

❶ 此句疑衍一字。

畏言箴

吾甚畏言。言可畏也，而不能默然。吾言悃悃，倡而後和，人猶以爲過。吾言繩繩，譬而不訾，人猶以爲非。非吾言之畏，惟人之多忌。非吾之不能默然，而人實多言。若是者其止乎？其已乎？其勿問而唯乎？譬之于物，其爲石不爲水乎？水之滔滔，往而不來。有陷而淵，有壅而洄，❶有激而在山椒，曰水哉水哉！

讓箴并序

資政富公始讓樞密直學士，又讓翰林學士，又讓樞密副使。凡三讓，所讓益尊，所守益堅，粲然有古人之遺風。故作《讓箴》，以矯世厲俗云。❷

讓如何其？讓非爲名，欲先信吾道于天下氓。讓如何？其讓非爲利，欲天下之人咸信吾義。世有常患，患其欲速，枉尺直尋，卒附于辱。世有常患，患其在得，辭小受大，卒没于直。公皆咈之，公既述之，啓之

❶「洄」，原作「回」，據傅校本改。
❷「厲」，傅校本作「礪」。

闢之，俾世則之。曰：「吾豈惡富貴？富貴惟德，人以厚己，我以厚國。時豈無人，昏夜乞憐？縱或得之，何如其賢？時豈無人，乘機射利？縱或得之，何如其智？」嗟此富公，直哉優優。孰視富公，而能勿羞？孰持富公，攜手以游？昔宋考父，三命益恭，嗟此富公，千世與同。作詩載美，穆如清風。

毀箴并序

楊君某曰：「人多毀子。」某始作《毀箴》以自警。

名乎貴階，利乎富梯。汝不人闕，而人汝疑。疑汝斯怒，怒汝斯沮。汝不見耶，而忘戒懼。戒也有道，汝毋習非。懼也有道，汝毋詭隨。隨也傷直，毀也適宜。非也害勇，毀將由誰？能守而直，胡言多之恤？能潔而勇，將保汝于吉。凡毀之作，患吾不能修。如毀而益明，吾復何尤？道非不章，又以書紳。惟無忌毀，以率吾真。

銘

新律銘

律之長，以立度，以軌天下。律之實，以爲量，以禄四方。律之重，以起權，萬物運動。律之數，以治曆，四時不忒。律之聲，以和樂，以詔述作。上儀之天，陽晷既同。下揆之地，八風攸從。天地是符，而況于人乎？況于鬼神乎？

神鼎銘

帝興神鼎，象天地人。赫赫神鼎，聿維國珍。光潤龍變，其德日新。是鬺是定，上帝是賓。是芼是和，皇祖是禋。敷佑多福，惠于孝孫。休矣孝孫，億寧上下。斡調陰陽，茂實時夏。如鼎之和，無逆于化。休矣孝孫，羞用多福。登進俊傑，並昌方牧。如鼎之固，無覆于餗。休矣孝孫，富有多子。室家君王，是續是似。如鼎之載，無喪于士。

鄆州樂郊陳漁臺下作幽素亭銘其石柱

茅爲宇，石爲柱，幽且素哉，君子之處。石爲柱，茅爲宇，安且固哉，君子之度。

庶幾堂銘

既作此堂，名之「庶幾」。毋曰予小子，顔徒是晞。一簞之食，不可廢也。一瓢之水，不可棄也。飲之食之，猶吾義也。吾聞君子，以身殉仁，不戚富貴，而羞賤貧。或曰：顔徒易乎？晞之則是。吾雖不能及，猶冀一二。游于斯，息于斯，非夫人之爲思而誰思？噫！

頌

瑞木頌并序

慶曆三年，澧州獻瑞木，有文曰「太平之道」。澧州澧陽縣男子楊修伐道旁大樹，賣之主人，主人析以爲薪，見其中有隸書四字，曰「太平之道」，字體茂美，白黑分明，如筆墨所爲者。異之，不敢蓄于家，以告太守。驗問所見百餘人，詞皆同，乃獻之天子。嗚呼！德至必有自然之符，非力所以達天命。至于白魚、赤烏、嘉禾之倫，皆因象推類以知神意，非仁配天地則不有文字顯明之告。伏羲之《河圖》，夏禹之《洛書》，與今之瑞木，皆文字顯明者也。自元昊犯邊，中國疲病，于今五年矣。❶天子痛士大夫勤勞在外，不忘于心，宵衣旰食，以德爲治。然則始于憂勤，終于逸樂，太平之期，將由斯道焉！❷天地命之，神其勗之，上下感動，而文出于木。木，仁也，又所以明天子之仁也。乃作頌曰：

上天之載兮，無臭無聲。眷我聖德兮，告以太平。非筆非墨兮，自然以成。我民富庶兮，天王聖明。

上天之載兮，無聲無臭。眷我聖德兮，太平以告。非筆非墨兮，自然有以。❸我民樂康兮，天子萬壽。

❶「矣」，傅校本無此字。
❷「斯」，傅校本作「是」。
❸「有以」，不入韻，疑倒。

日出東海兮，月入西方。日月所照兮，孰爲不王。我歌且舞兮，樂我洋洋。❶以爲不信兮，視此靈章。

贊

商周二賢贊

劉子曰：儒者或稱，殷道衰，微子抱祭器入周。紂殺比干，箕子懼，佯狂爲奴。孔子皆賢此兩人，兩人殊行而同名。總其實不然。自殷之未亂，微子諫，不用，欲去，詁父師少師曰：「殷其弗或正四方，我出爲狂，自遜于荒野。」古者同姓雖危不去國。微子，紂庶兄也，何入周之有？及紂殺比干，箕子諫之尤力，紂遂囚箕子而奴辱之。武王告諸侯曰：「紂乃囚正士，可伐矣。」武王伐紂，敗之牧野，紂自殺。武王則使人釋箕子囚，載與俱歸，而作《洪範》。由是言之，箕子之不死幸耳，豈自苟全須臾者哉？然微子所以能去者，以先其未亂也，雖去猶不逾國，斯仁矣。如已亂，無爲去也。必去之，是逃也，非仁者也。

周二賢贊

劉子曰：世皆以伯夷、叔齊諫武王不用，退而隱于首陽之山，不食周粟，採薇而食之，以至于餓死。以

---

❶ 「我」，傅校本作「哉」。

予考之，不然。彼伯夷、叔齊者，仁人也。愛其君，如恐傷之。故矯世厲俗，達天下之大義而不私焉。其進以道，其退以義，此孔子所謂「求仁而得仁」者也。豈若小丈夫哉？諫其君而用，則欣欣然見于色；諫其君而不用，則悻悻然見于色，終身不向國而坐也。彼所謂不食其粟者，言致爲臣而去，❶不在廩餼之列，是乃所謂爲餓也，安得採薇之事乎？蓋少飾者矣。自堯、舜以來，高世之士不可勝紀，然夷、齊爲之首，學者皆稱之。始周之亂，鮑焦疾之，不忍食其粟，採蔬于道而食。人謂鮑焦曰：「今不食其粟而食其蔬，此非焦所濟也。」于是鮑焦輟蔬吐哺，立斃其處。然孔子不以爲仁，學者無稱焉。

西漢三名儒贊有序

余讀《西漢書》，愛董仲舒、劉向、揚雄之爲人，慕之。然仲舒好言災異，幾陷大刑。向鑄僞黄金，亦減死論。雄仕王莽，作《劇秦美新》，復投閣求死。皆背于聖人之道，惑于性命之理者也。以彼三子，猶未能盡善，才難，不其然歟？然其善可師，其過可警也。爲三贊以自覽焉。

仲舒先覺，承秦絶學。進退規矩，金玉其璞。發明《春秋》，大義以修。旁及五經，博哉優優。世莫能庸，黜相諸侯。仁義所漸，易剛以柔。茫茫大道，在昔聖考。蓋有不聞，奚究奚討？主父掎之，步舒詭之。嗟若先生，有以啓之。懲違告休，不預世憂。著作孔多，後世是遒。嗟爾君子，克遵厥猷。

❶「言」下，傅校本有「其」字。

子政翼翼，簡易正直。博覽百家，以充其德。黄金之僞，智由信惑。䠊𨈆邪世，身居困阨。不爲俗儒，苟取拘拘。略其威儀，忠質之符。疾邪救危，著論上書。同姓之仁，賢哉已夫。雖不三事，其文實章。以迄于今，日月之光。嗟我後人，庶幾不忘。

子雲清虚，自有大度。非聖不觀，恥爲章句。擬倣六經，其文孔明。隱隱訟訟，實爲雷霆。世世不遷，知命理神。胡爲投閣，《劇秦美新》？君子之缺，衆儒有言。蓋天絶之，亦何必然。末世之人，以道邀利。或徇耳目，得之弗愧。嗟爾君子，能勿此畏。

漢右將軍辛慶忌贊

矯矯將軍，在漢虎臣。實秉一心，以堅事君。昔有朱雲，廷刺安昌。天子震怒，懔如朝霜。將軍免冠，此生狂直。使言而是，用之奚惑。如不可從，受之爲益。以諫殺士，群心恫疑。後有大姦，上且不知。叩頭流血，帝亦感寤。雲得不誅，將軍之故。凡人之情，侮弱畏强。惟時將軍，吐柔茹剛。衆人之智，上覿下獲。惟時將軍，犯顔抗色。將軍之功，史不絶書。將軍之節，萬世則無。漢室之衰，竟由大臣。將軍此舉，可謂知人。千歲而生，其猶比肩。有若將軍者，吾請頌焉。

三賢贊并序

丞相沂公，葬東里子産之墟，而與裴晋公鄰，鄭人以三賢者之行己事上、養人使民，其終始同，然則宜相近爲之作祠堂，合而享之。豈所謂尊德樂善，《緇衣》之遺風也歟？贊曰：

賢不常出，曠世而遇，其猶旦暮。如三公者，或相一國，或相天下。善始令終，高明有融，盛德大功。時之遠也，千有餘歲，若相長弟。循迹撫心，死而不忘，孰有古今？其像于此，自鄭人始，有來仰止。嗚呼！若登高山，若浮深淵，夫又孰測焉。

伯冏敦贊有序

右二敦得于藍田。敦者，有虞氏之敦。《周禮》有金敦，有玉敦。玉敦以盛血，天子以盟諸侯。金敦以盛黍稷，大夫主婦以事宗廟。此金敦也。其銘曰「伯冏父作周姜寶敦，子子孫孫永寶用」。伯冏蓋穆王太僕正。周畿内諸侯食采于周者，皆周公之後，然則伯冏，周公裔孫也。贊曰：

穆王耄荒，❶周巡天下。祭公作招，實止王過。冏亦正僕，其僚遵度。銘器貽世，似續妣祖。載祀二千，示我懿矩。

張仲簠贊并序

右二簠，得于驪山白鹿原。簠者，稻粱器。其銘曰張仲云云。❷張仲見于《小雅》，宣王臣也，所謂

---

❶「耄」，傅校本作「眊」。

❷「張仲」，傅校本作「中」，下同。

「張仲孝友」者矣。籀書奇字，不能盡識，當有能辨者。贊曰：

宣治中興，方虎董征。張仲孝友，秉德輔成。或外是經，或内是承。文武師師，安有不寧？

驪山十鐘贊并序

右鐘十枚，得于驪山北原，無款識，然其制度似周器。權之其重者十有餘斤，輕者三四斤。世無知音者，莫能名其律吕。按《爾雅》：「鐘大者謂之鏞，中者謂之棧，小者謂之剽。」然則此棧鐘也。贊曰：

幽亡驪山，禮樂崩壞。宗廟爲墟，彝器用墜。禹之尚聲，追蠡而在。蓋惡之效，永世作戒。

策　問

策問 二首

問：唐時歲舉進士，至煩矣，然所取不過三四十人。今國家間四歲乃舉進士，至簡矣，然取之多，或至五六百人。議者甚疾此，欲放唐制，則恐賢士失職者衆；欲仍舊貫，則吏員不可勝紀。夫賢士失職者衆，則怨必興于下；吏員不可勝紀，則力必屈于上。裁此二者，宜奈何？諸生極意盡言焉。

問：學者治仁義之術，皆稱孟軻。軻譏宋牼之言利也，曰：「號則不可。」是所慎者莫如號也。然而軻教梁、齊之君，則曰「好勇不害」，「好樂不害」，「好貨不害」，「好色不害」。夫勇之與樂，貨之與色，足爲號乎？軻之議人甚詳，而自任太略。軻不宜至此者也，試相與辨之。

公是集卷五十

宋劉敞撰

文

鄆州謁廟文

維年月日，起居舍人知制誥知鄆州軍州兼勸農群牧使京東西路按撫使劉某，謹以清酌庶羞，祭于天齊仁聖帝。某受朝命，來守兹土。四履之内，山林川澤，苟民所瞻仰者，皆得以禮秩祭，而況岱宗乎？故躬執豆籩，進見廟貌。神亦昭于厥誠，大庇下民。尚享！❶

鄆州禱雨文

某年月日，某官某，謹以清酌庶羞，祭于東岳天齊仁聖帝。某初署政，周詢民事，僉曰：春夏閔雨，至于

❶「尚享」，原無，據傅校本補，以下「尚享」「尚饗」皆同。

六月。非不雨也，下雨而不甚。此乃《春秋》所記，聖人所憂。故祇祓厥身，分遣有司，將以吉日丁酉，乞靈于爾大神。未及厥期，而雨三降。豈謂至誠，能昭于天？惟爾大神，實監其衷。曷敢隱神之賜，使人不聞？躬執祀事，以彰靈德。神亦顧哀下民，永終厥惠。尚饗！

秋賽諸廟謝雨文

某年月日，某官某，謹以清酌庶羞，告于某神：曩者，自春不雨，至于夏六月，毛澤將竭，人力將盡。神惠而福之，優之渥之，長之育之。爰及秋成，遂以有年。恭薦常事，以答靈德。尚饗！

謝　雨　文

維年月日，某官某，謹遣某官以清酌特羊之具，賽禱于太一湫之神：乃者，天久不雨，百姓恫恐，用乞靈于爾有神。顧哀下民，鑒其至誠，惠厥所求。浹辰之間，既優既渥，既霑既足。歲庶幾以登，民庶幾以安，吏庶幾以免責，山川社稷上下之祀，庶幾以無乏。敢不薦陳苾芬，以答明德。尚饗！

禱　雨　文

年月日，某官某，謹率官屬恭禱于某神曰：天子憂閔元元，數下詔令，並遣使者，則勸耕務穡。亦惟是上下空匱，無以供億百神之故。今天弗雨，毛澤竭矣，大懼無以庇民事神，不敢不請。惟爾有神，克相天子，敷惠于下，下民其康，神以永享。牲幣不敢愛，罪戾不敢祈，惟爾有神鑒之。

謝雨文

旱氣爲虐，神能已之。百穀將瘁，神能起之。民將困于食，神能濟之。吏將負其殿，神能庇之。敢不備苾芬新潔，以答靈德。

祭帝堯廟文

昔帝光被四表，格于上下。然當時之民，猶無能名，況累千歲之後，有窺至德者乎？百姓區區，奉事廟貌。某也守土，敢不進見。

舍人院爲中書作祭土地文

伏以五祀之神，莫尊中霤。三公之府，爰設種祠。今兹土氣含收，天明昌作，于國俗有賽禱之舊，顧人間仰司察之靈。恭敬苾芬，肅瞻廟貌。神其鑒善記惡，佑直糾邪，毋誤聰明，永享祈報。尚饗！

告城隍土地文

某也，守土之臣。方將宣布朝廷之德，惠兹黎庶，罔或不若。惟爾有神，克相其志。尚饗！

祭勾芒文

今兹立春，農事將興。爰出土牛，曉寤耕者。惟爾有神，克相黎庶，是顧是歆，無有後艱。

秋賽祝文

今兹風雨協序，疵癘不作。昆蟲之災，他邑頗甚，犬牙相入，不及此邦。歲以有成，人受其福。此皆神之賜也，守土何功？封羊索豕，潔陳鼎俎，簫鼓畢具，馨香上達，以告民樂，以揚靈德。祇祇嚴嚴，無敢貳請。尚饗！

蔡州秋賽祝文

某年月日，某官某，謹以清酌庶羞，祭于某神。往歲大旱，道殣相望。賴天之仁，與神之賜，風雨適時，百穀順成。民以安其居，吏以守其業。不敢忘德，恭薦苾芬，以答靈貺，以興嗣歲。尚饗！

禱炭谷湫文

維年月日，某官某，謹遣節度推官王伋，以清酌時果量幣，恭禱太一湫之神。今兹仲春，農事方興，而天久不雨，生物歉然，勾者不盡達，萌者不盡出。百姓新罹旱災，衆心恫恐。某也，上無以佐天子施德惠，下不能存鰥寡、平政刑，和氣并隔，罪戾是懼。惟南山雍州之鎮，惟神南山之靈，足以興雲致雨，紀綱天下，惠而澤之，使百穀奮興，物不疵癘。豈獨守土之吏免于罪而已，其亦俾茲下民，丕承靈德，永亨無極。敢告！❶

禱湫文

年月日，某官某云云，恭禱于某神：歲既單矣，上者宿麥未秀，下者嘉穀未布，百姓喁喁，惟雨之望。是用乞靈于爾大神。《詩》不云乎：「有渰凄凄，興雨祁祁。」無使鰥寡重困，吏嬰其責。尚饗！

二

年月日，某官某，謹率府屬申禱于某神：某所以乞靈神湫者，以百穀闕雨也。自癸丑至乙未，七日之間，而四得雨。神之貺則厚矣，然而潤澤猶不足，民心猶不寧，故復少留神輿，當滿十日。願神終賜之，俾黎民庶充其所望，永庇休祐。敢告！❷

---

❶「敢告」，原無，據傳校本補。

❷「敢告」，原無，據傳校本補。

三

某爲百姓祈年，恭謁神湫。自六七日，至于旬時，雖常得雨，而潤不足，神豈忘我民哉？殆守土之人，德薄誠淺，無以自媚于神也。雖然，百姓乏困，則將不能事神。神失百姓，亦將亡其依歸。願神有以哀之。《詩》云：「神之格思，不可度思，矧可斁思。」不敢淹留，以褻神貺。其亦使甘雨時至，毋困我民。

四

自春至于秋七月，凡三請雨矣。賴神之惠，罔不響答。今時禾稼被野，苗者待秀，秀者待實，而雨不降。民心喁喁，無所歸命，不敢不重以告。古人有言曰：「狐埋之，而狐搰之，是以無成功。」惟爾有神，顧哀下民，無乏常祀。

謝湫文

前日，某憂旱甚，故遣從事乞靈于爾有神，蓋汮之也。以甲子始至，雲氣回復，載暘載陰，若有憑依。❶乃丁卯旦，卒獲嘉澍，宿麥賴以復全，秋稼幸而就藝。豈某淺誠，能有感通？緊神之明，不忘下民。恭薦芳

❶「憑」，傅校本作「馮」。

潔，丕昭靈德。天旱，宿麥將槁，秋稼未布，太守政刑放紛，誠志淺薄，故至于是。賴神之惠，膏雨沾足。❶不敢久留神貺，率僚屬拜送。惟爾有神，永庇下民。尚享！

春祈諸神文

維年月日，謹以清酌庶羞之奠，祭于某神，曰：協風既至，百物奮作，故擇吉旦，以迎休祥。維神聰明正直，依人而行，將蠲其祅災，俾無乏祀，百姓之願也，有司之幸也。不敢不告。尚享！

謁諸廟神文

某年月日，某官某，謹以庶羞清酌，謁見某神：某始署政，謹循舊禮，封内之神，敢不恭事？洋洋在上，明明在側，薦此令芳，以答正直。

弔海文有序❷

襄賁之城在淮上，東走大海八十里，余日夕登焉。美其壯觀，可以爲賦，而土俗無足語者。又悲前

---

❶「沾」，傅校本作「霑」。
❷「有」，傅校本作「并」。

世君昏政亂，而賢者往往自放于海，恨不出于今世，使效能事職也。乃爲文弔徐衍而下四人，以舒吾懷，亦《楚辭·招魂》之意矣。

北望滄海兮，哀逝者之如斯。陽既赴而不反兮，襄絶世而自怡。衍沈石以信邁兮，仲連又辭貴而不爲。嗟呼！遭世不幸，賢智竄伏。寧不足以自全兮，誠恥群乎貪俗。黄鵠之潔身而高飛兮，知厠鼠之爲辱。視九淵之潛龜兮，孰與夫太廟之孤犢？《易·明夷》之象兮，貴于飛而欲速。四海豈其無君兮，羌異心而同欲。嗟乎！彼茫茫之窮波也，上乎無天，下乎無地。長蛟巨魚，狂搏貪噬。卉服左衽，逐臭爲類。言語不通，衣服殊制。非先王之故鄉，胡爲久安此顛顇？嗟乎！先生之意，我知之矣。上暗下塞，是非罔詔，孰若晞髮，陽阿之耀？讒疾背憎，人懷其憂，孰若自放，至清之流？行乎無朋，言乎無伍，孰若高蹈，與世無覿？是皆先生之心已。嗟東夷之溷濁兮，孰有慕夫先生之所爲？誠自託于聖人兮，名磨滅而無期。胡生不辰兮，曾不及今之世也？寬賢容衆兮，得夫子之志也。禮樂明備兮，大人位也。胡今之望兮，古反棄也？❶嗚呼遠哉兮，是可哀也。夫子之魄兮，儻還來也。

禱廟文

維年月日，具官某，謹再拜禱于天齊仁聖帝之神，曰：聞之于經，觸石而起，膚寸而合，不崇朝而徧天下

❶ 「反棄」，原作「棄反」，據傅校本改。

者，惟泰山爾。今也，天久不雨，江、漢之間，十二都之地，方數千里，黍稷枯槁，百姓顒顒，無所控語。執事之臣，是以爲憂。神苟卹而安之，猶反手也。生物將絶，而神濟之，是非仁乎？濟物不窮，配天之明，是非聖乎？則豈獨顒顒者鼓舞靈德，終歲而已？是明經之言者，雖亘萬世，可信而不可誣也。敢告！

揚州賽廟文

年月日，某官某，謹以清酌庶羞，祭于城隍之神。乃十二月晦，某以自冬無雪，愆陽爲災，大恐害歲事，以乏上下之祀，用乞靈于爾有神。惟爾有神，實鑒厥衷。其夕雨雪，若響之答。益之以霡霂，既優既渥，既霑既足，小大欣欣，罔不逸豫。謹擇良日，薦此苾芬，以報靈德，示人不欺。尚享！

弔二岳生文并序

今年有詔，州郡皆立學。乃命處士有不受學者，勿舉之。其受學者，吏爲設員程，日夜不休。有疾病慶弔，輒書其日，爲後按視，當償之。滿日，如律令，乃可舉。岳有兩生，自下邑辭其親而來，爲博士弟子。既久告歸，當渡洞庭，時方大風，不可渡，兩生畏失期而吏黜之，遂渡，溺死。予悲其意而弔之。其文曰：

蓋君子道而不徑，舟而不游，所以爲孝也。彼洞庭之天險兮，夫何二子之乘舟？路幽昧以不顧兮，委死生其若浮。自古皆有死兮，獨失乎江流。意有所恨兮，而曾不得其由。魂放蕩而無歸兮，骨沈潛而不收。

父母悲于堂上兮，❶妻子號乎中洲。諒行險之來患兮，信徼幸之爲尤。且使子而無學兮，又安得此之憂？是以君子溺名，小人死利，夸者没權，貪夫蹈勢。豈獨二子兮，又吾以悲于今之世。競進之爲悦兮，静退之爲愚。干禄之爲敏兮，守節之爲迂。一世之皆然兮，固若人以喪軀。昔重華之事叟兮，躬秉耒乎歷山之下。受帝禪之不喜兮，夫孰欣于進取？乘沅湘以南征兮，吾知重華之絶汝。生汎汎而無名兮，死悙悙而終古。故君子審乎自得，安乎幽貞，道德爲爵，仁義爲榮。不以貴故學問，不以賤故自輕。悠悠兮江波，奈何乎二生。

祭梅聖俞文

年月日，具官某，謹以清酌庶羞，致祭于聖俞二十五兄之靈，曰：❷乃者鄰幾病革，君往問之，❸退而過我，相對咨嗟。我視君色，異于他時，自爲君診，勸君從醫。君雖我信，其中猶疑。明日大饗，四方來賀。奉觴上壽，戎客在坐，百辟相趨，敢或私臥？賜食上前，謹懼已過，疾果大作，仆不能起。俗醫控摶，以表爲

---

❶「于」，鮑校本、傅校本作「子」。

❷「年月日」至「曰」，明鈔本無此二十四字。

❸「往」，原無，據明鈔本補。

裏，中涸外乾，翕翕如燬。❶勢一大跌，不得中止，俯仰晨夕，遂有生死。痛駭驚呼，曷云能已？孰云旬日，殺二賢士？嗚呼哀哉！物固有生，生固有命，豈曰吾子，獨夭其性？君之文學，信于友朋。君之孝友，鄉黨是稱。仕不過庯，壽不百齡，一至于此，何其不平？喪還故鄉，義從此訣，哭送道周，情豈能絶！

祭觀文吴左丞文

年月日，具官某，謹以清酌庶羞，祭于觀文殿學士左丞吴公之靈，曰：嗚呼！德不蚤服，譽不素聞，雖富且貴，其猶浮雲。公起布衣，望重一時，鱗躍翰飛，邈不可追。迺謀帷幄，迺和鼎飪，深識遠策，四方爰稟。曰剛曰柔，奚吐奚茹？上弼下争，匪躬之故。謝劇就閒，以德偃藩。所居而治，小大晏然。帝曰徽猷，惟汝予宣。汝撫朕師，于時西遷。功業未究，以疾去位。天又奪之，人其殄瘁。公昔臨蔡，某備府屬，忘勢與年，分逾骨肉。意氣之感，豈獨知音？柱石頽矣，行道隕心。陳此薄奠，爰申我辭。公歸不復，云何其悲！尚饗！

祭天章許待制文

維年月日，某官某，謹遣某人，以清酌庶羞之奠，祭于天章閣待制許公之靈，曰：嗚呼！惟公孝友，克

---

❶「翕翕」，傅校本作「翕然」。

施其親。强力自喜，敏于事君。進退不懈，赫然有聞。始命漕輸，西給京師。足食與兵，外禦四夷。十有二年，積焉如坻。功勞位尊，名優望充。❶上意攸屬，宜在崇近。公讓莫居，自請治郡。淮南朞月，亦既有成。改命浙東，肅然治聲。亟以疾聞，歸居海陵。天不可問，道不可豫。孰是人斯，至于大故！自古有死，于公爲遽。昔我先人，薦公于朝。意氣之感，期以後凋。公今永歸，孔音昭昭。陳此苾芬，以寫我誠。奠哭于堂，莫弔于庭。魂也不亡，庶幾自聽。尚饗！

祭崔侍郎文

年月日，某官某，謹以肴酒果蔬，祭奠于故刑部侍郎致仕崔公之柩，曰：少壯從官，耆艾歸政。善始令終，君子之慶。公既蹈焉，猶有不幸。攜子弄孫，采組光輝。築室肆耕，阡陌東西。可以佚老，不能耄期。歌也于斯，哭也于斯。九原無憾，鄉黨實悲。❷昔備外廷，❸從公步武。今守京兆，接公壤上。一日之雅，忽焉千古。《春秋》善鄰，義不薄死。申薦令芳，以告惻楚。尚饗！

---

❶「充」，據韻脚疑當作「允」。
❷「實」，傳校本作「是」。
❸「廷」，傳校本作「庭」。

告伯父殯文

古者，庶人之喪，鄰里執事。其在士夫，千里赴義。及其送葬，塗潦毋避。焉有至親，而或不至？某獨不幸，受命典城，戎馬是司，匍匐不能。不哭于堂，不祖于庭，窆不復土，虞不奉牲。回望萬里，悲號失聲。門外之治，王命實行。蓋古亦云，不即人情。于奠陳詞，以昭哀誠。

江休復祭文

嗚呼！當今之時，學不爲人，仕不期通，養不恥貧。吾于鄰幾，獨謂得之，何辜于天，而至于斯？嗚呼哀哉！君始遘疾，物不甚治，固曰吾命，將有所制。笑語作書，命子後事，其處壽夭，可謂不貳。某之得交，從蔡汝南，待我忘年，不恥不堪。直諒多聞，所益者三。十有餘年，若青依藍。亦有出處，東西南北，意氣之合，常若在側。亦有毁譽，蒼蠅紅紫，論議之同，流言以止。君今永歸，使我從誰？伐木之感，悽其孔悲。酌酒陳肴，敘心以詞。平生之歡，從此而違。嗚呼哀哉！尚享！

胡因甫哀辭

冥冥上天，固愛賢歟？賢者則死，何其偏歟？生殺予奪，豈無權歟？宜淑而罰，獨不可遷歟？謂物有其數，其又信然歟？莫重乎生，莫全乎壽，莫美乎貴，莫厚乎富。人或逢之，子獨大謬。鬼神虛無，誰執其咎？終孝且慈，有志不就。惟彼惸惸，令妻壽母。是故悲莫悲于失志，禍莫禍于夭生，痛莫痛于不嗣，惜莫惜于喪情。子皆罹之，終身不平。嗚呼哀哉，是可奈何！雖有神知，亦安以爲！

公是集卷五十一

宋劉敞撰

家傳

先祖磨勘府君家傳

劉氏之先出楚元王，世爲彭城人。西晉末，避胡亂遷江南，❶其後又遷廬陵，世次皆不明，不可得而知，然猶以彭城爲望。自廬陵遷新喻者曰遜，遜生超，超生逵，逵生珙，珙贈大理評事，凡四世。自唐末更五代，頗假版仕州郡，而未嘗有顯者。評事生禮部尚書，諱式，字叔度。少有志操，好學問，不事生産。年十八九辭家居廬山，假書以讀，治《左氏》《公羊》《穀梁春秋》，旁出入他經。積五六年不歸，其業益精。❷是時天下大亂，江南雖偏霸，然文獻獨存，得唐遺風。禮部取士難其人甚，叔度以明經舉第一，同時無預選者。❸由

❶「胡」，原作「兵」，據傅校本改。
❷「益精」，傅校本作「精出」。
❸「預」，傅校本作「與」。

是江南文儒大臣，自張洎、徐鉉皆稱譽之。調廬陵尉。太祖平江南，叔度隨衆入朝，見于殿下。黨類數十人，上一一親閱視察問，皆罷遣，獨叔度拜商水尉。遷絳州推官，又遷鴻臚寺丞，監潭州茶場，改大理寺丞。歲終奏課倍前人，太宗善之，立召還，對語便殿，改贊善大夫，復出知利豐監。是時初得并州，又絶契丹和親，誅靈夏叛族，邊費多，有司不能給，頗以擾民。叔度通輕重，以謂此非長久之利，因奏曰：「唐虞至治，懋遷化居，所以調有餘不足，便民贍國。臣前在潭州見積茶成山，或不能泄，歲久則皆焚棄。今利豐監積鹽復益多，有司無術以御之，但坐守視之耳。國家據山海之源而不能用，邊寇小警，蒐敝補敗，輒以勞民，至上下空匱，甚非計也。臣請通茶鹽之利，被之河北、關中，國可益賦，而財用足。」上異其言，即以驛召入問計策，語合意，因留判三司都磨勘司，賜緋、銀魚。自唐歷五代，天下分裂百餘歲矣，吴、蜀、交、益、荆、晋、閩、越，大者稱帝，小者稱王，其財賦自入，不統天子有司。及太祖受禪，十餘年間，吴、蜀、交、益諸國稍誅降。太宗即位，閩、越請吏入朝，又定并州，則天下始一統矣。四方財賦一歸三司，文籍相乘，會計不分明，吏因爲姦，主者無由知。叔度建請增置主轄等司，以參校出入，天子從之。吏欺誣，毫毛必察，至今以爲便。轉祕書丞。淳化中，高麗絶契丹自歸，天子方事取幽州，嘉其識去就，厚答其使，因欲結其心，斷虜肩臂。❶使叔度往諭指，王以下郊迎。叔度美秀明辯，進退有規矩，望見者皆心服。先是高麗大旱，及使者授館，澍雨尺餘，國中大喜，事漢使愈謹，自陳國小齒下，願執子弟禮，叔度不許。然所賂遺甚厚，叔度亦爲之納，還朝封上，

❶「虜」，原作「敵」，據傳校本改。

天子善之。高麗通中國自此始也。轉太常博士，領舊職。前後以職事利害議于上前，及所施行，天下以爲便者不可勝紀。奏對明簡，天子聽之，率常數刻。居磨勘之職十餘年，後兼三部勾院，條領益精明，朝廷言輕重者，皆自以不及，故天下稱之劉磨勘云。改工部員外郎，賜紫章服。天子令閤門使擇善犀帶以賜，其見遇如此。真宗即位，例轉刑部。初，李維清爲鹽鐵使，其女壻盜用官錢數十萬，吏畏維清，不敢劾，叔度發舉其事，維清坐黜，維清由是怨。而三司貪猾吏以欺枉爲生，疾叔度禁其業，亦皆怨，常狙伺，欲塗陷之。太宗察其情，每坐朝，輒衆稱其材，❶故毁不得入。太宗崩，真宗在諒闇，吏因此告叔度事。時維清爲御史中丞，典治，欲深致其文，而吏所告皆虚，反坐，維清愈怒。叔度既辨即出，視事如他日。維清乃諷吏劾以不俟詔入朝，免官。其年卒，年四十有九。叔度尚名檢，好賓客，所交游皆一時名人。徐鉉、張佖、陳省華、楊億之徒，雖年輩先後，待之各盡其意。億與石中立爲獨拜牀下，其見推如此。初，太宗好書，集祕府古書，模其筆迹，自倉頡、史籀，下至隋唐君臣以書名世者，爲古今法帖。朝廷宿儒鉅賢，輒以賜之，非其人，雖宰相終不得，而賜叔度獨六十軸，當世以爲榮。自叔度没四十年間，諸子皆仕于朝。每上郊籍田，輒以赦令追寵其親，以至今。贈禮部尚書。

❶「材」，傅校本作「才」。

行狀

宋故推忠佐理功臣光禄大夫行尚書吏部侍郎參知政事柱國太原郡開國公食邑二千三百户食實封四百户贈尚書左僕射王公行狀

公諱堯臣，字伯庸。其先太原祁人，六世祖爲輝州刺史，唐季兵亂，遂家焉，今單州碭山是也。後徙居宋虞城。公祖府君事親以孝聞，其爲政興利除害，多陰德。嘗言曰：「我世當有顯者。」及公生，愛之，曰：「此兒庶幾成吾言。」公舉進士，天子程其文，爲天下第一。授將作監丞，通判湖州，年二十五矣。天聖八年，召試翰林，改著作郎，直集賢院。公考以事左官于蔡，❶公亦請知光州以便親。居郡，❷遷右正言。是歲大饑，百姓不能忍死，群輩望屋而食，或抵極法。公建言宜依荒政弛刑，以全安細民，朝廷用其議。丁外艱，去職。服除，爲三司度支判官，賜緋衣、銀魚。又遷右司諫。郭后廢死，議者不一，而宦官閻文應方强用事，公請獄治侍醫左右無狀者，爲朝廷除謗釋疑，事雖不行，物論多之。后猶在殯，有司張燈合樂，飭供帳，望幸。乘輿臨當出，公又言：「前以詔復郭氏位號，則后禮不可闕。觀燈非禮之急，毋使天下有間言者。」天子從

❶「公」，傅校本作「皇」。

❷「居郡」，原無，據傅校本補。

之。景祐四年，以本官知制誥，賜金紫，同知通進、銀臺司兼門下封駮，提舉諸司庫務。寶元元年，召入翰林爲學士，改尚書六部員外郎，知審官院。元昊畔，西鄙宿兵，公爲體量安撫使，將行，言曰：「故事，使者所至，輒稱詔存問官吏將校，而初不及百姓。自兵興三年矣，政煩賦重，小大彫敝。今攻守未決，宜因使者之出，致勞來之意，❶許以賊平蠲其租二年，則人人致力而忘死矣。」朝廷嘉其意，以敕牓付公。是時賊馬出入鎮戎、環州間，官軍戰數不利，❷士氣傷沮。公按其地形，易置將校，調率民力，皆因事授宜，先行而後聞，百姓便之。還，又言：「陝西兵亡慮二十萬，分屯田路，不足自守。賊嘗三戰三勝者，由以十當一也。臣視地形，涇原最可憂，請益兵萬人屯涇州，二萬屯渭州。渭足以制山外，涇足以控關中，則賊不敢送死矣。不然，臣恐其乘虚復來，潰決必甚。」又薦狄青、王信、种世衡、劉昭孫等三十餘人可將帥。先是好水之戰，韓丞相爲招討副使，以偏裨失律，左遷知秦州。而范文正公經略延州，亦坐移檄讓元昊不先聞，謫守耀州。公至，爲上分别兩人忠義智勇，可大任，不當以纖芥爲進退，失士大夫心。與宰相意迕，持其議久之，未即行。明年九月，賊果如公策，自鎮戎、原州以入，敗葛懷敏之師數十萬衆，乘勝掠平涼，擊潘原，關西響震，自邠、涇已東皆閉壁自守。于是范文正公帥慶州之衆以出，身自當賊衝，賊由此不敢深入。而議者乃以前公言之是，復以韓、范爲招討使，置府于涇州，益屯兵三萬人，而使公乘傳安撫涇原。還，奏曰：「陛下以邊事屬仲

---

❶「來」，傳校本作「徠」。

❷「戰」，原無，據傳校本補。

淹等，而盛其備涇、原，誠得制勝之要，賊必不敢動矣。然軍貴神速，不容呼吸，願委以便宜，毋令中覆。」上爲許用其言。凡公再奉使，皆喪敗之後，所籌畫施爲，便兵益民，以利易害，成全勝之策者，大體若此，其細不可勝紀。廢函谷關，示以不外拒，西土懷之。罷涇、原五州營田，益置弓箭手，築德順軍，張形勢之制。省冗官，黜無功。事爲之慮，皆極其當。賊于此止不爲寇，其明年，因乞降矣。初，曹瑋守渭州，開山外地，置籠竿等四寨，募弓箭手，給田二頃，教以耕戰，使自爲守。其後將帥養視之不善，又稍侵奪之，人人怨怒。有言德勝寨將姚貴材勇，爲衆所伏，遂逼以閉城畔。公適使還，過之，知貴素忠，其畔未能固立，自作書射城中，諭以禍福死生。貴恐懼畏服，即日將其衆開門出降。公復爲申明約束，使可繼守，如曹瑋之舊而去。明年，加户部郎中，權三司使。既拜，請自擇僚屬，許之。以張昷之、杜杞等十五六人爲副使、判官，天下稱其材。入内都知張永和建言，欲取民間房錢十之三以助軍費，❶事下三司，公持不許。永和密使人致意曰：「公能行此，則大用矣。」明日入見，具爲上言，因曰：「此衰世之事，非平時可行，且召怨而攜民，唐德宗所以致朱泚之亂也。」上以爲然。而度支副使林濰畏永和勢，助之説甚力。公廷奏黜濰，議乃定。川峽轉運司奏，乞增鹽井錢歲十餘萬緡，公固不從。上問其説，對曰：「兩蜀僻遠，恩澤鮮及，而貢入常倍，民力由此困。朝廷既未有以恤之，而又牟厚利焉，是重困也。雖小有益，將必大損矣。」上善其對。公之行己謀國，論議向正，不可回以利，類若此。其治大計，以知盈虚爲急，有所調發，常先事因利，不暴取于民，故能殖其財。而

❶「欲」，原無，據傳校本補。

簿書謹詳，吏亦不得欺。自前使姚仲孫借内藏錢數百萬緡，久不能償，公居三年，悉按籍償其負，而軍國之費，猶沛然有餘。以母老，求解要劇。六年正月，拜承旨歸院，兼端明殿學士，充群牧使。明年，丁内艱。皇祐初，免喪，還翰林，遷諫議大夫。上祀明堂，加給事中，受詔與陳旭等議茶法，當時頗言其便。三年九月，拜樞密副使。儂智高反，殘十餘郡，遂圍廣州。公按舊事及地形利害，調兵遣將，上常是之。賊平，公策爲多。又奏請略準唐制，分桂、廣、潭、宜、邕爲五管，重募土人，增澄海、忠敢等兵，以省京師遣戍之煩，邊備益謹，而衛兵以不耗減，至今便之。樞府雖本兵，然自中人、宦官、醫工、伶師、嬖習、近戚之進退除用，皆屬焉。公在位六年，持法守正，以身當天下之務，濫恩倖請，一皆抑損。教坊樂工不得補班行。中人非有功，不以爲三路鈐轄。内侍兩省，非年五十無贓私，不以爲押班。興繕土木之勞，不以官爲賞。班行百司失職之人，其傷財而害民，必再赦乃得用。叙法皆定律令，❶天子深倚賴焉。而倖進者用此怨公，❷至爲飛書以中傷之。上察其情不疑，而購爲書者甚急。嘉祐元年三月，拜户部侍郎、參知政事。張堯佐以女寵進，至是復有旨以爲同中書門下平章事。公曰：「堯佐未嘗出京城，無功勞，不可假以相位。」由此罷。三年，進拜吏部侍郎。八月二十日薨于位，享年五十六。公爲人雅厚信重，以誠接物，不修矯飾抗厲之譽，士大夫以君子長者歸之。其與同列議事必依于正，時有不合，反覆劘切，止于當而已，不以獨見爲奇。在上前所陳天下利害甚

---

❶「定」，傅校本作「挈」。
❷「倖」，傅校本作「幸」。

衆，至施行之，亦未嘗自名。將薨，呼其弟純臣，口授遺奏，大旨以宗廟至重，根本未立爲憂。天子加愍惻焉，親臨其喪，輟視朝一日，贈以左僕射印綬。明年某月，葬宋城縣敦孝原。公凡所履歷，典爲具是矣，至他所領審刑院、尚書省之類甚衆，及累階勳開國，號功臣，又加以例進，故弗論也。娶丁氏，封安康郡夫人。三子：同老，大理評事。周老，太常寺太祝，早卒。朋老，❶大理評事。二女：長嫁試校書郎戚師道，早卒。次在室。公本以文學進，至爲侍從，典詔誥者十有餘年，其文貴體不貴奇也。有集五十卷，藏于家。愛樂士大夫，稱爲知人。所薦拔，初若不審，其後多赫然有聞。嘗薦彭思永爲侍御史，首奏抑張堯佐不得爲二府，朝廷稱之。右，謹條僕射公世胄、官簿、行事如右，請牒太常議所謚，及乞銘于立言之君子，以誌其墓。伏惟加詳擇焉。謹狀。

王開府行狀❷

先考益州府君行狀

公諱某，字某，世居江南之臨江，而望彭城。曾祖某，祖某，避五代亂，皆隱居不出。考諱某，入朝廷仕

❶「朋」，傅校本作「明」。

❷ 據《公是集拾遺》附孫星華識語引勞格所云：「《王開府行狀》一首，據《長編》元豐三年九月乙酉注，是劉摯作。」因此存題删文。

至工部員外郎。没，因葬京師。累贈禮部尚書，國史自有傳。公于尚書爲中子，生十三歲則丁尚書憂，哭泣毁慕，過于成人。及雖免喪，哀至則慟哭，聞者皆感動。太夫人陳氏尤憐之，常曰：「此兒能不忘其父，吾可無憂。」讀書學問，未嘗煩教督，又自約敕，不輕與人往還，不多言笑。祥符初，以進士及第，年二十四。自尚書薨，公兄弟皆幼，惟伯兄以延賞就仕，其餘未有立者。公首自奮，用文學成名，不失世守。授福州連江縣尉，職典盜賊、刑獄，所發擿縱舍，窮極情僞，未嘗小愧于心。民有鄰里争田者，訟之歷十餘歲不決，即舉其事屬公，❶公立辨其姦，吏大驚，以爲神。其後公替歸，所訟得田者私候公于建州，屏人請曰：「聞公北還，某有善香數斤，願以爲壽。」發視之，白金也。公笑不取，曰：「吾豈以公事祈私報耶？」命之去。調睦州清溪主簿，民至今傳以爲自清溪入宋朝，吏廉潔愛民者，未有如公。改宣州南陵令，是時李階知州事，朱正辭貳之。兩人皆精悍，負其材能，于吏事刻深，待屬縣多易，屬縣亦憚之，奔走趣向不敢不如意。及公至，以法令從事，符下不便者，按其故辨之，不爲少屈。兩人初忿，後無如之何。數自紬所見，遂更爲相知，薦公于朝。嘗權績溪，績溪在深山中，民好訟多事而無學者。公患之，爲立小學，請師于旁縣。及公去，有讀書者，其後有舉進士者。慶曆中，有登第者與某同年，具自道如此云。改大理寺丞，知婺州金華縣。縣治城中民以織作爲生，號稱衣被天下，故尤富。是時禁網尚闊，守丞至者，不甚以廉自持，吏民有所請求，輒移縣改章易辭以爲俗，公一一絶之。善善惡惡，貧弱者得職。胡則以太常少卿丁憂居杭州，其鄉人所親有犯法者，公持

❶「即」，傅校本作「郡」。

之，則欲爲之請，自杭州來見公。既見，但叙平生，卒不敢言而去。乾興初，上即位，改太子中舍，移梓州中江縣。歲調民數千治隄，縣前多不如實。公較之，省其工半，而築作精堅倍他歲。李若谷知梓州，條公所行事下他縣，使爲法。自中江徙通判瀘州，百姓相率畫公像于浮圖舍，對之號泣，如失慈母。瀘州在西南徼上，與戎夷接境，自前世以武人爲守，苟置勇力，不習吏事，聽訟決獄，不得其情，故盜賊時時亂邊。天子憂之，議增置通判，使轉運使上其人。時任布爲轉運使，以公治中江之狀聞，故公得之。公在瀘州，始盡去舊弊，峻其防禁，事事有守，吏不得因緣爲欺，蠻夷亦無由與吏爲怨，百姓便之。其後皆遵用以爲故事。自未置通判，郡不能數歲無兵，及置通判，公首爲之興事創法，究其利害，遂以安寧至今。王蒙正以財雄巴蜀，而與莊獻太后有連，自請占鹽井利，每歲倍輸。事下轉運使，轉運使不敢抗，因以屬州。蒙正多齎金帛，挾太后指以請。公不肯，曰：「井鹽非王氏之舊，欲奪貧民以厚豪族，雖歲加數倍之輸，于朝廷猶秋毫耳，而貧民必有失業者，非王政也。」事遂止。轉殿中丞、通判常州。改國子博士、知高郵軍。高郵故揚州，太祖時置軍。自社稷、孔子廟、城郭、門户、倉廩、郵亭，因循不中儀制，歷六七十年。公補舊造新，大小皆繕修，一瓦之用，不以勞民，而事畢立。王琪叙其語，刻之石，賜五品衣、魚。明道元年，江淮大旱，蝗蟲起，揚、楚間尤甚。公悉心撫輯，使富人出粟以分貧乏，然猶有群輩持仗爲盜者，捕得皆當死，公哀其情無他，悉笞遣之，前後數十百人，益募壯健爲兵。或曰：「大旱，來歲未可知，倉廩且不足，多此冗食何爲？」轉運使亦以爲言。公曰：「凡人有七尺之形者，必不忍坐俟死，急則起爲盜賊耳，勝、廣亦是也。足其口腹，可以消其邪心，何愛于倉廩？」因奏言：「州郡無兵，荒儉之後，易啓盜賊心。宜稍增屯防，以俟歲定。」朝廷從之。揚、楚、廬、壽諸要處，皆益兵。是歲米一斗數百錢，然盜賊終不敢發。還朝，轉虞部員外郎，又轉比部，知潤州。前守三四公，死徙相繼，獄訟或數歲不決，帳籍當上尚書者，吏稽緩，亦往往出歲，因恣爲欺謾。公下車數日間，舊訟盡決平之，帳籍盡條正之。轉運使王夷簡上狀，于是復置諸路提點刑獄，就除公福建路。在福建三年，察大寃濫、除盜賊、舉故事而已，不輕出教令。奏貶知泉州蘇壽、通判張太沖，以鞫獄入人死。屬部莫不聳動。轉司勳員外郎，入朝。御史中丞考天下提點刑獄，課爲第一，拜開封府判官。公既明習法令，通達政事，每進見，有所請讞平處，上常以爲是。寶元初，除荆湖北路轉運使。將行，對于紫宸殿，語移數刻，上喜曰：「卿去勉之，不久當召卿。」賜紫章服。丁太夫人憂，解官。時張詰爲河南澠池令，鞫獄故不實，流嶺南。詰者，公福建時部吏，公嘗薦之，故公亦坐免。服除，寄居毗陵。故丞相杜公衍、參知政事李公若谷、參知政事范公仲淹皆奏言：「西邊未寧，宜進用材幹通敏之士。如劉某者，不當在散地。」由是復召爲比部員外郎、知漣水軍。作大浦牐，通淮潮城中，以便往來。詔書褒美，蘇舜欽刻石記之。慶曆三年，議大汰諸路轉運使老耄疲懦者，以雋賢代之，加按察之號。公復爲湖北轉運按察使。是時陝西路元昊、廣西路宜蠻、湖南路山猺、夔峽路施蠻皆擾亂，朝廷方患之。而下溪州諸彭亦相扇應和，推明誓石柱，揚言爲變，諸寨頗有告者。詔書問公，公對以謂終不能爲變，可無所憂。後辰州太守又奏：諸彭誘漢人亡命者爲心腹，私置掾從事，移書故不遜，郡使人往，輒侮慢玩辱，請加兵討滅。詔書又以問公，公曰：「蠻中貧薄，所以不輕犯約束，以生生之具皆仰于漢也，是漢已制其命矣。蠻夷往來入漢，必道辰溪落寫，水勢漂激，可下不可上，故臣度其必不敢爲變。今緣語言意氣小不足，欲輕動大兵，疲曳士卒于篁竹草莽之間，如令虜各驚逃，❶保據懸險，淹費日月，事未可究。且中國禮義爲治，尚猶有怨恨爭訟，加于刑獄，況蠻夷本與人異，不足深誅。前世待蠻夷，取羈縻，職貢不絶而已。臣前較辰州土丁，❷無慮三萬餘，皆伉健可用。益積粟，支二年，器械兵甲皆繕完，足以坐待其變，無爲反入其巢穴以僥倖也。比來諸處用兵，小勝輒賞，或詐增虜級，❸亦超拜官，故邊臣爭欲造事邀功，甚不可聽。」奏入，詔書並下辰、鼎、澧三長郡吏，令兵事稟公，毋得妄動。蠻亦終不敢失貢職。鄂州官市茶，歲五百餘萬斤，三司計積年羨餘，奏請增買一百萬三千餘斤。公曰：「鄂州買茶多，故民不聊生。今已不能減，又奈何增之？」引利害固爭，上許寬一年。公曰：「事可行，不必寬一年。事不可行，雖寬十年，猶之不可也。」奏益堅，爲三司所抑。及替還，見上面奏，竟免之。初置按察使，歲竟奏簿，分別賢不肖所宜，以備黜陟取舍，朝議欲自此致太平。奉使者知指所稱進糾駮，人人爲品題，或過直失實，務以稱上意。執政平其章，十用二三，以寃自訟者紛然。公獨言：「知人，堯、孔所難。能以一言知之，固尤難。荆州十二郡吏員大小四百餘，臣以秋到職，冬奏簿，此理不可信，非誣則愚，臣不敢也。吏材過人、效顯然者，立奏用。其頑頓嗜利、不事事者，立舉繩，皆毋須時。至于奏簿，人人品題，其賢不肖能否，必非旬月所能

---

❶「虜」，原作「敵」，據傳校本改。
❷「丁」，原作「工」，據傳校本改。
❸「虜」，原作「首」，據傳校本改。

定，願以爲後。」朝廷亦許之。公之議論鄭重，務大體，不趨時，皆如此。當是時，荆湖奏貶官吏，比他路爲少，而請讞與聽罰，必當其罪，終無自訟者。然公資不忍廢人，雖在刺舉之職，外方嚴見繩墨，内實寬裕，恥以察爲名。其發擿貪污，必先下小罪去之，毋居位而已，不去乃稍正其罰，然疾詐謾不悔過者。居部雖無勢，或虧除不服罪，偃蹇去之遠。雖有勢，終不貸。建寧令李康在事多不法，❶公先露其擅賦民造船等事，康即日移病尋醫。康多親戚有力人居朝，未月餘就遷長沙令。康因盛衣服詣府門，上謁陳恩。公知其意，欲以夸示無忌憚，奏詰其前事，因言：「舊制，尋醫者滿三年乃復用，所以懲姦僞。康尋醫未能月，何以得以爲縣？亂舊制，輕百里之任，不可。」詔書追毀康告敕，時康已署事旬日矣。湖南轉運使又奏康挾債赴官，使吏民償債，康遂坐廢云。慶曆五年，復拜司勳員外郎。六年，判三司度支勾院鹽鐵判官。舊三司諸部有所奏辟，輒先白判使，相踵以爲俗。其後判官置奏狀而已，或不自知所舉爲誰。及公至，三司使有所欲用，以空名狀使公署，公求知舉者姓名，三司使不悦，更令他判官舉之。既而奏上，多非其人。議者紛然，三司使亦由此罷。契丹使來，公以太常少卿接伴，遂送之。還言：「河北州郡多建請築城鑿河，所役皆數十萬工，冀、貝之間尤甚，百姓失業可哀，而吏以此邀賞。苟不禁止，後將放傚，競事土功，因緣致他變。宜著令，城非隊頓不得擅請增廣。河渠非可通漕省大費者，毋議穿鑿。當修城浚渠者，雖能省功，亦不加賞。如此自止矣。」又言：「澶、魏塞河隄，當霜降水落治之是也。今失其時，春水日生，農事方急，而十餘萬人不得緣

❶「建寧」，原作「寧建」，據傳校本改。

南畝。其取土處，去河三十里以上，恐終不能成工。就能成之，功必不堅，盛夏水漲，乃甫可憂。不如因水勢所欲趨，且稍稍決通之。❶兩州東西多古河，水自此往，可以少勞而定。」朝廷以公言，頗黜諸土功，又遣近臣行河。城猶築治如故，閒一歲，河竟決商胡。鹽鐵于三部，米鹽煩劇，公處之若無事。初，金明池樓船壞，將修之，使湖南入梗楠巨材，歷二年乃到京師，計其費數百萬以上。中人用事者欲盜取之，指請修内寺，上許焉。書下三司，公因見言曰：「樓船非梗楠不可用，故令湖南上之，捐費雖多，不得已也。其餘自宫寢之用不以勞遠人。今欲輟船以完寺，寺既當完，船亦要修，湖南絶遠，費殊未易。」上曰：「朕本不知此木爲樓船用，所費如此，寺與樓船俱未須修也。」乃止。太祖作東西水磑，以供禁中，歲久頗廢，因不復用。自御膳所供麪皆市買上之。所由旁緣侵漁，京城内外以磨磑自給者皆厭苦之。公復修兩磑，使遵舊職，而禁絶吏姦。事多若此，不可勝紀。又以太常少卿使契丹。八年五月，改主客郎中、益州路轉運使。❷辭行，因請曰：「蜀人久安，不可不慮其變。臣聞益州舊輸河東、陝西、京西三路絹布，共一百六十餘萬。自西兵以來，稍增七十九萬，事出一切足用而已。今西鄙幸定，諸增賦反因循爲常，臣請盡罷之，無竭民財。又益州歲買中沙布十餘萬疋，給京師諸軍，官估既薄，百姓苦之，布以故尤楛惡不中用，軍士得者，人人有言。宜增實其估，寬民力，止怨亂。」上皆許。及到任，遂條奏行之，蜀人大喜相賀。其年十一月二十六日薨于位，壽六十

❶「之」，原無，據傅校本補。
❷「改」，傅校本作「拜」。

四。初至蜀，未能三月，蜀人皆啼號失聲。❶明年，孤某等奉公喪歸京師。公爲政，喜興利除害，無巨細必盡心。上有賦調，可免免之，或不能免，爲設方法，使吏無所輕重。雖領轉運及參度支鹽鐵事，以財賦爲職，猶持此心不變，專以民爲本。事有不可行，雖出上指，或所從來久遠，終持之不憚改。及其施功效明白，亦終不自矜。其用刑，威而不煩，故所至必見愛，去必見思。自初仕至終，四十年終不營産業，饋遺雖故人不受，不與人交利，不諂笑。尤慎交游，非其人不以虚言相唯阿，不數干貴人之門。杜、李、范諸公，皆平生相知，每衆稱道之，然當位亦不用也。官序留落，後輩多先之，初無芥蔕。常稱：「先君仕太宗朝，居一官終身。雖其時士大夫樂職恬勢亦皆然，故所興造，功效聲實常溢其望。今士大夫亟遷官，❷無宿業，此風俗之敝也。吾豈敢忘先君之守？」自坐張詰免，後三遷皆以大臣薦論。及用，稱功勞特拜，不復經審官院求磨勘，故爲司勳前後凡十五年，多所稱舉。已顯者，今樞密直學士孫沔、天章閣待制杜杞、田瑜，本以屬吏進。其餘在臺閣者甚衆，積階至朝散大夫，勳至護軍。夫人臨沂縣君王氏，屯田郎中贈尚書右僕射礪女。夫人初歸，家尤貧，能與公勵志，上事姑，下收宗族叔妹，無不安悦。諸娣姒來歸者，皆在夫人後，動静施爲，視夫人爲法，莫不柔順。或以母禮拜事，不以先後匹敵亢也。太夫人少不見，則思之。太夫人既終，夫人思慕成疾，歲餘亦不起，年五十三，康定元年五月十二日也。五子：元卿、真卿皆早亡。某，大理評事。攽，鳳翔府

❶「啼」，傅校本作「呼」。
❷「亟」上，傅校本有「亟進」二字。

節度推官。放，太廟齋郎。長女嫁廣德軍判官杜舜元，早亡。次嫁御史臺主簿張諷。次嫁將作監主簿徐縝。某等皆同産，惟放及一女五歲晚出云。葬祔尚書公，夫人同墳。伏以先君事親行己，臨政治民，事實皆可傳。某既愚闇，不能備識，而窀穸逼近，願因執事，傳載于石，以信天下而重無窮。某雖不肖，然執事幸哀而許，是成某之終事，而賜以不朽也。故敢頓顙泣血以請，惟執事哀焉。謹狀。

公是集卷五十二

宋劉敞撰

墓誌銘❶

皇兄故金紫光禄大夫檢校太子賓客使持節禄州諸軍事缺州刺史充本州防禦使上柱國天水郡開國公食邑四千四百户食實封九百户贈昭化軍節度使追封祁國公墓誌銘❷

公諱承裔，秦悼王孫，贈保平軍節度使鄖國公之子，母曰李氏。❸生十五年，以勝衣冠召見賜名，補右侍禁。上之開國壽昇及爲皇太子也，公皆以恩遷，凡三遷至内殿崇班。上即位，拜禮賓副使西京作坊使内園使，領貴州刺史。又遷左領軍衛大將軍本州團練使，左龍武軍大將軍萊州防禦使。宗祀明堂，助祭者賜爵一級，徙缺州防禦使，罷將軍官。皇祐五年九月庚午以疾薨，享年五十有七。公之于屬籍，天子兄也。天

❶「銘」下，傳校本有「一」字。

❷缺字疑爲「禄」字。

❸「曰」，原無，據傳校本補。

子哀焉，爲輟視朝，贈以昭化軍節度使祁國公印紱，遣中貴人予祠禭賵，護喪事，恩禮甚厚。公性聰敏開悟，其爲兒時已能自修飭。真宗皇帝憐之，嘗召入禁中，親諭使學，而授以書。由是益自喜。數應制賦詩，詔輒褒之。及長，好學慕善，動静顧禮，不以富貴加人。累階金紫光禄大夫，勳上柱國，爵開國天水郡公，食邑四千四百户，實食九百户。自祖宗制天下，監于前世，惇敘糾合，以睦宗族，厚其爵禄，尊寵之，而不任以事，故宗室得以無吏責自保，而材美亦無以見于世。然其保禄持寵，至于永年，善始令終，而無纖芥者，其賢行亦足以推而知云。公娶韓氏，封高密郡君，彰德軍節度使重贇之曾孫，禮賓使允昇之女，先公一年卒。繼室以武氏，左清道率府率昭信之女，仍封高密。子男十人：曰克平，右衛率府率，早卒。曰克寬、克友、克仕，並右監門衛將軍。曰克勇、克研，並太子右内率府副率。其一未賜名，出後伯父承簡。三不及名而夭。女八人：長適東頭供奉官王延之，次適西頭供奉官楊應昌，次適右侍禁高凱，次適右班殿直石立，皆有湯沐之封。其二人尚幼，二人早卒。公之薨也，殯奉先寺。嘉祐五年，有詔歸葬汝州梁縣。乃以十月某日祔其祖先王之兆，使者視襄事，而詞臣刻銘誌其墓。銘曰：❶

秦惟寵王，鄖亦貴公。巍巍其國，是爲小宗。勝衣就傅，實敏實聰。爲善之樂，簡于帝衷。富貴不驕，動而顧禮。棠棣之華，莫遠具爾。古也惇敘，于今爲美。壽不百年，令聞不已。喪還汝墳，從先王居。天子有命，懿實是書。納石幽堂，恩篤禮殊。茫茫萬世，敢告不誣。

❶「銘」，原無，據傳校本補。

皇姪故金紫光禄大夫檢校國子祭酒右屯衛大將軍兼御史大夫輕車都尉天水縣開國伯食邑九百户贈洛州防禦使廣平侯墓誌銘

贈洛州防禦使廣平侯克温，鄖國公德鈞之孫，濮州團練使承偉之子，母曰范氏。以天禧二年十月十日生，生十餘歲，賜名，補右班殿直，轉左侍禁，改太子右衛率府率、右領軍衛將軍。上祀明堂，遷右屯衛大將軍。皇祐五年閏月丙戌以疾卒，享年三十六。詔以洛州防禦使廣平侯之印紱、策書告其殯，又特使中人弔賻視喪事，于禮爲豐。侯爲人謙遜敏慧，能以其貴下人。嫻于辭令應對，❶涉獵多所通，而尤邃音律。積階金紫光禄大夫，勳輕車都尉，爵天水縣開國伯，食邑九百户。上于宗室固厚，而侯之資又足以持富貴，使幸而永年，且久觀太平之盛，其名位豈少哉？夫人宋氏，封壽安縣君，太子太師贈侍中彦筠之曾孫也。子男七人：其四未及名而卒，叔徹爲右千牛衛將軍，叔民太子右内率府副率，其一人未賜官。女六人：長適右班殿直李傅，❷其一早死，四尚幼。侯既卒，天子哀傷之，使中人取以入，度其一爲女道士，而養其三人者禁中。嘉祐五年十月，詔以侯之喪祔于汝州秦悼王之園，而誌其墓中，臣實爲之銘。銘曰：

---

❶「嫻」，傳校本作「閑」。

❷「傅」，傳校本作「傳」。

葛藟之延，本根是賴。懿懿王族，日繁以大。廣平蚤秀，華葉俊茂。❶中道而摧，天理誰咎？梁汝之壤，先王是塋。魂兮往居，萬世攸寧。

皇弟故金紫光禄大夫檢校太子賓客左監門衛大將軍使持節昌州諸軍事行昌州刺史兼御史大夫柱國天水郡開國公食邑二千二百户食實封一千户贈涇州觀察使安定侯墓誌銘

贈涇州觀察使安定侯承操，秦悼王廷美之孫，廣陵康簡王德雍之第六子，母曰清河郡君崔氏。乾興元年正月生廣陵邸，天聖九年召見賜名，遂以爲右侍禁。再遷東頭供奉官，改右千牛衛將軍、左監門衛大將軍。天子祀明堂，以三后配上帝，宗室皆助祭，内外進爵，加昌州刺史。嘉祐三年正月乙未以疾終于位，享年三十有七。訃聞，天子哀焉，詔以涇州觀察使安定侯印策告其柩，又遣中使視喪事弔賻之，于禮爲豐。即以其月殯城南奉先佛寺。君爲人敏慧有姿望，嘗授《尚書》，略通大義。愛樂賓客，接之窮日夜不厭。于技藝多所通，而琴、弈、射、御皆尤精過人，又能爲歐、虞書，號得筆法。娶王氏，封普安縣君，贈太師中書令兼尚書令守斌之孫，崇儀使令傑之女，前卒。繼室以其娣内殿崇班令矩之女，封新安郡君。子男五人：長克勉，太子右内率府副率。次克助，右千牛衛將軍。次克貢，次克勍，皆太子左監門率府率。克勉、克貢早卒，其一不及名。而三女亦皆夭死。嘉祐五年自京師歸葬汝州梁縣，祔于其先王之兆，其窆之日，實十月某甲

❶「俊」，傳校本作「葰」。

子云。銘曰：

帝綏四方，親親以睦。秦爲別子，亦疇其福。翼翼諸孫，豈伊異人？念德畏義，克亢其門。安定幼慧，敦書習藝。❶不怠不驕，以保爵位。没有追策，天子之恩。刻銘幽窆，後世是詒。

皇姪故金紫光禄大夫檢校太子賓客右監門衛大將軍使持節潯州諸軍事潯州刺史兼御史大夫護軍天水郡開國侯食邑一千八百户贈邠州觀察使追封新平侯墓誌銘

贈邠州觀察使新平侯克構者，上從祖兄之子。曾祖曰廷美，秦悼王。祖曰德彝，潁川郡王。父曰承最，贈宫苑使宜州刺史。母劉氏，東平郡夫人。生十餘歲召見賜名，補右班殿直，再遷西頭供奉官。天子以謂宗室以服屬爲親疎，其授之官雖無事，當使位尊而秩優，以寵異之，不當與庶姓等，由是改右千牛衛將軍，遷左監門衛大將軍。皇祐二年助祭明堂，領潯州刺史。嘉祐元年十二月辛未以疾卒于位。訃聞，天子加哀憐，使中使護喪事，厚賻卹之，而以邠州觀察使新平侯印策告其柩。侯之爲人，温厚有姿望，能自飭以禮，舉止甚重，事太夫人以孝聞。喜讀書爲詩，又善射，好虞世南書，學之幾得其法。嘗與宗室召對，各使寫先帝自所造歌詩，第其高下，侯所書第一，受詔敦奬。上與族人，嘉善而矜不能，所以教育矯括之，惟恐不至。其有一善，輒加賜金帛，以厲其意。而侯嘗以材見優，故于其時受賜爲多。累階金紫光禄大夫，勳護軍，開國

---

❶「習」，傅校本作「晢」。

郡侯，食邑至一千八百户，享年四十二。夫人李氏，吴王煜之曾孫，右侍禁繼榮之女，封樂壽縣君，先侯十二年而卒。又娶王氏，贈鎮南軍節度使中正之孫，東頭供奉官世昌之女，封仁和縣君。子男六人：長叔璨，右千牛衛將軍。次叔況，太子右監門率府率。次叔派、叔婼，皆太子右率府副率。其二人不及名而死。女六人：長未嫁而卒，次適左班殿直郭昭彝，次適右班殿直劉君平，其三人不嫁，學老子法，居延寧宫爲道士，天子賜之名，曰洞仙、洞深、洞惠云，其一亦早死。嘉祐五年十月詔以侯之喪葬汝州梁縣其先人之兆。銘曰：《麟趾》之詩，《王風》是首。顯允公族，其德信厚。猗嗟新平，資質淑温。知孝其親，信厚之元。不忌不矜，技藝畢能。以善自名，天子是稱。生有榮耀，没有褒錫。刻此銘章，以告窀穸。

皇姪故銀青光禄大夫檢校國子祭酒行右監門衛將軍兼御史大夫上護軍天水縣開國子食邑六百户贈右武衛大將軍墓誌銘

君諱克蕭，于上爲從祖兄弟之子，曾祖曰秦悼王廷美，祖曰高密郡王德恭，父曰循國公承慶。母劉氏，封金鄉縣太君。君以天聖八年生，生數歲補右班殿直，俄而改太子右監門率府副率，其後又遷右清道率府率。君于宗室，屬籍非甚遠，自曾祖、祖父皆王公，積富貴。君始爲兒，未能就外傅，則以恩賜名得官矣。然猶知慕學興藝，不專以安逸自放。皇祐中，嘗召宗室子弟對延和殿，試其所書，敕宗正定高下，君書第一，特詔束帛賞之。宗祀明堂，助祭者皆賜爵，遷右監門衛將軍。嘉祐二年四月癸丑以疾卒，享年二十八，詔贈右武衛大將軍。君娶徐氏，封東陽縣君，兵部尚書翰林之曾孫，西頭供奉官祐之之女，先君一年卒。子男三人：長叔慈，次叔巘，皆太子右内率府副率。其季不及名而夭。女子六人：四人尚幼，其二亦夭死。嘉祐五年十月，詔遣使者以君喪葬汝州之梁縣，祔于祖考之次，而令詞臣敘其世系，爲之銘。銘曰：

迺祖迺父，惟王惟公。同姓之恩，雖遠猶豐。孰謂若人，稟命不融。年不踰壯，位不過庸。刻銘其丘，以永無窮。

皇姪故銀青光禄大夫檢校國子祭酒行右清道率府率兼御史大夫輕車都尉墓誌銘

君諱克協，曾祖曰廷美，秦悼王。祖曰德雍，廣陵康簡王。父曰承睦，處州觀察使。母隴西郡君董氏。生十餘歲，方有詔賜以名，補右班殿直。已而以殿直秩卑，改太子右監門率府副率，久之遷右清道率府率。故事，宗室無吏職，其遷無常期，朝廷有大禮，輒推恩進階策勳。凡三加恩，得銀青光禄大夫檢校國子祭酒兼御史大夫輕車都尉。年二十七，慶曆八年七月辛丑以疾卒。其爲人内和外順，宗室佳子弟也。弈棋、學書，人亦頗稱其能。娶李氏，禮部侍郎應機之孫。子叔頤，爲右監門率府率。嘉祐五年十月葬汝州梁縣悼王之塋内，于君之卒，凡十有三年云。銘曰：

族食世降，疎戚有倫。振振公路，並受渥恩。其恩如何？結綬乘軒。修塗未半，天奪之年。輀車還葬，祔祖以孫。尚有餘慶，幸其後昆。

皇姪孫故銀青光禄大夫檢校國子祭酒行右監門衛將軍兼御史大夫上護軍天水縣開國子食邑六百户贈右武衛大將軍墓誌銘

皇再從孫、銀青光禄大夫檢校國子祭酒行右監門衛將軍兼御史大夫上護軍天水縣開國子食邑六百户贈右武衛大將軍叔詹，其先出秦悼王，曾祖曰保平軍節度使德鈞，祖曰崇儀使承震，❶考曰河内侯克明。母慕容氏，封清福縣君。君生十餘歲，補右班殿直，已而改太子右監門率府副率。君初賜名叔昭，避叔祖德昭諱，有詔改命。遷右清道率府率。明堂汎恩，授右監門衛將軍。始開國天水縣君，食邑三百户。更大禮，進爵子，益封亦三百户。嘉祐三年十一月乙酉以疾卒，年二十五矣。娶曹氏，封金鄉縣君。無子。五年十月葬汝州梁縣。君雖膏粱少年，然性温厚，喜讀書爲詩。其出入恂恂不逾節，若終享貴壽者。既夭遏早死，又無後不祀，何耶？然其卒也，天子贈以大將軍印綬；其葬也，使者護視，詞臣爲之記，其于哀榮，❷亦可謂備矣。銘曰：

有貴之勢，無待于賢。有賢之資，無愧于全。兩者遂矣，而詘于年。非命也耶，其誰使然？

---

❶「崇儀使」，原作「儀崇使」，據傳校本改。

❷「哀榮」，傳校本作「榮哀」。

皇兄故深州團練使承訓妻安定郡夫人張氏墓誌銘

夫人姓張氏，曾祖璡，贈祕書丞。祖炳，贈光禄卿。父利用，内殿崇班閤門祗候，母金城縣君薛氏。夫人以大中祥符七年歸于秦邸，稱來婦，年十有八矣。明道中，以恩封上谷郡君。皇祐三年，進封安定郡夫人。生子男五人：克勤、克儉、克禋、克孚、克懋。克勤，右屯衛大將軍秦州團練使。克儉，右千牛衛大將軍。克禋，左侍禁。克孚，右屯衛大將軍。克懋，右監門衛大將軍。儉、禋並前卒。女三人，皆有湯沐封，然不嫁，讀老子書，居太和宫爲道士，賜名曰道正、道昇、道仙云。夫人大王父、王父，三世儒者，習爲禮義，能知書，又通于音。温柔慈良，母有多子。年六十六，嘉祐四年十二月壬戌以疾卒，明年權殯法濟僧舍，十月葬汝州梁縣。凡宗室雖甚材，無事職于外，其言行固莫得而聞。而宗婦無外事于家，其莫得聞又益甚。然而視其奉祭祀，和宗族，教子孫，壽考且寧，其賢亦可知矣。銘曰：

婦稱外成，亦允有命。或成或隳，未必皆幸。祁祁夫人，習善厥躬。來歸于宗，繼啓其封。魚軒象服，小君之飾。惠于皇天，以彰有德。有子有孫，肅何詵詵。其慶繩繩，其誨諄諄。六十有四，未足云壽。柔惠之風，是用詒後。

皇姪故和州防禦使歷陽侯夫人安福縣君王氏墓誌銘

夫人姓王氏，曾祖贇，贈崇信軍節度觀察留後。祖文慶，贈左武衛將軍。父承彬，内殿承制。夫人既世仕朝廷，閨門有法，而其性亦婉嫕温厚，可以配君子。生十有七歲歸于宗室故和州防禦使歷陽侯克周。克周，上從祖兄弟之子也。族近世貴，夫人能嬪以禮。既三年，封安福縣君。有子男二人：長曰叔何，爲太子右内率府率。次曰叔苗，爲副率。女二人。皇祐二年十月甲戌以疾卒于廣親邸第，年二十有七。後十歲，得嘉祐五年十月葬汝州梁縣，祔其先祖姑云。銘曰：

婦以義從，得其歸難。又況王族，富貴顯嚴。婉嫕夫人，❶出于良奥。作嬪公侯，其節静好。齋祓祭祀，肅恭朝會。小君之尊，湯沐是賚。貴且有子，奚福如之。獨不永年，云何其悲。

皇姪右屯衛大將軍克戒妻大寧縣君李氏墓誌銘

李氏，尚書駕部員外郎定之曾孫，國子博士京之孫，屯田郎中周珣之女。年十有七，以禮選納爲克戒婦。事尊章盡其勤孝，上承下接，皆有禮意。族人稱其婦德、婦功、婦容、婦言皆具之。慶曆中，封大寧縣君。至和二年十一月丁丑以疾卒，年三十有五。凡生七男九女：男曰叔杲，右千牛衛將軍。曰叔穀、叔滿、叔涉，皆太子右内率府副率。三人不及名而夭。長女嫁右班殿直王定。次嫁左班殿直張從政。其二早卒。其一學浮屠，爲比丘尼，居資聖禪院。其四尚幼。嘉祐五年十月葬汝州梁縣先姑之塋。銘曰：

古之嫁者，教于公宫。禮義之益，實被其宗。夫人之先，世世儒者。蘋藻之習，自其牖下。既得所從，

---

❶ 「婉嫕」，傅校本作「嫕嫕」。

孔惠且温。媚于尊章，上下欣欣。九女七男，是謂多慶。而不永齡，嗟哉其命。

皇姪右監門衛將軍克淳妻追封仙遊縣君李氏墓誌銘

皇再從昆弟之子右監門衛將軍克淳妻李氏，皇城使高州刺史繼中之女，贈司徒斌之孫，贈驍騎大將軍訓之曾孫。年十有四，慶曆八年以禮稱來婦。性温惠，敏于女工，又善書，頗知爲文。其習好若此，非世禄及將家所爲也。凡生一女，早夭。皇祐三年五月庚午感疾卒，享年十有八。以未及賜邑封，詔特以仙遊縣爲湯沐，追告其殯。嘉祐五年十月日自京師歸葬汝州梁縣，祔其先祖姑，而命詞臣爲之銘。銘曰：

歸得其從，天子之宗。從得其職，公侯之宮。賢也宜永，壽何不容？赫赫王命，追褒邑封。副笄展翟，既襚其躬。納銘壤下，以質無窮。

皇姪右監門衛將軍克常妻濮陽縣君盧氏墓誌銘

夫人姓盧氏，曾祖贇，東上閤門使、誠州刺史。祖亮，太子右監門率府率。父炳，泉州德化令。外族周氏。年十有六，以禮聘爲克常婦。克常于天子再從兄弟之子，曾祖、祖父封皆至王公。親近族大，支庶繁衍。然夫人稱爲能孝其宗，沈静謙順，❶樂于爲善，封濮陽縣君。至和二年十二月甲寅以疾卒，年二十有

❶「静」，傳校本作「靖」。

九。生子男二人：長曰叔興，太子右監門率府率。次曰叔邑，太子右内率府副率。女四人，二早夭，二尚幼。其殯于開封法濟寺，❶其葬于汝州梁縣，實嘉祐五年十月云。銘曰：

王族緜緜，其麗不億。風教之首，亦緊内則。盧爲著姓，前世尤盛。有婉夫人，載其休令。歸于良夫，宗族以愉。有子有封，短年何吁？凡葬有銘，以視來裔。刻此堅石，閟于幽隧。

❶「開」，原作「門」，據四庫本改。

公是集卷五十三

宋劉敞撰

墓誌銘❶

大中大夫行刑部侍郎致仕上柱國賜紫金魚袋俞公墓誌銘

公諱獻卿，字諫臣。其先河間人，晉永嘉之亂，徙居黟歙。公之父曰某，贈工部尚書。尚書之父曰某，某之父曰某，皆蓄德不仕，慶詒其後。尚書取閔氏，❷贈太原郡君。實生二子：長曰獻可，官至某官天章閣待制，其季則公。公之初學，師友其兄。强力敏捷，儒術自任。其後遂相繼成進士，名聞天下云。拜壽州芍陂尉，臨事明察，善鉤人情，推顯至于隱，故盜賊不敢發，發又輒得。人有告其師浮屠出遊者，公揣其有姦，使吏拘之，而索其室，❸得浮屠之尸，一縣大驚，以爲有神。轉昭州軍事推官。陳進亂嶺南，象州危甚，吏民

❶「墓誌銘」下，傅校本有「二」字。
❷「取」，傅校本作「娶」。
❸「索」，傅校本作「搜」。

莫自堅，其太守欲背城奔，使公往護之。公至，爲説利害，復教使堅壁治兵，爲不可攻。太守急聽其言，得免誅，賊亦不至。官兵之在宣州，公部昭民往輸之粟。及事平，議留昭民，伐山林以治官府，曰：「役病矣，不可以不示信。」請期三日，許之。民聞公令，知不久役，皆勸功趣事，事如其素。陳進死，上功第一。賞未行，丁尚書憂。喪畢，轉大理寺丞，爲本寺詳斷官。選殿中丞，知廬州慎縣，又换杭州仁和縣。丁母夫人憂。服除，改太常博士，知南雄州。潮陽吏民不相能，訟繫不決，一郡恟恟。徙公知潮陽，鐫其曲直。潮陽又多水害，公親相地勢，築防金山，百姓便之。轉屯田員外郎。大臣薦可爲執法。❶歷兩院御史，領左軍巡使，舉察稱職，拜三司鹽鐵判官。上初即位，公疏言：「民力不足，其弊在取之太繁，用之太奢。可減冗食及諸無益，引先帝爲法。」累數百言，天子嘉之。罷清衛兵及省浮屠、老子祠醮，公本謀也。淮南、二浙，一歲耗鹽十三萬。尚書經費不足，公往眎之，❷至則條廢舊弊，以新法從事。吏盡償所負，又增五百萬石。以兄爲鹽鐵副使，改開封府推官。會陝西言兵食不足，轉運使非其人，朝議换之，上亦重其選。宰相數奏進擬，無合意者。召公問狀，公不辭讓，因入言之。天子識公名，曰：「是前使淮南者。」可奏。公至部三日，得半年之儲，終歲餘二年之食。雖一切方略，然其百姓富者不病，貧者不擾云。涇原塞外武延川，本羌地，諸將欲改

❶「執法」，原作「郡守」，據傳校本改。
❷「眎」，原作「示」，據傳校本改。

名，❶請築堡鑿濠守之。公奏以謂生事，不可許。已而寇果至，殺掠吏士，塞所鑿濠而去。轉兵部員外郎，遷京西。召對邊事，薦趙某可將帥。賜三品服。以兄没當葬，求爲東南官，改福建。召還判鹽鐵勾院，轉刑部郎中。居二年，命直史館，知荆南府。進見言事，❷上聽不倦，喜曰：「卿不當往荆州。」即日拜三司户部副使。歷度支鹽鐵三部，轉右諫議大夫，復出荆南。滿歲授直集賢學士，❸知杭州。登石作堤，❹以捍江濤，水不爲災。召回判三班院及銀臺、門下省，出爲宣州。元昊畔，西邊大擾，詔書問所欲施，公條上十餘事，朝廷稱其知時務。徙知應天府，改工部侍郎。以疾請老，天子憂之，以爲刑部侍郎致仕。聞其居杭州，即從徙二子官吴中，❺以便奉養。慶曆五年四月十七日終于所居，享年七十有六。明年某月某日葬歙州某縣之某原，從先人居。夫人馮翊郡君錢氏，柔淑知禮，是配是宜。子四人：長希楚，某官。次希元，進士及第，早夭。次希及，次希忠，❻皆將作監主簿。女三人：長適祕書丞江杞，其二未嫁。公爲人高明剛嚴，論議立規矩，似不能容物。至典法持獄，平易寬恕，不肯妄有輕重。其在京西，錢丞相爲許州，厚賓客之奉，歲費千

---

❶「欲改名」，原無，據傅校本補。
❷「見」，原作「諫」，據傅校本改。
❸「直」，傅校本無此字。
❹「登」，傅校本作「發」。
❺「從」，傅校本作「皆」。「二」，傅校本作「兩」。
❻「忠」，傅校本作「仲」。

萬。執政素不説，❶又疑其有私。公奏事至京師，開其端問公，公對曰：「無他。」世稱公長者。累階至大中大夫，勳至上柱國，爵至開國伯，食邑至九百户。所與交遊同僚，多歷兩府事，而公獨不遂，可謂命矣。銘曰：

俞之先世，基德相繼。其大而章，自公兄弟。雍雍在家，矯矯在官。歷試以難，富貴不慭。忠而好謀，天子是咨。功濟西方，國人不知。辭老而休，亦不踰矩。其風孔高，以憚進取。仲尼有言，積善餘慶。公實有子，嗣武其盛。

尚書屯田郎中提舉兖州仙源縣景靈宫王公墓誌銘

公諱沖，字景儒。其先自太原遷宋，居虞城。祖化，贈太傅。考礪，贈太師中書令。于今爲顯家，故弗論著也。公少則好學，論議依名節，慷慨自喜，不與衆浮沈，士友多憚之。祥符中，舉服勤詞學，成進士名，得試校書郎，知興國軍永興縣。父喪解官，服除，選于吏部，試判優等，爲武安軍掌書記，授武昌軍。崇陽民陳廣與人鬭，鬭者以他疾死，而吏劾廣殺人，議寘大辟，廣亦不能自明。公擿其狀以聞，有詔下旁郡覆廣獄，廣卒無事。轉運使奇其意，欲爲之請賞，公辭不受。天聖初，改著作佐郎，知壽州霍丘縣。吏積不治，盜賊

❶「説」，傅校本作「悦」。

放横，公使其百姓鄰伍相收司，❶而以耳目一切糾發老姦宿逋，歲中盡服禽無脱者。徙蜀州晋源。改祕書丞，知陳留。當是時，章獻太后垂簾聽朝，而中人用事者羅崇勳之徒，交通縣豪，借之意氣，以漁奪細民，吏不敢何。公獨以法繩之，請謁無所聽。大姓田滋等由此懼，造飛語以姦利事汙公，太后果怒，下公吏，使中人雜治之，訊掠甚急，欲公自誣服。公義不屈，寧必死，不肯少自下，獄遂不具。然猶坐除名，徙雷州。景祐初，上始親政，盡斥逐羅崇勳等，諸附麗之者亦貶廢。言事者多以公不辜聞，天子亦自識其名，復起爲衛尉寺丞，❷又詔盡雪向罪，後勿用以爲負。改著作佐郎，知越州會稽縣。都巡檢使張懷信所部兵亂，百姓恟懼，欲逃入山谷間。公策其不足虞，固請徹城門兵，以堅衆心，郡中由是安。康定初，復爲祕書丞，通判乾州。自元昊畔，邊將數戰不利，而民力以屈。公上《備邊》《禦戎》等策，及言復鄭國渠以實關中，事遂施行。通判華州，月餘擢知乾州。遷太常博士，知洋州。真符縣言，民家失火，舉族焚死。公視其狀，曰：「必仇者爲之。」教吏推迹其人，與三日期，賊果得。一郡大驚，以爲神明。郡故無學，公爲立黌舍，收其才子弟，得二三十人，親教養之。吏觀聽悦喜，由此彬彬然興于學，與西州等矣。遷屯田員外郎，知泰州。明年，改都官。歲饑，發常平倉以食飢者，凡所活數萬人。使者上其治爲淮南第一，賜緋衣、魚符。❸改職方，領南京留司

---

❶「伍」，傅校本作「五」。
❷「復起爲」，傅校本作「起徒中復爲」。
❸「符」，傅校本作「袋」。

御史臺。就遷屯田郎中，提舉兖州仙源縣景靈宫。受詔未行，嘉祐元年十一月甲子以疾終，年六十八。後三年十月甲子葬某原。初，公起黄綬，至二千石，更四縣五州，所居見紀，未嘗官京師。一爲陳留，以剛直幾不免，猶濱于死。及復召，❶士大夫翕然向仰之，冀其且大用，然遂汩没不進，未能如其意、稱其量也。自以道終不行，而公長兄年九十矣，以太子賓客謝事家居，故求爲留司官，以優游相從鄉閭間，怡怡如也，有終焉之規。嗚呼！可謂篤于義，知所進退，不失其正者矣。性不妄悦人，雖窮困益堅，于時人鮮所合，而范文正公特知之，數薦于朝。其爲政也，勇于當事，興利若不及，去惡如恐失之。亦以此故，仕嘗難進易退，然其處之晏然，未嘗以見色辭。喜讀書屬文，尤長于詩，詩凡千餘篇，讀之其志可見也。夫人葉氏，封馮翊縣君。三子：長漢臣，進士及第，爲長舉令。次真臣，試將作監主簿。皆能世其家者也。次某尚幼。三女：長適大理寺丞尚穎，次適祕書丞孫珪，其季未嫁。某也，公之甥也，故于公之葬得敘其志而銘其哀。銘曰：

爲道者有言：白則涅矣，剛則缺矣。嗟嗟舅氏，涅而不變，缺而不卷。硜硜其聲，❷矯矯其行。極晦而明，其辱則榮。孰不公侯，孰不耄期？❸人也天歟，其止于斯。我葬舅氏，悠悠我思。銘以藏之，以寫我悲。

---

❶「及」下，傳校本有「後」字。
❷「硜硜」，傳校本作「硍硍」。
❸「耄」，傳校本作「髦」。

故尚書虞部員外郎分司南京贈光禄卿杜君墓誌銘

君諱惟則，❶字定國，姓杜氏。其先蜀人，少舉進士，不遇，而其兄以尚書郎守睦州。當先帝即位，四方賀受命，君亦奉其兄章，上禮有司。天子嘉之，召試學士院，得試祕書省校書郎，調含山縣主簿，南雄州司理參軍，稍遷德清江都令。用薦者言，改大理寺丞，知南安縣，徙知雷州。是時瓊管有大獄，太守坐繫者千八百人，吏民恫恐，上下莫自安，百姓廢業。而夷獠素易吏，狙伺重輕，轉運使患之，以獄事屬君。君颿海風，一日至郡下，條其情狀，悉罷遣千七百餘人，而取其尤桀惡當坐者，具獄上廷尉。朝廷皆是之，吏民賴以安。改太子中舍，通判濠州，賜緋衣、銀章。又改殿中丞，通判杭州。乾興中，轉國子博士、知處州。遷尚書虞部員外郎。年老，自表分司南京，因家于雍丘。君爲人温厚和易，與人交，尚信義，久而益恭。其言必踐之，不爲虚詞以導悦人，亦未嘗斥人過。至于仕宦，視公事如私，視百姓如家人，苟可以便之，必商度處畫，使得其宜而後已。不求爲名，故所至見愛，去之輒見思。及其謝事歸居也，鄉里慕仰之，稱爲誠長者。曾祖某、祖某，皆不仕。考某，贈太僕卿。夫人某氏，封某縣君。四子：長某早卒。次子某，次舜元，次叔元，❷三人者天聖八年同歲進士，而君夫人尚皆壽考無恙。兄弟既成名，還家拜慶，一縣往賀之，車馬塞里巷，士大夫以

❶「惟」，傅校本作「維」。

❷「叔」，傅校本作「淑」。

爲榮。君隨其少子官淮陰，明年十一月某甲子卒，享年八十二。未及歸葬，夫人、長子、次子、諸婦、諸孫相繼又卒，貧不能自還且三十年。叔元乃克舉君之喪，葬于某鄉某原，而盡祔其餘，實嘉祐五年七月甲子云。叔元，固善士，孝慈有志節，自其宦于朝，數以令請贈君官，至光禄卿。然叔元之事親，其設心以謂必己之所自盡者，然後慊于義，是以其得反葬爲艱且久矣。銘曰：

以仕必才耶，致位一州，不爲卑矣。以壽必仁耶，至于耄期，不云微矣。嗟嗟杜君，樂易信厚，長者之規矣。實有良子，實收實食。謂天不可信，于此平視。納銘其丘，以詔後世。

故朝散大夫尚書刑部郎中致仕上柱國賜紫金魚袋張公墓誌銘

公諱沔，字楚望，姓張氏。其先出留侯子房，三國之分紘，仕孫氏，由是爲江南人。其後居鄱陽者曰子員，子員生瑶，瑶徙建安之浦城。瑶生厲，厲生大王父從晟，從晟生曾王父贇，贇生王父靄，靄生皇考瓌。❶自王父而上，皆仕南唐，不及見天下之平。皇考見天下之平，❷而早世不及仕，故不聞于時。公之孤，八歲矣。雖幼知感慕，沈静不戲狎，異于他兒。少長，發其家書讀之，勤志强力，期以文學成名。當是時，楊文公以文章名一世，于公鄉里外姻也，因起從之游。游楊氏之門者常數十百人，而公以才見稱。祥符初，舉進士

❶ 「皇」，原無，據傳校本補。

❷ 「皇」，原作「公」，據傳校本改。

甲科，得試校書郎，知撫州臨川縣，再調睦州遂安縣，治皆有聲。用薦者言，改大理寺丞，知平陽縣，遷殿中丞。母憂去官。服除，知溧水縣，轉太常博士通判温州，賜緋衣、銀魚。莊獻稱制，張旻以舊德用，驕僭亂法，公上書請出旻補外事，雖不即行，然士大夫忻然向之。擢御史臺推直官，轉尚書屯田都官員外郎。嘗奉使決大獄，朝中稱其平。丞相李文忠公善之，拜侍御史。數月吕文靖復入相，二人者不相能，争于上前，以謂故事三院由中丞薦，❶不當以執政用，出公知信州。既至，又移福州。歲餘，乃復召還。言事引大體、正得失而已，不苛細，充開封府判官，轉兵部員外郎，改三司鹽鐵判官。出爲淮南轉運使，賜金紫。轉工部郎中，復入爲鹽鐵判官。假諫議大夫使契丹，還言：「虜情慢，❷疑有非常，宜敕邊爲備。」既而虜果以兵臨境，求關南地，如公策。慶曆二年，加直史館知陝州，明年轉刑部郎中。元昊入涇原，敗葛懷敏數十萬之師，關中震驚。兵少不足自守，朝議不暇遠發，使中貴人即崤、澠之間，遮四路歸戍，悉還補其闕。兵久乘塞，自以得生歸與妻子相見，復驅之就死地，人人怨呼，以言相激，拔刃彍弩，且欲絶河橋爲變。中貴人無若之何，疾馳入陝，以詔書屬公而去。吏民駭懼奔逃，公單馬出城，矯詔諭之曰：「賊已出境，受詔，諸軍趣還營，毋得差池。」衆見公之易也，帖然皆斂兵就道，莫復諠譁。于是范文正經略關中，梁丞相奉使延州，皆奏議以公權事合變，消亂止禍，宜厚其賞。朝廷不能用。契丹復修好，除邊關備，徙公河北轉運使。初，保州以被邊，故

❶「謂」，傅校本作「爲」。

❷「虜」，原作「敵」，據傅校本改，下同。

戍兵廪賜厚他處，及張昷之爲轉運使，議有所增損，軍中怨之，相率殺守佐，閉城反。諸將聞變，争欲急攻城，大兵會城下幾十餘萬，公獨不聽，曰：「兵驕，故作亂耳，民不反也。攻城必多所殘，百姓何罪？且城未易攻。」與之相反覆，諸將不能奪，乃登東關門，呼首惡者，諭以禍福，使出降。衆皆踊躍，投兵杖再拜，曰：「公活我，願見詔書，面縛。」後旬餘，天子爲遣近臣受其降。卒全一城者，公本謀也。猶以事不先覺，貶秩知汝州。富丞相宣撫河北，封敕不下，曰：「張某有謀，功乃當賞，奈何奪之位？」然天子以輩例皆貶，故不許。公爲人温恕仁讓，在朝廷恂恂無所競，稱爲博厚長者。至臨急變，勇鋭堅決，以身蹈不測，處之不疑。其治軍旅，應變畫策，能任大事，雖宿將無以校得失，百姓賴以安。豈所謂仁者必有勇耶？移知宿州。初，陳恭公有所愛吏，私屬公，公不應。及其在位，因事左遷公都官員外郎、監宣州税。士大夫由此惡之，不平。于其免相也，乃復得工部郎中、知廣德軍，又遷刑部郎中、江南東路轉運使。召還，判三司户部勾院。未幾，自請治明州，有詔視三路轉運使。歲滿，當入朝，因上章請老于蘇。天子許焉，用其少子爲州從事，以便奉養。初，公以材進，數試繁劇，有異效，世許其任公卿。其後失意更不遷，而新進常輩，名位顧多超處其右。自丞相以下，數稱其功，理其枉，然遂終不用十有餘年。他人爲公恨，而公處之晏然，未嘗寘色辭。性廉，不治家人活業，仰俸禄以生。而厚于宗族鄉黨賓客，所資養周給，稱其意厚薄，初不計有無。及其歸家居也，囊篋無餘貲，所居纔蔽風雨，飲食或日闕，亦不以累其志，改其樂。嘉祐五年某月某甲子無疾卒，享年七十有八。積階朝散大夫，勳上柱國，夫人魏氏封某縣君。子三人，皆孝謹：諷，太子中舍。詵，太常博士。誨，則州從事者也。女五人，皆嫁名家。明年某月某日葬某縣某鄉之穹隆山。吾聞有陰德者有陽報，不在其身，在其子孫。若公之德多矣，殆亦其後且大乎！銘曰：

仕繫其逢，進退有時。嗟我張公，長者之規。排難寢兵，洞然至誠。不伐不矜，棄功與名。富貴磨滅，令德則長。惠之在人，世以不忘。穹隆之葬，公則有子。宜爾子孫，尚食廟祀。

朝散大夫殿中丞知汝州葉縣騎都尉陳君墓誌銘

君諱耿，字仲操，真定人。祖曰審交，父曰昌業，世世傳鄭氏《禮》，皆不仕。君受學父、祖，祥符初以經中第，得上元尉。歷永定軍司理參軍、霸州録事參軍、甘泉令，遷建雄軍節度推官，知永濟縣。丞相沂公鎮魏，善其政，奏徙大名。大名治城内，事尤劇。歲滿課最，得見上，拜權永清軍節度判官。初，丞相率其屬連奏，舉君可京官，期必得之，而纔稍遷。丞相以爲賞薄，知其有親，更敕其弟子融，辟君監光州茶場，便奉養數月，以憂免。其後服除，爲蘇州觀察支使。達官鉅人薦君材能于朝者，前後十餘章。改祕書省著作佐郎、知霍丘。頃之，移閬中，遷太子左贊善大夫。代還，除葉縣。未行，又遷殿中丞。❶ 慶曆八年十一月五日卒于家，享年七十五。君爲人廉直，不阿勢附俗，而内恕有愛，故長于爲政。其在永定軍，人有殺死于路者，賊不得，其子疑怨家所爲，詣吏辨訴。吏以子言名捕訴者，按之，證逮詾詾，囚無以自明。君察其不真，訟繫待訊，而急白守丞，請捕賊。守丞怒曰：「司理侮法耶，何敢爲死罪解脱？」遣他掾與司理雜治囚，笞掠數百

❶「殿」，原無，據傳校本補。

千，囚不勝痛，誣服。具獄待報，君猶守之不聽，人皆爲君懼。明年，博野縣捕得真殺人者，舉郡大驚，衆乃皆伏。及爲永濟縣，當契丹使往來道。自先帝與戎約和結兄弟，歲時聘問，一以敵國禮待之。使者入境，天子使中貴人候迓饋勞，冠蓋相屬，其有求市，令所司調與之，以見中國廣大，厚其歡心，而少從旁縣賦取。蹴迫令長，稽緩不如意，輒劾以違制。文移倉猝，百姓騷擾，❶歲歲苦之，略比軍興。而縣吏鄉典亦利得其勢，侵漁細民，其敝蓋久。及君至，爲設方略，飲食供張百物，皆豫儲待。❷後使者過縣，有所調取，不復及民，民便安之。王丞相由此知君。其始至閬中，歲大旱，郡守希轉運使意，不聽民訴災，民遮君自言。君即詣府請之，猶不許，因趨出，悉取民所訴狀屬吏，以令蠲其租，而公文上轉運使。轉運使初不悦，後無如之何。文丞相守成都，聞而嘉之，更分遣官屬，行視兩川郡縣之被災者，皆奏除其租。獨閬中由君免于流亡，而上恩浸淫，至于東、西川十有餘萬户矣。君晚升朝，贈其父大理寺丞，母崔氏仙游縣君。位雖不大顯，世守榮焉。娶薛氏，封高平縣君，先君卒。子五人，女四人。初，君仕官過汝陰，樂之，築室焉。君既没三歲，十二月丙申，諸子裔奇、京、蘇等乃以君及高平之喪葬懷音鄉之高原，以成君志。奇，舉進士，與予同歲。孝友慈祥，予甚知之。故予得銘其葬，庶幾不朽云。銘曰：

學如其才，有以顯親。仕如其職，有以便民。壽爾厥年，夫又何怨？卜處于此，實惟君存。蓋古別子，

❶「騷」，傅校本作「搔」。

❷「待」，傅校本作「偫」。

百世不遷。尚越其延，施于後昆。

翰林學士吴君前夫人趙氏墓誌銘

翰林學士吴君長文之元配趙夫人者，冀州信都人。父立，仕爲遂平令，❶家頗饒于財，憐其子，爲擇所從，至年二十，翰林君尚未仕，治孔氏《書》、王氏《易》，通達有聞，而遂平賢之，以女予之。❷夫人既歸吴氏，事尊章，逮及祖姑，婉嫕敏恪，執勤左右，夙夜不懈，雖退居其宫，未嘗有惰色。❸吴氏甚貧，夫人不敢有私財，自其所齎服玩器用百物者，苟可以備家費，緩急無所愛。以故族人無内外小大，皆歸其賢。翰林以經明選于禮部，調爲福州古田尉、廣信軍判官。❹夫人皆隨以往。人謂其去舅姑之側，當少暇豫自寬，而夫人滋益恭，猶其故時也。觀其志不爲遠近有所輟作，雖賢士大夫或不能矣。寶元二年八月二十二日以疾終，年三十二。其後翰林以廉能升王朝。又舉賢良，對策直言，天子用爲諫臣，遂掌制命，召爲學士。顯貴得封其妻縣郡君，❺而夫人不及封，人皆爲之恨。夫人凡生一男二女。男曰璟，有至性，其幼也，未能識其母，長而

---

❶「平」上，傳校本有「之」字。

❷「之」下，傳校本有「吴氏」二字。

❸「惰」，原作「隋」，據傳校本改。

❹「爲」，原作「回」，據傳校本改。

❺「妻」，原作「凄」，據文義改。

思慕悲哀，有過于人者，今補太廟室長。長女嫁祕書省著作佐郎胡稷臣而亡，其次嫁泉州司法參軍王孝寬。初，吴氏自齊之禹城徙北海，九世矣。由曾祖而下，藁殡未葬，翰林卜其地，得東阿之魚山鄉孟栅原爲吉。嘉祐四年十月告于朝，遷曾祖妣、王考以葬，而舉夫人之喪以從，曰：「生不與我同其樂矣，死若有知也，其祔于祖姑，尚獲其志焉。」銘曰：

女得其歸，婦宜其家。不幸不淑，悲如之何？夫也塋之，子也承之。祔于祖姑，萬世其寧之。

公是集卷五十四

宋劉敞撰

石記

皇姪孫故右内率府副率叔舍石記

太子右内率府副率叔舍，上之再從姪孫。曾祖曰德彝，昭德軍節度使兼中書令潁川郡王。祖曰承錫，左屯衛大將軍楚州團練使。父克闢，右千牛衛將軍。母曰吴氏，陳留縣君。嘉祐元年十一月己丑生于宫邸，二年四月以宗室長子賜名，爲太子右内率府副率。四年六月甲子以疾卒，厝奉先佛寺。五年十月葬汝州梁縣。古之道，天下無生而貴者，故雖王者之子，猶勝衣冠而後爵之。❶然亦任以事，責以職，時有不能以恩全者矣。國朝變此制，公族雖疎遠，皆以官禄富貴之，而終不任以事，使之必全。其待長嫡又加異，故

❶「後」，傅校本作「后」。

叔舍未至能言而官矣。❶然亦夭遏早死，豈固有命耶？謹記。

故右監門率府率克壯石記

皇再從姪、故銀青光禄大夫檢校國子祭酒行右監門率府率兼御史上騎都尉贈左領軍衛將軍克壯，字構之，慶曆三年五月二十二日生，生四歲，詔賜之名，拜太子右内率府副率。又四年，上祀明堂，宗室之助祭者，仲叔季弟、幼子童孫，不問能與未能勝衣冠，皆賜爵進秩，由是遷右監門率府率。嘉祐四年，年十有七矣，六月乙酉以疾不起，聞，詔贈左領軍衛將軍。自始賜名至于終，積階銀青光禄大夫檢校國子祭酒兼官侍御史，策勳上騎都尉，蓋見其進，未見其止也。曾祖廷美，秦悼王。祖德雍，廣陵康簡王。父承亮，磁州防禦使。母杜氏。初，其出就外傅也，尤警速成，有所授學，未嘗不以忠孝爲言。磁州賢之，謂其左右曰：「此我家寶也。」性多所通，于書畫、音律皆精過人。比其卒，尚未娶，故無後。明年十月，葬汝州梁縣其先王之墓次。固有苗而不秀者耶。敘其行事，以塞詔旨，以表其窴穴。謹記。

皇姪孫故太子右内率府副率叔罕石記

皇姪孫叔罕者，慶曆五年五月八日生，生五歲，以乾元節與宗室子弟皆上壽，得召見，因賜名，授太子右

---

❶「未至能言」，傅校本作「未能始誰」。

内率府副率。明年正月十三日有疾卒，嘉祐五年十月葬汝州梁縣。曾祖德彝，保信軍節度觀察留後，贈昭德軍節度使兼中書令潁川郡王。祖承矩，莊宅使，贈洺州防禦使廣平侯。父克循，右監門衛大將軍柳州刺史。母劉氏。其葬雖以殤略，然自啓至窆，猶使使者以王命督視云。謹記。

皇姪孫故右内率府副率叔疾石記

皇姪孫、太子右内率府副率叔疾，其父克廣，右監門衛大將軍。其祖承矩，贈洺州防禦使廣平侯。其曾祖德彝，贈中書令潁川王。其母楊氏。其生以皇祐元年八月，其賜名以五年四月，其卒以九月。其他官以銀青光禄大夫檢校國子祭酒兼監察御史武騎尉。其葬以嘉祐五年十月甲子，實祔其高祖秦悼王之園。有詔刻其世繫于石，而藏于其墓，所以異宗室之恩云。謹記。

皇姪玄孫故太子右内率府副率季培石記

皇姪玄孫季培，其先出秦悼王。曾祖曰克己，右千牛衛大將軍。祖曰叔韶，右屯衛大將軍賀州刺史。父檢之，右千牛衛將軍。檢之于悼王五世矣。季培之生以嘉祐四年三月。其世次，上從祖兄弟曾孫之子也，最遠。生月餘即賜名，授太子右内率府副率，階勳兼官檢校皆如故事，所以優宗室長子，異其禮。其年十月八日夭死，厝延祥院。明年十月日葬汝州梁縣，有詔刻石識其竁云。謹記。

皇姪曾孫太子右内率府副率持之石記

太子右内率持之，至和二年六月三日生，生一年以宗室長子賜名，除太子右内率府副率。嘉祐三年八月十八日卒，厝于延祥佛舍。又二年十月，葬于汝州梁縣先王之塋。曾祖承昜，贈宫苑使宜州刺史。祖克構，贈邠州觀察使新平侯。父叔璨，右千牛衛將軍。母王氏。持之于天子爲再從曾孫，其屬益已疎遠，然其所以愛厚敦睦，禮秩如一。將長養而富貴之，不幸早死，命也夫！謹記。

皇姪孫太子右内率府副率叔𨍭石記

皇姪孫𨍭，至和二年十月二十日生，嘉祐四年乾元節用家人禮上壽，見省中，賜以名，拜太子右内率府副率，其階光禄大夫，加銀印青綬，檢校國子祭酒，兼官監察御史，勳武騎尉。所以寵秩之甚厚。其年七月三日感疾卒，蓋生五歲矣，下殤也。墓遠未得葬，厝禪惠佛舍。嘉祐五年十月乃葬汝州梁縣，祔于其先王之墓。曾祖曰德恭，追封高密郡王。祖曰承慶，循國公。父曰克絢，右屯衛大將軍。母王氏，無命號。此其世系也。謹記。

故右監門率府率克播石記

皇從祖兄弟之子、銀青光禄大夫檢校國子祭酒行右監門率府率兼殿中侍御史上騎都尉克播，字伯芳，廣陵康簡王德雍之孫，磁州防禦使承亮之第十一子，母杜氏。以寶元元年十二月生于宫邸，慶曆二年始賜名，授太子右内率府副率，得銀青光禄大夫檢校國子祭酒兼監察御史武騎尉。其後遷右監門率府率，加兼殿中侍御史上騎都尉。幼聰悟機速，有成人之姿。磁州愛之甚，日課使學書，未嘗有倦色，其用法頗得古法。嘉祐元年十月甲子感疾卒，年甫十有二云，權瘞奉先佛寺。後十二年，當嘉祐五年十月，乃葬汝州梁縣曾祖秦悼王之塋。是雖于《禮》殤且無後，然天子猶以族人之愛，使使者護葬事，詞臣爲之志，以成人之禮處之，可謂厚也已。謹記。

皇再從姪曾孫太子右内率府副率化之石記

皇再從姪孫化之者，右監門衛將軍叔曠之長子。祖曰克己，贈深州防禦使饒陽侯。曾祖曰承壽，贈均州防禦使武當侯。化之以皇祐二年九月一日生，明年以宗室長子賜名，授太子右内率府副率。其年六月二十一日病不育。嘉祐五年十月葬于汝州梁縣先王之園。是古所謂無服之殤也，然其禮亦備矣。謹記。

皇姪孫故右監門率府率叔壹石記

皇姪孫叔壹，其先出秦悼王。曾祖曰德恭，衡州防禦使。祖曰承壽，南作坊使。父曰克基，右武衛大將軍。母曰扶風縣君宋氏。以慶曆三年始生，生五歲始賜名，遂以爲太子右内率府副率。上祀明堂，復以恩遷右監門率府率。初，出就外傅，知愛書，事筆硯，不類諸兒。皇祐五年六月三日以疾卒，年十有一歲矣，殯普濟佛寺。嘉祐五年十月日葬汝州梁縣，從其先祖之兆云。謹記。

皇姪孫故太子右内率府副率叔鼐石記

皇姪孫叔鼐，其父曰右屯衛大將軍克絢，其祖曰贈武信軍節度使循國公承慶，其曾祖曰贈護國軍節度使兼侍中高密郡王德恭。德恭之父則秦悼王，故叔鼐于上爲從祖兄弟之孫。生五歲則賜以名及官，得銀青光禄大夫檢校國子祭酒行太子右内率府副率兼監察御史武騎尉。而疾卒，實至和二年九月十日，猶以成人禮殯延祥佛寺。後五年，乃葬汝州梁縣其高、曾之墓兆，實嘉祐五年十月日云。謹記。

皇姪孫故内率府副率叔間石記

皇帝再從姪孫、銀青光禄大夫檢校國子祭酒行太子右内率府副率兼監察御史武騎尉叔間者，❶贈昭德軍節度使兼中書令潁川郡王德彝之曾孫，贈武信軍節度觀察留後遂寧郡公承衍之孫，❷左武衛大將軍克諧之長子，母曰馮氏。皇祐四年四月四日生，生旬日，以乾元節預宗室長子例賜名，❸除太子右内率府副率。

❶「武騎尉」，原作「武尉騎」，據傅校本改。
❷「衍」，傅校本作「衎」。
❸「預」，傅校本作「與」。

明年五月二十日卒，遂厝于昭聖禪院。嘉祐五年十月葬于汝州梁縣，從高祖秦悼王之塋。是誠不幸而夭矣，然而其生有爵，其死有歸，其葬有誌，是殤以成人之禮居也，豈不亦幸耶！謹記。

皇姪孫故右監門率府率叔僧石記

皇姪孫叔僧，慶曆丁亥十二月二十日生，明年以宗室長子例賜名，授太子右内率府副率。皇祐二年上祀明堂，用汎恩遷右監門率府率。至和元年十一月九日以疾卒，始八歲，厝于東興福佛舍。曾祖德恭，衡州防禦使贈護國軍節度使兼侍中高密郡王。祖承慶，和州團練使贈武信軍節度使循國公。父克頠，右千牛衛將軍。母樂壽縣君高氏。嘉祐五年十月葬汝州梁縣，祔于先王先公。下殤也，然以親親恩録，其義已厚矣。謹記。

皇再從姪孫右千牛衛將軍叔策妻萬年縣君王氏石記

皇再從姪孫、右千牛衛將軍叔策妻萬年縣君王氏者，西頭供奉官漢賓之曾孫，右班殿直從周之孫，三班奉職温恭之女。年十有六，以禮成婚。至和二年封萬年縣君，明年六月庚申得病死，殯奉先資福院。後四年，嘉祐五年十月某日葬汝州梁縣。上于宗室恩厚，其子孫服屬雖遠，苟勝衣冠，能趨拜，無不命以官者。王歸爲叔策婦，安富亦樂矣。然不能成子姓，甫三歲而亡，其命也哉！謹記。

公是集原跋

至和、嘉祐間，歐陽子永叔以古文章句名天下，士者率曰今之韓愈，❶而歐亦規愈自名者。予退索其師友淵源，得所謂公是劉子，與歐文誼往返，所以考質訓迪甚具。劉于談詠記載，一曰歐九，二曰歐九，語意簡逸。竊怪永叔抱負如爾，公是何遇之淺也？豈其微學授受，抗顏博喻者，法當如此乎？于是悉取其《經小傳》《權衡》《百工》《同道》諸篇，觀其破去百氏，離異獨造，❷光澄演迤，則駸駸乎周末鄒魯之遺音已，其規模不但漢也。嗟乎！是歐陽子之所以敬學者歟。其後蘇彦瞻執贄見公長安，曰：「是出于天，不可及者，是氣也。」而彦由亦曰：「今之伯夷，不可尚已。」宜乎！高風絶學，近世咸不知貴，或粗知之而不得其趣者，真有以也。公從孫和澄出公家帖視予，凡兩紙，予爽然有異。嗚呼！將擴是意，抑亦有所慨也乎？無寧亦有所勉也乎？丁亥仲冬望日，西蜀九華子員某書。

---

❶「之」，原無，據《九華集》卷二〇《跋劉原父文》補。
❷「獨造」，原無，據《九華集》卷二〇《跋劉原父文》補。

公是集拾遺

翰林學士給事中知制誥歐陽修可禮部侍郎端明殿學士吏部侍郎宋祁可尚書左丞禮部郎中知制誥范鎮可吏部郎中刑部郎中知制誥王疇可右司郎中三司度支判官太常博士集賢校理宋敏求可祠部員外郎並依舊職任誥《宋文鑑》三七，參校《歐陽文忠公年譜》

勑：《年譜》有。古之爲國者法後王，爲其近於己，制度文物可觀故也。唐有天下且三百年，明君賢臣相與經營扶持之，其盛德顯功、美政善謀固已多矣。而史官非其人，記述失序，使興壞成敗之迹晦而不章，朕甚恨之，故擇廷臣，筆削舊書，勒成一家。翰林學士兼龍圖閣學士朝散大夫給事中知制誥充史館修撰刊修《唐書》兼判祕閣祕書省兼充群牧使護軍樂安郡開國侯食邑一千三百户食實封二百户賜紫金魚袋歐陽修、《年譜》作「某」。端明殿學士兼翰林侍讀學士龍圖閣學士朝請大夫守尚書吏部侍郎充集賢殿修撰知鄭州上柱國常山郡開國公食邑二千三百户食實封六百户賜紫金魚袋宋祁，《文鑑》僅云：「具官歐陽修、宋祁。」創立統紀，裁成大體。朝散大夫尚書禮部郎中知制誥充集賢殿修撰糾察在京刑獄兼權判尚書工部充宗正寺修玉牒官騎都尉高平縣開國男食邑三百户賜紫金魚袋范鎮、朝奉郎守尚書刑部郎中知制誥同句當三班院上輕車都尉賜紫金魚袋王疇、三司度支判官朝奉郎太常博士充集賢校理編修《唐書》官上騎都尉賜緋魚袋宋敏求，《文鑑》僅云：「具官范鎮、王疇、宋敏求。」網羅遺逸，厥協異同。凡十有七年，大典乃立，閎富精覈，度越諸子矣。朕將據古鑑今，以立時治，爲朕得法，其勞不可忘也，皆讐有功，刊本《文鑑》四字誤在「杜越諸子矣」句下，「也」下又衍「皆」字，《年譜》同，據校宋本改。遷秩一等，布其書天下，使學者咸觀焉。「觀」，《年譜》作「覩」，此下俱依《年譜》補。修可特授守尚書禮部侍郎，依前知制誥史館修撰充翰林學士，散官差遣勳封食實封賜如故。祁可特授守尚書左丞，依前集賢殿修撰充端明殿學士兼翰林侍讀學士龍圖閣學士，散官差遣勳封食實封賜如故，仍放朝謝。鎮可特授尚書吏部郎中，依前知制誥充集賢殿修撰，散官差遣勳封賜如故。疇可特授守尚書右司郎中，依前知制誥，散官勳賜差遣如故。敏求可特授尚書工部員外郎，依前集賢校理充三司度支判官，散官勳賜如故。

太平州文學袁嗣立改江州文學制《容齋四筆》六

昔先王簡不帥教而不變者，屏之裔土，終身不齒。若爾之行，豈足顧哉！然猶假以仕版，徙之善郡，不貲之恩也。勉思自新，無重其咎。

又徙洪州制同上

爾頃冒憲典，遷之尋陽。復以親嫌，於法當避。夫薄志節、寡廉恥者，固不可使處有嫌之地，益徙豫章，思自湔滌。

公是集續拾遺

按此集《拾遺》刻竣，適得《歐陽集》，遂將此制録出續附，仍留後幅，以俟再續。

加護軍食實封制詞

勅：王道之最盛者莫如宗廟，宗廟之至重者莫如大袷。朕祇率舊禮，親執祀事，神人以和，祖考來格，此皆辟公卿士肅雍顯相之効也。福祉之流，朕安敢專？翰林學士兼龍圖閣學士朝散大夫給事中知制誥充史館修撰刊修《唐書》兼判祕閣祕書省兼充群牧使上輕車都尉樂安郡開國侯食邑一千三百户賜紫金魚袋歐陽某，清識絃議，搢紳之表，醇文懿行，名世之選。此所以增朝廷之光，參瑚槤之器。《詩》不云乎：「左右奉璋，髦士攸宜。」夫熙事休成，惠澤廣被，則賢者宜先矣。敘升書勳之籍，真食加田之賦。於以均七廟之慶，慰萬夫之望，其庶幾乎。可特授依前給事中知制誥史館修撰充翰林學士兼龍圖閣學士，加護軍，食實封二百户，散官封賜差遣如故。《歐陽文忠集·附録》卷一。

采藍寄王深甫

采采澤中藍，制爲金翠衣。春風爲君舞，婉轉有光輝。良辰古易失，麗色世云稀。❶嗟嗟不盈匊，日暮空來歸。

奉同永叔於劉功曹家聽楊直講女奴彈啄木見寄之作

空林多風霜霰零，啄木朝饑悲長鳴。口雖能呼心不平，誰彈琵琶象其聲？雌雄切直相丁嚶，欲飛未飛皆有情。琵琶八十有四調，此典獨得玄妙傳。❷翠鬟小女態自殊，能承主歡供客娛。轉關揮撥意澹如，坐人雖多旁若無。醉翁引觴不汝餘，詩老彈鋏歸來乎。兩君韻高尚如此，何況櫪上之馬淵中魚。我生不曉世俗樂，頃臥江城更寂寞。園中有時聞啄木，雖有高下無宮角。木聲犁然當人心，猋氏之風殆可學。淵明無絃非無意，白髮秋來自少樂。得公新詩濯我愁，因問揚子更借不，我欲醉聽江城樓。

---

❶「稀」，明鈔本作「唏」。

❷「玄妙傳」，傳校本原作「亡妙□」，據明鈔本補、改。

燈花

火中有芝，殊幹連葉。頃刻三秀，爛其燁燁。孰爲而生，孰爲而榮。既富且壽，君子正之。

送張六太尉新安

新安好江水，想復似桐廬。吏隱應相稱，官卑還自如。洛塵趁走裹，周俗戰争餘。會自求知己，頻飛一鶚書。

晚涼

楚山何處雨，天氣晚來涼。返照原野静，清風松桂香。高樓半雲霧，遠水入滄浪。幽意驚飛動，真憑酒散狂。

觀魚臺

落日含古意，高臺多遠心。魚龍潛凍水，蟋蟀有哀音。江漢南浮遠，關山北望深。張衡《四愁》意，歷歷起登臨。

重傷胡 二前寄詩與因甫，至而因甫卒。使者不能以予詩送其家，遂復持回，予甚恨之，作此詩。生也書云：因甫死後其妻生一女，故末句及之。

今日寢門側，涕流弔不堪。伊人竟長逝，回使返空函。如覺知音絶，深懷挂劍慙。仍聞身後事，生女不生男。

芷　亭

籍甚《離騷》後，芬芬楚澤濱。移根煩老圃，此興得佳人。秀色誰與玩，清香不自珍。吾廬故可愛，況及物華春。

周節推移曹州此君凡换五幕府

硃履幕中容，棲棲亦倦遊。勞謌一長鋏，歷聘五諸侯。捧檄爲親喜，問津輕旅愁。誰憐在陳士？無友豈悲秋。

和永叔禁中對月

珠宫銀闕閟金鑾，獨得清輝盡夕看。冷奪雪霜深刺骨，瑩分毫髮凜衝冠。通中夢覺爐香斷，方底封餘玉滴乾。佳句密傳天上景，世人空仰白雲端。

自入北界虜人候迓供帳每進益恭少嘗至契丹者皆云異他日示陳副使希元

和親雖復用諸儒，聖德由來北服胡。天子今成大父行，匈奴自號兒單于。女真守燎羯圉馬，渤海西道奚前驅。塞外始知漢使貴，留製槐酒直區區。

丙申閏月領揚州與京師諸公別戊戌十一月受詔還閣首尾僅三年尔然原叔伯庸隱甫子奇公南清卿之翰昌言八人者皆已徂謝感之愴然作七言寄滑州正臣密學給諫

冠蓋如雲笑別時，亦知陳迹易傷悲。歸來未似鍾山醉，零落多于鄴下詩。人事可憐車過隙，秋風幾許髩成絲。何須更聽山陽笛，欲近西州淚自垂。

汾州有唐大曆中崇徽公主嫁回鶻時手迹在石壁上李山甫作七言詩并刻之子華永叔內翰皆繼其韻亦同賦本僕固懷恩女，託名帝子，與解憂事同。

錦車西去水東流，漢節何年送解憂？獨上青山自惆悵，强歌黄鵠少淹留。遺踪不遂哀笳斷，麗句空增北渚愁。君念平城三十萬，謀臣奇計已堪羞。

集禧齋宫雨後

雨餘風露似新秋，燈燭愔愔十二樓。高枕江湖時獨往，卷簾河漢正西流。人間浪逐顛冥客，物外初知汗漫游。拂露却趁青閣路，蓬萊回顧五雲浮。是日事畢，仍赴早朝。

聽女奴彈胡琴

女奴能爲馬上曲，一彈一彈復一彈。我醉已眠都不曉，半天落月微霜寒。

正月初九日杜城集

雪霽春容滿舊都，尋春寫鞚杜城隅。冰消流水相縈帶，日出南山半有無。往事廢興悲故老，扁舟沿泝想江湖。路人應笑山公醉，此興由來屬我徒。

祖母某氏追封郡太夫人

禮之意，推親親以及尊尊，其義一也。某氏，柔順之禀，慈惠之教，施於其躬，爰及後嗣。夫積善之家，必有餘慶，而孝悌之至，通于神明。哉之世嫡，念德不怠，能承其祚，蓋有自然之符。宜循舊典，率義之等，以隆小君象服之報，申告其弟，尚克顧享。

父某贈太子少師

朕聞，天地之性人爲貴，人之行莫大于孝。夫立身揚名以顯父母，士之難者也。又況積德累功，致位二府，寅亮天地，弼予一人者乎？不有異數，❶安迪彝教？秉哲自若，挺材傑出，資可以濟世而位不足，澤可以被物而勢不迨者，❷有識之士所以興歎。夫極藴而發，雖遠必效。戢也濟美繼志，登翊王度，豈非道德之符哉！蓋古之論譔先烈、致孝享者，有鼎彝之命而無爵服之賜，朕甚薄之，故發涣號，❸躋于上孤。使戢爲裸禰室，道揚挾祝，尚曰其亡如存，有爾申其志焉爾。

治戎上❹

世言兵者，莫求於經；世言經者，莫及於兵。非期相反，以謂兵不足以經言，經不足以兵言，是不然也。正萬事之本者，莫近於《春秋》，《春秋》之事，毋大於兵者，聖人所重也。聖人所重，其道之不宜不詳，其持之

❶「數」，傅校本原作「教」，據鮑校本改。
❷「迨」，傅校本原作「怠」，據明鈔本改。
❸「涣」，傅校本原作「唤」，據明鈔本改。
❹「治戎上」，明鈔本、鮑校本作「治戎論上」。

不宜不精。試考之以其文，銁之以其義，援而類之，比而貫之，儻可見乎？堂之上弗察，弗能辨觚、角也；堂之下弗察，弗能辨馬、牛也。而況乎聖人之意、《春秋》之文哉！請問治戎奈何？曰：王者之於天下，言敗而不言敵；夷狄之於中國，言入而不言勝；中國之於夷狄，言勝而不言戰。三者在《春秋》矣，大本也。然則是何也？王者之於天下，言敗不言敵，其義猶曰王者則固無敵，王者則固無敗云耳。夫王者既以處大極之位，立萬物之上矣，其嚴如天地，其動如神明，四海之内，小大之屬，莫不委性歸命焉，是其貴者無敵也。苟天之所長，地之所養，畢入府廩，以爲貢賦，是其富且無敵也。自生齒以上，食土之毛者，皆有任職，失職不任，則死及之，是其衆者無敵也。發號施令，東至日出，西至日入，南至交趾，北至孤竹，善得以賞，惡得以罰，君臣待以固，父子待以親，夫婦待以安，師友待以成，是其順者無敵也。據無敵之形，而善持用之以擬天下，是故以其至貴擬至賤，則賤不亢矣，必勝之勢也。以其至富擬至貧，則貧不亢矣，必勝之勢也。以其至衆擬至寡，則寡不亢矣，必勝之勢也。以其至順擬至逆，則逆不亢矣，必勝之勢也。据無敵之形四，操必勝之勢四，然而猶有敗焉者，則是非至賤、至貧、至寡、至逆之能使然矣，吾必不善持吾貴也，吾必不善用吾富也，吾必不善一吾衆也，吾必不善明吾順也。是故《春秋》探其情而反之，曰：「王師敗績于茅戎。」非有能敗王之師者也，王自墜也，故曰「躬自厚」而已矣。是故昔者先王之御天下，諸侯時朝，其適有逆命未討也，修其志意，修其名訓，修其文告。序成而後震之以威，一物不先，則勝不可必。此《春秋》所以顯言敗而隱言敵也。隱言敵者非諱也，罪不主於敵。顯言敗者非不恥也，自吾有以取之也。然夫大極之貴，無訾之富，億兆之衆，至正之順，雖有倡狂惑亂之臣，誰能憚之？

治戎中❶

夷狄之於中國，言入而不言勝，是何也？凡以義却之也。十二公之事，二百四十二年之久，天下之廣，兵革之變，夷狄之患甚衆，然而有入中國者矣，狄之衛。未有言敗中國者也。非無其事而不言，蓋有其事而不書焉耳。夫夷狄者，至賤也，至亂也，至不肖也。中國者，至貴也，至治也，至有義也。《春秋》之説，不使賤加貴，不使亂加治，不使不肖加有義。是故夷狄之來寇，❷適不幸而不勝，《春秋》書之。適幸而勝，雖有其功，不得有其名。故言其入而不言勝，其義猶曰，可以有入中國，不可以有勝中國云爾。其名猶遠之，況其實乎？其言猶惡之，況其類乎？此《春秋》之指也。問者曰：夷狄一耳，《春秋》惡其勝，而不惡其入，何也？曰：非不惡其入也，入非夷狄之所能制，凡在中國之禦與不也。其禦之其素修，則夷狄不能入；其禦之其不素脩，則夷狄入。然而所謂禦之者，非至而禦之之謂也，先其未至也。先其未至者，非城郭完、兵甲足之謂也，政而已矣。《春秋》之禦戎也，外而不内，疏而不狎，毋示之色以動其目，毋示之聲以動其耳，毋示之貨以動其欲，毋示之侈以動其俗，毋示之怠以動其體。動之端見，則兆之至矣。夫夷狄、中國，其天性固異焉。是故謹吾色毋出於禮，以示不可以淫縱爲也；謹吾身毋出於雅，以示不可以淫濫入也；謹吾貨毋出

❶「治戎中」，明鈔本、鮑校本作「治戎論中」。

❷「寇」，原作「冦」，據文義改。

於義，以示不可以貪婪有也；謹吾俗毋入於侈，以示不可以荒悖服也；謹吾體毋入於怠，以示不可以偷惰居也。彼其還觀中國，則若鳥之窺淵，獸之窺藪，雖有攫拏之心者，知不可往焉而止矣。故聖王服戎而非戰也，禦戎而非抗也。《春秋》患人之莫能知義，故順其理而著之，曰：「公追戎於濟西。」夫不言其來而言其追，猶曰：噫嘻！千乘之國，萬夫之長，亦大也已矣，不能使之勿來，而顧以追之爲功乎？此其意也。是故《春秋》雖甚賤夷狄，而不諱其入，責中國也；雖甚責中國，而猶沒其敗者，絶異類也。夷狄之敗中國，唯姜戎達于經，僖三十年。非姜戎賢也，晉襄公帥而與之俱也。夫知聖人者患其不學，學之者患其不思，思之者患其不廣，思而廣之，安有不得哉！孔子曰：「聽訟，吾猶人也。必也，使無訟乎。」因而推之，是亦曰：督戰，吾猶人也；必也，使無戰。禦寇，吾猶人也，必也，使無寇。是一貫也。

治戎下❶

中國之于夷狄，言勝而不言戰，是何也？凡以威服之也。中國之於中國則有戰，中國者禮讓之所出，仁義之所治，道德之所懷也。是雖有鬥争，不過以其禮責無禮，以其義責無義，以其道責無道，非有利其貨之心，非有病其民之意。是故結日而後陣，成列而後出，不以詐取勝，不以幸圖功，不以威立名。此中國之師，王霸之治也。彼夷狄者不然，其來爲寇，非能以禮讓仁義道德相率厲者也，直將剽人民以盈其暴，掊府

❶「治戎下」，明鈔本、鮑校本作「治戎論下」。

庫以足其欲，斬樹木以逞其害，殘百物以快其怒而已矣。譬若虎豹之搏，長蛇之噬，螟蛓之集也。有國者時其至而慮其害，苟可以扞之毋待於信，苟可以絶之毋待於仁，曰除患而已矣，効立而已矣。是故言勝而不言戰者，其義猶曰貴於勝，不貴於戰也云耳。十二公之事，二百四十二年之久，夷狄之患，侵罰之變多矣，未嘗有得言戰，非無其事而不言，蓋雖有其事而不書焉。❶且以謂戰之道以待中國，勝之術以待夷狄，中國不戰則譏之，夷狄雖不戰不譏也，其不譏乃所以不言戰也，❷此其指也。齊人伐山戎，《公羊》以謂操之已蹙。叔孫得臣敗狄于鹹，❸《穀梁》以謂惡重創。是皆不然，是皆延寇而揖之以爲讓，僵尸而哀之以爲仁者也，非《春秋》之治戎，所以言勝而不言戰之意也。問者曰：聖人之仁無所不愛，聖人之信無所不孚，聖人之禮無所不教，今獨謂夷狄則外之惡之絶之，何也？曰：不外則不能全吾仁，不惡則不能全吾信，不絶則不能全吾禮也。聖人不貪於服遠以爲名，不恤於喪遠以爲羞，是故德澤不加則正朔不及也，正朔不及則德澤不加也。一之於鳥獸，不以鳥獸役人。《春秋》患人之莫能知義，故明其文而申之，❹曰：「狄來。」來者，來朝。朝不足以榮，其不朝不足以辱亡者也，此之謂也。故不明《春秋》之義，明於自治者，不足以治戎。明於治戎

❶「書」下，傅校本原有「言」字，據鮑校本删。
❷上「不」下，傅校本原有「戰」字，據鮑校本删。
❸「于」，傅校本原作「子」，據鮑校本改。
❹「之」下，傅校本原有「曰」字，據鮑校本删。

者，務禦而不務勝，而不在禦。戰以《春秋》，勝以《春秋》，道也。

雜說六篇

今日之俗，不矜節義，而皆安富貴、尚文章。文章濟理者寡，爲名者衆，有以異於清談風流乎？❶此將來之弊也。❷

王敦狼抗不臣，❸擁强兵，據上流，專制生殺，故朝廷政事小大咨而後行，❹形勢至此，安得不亡？❺然以敦之勢，❻士大夫猶有出死竭力，以報國衛主者，所以社稷復存也。誠使各自顧望畏避，尚何不滅之有？爲國者能無失其勢柄，則庶幾矣。

下陵上，遠間近，賤圖貴，小加大，勢一爾。去猶川決墻壞，不得中止也。

城狐社鼠，人所不欲去者，尊神社也。而狐鼠遂能使城不爲城，社不爲社，亦安得不思所以除之哉！

---

❶「談」，傅校本原作「淡」，據鮑校本改。
❷「弊」，傅校本原作「敝」，據鮑校本改。
❸「敦」，傅校本原作注文「太上嫌名」四字。此東晋王敦事，逕改，下同。
❹「後行」，傅校本原作「行後」，據鮑校本改。
❺「亡」，傅校本原作「能」，據鮑校本改。
❻「之勢」，傅校本原無，據明鈔本、鮑校本補。

人不難欺君也，❶於交朋友何有？不難賣友也，于鄉黨何有？

治亂有時，窮達有命，而賢不肖在人，❷賢者安於義而已矣，不就利、不違害也。

❶「難」，傅校本原作「能」，據鮑校本改。

❷「賢」，傅校本原作「矣」，據鮑校本改。

《儒藏》精華編選刊

已出書目

白虎通德論
誠齋集
春秋本義
春秋集傳大全
春秋左氏傳賈服注輯述
春秋左氏傳舊注疏證
春秋左傳讀
道南源委
桴亭先生文集
復初齋文集
公是集
廣雅疏證
龜山先生語録
郭店楚墓竹簡十二種校釋
國語正義
涇野先生文集
敬和堂集
康齋先生文集
孔子家語　曾子注釋
禮經學
李文公集
論語全解
毛詩後箋
毛詩稽古編
孟子正義
孟子注疏

閩中理學淵源考
木鐘集
群經平議
三魚堂文集　外集
上海博物館藏楚竹書十九種校釋
尚書集注音疏
尚書全解
詩本義
詩經世本古義
詩毛氏傳疏
詩三家義集疏
書疑　東坡書傳　尚書表注
書傳大全
四書集編
四書蒙引

四書纂疏
宋名臣言行録
孫明復先生小集　春秋尊王發微
文定集
五峰集　胡子知言
小學集註
孝經大全
孝經注解　温公易説　司馬氏書儀　家範
性理大全書
孼經室集
伊川擊壤集
儀禮集釋
儀禮圖
儀禮章句
易漢學

游定夫先生集
御選明臣奏議
周易口義　洪範口義
周易姚氏學